J. C. L. SIMONDE DE SISMONDI

Neue Grundsätze der Politischen Ökonomie

ÖKONOMISCHE STUDIENTEXTE

BAND 4

HERAUSGEGEBEN VON
DR. A. TOEPEL, HALLE

IM AUFTRAGE DES ZENTRALINSTITUTS
FÜR WIRTSCHAFTSWISSENSCHAFTEN
BEI DER DEUTSCHEN AKADEMIE DER WISSENSCHAFTEN
ZU BERLIN

J. C. L. SIMONDE DE SISMONDI

NEUE GRUNDSÄTZE DER POLITISCHEN ÖKONOMIE

AKADEMIE-VERLAG · BERLIN 1971

J. C. L. Simonde de Sismondi

NEUE GRUNDSÄTZE DER POLITISCHEN ÖKONOMIE ODER VOM REICHTUM IN SEINEN BEZIEHUNGEN ZUR BEVÖLKERUNG

In zwei Bänden

Erster Band

Eingeleitet und herausgegeben
von

ACHIM TOEPEL

AKADEMIE-VERLAG · BERLIN 1971

Übersetzt aus dem Französischen
von Dipl. phil. Anita Toepel und Dr. Achim Toepel, Halle
nach der 2. Auflage, Delaunay, Paris 1827

Erschienen im Akademie-Verlag GmbH, 108 Berlin, Leipziger Str. 3–4

Lizenznummer: 202 · 100/341/71
Gesamtherstellung: VEB Druckhaus „Maxim Gorki", DDR - 74 Altenburg
Bestellnummer: 2093/4/1 · ES 5 B 2
EDV-Nr. 751 703 1

INHALT

Sismondis Fußnoten zu seinem Werk wurden durch kleine hochgestellte Ziffern ([1]), die Fußnoten des Herausgebers durch Sternchen (*) gekennzeichnet.

SIMONDE DE SISMONDI
(1773–1842)

Sismondi gehört zu jenen in der Vergangenheit häufig anzutreffenden großen Gelehrten, deren wissenschaftliche Systeme eine umspannende Weite des geistigen Horizonts aufweisen. Neben der ökonomischen Theorie gibt es bei ihm die in sich abgeschlossene Staats- und Gesellschaftslehre, in dem Buch „Forschungen über die Verfassungen der freien Völker" niedergelegt, das gewaltige Geschichtswerk, in der 30bändigen „Geschichte der italienischen Freistaaten im Mittelalter" und in der 33bändigen „Geschichte der Franzosen" zu finden, und schließlich das sich aus vier Bänden zusammensetzende literar-historische Werk „Die Literatur des südlichen Europas".

In einem umfassenden und allgemeingültigen Urteil über Sismondi müßten alle diese sich über das weite Feld der Sozialwissenschaften erstreckenden Arbeiten Berücksichtigung finden. Man müßte sich bemühen, außer den ökonomischen Theorien auch die philosophischen, geschichtsphilosophischen und kulturphilosophischen Ansichten Sismondis in die Betrachtung mit einzubeziehen.

Der historische Materialismus bietet dem marxistischen Forscher die geeignete Grundlage für eine derartige schwierige Aufgabe. Als die philosophische Wissenschaft von den allgemeinsten Entwicklungsgesetzen der Gesellschaft zeigt er, wie menschliches Handeln und menschliches Denken in einer ganz bestimmten gesellschaftlichen Entwicklung verankert sind bzw. wie menschliches Handeln und menschliches Denken aus der gesellschaftlichen Entwicklung, d. h. aus der Entwicklung der sozialökonomischen Basis resultieren. Der marxistische Theoriegeschichtsforscher muß also stets danach trachten darzustellen, in welcher Weise die Erscheinungen im Überbau, das sind die politischen, rechtlichen, ästhetischen etc. Seiten des gesellschaftlichen Lebens, Zeugnis von der Entwicklung der Welt ablegen.

Dabei ist es selbstverständlich erforderlich, daß diejenigen Lehren der Vergangenheit, die einen engen Zusammenhang mit dem Marxismus aufweisen, sich eines besonderen Interesses erfreuen. Sismondi gehört zu den Denkern, mit denen sich Marx häufig beschäftigt hat. Sismondi, der wichtigste Repräsentant kleinbürgerlichen Denkens, hatte mit seiner Kritik an dem bis dahin unangefochtenen Dogma des klassischen bürgerlichen Liberalismus eine Umwälzung im politökonomischen Denken seiner Zeit herbeigeführt. Allein dadurch hatte er sich die ökonomische Theoriegeschichtsschreibung verpflichtet.

Jedoch nicht weniger neu und originell sind seine literaturhistorischen und geschichtsphilosophischen Auffassungen gewesen. So gab Sismondi durch sein umfangreiches literaturhistorisches Werk gemeinsam mit Mme de Staël, in deren Salon er ständiger Gast war, den entscheidenden Anstoß zur romantischen Bewegung in der französischen Literatur. Auch das Interesse an der Geschichtsforschung und insbesondere die Vorliebe für vaterländische Geschichte, bis dahin in Frankreich vollkommen vernachlässigt, hat Sismondi mit seinen beiden großen Geschichtswerken erstmalig geweckt. Er ebnete damit der unmittelbar ihm folgenden großen Historikergeneration in Frankreich, angeführt durch Thierry, Guizot, Thiers und Michelet den Weg. Alle diese hier genannten Werke lassen Sismondi in erster Linie als Romantiker erscheinen. Das Bild wandelt sich, sofern man den Philosophen und Staatstheoretiker Sismondi betrachtet, insbesondere wenn man sein Buch „Forschungen über die

Verfassungen der freien Völker" berücksichtigt. Hier liegt die Auffassung näher, daß Sismondi noch dem Geist der Aufklärung und ganz besonders den Lehren Rousseaus verhaftet gewesen ist.

Aus alledem läßt sich jedoch bereits ersehen, wie weit eine Analyse reichen muß, wenn man im Falle Sismondis zu wissenschaftlich gültigen Aussagen gelangen will. Selbst bei einem Interesse, das sich vornehmlich auf die ökonomischen Theorien Sismondis richtet, darf man den ganzen Sismondi nicht aus den Augen verlieren. Erst wenn man dessen sämtliche Werke in die Betrachtung mit einbezieht, können auch die ökonomischen Werke richtig beurteilt und gewertet werden.

Aber zunächst eine kurze Bemerkung zu den wichtigsten Ereignissen seines Lebens. Jean Charles Léonard Simonde de Sismondi wurde am 9. 5. 1773 in Genf als Sohn des Geistlichen Gédéon François Simonde geboren. Er entstammt einer alten italienischen Adelsfamilie, die im Jahre 1524 aus Pisa nach Frankreich einwanderte. Das Geschlecht der Sismondi läßt sich bis ins Mittelalter zurückverfolgen. Der italienische Name Sismondi erfuhr in Frankreich eine Wandlung, indem er der französischen Aussprache angepaßt wurde. An die Stelle von Sismondi trat Simonde. Erst später legte sich Jean Charles Léonard Simonde den Namen seiner Vorfahren wieder zu.

Die sich zum Protestantismus bekennende Familie der Sismondi war nach der Aufhebung des Ediktes von Nantes gezwungen, Frankreich zu verlassen. Sie wanderte nach Genf, der Geburtsstadt Jean Charles Léonards, aus. Um den Wirren der französischen Revolution zu entgehen, die sich auch auf Genf erstreckten, hielt sich die Familie von 1793 bis 1794, achtzehn Monate, in England auf. Von da aus siedelte sie nach kurzem Zwischenaufenthalt in Genf nach Italien über. In Italien lebte Sismondi sechs Jahre auf einem Landgut in der Toskana, nahe bei Florenz. Als während der Regierungszeit Napoleons größere Ruhe und Ordnung wiederhergestellt war, kehrte die Familie im Jahre 1800 nach Genf zurück.

Jean Charles Léonard wurde von seinem Vater zum Kaufmannsstand bestimmt. Nach dem Besuch des Gymnasiums in Genf und kurzem Studium an der Genfer Hochschule wurde er zu einem Kaufmann nach Lyon in die Lehre geschickt. Im Jahre 1793 mußte Sismondi wegen der Revolutionsereignisse die Lehre abbrechen, an der er wegen starker wissenschaftlicher Interessen ohnehin mit nur wenig Neigung hing. Den folgenden eineinhalbjährigen Aufenthalt in England benutzte Sismondi zu vielseitigen Studien. Hier in England erlernte er die englische Sprache und kam mit dem englischen Geistesleben in Berührung. Nach der Übersiedlung in die Toskana widmete er sich ausschließlich Fragen der Landwirtschaft. Die Frucht dieser Studien und seiner praktischen Tätigkeit ist seine erste kleinere, 1801 erstmalig veröffentlichte Schrift „Tableau de l'agriculture toscane". Ihr folgte im Jahre 1803 sein erstes größeres wissenschaftliches Werk „De la Richesse commerciale ou Principes de l'économie politique", mit welchem er seinen Ruf auf dem Gebiet der Politischen Ökonomie begründete.

In der Folge ließ Sismondi dann allerdings die ökonomischen Studien fallen. Er wandte sich der Geschichte zu, und es entstand im Verlaufe von eineinhalb Jahrzehnten die vielbändige „Histoire des républiques italiennes du moyen age", die ihm in wissenschaftlichen Kreisen die Anerkennung als eines bedeutenden Historikers verschaffte. Zur gleichen Zeit hatte sich Sismondi auch noch mit der Literatur der romanischen Völker beschäftigt, wovon eine vierbändige Literaturgeschichte „De la littérature du midi de l'Europe" Zeugnis ablegt. An ökonomischen Arbeiten entstand in dieser Zeit (im Jahre 1811) lediglich ein größerer Aufsatz, in welchem sich Sismondi mit der Frage der Wiederherstellung des durch die napoleonischen Kriege zerrütteten österreichischen Währungssystems befaßt. („Mémoire sur le papier monnaie dans les Etats autrichiens et des moyens de le supprimer".)

Nach Beendigung der „Geschichte der italienischen Stadtrepubliken" wurde Sismondi durch die Aufforderung der

Herausgeber der Edinburger Enzyklopädie, einen Artikel über „Nationalökonomie" zu schreiben, neuerlich zu politökonomischen Studien angeregt. Es entstand im Anschluß an ausgedehnte Forschungen zunächst dieser Aufsatz, dem aber das ökonomische Hauptwerk Sismondis „Nouveaux Principes d'économie politique" (1819) unmittelbar folgte.

Von 1819 an bis zum Ende seines Lebens, im Jahre 1842, war Sismondi vornehmlich mit der Abfassung seines 33bändigen historischen Werkes „Histoire des Français" beschäftigt. Obgleich diese groß angelegte Arbeit seine ganze Kraft in Anspruch nahm, fand er doch noch Zeit, sich nebenbei mit politökonomischen und staatstheoretischen Fragen zu befassen. Im Jahre 1837 erschienen die drei Bände „Etudes sur l'économie politique", die allerdings auf politökonomischem Gebiet nichts wesentlich Neues und über die „Nouveaux Principes ..." Hinausgehendes mehr enthalten. Von größerem Interesse ist der erste Band dieser „Etudes ..." insofern, als nämlich Sismondi darin seine philosophischen bzw. staatstheoretischen Ansichten umfassend und gründlich auseinandersetzt.

Das äußere Leben Sismondis ist, abgesehen von der durch häufigen Wohnsitzwechsel in seiner Jugend bewirkten Unruhe, sehr gleichmäßig verlaufen. Um sich diese Ruhe und Unabhängigkeit zum Zwecke des Studiums zu bewahren, hat Sismondi beispielsweise das Angebot des Zaren Alexander, einen Lehrstuhl für Politische Ökonomie an der Universität Wilna einzunehmen, abgelehnt. Auch den Ruf an die berühmte Sorbonne in Paris, im Jahre 1819, nahm Sismondi aus dem gleichen Grunde nicht an.

Sein großes wissenschaftliches Ansehen hatte zur Aufnahme in den intellektuellen und schöngeistigen Kreis der Madame de Staël geführt. Er begleitete Mme de Staël in den Jahren 1804 bis 1808 auf ihren Reisen nach Deutschland und Italien und hat ihr bis zu deren Tode eine freundschaftliche Zuneigung bewahrt.

Sismondi hat, darauf sei ebenfalls noch hingewiesen, viele ehrenvolle Ämter bekleidet. Im Jahre 1833 wurde er zum auswärtigen Mitglied der Pariser Académie des sciences morales et politiques gewählt. Er war außerdem korrespondierendes Mitglied vieler wissenschaftlicher Gesellschaften, wie beispielsweise des Institut de France, der Kaiserlichen Akademie in Petersburg, der Königlichen Akademie der Wissenschaften in Preußen und einer Reihe italienischer Akademien. Auch diese Mitgliedschaften beweisen den großen wissenschaftlichen Ruf, den Sismondi zu seinen Lebzeiten genoß.

Überblickt man diesen knappen Abriß seines Lebens und wissenschaftlichen Wirkens, so wird eines deutlich: Sismondi gehört zu den Denkern, die die wohl bewegteste Periode französischer Geschichte – das Jahrzehnt vor der bürgerlichen Revolution, die Revolution selbst und die Jahrzehnte nach der Revolution – mit wachem Verstande miterlebt und in ihren Schriften mitgestaltet haben. Als Schüler eines Freundes von Rousseau war Sismondi bereits Zeitgenosse der letzten großen Aufklärer und Materialisten in Frankreich. Mit Interesse und Anteilnahme beobachtete er dann von Genf aus die revolutionären Ereignisse der Jahre 1789 bis 1793. Sodann verbanden ihn persönliche Kontakte mit Napoleon, allerdings von wechselnder gegenseitiger Zuneigung, und schließlich stand er im Kreise der Mme de Staël, Benjamin Constants und Wilhelm Schlegels der zu Beginn des 19. Jahrhunderts sich ausbreitenden literarischen und philosophischen romantischen Bewegung sehr nahe.

Aufstrebender Kapitalismus im Schoße der Feudalordnung, Sieg und Festigung der kapitalistischen Produktionsverhältnisse, sichtbar werdende Mängel der kapitalistischen Produktionsweise und die jeweiligen bewußtseinsmäßigen Widerspiegelungen dieser ökonomischen und gesellschaftlichen Verhältnisse – Aufklärung, Romantik, utopischer Sozialismus – all das hat Sismondi unmittelbar miterlebt. Sismondi lebte also in zwei ihrem ideologischen Gehalt nach völlig entgegengesetzten Epochen. Er hat das heftige Streben des Bürgertums nach Emanzipation und Herrschaft vor der Revolution, den gewaltigen Aufschwung an Begeisterung und Tatkraft in der Revolution sowie die besonders den Kleinbürger desillusionierende Wirklichkeit nach der Revolution kennengelernt.

Will man also die für das Denken Sismondis relevanten ökonomischen, politischen und ideologischen Zustände kurz umreißen, so hat man dafür die zweite Hälfte des 18. Jahrhunderts und die ersten zwei Jahrzehnte des 19. Jahrhunderts zugrunde zu legen.

Wie sah es, zunächst in ökonomischer Hinsicht, in der zweiten Hälfte des 18. Jahrhunderts in Frankreich aus? Gegenüber England, wo die Bourgeoisie im Verlaufe der bürgerlichen Revolution mehr als hundert Jahre früher als in Frankreich die politische Macht errungen hatte und wo von diesem Zeitpunkt an eine rasche und relativ ungehinderte Entfaltung von Industrie und Handel einsetzen konnte, war Frankreich in seiner ökonomischen Entwicklung zurückgeblieben.

Eine langsame Ausbreitung kapitalistischer Elemente im Schoße der feudalen Produktionsweise hatte es während des 16. und 17. Jahrhunderts zunächst auch in Frankreich gegeben. Jedoch gerieten diese Ansätze einer positiven Entwicklung sehr bald wieder ins Stocken. Es fand sogar in den ersten beiden Jahrzehnten des 18. Jahrhunderts eine gewisse Refeudalisierung in Frankreich statt. Erst nach dem Tode Ludwigs XIV. setzte dann eine erneute kapitalistische Entwicklung ein. Das Ausmaß des Wachstums dieser kapitalistischen Kräfte war bald so stark, daß die feudalen Hemmnisse als zunehmend hinderlich und störend empfunden wurden. Die Unzufriedenheit mit den bestehenden gesellschaftlichen Verhältnissen wurde immer größer.

Das Streben des französischen Bürgertums nach wirtschaftlicher und politischer Macht fand natürlich auch im ideologischen Bereich seinen Niederschlag. Gerade für Frankreich, wo das Bewußtsein schon immer außerordentlich empfindlich auf alle Veränderungen des gesellschaftlichen Seins reagierte, ist es typisch, daß der Prozeß der Herausbildung kapitalistischer Elemente von seinen Anfängen an vom reflektierenden Denken seiner Philosophen und Dichter begleitet war. So ist, vom Monetarismus einmal ganz abgesehen, der Aufschwung von Philosophie und Dichtung im 16. und 17. Jahrhundert in Frankreich bereits als Ausdruck einer aufkeimenden bürgerlichen Entwicklung zu werten.

Wenn auch Montaigne, Pascal und Descartes oder aber die großen französischen Klassiker Corneille, Racine und Molière die feudale Ordnung nicht unmittelbar erschütterten, so zeigen sie dennoch die sich nunmehr vollziehende Befreiung des menschlichen Geistes an. Auf Grund zunehmender bürgerlicher Aktivität in der ökonomischen Basis lockerten sich ebenfalls die Fesseln, die das Geistesleben in jahrhundertelanger feudaler Erstarrung gehalten hatten. Was tut es ferner, wenn sich auch Corneille, Racine und in gewisser Hinsicht ebenfalls Molière mit der feudalen Gesellschaft abfanden, welche Bedeutung hat das alles angesichts der Tatsache, daß diese Philosophen und Dichter den Beginn einer neuen Ära ankündigen?

Aber es blieb nicht lange bei diesen tastenden Versuchen scheuer Erkenntnis und Gesellschaftskritik. Schon bald traten auf Grund der fortschreitenden kapitalistischen Entwicklung die ersten Vorboten der Aufklärung auf den Plan. Besonders Fénelon mit „Les Aventures de Télémaque" und „Dialogues des Morts" und Fontenelle mit „La Pluralité des Mondes ..." und vor allem mit den an den heidnischen Lukian anknüpfenden „Nouveaux Dialogues des Morts" ragen hier hervor. Ebenfalls zur Frühaufklärung ist die Generation der französischen Moralisten (La Rochefoucauld, La Bruyère, Vauvenargues und Chamfort) zu rechnen.

Von ihnen, von den französischen Moralisten mit ihrer ätzenden Gesellschaftskritik führt der Weg direkt zu den großen Aufklärern des 18. Jahrhunderts.

Man darf allerdings nicht glauben, daß die französische Aufklärung, die ein ganzes Jahrhundert lang dem französischen Geistesleben den Stempel aufgedrückt hat, völlig homogen ist. Genau das Gegenteil ist der Fall. So wie der sogenannte dritte Stand in eine Reihe verschiedener Interessengruppen zerfällt, bietet auch die aufklärerische Ideologie, als der geistige Ausdruck dieser verschiedenen Interessen, ein außerordentlich vielschichtiges Bild. In Anbetracht dieser Tatsache läßt sich bei genauerer Analyse des aufklärerischen Denkens eine ganze Skala voneinander abweichender Einstellungen mit unterschiedlichem Fortschrittlichkeitsgrad feststellen.

Auf diese Unterschiede hinzuweisen, ist unerläßlich, weil Sismondis Theorien starke Berührungspunkte mit einer ganz bestimmten Richtung aufklärerischen Denkens erkennen lassen. Das heißt, wenn man den geistigen Anknüpfungspunkt Sismondis markieren will, um davon ausgehend dessen theoriegeschichtliche Stellung zu bezeichnen, so genügt es nicht, ganz einfach festzustellen, daß Sismondis Denken zunächst in der Aufklärung angesiedelt gewesen sei und sich erst später, in Anbetracht der ökonomischen und politischen Entwicklung, von der Aufklärung abgekehrt habe. Das eine wie das andere, nur für sich genommen, ließe ein falsches Bild entstehen. Sismondi ist zunächst weder reiner Aufklärer gewesen noch später gänzlich zum Romantiker geworden. Typisch für alle seine Werke ist vielmehr, daß sie eine gewisse Zwischenstellung einnehmen und sich daher weder der einen noch der anderen ideengeschichtlichen Epoche eindeutig zuordnen lassen.

Betrachten wir also jetzt die äußerst differenzierte geistige Situation innerhalb des dritten Standes vor der französischen Revolution. Bis zur Mitte des 18. Jahrhunderts besaß das Bank- und Handelskapital mit seinen Steuerpächtern und hohen Staatsbeamten die Vormachtstellung. Diese oberste Schicht des dritten Standes war mit der feudalen Ordnung noch am meisten verbunden. Ganz abgesehen davon, daß es ihren Vertretern häufig gelang, selbst in den Adelsstand aufzusteigen (Einheiratungen etc.), zog diese Schicht aus dem verrotteten, verschuldeten Feudalsystem außerdem große finanzielle Vorteile. Das hinderte diese Gruppe der Bourgeoisie nicht, dennoch ihre eigenen Klasseninteressen zu vertreten. Diese Interessen werden u. a. zum

Ausdruck gebracht von Montesquieu, Condillac, d'Alembert und ihrem radikalsten Vertreter Voltaire.

Sie alle sind weder Materialisten noch Atheisten, sondern es handelt sich um fortschrittliche bürgerliche Denker, die sich für die Umgestaltung der Gesellschaft einsetzen und in erster Linie für religiöse und politische Toleranz eintreten. Mit der Vernunft wollen sie gegen die Unvernunft kämpfen. Ihr politisches Ideal sind bürgerliche Reformen und die Errichtung einer konstitutionellen Monarchie. An der Religion halten sie in der Regel fest, wobei sie diese als eine nützliche und besonders für das Volk unentbehrliche Instanz betrachten. Das gilt für den Sensualisten Condillac wie auch für die Deisten d'Alembert und Voltaire.

Neben dieser Gruppe von Philosophen stehen die französischen Materialisten Diderot, Holbach, Helvétius und Lamettrie. Sie stützen sich vornehmlich auf die inzwischen erstarkte Industriebourgeoisie und bilden den eigentlichen Kern der französischen Aufklärung. Das von ihnen erstrebte Ziel ist der Sturz der feudalen Gesellschaftsordnung und die Errichtung der Macht der Bourgeoisie. Ihre politische Losung – Freiheit, Gleichheit, Brüderlichkeit – wurde die Losung der Revolution.

Doch damit ist die geistige Schichtung des vorrevolutionären Frankreichs noch immer nicht hinreichend gekennzeichnet. Einer der Riesen der französischen Aufklärung ist Jean Jacques Rousseau. Rousseau, der scharfsinnige und sicherlich weitsichtigste Denker der Aufklärung, vertrat die zahlenmäßig stärkste Schicht des dritten Standes – das Kleinbürgertum.

Mit seinen Romanen und anderen äußerst vielseitigen Schriften, sie erstrecken sich auf das Gebiet der Musiktheorie, Staatstheorie, Philosophie und Pädagogik, versucht Rousseau, das gesellschaftliche Leben von Grund auf zu erneuern. Er zwang seine Zeitgenossen zur Auseinandersetzung mit der morbiden und überlebten feudalen Ordnung. Was er erstrebte, war die Errichtung eines parlamentarisch-demokratischen Staatswesens, in welchem seine Ideale

Freiheit (Souveränität des Volkes) und Gleichheit hätten verwirklicht werden können. Bemerkenswert ist an Rousseau, daß er auch dem Wort Gleichheit eine andere Bedeutung als die übrigen Aufklärer beilegt. Es geht ihm nicht nur um eine Gleichstellung der Bourgeoisie mit dem Adel, um eine Beteiligung der Bourgeoisie an der politischen Macht zur Gewährleistung ihrer ökonomischen Ziele, sondern vielmehr um eine Gleichheit für jedermann. Charakteristisch ist für Rousseau, und das kommt besonders deutlich im „Contract Social" zum Ausdruck, daß er sich grundsätzlich für die ärmsten Schichten des dritten Standes einsetzt. Keineswegs betrachtet er die absolute Gleichheit, wie z. B. noch Voltaire, als ein Hirngespinst. Rousseau geht indessen sogar so weit, daß er das Kleinbürgertum gegen die räuberische kapitalistische Konkurrenz verteidigt, daß er die für das Kleinbürgertum verhängnisvolle kapitalistische Akkumulation bekämpft und daß er ferner den menschenentwürdigenden Verkauf der Arbeitskraft verurteilt. Alles das widerspricht seiner Vorstellung vom Begriff der Gleichheit.

Diese Vorstellungen Rousseaus reichen eigentlich schon über das unmittelbare politische Ziel – Sturz der feudalen Gesellschaftsordnung – hinaus. Trotzdem haben sie aber eine außerordentlich aufwühlende und zur Revolution drängende Rolle gespielt. Die Schriften Rousseaus mobilisierten vor allem die untersten Schichten des dritten Standes, ohne deren Beteiligung an den revolutionären Kämpfen ein Sieg der Revolution nicht möglich gewesen wäre. Zwar hatte auch das städtische und dörfliche Proletariat bzw. Halbproletariat schon seine Interessenvertreter in den utopischen Kommunisten Meslier, Mably und Morelly, welche Abschaffung des Privateigentums und Kampf gegen Feudalsystem und Bourgeoisie forderten. Jedoch befand sich auf Grund der noch relativ unentwickelten sozialökonomischen Basis in Frankreich der größte Teil der armen Stadt- und Landbevölkerung im Schlepptau des Kleinbürgertums, so daß auch Rousseau ihre Interessen, Hoffnungen und Wünsche zum Ausdruck brachte.

So unterschiedlich die politischen Strömungen innerhalb des dritten Standes auch gewesen sind, so sehr die ökonomischen und politischen Forderungen und Zielstellungen ihrer einzelnen Interessenvertreter voneinander abwichen, eines einte sie alle – der gemeinsame Kampf gegen das verhaßte Feudalsystem.

An diesem gemeinsamen Kampf ist aber nicht nur die französische Philosophie und Literatur beteiligt gewesen. Auch mit der Politischen Ökonomie hatte sich das Bürgertum eine Waffe gegen die alte feudale Gesellschaftsordnung geschmiedet. Anknüpfend an schon vorhandene, aber noch spärliche Traditionen auf diesem Gebiet (Colbert, Vauban, Boisguillebert), entstand in der Mitte des 18. Jahrhunderts das erste klassische System der Politischen Ökonomie in Frankreich, das System der Physiokraten. Es ist keineswegs abwegig, wenn man die Physiokratie als das ökonomische Pendant zur Philosophie der Aufklärung bezeichnet. So wie die Aufklärung auf philosophischem Gebiet die neue kapitalistische Ära vorbereitete, indem sie der Vernunft zum Siege verhalf, indem sie mit der Skepsis den blinden Glauben erschütterte, indem sie mit der Losung von der persönlichen Freiheit des Individuums die alten Obrigkeits- und Untertanenverhältnisse angriff, so schufen die Physiokraten ein ökonomisches System, in welchem die wirtschaftlichen Interessen der Bourgeoisie ihren Niederschlag fanden. Es ist natürlich, daß gerade ökonomische Fragen in dieser Zeit eine große Rolle spielten. Der dritte Stand konnte sich in seinem Kampf gegen den feudalen Staat in erster Linie auf die ökonomische Macht der Bourgeoisie stützen. Diese Macht zu festigen und zu vergrößern, war ein wichtiges Anliegen vor dem Ausbruch der Revolution.

Die Physiokraten nahmen sich dieser Aufgabe an und erfüllten sie im Rahmen der durch die feudalen Herrschaftsverhältnisse gesetzten Grenzen. Es wäre darum völlig abwegig, über das notwendigerweise „feudale Aushängeschild" (Marx) der physiokratischen Lehre den gänzlich bürgerlichen Kern ihres Systems zu vernachlässigen. Marx bezeichnet die Physiokratie als „die erste systematische Fassung der kapitalistischen Produktion".[1] Dieser kapitalistische Charakter kommt in allen speziellen Theorien der Physiokraten zum Ausdruck.

Am Ende des 18. Jahrhunderts hatten sich die Widersprüche in Frankreich jedenfalls so weit zugespitzt, daß im Sommer 1789 endgültig die bewaffnete Auseinandersetzung zwischen dem dritten Stand und den herrschenden Feudalklassen begann. Die untersten Schichten des dritten Standes, arme Tagelöhner in der Landwirtschaft, kleine Bauern und städtisches Lumpenproletariat folgten bereitwillig den Aufrufen zur Gewaltanwendung. Sie lebten in den unerträglichsten Verhältnissen und hatten durch spontane Hungerrevolten bereits mehrfach von sich reden gemacht. In der französischen bürgerlichen Revolution entluden sich die bestehenden und seit langem aufgespeicherten Spannungen und Gegensätze mit derartiger Gewalt, daß diese Revolution als das klassische Beispiel einer bürgerlichen Revolution überhaupt gelten kann. Da der dritte Stand, ungeachtet unterschiedlicher Interessen und Zielstellungen, zunächst noch geschlossen handelte, konnte er eine ungeheure revolutionäre Stoßkraft entwickeln. Die alten Feudalschichten, obgleich sie sich auf die königlichen Truppen stützten, hatten diesem Anprall keinen wirkungsvollen Widerstand entgegenzusetzen.

Die Revolution fand also unter der Führung der Bourgeoisie statt. Daran ändert auch die Tatsache nichts, daß sich die große Masse der kämpfenden Revolutionäre aus der französischen Bauernschaft und dem in größeren Industriestädten bereits vorhandenen Proletariat rekrutierte. Noch vertrat die Bourgeoisie die Interessen aller werktätigen Schichten. Es war die historische Aufgabe der Bourgeoisie, die alten feudalen Produktionsverhältnisse zu beseitigen und an deren Stelle neue kapitalistische Verhältnisse zu

[1] *Marx,* K., Das Kapital, Bd II. Marx/Engels Werke, Bd 24, Berlin 1963, S. 360.

setzen. Dieses Ziel wurde in der französischen Revolution vollkommen erreicht. Nach der Revolution stimmten die Produktionsverhältnisse mit dem Charakter der Produktivkräfte restlos überein.

Aber die französische Revolution zeichnet sich nicht nur durch die große Gründlichkeit aus, mit der der Feudalismus beseitigt wurde, sondern außerdem durch die erstaunliche Schnelligkeit, in der sich die Umwälzung vollzog. Wenige Jahre genügten, um die teilweise seit vielen Jahrhunderten festgewurzelten feudalen Traditionen und Gepflogenheiten für immer zum Verschwinden zu bringen.

Jedoch die Geschwindigkeit, mit der das Alte vernichtet wurde und das Neue an seine Stelle trat, braucht keineswegs in Erstaunen zu versetzen, wenn man sich das revolutionäre Fieber des jakobinischen Fanatismus vor Augen führt. Im Verlaufe der Revolution wechselte bekanntlich die Führung innerhalb der selbst wiederum differenzierten Bourgeoisie mehrfach. So hatte im Frühjahr 1793 das Kleinbürgertum die Macht an sich gerissen, die es bis zum Sommer 1794 fest in den Händen hielt. Diese Zeitspanne – Frühjahr 1793 bis Sommer 1794 – muß aber als die fortschrittlichste und demokratischste Phase der Revolution bezeichnet werden. Es handelt sich um den sehr kurzen Augenblick in der Geschichte, in welchem das Kleinbürgertum die politische Macht innehatte und eine außerordentliche progressive Rolle spielte.

Das Kleinbürgertum, gestützt auf die großen Massen der Bevölkerung, erreichte in dieser kurzen Phase der Revolution, womit das vorsichtige Großbürgertum, stets nach Kompromissen Ausschau haltend, viele Jahrzehnte beschäftigt gewesen wäre. Daß dabei der Sieg für die Bourgeoisie zum großen Teil gegen deren eigenen Willen erkämpft wurde, ist eines jener eigenartigen Paradoxa, die im geschichtlichen Entwicklungsgang gar nicht so selten anzutreffen sind. Natürlich war die Herrschaft des Konvents blutig und unerbittlich. Natürlich hat beispielsweise Fouché im Auftrage des Konvents in Lyon sechzehnhundert Menschen in wenigen Wochen hinschlachten lassen, deren Leichen, bis nach Toulon hinabschwimmend, das ganze Rhônetal verpesteten. Aber diese Schreckensherrschaft der Jakobiner, so grauenvoll und blutig im einzelnen, so notwendig und historisch gerechtfertigt ist sie dennoch gewesen.

Mit der Verschwörung gegen Robespierre und dessen Hinrichtung am 9. Thermidor (27. Juli) 1794 ist die Revolution beendet. Die Großbourgeoisie, die während der Revolutionsjahre durch Kriegsaufträge, Lebensmittel- und Grundstücksspekulationen reich geworden war, übernahm in der dem Konvent folgenden Zeit – während des Direktoriums – wieder die Macht. Vom Direktorium ging die politische Gewalt dann schließlich auf Napoleon über, ohne daß sich daran irgendetwas geändert hätte. Während der Regierungszeit Napoleons gelang es der Bourgeoisie, ihre Positionen weiter auszubauen und endgültig zu befestigen. Erst jetzt, nach der Herstellung größerer Ordnung und Sicherheit für die Großbourgeoisie, unter der Regierung Napoleons, konnten sich die Produktivkräfte ungehindert entfalten. Die freie Konkurrenz, das charakteristische Merkmal kapitalistischer Verhältnisse, breitet sich aus, die landwirtschaftliche Produktion, nunmehr vorwiegend kapitalistisch betrieben und ungehemmt durch feudale Schranken, macht große Fortschritte. Am gewaltigsten ist der Aufschwung der Industrie, der durch eine ebenso rasche Entwicklung der technischen Wissenschaften noch gefördert wird.

Diese kapitalistische Entwicklung, die im allgemeinen als die erste Phase der industriellen Revolution in Frankreich bezeichnet wird, konnte auch nicht durch die 1815 einsetzende Restauration aufgehalten werden. Zwar hoffte die Feudalaristokratie, mit der Rückkehr der Bourbonen und der Einsetzung Ludwig XVIII. die alten Verhältnisse wieder einzuführen, und auch die Gewerbeinnungen wollten durch eine Wiedererrichtung der Zünfte von dem politischen Umschwung profitieren. Doch sie alle sahen sich getäuscht. Die Errungenschaften der Revolution konnten nicht mehr rückgängig gemacht werden, d. h. die kapitalistischen Verhältnisse in Frankreich ließen sich nicht einfach durch königliche Dekrete abschaffen.

Daß von einem feudalen Rückschlag nicht die Rede sein konnte, zeigt vor allem der steile Anstieg der Industrieproduktion in dieser Zeit. Nach Überwindung der Kriegsauswirkungen macht besonders die Textilindustrie, Baumwollindustrie und Seidenindustrie und etwas später auch die Eisenindustrie gewaltige Fortschritte. Von 1820 an ist die industrielle Revolution in Frankreich in vollem Gange.

Dieser wirtschaftliche Umwälzungsprozeß hatte natürlich auch weitreichende soziale Folgen. Zwar waren die Werktätigen Frankreichs im Verlaufe der bürgerlichen Revolution in den Genuß der bürgerlichen Freiheiten gelangt, jedoch wurde dieser Vorteil durch eine allgemeine Verschlechterung der Lebenslage, die im Gefolge der industriellen Revolution alsbald eintrat, mehr als aufgewogen. Wenn auch zunächst für relativ kurze Zeit (1794–1815) die Reallöhne stiegen, der Arbeitstag sich teilweise verkürzte, eine Beschäftigung von Kindern im allgemeinen nicht anzutreffen war und die Arbeitslosigkeit erheblich sank, so trat schon bald eine Änderung ein. In Frankreich begannen sich die allgemeinen Tendenzen der industriellen Revolution – rapide Verschlechterung der Lebenslage der Werktätigen – durchzusetzen. Das wird charakteristisch durch: Herabsinken einer großen Zahl ehemals selbständig arbeitender Handwerker in die Reihen des Proletariats, Zunahme der Frauen- und Kinderarbeit, Zusammendrängung der Menschen in den Städten, Zerstörung der Heimindustrie und Auflösung der zerstreuten Manufaktur, wegen der Profitjagd ungünstiger werdende Arbeitsbedingungen in der maschinell betriebenen Industrie und schließlich allgemeines Sinken der Reallöhne.

Am Ende der Revolution hatte die Großbourgeoisie die Macht übernommen. Auf den Schwung und die Begeisterung vor und während der Revolution folgte jetzt die nüchterne Wirklichkeit kapitalistischer Plusmacherei. Durch die französische Revolution waren zwar die Klassengegensätze gegenüber dem Feudalismus bedeutend vereinfacht;

die sozialen Gegensätze und die Ausbeutung verschwanden allerdings nicht. Das Gegenteil war der Fall, denn im Verlaufe der industriellen Revolution trat eine Verschlechterung der Lage der arbeitenden Klassen in Frankreich ein.

Freiheit, Gleichheit und Brüderlichkeit, die Losungen der Bourgeoisie vor und während der Revolution, nunmehr im Bourgeoisiestaat „verwirklicht", erwiesen sich als sehr wenig ideal und menschenfreundlich. „Die jetzt zur Wahrheit gewordene ‚Freiheit des Eigentums' von feudalen Fesseln stellte sich heraus für den Kleinbürger und Kleinbauern als ... die Freiheit vom Eigentum."[2] Auch mit der Gleichheit hatte es eine eigentümliche Bewandtnis, denn Gleichheit bedeutete die bürgerliche Gleichheit vor dem Gesetz, die den Besitzlosen stets dem Besitzenden auslieferte. Und Brüderlichkeit war in dem neuen Staat schon gar nicht anzutreffen. An ihre Stelle trat ein rücksichtsloser, unerbittlicher kapitalistischer Konkurrenzkampf. Engels schreibt: „Der Handel entwickelte sich mehr und mehr zur Prellerei. Die ‚Brüderlichkeit' der revolutionären Devise verwirklichte sich in den Schikanen und dem Neid des Konkurrenzkampfes."[3]

Diese Sachlage hatte zur Folge, daß der noch vor der Revolution durch ein einheitliches politisches Ziel geeinte dritte Stand von nun an für immer zerfiel. Schon im Verlaufe der Revolution hatten sich die verschiedenen Interessen des dritten Standes gezeigt. So war das Kleinbürgertum während der Jakobinerdiktatur für kurze Zeit zur politischen Macht gelangt, und sogar die ersten selbständigen Regungen des modernen Proletariats, vertreten durch Babeuf, konnten bereits wahrgenommen werden. Nach Abschluß der Revolution, d. h. nach dem endgültigen Sieg der Bourgeoisie, und in der nun folgenden stürmischen kapi-

[2] *Engels,* F., Die Entwicklung des Sozialismus von der Utopie zur Wissenschaft, Marx/Engels Werke Bd 19, Berlin 1962, S. 192.

[3] *Engels,* F., Die Entwicklung des Sozialismus von der Utopie zur Wissenschaft, Marx/Engels Werke, Bd 19, Berlin 1962, S. 192.

talistischen Entwicklung in Frankreich weiteten sich die genannten unterschiedlichen Interessen der einzelnen Gruppierungen innerhalb des dritten Standes zu unversöhnlichen Gegensätzen aus. Der Klassenantagonismus von Bourgeoisie und Proletariat begann allmählich zu dem die Gesellschaft beherrschenden Gegensatz zu werden. Eine größere Rolle spielte aber zunächst noch das Kleinbürgertum. Das Kleinbürgertum, das einen entscheidenden Beitrag zum Sieg der Revolution geleistet hatte und sich dessen auch bewußt war, sah sich um die Früchte seiner politischen Anstrengungen betrogen. Es hatte durch die Revolution nicht nur nichts gewonnen, sondern war im Gegenteil zum Leidtragenden der politischen Umwälzung geworden.

Bestand vor der Revolution im Rahmen des Zunftsystems, so durchlöchert dessen Bestimmungen im einzelnen auch damals schon gewesen sein mochten, doch immerhin noch eine gewisse soziale Sicherheit für das Kleinbürgertum, so war auch dieser letzte wirtschaftliche Halt mit der Beseitigung der Zünfte während der Revolution verschwunden. Das Kleinbürgertum vermochte dem jetzt entfesselten kapitalistischen Konkurrenzkampf nicht standzuhalten und ging in beschleunigtem Tempo seiner Auflösung entgegen. Diese Lage des Kleinbürgertums, größte wirtschaftliche Unsicherheit und vollkommene politische Machtlosigkeit, d. h. also vollständige Perspektivlosigkeit, bildet die Grundlage für die spezifische Eigenart kleinbürgerlichen Denkens. Das Kleinbürgertum, das erstmalig im Verlaufe der Revolution mit einer eigenen Ideologie auftrat, ist jedoch bereits nach Abschluß der Revolution schon wieder vom Untergang bedroht. Die Ideologie des Kleinbürgertums spiegelt diesen Umstand ganz deutlich wider.

Neben die Ideologie der Bourgeoisie, die auf dem Gebiet der Politischen Ökonomie bereits zur Apologetik verfällt, treten in dieser Zeit zwei neue selbständige Ideologien. Das ist einmal der utopische Sozialismus, die Ideologie des sich gegenüber dem Kleinbürgertum allmählich geistig verselbständigenden Proletariats, und zum anderen das kleinbürgerliche Denken. Beide Richtungen sind, wenn auch in unterschiedlichem Grade und mit anderen Zielstellungen, gesellschaftskritisch. Aus den Gruppierungen des ehemaligen dritten Standes hervorgegangen, befinden sich diese Ideologien nunmehr in scharfem Gegensatz zur bestehenden kapitalistischen Gesellschaftsordnung, die sie einer schonungslosen und unerbittlichen Kritik aussetzen.

Alle diese weitläufigen historischen Verknüpfungen und sozialökonomischen Sachverhalte müssen berücksichtigt werden, wenn man das Denken Sismondis, insbesondere seine ökonomische Theorie, erfassen will.

Zwischen Aufklärung und Romantik

Man kann Sismondi als einen der bedeutendsten Vertreter kleinbürgerlich-romantischen Denkens bezeichnen. Diese knappe Charakteristik, im Hinblick auf die ökonomischen Lehren Sismondis zuerst von Marx und Engels gegeben und später von Lenin weiter ausgeführt, besitzt allgemeine Gültigkeit. Sie liefert nicht nur den Schlüssel für das Verständnis der ökonomischen Theorien Sismondis, sondern bildet gleichzeitig auch die Grundlage für die Beurteilung seiner in umfangreichen Werken dargelegten philosophischen, geschichts- und kulturphilosophischen Ansichten.

Was aber ist Kleinbürgertum, müssen wir zunächst fragen. Das Kleinbürgertum ist eine Zwischenklasse der kapitalistischen Gesellschaft, die sich aus kleinen Warenproduzenten zusammensetzt. Sie besitzt eigene Produktionsmittel, beutet aber nur in geringem Maße bzw. selten fremde Arbeitskräfte aus. Zur Klasse des Kleinbürgertums gehören Handwerker, Kleinhändler, Klein- und Mittelbauern. Diese soziale Schicht der Kleinbürger bestand, ganz abgesehen davon, daß sie auch heute noch existiert, bereits zur Zeit des Feudalismus. Beschränkt man sich hier auf die französischen Verhältnisse, so muß hervorgehoben werden, daß es in Frankreich vor der bürgerlichen Revolution neben großen kapitalistischen Unternehmen eine außerordentlich breite Schicht von Kleinbürgern gegeben hat.

Wie sieht es aber nun mit der Ideologie des Kleinbürgertums aus? Fest steht, daß das Kleinbürgertum auch schon vor der Revolution existierte; unbestreitbar ist aber ebenfalls, daß es als selbständige „Übergangsklasse" im Marxschen Sinn in dieser Zeit noch kein eigenes Gewicht in der geschichtlichen Bewegung erlangt hatte. Deshalb ist vor der bürgerlichen Revolution das Kleinbürgertum zwar bereits mit einer eigenen Ideologie ausgerüstet (Rousseau), diese Ideologie unterscheidet sich allerdings im Hinblick auf die generellen politischen Forderungen von der Ideologie der Bourgeoisie noch nicht wesentlich.

Erst im Verlaufe der Revolution prallen die unterschiedlichen Interessen des bis dahin geschlossen agierenden dritten Standes aufeinander.

Das heißt allerdings nicht, daß ein derartiger Zusammenprall, daß eine derartige prinzipielle Interessengegensätzlichkeit zwischen Kleinbürgertum und Großbürgertum die Grenzen zwischen beiden Gruppierungen ein für allemal fixiert und in jeder Richtung unüberwindbar gemacht hätte. Das Großbürgertum mit seinen vom Kleinbürgertum verschiedenen Interessen war bis in die dreißiger Jahre des 19. Jahrhunderts hinein noch in Entwicklung begriffen, und diese Entwicklung vollzog sich nicht zuletzt durch den ständigen Zuzug aus den Kreisen des Kleinbürgertums. Der industrielle Kapitalist, der Bourgeois der Zukunft, hatte zu jener Zeit in Frankreich nicht selten noch den Status des Kleinbürgers, des Mittelständlers. (Dieser Prozeß der Entwicklung vom Kleinbürger zum Bourgeois, die Problematik des Aufstiegs und Abstiegs, wird unter anderem auch anhand des Werdegangs vieler berühmter Romangestalten Balzacs sehr anschaulich dargestellt: der Werdegang Crevels in „La Cousine Bette" und das Schicksal César Birotteaus in „César Birotteau".) Dennoch wäre es unrichtig, dieses Fluktuieren vom Kleinbürgertum zum Großbürgertum überzubewerten. Neben dem Proletariat, zum Teil schon durch selbständige Forderungen vertreten, ist es in jener Zeit vor allem das Kleinbürgertum, das seine eigenen Interessen durchzusetzen sucht. Wie in einem Zeitraffer hatte die bürgerliche Revolution die bis dahin untergeordneten und latenten Gegensätze innerhalb der Bourgeoisie entwickelt. Das Großbürgertum gab sich mit dem Erreichten viel früher zufrieden als das Kleinbürgertum. Nachdem es die politische Macht errungen hatte, neigte es sofort zum Ausgleich mit den gestürzten feudalen Klassen. Ganz anders verhielt sich dagegen das Kleinbürgertum. Es beabsichtigte, gestützt auf das im großen und ganzen unselbständige Proletariat und die Bauernschaft, die Revolution bis zur restlosen Ausrottung der Aristokratie weiterzuführen.

Wenn daher auch die politische Gewalt nur sehr kurze Zeit in den Händen des Kleinbürgertums lag, so ist allein die Tatsache der Machtausübung überhaupt von großer Bedeutung für die Entfaltung der kleinbürgerlichen Ideologie gewesen. Gab es bis dahin nur eine mehr oder weniger breite Schicht von Kleinbürgern innerhalb des dritten Standes, die zunächst noch die gleichen politischen Ziele wie das Großbürgertum vertrat, so hatte sich das Kleinbürgertum von nun an mit einer Ideologie verselbständigt, die politisch und ideologisch entscheidende Wirksamkeit erlangen konnte. Die Bourgeoisie war endgültig gespalten. Neben das Großbürgertum trat das Kleinbürgertum mit eigenen politischen Forderungen und demzufolge mit einer *kleinbürgerlichen Ideologie*, die für das politische Handeln und philosophische Denken jener Zeit bestimmend wurde. Diese so verstandene kleinbürgerliche Ideologie ist zunächst in den pathetischen Deklamationen Robespierres und seiner führenden Mitkämpfer enthalten und hat dann, in Anpassung an die sich ändernden ökonomischen und politischen Verhältnisse, Wandlungen und eine weitere Vertiefung erfahren. Die kleinbürgerliche Ideologie als ausgebautes, umfassendes und selbständiges System nach Liquidierung des Feudalismus ist also nicht an das Vorhandensein eines Kleinbürgertums überhaupt gebunden, sondern vielmehr von der Existenz eines politisch selbständig auftretenden Kleinbürgertums abhängig.

Was die Dauer der Wirkenszeit des Kleinbürgertums anbetrifft, so ist diese Zeitspanne denkbar kurz gewesen. Von dem Zeitpunkt an, wo das Kleinbürgertum zur politischen Macht gelangt war und wo es sich mit selbständigen Forderungen und eigenen politischen Zielen vom Großbürgertum abspaltete, bis zu dem Zeitpunkt, wo es schließlich zwischen den Mühlsteinen des kapitalistischen Konkurrenzkampfes weitgehend zerrieben ist, vergehen kaum mehr als 60 Jahre. Ungeachtet des außerordentlich intensiven Wirkens während dieser Periode beginnt die kleinbürgerliche Ideologie in der soeben dargestellten Form bereits in den sechziger Jahren des 19. Jahrhunderts ihren Einfluß in Frankreich zu verlieren. Das betrifft zunächst die Theorien Sismondis, die sehr schnell in Vergessenheit gerieten, gilt aber ebenfalls, wenn auch mit gewissen Einschränkungen, für die Lehren des kleinbürgerlichen Philosophen und Ökonomen Proudhon.

Die sozialen Gegensätze spitzten sich jetzt ausschließlich auf den Klassenantagonismus von Bourgeoisie und Proletariat zu, denn das Proletariat hatte nunmehr seinen eigenen Klassenstandpunkt gewonnen und sich endgültig von dem Schlepptau des Kleinbürgertums losgerissen. Zwar hat sich das Kleinbürgertum als Zwischenklasse zwischen Bourgeoisie und Proletariat bis in die heutige Zeit erhalten, womit natürlich auch die kleinbürgerliche Ideologie bestehen blieb, entscheidende politische Bedeutung haben aber seit der Herausbildung der proletarischen Ideologie und des proletarischen Klassenbewußtseins weder das Kleinbürgertum noch die kleinbürgerliche Ideologie jemals wiedererlangt.

Diese kleinbürgerliche Ideologie mit entscheidender politischer und ideologischer Wirksamkeit, in ihrer zeitlichen Wirkung eindeutig begrenzt, hat charakteristische Merkmale. Sie lassen sich bereits zu Anfang, in der Gestalt Robespierres, im Keim erkennen, obwohl sie erst im Verlaufe der Entwicklung zu immer schärferer Ausbildung gelangen. In den Theorien Sismondis findet man diese typischen Züge kleinbürgerlichen Denkens voll entwickelt.

Dazu eine kurze Bemerkung: Nach dem politischen Sieg der Bourgeoisie setzte in Frankreich eine durch feudale Schranken nunmehr ungehinderte rasche kapitalistische Entwicklung ein, die von einem erbarmungslosen kapitalistischen Konkurrenzkampf begleitet war. Dieser Konkurrenzkampf führte zu der immer schneller voranschreitenden Polarisation der Gesellschaft in die zwei Hauptklassen Bourgeoisie und Proletariat.

Von dieser Polarisation war natürlich in erster Linie das Kleinbürgertum betroffen. Die kleinen Werkstätten und Handwerksbetriebe gingen, da sie der Konkurrenz größerer kapitalistischer Unternehmen nicht standzuhalten vermochten, massenweise zugrunde. Den ursprünglich selbständig wirtschaftenden Handwerksmeistern sowie ihren Gesellen blieb, wollten sie nicht verhungern, nichts weiter übrig, als ihre Arbeitskräfte in den großen Industriebetrieben ihrer siegreichen Konkurrenten feilzubieten. Damit waren sie in das allgemeine Elend des Proletariats (Arbeitslosigkeit, niedere Löhne etc.) herabgesunken. Nur wenigen Handwerksmeistern und kleinen kapitalistischen Unternehmern gelang es, sich in diesem erbarmungslosen Konkurrenzkampf durchzusetzen und zu größerer ökonomischer Macht und zu größerem Reichtum emporzusteigen. Der weitaus größere Teil der Mittelschichten war vom Ruin betroffen.

In dieser Zeit kennzeichnet also äußerste Unsicherheit die ökonomische Lage des Kleinbürgertums. Sie bildet die objektive Grundlage für das entscheidende charakteristische Wesensmerkmal kleinbürgerlicher Denk- und Verhaltensweise und ist auch die Ursache für die Zwiespältigkeit des Kleinbürgertums. Ganz knapp läßt sich diese Zwiespältigkeit in den zwei Begriffen „Furcht“ und „Hoffnung“ zum Ausdruck bringen. Den Kleinbürger kennzeichnet einerseits die Furcht, dem Konkurrenzkampf zu erliegen und in das Elend des Proletariats hinabgeschleudert zu werden, wie andererseits die Hoffnung auf größeren Reichtum und sozialen Aufstieg. Stets ist die Seele des Kleinbürgers in diese beiden Pole, in Furcht und Hoffnung bzw. in Befürchtung und Wunsch, gespalten. Lenin schreibt dazu: „In Wirklichkeit gibt es, wie dieses jeder sieht und weiß, keine Kleinproduzenten, die nicht zwischen diesen beiden einander entgegengesetzten Klassen stünden, und diese Zwischenstellung bedingt notwendig den spezifischen Charakter der Kleinbourgeoisie, ihre Zwieschlächtigkeit, ihr Doppelgesicht.“[4]

Eine deutliche Parallele zur politischen Haltung des Kleinbürgertums läßt sich im Bereich der Ideologie feststellen. Auch hier erweisen sich kleinbürgerliche Theorien stets von wissenschaftlichem Format, solange sie sich auf die kritische Seite, genauer gesagt, auf die Sozialkritik beschränken. In dem Augenblick aber, wo zur Darlegung positiver Lösungen der zuvor aufgezeigten Widersprüche übergegangen werden muß, beginnt das Debakel. Entweder es wird ganz einfach bekannt, daß es keine Lösungen gibt, oder aber die Lösungen sind unhaltbar, weil utopisch und romantisch. Diese prinzipielle geistige Haltung des Kleinbürgertums gilt für Sismondi in besonders ausgeprägtem Maße. Zunächst richtet sich sein aufrichtiger Kampf gegen feudale Rückständigkeit; später aber werden die gleichen menschenfreundlichen Losungen des Kleinbürgers immer mehr der Ausgangspunkt einer schonungslosen Kritik am Kapitalismus. Daß es Sismondi allerdings nicht gelingen konnte, einen wirklichen Ausweg zu finden, daß er bei seiner mutigen Kritik erneut in den Bannkreis feudaler Bestrebungen geriet, ist das tragische Schicksal des Kleinbürgers überhaupt. Mit dem Stützfuß noch in der Aufklärung verharrend, mit dem Schreitfuß bereits der Romantik zugewendet, das ist die prinzipielle geistig-weltanschauliche Stellung des Kleinbürgertums.

Diese allgemeine Charakteristik läßt sich auf die sämt-

[4] Lenin, W. I., Zur Charakteristik der ökonomischen Romantik, Werke, Bd 2, Berlin 1961, S. 218.

lichen Werke Sismondis anwenden; sein Denken ist grundsätzlich zwischen den beiden großen Ideenblöcken – Aufklärung und Romantik – angesiedelt.

Wenngleich auch der ökonomischen Theorie Sismondis unser vorrangiges Interesse gilt, ist es keineswegs abwegig, unter diesem besonderen Blickwinkel seine staatstheoretischen und kulturphilosophischen Auffassungen kurz zu berühren. Gewiß, die originellste wissenschaftliche Leistung Sismondis liegt auf ökonomischem Gebiet. Viel weniger bedeutend, viel weniger selbständig und vor allem auch viel weniger geschlossen sind dagegen die staatstheoretischen und kulturphilosophischen Ansichten. Was z. B. die Staatstheorie Sismondis anbetrifft, so liegt sie ganz und gar im Schatten der genialen Ideen Jean Jacques Rousseaus. Das hat allerdings nicht verhindert, daß die staatstheoretische Konzeption Sismondis zu seinen Lebzeiten im Brennpunkt heftig aufeinanderprallender unterschiedlicher Weltanschauungen stand. Auf die Epoche der Aufklärung folgte ideengeschichtlich die Epoche der Romantik. Obwohl Sismondi in beiden Epochen Wurzeln geschlagen hat, ist er weder der einen noch der anderen eindeutig zuzuordnen. Die Klassenstellung Sismondis – Vertreter des Kleinbürgertums – hat seinem Denken vielmehr ein besonderes, charakteristisches Gepräge verliehen. Stets vermischen sich bei ihm Elemente des Geistes der Aufklärung mit Elementen des Weltbildes der Romantiker, immer sind es Elemente fortschrittlich-liberaler Gesinnung und Züge reaktionär-romantischer Weltauffassung, die bei Sismondi danach trachten, eine Symbiose einzugehen. Das führte dazu, daß Sismondi zu seinen Lebzeiten von der liberalen Partei in Frankreich, wie auch von den Parteigängern der Restauration gleichermaßen in Anspruch genommen wurde. Sismondi verdankte der für ihn typischen Zwischenstellung große Popularität und beträchtliches wissenschaftliches Ansehen. Allein die Übersetzungen seiner Werke in viele Sprachen gleich nach ihrem Erscheinen legen davon Zeugnis ab. So wurden beispielsweise die „Forschungen über die Verfassungen der freien Völker“, in welchen die staatstheoretischen Ansichten Sismondis niedergelegt sind, ein Jahr nach der Herausgabe in Frankreich in deutscher Sprache veröffentlicht.

Was nun die staatstheoretische Konzeption Sismondis selbst anbetrifft, so müssen wir sie suchen zwischen den beiden diesbezüglichen großen Theoriegebäuden jener Zeit – zwischen der Naturrechtslehre der Aufklärung und der Staats- und Gesellschaftslehre der Romantik.

Wir wissen, daß die Keime des modernen Naturrechtsdenkens bereits im Schoße der Staatslehre des Calvinismus heranreiften. Dieser geräuschlosen Vorbereitung folgte dann in der ersten Hälfte des 17. Jahrhunderts die explosionsartige Ausbreitung des modernen bürgerlichen Naturrechts in vielen Staaten Europas. Die großen Naturrechtslehrer Grotius und Hobbes begründeten die Notwendigkeit einer starken absoluten Monarchie zum Nutzen der aufstrebenden Nationalstaaten. Sie befanden sich damit in voller Übereinstimmung mit den Erfordernissen ihrer Zeit. Danach waren es hauptsächlich Locke und Montesquieu, die von der Idee der absoluten Monarchie abrückten und zur Befürwortung der konstitutionellen Monarchie übergingen. Rousseau schließlich machte im Rahmen des bürgerlichen Naturrechts den letzten großen Schritt vorwärts. Er lehnte schon teilweise die Monarchie ab und erklärte sich für Demokratie und Volkssouveränität. Mit dem Ausbruch der bürgerlichen Revolution in Frankreich hatte die Lehre vom Naturrecht ihre historische Aufgabe erfüllt, sie war von nun an wirkungslos und überflüssig. Es setzte jetzt die Auflösung der naturrechtlichen Theorien ein, als deren Ergebnis schließlich die Staats- und Gesellschaftslehre der Romantik entsteht.

Dieser Verfall des bürgerlichen Naturrechtsdenkens zur Staats- und Gesellschaftslehre der Romantik wurde nun aber eingeleitet von der kleinbürgerlichen Kritik am Naturrecht. Es ist der kleinbürgerliche Denker Sismondi, der im Zusammenhang mit der Revision des bürgerlichen Naturrechts seine staatstheoretische Konzeption entwickelt.

Dabei ist die Stellung Sismondis zu Rousseau von großer Bedeutung. Sismondi, der Repräsentant kleinbürgerlichen Denkens, ist der erste, der die Lehre vom Naturrecht einer Revision unterwirft. Allerdings gipfelt diese Revision des Naturrechts, von Sismondi in erster Linie an Hand der Lehren Rousseaus vorgenommen, nicht in einem krassen Bruch mit Rousseau. Die Beziehungen Sismondis zu Rousseau lassen sich vielmehr durch eine vorsichtige, kaum merkliche Abwendung von dessen Theorien kennzeichnen. Sismondi bekennt sich weiterhin zu Rousseau, lediglich die Akzente der Rousseauschen Lehre werden bei ihm etwas anders gesetzt. Allein durch diese unauffällige Akzentverschiebung erreicht der Interessenvertreter des Kleinbürgertums Sismondi die Auflösung des modernen bürgerlichen Naturrechts.

Die Voraussetzung für einen derartigen unauffälligen Übergang bildet natürlich das Rousseausche System selbst. Mit Rousseau ist zwar einerseits der äußerste, revolutionärste Gipfel bürgerlich-naturrechtlichen Denkens erreicht, der Rousseausche „Contract Social" wurde die Bibel der französischen Revolution, andererseits sind aber bereits die grundlegenden Züge kleinbürgerlichen Denkens darin vorgezeichnet. Diese kleinbürgerlichen Elemente, zur Zeit Rousseaus noch im Sinne des Fortschritts wirksam, wurden einige Jahrzehnte später zur Grundlage der staatstheoretischen Konzeption Sismondis. Sismondi stand also im Falle Rousseaus nicht, wie bei Adam Smith, vor der Notwendigkeit eines krassen weltanschaulichen Bruchs, denn die Theorien Rousseaus enthielten im Gegensatz zu den Lehren Adam Smith' Elemente, auf denen der Kleinbürger Sismondi sein eigenes theoretisches System fußen lassen konnte.

Die außerordentlich nahe geistige Beziehung Sismondis zu Rousseau läßt sich bereits auf die Zeit der schulischen Erziehung zurückführen. Beide, Rousseau wie auch Sismondi, stammten aus Genf. In dieser alten traditionsreichen Stadt – Republik Genf war die gewaltige Magie, die vom Rousseauschen Denken ausgeht, auch Jahrzehnte später noch spürbar. Bereits auf den zehnjährigen Sismondi hat diese Umgebung gewirkt. Seine ganze Erziehung wurde stark von Rousseauschen Gedanken beeinflußt. Es ist sicher nicht abwegig anzunehmen, daß diese Erziehung erstmalig das sozialphilosophische und geschichtliche Interesse Sismondis weckte. Sismondi hatte bei ausgezeichneten Lehrern Unterricht. Unter ihnen ist besonders Pierre Prévost, ein persönlicher Bekannter Rousseaus, zu nennen. Letzterem verdankte Sismondi das Beste vom geistigen Erbe des 18. Jahrhunderts. Sismondi hat über seine Jugendjahre selbst sehr wenig gesagt, so daß man heute nur noch schwer ermessen kann, welchen Einfluß diese Erziehung auf ihn gehabt hat. Zur völligen Würdigung des Einflusses von Rousseau gelangt man erst dann, wenn man die Werke Sismondis studiert. Vor allem bei den philosophischen und politischen Darlegungen stößt man auf Gedankengänge des großen französischen Aufklärers. Allerdings hat Sismondi immer nur das im Denken Rousseaus bevorzugt, was eigentlich schon nicht mehr den Geist des 18. Jahrhunderts repräsentiert, sondern bereits dem Geist des beginnenden 19. Jahrhunderts zugehörig ist.

Wie äußern sich diese kleinbürgerlichen Züge in den Theorien Rousseaus?

Schon mit der Auffassung des Begriffs „Natur", der der gesamten französischen Philosophie des 18. Jahrhunderts vertraut war, unterscheidet sich Rousseau von den anderen Philosophen seiner Zeit. In Anlehnung an Descartes setzte man im allgemeinen das Natürliche mit dem Vernünftigen gleich.[5] Gegen Ende des 18. Jahrhunderts vollzog sich dann allerdings eine Aufspaltung des Begriffs Natur. Während die Enzyklopädisten die Natur weiterhin als etwas Vernünftiges betrachten, und die Natur für sie zum Gegenstand der Naturwissenschaften wird, versteht Rousseau unter Natur etwas anderes. Die Natur ist für ihn etwas Göttliches,

[5] Vgl. Buck, „Rousseau und die deutsche Romantik", Berlin 1932, S. 22.

und er spricht mit schwärmerischer Gefühlshingabe von der Güte der Natur. In dieser Betonung des Gefühls liegt aber bereits der Keim der sich später ausbreitenden romantischen Schwärmerei. Bei Rousseau führt die romantische Bestimmung des Naturbegriffs schließlich zur Gegenüberstellung von Natur und Kultur. Natur bedeutet ihm das Unverfälschte, Schöne, Gute etc., im genauen Gegensatz zur Kultur, in der sich das Verfälschte, Verderbte und Häßliche der Menschennatur zeigt. Diese Tendenz zum Kulturpessimismus, die schon Voltaire an Rousseau gegeißelt hat, und die auf eine Hemmung des Fortschritts von Kunst und Wissenschaft hinausläuft, ist ganz und gar kleinbürgerlich-romantisch. Die Menschheit hätte im Naturzustand verbleiben sollen, klagt Rousseau; die gesamte gesellschaftliche Entwicklung sei für die Menschen verderblich gewesen.

Ähnliche, wenn auch nicht gleiche Gedanken findet man später bei Sismondi. Sismondi beabsichtigt zwar nicht wie Rousseau zum sogenannten Naturzustand zurückzukehren, aber auch er wendet sich von der häßlichen Gegenwart ab.

Ein weiteres romantisches Element kann man erkennen, wenn Rousseau von den Handlungsantrieben der Menschen im sogenannten Naturzustand spricht. Während bei den übrigen Naturrechtlern immer nur die Liebe des Menschen zu sich selbst das Handeln bestimmte, betont Rousseau das Vorhandensein eines natürlichen Gefühls von Mitleid. Dieses Gefühl des Mitleids veranlaßte ihn zur Parteinahme für die entrechteten, besitzlosen Proletarier, die seiner Meinung nach außerhalb des Staates stehen. Die Gesetze bringen nur den Besitzenden Nutzen, und es wäre besser gewesen, wenn es beim Naturzustand geblieben wäre, d. h., es wäre besser gewesen, wenn keine kapitalistische Entwicklung stattgefunden hätte.

Noch größer sind die Abstriche, die man von der rein aufklärerischen Position Rousseaus machen muß, sobald man seine Ansichten über das Eigentum in Augenschein nimmt. Hier geht der Kleinbürger Rousseau bereits weit über die Forderungen der anderen bürgerlichen Aufklärer hinaus, wenn er den verhängnisvollen Schritt zum Privateigentum beklagt. Mit dem Privateigentum verschwand die Bedürfnislosigkeit und die natürliche Gleichheit der Naturmenschen, um der gesellschaftlichen Ungleichheit den Platz einzuräumen. Nur die Reichen machten nach Rousseau den Vorschlag zur Staatsgründung. Sie erstrebten auf Kosten der Sanktionierung der Ungleichheit eine staatliche Sicherung ihres Privateigentums. Die mit der weiteren Entwicklung verbundene Konzentration des Reichtums führte dann schließlich sogar zur völligen Aufhebung von Gleichheit und Freiheit. Um aber Freiheit und Gleichheit zu erhalten, ist nach Rousseau zu gewährleisten, „daß die Bürger weder durch zu großen Reichtum befähigt werden, andere zu kaufen, noch durch Mangel und Dürftigkeit genötigt werden, sich erkaufen zu lassen. Der Reichtum seiner Angehörigen ist für den Staat ebenso gefährlich, wie ihre Armut; man muß daher diese Extreme einander so viel wie möglich zu nähern suchen."[6] Der Staat soll zur Erreichung dieses Ziels zweckmäßige Vorkehrungen treffen. In dieser Forderung Rousseaus erkennt man deutlich eine weitgehende Modifizierung der ursprünglichen naturrechtlichen Grundsätze. Für ihn sind Freiheit im Sinne einer absoluten, totalen Konkurrenz und prinzipielle Sicherung des Eigentums keineswegs mehr hohe naturrechtliche Forderungen. Bei Rousseau muß es im Gegenteil einen Staat geben, der über das Gemeinwohl wacht, und erst dann kann die größte Freiheit der Bürger erreicht werden. Was die Frage des Eigentums anbetrifft, so geht Rousseau natürlich nicht so weit, daß er die Einrichtung des Privateigentums überhaupt aufheben will. Immerhin findet man aber bei ihm bereits eine Kritik der kapitalistischen Eigentumsverhältnisse. Bahner, sich auf Engels stützend, behauptet daher mit vollem Recht, daß der „Contract Social" Rousseaus deshalb schon

[6] Rousseau, J. J., „Gesellschaftsvertrag", zitiert bei Brockerhoff, „Rousseau – sein Leben und Werk", Band III, Leipzig 1874, S. 128.

eine Vorwegnahme der Hegelschen Negation der Negation bildet.[7] Es handelt sich bei Rousseau um die Negation der feudalabsolutistischen Staatsordnung bei gleichzeitiger Negation des Kapitalismus vom kleinbürgerlichen Standpunkt aus.

Was nun die außerordentliche Ähnlichkeit Rousseauscher und Sismondischer Gedankengänge anbetrifft, so steht folgendes fest, daß auch Sismondi, von einem stark betonten Gefühl des Mitleids ausgehend, zu einer kritischen Überprüfung der bestehenden gesellschaftlichen Ordnung vorstößt. Die Parteinahme für die entrechteten und ausgebeuteten Menschen führt Sismondi ebenfalls zu einer Revision der naturrechtlichen Grundsätze über Freiheit und Eigentum. In dieser Hinsicht gelangt Sismondi sogar zu völlig gleichen Schlußfolgerungen wie Rousseau.

Aber es gibt bei Rousseau noch andere Anknüpfungspunkte für Sismondi. Der demokratische Charakter der Rousseauschen Staatstheorie liegt nicht unbedingt in der Empfehlung der Demokratie. Das größte Gewicht legt Rousseau vielmehr auf die Idee der Durchsetzung der Volkssouveränität. Die Idee der Volkssouveränität kann aber auch in der Monarchie verwirklicht werden. Die Monarchie ermöglicht nach Ansicht Rousseaus durchaus eine republikanische Staatsform, sobald nämlich der König Beauftragter des Volkes ist. Aus diesem Grunde läßt sich keineswegs ein abstraktes Urteil darüber fällen, ob die Demokratie tatsächlich die beste Staatsform sei oder nicht. Die jeweils günstigste Staatsform richtet sich bei Rousseau immer nach der Größe des betreffenden Landes. Für Frankreich wäre demnach die Monarchie zu empfehlen.

Auch in dieser Hinsicht ist Sismondi seinem Lehrer Rousseau gefolgt. Allerdings findet man bei ihm sehr viel weniger revolutionären Geist als bei Rousseau. Rousseau hatte stets auf der notwendigen Verwirklichung des demokratischen

[7] Vgl. Bahner, W. – Rousseau. „Der Gesellschaftsvertrag", a. a. O., S. 173 (Nachwort).

Grundgedankens in jeder Regierungseinrichtung bestanden, gleichgültig, ob es sich um eine Demokratie, Monarchie oder Aristokratie handelte. Sismondi dagegen hält gar nichts von der Souveränität des Volkes, die er gerne durch eine aristokratische Körperschaft ersetzt wissen möchte. Nur formal bleibt er also den Ideen Rousseaus treu, wenn er sich wie dieser für die Monarchie in Frankreich erklärt.

Völlige Übereinstimmung zwischen Sismondi und Rousseau besteht allerdings hinsichtlich ihres Urteils über die Revolution. Es ist bekannt, daß Rousseau vor der Revolution und vor jeglicher Gewalt überhaupt zurückschreckte. Auch insofern wird der revolutionäre Charakter seiner Staatsauffassung vielfach überschätzt. Rousseau gab der Revolution mehr durch sein Gesamtwerk, worin die Notwendigkeit einer restlosen sozialen und politischen Erneuerung gefordert wird, einen Impuls, als daß er unmittelbar zur Revolution aufgerufen hätte. Der bekannte Ausspruch, daß auch die beste politische Umgestaltung mit dem Blute eines einzigen Menschen zu teuer erkauft wird, deutet darum eher auf kleinbürgerliche Ängstlichkeit und Zaghaftigkeit hin. Es ist auffällig, wie wenig gerade in dieser Hinsicht der Kleinbürger Sismondi von Rousseau zu unterscheiden ist.

In den Theorien Sismondis und Rousseaus gibt es also eine Reihe von Gemeinsamkeiten. Die Ursache dafür ist in der gleichen Stellung beider Denker zu suchen. Während sich in den Werken Rousseaus kleinbürgerliche Elemente nachweisen lassen, ungeachtet der Tatsache, daß der sogenannte dritte Stand in der Zeit vor der Revolution noch nicht gespalten war, muß man in Sismondi den Repräsentanten kleinbürgerlichen Denkens in Frankreich nach Abschluß der bürgerlichen Revolution erkennen. Diese Übereinstimmung allein gestattet es allerdings nicht, die Theorien Sismondis und Rousseaus gleichzusetzen. Der kleinbürgerliche Standpunkt vor der Revolution einerseits und der kleinbürgerliche Standpunkt nach der Revolution andererseits ist unterschiedlich zu bewerten. Durfte Rousseau z. B.

noch an eine Verbesserung der Welt durch die bürgerliche Revolution glauben, und konnte er ferner noch mit einer Erleichterung der materiellen Lage der einfachen Menschen rechnen, so war einige Jahrzehnte später die Desillusionierung für den Kleinbürger Sismondi bereits eingetreten. Über diesen entscheidenden Unterschied dürfen alle Gemeinsamkeiten in den Theorien beider Denker nicht hinwegtäuschen. Sismondi sieht sich einer gänzlich anderen historischen Situation gegenüber als Rousseau. Die wichtigste Aufgabe bestand nicht mehr darin, gegen den Feudalabsolutismus zu kämpfen, sondern mit den Widersprüchen der neuen kapitalistischen Gesellschaft fertig zu werden.

Das ist auch die letzte Ursache dafür, daß die Ansichten Sismondis und Rousseaus nicht so weitgehend übereinstimmen, wie das auf den ersten Blick den Anschein hat. Die Gemeinsamkeiten sind mehr formaler Natur. So bedient sich Sismondi bei seinen staatstheoretischen Erwägungen in vielen Fällen der gleichen Methode wie Rousseau oder man findet bei ihm gleiche Fragestellungen usw. Was die eigentliche wissenschaftliche Stellung anbetrifft, so liefert Rousseau für Sismondi lediglich die theoretischen Ausgangspunkte. Sismondi knüpft zwar an die kleinbürgerlichen und romantischen Elemente bei Rousseau an, geht aber gleichzeitig viel weiter als dieser. Charakteristisch ist für Sismondi, daß er die Rousseausche Theorie gewissermaßen umwertet, indem er den Ansichten Rousseaus ihre revolutionäre, demokratische Spitze abbricht. Triumphierte bei Rousseau letzten Endes doch immer das demokratische Prinzip bzw. die Idee der Volkssouveränität, so ist Sismondi im Prinzip konservativ eingestellt.

Mit dem kleinbürgerlichen Denker Sismondi beginnt darum bereits wieder der Abstieg vom äußersten Gipfel bürgerlicher Staatsauffassungen. Dieser Abstieg erreicht mit der Befürwortung der mittelalterlichen Feudalmonarchie durch die reaktionäre Romantik seinen Abschluß. Natürlich unterscheidet sich Sismondi von der reaktionären Romantik, wenn er sich für die konstitutionelle Monarchie erklärt. Das darf aber nicht darüber hinwegtäuschen, daß auch Sismondi versucht, die Monarchie zu restaurieren. Sismondi wendet sich ferner von der naturrechtlich geprägten Auffassung Rousseaus ab, daß man lediglich den ursprünglichen Vertrag zu ändern brauche, um den Staat von Grund auf umzuwandeln. Für Sismondi stellt der Staat eine ideelle Kraft dar, dessen Nährboden eine lange, ehrfurchtgebietende geschichtliche Entwicklung ist. Einem Bestreben nach politischer Änderung kann daher nur dann Erfolg beschieden sein, wenn das sogenannte geschichtlich Gewordene in Anschlag gebracht wird. Aus dieser im Kern romantischen Haltung begründet Sismondi die Ehrfurcht vor allem Althergebrachten. Sein Konservatismus erstreckt sich daher nicht nur auf eine monarchische Einstellung, sondern schließt gleichzeitig eine Aufwertung der christlichen Religion und der Kirche mit ein.

Zieht man das Fazit, so kann man sagen, daß zwar Ähnlichkeiten in den staatstheoretischen Auffassungen Rousseaus und Sismondis bestehen, daß aber deshalb dennoch nicht von einer Deckung ihrer Ansichten gesprochen werden darf. Zwischen Rousseaus „Gesellschaftsvertrag" und Sismondis „Forschungen..." liegen 74 Jahre ereignisreicher ökonomischer und politischer Entwicklung. Rousseau, vor der bürgerlichen Revolution in Frankreich, war im großen und ganzen optimistisch eingestellt, er glaubte an den Fortschritt der menschlichen Gesellschaft. Sismondi dagegen ist Pessimist. Die kleinbürgerliche Perspektive, aus der er seine kapitalistische Umwelt nach der Revolution sieht, ließ für ihn keine Hoffnung auf gesellschaftlichen Fortschritt zu.

Will man den Vergleich zwischen Rousseau und Sismondi auf eine ganz allgemeine Formel bringen, so ließe sich sagen: Rousseau ist im Vergleich zu Sismondi revolutionär, obgleich die revolutionäre Bedeutung seiner Theorie nicht überschätzt werden darf. Dagegen ist Sismondi reaktionär, wobei es allerdings Abstufungen gibt, die uns daran hindern, ihn beispielsweise mit einem Adam Müller in Deutschland auf eine Stufe zu stellen.

Versucht man im Anschluß an das Gesagte, die staatstheoretische Konzeption Sismondis auf einen Blick zu erfassen, so zeigt sich, daß sie zwischen aufklärerischem Naturrecht einerseits und Staatstheorie der Romantik andererseits eingeklemmt ist. Sie vereinigt in sich Elemente der einen wie auch der anderen Lehre. Insofern aber ist sie typisch kleinbürgerlich, d. h. einerseits gesellschaftskritisch wie andererseits auch romantisch und reaktionär. Der kleinbürgerliche Standpunkt Sismondis läßt sich hier wie in jedem anderen Bereich seines umfassenden Gesamtwerkes nachweisen. Kleinbürgerlich an seiner staatstheoretischen Konzeption ist der Bruch mit dem bürgerlichen Naturrecht, sodann die scharfe Kritik an den bestehenden Staats- und Rechtssystemen, und schließlich der romantisch zu nennende Versuch einer Lösung der zu seinen Lebzeiten heftig umstrittenen politischen Frage. Der romantische Charakter dieser Sismondischen „Lösungen" äußert sich zunächst in dem Wunsch, die mittelalterlichen Gemeinwesen wieder zu beleben. Er kommt aber auch in der Abkehr vom Rousseauschen Prinzip der Volkssouveränität und in der Hinwendung zur Idee der Monarchie zum Ausdruck.

Zu einem ähnlichen Urteil gelangt man, wenn man nun ebenfalls die geschichtsphilosophische und literaturhistorische Konzeption Sismondis in Augenschein nimmt. Auch hier machen sich liberale Gesinnung, gepaart mit kritischem Geist, und romantische Weltfluchtbestrebungen wechselseitig das Feld streitig. Allerdings nehmen Resignation und romantischer Wunsch nach Geborgenheit im Schoß der alten Einrichtungen (Kirche und monarchischer Staat) mit voranschreitendem Alter immer mehr zu. Je mehr bei Sismondi Wunschvorstellung und Wirklichkeit, was die kapitalistische Gesellschaft anbetrifft, divergieren, um so stärker und aufdringlicher wird sein kraftloser Moralismus, der zunehmend in der christlichen Ethik Nahrung sucht. Als Genfer Pastorensohn beruft er sich gern auf die göttliche Vorsehung, auf einen Plan Gottes, der in die Wirklichkeit umgesetzt werden soll. Völlige Resignation spricht aus seinen Worten, wenn er am Ende seines Lebens äußert: „Ich gehe aus dieser Welt, ohne irgend einen Eindruck hinterlassen zu haben, und nichts wird geschehen.“[8] Diese Verzweiflung über die eigene Ohnmacht und Isolierung ist typisch kleinbürgerlich, sie ist aus der sozialen Lage des Kleinbürgertums nach der Revolution zu verstehen.

Will man nun die historischen Werke Sismondis in wenigen Federstrichen charakterisieren, so muß auf folgendes aufmerksam gemacht werden: Allein der Umstand, daß sich Sismondi überhaupt so eingehend mit der Geschichte beschäftigt, läßt seine romantische Grundeinstellung erkennen. (Natürlich kann die Tatsache von Geschichtsstudien allein kein hinreichendes Indiz für eine romantische Einstellung sein.) Immerhin aber ist die Vergangenheit eine wichtige Domäne der Romantik. Das vorrevolutionäre, klassische Zeitalter war außerordentlich arm an Geschichtswerken. Erst die zu Beginn des 19. Jahrhunderts aufkommende romantische Bewegung, mit ihren Schwärmereien für die Vergangenheit, hat zur Geschichtsschreibung herausgefordert, hat die Gelehrten regelrecht zu Geschichtsstudien animiert. Ebenso gab dann natürlich die Geschichtsforschung der Romantik wichtige Impulse, so daß man von einem engen Wechselverhältnis zwischen beiden sprechen kann, bei welchem sich Romantik und Geschichtsschreibung gegenseitig förderten. Der Romantiker begeistert sich für die politische und soziale Organisation des Mittelalters, in welcher er die Inkarnation von Festigkeit und Geborgenheit erblickt.

Mit wahrer Besessenheit befleißigen sich die Romantiker daher des Studiums ihrer christlich-katholischen Vergangenheit. Neben Deutschland bietet gerade auch Frankreich ein klassisches Beispiel für diese Vorliebe. Hatten die drei vergangenen, geistig an sich so fruchtbaren Jahrhunderte der Renaissance-, Klassik- und Aufklärungsperiode in Frankreich nur zwei nennenswerte, systematische historische

[8] Sismondi, S., zitiert bei *Bernard,* M., Introduction à une sociologie des doctrines économiques, Paris 1963, S. 121.

Werke hervorgebracht, und zwar Voltaires „Essai sur les moeurs“ und „Siècle de Louis XIV“, so ergoß sich zu Beginn des 19. Jahrhunderts mit einem Mal eine regelrechte Flut historischer Arbeiten über das französische Leserpublikum. Es ist vielleicht überflüssig, auf die im Zeichen der Romantik stehende große französische Historikergeneration besonders aufmerksam zu machen. Genannt seien darum nur die Namen der bedeutendsten Geschichtsforscher dieses Zeitabschnitts – Augustin Thierry (1795–1856) mit seiner „Histoire de la conquête de l'Angleterre par les Normands“, François Guizot (1787–1874) mit der „Histoire de la révolution de l'Angleterre“, Prosper de Barante (1792–1866) mit „Histoire des ducs de Bourgogne“ und Michelet (1798–1874) mit der umfangreichen „Histoire de France“. Sie alle verknüpft trotz vieler Unterschiede und Abstufungen im einzelnen ein gemeinsames geistig-weltanschauliches Band – die Romantik.

Neben diesen großen Persönlichkeiten der französischen Geschichtsschreibung bzw. zeitlich gesehen vor sie, tritt der Historiker Sismondi. Mit seiner „Histoire des républiques italiennes du moyen age“, die 1809–1818, also noch vor Thierrys „Histoire de la conquête de l'Angleterre par les Normands“ (1825) erschien, bringt er die Bemühungen um die Aufhellung der Geschichte der europäischen Nationen in Gang. Wenn auch Sismondi heute keineswegs mehr das Ansehen Thierrys oder gar Michelets genießt, so ist die Rolle, die er als Historiker gespielt hat, dennoch außerordentlich bedeutungsvoll und interessant. Natürlich erscheint uns die äußere Anlage seiner historischen Werke, an dem Maßstab moderner Ansprüche gemessen, zu wenig wissenschaftlich, zu publizistisch, zu agitatorisch, und ferner ruft der pompöse, im Geschmack der damaligen Zeit geschriebene Stil einiges Befremden hervor. Aber das, was an der Schreibart Sismondis mit Recht unseren Anstoß erregt, galt damals sogar als Vorzug. Alles in allem muß hervorgehoben werden, daß Sismondi zu seinen Lebzeiten gerade als Geschichtsschreiber großes Ansehen genoß. Die Öffentlichkeit feierte ihn in erster Linie als Historiker und nicht etwa als Ökonomen. Wie dankbar z. B. das Werk „Geschichte der italienischen Freistaaten im Mittelalter" von der französischen Öffentlichkeit aufgenommen wurde, der bisher nichts dergleichen vorlag, geht u. a. aus den Worten eines Zeitgenossen Sismondis – Chéniers – hervor. In seinem bereits 1818 veröffentlichten „Tableau Historique de la Littérature Française" schreibt er: „Die Geschichte der italienischen Republiken im Mittelalter bot einen schwierigen Gegenstand. Mit seiner Behandlung hat Sismondi unserer Literatur einen wahren Dienst erwiesen."[9]

Worin liegen die Ursachen für diese Popularität? Chénier hat sie eigentlich schon genannt. Sismondi hatte ein „schwieriges Gebiet" angepackt und der französischen Literatur damit einen „wirklichen Dienst" erwiesen. Das Gebiet war in der Tat schwierig, konnte man sich doch nur auf spärliche und unzureichende Quellen stützen, und der Dienst, den man erwies, bestand vor allem darin, daß man erstmalig Kenntnisse vom Geist und von der politischen Struktur des Mittelalters vermittelte. Sismondi gehört damit zu den Grundlegern der Romantik. Seine kleinbürgerliche Einstellung, die sich u. a. darin äußert, die Gegenwart als schlecht zu verdammen und die Zustände der Vergangenheit zu bevorzugen, veranlaßte ihn zu Geschichtsforschungen. Mit diesem sofortigen Reagieren des enttäuschten Kleinbürgers auf die soziale Umwelt nach der Revolution ist Sismondi, was die Erkundung der Vergangenheit anbetrifft, den eigentlichen Romantikern sogar zuvorgekommen. Man steht hier vor dem gleichen Phänomen, bezeichnend für sämtliche Werke Sismondis. Auch im Hinblick auf die Staatstheorie schoben sich die Auffassungen Sismondis zwischen bürgerliches Naturrechtsdenken einerseits und Staats- und Gesellschaftslehre der Romantik andererseits. Sismondi setzte zwar die Auflösung des Naturrechts ins Werk, ohne jedoch

9 Chénier de, M.-J., Tableau Historique de la Littérature Française, Paris 1818, S. 180.

gänzlich auf die reaktionäre Position der Romantiker abzusinken. Er nahm vielmehr eine Zwischenstellung zwischen beiden Polen ein. Das gleiche trifft für seine geschichtsphilosophische Konzeption zu.

Die romantischen Anwandlungen, die den Kleinbürger naturgemäß befallen, bilden auch im Falle des systematischen Geschichtsstudiums die letzte Ursache für Sismondis wissenschaftliche Pioniertat. Ungeachtet dessen, daß seine historischen Werke wegen zahlreicher wissenschaftlicher Mängel heute in Vergessenheit geraten sind, konnten sie zu seinen Lebzeiten dennoch für eine wissenschaftliche Sensation sorgen. Hier stößt man auf ein ganz allgemeines Merkmal der kleinbürgerlichen Ideologie überhaupt. Auf jedem Wissenschaftsgebiet bilden die Theorien des Kleinbürgers ein wissenschaftliches Novum, das eines gewissen spektakulären Charakters in der Regel nicht entbehrt. So fand sich Sismondi mit seiner staatstheoretischen Konzeption im Kampfgebiet der aufeinanderstoßenden Weltanschauungen. Setzt man jetzt die historischen Werke Sismondis einer Analyse aus, so stößt man erneut auf die Tatsache, daß sich der Standpunkt Sismondis zwischen Geist der Aufklärung und Weltbild der Romantik finden läßt.

Auf einen Umstand muß dabei besonders aufmerksam gemacht werden. Die Ansichten Sismondis lassen einen allmählichen Gesinnungswandel, einen langsamen Übergang zu immer stärker ausgeprägter Romantik erkennen, der sich in der „Geschichte der Franzosen" gegenüber der „Geschichte der italienischen Freistaaten" vollzieht. Verschwunden sind die im ersten Werk teilweise noch anzutreffenden emphatischen Ausbrüche eines romantischen Freiheitsbedürfnisses, verschwunden ist überhaupt alles, was an den Sismondi erinnert, der sich in seinen frühen Werken einmal den Ideen der Aufklärung verschrieben hatte. Bereits mit dem Thema „Geschichte der Franzosen", d. h. mit der nationalen, mit der vaterländischen Geschichte, wählte Sismondi einen Gegenstand, der ganz und gar in das Konzept der Romantiker paßt. Er selbst bezeichnet die französische Geschichte als „eine Geschichte, in welcher jeder Name, des Ortes oder des Geschlechtes, uns teuere Erinnerungen zurückruft und deswegen unsere Einbildungskraft ansprechen sollte“[10]. Hatte man bisher wegen der Vernachlässigung des Studiums der nationalen Geschichte auf derartige teure Erinnerungen verzichten müssen, so soll diese Lücke nunmehr geschlossen werden. Das an der Geschichte desinteressierte Zeitalter vor der Revolution entbehrte nach der Ansicht Sismondis sehr zu seinem eigenen Nachteil der Kenntnisse der politischen und sozialen Einrichtungen der Vergangenheit. „Als Ludwig XIV. den Thron bestieg, waren seit dem Aufhören der römischen Herrschaft in Gallien dreizehn Jahrhunderte verlaufen. Diese dreizehn Jahrhunderte haben die französische Nation gestaltet und ihr den Geist, den Charakter, die Vorurteile, die Erinnerungen gegeben, welche ihre Gesetzgeber kennen müssen, von welchen sie lernen müssen, um für die Zukunft ihr Glück zu sichern ... Alles änderte sich mit jedem Geschlecht, die Sitten, die Gesetze, die Rechte des Throns, die Rechte des Adels, die Rechte der Kirche, so wie der Zustand des Volkes.“[11] Alles das muß zunächst genau studiert sein, bevor man es überhaupt wagen kann, Hand an die Veränderung der politischen Ordnung einer Nation zu legen.

Trotz dieser vielfältigen Beweise romantischer Geisteshaltung, die sich beliebig ausdehnen ließen, kann man Sismondi auch in seinem letzten historischen Werk nicht gänzlich der Romantik zuschlagen. So findet man beispielsweise bereits in der Einleitung zur „Geschichte der Franzosen“ Bemerkungen, die sich gegen eine voreingenommene Geschichtsforschung aus nationalen Gründen wenden. Derartige Vorwürfe richten sich besonders gegen die romantisch eingestellten deutschen Historiker, von denen sich Sismondi vor allem abgegrenzt wissen möchte. Er schreibt: „Diesen

[10] Sismondi, S., Geschichte der Franzosen, Jena 1822, Band I, S. 3 (Einleitung).

[11] Sismondi, S., Geschichte der Franzosen, a. a. O., S. 22.

Vorwurf kann man zum Teil auch den Gelehrten und Rechtskundigen Deutschlands machen, ... sie haben die alten Einrichtungen, die sie aufgefunden oder enträtselt haben, ihren Zeitgenossen zu sehr als etwas Bewunderungswertes und Nachahmungswürdiges hingestellt."[12] Als das Kriterium des Wertes einer politischen Einrichtung will Sismondi nicht wie die deutsche Romantik oder wie später auch die französischen romantischen Historiker Barante, Michelet u. a. das Alter dieser Einrichtung gelten lassen, sondern für ihn ist allein der Grad an Wohlfahrt, den sie den Menschen gebracht hat, ausschlaggebend. Diese kleinbürgerlich-menschenfreundliche Grundhaltung unterscheidet ihn prinzipiell von der reaktionären Romantik.

Daß man Sismondi nicht ganz zur Partei der Romantiker zählen darf, beweist u. a. eine Kritik, die der romantische italienische Dichter Manzoni an der „Geschichte der italienischen Freistaaten" übte. In einer kleinen Streitschrift[13] griff er Sismondi an und bezichtigte ihn, die religiösen Gefühle vieler aufrechter Katholiken verletzt zu haben. Aber auch im Privatleben Sismondis findet man Anzeichen dafür, daß er sich nicht einseitig an die Partei der Romantiker gebunden fühlte. So behauptet Salis, daß Sismondi in Paris die Witwe des französischen Materialisten und Aufklärers Condorcet besucht habe, deren Salon das Zentrum einer Gruppe von liberal eingestellten Philosophen und Literaten bildete und die mit dem romantischen Kreis der Frau von Staël rivalisierte. „Es ist wahrscheinlich, daß Sismondi ebenfalls von der großen Freundin Fauriels und Cabanis' der Marquise von Condorcet – der Witwe von Condorcet, empfangen worden ist."[14]

Solche Details aus dem persönlichen Leben Sismondis

[12] Ebenda, S. 12.

[13] Vgl. Manzoni, Défense de la morale catholique contre l'Histoire des Républiques italiennes de M. Sismondi, Paris 1835.

[14] Salis, J. de, Sismondi 1773–1842. La vie et l'œuvre d'un cosmopolite philosophe, Paris 1932, S. 213.

geben ebenfalls Aufschluß über seine wirkliche Haltung, die alles andere als eindeutig war. In seinen historischen Werken wie auch in den anderen wissenschaftlichen Arbeiten ist er stets der Schüler des 18. Jahrhunderts geblieben. Allerdings hat sich das geistige Erbe des 18. Jahrhunderts bei Sismondi stets mit den romantischen Anwandlungen und Fluchtbestrebungen des Kleinbürgers nach der Revolution vermischt und schließlich sogar die Oberhand gewonnen.

Betrachtet man, bevor zur ökonomischen Theorie übergegangen wird, noch kurz die Stellung Sismondis innerhalb der romantischen literarischen Bewegung, so ändert sich das Bild nicht im geringsten. Einerseits ist Sismondi für Frankreich neben Frau von Staël der eigentliche Begründer der romantischen Literaturgeschichtsforschung gewesen, andererseits aber hat er sich stets gewehrt, mit den Romantikern auf eine Stufe gestellt zu werden. Um dieses „Einerseits" und „Andererseits" etwas näher zu beleuchten, sind einige Erklärungen erforderlich.

Der literarische Gattungsbegriff des Romantischen gelangte von Deutschland nach Frankreich. In Deutschland hatte die Romantik bereits eine erste Blüte hinter sich, als sie zu Beginn des 19. Jahrhunderts schließlich auch auf Frankreich übergriff. Man denke diesbezüglich nur an Philosophen wie Schleiermacher und Schelling und Dichter wie Hölderlin, Tieck, die Gebrüder Schlegel und Novalis, die bereits gegen Ende des 18. Jahrhunderts im Sinne der Romantik wirkten.

Die Persönlichkeiten des französischen Geisteslebens, die einen Kontakt von französischer und deutscher Literatur herstellten, sind zunächst Frau von Staël und dann mit Einschränkungen auch Sismondi gewesen. Insbesondere der Einfluß August Wilhelm Schlegels auf Frau von Staël, seine intime Freundin, ist allgemein bekannt. Von ihm hat sich Frau von Staël in die Geheimnisse der romantischen Poesie und in die Extasen des romantischen Lebensgefühls einweihen lassen, von ihm hat sie auch den literarischen Gattungsbegriff des Romantischen übernommen. Frau von

Staël verkörperte aber keineswegs den Typ einer Frau, die sich mit dem neu gewonnenen Lebensbild in die engen Umgrenzungen ihrer eigenen, persönlichen Gefühlswelt einschließen konnte. Sie war im Gegenteil ein Mensch, der stets im Mittelpunkt des geistigen Lebens stehen wollte und der der Bewunderung und Verehrung der Zeitgenossen dringend bedurfte. Dieser Charaktereigenschaft ist es zuzuschreiben, daß Frau von Staël eine gewaltige Aktivität entfaltete und der Romantik dadurch den allgemeinen Zugang in Frankreich verschaffte. Der Boden in Frankreich war, wie wir bereits sahen, vorbereitet, so daß die Saat, die Frau von Staël ausstreute, in kurzer Zeit und reichlicher Fülle aufgehen konnte. Mit ihren Werken und mehr wohl noch durch ihr persönliches Wirken im philosophisch-literarischen Kreise von Coppet, wo sich im Gespräch und im Disput ihre schillernde Intelligenz spontan entfaltete und wo sie ihre Zuhörer faszinierte und entflammte, hier von Coppet aus nahm sie einen gewaltigen Einfluß auf das französische Geistesleben ihrer Zeit. Zu ihren Freunden und Bekannten zählten neben den Gebrüdern Schlegel so bedeutende Romantiker wie Bonstetten, Constant, Chateaubriand, Guizot und nicht zuletzt auch Sismondi. Besonders Sismondi haben mit Frau von Staël innige freundschaftliche Bande verknüpft, die bis zu deren Tode im Jahre 1817 Festigkeit bewahrten. Die enge Freundschaft zwischen beiden wurzelte vor allem in einer tiefen geistigen Verwandtschaft. So wie Sismondi stand auch Frau von Staël, was die Koordinaten ihres Weltbildes anbetrifft, zwischen dem 18. und 19. Jahrhundert. Schweizerisches Wesen der Eltern (ihr Großvater war ein angesehener Genfer Rechtsgelehrter) und protestantische Erziehung seitens ihres streng liberal eingestellten Vaters, des französischen Finanzministers Necker, hing auch die Tochter Germaine Necker zunächst dem Denkkreis der Aufklärung an. Zu ihrer bevorzugten Lektüre zählte beispielsweise Montesquieus „Esprit des Lois“. Nach ihrer Bekanntschaft mit den Gebrüdern Schlegel, d. h. nach der Berührung mit der deutschen Romantik, wurde jedoch ihre ursprünglich liberale Gesinnung immer mehr abgeschwächt, bis sich schließlich in „Corinne" und „De l'Allemagne" die Zeichen einer eindeutig romantischen Einstellung zeigen. Typisch für Frau von Staël ist also, daß sie dem Geist der Aufklärung absagt, zugunsten ihres neuen, romantischen Lebensgefühls.

Ähnlich, aber nur ähnlich, ist die Stellung Sismondis. Auch Sismondi entstammt einer protestantischen Genfer Gelehrtenfamilie und wurde, wie Germaine Necker, im Geist des 18. Jahrhunderts erzogen. Die Erziehung, mit den sozialen und politischen Verhältnissen zu Beginn des 19. Jahrhunderts konfrontiert, führte auch bei Sismondi zu Spannungen und Rissen in dem durch Erziehung erworbenen traditionellen, aufklärerischen Weltbild. Was jedoch Frau von Staël schließlich veranlaßte, völlig zur Partei der Romantiker überzuwechseln, bildete für Sismondi lediglich einen Stachel, der stets zu Reibungen führte, und der ihn Zeit seines Lebens zu innerer geistiger Unausgeglichenheit verdammte. Sismondi verharrte in seinem ganzen Leben in dieser für ihn so bezeichnenden Übergangsposition, die für Frau von Staël, zeitlich gesehen, nur ein kurzes Durchgangsstadium bildete. Sismondi hat sich nie endgültig zwischen Aufklärung und Romantik entscheiden können.

Das ist auch die Ursache dafür, daß in dem sonst an sich harmonischen Verhältnis zwischen ihm und Frau von Staël doch immer wieder Gegensätze aufzucken. So ist Sismondi seiner Freundin und geistigen Vertrauten keineswegs in allem gefolgt. Die bestehenden Differenzen und Meinungsverschiedenheiten lassen sich aus den wechselseitigen Zuneigungen und Abneigungen des Spannungsdreiecks – Schlegel–Staël–Sismondi – gut ablesen. Sismondi ist gegen den Einfluß Schlegels auf Frau von Staël gewesen. Die mystischen Exaltationen Schlegels widersprachen seinem noch wachen Rationalismus. So bekämpfte er z. B. Schlegel, wenn dieser gegen Molière und das klassische französische Theater zu Felde zog. Besonders auf den gemeinsamen Reisen, 1804 nach Italien und 1808 nach Deutschland, spitzten sich die Widersprüche zwischen ihnen zu. Teilweise fühlte sich Sismondi von dem romantischen Wesen Schlegels direkt abgestoßen. Über seine unmittelbaren Eindrücke in Deutschland hat er allerdings nichts gesagt. Fest steht nur, daß er in Frankfurt mit Betina Brentano, der Schwester des romantischen Dichters, zu einem freundschaftlichen Gespräch zusammengetroffen ist.

Natürlich war Sismondi den Einflüssen der Romantik gegenüber dennoch zugänglich. So hat z. B. der deutsche Romantiker Zacharias Werner persönlich großen Eindruck auf ihn gemacht, was aus einem Brief Sismondis an die Gräfin d'Albany eindeutig hervorgeht. „In Coppet haben wir gehabt Werner, den tragischen Dichter, den Autor von Luther, von Wanda, von Attila, schließlich einer der bemerkenswertesten Männer Deutschlands. Ich hätte es sehr gewünscht, ihn Ihnen vorzustellen, und wenn er, wie er beabsichtigt, in einem Jahr nach Italien geht, werde ich ihn unbedingt zu Ihnen schicken. Die mystische Dichtung, die in Deutschland völlig die Oberhand gewonnen hat und die von nun an diese gesamte Nation in ständigem Schlafwandlertum hält, ist eine der Beachtung so würdige Sache, daß man glücklich ist, sie in ihrem Hauptvertreter beurteilen zu können."[15]

Diesem grundsätzlich lobenden Urteil über Werner stehen dann allerdings wieder Ausführungen gegenüber, in denen Sismondi die romantischen Dichter der Narrheit und Verrücktheit bezichtigt: „Schlegel war ihm zuwider, Müller ist ein aus dem Gleichgewicht geratener Mensch, Werner ist völlig verrückt, Fredericke Brun bringt ihn mit ihrer übertriebenen Begeisterung auf, Goethe hat nicht geruht, sich seinetwegen und wegen Frau von Staël stören zu lassen, als diese durch Deutschland reisten."[16]

Wenn Sismondi, der Philosoph und Denker, auch gegen die romantischen Dichter wettert, so verdankt er ihnen dennoch sehr viel. Gerade Schlegel, von dessen romantischem

[15] Zitiert bei Salis, J. de, a. a. O., S. 163.
[16] Ebenda, S. 165.

Überschwang er sich stets unangenehm berührt fühlte und dessen Haß gegen Rationalismus, klassische Dichtung und Aufklärung er in dieser Form nicht teilte, hat ihm den Geist und das Wesen der romantischen Poesie eröffnet. So ist die Literaturgeschichte Sismondis „Über die Literatur des südlichen Europas" unmittelbar inspiriert von den Literaturvorlesungen Schlegels in Wien. Sismondi hat diesen Einfluß Schlegels auf sein Denken nicht bestritten. Das im Jahr 1813 erstmalig in Paris in vier Bänden erschienene Werk „Über die Literatur des südlichen Europas" ist aus Vorlesungen hervorgegangen, die in Anlehnung an die Vorlesungen Schlegels in Wien vor Studenten in Genf gehalten werden sollten.

Die Literaturgeschichte Sismondis hatte den gleichen spektakulären Erfolg wie alle seine anderen Werke auch. Mit ihr befand er sich plötzlich, wenn auch ungewollt, mitten auf dem Kampffeld, auf welchem sich die heftig befehdenden Parteien, die Partei der Aufklärung und des Rationalismus und die Partei der Romantik, gegenüberstanden. Natürlich erntete er auch hier wieder begeistertes Lob und Vorwürfe von beiden Seiten zugleich. Gerade wegen seiner weltanschaulichen Unentschlossenheit, wegen seines Schwankens zwischen rationalistischem 18. Jahrhundert und romantischem 19. Jahrhundert vermochte der Kleinbürger Sismondi eine regelrechte literarische Schlacht in Frankreich auszulösen. Der schon seit langem aufgehäufte Zündstoff kam mit dem Erscheinen des Sismondischen Buches plötzlich zur Explosion. Die Literaturanhänger in Frankreich zerfielen in zwei unversöhnliche Parteien, die sich mit Pamphleten gegenseitig schmähten. Eines dieser Pamphlete ist direkt gegen Sismondi gerichtet. Es erschien in der Zeitschrift „Le Nain Jaune" (Gelber Zwerg) am 20. Dezember 1814 und enthält folgende Passage:

„Um für immer die Reinheit der französischen Sprache zu vernichten und um dazu beizutragen, daß sie von den Diplomaten nicht mehr als die verständlichste und klarste Sprache angewendet wird, schreiben Frau von Staël und

B. Constant in Französisch und lassen in ihrem Stil die Obskuritäten der Sprachen des Nordens einfließen, während Sismondi in den seinigen die Schwülstigkeit und die sprühenden, aber geschmackwidrigen Einfälle der Sprachen des Südens einführt, und das geschieht so lange, bis sich die Franzosen untereinander nicht mehr verstehen können."[17]

Allerdings waren die Angriffe gegen die Romantiker manchmal auch geschickter und nicht so vordergründig abgefaßt. So beutet beispielsweise ein anonymer Autor die Spannungen innerhalb der romantischen Partei aus, wenn er im „Nain Jaune" schreibt: „Mit großem Vergnügen habe ich Herrn von Sismondi zitiert, der Beweise eines Geschmacks liefert, der trotz der Verbindungen zur neuen Schule nicht verdorben worden ist. Ich bin sehr froh, die Gelegenheit zu finden, ihm diese Gerechtigkeit widerfahren zu lassen, daß, wenn ihn zwar ein fremder Einfluß eine Theorie mit äußerst falschen Grundsätzen annehmen ließ, er diese wenigstens niemals in der Anwendung benutzt und sich im allgemeinen als sehr geschickter Kritiker erweist und sehr richtige Urteile über die italienische, spanische und portugiesische Literatur fällt."[18]

Hier also wird Sismondi als Schriftsteller dargestellt, der sich den Geschmack trotz seiner Verbindung mit der romantischen Schule nicht verderben lassen hat. Der Autor gibt vor, Sismondi Gerechtigkeit widerfahren zu lassen, wenn er die Ansicht äußert, daß Sismondi zwar schlechtem Einfluß ausgesetzt war, von den falschen Prinzipien aber niemals Gebrauch gemacht habe. Angeblich, so schließt der anonyme Autor, erweise sich Sismondi trotz allem als aufgeklärter und gerechter Kritiker in seiner Einschätzung der italienischen, spanischen und portugiesischen Literatur.

Dürfen wir diesem Urteil wirklich Glauben schenken, oder beabsichtigt der anonyme Autor nur, die romantische Partei zu schwächen, indem er Sismondi gewissermaßen aus ihr

[17] Zitiert bei Salis, a. a. O., S. 196.
[18] Zitiert bei Salis, a. a. O., S. 196.

herauslobt? Prüfen wir daher das Urteil der Zeitgenossen noch etwas genauer, d. h. verlassen wir uns nicht lediglich auf die Aussage eines anonymen Autors. So bezeichnet z. B. Faguet, ein kompetenter französischer Literaturkritiker, den Verfasser der „Literatur des südlichen Europa“ als einen Begründer der Romantik in Frankreich. „Der fleißige Sismondi muß als einer der Begründer der Romantik in Frankreich angesehen werden.“[19]

Darauf hinzudeuten, daß es sich wirklich so verhält, wie Faguet behauptet, scheint auch die Tatsache, daß die deutsche Kritik auf das Werk Sismondis sofort positiv reagierte und ihm eine gute Aufnahme bereitete. Diesbezüglich lesen wir bei Salis: „Die Deutschen ihrerseits erwiesen dem Werk von Sismondi eine sympathische Aufnahme.“[20] Daß Sismondi aber keinen Anspruch darauf erheben durfte, sich mit den Romantikern auf eine Stufe zu stellen, geht aus der deutschen Rezension der „Literatur des südlichen Europas“ klar hervor. Hier heißt es: „Sismondi konnte in Deutschland mit keiner ungewöhnlich guten Presse rechnen. Außerdem warf ihm ein Hispanist vor, daß er keine genügenden Kenntnisse der spanischen Sprache und Dichtung besäße.“[21] Die Ursachen für diese äußerst distanziert gehaltene Besprechung liegen auf der Hand – den deutschen Romantikern war Sismondi einfach nicht romantisch genug.

Damit wäre man aber schließlich doch wieder bei der eingangs aufgestellten These angelangt. Der Kleinbürger Sismondi bezieht keine vollkommen eindeutige Position in der Auseinandersetzung der großen, im Widerspruch liegenden geistigen Strömungen zu Beginn des 19. Jahrhunderts. In vielem erweist er sich als Romantiker, und man kann ihn sogar als den Vorläufer der romantischen Philologie in Frankreich bezeichnen, da er noch vor Fauriel und Villemain wirkte. Andererseits aber hält er teilweise an den auf-

[19] Ebenda, S. 197.
[20] Ebenda, S. 167.
[21] Ebenda, S. 201.

klärerischen Ideen wie Freiheit, Fortschritt usw. fest, so daß man ihn von den eigentlichen Romantikern auf jeden Fall unterscheiden muß. Sismondi stellt sich zwischen die Parteien, er will alles gelten lassen, und er wehrt sich entschieden dagegen, in der Literatur Schiller oder Racine, Corneille und Voltaire der Einseitigkeit der Romantiker aufzuopfern.

Wie sehr sich Sismondi stets windet, um das Unvereinbare zu vereinen, nämlich die Reste aufklärerischer Geisteshaltung mit der prinzipiell romantischen Gesinnung in Einklang zu bringen, soll an einem Beispiel aus dem zweiten Band seiner Literaturgeschichte, der spanischen Literaturgeschichte, gezeigt werden. Von äußerstem Interesse dürfte hier die Besprechung des Cervantes und seines unsterblichen „Don Quijote" sein. Überall in der Literaturgeschichte Sismondis läßt sich eine enthusiastische Bewunderung für die romantisch-ritterliche Poesie feststellen, die sogar stets zu willkürlichen Verzerrungen und Verbiegungen echter Größenverhältnisse führt. So ist in diesem Zusammenhang z. B. die Unterbewertung der großen Renaissance-Dichter Dante, Petrarca und Boccacio und die Überschätzung romantischer Dichter wie Ariosto, Tasso und Metastasio durch Sismondi bemerkenswert. Jetzt hat Sismondi das geniale und unsterbliche Werk des Cervantes zu beurteilen, worin die gesamte Ritterromantik und Ritterpoesie erbarmungslos verspottet wird; ein Buch also, von dem Mehring einmal sagte, daß es ein über Jahrhunderte hörbares Gelächter verursachte.

Verkleinert Sismondi den literarischen Rang dieses Werkes oder wie beurteilt er es sonst? – das ist die Frage, auf die wir sehr neugierig sein dürfen. Ähnlich wie die deutschen Romantiker, ähnlich wie Schlegel und Tieck, die sich viel mit Cervantes beschäftigt haben, zieht sich auch Sismondi geschickt aus der Schlinge, indem er den „Don Quijote" preist, ohne dabei von der Hochschätzung für Ritterpoesie abrücken zu müssen. Zunächst untersucht er, worin die kolossal traurige Wirkung des Werkes liegt. Sie liegt seiner Meinung nach im Gegensatz des poetischen und prosaischen Geistes. Da bei ihm poetische Gestaltung (hingebungsvolle, heldenmütige Menschen) das Thema der „hohen Poesie“ sind und eine solche poetische Gestalt wie Don Quijote in Gegensatz zu dem prosaischen Sancho Panza gestellt wird, lastet auf dem Buch von vornherein etwas ungemein Trauriges. Nun handelt es sich beim „Don Quijote“ gewiß nicht um eine leere Posse, und es liegen beide Aspekte, der traurige wie der heitere, nahe beieinander, so daß beim Lesen des Buches ein Auge zu lachen und eines zu weinen scheint. Dennoch hat Sismondi das Schwergewicht zu stark auf die traurige, tragische Seite der Gestalt verlagert, wenn er den „Don Quijote“ als „das traurigste Buch, ... das je geschrieben worden“[22] bezeichnet. Zu sehr hängt der Romantiker Sismondi mit dem Herzen an der ritterlichen Dichtung und an ihren glänzenden Rittergestalten. Ihre beißende Karrikatur macht ihn daher mehr schwermütig als heiter.

Seine anteilnehmende Liebe gilt den bewunderungswürdigen ritterlichen Tugenden des Don Quijote, die, wie er uns unterrichtet, auch die Tugenden des Cervantes selbst waren, und er kann sich nur schwer entschließen zuzugeben, daß solche schätzenswerten Eigenschaften in einer profanen Wirklichkeit eher schädlich und gefährlich als nützlich sein können. Dieses schwache Zugeständnis wird darüberhinaus bei Sismondi sogleich wieder durch ein langatmiges Aufzählen der allgemeinen Vorzüge der ritterlichen Dichtung verdrängt.

Erst danach gelangt er zum eigentlichen Kern seiner Cervantes-Deutung. Für ihn ist der „Don Quijote“ keineswegs ein Spottgedicht, sondern er sieht in der Gestalt des traurigen Helden ausschließlich die satirische Selbstabbildung eines ritterlichen, edlen Menschen, d. h. die Widerspiegelung von Schicksal und Charakter des Cervantes selbst. Und in der Tat lag im Wesen von Cervantes eine Art irrender

22 Sismondi, S., Die Literatur des südlichen Europas, Leipzig 1816, Bd II, S. 193.

Ritterschaft, wenn er beispielsweise stolz darauf war, in der Schlacht bei Lepanto, der „größten Waffentat der Christenheit“ einen Arm verloren zu haben, wenn er in seiner achtjährigen Sklaverei zu Algier durch standhafte Kühnheit den Mauren auffiel und wenn er dem Tod, wie aus vielen Beispielen berichtet, stets mit der größten Gelassenheit entgegensah. All das hat Sismondi dazu veranlaßt, den „Don Quijote“ bei aller Satire als überaus anmutiges Buch zu empfinden, „weil man fühlt, daß derejnige, der spottet, und diejenigen, gegen die er seinen Spott richtet, selbst der Hochherzigkeit und Selbstaufopferung fähig sind, daß aus ihrer Mitte selbst ein Don Quijote hätte hervorgehen können“[23]. Alles, was also bei einem gemeinen Autor hätte zu unerträglicher Verunglimpfung einer großartigen, die Menschen veredelnden Dichtung führen müssen, ist, aus der Feder eines solchen edlen, charakterfesten und ritterlichen Menschen geflossen, durchaus akzeptabel. Nur ein Cervantes, selbst von ritterlichem Charakter, durfte den „Don Quijote“ schreiben, weil seiner Satire der Mut zur Selbstaufopferung zugrunde liegt. Und ein derartiger Mut verdient in jedem Falle Sismondis außerordentliche Hochachtung. Doch vollzieht er damit eine geschickte Verlagerung des Schwerpunktes. Im Mittelpunkt des „Don Quijote“ steht jetzt nicht mehr die Verspottung fehlgeleiteten Heldentums, bzw. die Verspottung dieser ganzen ritterlich-romantischen Unwirklichkeit überhaupt, sondern vielmehr das Selbstportrait eines sich selbst karrikierenden großen Charakters. Sismondi hat durch diese Schwerpunktverlagerung folgendes gewonnen: er kann das Werk des Cervantes hochschätzen, ohne jedoch von seiner Bewunderung für ritterlich-romantische Poesie Abstriche machen zu müssen. Er schreibt: „Jeder enthusiastische Mensch macht sich dann gern mit einem Scherze vertraut, der gegen das, was er am meisten liebt und hochachtet, gerichtet ist, es aber nicht herabsetzt.“[24]

[23] Ebenda, S. 195.
[24] Ebenda, S. 196.

Diese Auffassung, erstmalig von Schlegel in Deutschland und Sismondi in Frankreich vertreten, hat sich seitdem im Urteil vieler bürgerlicher Literaturhistoriker festgesetzt. Sie klingt auch bei Vossler durch, wenn wir in seiner „Einführung in die spanische Dichtung des goldenen Zeitalters" lesen: „Die meisten Spanier lebten der Überzeugung, daß im Heldenfach der Narr den Vernünftigen lehren könne, und daß man aus solchen Fabeleien nicht nur angenehme Unterhaltung, sondern auch sittliche Kräfte und zauberische Stärkung des heroischen Pulsschlages schöpfen könne."[25] Die gegen die ritterliche Dichtung und das Rittertum überhaupt gerichteten Züge fallen also bei derartigen Interpretationen nicht ins Gewicht. Die Romantiker sehen vielmehr im Gegenteil in Don Quijote den vollendetsten Ritter, einen Menschen von edelstem Zuschnitt, der unzufrieden mit seiner profanen, krämerischen Umwelt lieber tapfer, mutig und ritterlich in einer imaginären Welt lebt, als im Unrat einer alltäglichen Mittelmäßigkeit umzukommen.

Ist diese Haltung der Romantiker verwunderlich? Gewiß nicht, denn es liegt in ihrem eigenen Wesen, sich zu berauschen und zu schwärmen. Fühlen sie bzw. ahnen sie aber möglicherweise das Don Quijotehafte ihrer eigenen Haltung, die sich ebenfalls in einer Flucht vor der Wirklichkeit zeigt?

Die Gestalt des Don Quijote ist an einen geschichtlichen Wendepunkt gestellt, sie soll den Verlust der alten Lebenswerte und das Aufkeimen der „kühleren Zwecknatur der bürgerlichen Gesellschaft"[26] in Spanien charakterisieren. Don Quijote, der Repräsentant des Alten, findet sich in der veränderten Welt nicht mehr zurecht. Deshalb ist er in beständiger Flucht- und Wanderbewegung. Jedoch ein eben-

[25] Vossler, K., Einführung in die spanische Dichtung des goldenen Zeitalters, Hamburg 1939, S. 69.

[26] Krauss, W., Zur Dichtungsgeschichte der romanischen Völker, Leipzig 1965, S. 141.

solcher geschichtlicher Wendepunkt ist nach dem Sieg der bürgerlichen Revolution erreicht. Wiederum setzt eine Fluchtbewegung ein. Der Romantiker fühlt vielleicht die Unmöglichkeit seiner Haltung selbst, aber wie sollte er sie als Romantiker ändern? In diesem Umstand scheint die tiefste Wesens- und Geistesverwandtschaft der Romantiker mit der Gestalt des Don Quijote zu liegen. Gerade diese schwankende Stellung des Schon-nicht-mehr-möglich-seins, die Cervantes sehr wohl beabsichtigt haben muß und die natürlich die Romantiker so gut nachfühlen können, hat die abgöttische Liebe und Bewunderung des „Don Quijote" bewirkt.

Aber wie könnte man von den Romantikern erwarten, daß sie die Ursachen dieser religiösen Verehrung aufzeigen? Sie sind dazu ebensowenig in der Lage, wie sie ihre eigene historische Stellung nicht aufzuzeichnen vermögen. Ihre Bewunderung kann niemals gleichzeitig von den tiefsten Ursachen dieser Sympathie Zeugnis abgeben. Das ist auch der Grund, warum uns in dem Urteil Sismondis über den „Don Quijote" so vieles ungereimt erscheint.

Sismondis innige Beziehung zur Gestalt des Don Quijote läßt sich auch nicht dadurch erschüttern, daß Cervantes mit seinem Buch eigentlich einen Vorstoß zum literarischen Realismus unternimmt. Alles das, was ihm an anderen Dichtern immer als zu kühl, zu unpoetisch und zu wenig phantasievoll erschienen wäre, fällt bei der Beurteilung des „Don Quijote" überhaupt nicht ins Gewicht. So nimmt er beispielsweise keinen Anstoß daran, daß Cervantes das traditionelle Ritterschloß durch eine gewöhnliche Straßenkneipe ersetzt. Außerdem erstreckt sich die Absolution, die Sismondi der Lächerlichkeit Don Quijotes erteilt, nicht auf die entgegengesetzten Torheiten Sanchos. Bei dem nüchternen, stets auf seinen Vorteil bedachten Sancho Panza wird plötzlich der Spott des Cervantes völlig ernst genommen.

Die Beispiele für eine derartig widersprüchliche Einstellung ließen sich beliebig vermehren. Hier soll jedoch stattdessen nur noch darauf aufmerksam gemacht werden, daß sich Sismondi gern an eine Bemerkung von Cervantes klammert, in welcher er seinen Lesern mitteilt, daß sein Buch lediglich eine Parodie auf die schlechten Ritterromane sei, die in jener Zeit massenweise das spanische Publikum überschwemmten. Bei der Darlegung dieses Umstandes gestattet er sich erneut ein Plädoyer für die ritterliche Dichtung. Alles das, was Sismondi hier zu wiederholten Malen vorbringt, ist zumindest bei der Besprechung des Werkes wie des Don Quijote wenig angebracht.

Größere Aufmerksamkeit, als sie es verdiente, schenkt Sismondi der dramatischen Kunst des Cervantes. Im Vergleich zur Besprechung des „Don Quijote" und der von Cervantes selbst als exemplarisch bezeichneten Novellen (letztere beanspruchen so sehr das Interesse des Literaturhistorikers) nehmen insbesondere seine dramatischen Frühwerke, von denen er etwa 20 bis 30 geschrieben hat und wovon heute eigentlich nur noch zwei bekannt sind, einen verhältnismäßig breiten Raum ein. Weder „Numancia" noch das Stück „Das Leben oder der Zustand zu Algier" erreichen das Niveau der anderen Werke von Cervantes. Sismondi legt dennoch breite Analysen dieser Dramen vor, weil sie in seinem, in des Romantikers Sinne geschrieben sind. Dagegen werden die berühmten „Novelas exemplares" in knapp acht Seiten abgefertigt. Zu sehr spürt Sismondi in diesen Novellen den sich bereits ankündigenden bürgerlichen Geist. Die Novelle an sich ist bürgerlicher Herkunft. Das bezeugt nicht nur ihre zunächst noch niedere Stilart, die sie auch für die unteren, nicht gebildeten Stände lesbar machte, sondern mehr noch ihre ganze Anlage. So bedeutet, wie Krauss schreibt, „der novellistische Ablauf die neue Erfahrung der wachsenden Zeitverknappung"[27]. Ferner ist es die Neuheit des behandelten Themas, in welchem sich das neue Gesellschaftsbewußtsein der Menschen ausdrückt. Zeitliches Maß und Aktualität sind aber, wie Krauss

[27] Krauss, W., a. a. O., S. 116.

schreibt, die Zeichen der beginnenden Ära des Kapitalismus in der Dichtung. Es ist also ganz verständlich, wenn die Novellengattung bei dem romantisch eingestellten Literaturhistoriker Sismondi wenig Anklang findet. Die gewaltige literaturgeschichtliche Leistung von Cervantes, anknüpfend an Boccacios „Decamerone" der Novelle erstmalig klassischen Bau verliehen zu haben, wird von Sismondi mit keinem Wort gewürdigt. Es erweist sich also auch bei der Besprechung des Cervantes, wie sehr gerade die Literaturgeschichte Sismondis von der Geisteshaltung der Romantik beeinflußt ist. Die Reste aufklärerischer Gesinnung bei Sismondi, sonst stärker wahrnehmbar, sind in seiner Literaturgeschichte fast gänzlich in den Hintergrund getreten.

Die ökonomische Theorie

Wenden wir uns nunmehr den ökonomischen Theorien Sismondis zu, so muß noch einmal darauf hingewiesen werden, daß sie in der Geschichte des menschlichen Denkens im Vergleich zu seinen anderen Auffassungen die verhältnismäßig größte Wirkung ausgeübt haben. Allerdings kann das Schrifttum über Sismondi einem Vergleich mit den unzähligen Werken, Aufsätzen, Notizen etc. über Adam Smith nicht standhalten. Sogar die ökonomischen Ansichten Sismondis werden, zumindest in der bürgerlichen Sismondi-Literatur, recht stiefmütterlich behandelt. Fragen wir nach der eigentlichen Ursache dieser Zurückhaltung, so muß der Umstand hervorgehoben werden, daß von Sismondi eine wichtige Linie zu Marx führt.

Für die bürgerlichen Ökonomen stellt Sismondi daher so etwas wie ein heißes Eisen, gewissermaßen ein enfant terrible dar, denn er ist der bürgerliche Kritiker des kapitalistischen Systems par exellence. Von ihm stammt die ergreifende Schilderung der elenden Lage der arbeitenden Klassen im Kapitalismus. Vor allem aber ist er es gewesen, der als erster von einem ständigen Ungleichgewicht der kapitalistischen Wirtschaft gesprochen hat, das mit gesetzmäßiger Notwendigkeit zu Krisen führt. Sismondi rückt also mit seiner Krisentheorie, der ersten systematischen Krisentheorie in der Geschichte des ökonomischen Denkens überhaupt, für bürgerliche Ökonomen in die fatale Nähe von Marx. Das allein macht die Haltung der bürgerlichen Ökonomen gegenüber Sismondi verständlich. Erst in zweiter Linie ist dann von Belang, daß er mit seiner stark soziologisch gefärbten Argumentation den heutigen „Theoretikern", die sich der sogenannten „reinen Theorie" befleißigen und die in jeder Hinsicht der mathematischen Modellsprache den Vorzug geben, schon rein äußerlich ganz und gar nicht paßt.

Sieht man aber von dieser notorischen Unterschätzung einmal ab, so zeigt sich ferner, daß die bürgerliche Dogmengeschichtsschreibung nicht in der Lage ist, Sismondi richtig einzuschätzen. Das gilt für seine ökonomische Theorie im engeren Sinne wie natürlich erst recht für seine Stellung in einer allgemeinen Geschichte der Sozialwissenschaften. Was die ökonomischen Ansichten anbetrifft, so findet man stets einseitige Urteile über Sismondi. Entweder es wird, wie z. B. von Courtois in „Palgrave's Dictionary of Political Economy", das erste Hauptwerk Sismondis als das eigentliche Meisterstück bezeichnet, demgegenüber alles Spätergeschriebene nur noch einen schwachen Abglanz des früher erreichten wissenschaftlichen Niveaus darstellte, weil, wie Courtois sich ausdrückt, der Verstand bei Sismondi schließlich der „Sklave des Gefühls" geworden sei. Oder aber man stößt, wie z. B. bei Aftalion, auf die Ansicht, daß Sismondi gerade in dem zweiten Werk die Politische Ökonomie um ein gewaltiges Stück vorangebracht habe, während das erste Werk lediglich eine Vulgarisation des Smithschen „Wealth of Nations" darstelle. „Der ‚Handelsreichtum' bleibt in Wirklichkeit entschlossen den von Smith aufgestellten Grundsätzen treu, und er stellt einen entschiedenen Kontrast zu den späteren Schriften Sismondis dar. Als Arbeit zur

Allgemeinverständlichkeit hat der ‚Handelsreichtum' für uns nur untergeordnetes Interesse."[28]

Beide Ansichten enthalten in unterschiedlichem Grade Spuren von Wahrheit. Dennoch trifft keine dieser Thesen den eigentlichen Kern des Problems. Worauf es in erster Linie ankommt, ist folgendes: In seinem ersten ökonomischen Werk, in „De la Richesse Commerciale" (1803), erweist sich Sismondi als Anhänger des laissez faire, laissez passer-Gedankens, d. h. also als Parteigänger einer liberalistischen Wirtschaftspolitik. Diese ursprünglich liberalistische Einstellung findet man dann in den „Nouveaux Principes..." (1819) in ihr genaues Gegenteil verkehrt. Von nun an vertritt Sismondi, aus noch darzulegenden Gründen, weitgehende Eingriffe des Staates in die Wirtschaft.

Wenn auch Amonn auf diesen Umschwung in den Ansichten Sismondis aufmerksam gemacht hat, so ist er dennoch nicht in der Lage, die wahren Ursachen dafür anzugeben. Läßt man das Problem der veränderten sozialökonomischen Lage in Frankreich im Jahre 1819 gegenüber 1803 zunächst einmal unberücksichtigt und versucht, allein die Frage zu klären, warum sich gerade in der Person Sismondis diese Wandlung vollzog, so stößt man erneut auf den eigentlichen Kern seines Denkens. Allein das kleinbürgerliche Interesse veranlaßte Sismondi, diesen Stellungswandel, die Abkehr vom Liberalismus, zu vollziehen. Auch auf dem Gebiet der ökonomischen Theorie trifft man also bei Sismondi wiederum eine ähnlich unentschiedene und schwankende Haltung an, wie sie von seinen staatstheoretischen Ansichten, von seiner geschichtsphilosophischen und literaturhistorischen Konzeption her bereits bekannt ist. Die für Sismondi typische Zwischenstellung – teilweises Nochverhaftet-sein im Geist des 18. Jahrhunderts einerseits bei gleichzeitigem Bruch mit den Ideen der Aufklärung und Vorstoß zum Gedankenkreis der Romantik andererseits –

[28] Aftalion, A., L'œuvre économique de Simonde de Sismondi, Paris 1899, S. 25.

gilt ebenfalls für seine ökonomischen Ansichten. Im Hinblick auf die ökonomische Theorie repräsentiert der ökonomische Liberalismus den fortschrittlich-aufklärerischen Geist des 18. Jahrhunderts, während die Forderung nach Beeinflussung der Wirtschaft durch den Staat ein untrügerisches Kennzeichen der ökonomischen Romantik ist. Obgleich Sismondi also als der Begründer der ökonomischen Romantik zu bezeichnen ist, unterscheidet er sich dennoch beträchtlich von den reaktionären Romantikern vom Zuschnitt eines Adam Müller in Deutschland beispielsweise. Der kleinbürgerliche Romantiker Sismondi war auf Grund seiner kleinbürgerlichen Haltung zu einer großartigen wissenschaftlichen Leistung, zur Konzipierung der ersten Krisentheorie in der Geschichte des ökonomischen Denkens, befähigt. Das hebt ihn im wissenschaftlichen Niveau von den reaktionären Romantikern ab.

Soll Sismondi zunächst einmal summarisch an Hand der Bemerkungen der Klassiker beurteilt werden, so ist es unerläßlich, von der Darstellung im „Kommunistischen Manifest" auszugehen. Hier bezeichnet Marx Sismondi als das „Haupt des kleinbürgerlichen Sozialismus". „Dieser Sozialismus zergliederte höchst scharfsinnig die Widersprüche in den modernen Produktionsverhältnissen. Er enthüllte die gleisnerischen Beschönigungen der Ökonomen. Er wies unwiderleglich die zerstörenden Wirkungen der Maschinerie und der Teilung der Arbeit nach, die Konzentration der Kapitalien und des Grundbesitzes, die Überproduktion, die Krisen, den notwendigen Untergang der kleinen Bürger und Bauern, das Elend des Proletariats, die Anarchie in der Produktion, die schreienden Mißverhältnisse in der Verteilung des Reichtums, den industriellen Vernichtungskrieg der Nationen untereinander, die Auflösung der alten Sitten, der alten Familienverhältnisse, der alten Nationalitäten. Seinem positiven Gehalt nach will jedoch dieser Sozialismus entweder die alten Produktions- und Verkehrsverhältnisse wieder herstellen und mit ihnen die alten Eigentumsverhältnisse und die alte Gesellschaft, oder er will die modernen

Produktions- und Verkehrsmittel in den Rahmen der alten Eigentumsverhältnisse, die von ihnen gesprengt werden mußten, gewaltsam wieder einsperren. In beiden Fällen ist er reaktionär und utopisch zugleich."[29]

Diese Einschätzung von Marx bezieht sich allein auf die politische Rolle der Sismondischen Lehre und ist vollauf vereinbar mit den dann folgenden späteren Einschätzungen von Marx, bei denen es um die Einordnung Sismondis in die ökonomische Theoriegeschichte geht.

Elf Jahre später, in dem Werk „Zur Kritik der Politischen Ökonomie", charakterisiert Marx Sismondi im Hinblick auf seine Stellung in der ökonomischen Theoriegeschichte folgendermaßen: „Die Analyse der Ware auf Arbeit in Doppelform, des Gebrauchswerts auf reale Arbeit oder zweckmäßig produktive Tätigkeit, des Tauschwerts auf Arbeitszeit oder gleiche gesellschaftliche Arbeit, ist das kritische Endergebnis der mehr als anderthalbhundertjährigen Forschungen der klassischen politischen Ökonomie, die in England mit William Petty, in Frankreich mit Boisguillebert beginnt, in England mit Ricardo, in Frankreich mit Sismondi abschließt."[30] Und Marx ergänzt diese Feststellung an anderer Stelle durch die Worte: „Wenn in Ricardo die Politische Ökonomie rücksichtslos ihre letzte Konsequenz zieht und damit abschließt, ergänzt Sismondi diesen Abschluß, indem er ihren Zweifel an sich selbst darstellt."[31]

Nach weiteren acht Jahren, im „Kapital", äußert sich Marx schließlich wie folgt: „Damit war aber auch die bürgerliche Wissenschaft der Ökonomie bei ihrer unüberschreitbaren Schranke angelangt. Noch bei Lebzeiten Ricardos und im Gegensatz zu ihm trat ihr in Person Sismondis die Kritik gegenüber."[32]

[29] Marx/Engels, Manifest der Kommunistischen Partei, Berlin 1951, S. 38 f.

[30] Marx, K., Zur Kritik der Politischen Ökonomie, Berlin 1951, S. 49.

[31] Ebenda, S. 59.

[32] Marx, K., Das Kapital, Bd I, Berlin 1962, S. 20.

Die Aussagen von Marx in der „Kritik“ wie auch im „Kapital“ qualifizieren Sismondi also als einen Denker, der am Ende der klassischen Politischen Ökonomie steht, den Abschluß der Klassik bildet, diese Klassik aber ergänzt durch die Darstellung ihres Zweifels an sich selbst. Sismondi wird also in beiden Fällen zwar nicht mehr als Klassiker der Politischen Ökonomie eingeschätzt, wohl aber als ein Denker, der der klassischen Periode zugehört, deren Abschluß er mit verkörpert und verdeutlicht, insofern er ihr noch auf der Grundlage ihrer eigenen Voraussetzungen kritisch entgegentritt.

Ergänzt man dieses Urteil von Marx durch die Worte Lenins, der stets davon spricht, daß Sismondi „auf dem Standpunkt der Romantik steht“[33], und der Sismondi völlig zu Recht als den Begründer der ökonomischen Romantik bezeichnet, so wird nicht zuletzt auch dadurch auf die eigenartige Zwischenstellung Sismondis aufmerksam gemacht. In das Denken Sismondis sind noch Reste des aufklärerischen Weltbildes eingeschlossen, obgleich andererseits die Abkehr von der Aufklärung und die Hinwendung zur Romantik bereits vollzogen ist. Bildete im Bereich der Staats- und Gesellschaftslehre die Theorie Rousseaus den entscheidenden Prüfstein des Sismondischen Standpunktes, so tritt an diese Stelle in der ökonomischen Theorie das ökonomische System von Adam Smith. Rousseau wie auch Smith waren, jeweils auf ihrem Gebiet, die überragenden Denker des bürgerlich-aufklärerischen 18. Jahrhunderts. Der Einfluß beider Denker wird auch in den Theorien Sismondis spürbar. Das gilt selbst für die Schaffensperiode, in welcher er sich von den Theorien Rousseaus wie auch Smith’ schon weitgehend gelöst hatte. Kann man sich aber mit einer derartigen, den wahren Sachverhalt nur ungenügend erhellenden oberflächlichen Feststellung bereits zufrieden geben? Oder sollte man nicht vielmehr alle Möglichkeiten ausschöpfen, um die tiefe-

[33] Lenin, W. I., Zur Charakteristik der ökonomischen Romantik, Werke Bd 2, Berlin 1961, S. 211.

ren Ursachen dieser äußerst differenzierten Haltung Sismondis gegenüber Rousseau und Smith näher zu beleuchten? Prüfen wir also hier die Umstände, soweit sie Smith betreffen. Um das Wichtigste gleich vorwegzunehmen, Sismondi verdankt Adam Smith im Hinblick auf die ökonomische Theorie sehr viel, oder besser gesagt alles, was ein Schüler seinem Lehrer nur verdanken kann. Das gilt für die Darstellung der ökonomischen Kategorien (Wert, Mehrwert, Profit, Rente, Preis, Kapital, Kapitalumschlag, Geld, Reproduktion etc.) wie auch für die wirtschaftspolitischen Schlußfolgerungen von Smith, die sich übrigens mit zwingender Notwendigkeit ergeben, sobald man die einzelnen Bausteine zu dem Mosaik eines theoretischen Gesamtsystems zusammenfügt. Sismondi ist also zunächst begeisterter Anhänger von Smith. In ihm erblickt er, selbst noch unter dem frischen Eindruck der revolutionären Ereignisse der neunziger Jahre des 18. Jahrhunderts in Frankreich stehend, vollkommen zu Recht den hervorragenden geistigen Repräsentanten aller bürgerlichen Bestrebungen in ökonomischer Hinsicht. Wie sehr Sismondi anfänglich für die Ideen und Grundsätze des ökonomischen Liberalismus eingenommen ist, kommt vor allem in seinem ersten umfangreicheren und bedeutungsvolleren ökonomischen Werk „De la Richesse Commerciale" zum Ausdruck. Mit diesem Werk beabsichtigte er, wie er offen eingesteht, nichts weiter, als die Theorien seines englischen Meisters auch in Frankreich und darüberhinaus auf dem ganzen europäischen Kontinent bekanntzumachen. Die europäischen Staaten, und selbst Frankreich, hatten bis dahin nichts aufzuweisen, was sich mit dem „Wealth of Nations" hätte vergleichen können. Das erkannt zu haben ist unbestreitbar ein Verdienst Sismondis.

Stellt dieses erste ökonomische Hauptwerk „De la Richesse Commerciale" nun wirklich eine getreue Wiedergabe der Ansichten von Adam Smith dar oder handelt es sich vielleicht um eine Popularisation, die, wie Aftalion behauptet, zur Vulgarisation der Smithschen Lehren führte? Die Beantwortung dieser Frage ist, wie wir gleich sehen werden, von außerordentlicher Wichtigkeit.

Aber auch in genau entgegengesetzter Richtung hat man das Werk „De la Richesse Commerciale“ gedeutet. So behauptet beispielsweise Amonn, daß Sismondi die Theorien von Smith nicht nur nicht vulgarisiert, sondern in vielem sogar weiterentwickelt habe. Er ist der Meinung, daß lediglich in wirtschaftspolitischer Hinsicht Sismondi mit Smith völlig übereinstimmen würde und daß dagegen in theoretischen Einzelfragen weitreichende Abweichungen festzustellen seien. Er schreibt: „Kann man wirklich sagen, der Inhalt dieses Werkes stelle nichts anderes oder wenig mehr als eine popularisierende Wiedergabe der im ‚Wealth of Nations‘ niedergelegten Gedanken Adam Smith' dar? Nun, wenn man lediglich den wirtschaftspolitischen Teil ins Auge faßt, kann man die Frage nicht nur, sondern muß sie auch mit einem entschiedenen Ja beantworten. Aber der wirtschaftspolitische Teil umfaßt in diesem ersten Hauptwerk nicht mehr als dessen zweite Hälfte, die ganze erste Hälfte enthält ‚reine Theorie‘, und in bezug auf diese stimmt jene Behauptung ganz und gar nicht.“[34] Um diese Ansicht zu untermauern, stützt sich Amonn auf die Ausführungen Sismondis über die Rolle des Kapitals im Wirtschaftsprozeß, auf seine Theorie vom Kapitalumschlag sowie auf die Sismondische Lehre von der Wirtschaftsbilanz, wobei besonders letztere gegenüber Smith völlig originell sein soll.

Auch auf kleinere Nuancen und Abweichungen bei der Behandlung der Arbeitswerttheorie macht er aufmerksam. Sieht man jedoch von der etwas unterschiedlichen Darstellung des Wert- und Mehrwertproblems bei Sismondi zunächst ab, so gestatten es weder die Darlegungen über die Wirtschaftsbilanz noch die Theorie des Kapitals, von einer nennenswerten selbständigen wissenschaftlichen Leistung Sismondis gegenüber Smith zu sprechen. Am Beispiel der

[34] Amonn, A., Sismondis Stellung in der Geschichte der Nationalökonomie, Schweiz. Zeitschr. f. Vowi u. Stat.

Kapitaltheorie Sismondis, an Hand seiner Auffassung über Entstehen, Einteilung und Umschlag des Kapitals, soll das ganz kurz veranschaulicht werden.

Was zunächst die Herausbildung des Kapitals anbetrifft, so stimmen beide Theoretiker restlos überein. Smith wie auch Sismondi berufen sich auf die in der modernen bürgerlichen Politischen Ökonomie noch heute im Umlauf befindliche Legende vom „sparsamen Kapitalisten". Danach soll die Entstehung des Kapitals damit erklärt werden, daß einst umsichtige, tugendhafte Menschen gelebt haben, die ihr erarbeitetes Eigentum nicht gänzlich verzehrten, sondern einen Teil davon sparten. Nachdem der auf diese Weise gesammelte Vorrat eine entsprechende Größe erreicht hatte, wurde er in Arbeitsgeräte verwandelt und zur Beschäftigung von Arbeitskräften verauslagt. Nach der Produktion, mit dem Verkauf der so produzierten Waren, gelangte dieser „sparsame" Mensch dann in den Genuß eines Profits. Als die primäre Voraussetzung kapitalistischer Profiterzielung muß also danach die ursprünglich einmal geübte Enthaltsamkeit angesehen werden.

Wir wissen, daß sich mit einer derartigen Theorie, wie sie ursprünglich von Smith stammt und später dann auch auf Sismondi übergegangen ist, die Entstehung des Kapitals nicht erklären läßt. Weder Sparsamkeit noch Tugend, sondern Krieg, Raub, Plünderung und Skrupellosigkeit bildeten die Wiege des Kapitals. Marx hat über den Prozeß der Herausbildung des Kapitals, den er „ursprüngliche Akkumulation" nennt, eindrucksvolle Ausführungen gemacht. Es erübrigt sich, in diesem Zusammenhang näher darauf einzugehen.

Stattdessen soll der Vergleich der Smithschen und Sismondischen Kapitaltheorie noch etwas weitergeführt werden.

Marx hat festgestellt, daß die Stärke der Smithschen Theorie über das Kapital nicht in der soeben angeführten idyllischen Kapitalentstehungslegende liegt.

Was wir Smith im Hinblick auf die Kapitaltheorie verdanken, ist zweierlei. Zunächst hat Smith zu wiederholten

Malen und mit großem Nachdruck auf die Notwendigkeit der ständigen Kapitalakkumulation aufmerksam gemacht. Die Betonung des Kapitals und der Kapitalakkumulation als Wachstumsfaktor der wirtschaftlichen Entwicklung ist eines der großen Verdienste Smith' in der Kapitaltheorie. Wenn sich also Smith gegen den konsumtiven Verbrauch von Profit wendet, so hat er damit das entscheidende Anliegen der aufstrebenden Bourgeoisie seiner Zeit ausgesprochen.

In „De la Richesse Commerciale" ist Sismondi auch in dieser Hinsicht seinem großen Vorbild Adam Smith gefolgt, wenn er auch in keinem Punkte über denselben hinausgelangt ist. Er bemerkt diesbezüglich (auf die Anführung einer entsprechenden Stelle bei Smith soll verzichtet werden), daß „dem Profit, den der Kapitalist erlangt, die Entstehung und Erhaltung des nationalen Reichtums zuzuschreiben"[35] sei. Könnte der Kapitalist diesen Profit nicht erzielen, so würde er das Kapital, anstatt es zu sparen, verbrauchen: „er würde fortlaufend alles, was er besitzt, zu seinem eigenen Verbrauch verwenden, ohne etwas zu produzieren, bis er alles verbraucht hätte."[36]

Die andere Leistung Adam Smith' in der Kapitaltheorie ist zu suchen in der Einteilung des Kapitals. So verdanken wir Smith eine klare Einteilung des Kapitals in fixes und zirkulierendes Kapital. Diese Einteilung in fixes und zirkulierendes Kapital wurde zwar schon von den Physiokraten getroffen, aber erst Smith überwindet die noch vorhandenen Einseitigkeiten der physiokratischen Auffassung. Nach Smith ist es erforderlich, in jeder produktiven Sphäre, d. h. also in der Industrie wie in der Landwirtschaft, zwischen fixem und zirkulierendem Kapital zu unterscheiden. Das einzige Kri-

[35] Sismondi, zitiert bei Amonn, Simonde de Sismondi als Nationalökonom, Bd I, S. 165. (Die Zitate aus „De la Richesse Commerciale" wurden der auszugsweisen Amonnschen Übersetzung des Werkes entnommen.)

[36] Ebenda.

terium für diese Unterscheidung ist bei ihm der Umschlag des Kapitals. Je nachdem, ob das Kapital während eines Produktionsprozesses oder während mehrerer Produktionsprozesse verbraucht wird, muß man es zum zirkulierenden oder fixen Kapital rechnen.

Diese klare Bestimmung bedeutet einen großen Fortschritt in der Geschichte der politischen Ökonomie. Allerdings hielt Smith nicht in jedem Falle an der richtigen Einteilung fest. So begeht er an vielen Stellen seines bekannten Werkes den Irrtum, das Kaufmannskapital und das Leihkapital als zirkulierendes Kapital aufzufassen. Damit wird die richtige Theorie, nach welcher lediglich das produktive Kapital in fixes und zirkulierendes Kapital eingeteilt werden kann, wieder aufgehoben.

Welche Ansicht vertritt Sismondi? Auch Sismondi ist, das kann schon im voraus gesagt werden, in der Kapitaltheorie keinen Schritt weiter gekommen als Smith. Man muß ihm allerdings einräumen, im Gegensatz zu vielen anderen zeitgenössischen Ökonomen (Malthus, Say), die richtige und verdienstvolle Unterscheidung von Smith beibehalten zu haben. Seinen Ausführungen ist ebenfalls die Einteilung in fixes und zirkulierendes Kapital zugrunde gelegt. Auch bei ihm handelt es sich um fixes Kapital, sobald ein entsprechendes Produktionsmittel an mehreren Produktionsprozessen beteiligt ist, und er spricht von zirkulierendem Kapital, wenn der Verbrauch innerhalb eines Produktionsprozesses stattfindet. Einziges Kriterium für die Einteilung des Kapitals ist also bei Sismondi der Umschlag. Danach gehören zu den fixen bzw. „stehenden“ Kapitalien „die Mühlen, die Schmieden, die Sägen, die Backöfen und allgemein alle Fabriken“.[37] Ebenfalls richtig erfaßt er dann den Begriff des zirkulierenden bzw. „umlaufenden“ Kapitals, wozu er die „Subsistenzmittel der Arbeiter“, die „Rohstoffe“, die „Werkzeuge“ etc.[38] rechnet.

37 Ebenda, S. 153.
38 Ebenda, S. 162.

In dieser Übernahme der Smithschen Theorie erschöpft sich jedoch die „Leistung“ Sismondis. Man wird bei ihm vergeblich nach Ansätzen zu einer Weiterentwicklung der Ansichten seines Meisters suchen. Nicht einmal die Ungereimtheiten und Rückfälle in falsche Auffassungen, wie man sie bei Smith noch häufig findet, hat Sismondi überwunden. Wenn er auch mehrfach betont, daß lediglich das sogenannte produktive Kapital in fixes und zirkulierendes Kapital unterteilt werden darf, so stößt man bei ihm doch immer wieder auf Äußerungen, aus denen hervorgeht, daß er sich seiner Sache keineswegs sicher war. Aus alledem wird ersichtlich, wie unrichtig es ist, Sismondi in der Kapitaltheorie eigene, über Smith hinausführende Gedanken zuzuerkennen.

Weitaus bedeutungsvoller ist aber für uns die Fragestellung Aftalions: Handelt es sich im Falle von „De la Richesse Commerciale“ wirklich um eine Vulgarisation der Ansichten von Smith? Bekanntlich hat es neben Sismondi einen weiteren Verbreiter der Smithschen Lehren auf dem Kontinent gegeben, der von Marx nicht nur als Verbreiter, sondern gleichzeitig auch als „Verflacher“ Smith', als „Jammermensch“, bezeichnet wurde. Es ist die Rede vom „Prinzen der Wissenschaft“, wie Marx sich einmal ironisch ausdrückte, es ist die Rede vom „faden“ Say. Im Jahre 1803, gleichzeitig mit Sismondis „De la Richesse Commerciale“, erschien auch Says erste Ausgabe des „Traité d'Economie politique“, welcher zudem ein großartiger Erfolg beschieden war. Die Frage, die sich aus diesem Umstand ableitet, ist folgende: Hat Sismondi mit seinem zur gleichen Zeit veröffentlichten Werk eine ähnlich schmähliche Rolle wie Say gespielt oder ist er mit seiner „Smith-Verbreitung“ aufrichtiger als Say gewesen?

Es fällt zunächst auf, daß Sismondi mit seinem Werk im Vergleich zu Say in einer für ihn deprimierenden Weise unbeachtet blieb. Den Beifall des Publikums schöpfte allein Say ab. Welche Gründe muß man dafür geltend machen? Liegt es vielleicht an der größeren Bescheidenheit Sismondis, an unzureichendem schriftstellerischem Talent, an der Tatsache, daß er als Historiker in ökonomisch interessierten Kreisen weitgehend unbekannt war oder aber an mangelnder staatlicher Protektion (zu dieser Zeit stand Sismondi mit Napoleon auf sehr schlechtem Fuß)? Dieser oder jener der genannten Gründe mag wirklich eine untergeordnete Rolle gespielt haben. Es wäre jedoch mehr als leitchfertig, wollte man sich mit einer derartigen Erklärung zufriedengeben. Die tatsächlichen Ursachen für den Mißerfolg von „De la Richesse Commerciale“ liegen tiefer.

Sismondi war im Gegensatz zu Say ein wahrhaft getreuer Schüler von Smith. Aus diesem Grunde fehlte seiner Smith-Darstellung die apologetische Note, die die Saysche Smith-Verbreitung bzw. „Verflachung“ kennzeichnet. Das, so sollte man jedenfalls annehmen, hätte doch nur ein Vorzug Sismondis gegenüber Say beim Wettlauf um die Popularität sein können. Weit gefehlt! Zu Beginn des 19. Jahrhunderts war in Frankreich gerade die apologetische Verbiegung der Theorien von Smith ein objektives gesellschaftliches Bedürfnis geworden. Zwischen dem Erscheinungsdatum beider Werke und dem Ende der siegreichen bürgerlichen Revolution lag bereits nahezu ein ganzes Dezinium tiefgreifender ökonomischer Entwicklung. Hatten die revolutionären Ereignisse zehn Jahre früher bereits einen neuen Klassengegensatz, den Gegensatz von Bourgeoisie und Proletariat, wenn auch nur im Keim sichtbar werden lassen, so spielt die Furcht vor dem inzwischen erstarkten Proletariat nunmehr die entscheidende Rolle. Ein Gegensatz, der für Smith im Jahre 1776 (Erscheinungsjahr des „Wealth of Nations“) noch völlig untergeordnet schien, der Gegensatz von Bourgeoisie und Proletariat, hing jetzt bereits drohend über der französischen Gesellschaft. Hinzu kommt, daß der gerade erst durch Napoleon überwundene Radikalismus des Jakobinismus der jetzt herrschenden Großbourgeoisie noch spürbar in den Gliedern steckte. Ferner sollte man bedenken, daß zu dieser Zeit bereits die utopischen Sozialisten mit ihren revolutionären Forderungen auftraten. Natürlich trug auch die zu Beginn des 19. Jahrhunderts in Frankreich einsetzende industrielle Entwicklung mit ihren entsetzlichen sozialen Folgeerscheinungen nicht gerade zur Verbesserung des sozialen Klimas bei. Tumulte und Hungerrevolten des Pariser Volkes waren an der Tagesordnung. Das heißt also, in dem Augenblick, wo in Frankreich die Bourgeoisie zur Macht gelangt war, mußte sie auch schon wieder alle Kräfte zur Absicherung dieser Macht gegenüber revolutionären Strömungen anspannen. Hier stößt man auf die eigentliche Ursache, die gerade dem Sayschen Werk in Frankreich eine derartig glänzende Aufnahme zuteil werden ließ. Say lieferte mit seiner apologetischen Entstellung von Smith der Bourgeoisie das geistige Rüstzeug für den Kampf gegen das aufkommende Proletariat. Derartiges hatte Sismondi mit seiner korrekten Smith-Darstellung nicht zu bieten, er war mit seinem gewiß schätzenswerten Anliegen, historisch gesehen, einfach zu spät gekommen.

Kehren wir aber jetzt zum Wichtigsten zurück. Wir müssen beweisen, daß allein Say die Lehre von Smith in apologetischer Weise verdreht hat. Ein kurzer Vergleich der Wert- und Mehrwerttheorien Says und Sismondis soll darüber näheren Aufschluß geben, stellt doch die Behandlung des Wert- und Mehrwertproblems das Herzstück eines jeden politökonomischen Systems dar.

Einer der Irrtümer von Adam Smith, der in der weiteren Entwicklung der Politischen Ökonomie noch verhängnisvolle Folgen haben sollte, war seine dritte Werttheorie. In dieser falschen Werterklärung bestimmte Smith den Wert einer Ware durch die Summe der Einkommen, Arbeitslohn, Profit und Rente, die seiner Meinung nach den ganzen Wert einer Ware ausmachen sollen. Dieser „närrische Schnitzer" (Marx) bildet den Anknüpfungspunkt für Say. Er entwickelt in Anlehnung an Smith seine sogenannte „Theorie der Produktionsfaktoren". Danach gibt es drei Produktionsfaktoren, die in ihrem produktiven Zusammenwirken das gemeinsame Produkt herstellen. Alle drei Faktoren, Arbeit, Kapital und Boden, leisten „produktive Dienste". Say schreibt: „Nun lehrt uns aber die Erfahrung, daß wir die produzierten Werte der Wirkung und Mithilfe der Industrie (hierunter versteht Say die Arbeit – A. T.), der Kapitale und der Naturkräfte zu verdanken haben, ... und daß aus keiner anderen als aus diesen drei Quellen ein Wert, d. i. ein neuer Reichtum fließe."[39] Da es nach Say aber drei Einkommensquellen gibt, wäre es doch offenbar ungerecht, wollte man nur den einen Produktionsfaktor Arbeit für seinen produktiven Dienst bezahlen. Mit eilfertiger Konsequenz folgert Say darum, daß allen drei Faktoren ein entsprechendes Entgelt zufließen müsse. „So nimmt jeder seinen Anteil von den produzierten Werten, und dieser Anteil bildet das Einkommen."[40] Say hat also sein apologetisches Ziel erreicht. Einen Mehrwert und eine Ausbeutung kann es nach seiner Theorie im Kapitalismus nicht geben. Alles ist in bester Ordnung, wenn der Arbeit der Arbeitslohn, dem Kapital der Profit und dem Boden die Rente zufällt. Wie sieht es in dieser Hinsicht bei Sismondi aus? Sismondi bleibt im Gegensatz zu Say der Arbeitswerttheorie von Smith treu. Unmißverständlich bestimmt er in „De la Richesse Commerciale", wie in der ersten richtigen Werttheorie von Smith, den Wert einer Ware aus der zu ihrer Herstellung erforderlichen gesellschaftlich notwendigen Arbeitszeit. Diese richtige Definition vertritt er sogar mit einer derartigen Konsequenz, daß es für Sismondi im Gegensatz zu Smith sogar einen durch Arbeit bestimmten „Wert des Bodens" gibt. Er will nicht einsehen, daß der Boden niemals einen Wert, sondern lediglich einen Preis besitzen kann. Diesen sogenannten Bodenwert bestimmt er nach den gleichen Kriterien wie den Wert einer jeden anderen Ware. Er behauptet, daß man „die Erfindung der Kunst, Ernten zu erzielen, als Ergebnis der Arbeit des Menschen auffassen" könne, „denn sie sei die Frucht der ersten Erfahrungen des ersten Bebauers, und

[39] Say, J. B., Ausführliche Darstellung der Nationalökonomie oder der Staatswissenschaft, Heidelberg 1830, Bd I, S. 107.

[40] Ebenda, Bd II, S. 170.

niemals ist eine Arbeit produktiver gewesen als die seinige, da seine Erfindung, die vielleicht ebensosehr dem Zufall als nachdenkendem Bemühen zu verdanken war, den Wert des ganzen Bodens schuf."[41] Eine derartige Wertbestimmung des Bodens ist natürlich Unsinn. Sie zeigt aber dennoch, wie außerordentlich konsequent Sismondi in seinem ersten ökonomischen Hauptwerk an der Arbeitswerttheorie von Adam Smith festhält.

Von der Arbeitswerttheorie kann man zur richtigen Behandlung des Mehrwertproblems gelangen. Smith hatte diesen Weg bereits erfolgreich beschritten, wenn er schrieb: „Der Wert, den die Arbeiter den Rohstoffen zusetzen, löst sich hier" (sobald die kapitalistische Produktion eingetreten ist) „in zwei Teile auf, wovon der eine ihren Lohn zahlt, der andere den Profit des Beschäftigers auf den ganzen von ihm vorgeschoßenen Betrag von Rohstoffen und Arbeitslöhnen."[42] Marx fügt dem hinzu: „Er hat damit den wahren Ursprung des Mehrwertes erkannt."[43] Ganz genau wie Smith hebt nun Sismondi den Profit als einen Abzug von dem Produkt, das der Arbeiter geschaffen hat, hervor, wenn er zunächst feststellt, daß „jeder Arbeiter einen Überschuß über seinen eigenen Verbrauch hervorbringt", und dann folgendermaßen fortfährt: „Der Arbeiter, der nicht über akkumulierte Arbeit, über eigenes Kapital verfügt, nichts hat, um sich zu ernähren und zu kleiden, findet nicht nur einen Vorteil darin, das, was er machen kann und was er noch nicht gemacht hat, gegen das, wonach er Bedarf hat und das ein anderer tatsächlich besitzt, auszutauschen; vielmehr ist das für ihn das einzige Mittel, um existieren zu können."[44] Er wird „dem Besitzer des Kapitals" diesen Überschuß „vollständig abtreten, ... sehr zufrieden, sich um

41 Sismondi, zitiert bei Amonn, A., ebenda, S. 149.

42 Smith, A., zitiert nach Marx, K., Theorien über den Mehrwert, Bd I, Berlin 1956, S. 45.

43 Ebenda.

44 Sismondi, zitiert bei Amonn, A., Simonde de Sismondi als Nationalökonom, Bd I, Bern 1945, S. 164.

diesen Preis das Notwendige zu verschaffen."[45] Deutlicher als mit diesen Worten kann der riesengroße Unterschied zwischen Sismondi und Say nicht zum Ausdruck gebracht werden. An keiner Stelle seines Werkes hat Sismondi eine Konzession an die Produktionsfaktorentheorie gemacht.

Sismondi ist also in seinem ersten bedeutenden ökonomischen Werk konsequenter Anhänger der Theorien von Adam Smith. Das beweist nicht nur seine Arbeitswert- und Mehrwerttheorie, sondern kommt vor allem in seiner wirtschaftspolitischen Konzeption zum Ausdruck. Man hat darin völlig zu Recht die Argumentationen von Smith wiedererkannt.[46] Weniger Wert legten die bürgerlichen Ökonomen allerdings auf die Hervorkehrung des Umstandes, daß sich Sismondi mit seinem ausdrücklich betonten wirtschaftspolitischen Liberalismus unmißverständlich für die Ziele einer aufstrebenden Bourgeoisie aussprach, die im Verlaufe des gesamten 18. Jahrhunderts den gesellschaftlichen Fortschritt verkörpert hatte. Die Losung, die diese Bourgeoisie nicht nur in allgemein politischer, sondern auch in wirtschaftspolitischer Hinsicht auf ihre Fahnen schrieb, bestand aus dem einen Wort – Freiheit. Freiheit des Handels, Freiheit des Gewerbes, Freihandel im Verkehr mit dem Ausland; das sind aber zunächst auch die Forderungen Sismondis. Von der Freizügigkeit des Handels und Gewerbes verspricht er sich die weitere Vertiefung der Arbeitsteilung, die ihrerseits zu einer gesteigerten Produktivität der Wirtschaft führt. Die Arbeitsteilung soll aber nicht nur auf den nationalen Rahmen beschränkt bleiben, sondern sie soll sich gleichzeitig auch auf den Verkehr zwischen Inland und Ausland erstrecken. Eine weitgehende Arbeitsteilung im internationalen Maßstab bringt nämlich nach der Ansicht Sismondis für die beteiligten Länder die größten Vorteile mit sich.

Selbst wenn man mit den Theorien von Smith nur oberflächlich vertraut ist, erkennt man hier das getreue Spiegel-

[45] Ebenda, S. 165.
[46] Vgl. Amonn, A., a. a. O., S. 137 ff.

bild der Ansichten des großen Schotten wieder. Smith hatte als erster auf den wechselseitigen Zusammenhang von Freihandel, Arbeitsteilung und Produktionssteigerung aufmerksam gemacht und damit die Interessen der noch fortschrittlichen Bourgeoisie zum Ausdruck gebracht. Sismondi, zunächst noch Anhänger der Ideen des 18. Jahrhunderts, folgte auch in dieser Hinsicht seinem großen Vorbild Smith. Ein ganzes Buch widmet Sismondi in „De la Richesse Commerciale" den sogenannten Monopolen. Hier unterwirft er die den freien Wettbewerb der Unternehmen beschränkenden wirtschaftspolitischen Maßnahmen seiner Zeit, wie Zölle, Lehrlings- und Zunftgesetzgebung, Privilegierung von Handelsgesellschaften etc., einer scharfen Kritik. Besonders großen Nachdruck legt er auf die Bekämpfung der Lehrvorschriften bei der Berufsausbildung und auf die Einschränkung der sogenannten Berufsverbände. Die übertriebenen Lehrvorschriften, aufgestellt von jenen, die bereits Meister geworden waren, verfolgten seiner Meinung nach nur das eine Ziel, die „Neukommenden, die ihnen Konkurrenz machen und ihre Profite verhindern konnten, fernzuhalten"[47]. Die Meister strebten lediglich danach, jegliche Konkurrenz von vornherein auszuschließen, wenn sie derartig beschränkende Bestimmungen durch die Staatsgewalt sanktionieren ließen. Diese drückenden Bedingungen hatten aber zur Folge, daß sich die Produktion verminderte und daß sich die Waren verteuerten, empört sich Sismondi. „Das Monopol, das die Lehrlingsstatuten hervorgerufen, ist also doppelt belastend für die Nation, da es ihrer wirtschaftlichen Tätigkeit Fesseln anlegt, und da es ihre Ausgaben erhöht."[48]

Vom Lehrlingswesen ist das Zunftwesen nicht zu trennen. Sismondi fordert nachdrücklich die Abschaffung der aus dem Mittelalter überkommenen Zunftvereinigungen. Diese staatlich sanktionierten Kooperationen mit ihrer strengen Hier-

[47] Sismondi, zitiert bei Amonn, A., Simonde de Sismondi als Nationalökonom, Bd I, Berlin 1945, S. 427.

[48] Ebenda, S. 430.

archie und ihren Reglements würden ebenfalls nur auf die Beschränkung der Produktion hinwirken. Sie seien eine „gegen den Konsumenten und gegen die Gesellschaft gebildete Verbindung, so daß die Regierung, weit entfernt sie zu bestätigen, hätte suchen müssen, ihrer Entstehung vorzubeugen oder sie zu zerstören."[49] Wenn die Vertreter der Zünfte die Sache auch so darzustellen versuchen, als ob es nötig wäre, die Zahl der Meister zu begrenzen, weil sonst das Gewerbe durch ein übergroßes Angebot von Waren in Verfall geraten würde, so beruhe das nichtsdestoweniger auf einem Trugschluß. Denn sobald Gewerbe und Handel frei sind, argumentiert Sismondi, „muß sich die Zahl der Arbeiter in jedem Gewerbe und die Zahl der Kaufleute in jedem Handelsgeschäft, immer ins Verhältnis zu den Bedürfnissen des Konsums setzen"[50]. Nichts ist irriger, als anzunehmen, daß in einer freien Wirtschaft Arbeiter in einem Produktionszweig bleiben, nach dessen Waren keine Nachfrage mehr besteht. Arbeiter wie auch Unternehmer würden sich vielmehr so lange aus der betreffenden Branche abwenden, „bis das Gleichgewicht zwischen den verschiedenen Gewerbezweigen wieder hergestellt wäre."[51] Diesen Mechanismus des Ausgleichs verhindern aber die Zünfte mit ihrer willkürlichen Begrenzung der Produktion, und sie fügen dadurch der Wirtschaft der Nation erheblichen Schaden zu. Man kann es also nicht dulden, daß den Fabrikanten verboten wird, von neuen Erfindungen Gebrauch zu machen und aus der Vervollkommnung der Produktionstätigkeit Nutzen zu ziehen. Denn allein die Einschränkung der Konkurrenz führt zum Stillstand und schließlich sogar zum Verfall der Wirtschaft. „Nur wenn Handel und Gewerbe frei sind, setzt jeder Unternehmer seine ganze Kraft darein, seine Kunst zu vervollkommnen, indem er neue Verfahren ins Werk setzt, um eine gleiche Qualität billiger als die

[49] Ebenda, S. 432.
[50] Ebenda, S. 434.
[51] Ebenda, S. 434.

anderen oder zum gleichen Preis Waren von einer besseren Qualität herzustellen."[52] Daß diese billigeren und in der Qualität besseren Waren einer echten kaufkräftigen Nachfrage auch wirklich entsprechen, dafür sorgt nach Sismondi der Automatismus von Angebot und Nachfrage.

Wie sehr Sismondi die Forderung nach wirtschaftlicher Freiheit zum Leitsatz seiner wirtschaftspolitischen Ansichten erklärt, geht unter anderem aus folgender, von ihm aufgezeichneter Anekdote hervor, die den Abschluß unserer Beweisführung bilden soll. Als eine Gruppe von britischen Kaufleuten von einem Mitglied des britischen Ministeriums befragt wurde, wie man am besten ihre Interessen fördern könne, antworteten sie ihm: „Wenn es eine Gnade sein soll, die Ihre Verwaltung auszeichnen, den Handel fördern und das Wohl der gesamten Nation herbeiführen könnte, so ist es die, uns unbeachtet zu lassen; keine besondere Gunst, die die Gesetze uns gewähren könnten, wird für uns die Freiheit aufwiegen, die uns Ihre Nichtbeachtung lassen wird."[53]

Angesichts dieser zunächst vollkommen eindeutigen liberalistischen Einstellung Sismondis wirkt seine plötzliche Abkehr von den Grundsätzen des Liberalismus um so befremdender. Die Ursachen dieses plötzlichen Stellungswandels sind von allergrößtem Interesse. Weder in den staatstheoretischen noch in den geschichtsphilosophischen Ansichten Sismondis konnte man einen derartigen Bruch beobachten. So ist beispielsweise seine Stellung zu Rousseau durch einen allmählichen Übergang, durch ein allmähliches Abgleiten von dessen aufklärerischer Position gekennzeichnet. Hier, auf dem Gebiet der ökonomischen Theorie, ist das anders. An die Stelle einer allmählichen Akzentverschiebung tritt der plötzliche Bruch mit den alten Auffassungen, tritt der plötzliche Bruch mit Adam Smith. Sismondi wird von einem begeisterten Befürworter des Liberalismus zum erbitterten Gegner dieser wirtschaftspolitischen Maxime. Er

[53] Ebenda, S. 401.
[52] Ebenda, S. 438.

bietet alle seine Beredsamkeit auf, um die schädlichen Auswirkungen des Prinzips des laissez faire, laissez passer darzulegen.

Wie war eine derartige Kehrtwendung möglich? Prüft man die genaueren Umstände, so gelangt man zu dem Ergebnis, daß allein die sozialökonomische Lage zu Beginn des 19. Jahrhunderts und der von Sismondi bezogene Standpunkt für den plötzlichen Gesinnungsumschwung verantwortlich zu machen sind. Obgleich sich Sismondi zwischen den Jahren 1803 und 1819 (Erscheinungsjahr der „Neuen Grundsätze der Politischen Ökonomie“) nahezu ausschließlich mit historischen Studien beschäftigt hatte, erfaßt er, als er erneut zu ökonomischen Studien angeregt wird, mit dem wachen und geschulten Blick des Historikers sofort die neue ökonomische Situation. Von Redakteuren der „Enzyklopädie von Edinburgh“ gebeten, einen Artikel über die Politische Ökonomie zu schreiben, beabsichtigte er ursprünglich lediglich, die bereits in „De la Richesse Commerciale“ entwickelten Doktrinen kurz zusammenzufassen. Dabei sollte allerdings der besonderen Lage in England, der vorangeschrittenen ökonomischen Entwicklung (Aufschwung der Industrie, Verschwinden der Zunftordnung, Konzentration und Zentralisation, verbreitete Anwendung neuer Maschinen, Ausweitung der Konkurrenz, neue soziale Erscheinungen) Rechnung getragen werden. Als er jedoch an die Ausarbeitung des Artikels ging, mußte er feststellen, daß sich die neuen Umstände nicht mehr mit den alten theoretischen Grundsätzen in Übereinstimmung bringen ließen. Die industrielle Entwicklung hatte als unmittelbare Folgen Überproduktionskrisen und Pauperismus nach sich gezogen. Wenn Sismondi auch, wie er selbst eingesteht, in den zurückliegenden 15 Jahren nur wenige ökonomische Bücher gelesen hatte, so war er doch stets um das Studium der Tatsachen bemüht gewesen. Diese Tatsachen aber konnten bei Sismondi keinen Optimismus aufkommen lassen. Da er als ideologischer Vertreter des Kleinbürgertums von den Folgen der industriellen Entwicklung besonders berührt wurde, erlangten die neuen ökonomischen und sozialen Erscheinungen für ihn besondere Bedeutung. So bekundet er große Bestürzung über die Wirtschaftskrisen, über den offenbaren Widerspruch zwischen industriellem Fortschritt einerseits und sich ausbreitender Massenarmut andererseits, über die stets wachsende Kluft zwischen Arbeitern und Kapitalisten, über die Verschlechterung der sozialen Verhältnisse der Arbeiterklasse usw. Aus dem ursprünglich geplanten Enzyklopädie-Artikel erwuchs angesichts dieser neuen Eindrücke ein umfangreiches ökonomisches Werk, das ökonomische Hauptwerk Sismondis schlechthin. In den „Neuen Grundsätzen“, die vor allem ein kritisches Werk sind, klagt Sismondi das herrschende kapitalistische System unbarmherzig an, welchem er kurz zuvor noch seinen enthusiastischen Glauben schenkte und auf das er seine ganze Hoffnung bezüglich des gesellschaftlichen Fortschritts gründete. Nur fünfzehn Jahre waren inzwischen vergangen. Diese wenigen Jahre hatten aber zur ideologischen Trennung des Kleinbürgertums von der Bourgeoisie geführt. Auch in bezug auf die ökonomische Theorie geht das Kleinbürgertum von nun an für die ihm zugemessene kurze Zeit eigene, selbständige Wege.

Sismondis ursprüngliche Begeisterung für den Menschheitsfortschritt war jetzt, angesichts der neuen Tatsachen, entschieden gedämpft. Er richtet sein Augenmerk nunmehr ausschließlich auf die Kehrseite des von Smith mit gesunder bourgeoiser Rücksichtslosigkeit geforderten industriellen Fortschritts um jeden Preis. Er wird zum theoretischen Fürsprecher der ausgebeuteten und leidenden arbeitenden Klassen und brandmarkt die gesellschaftlichen Mißstände. Ihre Ursache sieht er in den Widersprüchen der modernen Gesellschaft, in den kapitalistischen Produktionsverhältnissen. Die Analyse dieser Widersprüche tritt bei Sismondi an die allererste Stelle. Die bis dahin von ihm befürwortete ungehinderte kapitalistische Entwicklung wird von nun an entschieden bekämpft. Das freie Spiel der Kräfte, das egoistische Streben des einzelnen nach Profit, führt bei Sismondi jetzt keineswegs zum größten Wohlstand der gesamten Gesellschaft. Nach seiner neuen Auffassung fördert das Interesse des einzelnen nicht, wie Smith behauptet hatte, gleichzeitig das Interesse aller.

Die Tatsachen gaben Sismondi recht. Als er sieben Jahre nach dem ersten Erscheinen seiner „Neuen Grundsätze ..." eine zweite Auflage des Werkes herausgibt, kann er darauf mit Genugtuung aufmerksam machen. Es sei erwiesen, schreibt Sismondi, daß die Gelehrten, von denen er sich losgesagt hat, einer falschen Prosperität nachjagten und daß ihre Theorien immer dort, wo sie in die Praxis umgesetzt wurden, zwar den materiellen Reichtum vermehren konnten, andererseits aber die vielen Genüsse der Menschen herabminderten. Die Reichen seien zwar noch reicher, die vielen Armen aber noch ärmer geworden und zu größerer Abhängigkeit und Bedürftigkeit verurteilt.

Eine zuvor unternommene Studienreise nach England (1824), dem in jener Zeit in der kapitalistischen Entwicklung fortgeschrittensten Land, hatte Sismondi von der prinzipiellen Richtigkeit seiner neuen Anschauungen endgültig überzeugt.

Diese neuen Anschauungen, aus dem gründlichen Studium der Wirklichkeit gewonnen, veranlaßten den Vertreter des Kleinbürgertums Sismondi zum Bruch mit Adam Smith, dem Repräsentanten einer damals noch geschlossenen, mit einheitlichen Forderungen auftretenden, fortschrittlichen Bourgeoisie. Smith war im Vergleich zu Rousseau zu sehr eindeutiger Verfechter der Klasseninteressen dieser kräftigen, rücksichtslos nach wirtschaftlichem Erfolg strebenden Bourgeoisie. In seinem Denken konnte man keine kleinbürgerlichen Vorbehalte gegen eine uneingeschränkte kapitalistische Entwicklung feststellen, an die der Kleinbürger Sismondi hätte anknüpfen können. Die einzige dem Ideologen des Kleinbürgertums hier offenstehende Möglichkeit war also der direkte Bruch mit den grundsätzlichen Lehrsätzen der klassischen englischen Politischen Ökonomie; die einzige Möglichkeit bestand also in der Abwendung von Adam Smith.

Selbstverständlich ist sich Sismondi der Bedeutung dieses Schrittes bewußt gewesen. Das geht unter anderem aus Bemerkungen, die im Vorwort seines Werkes zu finden sind, eindeutig hervor. Hier versucht sich Sismondi gegen zu erwartende Vorwürfe abzuschirmen, wenn er darauf hinweist, daß er sich sehr wohl bewußt sei, eine „ganze Wissenschaft erschüttert" zu haben, die als eine der „vornehmsten Schöpfungen des menschlichen Geistes" galt. Sismondi war sich durchaus darüber im klaren, daß es immer gefährlich ist, eine allgemein anerkannte Lehre anzugreifen. Als besonderen Nachteil empfand es Sismondi, sich von Freunden trennen zu müssen, deren theoretische und politische Ansichten er zuvor teilte. Aber seine Überzeugung, daß die liberale Maxime des laissez faire et laissez passer nicht in der Lage sei, die Vergrößerung des Reichtums zu regeln, und daß es dazu der Intervention des Staates bedurfte, war unerschütterlich.

Natürlich entbrannten angesichts der neuen Grundsätze Sismondis sogleich heftige Auseinandersetzungen. Es sei nur auf den Jahre währenden Streit zwischen Sismondi einerseits und den Vertretern der sogenannten Ricardo-Schule andererseits hingewiesen. Ungeachtet der vielen in diesem Zusammenhang zur Sprache kommenden, gewiß nicht uninteressanten theoretischen Details, beschäftigt uns jedoch in erster Linie die allgemeine Tatsache der Kontroverse selbst. Wir erkennen, daß die Haltung Sismondis auf dem Gebiet der ökonomischen Theorie seiner Stellung in den anderen Wissenschaftsbereichen außerordentlich ähnlich ist. Erneut bestätigt sich die Tatsache, daß die Ideologie des Kleinbürgertums in jeder Hinsicht ein wissenschaftliches Novum darstellt. Auch hier, im Bereich der ökonomischen Theorie, löst sich der Kleinbürger Sismondi von den bis dahin unangefochtenen Dogmen der Aufklärungsperiode, um sie durch völlig neuartige Grundsätze zu ersetzen. Daß diese neuen ökonomischen Grundsätze ebenfalls zur Romantik, d. h. zur ökonomischen Romantik führen, soll im folgenden bewiesen werden.

Die eigentliche wissenschaftsgeschichtliche Bedeutung Sismondis liegt in seiner Krisentheorie, in der mutigen und scharfsinnigen Darlegung der Widersprüche des Kapitalismus. Das ist es, was Marx und Engels wie auch Lenin an Sismondi besonders geschätzt haben. Das Denken der englischen Klassiker war unhistorisch. Dagegen wies Sismondi als erster auf den historisch-transitorischen Charakter der kapitalistischen Produktionsweise hin, womit er sich ein unsterbliches Verdienst um die Weiterentwicklung der Politischen Ökonomie erwarb. Möglicherweise hat es eine Rolle gespielt, daß Sismondi als geschulter Historiker zu historischen Analogien angehalten war, entscheidend ist aber, daß er als Kleinbürger, als Vertreter der von der weiteren Entwicklung des Kapitalismus so sehr betroffenen Klasse, an die Analyse der kapitalistischen Gesellschaft heranging. In erster Linie war es die Interessenvertretung des Kleinbürgertums, die Sismondi auf dem Gebiet der ökonomischen Theorie zu einer großartigen wissenschaftlichen Leistung befähigte. Dieser kleinbürgerliche Standpunkt bewirkte gleichzeitig aber auch, daß er in seinen rückwärtsgerichteten, romantischen Bestrebungen steckenblieb.

Die abstrakte, ökonomisch-theoretische Deduktion ist nie die Stärke Sismondis gewesen. Diesen Mangel hat er jedoch durch eine gute Beobachtungsgabe, durch ein hervorragendes empirisches Talent mehr als ausgeglichen. Sogar Salis, dem es bei seinem Sismondi-Bild weniger auf ökonomisch-theoretische Sachverhalte ankam, weist darauf hin, daß den abstrakten Erörterungen Sismondis die logische Kraft fehlt. Er betont dann allerdings gleichzeitig: „Der Autor beherrscht bewunderungswürdig seinen Stoff. Die Darlegung seiner Lehre zeugt von einer profunden Kenntnis der einzelnen ökonomischen Systeme der verschiedensten Länder und Kontinente sowie zu den unterschiedlichsten Zeiten. Das Werk ist zum Teil die Frucht unmittelbarer Beobachtung und persönlicher Erfahrungen ... Man fühlt, daß sich der Verfasser sehr genau mit dem Handel und der Industrie seiner Zeit befaßt hat. Seine historischen und technischen

Kenntnisse und seine reichhaltige Berichterstattung verleihen ihm eine Autorität, die sich ebenfalls in der Gefälligkeit des Stils, in der gewissenhaften Auswahl der Beispiele und in der Sorgfalt, mit der die Tatsachen geschildert werden, niederschlägt."[54]

Zunächst knüpft Sismondi wiederum an Smith an, denn in den theoretischen Einzelfragen bleibt er, eigenen Behauptungen zufolge, Smithianer. Lediglich die wirtschaftspolitischen Konsequenzen von Smith zu akzeptieren, ist Sismondi nicht bereit, und er versucht, die Theorie von Smith in den „Neuen Grundsätzen" gewissermaßen auf den Kopf zu stellen.

Dieses äußerst grobe Urteil darf allerdings keine generelle Gültigkeit beanspruchen. Sobald man nämlich die näheren Umstände analysiert, gelangt man zu folgender eigenartiger Feststellung. Obwohl Sismondi weiterhin auf Smith fußt, ändert sich zum Teil auch in theoretischen Einzelfragen seine Haltung gegenüber Smith. Das soll an einem Beispiel, das in bezug auf die Krisentheorie von besonderer Wichtigkeit ist, verdeutlicht werden. In „De la Richesse Commerciale" haben wir Sismondi als konsequenten Arbeitswerttheoretiker kennengelernt, der stets an der richtigen Werterklärung festhielt. Das ändert sich in den „Neuen Grundsätzen". Sismondi verfällt hier dem Smithschen Irrtum in der Frage des Wertes, und er macht die falsche Werterklärung von Smith, wonach der Wert einer Ware sich aus den drei Bestandteilen Arbeitslohn, Profit und Rente zusammensetzen soll, zum Ausgangspunkt seiner Krisentheorie. Wie war das möglich?

Sismondi stand vor der Notwendigkeit, eine richtig beobachtete Erscheinung, die Krisen, theoretisch zu erklären. Um das zu erreichen, mußte er, wie man noch sehen wird, bei der falschen Theorie von Smith Zuflucht suchen. Die endgültige, prinzipielle Lösung des Krisenproblems blieb, wie wir wissen, Marx vorbehalten. Sismondi fehlten zur

[54] Salis, J. de, a. a. O., S. 403.

Klärung dieser theoretisch überaus verwickelten Frage die wissenschaftlichen Voraussetzungen. So steht man vor dem eigenartigen Phänomen, daß Sismondi zwar die neue Erscheinung der kapitalistischen Wirtschaft erkennt und erfaßt, bei dem Versuch ihrer theoretischen Erklärung aber restlos scheitert. Hier fällt er dann sogar auf die Smithschen Irrtümer zurück, mit denen bereits Ricardo rigoros aufgeräumt hatte. Allerdings fanden die Krisen bei Ricardo keine Beachtung. Insofern geht Sismondi über Ricardo hinaus. Nimmt man jedoch die Sismondische Erklärung des Krisenproblems näher in Augenschein, so stellt man andererseits fest, wie weit er von dem theoretischen Niveau Ricardos entfernt war. Einen Rückschritt in theoretischer Hinsicht, den Rückgriff auf eine falsche Smithsche Theorie, hat Sismondi aber dennoch zu einem Fortschritt, zu einer bedeutsamen Weiterentwicklung der Politischen Ökonomie ausgemünzt. Das ist das eigenartige Paradoxon, vor dem man hier steht.

Im Lichte dieser Erkenntnis läßt sich jetzt auch begreifen, daß der von den Kontrahenten, Sismondi einerseits und Ricardo, Mc.Culloch, Say andererseits, erbittert geführte Streit um die Frage der Realisierung der Waren im Kapitalismus unentschieden bleiben mußte. Eine Verständigung zwischen ihnen war jedenfalls nicht möglich, denn beide Parteien befanden sich teilweise im Recht und teilweise im Unrecht zugleich. Vom Standpunkt abstrakt-theoretischer Überlegungen aus ist eine Realisierung sämtlicher Waren zunächst möglich. Natürlich hatte Ricardo gute Gründe zu behaupten, daß jede Produktion von Waren ebenfalls eine ganz bestimmte Konsumtion hervorrufen würde, denn jede hergestellte Ware, sie setzt sich, wertmäßig gesehen, aus den Bestandteilen konstantes Kapital, variables Kapital und Mehrwert ($c + v + m$) zusammen, schafft in der Tat gleichzeitig eine ihr entsprechende Nachfrage; die Nachfrage des Kapitalisten zum Ersatz des verbrauchten konstanten Kapitals, die Nachfrage des Arbeiters nach Lebensmitteln etc. und schließlich die Nachfrage der Kapitalisten und Grundeigentümer, soweit sie über den Mehrwert verfügen, nach Konsumtionsmitteln für die eigene individuelle Konsumtion und nach Produktionsmitteln zum Zwecke der Akkumulation. Dem hatte Sismondi keine zugkräftigen Argumente entgegenzusetzen. Wenn er sich aber trotzdem auf die hartnäckige Behauptung versteift, daß Krisen im Kapitalismus mit gesetzmäßiger Notwendigkeit auftreten müssen, so konnte er sich bereits bei der zweiten Auflage seines Werkes auf die wirklichen Verhältnisse, auf die Tatsachen berufen.

Wir können nun beobachten, daß in der Folge der Ricardosche Standpunkt in der sogenannten Ricardoschen Schule immer mehr in einen wirklichkeitsfremden, fruchtlosen Abstraktionismus ausartet und daß sich schließlich die Sismondische Richtung (Villeneuve-Bargemont und Buret) in einen groben Empirismus verläuft, der erst recht nicht zum Erfassen einer theoretischen Problemstellung taugt und noch viel weniger zur Klärung eines theoretischen Sachverhalts dienen kann. Auf eines aber muß mit allem Nachdruck hingewiesen werden. Ebensowenig wie es dem nur bis 1823 lebenden Ricardo zum Vorwurf gemacht werden kann behauptet zu haben, daß es keine Krisen gäbe, genausowenig kann man es Sismondi, der bereits 1819, also sechs Jahre vor dem Ausbruch der ersten großen Krise, seine „Neuen Grundsätze ..." erstmalig veröffentlicht hat, als großen Mangel anrechnen, eine theoretisch unzureichende Begründung dieser neuartigen Erscheinung in der kapitalistischen Wirtschaft gegeben zu haben. Heute wissen wir, daß die Krisen tatsächlich eine dem kapitalistischen System immanente Erscheinung sind, und wir kennen seit Marx auch die theoretische Lösung des Krisenproblems.

Wenden wir uns jetzt der Theorie Sismondis zu, so ist eine kurze Vorbemerkung angebracht. Es handelt sich bei der Krisentheorie Sismondis um keine systematische Theorie; man erkennt, daß der Autor nicht danach trachtete, irgendeine theoretische Konzeption zu verwirklichen. Vielmehr sind die Ansätze zu einer Theorie über die gesamten zwei Bände der „Neuen Grundsätze" verstreut. Diese umfangreichen zwei Bände leiden zudem sehr unter unermüdlichen Wiederholungen und breiten Schilderungen der sozialen Lebensverhältnisse in Stadt und Land. Man kann daher ohne weiteres sagen, daß sich Sismondi einer Aufschwemmung der Politischen Ökonomie schuldig gemacht hat, einer Aufschwemmung insofern, als moralische Deklamationen vielfach die Oberhand über die nüchterne Darlegung von theoretischen Sachverhalten gewinnen. Im Hinblick auf die disziplinierte Abhandlung einer geschlossenen Krisentheorie dürfen also keine allzu hohen Erwartungen gehegt werden. Der theoretische Extrakt der Sismondischen Gedankengänge läßt sich lediglich auf dem Wege mühsamer Destillation gewinnen. So spricht Sismondi nicht expressis verbis von „Hauptkrisengrund“ und „Nebenkrisengründen“, dennoch scheint es geboten, seine Gedankengänge in dieser Weise zu systematisieren und in knapper Form übersichtlich darzustellen.

Den zentralen Kern seiner „Neuen Grundsätze ...“ bilden die Darlegungen über die im Kapitalismus mit Notwendigkeit auftretenden Krisen. Zu ihrem Entstehen tragen nach Sismondi eine ganze Reihe von Faktoren in sich gegenseitig beförderndem Zusammenwirken bei. Als die Hauptkrisenursache muß zuerst das grundsätzliche Auseinanderklaffen von Produktion und Absatz bzw. von Produktion und Konsumtion genannt werden. Es soll dadurch zustandekommen, daß das Einkommen des jeweils vergangenen Jahres die Produktion des laufenden Jahres nicht bezahlen kann. Bei Sismondi wächst nämlich in jedem Jahre der Umfang der produzierten Erzeugnisse gegenüber dem Vorjahr, und es kann nun nicht, wie erforderlich, das gesamte größere Produkt des laufenden Jahres durch das Einkommen des Vorjahres realisiert werden. Niemals reicht also das gesamte Einkommen aus, sämtliche hergestellten Produkte zu kaufen, d. h. es besteht ein stetiges Ungleichgewicht von Produktion und Konsumtion, dessen Ursache die Unterkonsumtion ist. Die Schuld an diesem Mißverhältnis trägt die kapitalistische Wirtschaft, die fortwährend dazu neigt, mehr zu produzieren, als konsumiert werden kann. Sismondi weist auf den großen Irrtum der Theoretiker hin, er meint Smith und Ricardo, die den Widerspruch zwischen Produktion und Konsumtion durch eine Anstachelung der Produktion nur noch vergrößern.

Um eine Produktion, die die kauffähige Nachfrage stets übersteigt, dennoch abzusetzen, bleibt den modernen zivilisierten Ländern nur die Möglichkeit, auf fremden Märkten Zuflucht zu suchen. Aber dieser Ausweg ist nach der Meinung Sismondis nicht von Dauer. Sobald nämlich auch die anderen Staaten einen Grad höherer industrieller Entwicklung erreicht haben, müssen sie ebenfalls versuchen, ein überschüssiges Produkt auf dem Wege des Außenhandels abzusetzen. Die ursprünglichen Abnehmer der fortgeschrittensten Länder haben also nunmehr selbst mit einer Überproduktion zu kämpfen. Das bedeutet aber, daß jetzt eine Realisierung der ungeheuren Warenmassen auch auf fremden Märkten nicht mehr möglich ist, so daß die allgemeine Krise mit ihren für die arbeitende Bevölkerung verhängnisvollen Folgeerscheinungen unvermeidlich eintreten muß.

Natürlich hat Sismondi mit seiner Krisenerklärung nicht den Nagel auf den Kopf getroffen. Zunächst ist es falsch, das Produkt und das Einkommen eines Jahres gleichzusetzen. Dieser entscheidende Fehler Sismondis läßt sich, wie bereits dargelegt, auf die falsche Ansicht von Adam Smith zurückführen. Wenn Smith in seiner fehlerhaften Theorie über den Wert die Meinung vertrat, daß sich der Wert einer Ware aus den drei Bestandteilen Lohn, Profit und Rente zusammensetzen würde, so hat er bei dieser Bestimmung der Wertgröße den Wert des konstanten Kapitals unberücksichtigt gelassen. Aber dieser Irrtum, der bei Smith noch keine weiterreichenden theoretischen Folgen hatte, mußte sich gerade in der Frage der Realisierung besonders unglücklich auswirken. Er veranlaßte Sismondi zunächst zur Gleichsetzung von Produkt und Einkommen und schließlich, bei der Absicht, den Ursachen der Krisen auf die Spur zu kommen, zu der bereits dargestellten eigenartigen und absurden

Konstruktion. Mit der theoretischen Prämisse – Produkt gleich Einkommen –, d. h. also mit der Vernachlässigung der Rolle des konstanten Kapitals in der Reproduktion, hatte sich Sismondi den Weg zu der Erkenntnis, daß eine Realisierung des gesellschaftlichen Gesamtprodukts theoretisch gesehen zunächst durchaus möglich ist, von vornherein verbaut. Ihm fehlte deshalb der Zugang zu den eigentlichen Problemen bei der Realisierung der Waren im Kapitalismus. So blieb ihm die Erkenntnis verwehrt, daß sich die kapitalistische Produktion auf stets größerer Stufenleiter selbständig reproduzieren kann. Natürlich konnten ihm die Umstände, die den reibungslosen Ablauf dieses Prozesses verhindern, erst recht nicht bekannt sein. Stattdessen versteigt sich Sismondi, von der falschen Smithschen Werttheorie ausgehend, zu einer Konstruktion, bei der die Realisierung der Waren im Kapitalismus davon abhängig gemacht wird, ob das Einkommen des Vorjahres das Produkt des laufenden Jahres kaufen kann.

Mit derartigen Prämissen war Sismondi schon vom theoretischen Ausgangspunkt her weit von der Lösung des Krisenproblems entfernt. Es mußte ihm verborgen bleiben, daß sich die Kapitalisten, indem sie sich ihre Waren gegenseitig abkaufen, selbst einen Markt schaffen. So ist z. B. ein Produktionsanstieg des Kapitalisten A (Tuchfabrikant) nur dann möglich, wenn ihm der Kapitalist B (Maschinenfabrikant) die dafür erforderlichen Maschinen liefert, also seine Produktion ebenfalls erhöht. Das hat aber zur Folge, daß nun auch der Kapitalist C (Kohlenproduzent) seine Produktion vergrößern muß, um den angewachsenen Bedarf des Maschinenfabrikanten zu gewährleisten. Sismondi, der sein Augenmerk ausschließlich auf die individuelle Konsumtion richtet, wenn er die Produktion des laufenden Jahres durch das Einkommen des Vorjahres realisieren will, konnte diese Möglichkeit der produktiven Konsumtion der Produkte nicht erkennen. Es handelt sich hier um den entscheidenden Fehler seiner gesamten Krisentheorie, der ihn an der Lösung des Problems von vornherein hinderte. Der Wert seiner

Krisentheorie liegt darum keinesfalls in der theoretischen Begründung des Zustandekommens der Krise, sondern vielmehr in der bloßen Konstatierung und Pointierung der Tatsache eines gesetzmäßig eintretenden Ungleichgewichts zwischen Produktion und Konsumtion im Kapitalismus.

Neben dem bereits genannten Fehler enthält die Krisenerklärung Sismondis eine ganze Reihe anderer Irrtümer. So wissen wir heute, daß die Unterkonsumtion nur eine Erscheinung der kapitalistischen Wirtschaftskrisen ist und daß die Hauptursache der Krisen in dem Widerspruch zwischen gesellschaftlichem Charakter der Produktion und der privatkapitalistischen Form der Aneignung der Produkte zu suchen ist. Von der Erkenntnis dieser grundlegenden Tatsache war Sismondi jedoch weit entfernt. Gewiß, auch der Unterkonsumtion kommt als krisenverursachendes Element eine gewisse Bedeutung zu. Es wäre nun die Frage berechtigt, ob es als ein Verdienst Sismondis zu werten ist, darauf hingewiesen zu haben. Dazu ist folgendes festzustellen: Sismondi war weit davon entfernt, die Unterkonsumtion in der richtigen Relation zu den anderen krisenverursachenden Faktoren zu sehen. Wenn wir heute wissen, daß es für die kapitalistische Wirtschaft ein Problem des Marktes gibt, wenn wir ferner wissen, daß die kapitalistische Produktion auf die Schranke eines in seiner Aufnahmefähigkeit begrenzten Marktes stößt, so kennen wir auch die vielen theoretischen Zwischenglieder, die eine solche Aussage überhaupt erst rechtfertigen. Die kapitalistischen Wirtschaftskrisen sind in erster Linie Überproduktionskrisen und ursächlich zurückzuführen auf den Grundwiderspruch des Kapitalismus. In diesem Mechanismus spielt die Unterkonsumtion durchaus eine, wenn auch untergeordnete Rolle.

Sismondi allerdings spricht a priori von einer permanenten Unterkonsumtion im Kapitalismus, ohne dabei auch nur ansatzweise den theoretischen Stellenwert dieses krisenverursachenden Elements „Unterkonsumtion“ zu beurteilen. Mit der bloßen Feststellung der Unterkonsumtion ist jedoch keine stichhaltige Erklärung der Krisen möglich. So ist es

z. B. ausgeschlossen, von den Sismondischen theoretischen Voraussetzungen aus, über den zyklischen Charakter von Wirtschaftskrisen Aussagen zu machen, ganz abgesehen davon, daß Sismondi aus historischen Gründen das Problem der Zyklizität der Wirtschaftskrisen nicht berücksichtigen konnte. (Als Sismondi im Jahre 1827 die 2. Auflage seiner „Nouveaux Principes..." herausgibt, ist er gerade Zeuge der ersten zyklischen Wirtschaftskrise. Die im Zusammenhang mit der napoleonischen Kontinentalsperre aufgetretenen krisenhaften Erscheinungen in der Wirtschaft der meisten europäischen Länder sowie die Handelskrise von 1818/19 können noch nicht als zyklische Wirtschaftskrisen bezeichnet werden.)

Aber nicht nur das ist zu veranschlagen. Wenn man zu einer gründlichen Beurteilung der Sismondischen Krisentheorie gelangen will, darf man nicht lediglich erwähnen, in welcher Hinsicht sich der Sismondische Ansatz als unbrauchbar erweist. Man muß vielmehr darauf hinweisen, daß Sismondi das Problem der Krisen nicht nur nicht gelöst, sondern gerade in Hinblick auf die Pointierung der Unterkonsumtion in einer Weise mißverstanden hat, die in der Geschichte der Politischen Ökonomie verhängnisvolle Konsequenzen haben sollte. Lenin hatte sich nahezu hundert Jahre später mit den russischen Volkstümlern herumzuschlagen, und er war gezwungen, in diesem Zusammenhang ebenfalls Sismondi mit unnachsichtiger Schärfe zu kritisieren, insofern dieser nämlich die kapitalistischen Wirtschaftskrisen aus der Unterkonsumtion zu erklären trachtete.

Wenn wir also in Hinblick auf die Unterkonsumtion bei Sismondi zu einem abschließenden Urteil gelangen wollen, so müssen wir feststellen, daß durchaus kein Anlaß besteht, Sismondi in dieser Hinsicht positiv zu würdigen. Positiv bleibt allein die immerhin beträchtliche Tatsache, daß Sismondi als erster in der Geschichte der Politischen Ökonomie die Krisen des Kapitalismus – den Hang zur schrankenlosen Ausdehnung der Produktion ohne Rücksicht auf die begrenzten Möglichkeiten des Absatzes – erkannt und zum

Mittelpunkt seiner Theorie gemacht hat. Marx wertete das bereits als ein außerordentliches Verdienst Sismondis.

Der Hauptkrisengrund – grundsätzliches Auseinanderklaffen von Produktion und Konsumtion – wird nun noch durch eine ganze Reihe anderer Umstände verstärkt, bei deren Darlegung Sismondi erneut seinen außerordentlich kritischen Blick für die ihn umgebende Wirklichkeit unter Beweis stellt und ansatzweise sogar zu richtigen Erkenntnissen gelangt.

So beobachtet er, daß sich mit fortschreitender industrieller Entwicklung der Gesellschaft eine Strukturverschiebung des Einkommens vollzieht. Während einerseits auf der Grundlage verbesserter Produktionsbedingungen die Produktion schnell ansteigt, bleibt die Kaufkraft der werktätigen Bevölkerungsschichten unverändert. Den ganzen Vorteil des Produktionsanstiegs haben die Reichen, d. h. die Großgrundbesitzer und Kapitalisten. Demgegenüber bleibt das Einkommen der Arbeiter auf das zur Erhaltung ihrer Arbeitskraft unbedingt Notwendige beschränkt.

Bemerkenswert ist, daß Sismondi bei dieser Gelegenheit, wiederum in Anlehnung an Smith, das Wesen des Arbeitslohnes im Kapitalismus erkennt und daß er im Anschluß daran das Problem der Ausbeutung erneut richtig erfaßt. In dieser Hinsicht ist Sismondi also auch in seinem zweiten ökonomischen Hauptwerk nicht auf die Position des Apologeten Say abgeglitten. Seine diesbezüglichen Äußerungen decken sich im Prinzip mit den in „De la Richesse Commerciale“ bereits getroffenen Feststellungen.

Jedoch zurück zur Krisentheorie. Welchen Einfluß hat bei Sismondi die genannte Strukturverschiebung des Einkommens auf das Zustandekommen von Wirtschaftskrisen? Die Antwort, die er uns hier auf eine richtig erkannte Erscheinung gibt, ist allerdings anfechtbar und teilweise sogar etwas skuril. Seiner Meinung nach entspricht nämlich die veränderte Struktur des Einkommens nicht der unveränderten Produktionsstruktur. Auf dem Markt werden nach wie vor Erzeugnisse angeboten (und sogar in stets steigender

Menge), welche die Arbeiter auf Grund ihres geringen Einkommens nicht kaufen können und die andererseits die Reichen mit ihrem großen Einkommen nicht kaufen wollen. Die Wünsche der Reichen sind ausschließlich auf Luxusgüter gerichtet und nicht auf billiges Brot, dauerhaftes Schuhwerk oder baumwollene Socken. Die überkommene Produktionsstruktur stimmt aber mit diesen Bedürfnissen nicht überein, so daß es allein aus diesem Grunde notwendig zu Krisen kommen muß. Eine Umstellung der Produktion, d. h. eine Erweiterung der Luxusmanufaktur ist für Sismondi, ganz abgesehen von den ungeheuren Schwierigkeiten, die so etwas in seiner Vorstellung mit sich bringen würde, kein Ausweg, weil er glaubt, daß eine reiche Familie mit derartigen, in der heimischen Industrie hergestellten Luxusgütern nicht einmal zufrieden sein würde. Sie wird ihre Weine aus den berühmten Weinbergen Frankreichs, Spaniens, Ungarns und Afrikas kommen lassen, ihre Liköre von den Inseln und ihre Gewürze aus Indien beziehen.

Insgesamt gesehen ergibt sich also, daß auch im Hinblick auf die Strukturverschiebung des Einkommens die letzte Ursache der Krise wiederum die zu geringe Kaufkraft der arbeitenden Klassen, die Unterkonsumtion ist.

Einen außerordentlich kritischen Blick für die elende Lage der arbeitenden Klassen stellt Sismondi mit einer Reihe anderer Feststellungen unter Beweis, die seiner Meinung nach alle zum Zustandekommen der Wirtschaftskrisen beitragen.

Breiten Raum nimmt in den „Neuen Grundsätzen . . .“ die Erörterung der verhängnisvollen Folgen der Arbeitsteilung und der fortwährenden Vermehrung der Anwendung von Maschinen ein. Zunächst vermehrt die Teilung der Arbeit die Produktivität, wogegen auch bei Sismondi im Prinzip nichts einzuwenden ist.

Und schließlich entwickelten sich als Ergebnis der immer spezieller werdenden Arbeiten die Maschinen, die man demnach als das Kind der Teilung der Arbeit betrachten kann. Sismondi sieht jedoch, daß sich dieser Prozeß in der kapitalistischen Gesellschaft, unter den Verhältnissen des Privateigentums an den Produktionsmitteln, nicht widerspruchslos abwickelt. Er erkennt, daß alle Fortschritte in der Industrie nur zur Vermehrung der Ungleichheit unter den Menschen führen. Je mehr die einen sich anstrengen und plagen, um so mehr können die anderen mit Reichtum und Luxus prahlen.

Das gilt für den Bereich der Industrie wie auch für die Landwirtschaft. Mit dem gleichen Entsetzen, mit dem er die grauenvolle Lage der Arbeiter in den Industriestädten schildert, weist er auf die Lage in der kapitalistisch betriebenen Landwirtschaft hin. Ein besonders schlechtes Beispiel bietet für ihn immer wieder das fortgeschrittene England. Sismondi folgert daraus, daß das ungeheure Anwachsen der Produktionsmöglichkeiten letzten Endes immer nur zum Luxus und Genuß der müßigen Reichen führt. Wenn auch die Landwirtschaft in diesem Lande auf Grund der Pachtwirtschaft Fortschritte gemacht hat, so ist zu fragen, wer daraus profitiert?

Als die theoretische Quintessenz seiner umfangreichen Analyse der Lebensverhältnisse der arbeitenden Klassen im Zeitalter der maschinellen Produktion stellt Sismondi fest, daß die gestiegene Produktivität der Arbeit nicht zur Erhöhung der Arbeitslöhne geführt hat. Die Folge der von ihm scharf verurteilten Entwicklung ist im Gegenteil eine Verschlechterung der allgemeinen Lebensbedingungen der Werktätigen gewesen. Die Ursachen dafür glaubt Sismondi in erster Linie in der Tatsache suchen zu müssen, daß die immer umfangreicher verwendeten Maschinen die Arbeiter relativ überzählig machen. Das hat unter dem Gesichtspunkt seiner Krisentheorie zwei Folgen. Einmal werden die Arbeiter durch die Maschinen brotlos, und die aus anderen Gründen bereits vorhandene Unterkonsumtion verstärkt sich noch mehr. Zum anderen vermehren die Maschinen die Einkommen der Kapitalisten. Diese sind schließlich nicht mehr in der Lage, alle ihre Gewinne zu verzehren. Das führt dazu, daß ein Teil dieser Gewinne erneut zur Produktion verwendet, d. h. also akkumuliert wird. Es kommt dadurch zunächst zu einem Mangel an Arbeitskräften, und die Arbeiterfamilien werden ermutigt, Kinder aufzuziehen. Bei Sismondi ist dieser Aufschwung aber nur ein vorübergehender, denn bald erweist sich, daß die Produktion die Konsumtion bei weitem überschritten hat, die Produkte können nicht abgesetzt werden, die Arbeiter verlieren ihren Broterwerb und verfallen endgültig dem Elend.

Auch in bezug auf die Folgen der Arbeitsteilung und der Verwendung von Maschinen im Kapitalismus findet man also bei Sismondi schärfste soziale Kritik in seine Krisentheorie eingeflochten.

In diesem Zusammenhang drängt sich ein Vergleich von Sismondi und Malthus auf, ein Vergleich, bei dem die positive Haltung Sismondis im Verhältnis zu der seines Zeitgenossen Malthus augenfällig wird. Bekanntlich hatte auch Malthus seine Aufmerksamkeit dem Krisenproblem gewidmet. Ohne hier auf die ebenfalls falschen theoretischen Voraussetzungen der Malthusschen Krisentheorie näher einzugehen, unterscheiden sich die Konsequenzen, zu denen Malthus gelangt, von denen Sismondis wesentlich. Malthus steht nicht wie Sismondi auf der Seite der Armen und Ausgebeuteten; er ist der Vertreter der herrschenden Klasse. Das hat seiner Theorie ihr unverkennbares Gepräge verliehen. Auch bei Malthus neigt die kapitalistische Wirtschaft dazu, ständig mehr zu produzieren als abgesetzt werden kann. Insofern stimmen Sismondi und Malthus zunächst überein. Indessen, Malthus interessiert das mit den kapitalistischen Wirtschaftskrisen verbundene Elend des Proletariats und der kleinen Warenproduzenten nicht im geringsten. Für ihn ist allein die Rechtfertigung der Existenz der parasitären Anhängsel der kapitalistischen Gesellschaft wichtig. Er folgert: wenn die kapitalistische Produktion gesetzmäßig dazu neigt, mehr zu produzieren als nachgefragt wird, dann müssen unproduktive Käufer auftreten, die zwar eine wirksame Nachfrage schaffen, aber selbst nichts produzieren, die Käufer aber nicht Verkäufer sind. Bei Malthus rekrutieren sich diese parasitären Käufer aus der Bevölkerungsschicht, der er als Geistlicher selbst angehörte, aus Grundbesitzern, Pensionären, Pfaffen, Sinekuristen und Lakaien jeder Art. Während also für Sismondi die kapitalistischen Wirtschaftskrisen in erster Linie im Hinblick auf ihre verhängnisvollen sozialen Folgeerscheinungen beurteilt werden, nimmt Malthus die gleiche Erscheinung zum Anlaß, den parasitären Konsum von Grundbesitzern, Pensionären usw. zu begründen und zu rechtfertigen. Dieser Vergleich Sismondis mit seinem Zeitgenossen Malthus zeigt mit großer Deutlichkeit die positive Haltung des ersteren.

Es soll nun abschließend eine letzte, die Krisen verschärfende Ursache noch genannt werden. Besonderes Augenmerk richtet Sismondi auf das rasche Verschwinden der Mittelschichten in der modernen Gesellschaft. Das immer schnellere Fortschreiten der Polarisation der Gesellschaft in die zwei Hauptklassen Bourgeoisie und Proletariat verfolgt er mit Entsetzen. Er sieht auch in dieser Erscheinung eine Wurzel des sozialen Unglücks und ein Zeichen des nahenden Zusammenbruchs. Sismondi entwickelt in dieser Hinsicht folgende Gedanken: Bei ihm muß sich die Größe der Bevölkerung eines Landes nach der Höhe des Einkommens richten. Überschreitet die Bevölkerungszahl diese ihr gesetzte Schranke, so hat das außerordentlich verhängnisvolle Folgen. Sismondi ist der Meinung, daß in den vorkapitalistischen Produktionsweisen die richtigen Proportionen im großen und ganzen eingehalten worden sind. Bevor sich in dieser Zeit ein Mann zur Ehe entschloß, beurteilte er genau das ihm zur Verfügung stehende Einkommen. Sismondi schlußfolgert daraus, daß sich die Bevölkerung einzig und allein nach dem Einkommen richten wird; kommt es zu einer Überschreitung, dann liegt es stets daran, daß sich die Familienoberhäupter über das, was sie für ihr Einkommen hielten, täuschten oder daß sie von der Gesellschaft getäuscht wurden. In der modernen Gesellschaft hat aber der aller Produktionsmittel beraubte Proletarier überhaupt kein sicheres Einkommen zu erwarten. Schon am nächsten Tag kann er arbeitslos sein und seine Lage ist darum äußerst unsicher und unbestimmt. Sismondi folgert daraus, daß je mehr der Arme allen Eigentums beraubt ist, er um so mehr der Gefahr erliegt, sich hinsichtlich seines künftigen Einkommens zu irren und zu einer Bevölkerung beizutragen, die die Nachfrage nach Arbeit bei weitem übersteigt. Im übrigen wird der Arbeiter, dem man ohnehin bereits alle Freuden genommen hat, nicht auch noch bereit sein, sich der Ehe zu enthalten.

Die Polarisation der Gesellschaft in besitzlose Proletarier und reiche Kapitalisten führt also bei Sismondi zu einer ständigen Produktion von Überbevölkerung. Andererseits verringern sich aber gleichzeitig die Möglichkeiten des Absatzes, denn es steht jetzt eine kleine Anzahl von Reichen einer großen Masse von Besitzlosen gegenüber. Nach der Auffassung Sismondis verbrauchen aber hundert Familien mit mittlerem Besitz bei weitem mehr als eine reiche Familie und neunundneunzig arme. Schuld an dem allgemeinen Übel ist also die immer stärkere Differenzierung der Gesellschaft in reich und arm, denn es verschwinden die kleinen Kaufleute, die kleinen Fabrikanten, und ein einziger großer Unternehmer ersetzt hunderte von ihnen, die alle zusammen vielleicht nicht so reich waren wie er. Alle zusammen indessen waren bessere Verbraucher als er. Der kostspielige Luxus dieses einen reichen Fabrikanten gibt der Industrie nach Ansicht Sismondis einen viel weniger großen Antrieb als der bescheidene Wohlstand von hundert Haushalten, an deren Stelle er getreten ist.

Produktion und Konsumtion klaffen also auch aus diesem Grunde immer mehr auseinander. Wie überall, so werden auch hier die theoretischen Ausführungen Sismondis von Schilderungen der entsetzlichen Leiden der arbeitenden Klassen begleitet.

Soll in Anbetracht des Gesagten ein Urteil gefällt werden, so muß man zunächst feststellen, daß eine derartig gründliche und erschütternde Schilderung des sozialen Elends in der Geschichte der politischen und sozialen Ideen bis dahin ihresgleichen sucht. Sie hat Sismondi, wie Lenin einmal bemerkte, für immer einen „Ehrenplatz“ in der Geschichte des ökonomischen Denkens verschafft. Die persönliche Anteilnahme an dem Schicksal der von ihm geschilderten armen, ausgebeuteten Arbeiter und Bauern läßt sich schwerlich ganz ermessen. Es muß aber gleichzeitig darauf hingewiesen werden, daß es in erster Linie der kleinbürgerliche Standpunkt war, der Sismondi für die Rolle des Anklägers der kapitalistischen Gesellschaftsordnung prädestinierte. Beim Lesen der „Neuen Grundsätze ...“ spürt man auch heute noch das Entsetzen des von der Entwicklung unmittelbar bedrohten Kleinbürgers, das Sismondi angetrieben haben muß, seine Ansichten zu konzipieren. Die zwei umfangreichen Bände seines Hauptwerkes sind ein einziger Ausbruch verzweifelter Anklage gegen die moderne kapitalistische Industriegesellschaft, und die Kritik an den herrschenden Zuständen ist in vielem sogar schärfer und leidenschaftlicher als die der utopischen Sozialisten Saint-Simon und Fourier.

Aber nicht nur soziale Kritik, die mehr oder weniger scharf auch bei einigen anderen Denkern in dieser Zeit anzutreffen ist, findet man bei Sismondi. Seine Schilderung des Elends ist in den großen Rahmen einer Theorie gestellt. Für Sismondi treten die Krisen in der modernen kapitalistischen Gesellschaft mit unabänderlicher Notwendigkeit auf, und er unternimmt als erster in der Geschichte des ökonomischen Denkens den Versuch, deren innerer Gesetzmäßigkeit auf die Spur zu kommen. Dabei dringt er tief in die Physiologie der bürgerlichen Gesellschaft ein, und er ist in der Lage, das widersprüchliche Wesen der kapitalistischen Produktionsweise aufzudecken.

So gelangt Sismondi mitunter zu Erkenntnissen fundamentalen Charakters. In diesem Zusammenhang ist darauf aufmerksam zu machen, daß Sismondi zu wiederholten Malen und mit großem Nachdruck auf die Bedeutung der Trennung von Arbeit und Eigentum für das Zustandekommen von Wirtschaftskrisen hinweist. Wenn er davon spricht, daß im Verlaufe der kapitalistischen Entwicklung die „wohlanständigen Haushalte“ mit ihrem umfangreichen Verbrauch verschwinden und an deren Stelle die Masse der Proletarier und wenige große Kapitalisten mit einem insgesamt viel geringeren Verbrauch treten, so hat er damit ein wesentliches krisenverursachendes Element erfaßt. Die Polarisation der Gesellschaft in die zwei Hauptklassen Bourgeoisie und Proletariat findet statt, und letzten Endes scheitert der Kapitalismus tatsächlich an der Unfähigkeit, die große Menge der produzierten Waren wegen mangelnder Kaufkraft der Bevölkerung abzusetzen.

Aber noch in anderer Hinsicht wird die Verstopfung und Überfüllung der Märkte im Kapitalismus durch die Trennung von Arbeit und Eigentum gefördert. Diesen Umstand hat Sismondi in seiner ganzen Bedeutung gesehen. Solange nämlich Arbeit und Eigentum zusammenfallen, in der einfachen Warenproduktion z. B., ist der Absatz der Erzeugnisse in der Regel gewährleistet. Erst in der kapitalistischen Produktion, die bekanntlich eine Produktion für den großen Markt, für den anonymen Käufer ist, entsteht das Problem des Marktes. Die kapitalistische Produktion, grundsätzlich höher als die kaufkräftige Nachfrage, wird stets plötzlich, in bestimmten zeitlichen Intervallen, mit der Beschränkung des Marktes konfrontiert. Die für den Kapitalismus typische Trennung von Arbeit und Eigentum ermöglichte zunächst eine Produktion weit über die Schranken des Marktes hinaus, eine Produktion, die dann, in bestimmten Zeitabständen, den Markt mit um so größerer Wucht belastet. Auf diese Weise führt die Trennung von Arbeit und Eigentum, das Verschwinden der kleinen Warenproduzenten, tatsächlich zur Verschärfung der Krisen. Dies erkannt zu haben, muß man uneingeschränkt als ein Verdienst Sismondis gelten lassen.

Daß es Sismondi insgesamt gesehen dennoch nicht gelungen ist, das Krisenproblem in der äußerst komplizierten theoretischen Vielfalt gänzlich zu lösen, daß es dazu einer weiteren Entwicklung des Kapitalismus und der Denkkraft eines Marx bedurfte, sollte in jedem Falle berücksichtigt werden.

Unabhängig von allen diesen Einschätzungen steht jedoch folgendes fest: Bei Sismondi lassen sich die Krisen im Gegensatz zu allen seinen Vorgängern, die sich mitunter ebenfalls schon um eine Klärung des Krisenphänomens bemühten, nicht auf irgendwelche außergewöhnliche Störungen des kapitalistischen Wirtschaftsablaufs (Naturkatastrophen, politische Ereignisse etc.) zurückführen. Krisen sind für ihn Erscheinungen, die aus den kapitalistischen Produktions- und Eigentumsverhältnissen mit unabänderlicher Gesetzmäßigkeit entspringen.

Mit dieser großartigen Idee hatte Sismondi das ökonomische Denken seiner Zeit um eine wichtige Erkenntnis bereichert. Noch niemand hatte vor ihm auf den gesetzmäßigen Charakter der Krisen im Kapitalismus aufmerksam gemacht. Der bereits von den utopischen Sozialisten geäußerte Zweifel an der ewigen Dauer des Kapitalismus, von Saint-Simon und Fourier beispielsweise noch sehr vage und verschwommen ausgedrückt, findet in der Analyse Sismondis erstmalig eine auf ökonomisch-theoretischen Grundsätzen fußende, gewissermaßen wissenschaftliche Ergänzung.

Für die gesamte klassische bürgerliche Politische Ökonomie stellte der Kapitalismus die beste gesellschaftliche Ordnung, die es überhaupt geben konnte, dar. „Kapitalismus" – das war für sie schlechthin das Endgültige. Weder Petty in England noch die Physiokraten in Frankreich, noch der große Adam Smith, noch der Zeitgenosse Sismondis – Ricardo – waren jemals auf den Gedanken gekommen, daß auch der Kapitalismus einmal einer anderen Gesellschaftsordnung würde weichen müssen. Sismondi spricht diesen für die damaligen Verhältnisse ungeheuerlichen Gedanken, daß dem Kapitalismus Widersprüche immanent sind, die im Verlaufe der Entwicklung immer offensichtlicher werden und schließlich zur Zersetzung des Kapitalismus führen, nach gründlichem Studium der ihn umgebenden Wirklichkeit erstmalig aus.

Für Sismondi handelt es sich im Falle der Krisen um Erscheinungen, die als die Folge der Fehler der existierenden gesellschaftlichen Ordnung bezeichnet werden müssen. Seiner gesamten Krisentheorie liegt also die Erkenntnis vom historisch-transitorischen Charakter der kapitalistischen Produktionsweise zugrunde. Und gerade das ist aber als seine größte wissenschaftliche Leistung zu werten. Ungeachtet der Schwächen seiner Krisentheorie, ungeachtet der völlig falschen theoretischen Grundkonzeption, mit der er bekanntlich sogar weit hinter Ricardo und auch Smith zurückfällt, ungeachtet aller möglichen Einwendungen also, war zu jener Zeit die bloße Aufstellung einer Krisentheorie auf derartigen erkenntnistheoretischen Fundamenten ein gewaltiger Fortschritt im ökonomischen Denken. Marx und insbesondere Lenin haben Sismondi darum wiederholt als einen hervorragenden Denker gekennzeichnet, der sich eben nicht allein, wie viele seiner Zeitgenossen, mit der Schilderung des sozialen Elends begnügte, sondern der mit einer Krisentheorie bereits den Zweifel der klassischen Ökonomie an sich selbst darstellte.

Wendet man sich jetzt den Maßnahmen zu, die Sismondi zur Lösung der Widersprüche empfiehlt, dann steht er in einem ganz anderen Lichte da. So positiv die Kritik Sismondis an den kapitalistischen Verhältnissen beurteilt werden muß, so utopisch, und man kann sagen, so reaktionär sind die Vorschläge, die er macht, um den Kapitalismus aus dem Dilemma zu befreien.

Marx schätzt und lobt den kritischen Teil der Gedanken Sismondis. Die Sismondische Lösung der Widersprüche verurteilt er jedoch als kleinbürgerlich und reaktionär.

Reaktionär ist die Flucht Sismondis aus der Wirklichkeit, reaktionär ist seine romantische Einstellung bei dem Versuch, die Widersprüche zu lösen. Soll also ein umfassendes Urteil über die ökonomischen Ansichten Sismondis gefällt werden, dann muß man dabei stets an die typisch kleinbürgerliche Zwiespältigkeit seiner Auffassung anknüpfen.

Je nachdem aus welcher Perspektive man die Theorie Sismondis beleuchtet, zeigt sie uns ein unterschiedliches Aussehen. Sie trägt die Züge des Fortschritts, solange sie die kapitalistischen Verhältnisse einer Kritik unterwirft, und sie verblaßt zu kraftlosem Pessimismus und fortschrittsfeindlicher Romantik, sobald sie die Umgestaltung der sozialen Zustände vornehmen will.

Diese eigenartige Ambivalenz darf man allerdings nicht lediglich als ein Merkmal der subjektiven Anschauungen Sismondis auffassen. Vielmehr handelt es sich hier um das charakteristische Wesensmerkmal des kleinbürgerlich-romantischen Weltbildes überhaupt, denn es spiegeln sich darin die bereits genannten objektiven Umstände, die ökonomischen und politischen Verhältnisse zur Lebens- und Schaffenszeit Sismondis wider, die den Kleinbürger zu der für ihn typischen schwankenden Haltung verurteilten. Die Ansichten Sismondis bringen einerseits den Wunsch zum Ausdruck, die gesellschaftlichen Verhältnisse zu verändern, sie zeigen aber andererseits auch die Ohnmacht des Kleinbürgertums, das in keiner Weise mehr in der Lage war, auf die gesellschaftlichen Verhältnisse gestaltenden Einfluß zu nehmen. Alle Bestrebungen Sismondis, die kapitalistischen Widersprüche zu lösen, enden darum stets mit Romantik und Pessimismus. Diese Feststellung darf uns aber nicht dazu verleiten, Sismondi zu verurteilen. Man sollte sich im Gegenteil um ein echtes Verständnis seiner Lehren bemühen, denn sein Werk führt uns wie kein anderes die ganze Tragik kleinbürgerlichen Denkens vor Augen. Sismondi hat geleistet, was vom kleinbürgerlichen Standpunkt aus zu leisten möglich war. Er hat als erster eine schonungslose Kritik an den kapitalistischen Zuständen geübt, und zwar zu einer Zeit, wo das Proletariat als selbständige Klasse erst im Entstehen begriffen war. Daß er bei seinen Bemühungen um die Lösung des sozialen Problems das Rad der Geschichte zurückzudrehen beabsichtigte, muß aus der Zeit, in der er lebte, verstanden werden und darf uns nicht hindern, seine großen Verdienste in der Geschichte der Politischen Ökonomie zu würdigen.

Betrachten wir aber jetzt die Maßnahmen, die Sismondi als Ausweg aufzeigt. Als die Ursache der Widersprüche und des Elends erkannte Sismondi völlig zu Recht die soziale Struktur der modernen kapitalistischen Gesellschaft, die unausweichlich Konzentration von Reichtum und Armut mit sich bringt. Um nun aber dieser verhängnisvollen Entwicklung zu entgehen, wendet Sismondi seinen ängstlich suchenden Blick zurück in die Vergangenheit. Hier glaubt er, das befriedigende Modell menschlichen Zusammenlebens gefunden zu haben. Die Welt mittelalterlicher Enge für Produktion, Handel und Wissenschaft ist das gute Beispiel einer Gesellschaft, das Sismondi ständig vorschwebt. In den Kerker feudaler Verhältnisse, aus dem sich die vergangene Generation gerade mit so mächtiger Kraftanstrengung befreit hatte, flüchtet Sismondi zurück. Um die Menschheit vor Krisen, Überproduktion und kapitalistischer Ausbeutung zu retten, empfiehlt er Zunftbeschränkungen, gesetzliche Beschränkungen des Handels, Korrektur des Erbrechts zugunsten einer möglichst weitgreifenden Teilung des landwirtschaftlichen Besitzes und Bevormundung der Wissenschaft durch den Staat. Immer wieder begeistert er sich an den Satzungen des mittelalterlichen Zunftwesens. Sie hatten die Beschränkung der Produktion und der Zahl der in einem bestimmten Zweige Beschäftigten zum Inhalt, so daß die Produktion niemals die Nachfrage überschreiten konnte. Alle Beschäftigten waren hier in Zunftklassen eingeteilt, und niemand konnte arbeiten oder etwa verkaufen, wenn er nicht diesen Innungen angehörte. Die Zahl der Meister, Gesellen und Lehrlinge war beschränkt. Ein Geselle hätte es nicht gewagt, eine Ehe einzugehen, bevor er Meister geworden war. Erreichte er dieses Ziel nicht, so blieb er eben unverheiratet und trug nicht zu einer überflüssigen Bevölkerung bei. Aber die Zünfte wurden in Frankreich durch die Revolution abgeschafft, beklagt sich Sismondi. Die moderne Industrie erforderte und ermutigte das Entstehen einer riesigen Bevölkerung, für die bald keine Verwendung mehr zu finden war. Während der selbständige mittelalterliche Handwerker die Größe seiner Familie nach der Höhe seines Einkommens richten konnte, setzt der Proletarier in seiner unsicheren Lage verantwortungslos Kinder in die Welt. Dies geschieht, weil der Proletarier gewissermaßen von der Hand in den Mund lebt. Er findet bis zum Ende seines Lebens kein sicheres Einkommen und folglich keinen festen Zeitpunkt, an dem er sich zwischen Ehe und Ehelosigkeit entscheiden muß. An diese Ungewißheit gewöhnt, verheiratet er sich.

Daraus sollten nach Ansicht Sismondis die Lehren gezogen werden. Die Übelstände sind seiner Meinung nach nur zu bekämpfen, wenn man das positive Wirken der Zünfte würdigt und der Konkurrenz vermittels der Gesetzgebung Schranken setzt.

Auch für die Landwirtschaft fordert Sismondi die Wiedereinführung bereits abgeschüttelter feudaler Hemmnisse. Hier ist es die alte patriarchalische Produktions- und Lebensform, die ihm als wünschenswert vorschwebt. Alle Bauern sollen einen kleinen Besitz haben. Natürlich dürfen sie nur in diesem Falle heiraten; oder es müßte ihnen gelingen, eine Frau zu finden, die einen kleinen Besitz in die Ehe mitbringt. Das kapitalistische Pachtsystem mit Pächtern und Tagelöhnern wird von Sismondi restlos verworfen. Unter den Verhältnissen der kapitalistischen Pachtwirtschaft befinden sich die Tagelöhner in der gleichen Lage wie die Arbeiter in der Industrie und sie tragen zum Zustandekommen einer Bevölkerung bei, die nicht ernährt werden kann. Es ist die Aufgabe der Regierung, um deren Eingreifen Sismondi fortwährend bittet, die Entstehung von kleinem Eigentum an Grund und Boden zu begünstigen. So besteht hinsichtlich der Landbevölkerung die Hauptaufgabe der Regierung darin, den Arbeitenden einen Anteil am Eigentum zu sichern oder die Nutzungsform, die wir patriarchalisch genannt haben, vor allen anderen zu begünstigen. Dazu ist es erforderlich, die großen Landkomplexe durch Veränderung des Erbrechts allmählich in immer kleinere Besitzungen zu zersplittern, und schließlich muß es das Ziel des Ehrgeizes eines jeden Tagelöhners werden, auf dem Wege der Sparsamkeit in den Besitz eines kleinen Stückchen Landes zu gelangen. Nur so läßt sich nach Ansicht Sismondis dem

Problem der Armut auf dem Lande begegnen. Ein jeder Eigentümer muß seinen Boden selbst, mit seinen eigenen Armen bearbeiten. Wenn seine eigenen Kräfte dazu nicht mehr ausreichen, wird er den Boden unter seine Kinder teilen; wodurch gleichzeitig stets die natürliche Grenze gesetzt ist, bis zu welcher die Klasse der bäuerlichen Eigentümer anwachsen darf.

In allen diesen fortschrittsfeindlichen und utopischen Vorschlägen Sismondis zeigen sich die reaktionären Potenzen des kleinbürgerlichen Standpunktes. So wie es ihm gerade als Vertreter des Kleinbürgertums, als Vertreter einer Schicht ohne historische Perspektive, möglich war, die Widersprüche der kapitalistischen Gesellschaft mit übergroßer Deutlichkeit zu erkennen, so mußte der von ihm gewiesene Ausweg aus eben diesem Grunde einen ängstlichen und kleinmütigen Anstrich tragen. Auch durch die ökonomische Theorie Sismondis wird also die generelle Haltung des Kleinbürgertums eindeutig demonstriert. Das ständige Schwanken zwischen Furcht und Hoffnung – Furcht, in das Elend des Proletariats hinabgeschleudert zu werden, Hoffnung, den kleinen Status des Besitzes sich dennoch zu erhalten oder eventuell sogar zu größerem Wohlstand aufzusteigen – spiegelt sich wider, einmal in der empfindsamen Darstellung der Widersprüche und zum anderen in dem Versuch ihrer reaktionär-romantischen Lösung. So wünscht Sismondi, daß die städtische Industrie und die Landwirtschaft sich auf eine große Zahl unabhängiger Werkstätten und Höfe verteilt und nicht unter einem einzigen Unternehmer vereinigt ist, der hunderte oder tausende Arbeiter befehligt. So wünscht er ferner, daß das Eigentum an Manufakturen unter viele mittlere Kapitalisten verteilt wird und nicht nur einem einzigen Menschen, dem Besitzer von Millionen, gehört. Sismondi würde es auch begrüßen, wenn der Industriearbeiter die Möglichkeit, ja fast die Gewißheit besäße, der Teilhaber seines Fabrikherrn zu werden, damit er erst heiratet, wenn er einen Anteil am Geschäft hat, anstatt, wie heute, ohne Hoffnung auf ein Vorwärtskommen alt zu werden. Aber sogar die angestrebte Durchsetzung dieser Wünsche geschieht bei Sismondi sehr vorsichtig zögernd und läßt auch hier die Unsicherheit des Kleinbürgers erkennen. Um derartige Reformen herbeizuführen, fordert er nämlich lediglich langsame und indirekte Maßnahmen seitens der Gesetzgebung, nur das Walten „völliger Gerechtigkeit" zwischen dem Kapitalisten und dem Arbeiter. Was den Erfolg dieser Maßnahmen anbetrifft, so ist Sismondi sehr pessimistisch, denn er gesteht, daß er nicht die Kraft habe, die Mittel zur Ausführung anzugeben. Die Verteilung der Früchte der Arbeit unter jene, die zu ihrer Herstellung beigetragen haben, scheint ihm fehlerhaft zu sein; aber es scheint ihm auch über die menschlichen Kräfte zu gehen, einen „Eigentumsstand" zu schaffen, der gänzlich anders ist als derjenige, den er aus Erfahrung kennt. Wie typisch ist auch dieser Pessimismus für die Haltung des Kleinbürgers!

Die Wirkung Sismondis in der Geschichte der Politischen Ökonomie

Sismondi hat niemals viele Schüler besessen. Im Gegenteil, die Periode seiner Wirkung und seines Einflusses auf die politische Ökonomie war zeitlich sehr begrenzt. Das liegt an dem eigenartigen Charakter seines ökonomischen Werkes, welches die Zeit, in der es geschrieben wurde und für die es geschrieben wurde, zwar in klassischer Reinheit widerspiegelt, für eine fernere Zukunft aber gerade darum keine größere Wirkung erhoffen konnte.

Auf die Ursachen des lediglich kurzen, aber intensiven Wirkens des Kleinbürgertums in der Geschichte ist schon hingewiesen worden. Diese historisch äußerst begrenzte Wirkenszeit des Kleinbürgertums als des bestimmenden politischen Elements kann man auch im Schicksal der Sismondischen Theorien wiedererkennen. Sismondi, der unerbittliche Kritiker der sozialen Zustände, fand mit seinen

Werken zunächst immer, bei einem ziemlich großen Publikum, bereitwillige Aufnahme. Aber diese Popularität währte nicht lange; und sein Einfluß war sehr bald wieder erloschen. Die Theorien der utopischen Sozialisten und der sich etwas später bereits entwickelnde wissenschaftliche Sozialismus verurteilten die zwar scharfsinnigen und kritischen, aber nichtsdestoweniger mit dem staubigen Ballast einer romantisch-reaktionären Weltbetrachtung überladenen Ansichten Sismondis zur Wirkungslosigkeit. Sismondis Standpunkt, der gleichzeitig die historische Perspektivlosigkeit des Kleinbürgertums zum Ausdruck bringt, war von der gesellschaftlichen Entwicklung bereits gegen Ende der dreißiger Jahre des 19. Jahrhunderts überrollt. Dennoch hat die Sismondische Lehre eine ganze Reihe von Spuren in der Geschichte der Politischen Ökonomie hinterlassen, denen jetzt nachgegangen werden soll.

Es ist allerdings nicht immer leicht, den Einfluß, den die Sismondischen Theorien in der Geschichte der Politischen Ökonomie ausgeübt haben, zu erkennen, denn die Wirkung Sismondis erstreckt sich vor allem auch auf einen Kreis von Personen (Politiker, Historiker, Philosophen usw.), der mit der Politischen Ökonomie unmittelbar nichts zu tun hatte, oder aber auf jene Ökonomen, die außerhalb der klassischen englischen Doktrin standen und daher meistens weniger bekannt geworden sind.

Ferner ist der Einfluß Sismondis vielen anderen Autoren selbst nicht einmal bewußt gewesen. Sie hatten zwar die Werke Sismondis gelesen und die darin enthaltenen theoretischen Leitsätze bei sich verarbeitet, ohne sich allerdings über die Sismondische Urheberschaft dieser Prinzipien Rechenschaft abzulegen. Noch andere Theoretiker wiederum blieben im wesentlichen auf der Position der englischen Klassik stehen und lehnten sich nur in gewissen Teilfragen an den Standpunkt Sismondis an (Droz, Blanqui u. a.). Hinzu kommt, daß man sogar bei vielen sozialistischen Schriftstellern (Louis Blanc, Vidal u. a.) die Auffassungen Sismondis in mancher Hinsicht wiedererkennen kann.

Alle diese Einflüsse heutzutage im einzelnen nachweisen und darstellen zu wollen, wäre außerordentlich schwierig, wenn nicht gar unmöglich und würde darüberhinaus die Gefahr einer ungerechtfertigten logificatio post festum in sich bergen. Dennoch gibt es zwei echte Schüler Sismondis – Villeneuve-Bargemont und Buret.

Noch bevor allerdings Villeneuve-Bargemont im Jahre 1834 seine „Christliche Politische Ökonomie oder Untersuchungen über die Art und Ursache des Pauperismus" der Öffentlichkeit übergab, bestand für Sismondi die Hoffnung, sich selbst eine eigene Schule zu gründen. Unter der Leitung von Th. Fix erschien erstmalig 1833 die „Revue mensuelle d'économie politique" (Monatszeitschrift für Politische Ökonomie), in welcher eindeutig der Standpunkt Sismondis vertreten wurde. Bereits im Prospekt des Journals kann man lesen, daß nach dem Beispiel Sismondis „die Darstellung der Quellen des Reichtums ... von den Mitteln, sie für die Verbesserung der Lage der Bevölkerung anzuwenden",[55] nicht getrennt werden darf. Sismondi selbst hat in dieser Zeitschrift eine ganze Reihe von Aufsätzen veröffentlicht, die alle der Verbreitung seiner neuen Prinzipien der Politischen Ökonomie dienen sollten. Aber bereits 1835 änderte sich der Geist der Zeitschrift, und Sismondi verlor darin, noch bevor sie ihr Erscheinen im Jahre 1836 endgültig einstellte, allen Einfluß. Schon zuvor, im Jahre 1834, hatte jedoch Villeneuve-Bargemont mit dem Buch „Christliche Politische Ökonomie ..." den Versuch einer Verteidigung und Untermauerung der Lehren Sismondis unternommen. In theoretischer Hinsicht findet man in diesem Werk so gut wie keine Unterschiede zu den Sismondischen „Neuen Grundsätzen ...". Noch sehr viel weniger Raum als bei Sismondi ist allerdings in der „Christlichen Politischen Ökonomie ..." abstrakten, politökonomischen Fragen gewidmet. Die „Leistung" Villeneuve-Bargemonts beschränkt sich in dieser Hinsicht auf das

[55] Zitiert bei Aftation, A., L'Oeuvre Économique de Simonde de Sismondi, Paris 1899, S. 234.

Zitieren der ohnehin schon nicht überzeugenden theoretischen Ableitungen Sismondis. Jedoch die eigentliche Absicht des Autors wird deutlich, wenn man die im Vergleich zu Sismondi noch umfangreicheren Schilderungen des Elends der arbeitenden Klassen betrachtet.

Villeneuve-Bargemont hatte gar nicht den Ehrgeiz, neue Theorien zu entwickeln, sondern er beabsichtigte lediglich, die theoretischen Grundsätze Sismondis durch den Entwurf eines umfassenden Bildes von den Leiden der werktätigen Bevölkerung in den verschiedenen Ländern zu untermauern.

Aber ein neuer Gesichtspunkt tritt bei Villeneuve-Bargemont, gegenüber Sismondi, doch immer mehr in den Vordergrund: Die Betonung christlicher Grundsätze in der Politischen Ökonomie. Nicht nur ethische Maximen, wie bei Sismondi, sollen der Politischen Ökonomie ein neues Gesicht geben, sondern vielmehr auch christliche Grundsätze. So verurteilt Villeneuve-Bargemont bereits den Abfall der Engländer vom Katholizismus während der Reformation. Mit noch größerer Heftigkeit wendet er sich dann natürlich gegen den „Materialismus“ und „Utilitarismus“ der englischen Philosophie und Ökonomie. All das soll bei ihm ersetzt werden durch moralische Grundsätze, durch einen Geist der christlichen Barmherzigkeit, der Reiche und Arme verbindet.

Soll also ein Urteil über die Stellung Villeneuve-Bargemonts in der Geschichte der sozialen Ideen gefällt werden, so muß man ihn als einen beflissenen, aber blassen Schüler Sismondis bezeichnen. Ihm mangelt es in jeder Hinsicht an der Originalität, die Sismondi auszeichnete. Außerdem fehlen ihm die Grundkenntnisse auf dem Gebiet der Politischen Ökonomie, was ihn sogar oft daran hinderte, seinen Lehrer richtig zu verstehen. Die einzige selbständige „Leistung“ Villeneuve-Bargemonts gegenüber Sismondi besteht darin, in dessen System verstärkt christliche Prinzipien integriert zu haben. Damit hat Villeneuve-Bargemont als erster einen Weg in der Politischen Ökonomie beschritten, auf welchem ihm später noch andere Denker gefolgt sind und der schließlich in dem System des sozialen Mystizismus Ruskins und

Tolstois gipfelt. Eine unmittelbare Wirkung Villeneuve-Bargemonts in der Geschichte der ökonomischen und sozialen Ideen hat es indessen nicht gegeben, und es konnte sie auch nicht geben. Der kleinbürgerliche Standpunkt, der es Sismondi fünfzehn Jahre früher gestattete, ein klassisches System der Politischen Ökonomie zu entwickeln, war nunmehr, aus schon dargelegten Gründen, völlig unfruchtbar geworden. Ungeachtet des unterschiedlichen geistigen Formats beider Denker, mußte es Villeneuve-Bargemont in den dreißiger Jahren des 19. Jahrhunderts allein wegen der inzwischen vorangeschrittenen gesellschaftlichen Entwicklung unmöglich sein, wirksame und bedeutungsvolle Ansichten zu entwickeln. Es ist nur zu verständlich, daß er noch zu seinen Lebzeiten in Vergessenheit geriet.

Nicht anders ist es dem zweiten Schüler Sismondis – Buret – ergangen. Theoretisch ebenfalls ganz und gar auf den Anschauungen Sismondis fußend, hat Buret allerdings seinen Reformprojekten mehr Kühnheit und Nachdruck verliehen und dadurch einen gewissen Einfluß auf manche sozialistische Schriftsteller in Frankreich ausüben können.

Buret nimmt gewissermaßen eine Zwischenstellung ein – er erweist sich als treuer Schüler Sismondis, gibt dessen Lehren aber eine stärker sozialistische Richtung. Diese Haltung hat natürlich einen gewissen Vorzug gegenüber dem Standpunkt Villeneuve-Bargemonts, der ausschließlich die christliche Barmherzigkeitslehre zum Kern seiner Reformvorschläge machte. Im Jahre 1842 erschien Burets Buch „Das Elend der arbeitenden Klassen in Frankreich und England". Man findet darin zunächst alle jene Angriffe wieder, die bereits von Sismondi gegen die moderne Großproduktion und deren theoretische Befürworter, die englischen Ökonomen (Smith, Ricardo, Mc. Culloch . . .) gerichtet wurden.

Ungeachtet der Tatsache, daß in den kritischen Teilen eine weitreichende Übereinstimmung der Auffassungen Sismondis und Burets besteht, gibt es dennoch im Hinblick auf den Versuch einer Lösung der Widersprüche Unterschiede. Buret ist mit seinen Reformvorschlägen radikaler als Sismondi.

Während bei Sismondi die Darlegung der zur Bekämpfung des Übels erforderlichen Maßnahmen nur sehr zögernd geschieht und außerdem nicht einmal auf der inneren Überzeugung der Wirksamkeit dieser Mittel beruht, stehen bei Buret die Projekte zur Überwindung der Widersprüche und zur Beseitigung des sozialen Elends im Mittelpunkt seines Werkes. Außerdem geht Buret mit seinen Forderungen zur Abänderung der existierenden Verhältnisse weiter als Sismondi. Dabei nähert er sich bereits teilweise den Vorstellungen der französischen Sozialisten an.

Ohne Frage hat Buret im Hinblick auf die unmittelbar geforderten Maßnahmen Sismondi übertroffen. Man darf sich aber dennoch von der Radikalität, mit der er seine Projekte durchzuführen trachtete, nicht täuschen lassen. Im Grunde genommen verläßt auch Buret den Standpunkt Sismondis nicht, denn ebensowenig wie dieser verlangt er eine generelle Abschaffung des kapitalistischen Privateigentums. Stattdessen wünscht er genau wie Sismondi lediglich eine Beseitigung des im Verlaufe der kapitalistischen Entwicklung zu ungeheuerlicher Größe angewachsenen, konzentrierten Eigentums zugunsten kleineren und mittleren Besitzes in der Industrie und in der Landwirtschaft. Was er also erstrebte, das war lediglich die Einschränkung und Milderung der objektiv wirkenden Gesetze der kapitalistischen Entwicklung, wo es doch galt (die utopischen Sozialisten hatten das bereits aufgezeigt), den Kapitalismus zu überwinden. Diese typisch kleinbürgerliche Forderung, noch zu einer Zeit verfochten, als sie längst schon keine historische Berechtigung mehr hatte, verurteilt auch das Werk Burets zur Bedeutungslosigkeit.

Die hauptsächliche Ursache für die Erfolglosigkeit der Schüler Sismondis ist also in allererster Linie in den Auffassungen Sismondis selbst zu suchen. Sein kleinbürgerlicher Standpunkt, der es ihm unmittelbar nach der französischen Revolution, als das Proletariat als selbständige Klasse noch nicht existierte, ermöglichte, eine Theorie zu konzipieren, die immerhin einen Fortschritt im ökonomischen Denken bedeutete, hatte bereits kurze Zeit später diese fortschrittliche Rolle wieder eingebüßt. Es ist darum keineswegs paradox, wenn man sich vor die Tatsache gestellt sieht, daß sogar Sismondi selbst mit einem weiteren ökonomischen Werk „Studien über die Politische Ökonomie“ (1837), in welchem er genau die gleichen Ansichten wie in den „Neuen Grundsätzen . . .“ vertritt, ohne Erfolg blieb. Die kapitalistische Entwicklung machte in den Jahren von 1819 bis 1837 schnelle Fortschritte und das Proletariat erlangte sehr rasch ein selbständiges Klassenbewußtsein. Angesichts dieser Umstände konnten die Theorien des kleinbürgerlichen Ökonomen Sismondi wie auch die seiner Schüler Villeneuve-Bargemont und Buret keinerlei Wirksamkeit mehr besitzen.

Obgleich Villeneuve-Bargemont und Buret die einzigen unmittelbaren Schüler Sismondis geblieben sind, hat es im weiteren Verlauf der Geschichte der Politischen Ökonomie dennoch immer wieder Ökonomen bzw. ökonomische Richtungen gegeben, die an seine Lehren anknüpften. Allen diesen Richtungen ist gemeinsam, daß sie sich in irgendeiner Weise auf Sismondi berufen und ihn als ihren geistigen Ahnherrn bezeichnen. Das hat, wenn man die unterschiedlichen Grade dieser geistigen Verwandtschaft unberücksichtigt läßt, ohne weiteres seine Berechtigung. In der Tat knüpfen beispielsweise die Kathedersozialisten an die Theorien Sismondis an. Warum kann man sie dann nicht ebenfalls wie Villeneuve-Bargemont und Buret als Schüler Sismondis gelten lassen? Die Beantwortung dieser wichtigen Frage gestattet kein Ausweichen auf den Hinweis, daß zwischen dem Wirken Sismondis und den hier genannten Richtungen ein zeitlicher Abstand liegt. Entscheidend ist vielmehr, daß diese Richtungen (mit Ausnahme der Volkstümler) nicht als Systeme kleinbürgerlichen Denkens bezeichnet werden können. Villeneuve-Bargemont und Buret, die echten Schüler Sismondis, hatten das kleinbürgerliche Denken in Frankreich auf ökonomischem Gebiet der Auflösung zugeführt. Villeneuve-Bargemont, indem er sich schließlich in christlichem Mystizismus verlor, und Buret, indem er eine Annäherung an sozialistische Vorstellungen herbeiführte.

Dieser Auflösungsprozeß der kleinbürgerlichen Ideologie, als einer Ideologie mit entscheidender politischer und ideologischer Wirksamkeit, vollzog sich natürlich nicht zufällig. Das Kleinbürgertum als Zwischenschicht zwischen Bourgeoisie und Proletariat spielte keine entscheidende Rolle mehr. Dieses fortwährende Schrumpfen der Bedeutung des Kleinbürgertums wird in geradezu verblüffender Deutlichkeit durch die Lehren Villeneuve-Bargemonts und Burets widergespiegelt. Alles, was an ihren Ansichten die typisch kleinbürgerliche Substanz ausmacht, ist, in deutlicher Parallele zum Schicksal des Kleinbürgertums als einer politisch selbständig agierenden Schicht, einem ähnlichen Schrumpfungs- bzw. Auflösungsvorgang unterworfen. Am Ende dieses Prozesses steht die Proletarisierung des Kleinbürgertums bzw. ausnahmsweise der Aufstieg zur Bourgeoisie. Dem entspricht in geistiger Hinsicht der Übergang des kleinbürgerlichen Denkens zu den Ideen der Sozialisten (Buret) bzw. der Verfall zu reaktionärer bürgerlicher Ideologie (Villeneuve-Bargemont). Alle ökonomischen Systeme, die im weiteren Verlauf der Entwicklung an Sismondi anknüpfen, haben, sieht man von den Volkstümlern in Rußland zunächst einmal ab, mit kleinbürgerlicher Ideologie im dargestellten Sinne unmittelbar nichts mehr zu tun. Dennoch sollen die wichtigsten Berührungspunkte neuerer Theorien mit den Lehren Sismondis kurz skizziert werden.

Im letzten Drittel des 19. Jahrhunderts nutzen zunächst die in Deutschland wirkenden Kathedersozialisten die ökonomischen Theorien Sismondis für sich aus. Ihre Vorliebe für Sismondi ist unbestritten, und es ließen sich zahllose Belege dafür anführen. Es ist darum unumgänglich, auf die Art und Weise, auf die Ursachen sowie auf die Beurteilung der geistigen Beziehung der Kathedersozialisten zu Sismondi kurz einzugehen. Es wurde bereits darauf hingewiesen, daß es sich im Falle der kathedersozialistischen Lehre nicht mehr um kleinbürgerliches Denken handelt. Die Kathedersozialisten sind im Vergleich zu dem Kleinbürger Sismondi Apologeten der kapitalistischen Ordnung. Man beginge also einen groben Irrtum, wollte man von einer echten ideengeschichtlichen Kontinuität sprechen, die von Sismondi ausgeht und sich bis hin zu den Kathedersozialisten verfolgen läßt. Bei den tatsächlich vorhandenen Übereinstimmungen im Denken Sismondis und in der kathedersozialistischen Lehre handelt es sich daher letzten Endes immer nur um formale Analogien. Natürlich haben sich insbesondere die Kathedersozialisten selbst bemüht, auf derartige Beziehungen aufmerksam zu machen. Sie waren bestrebt, den moralisch in jeder Hinsicht unverdächtigen Sismondi für ihre apologetischen Ziele auszubeuten. In Wirklichkeit ist aber der Kathedersozialismus aus einer gänzlich anderen ökonomischen Basis erwachsen als die ökonomischen Theorien Sismondis. Auch die Klasse bzw. die Schicht, die die Kathedersozialisten und Sismondi vertreten, ist unterschiedlich. Das gilt es bei der Beurteilung beider Systeme zu beachten.

Die wichtigsten theoretischen Berührungspunkte zwischen Sismondi einerseits und den Kathedersozialisten andererseits, lassen sich in drei Punkten erfassen. Es handelt sich um formale Übereinstimmungen in folgenden Fragen:

1. Moralisierende Kritik am Kapitalismus, ohne die wirkliche Ursache des Übels, das kapitalistische Privateigentum an den Produktionsmitteln, anzutasten.
2. Abkehr von den Maximen einer liberalistischen Wirtschaftspolitik und Forderung einer umfangreichen und weitgreifenden Sozialpolitik des Staates.
3. Kritik des angeblich fruchtlosen Abstraktionismus in der Politischen Ökonomie und Befürwortung einer induktiven, empirisch-historischen Forschungsmethode.

Zunächst einige Bemerkungen zur Art und Weise der Kritik am Kapitalismus bei Sismondi und bei den Kathedersozialisten. Wir wissen bereits, daß es Sismondi an den theoretischen Voraussetzungen für eine erschöpfende Analyse der Widersprüche der kapitalistischen Produktionsweise fehlte. Ohne seine fraglos vorhandenen wissenschaftlichen Verdienste auf ökonomischem Gebiet schmälern zu wollen, muß festgestellt werden, daß ihm die vollständige Erkenntnis der inneren Zusammenhänge des kapitalistischen Wirkungsmechanismus verborgen blieb und als geistigem Vertreter des Kleinbürgertums auch verborgen bleiben mußte. So konnte er beispielsweise nicht erkennen, daß die offensichtlichen Mängel dieser Ordnung nur zu beseitigen sind, wenn man das Übel an der Wurzel bekämpft, d. h. wenn man das kapitalistische Privateigentum abschafft. Betrachtet man im Hinblick darauf die Stellung der Kathedersozialisten zum kapitalistischen Privateigentum, so erkennt man, daß ihre Haltung mit der Sismondis in gewisser Hinsicht übereinstimmt. Auch die Kathedersozialisten denken nicht daran, die wichtigste Einrichtung der kapitalistischen Produktionsverhältnisse, das Privateigentum an den Produktionsmitteln, anzutasten. Mit besonderem Nachdruck und unter Hinweis auf seine eigene Einstellung lobt beispielsweise Schmoller, das anerkannte Haupt des Kathedersozialismus, Sismondi, wenn er ihn als denjenigen bezeichnet, der „durch sein Reformprogramm als ein Reformator" aufgetreten ist und „der im Sinne hat, die kapitalistische wirtschaftliche Organisation gründlich abzuändern und einige schwere Folgen derselben zu beseitigen, ohne ihre Grundpfeiler umzustürzen".[56] In diesen Worten Schmollers kommt bereits der wichtigste Anknüpfungspunkt der Kathedersozialisten an Sismondi zum Ausdruck. So will sich Schmoller auf die im Keim bei Sismondi tatsächlich enthaltene Ansicht stützen, daß man die Schwächen des kapitalistischen Systems vermittels von Reformen abstellen kann, ohne dabei den Grundpfeiler des Kapitalismus, das kapitalistische Privateigentum an den Produktionsmitteln, zu beseitigen. Schmoller hat dabei allerdings übersehen oder übersehen wollen, daß Sismondi, wenn er auch am kapitalistischen Privateigentum prinzipiell festhielt, das große konzentrierte kapitalistische Privateigentum

[56] Zitiert bei Raducanu, J., Zur 100jährigen Wiederkehr des Todestages von J. C. L. Simonde de Sismondi, in: Schmollers Jahrbuch, 66. Jhg., H. 4, S. 99.

dennoch entschieden bekämpfte und stattdessen für das kleine Eigentum eintrat. Das ist ein äußerst wichtiger Umstand, der, weil er nicht in das kathedersozialistische Konzept paßt, von Schmoller einfach übergangen wird.

Schmoller wie auch alle seine übrigen kathedersozialistischen Gesinnungsgenossen versprechen sich nämlich gerade von einer möglichst starken Konzentration des Eigentums eine Verbesserung der Lage der Arbeiter und Fortschritte auf sozialem Gebiet. Jedoch betrachten wir hier zunächst die Kathedersozialisten in ihrer schlecht gespielten Rolle als „Kritiker des Kapitalismus".

Wenn also Änderungen an den bestehenden Verhältnissen vorgenommen werden sollen, dann können sie ihrer Ansicht nach nur auf gesetzlichem Wege, d. h. „von oben" erfolgen. Trotz dieser servilen Devotion gegenüber der Obrigkeit spielen sich die Kathedersozialisten als Kritiker der kapitalistischen Ordnung auf. Sie bemängeln allerdings nicht die entscheidenden kapitalistischen Produktionsverhältnisse und die aus ihnen resultierenden Eigentumsverhältnisse, denn in den Mittelpunkt ihrer Kritik am Kapitalismus stellen sie ausschließlich die kapitalistischen Verteilungsverhältnisse.

Dabei machen sie sich die bereits bei Sismondi vorhandene willkürliche Trennung von Produktion und Verteilung zunutze. Sie sprechen, in Anlehnung an Sismondi, die irrige Überzeugung aus, daß man auf die Verteilung der Produktionsergebnisse Einfluß nehmen könne, ohne deshalb die Produktionsverhältnisse antasten zu müssen. Natürlich leugnen sie damit das Vorhandensein objektiver Gesetze auf dem mit der Produktionssphäre untrennbar verbundenen Gebiet der Distributionssphäre. Ähnlich wie für Sismondi und für J. St. Mill in England (letzterem allein schreibt man fälschlicherweise diesen verhängnisvollen Gedanken der Scheidung von Produktion und Distribution zu[57], ist auch

[57] Vgl. dazu Völkerling, F., Der deutsche Kathedersozialismus, Berlin 1959, S. 49 ff.

für die Kathedersozialisten lediglich die Produktion unveränderlichen Gesetzen unterworfen, im Vergleich zur Verteilung der Produkte und Vermögen, bei der es sich um rein menschliche Einrichtungen handeln soll, mit denen die Menschen nach Belieben verfahren können.

Mit dieser wissenschaftlich nicht haltbaren Zerreißung des Zusammenhangs von Produktion und Distribution gelangten die Kathedersozialisten zu einer Kritik am Kapitalismus, die der Sismondis sehr ähnlich ist. Allerdings beruht die Kritik an der kapitalistischen Produktionsweise bei den Kathedersozialisten noch viel weniger auf der Analyse der inneren Gesetzmäßigkeiten des Kapitalismus als bei Sismondi. Obgleich die moralischen Apelle an den Staat, an die Kapitalisten und an die Arbeiter auch schon bei Sismondi einen großen Raum einnehmen, erreicht das Hervorkehren ethischer Gesichtspunkte bei den Kathedersozialisten seinen eigentlichen Höhepunkt. Erst die Kathedersozialisten beenden den Abfall von der englischen Klassik vollkommen. Das wollen sie übrigens auch dadurch dokumentieren, daß sie sich selbst die „historisch-ethische" Schule nennen.

Der Grundgedanke dieser angeblich völlig neuen ethischen Nationalökonomie besteht, wie Völkerling richtig bemerkt, „in der Versittlichung der volkswirtschaftlichen Kräfte und Einrichtungen"[58]. Das bedeutet aber, daß in Anlehnung an Sismondi die Ethik von den Kathedersozialisten zum Hauptproblem der Wirtschaft erklärt wird. So ist z. B. nach Schmoller die Politische Ökonomie lediglich ein verselbständigter Teil der Ethik, wobei psychologische und ethische Gesichtspunkte sogar die wichtigsten Ursachen für wirtschaftliche Handlungen sind. In Übereinstimmung mit dieser Feststellung fordert Schmoller, „daß alle Herrschafts- und Ausbeutungsverhältnisse sich sukzessiv in Verhältnisse sittlicher Wechselwirkung umwandeln müßten"[59].

[58] Vgl. ebenda, S. 99.
[59] Schmoller, G., Über einige Grundfragen der Sozialpolitik und der Volkswirtschaftslehre, Leipzig 1904, S. 37.

Trotz dieser formalen Übereinstimmung zwischen Sismondi und den Kathedersozialisten im Hinblick auf die Art und Weise der Kritik am Kapitalismus besteht aber auch hier ein wichtiger Unterschied. Sismondis Moralismus entsprang der humanen Einstellung des Kleinbürgers zu einem Zeitpunkt, als der Kapitalismus sich gerade erst durchgesetzt hatte und als die Richtung der künftigen gesellschaftlichen Entwicklung noch nicht so klar zu erkennen war. Besonders der Kleinbürger mußte das Opfer der undurchsichtigen und verwickelten gesellschaftlichen Situation mit ihren mannigfaltigen Widersprüchen werden. Diese Fehlorientierung und Hilflosigkeit bei der richtigen Beurteilung der entscheidenden gesellschaftlichen Kräfte und Strömungen seiner Zeit hat Sismondi allerdings nicht daran gehindert, eine in jeder Hinsicht einwandfreie und lobenswerte moralische Einstellung zu bekunden.

Ganz anders ist das bei den Kathedersozialisten. Ihr Moralismus entspringt keineswegs mehr einem noch verzeihlichen Irrtum. Im Gegenteil, es handelt sich bei ihnen „um eine im höchsten Grade unwissenschaftliche Anschauung, um eine bewußte Verfälschung des Gegenstandes der Politischen Ökonomie“[60]. Die Bemühungen um soziale Gerechtigkeit und die Aufrufe zu ethischem Verhalten lassen unmißverständlich die Absicht der Kathedersozialisten erkennen, das kapitalistische System zu rechtfertigen und zu verteidigen. Mit ihrer moralisierenden Kritik am Kapitalismus versuchen sie, die entwickelten Klassengegensätze in Deutschland zu mildern und die unmittelbar bevorstehenden Klassenkämpfe zwischen Proletariat und Bourgeoisie zu verhindern. Daß sie dabei wenig Erfolg haben konnten, war vorauszusehen. Beabsichtigt man nämlich, die sozialen Mißstände zu beseitigen, ohne das kapitalistische Privateigentum an den Produktionsmitteln abzuschaffen, so bleibt, wie Engels in seinem Traktat über die Wohnungsfrage bemerkt, „nichts übrig, als den Kapitalisten Moralpredigten zu hal-

60 Völkerling, F., a. a. O., S. 99.

ten"[61]. Genau damit und mit nichts anderem haben die Kathedersozialisten versucht, dem Kapitalismus einen humaneren, sittlicheren Charakter zu verleihen.

In unmittelbarem Zusammenhang mit diesem kraft- und wirkungslosen Moralismus steht die zweite formale Gemeinsamkeit zwischen Sismondi und den Kathedersozialisten. Beide Richtungen leiten aus ihrer kritischen Einstellung (die allerdings unterschiedlich zu bewerten ist!) den Wunsch ab, den Kapitalismus trotz Aufrechterhaltung des kapitalistischen Privateigentums zu reformieren. Reformen sind aber nur möglich, wenn es eine Instanz gibt, die Reformen auch wirklich durchsetzen kann. Diese Instanz soll bei Sismondi und bei den Kathedersozialisten der Staat sein.

Es wurde bereits dargestellt, wie weit die Sismondischen Empfehlungen reichen, sobald es darauf ankommt, die Befugnisse des Staates als einer regulierenden und ordnenden Instanz festzulegen. Das ist jedoch genau der Punkt bei Sismondi, an den die Kathedersozialisten anknüpfen. Wie aber ist der äußerlich so ähnliche Sozialreformismus Sismondis einerseits und der Kathedersozialisten andererseits einzuschätzen? Zwischen Sismondi und den Kathedersozialisten liegen mehr als 50 Jahre ereignisreicher ökonomischer und politischer Entwicklung. Zur Zeit Sismondis war das Proletariat noch nicht als selbständige Klasse formiert. Es hatte also noch eine gewisse historische Berechtigung, wenn der Kleinbürger mit reformatorischem Utopismus auftrat. Seinen Wünschen bezüglich der Erneuerung der Gesellschaft auf dem Wege von Reformen lag immerhin das tief gefühlte Entsetzen über die Mängel des Kapitalismus und das ehrliche Bestreben, die Lage der leidenden und ausgebeuteten Menschen zu verbessern, zugrunde.

Bei den Kathedersozialisten ist das ganz anders. Sie haben bereits ein starkes selbständiges Proletariat vor Augen und

[61] Engels, F., Zur Wohnungsfrage, in: Marx/Engels, Ausgewählte Schriften in zwei Bänden, Bd 1, Berlin 1951, S. 553.

müssen sich mit den Theorien von Marx und Engels auseinandersetzen. Ihnen geht es also im Gegensatz zu Sismondi nicht in erster Linie darum, die Lage der Arbeiter zu verbessern, sondern sie beabsichtigen vielmehr, das Proletariat, das bereits mit einer wissenschaftlichen Theorie ausgerüstet ist, vom richtigen Wege abzubringen. Das Proletariat soll auf eine gewaltsame, revolutionäre Umgestaltung der gesellschaftlichen Verhältnisse verzichten und sich stattdessen mit Reformen begnügen.

Aber die formalen Gemeinsamkeiten in den Anschauungen Sismondis und der Kathedersozialisten erschöpfen sich nicht in der Hervorkehrung ethischer Gesichtspunkte bei der Kritik des Kapitalismus und in dem aus dieser Einstellung resultierenden Sozialreformismus, sondern sie erstrecken sich sogar bis auf das Gebiet der Forschungsmethode. So ist beiden Richtungen eine Abkehr vom abstrakten Denken und die Bevorzugung der induktiven Forschungsmethode gemeinsam. Dazu abschließend einige Bemerkungen.

Wir wissen bereits, daß Sismondi bei jeder sich bietenden Gelegenheit gegen den „wirklichkeitsfremden Abstraktionismus“ der „Engländer“ zu Felde zog.

Ähnlich ist das bei den Kathedersozialisten. Zunächst behaupten die Kathedersozialisten, unmittelbar an Sismondi anzuknüpfen, indem sie ebenfalls die Induktion gegenüber der Deduktion bevorzugen. Allerdings gehen die Kathedersozialisten dann in dieser Hinsicht viel weiter als Sismondi. Sismondi bemühte sich immerhin noch um eine theoretische Erklärung seiner auf empirischem Wege gewonnenen Erkenntnisse. Diese unbestreitbar vorhandenen Ansätze zu theoretischen Beweisführungen haben Großmann sogar veranlaßt, Sismondi fälschlicherweise als einen „abstrakten Theoretiker“, als einen „theoretischen Diagnostiker“ zu bezeichnen. Großmann schreibt in seinem Buch über Sismondi: „Wir sehen also, daß Sismondi, im Gegensatz zu allem bisher Geschriebenen, in erster Linie gegen seine Gegner angeht wegen einer theoretischen Konzeption des ökonomischen Systems seiner Zeit und nicht wegen einer Orientierung auf die praktische Politik!"[62]

Im Gegensatz dazu sind in den dickleibigen Büchern der Kathedersozialisten nicht einmal mehr Rudimente einer theoretischen Problemstellung zu finden. Schmoller, Brentano, Wagner, Bücher, Knapp – sie alle halten sich in ihren Werken ganz streng an das negative Urteil über die Deduktion und verbannen jegliche Theorie aus ihren Forschungen. Das bedeutet aber, daß sie auf die Erkenntnis der ökonomischen Gesetzmäßigkeiten verzichten müssen und sich stattdessen lediglich mit breit angelegten Einzelstudien wirtschaftlicher Geschehnisse der Gegenwart und der Vergangenheit beschäftigen können. Vornehmlich von Schmoller, der umfangreiche methodologische Betrachtungen angestellt hat, stammen Leitsätze wie: „methodische Einzelforschung", „realistische Detailarbeit", „wissenschaftliche Deskription" usw. In seiner Berliner Rektoratsrede vom Jahre 1897 spricht er den methodologischen Standpunkt des Kathedersozialismus besonders deutlich aus, wenn er erklärt, daß „die neue wirkliche Wissenschaft der Einzelforschung sich selbstverleugnend zuwandte", um „weniger mehr große Theorien als partielle feststehende Wahrheiten"[63] zu gewinnen.

Gewisse Übereinstimmungen in der Forschungsmethode Sismondis und der Kathedersozialisten sind also nicht zu übersehen. Trotzdem muß auch hier wiederum, ähnlich wie bei der Beurteilung des Sozialreformismus, eine unterschiedliche Wertung vorgenommen werden. Sismondi bereicherte die Politische Ökonomie, ausgehend von der genauen Beobachtung der Wirklichkeit, d. h. also mit Hilfe seiner vornehmlich induktiven Methode, um eine wichtige Erkenntnis. Er stellte, wie wir wissen, die Gesetzmäßigkeit der Wirtschaftskrisen im Kapitalismus fest. Die Kathedersozialisten

[62] Großmann, H., Simonde de Sismondi et ses théories économiques, Warschau 1924, S. 22 f.

[63] Schmoller, G., Über einige Grundfragen der Sozialpolitik . . ., a. a. O., S. 382.

hingegen verfolgten bei ihrer Vorliebe für die Induktion und die empirische Detailforschung genau das entgegengesetzte Ziel. Sie fürchteten bereits das Proletariat mit seinen revolutionären Forderungen. Daher versuchten sie, sich gegen die Konsequenzen der gesetzmäßigen Entwicklung des Kapitalismus und seiner Antagonismen zu stemmen. Den Kathedersozialisten ging es also nicht, wie Sismondi, um das Aufdecken von Widersprüchen, sondern gerade im Gegenteil um deren Verschleierung.

Eine große Bedeutung besaßen die Lehren Sismondis auch für die Volkstümler in Rußland. Die Volkstümler traten in den letzten Jahrzehnten des 19. Jahrhunderts auf und bekundeten eine besondere Vorliebe für die Theorien Sismondis. Welches war die klassenmäßige Basis der lange Zeit einflußreichen russischen Volkstümler? Obgleich in den westlichen Industrieländern, insbesondere in England und Frankreich die kapitalistische Entwicklung schon weit vorangeschritten war, herrschten in Rußland im letzten Drittel des 19. Jahrhunderts noch immer halbfeudale Zustände. Zwar setzte in dieser Zeit auch in dem bis dahin zurückgebliebenen Land eine zaghafte industrielle Entwicklung mit allen ihren sozialen Folgeerscheinungen ein, jedoch im großen und ganzen gesehen blieb Rußland ein typisches Agrarland. Diesem Entwicklungsstand entsprach die Klassenschichtung in Rußland. Neben einer noch schwachen nationalen Bourgeoisie und einem sich herausbildenden Proletariat, das erst zu selbständigem Klassenbewußtsein fand, bestand, sieht man von der politisch und ökonomisch noch mächtigen Schicht der Großgrundbesitzer ab, eine riesige Bauernschaft, die selbst weitgehend differenziert war. Sie setzte sich zusammen aus eigentumslosem, pauperisiertem ländlichem Proletariat, das zumeist in die großen Städte abwanderte, um hier die industrielle Reservearmee zu bilden, ferner aus der gewaltigen Schicht von selbständigen kleinen und mittleren Bauern, die trotz äußerst harter Lebensbedingungen zäh an ihrem Besitz festhielten, und schließlich aus einer geringen Anzahl von Großbauern.

Ihrer Klassenstellung nach kann man die umfangreichste Schicht innerhalb der Bauernschaft, die kleinen und mittleren Bauern, zum Kleinbürgertum rechnen. Auch Lenin hat das bei seiner Analyse der volkstümlerischen Ideologie uneingeschränkt getan.[64] Was nämlich die politischen Wünsche und Ziele dieser kleinen und mittleren Bauern anbetrifft, so unterscheiden sie sich von der Haltung des städtischen Kleinbürgertums, das in Rußland zur damaligen Zeit ebenfalls noch eine nicht zu unterschätzende Rolle spielte, im Prinzip nur wenig.

Versucht man also, den Einfluß politischer Gruppierungen in Rußland gegen Ende des 19. Jahrhunderts zu erfassen, so muß man in erster Linie berücksichtigen, daß auf Grund der späten und relativ langsamen kapitalistischen Entwicklung Rußlands eine zahlreiche kleinbürgerliche Schicht (kleine und mittlere Bauern in der Landwirtschaft, städtisches Kleinbürgertum) ein bedeutender politischer Faktor geblieben war und sogar bis zur proletarischen Revolution im Jahre 1917 blieb. Zum theoretischen Fürsprecher dieses Kleinbürgertums und insbesondere zum ideologischen Interessenvertreter der kleineren und mittleren Bauernschaft machten sich die russischen Volkstümler.

Der Darlegung der theoretischen Beziehungen zwischen Sismondi und den Volkstümlern im einzelnen seien jedoch noch einige Bemerkungen zur allgemeinen Charakteristik der volkstümlerischen Ideologie vorangestellt. Bei den Volkstümlern handelt es sich um eine in den sechziger Jahren des 19. Jahrhunderts entstandene bürgerlich-demokratische Bewegung, die zunächst hauptsächlich von Intellektuellen und Studenten getragen wurde. Die Volkstümler befanden sich in Opposition zum zaristischen Regime und kämpften um die Erneuerung Rußlands. Die theoretischen Grundlagen der

[64] Vgl. Lenin, W. I., Zur Charakteristik der ökonomischen Romantik, in: Marx, Karl, Das Kapital, Bd II, Berlin 1953, S. 545 ff. – Lenin, Die Entwicklung des Kapitalismus in Rußland, Lenin Werke, Bd 2, Berlin 1956.

volkstümlerischen Auffassung gehen bis auf Herzen und Tschernyschewski zurück. Der eigentliche Kern ihrer Lehre ist die Errichtung einer neuen Gesellschaft unter Führung der russischen Bauernschaft. Insofern sich die Volkstümler jedoch ausschließlich auf die Bauern orientierten, verkannten sie die Gesetzmäßigkeiten, die mit Notwendigkeit zu einer kapitalistischen Entwicklung führen. Im Zusammenhang damit leugneten sie auch die revolutionäre Rolle des Proletariats für die Weiterentwicklung der menschlichen Gesellschaft. Je mehr sich daher der Kapitalismus in Rußland entwickelte, um so mehr verloren die Volkstümler, die ursprünglich eine positive Rolle gespielt hatten (Kampf gegen den Zarismus), an Boden. Sie konnten die neue Entwicklung, die Entwicklung des Kapitalismus in Rußland, nicht verstehen und entarteten zu einer kleinbürgerlichen Richtung. Das geschah zu Beginn der siebziger Jahre.

Die Volkstümler der siebziger Jahre wirkten, als die Würfel bereits endgültig für den Sieg des Kapitalismus in Rußland gefallen waren. Die ursprünglich progressiven Bestrebungen der Volkstümler gingen angesichts dieser Entwicklung mehr und mehr verloren. Es wäre jedoch ungerechtfertigt, wollte man die Volkstümler der siebziger Jahre als eine reaktionäre Richtung bezeichnen. Noch immer waren die Kräfte des Alten stark und das Neue, der Kapitalismus, erst dabei sich zu etablieren. So hatte der Kampf der Volkstümler der siebziger Jahre noch in erster Linie eine antifeudale Stoßrichtung.

Das änderte sich mit den sogenannten liberalen Volkstümlern der achtziger und neunziger Jahre. Die liberalen Volkstümler erhoben ihre Stimme in einer Situation, als der Kapitalismus in Rußland rasche Fortschritte machte. In den achtziger und neunziger Jahren ging es also keineswegs mehr um die Verteidigung des Kapitalismus gegenüber dem Feudalismus. Die liberalen Volkstümler waren im Gegenteil Gegner der kapitalistischen Ordnung. Sie hatten sich von den revolutionären Traditionen der alten Volkstümlerrichtung losgesagt. Ihre theoretischen und politischen Anschauungen waren vom Geist des Reformismus und von der Furcht vor dem Klassenkampf geprägt. Geschichtlich bedingte Umstände (Rückständigkeit Rußlands, Überwiegen der kleinbürgerlichen Bevölkerung) bewirkten, daß die Ideologie der Volkstümler weiterhin starken Einfluß in Rußland ausüben konnte. Die liberalen Volkstümler versuchten nun, „die Doktrin des alten Bauernsozialismus den ökonomischen Verhältnissen eines Landes anzupassen, das endgültig den Weg des Kapitalismus betreten hatte. Es erscheinen viele dicke Wälzer, in denen die kleinbürgerlichen Auffassungen von den Aussichten der ökonomischen Entwicklung Rußlands mit zurechtgebogenen und tendenziös ausgelegten Daten der Semstwo-Statistik ‚untermauert' wurden."[65] Damit wurde der Bereich der ökonomischen Probleme zum Hauptschauplatz des Kampfes, den die Marxisten gegen die Ideologie der liberalen Volkstümler führen mußten.

Konnte man nun im Denken Sismondis neben reaktionären Ansichten gleichzeitig eine ganze Reihe Anhaltspunkte für eine positivere Beurteilung finden, so muß man demgegenüber die ökonomischen Theorien der liberalen Volkstümler als durch und durch reaktionär bezeichnen. Lenin läßt diesbezüglich keinen Zweifel aufkommen, wenn er wiederholt auf den reaktionären Standpunkt der Volkstümler vom Schlage eines Michailowski hinweist. Andererseits kann man natürlich nicht übersehen, daß die liberalen Volkstümler in theoretischen Einzelfragen mit Sismondi vollkommen übereinstimmen. So kritisieren sie, ähnlich wie Sismondi, das soziale Elend im Kapitalismus, so entwickeln sie eine Krisentheorie, die der Sismondischen in allen Einzelheiten gleicht, und so treten sie schließlich ebenfalls für die Stärkung der kleinen Warenproduktion ein.

Was berechtigt uns also, zwischen den ökonomischen Ansichten Sismondis und denen der liberalen Volkstümler einen Unterschied zu machen, und was erlaubt uns zu sagen, daß die Lehre der Volkstümler in jeder Hinsicht reaktionärer

65 „Geschichte der Kommunistischen Partei der Sowjetunion", Verlag Progress Moskau, Bd 1, S. 261.

sei? (Gemeint sind, wenn im folgenden von den Volkstümlern die Rede ist, stets die sog. liberalen Volkstümler.) Die Antwort auf diese Frage ist leicht zu finden. Als Sismondi seine Theorie der französischen Öffentlichkeit unterbreitete, hatte sich der Kapitalismus in Frankreich gerade erst durchgesetzt. Sismondi analysierte diese neue kapitalistische Gesellschaftsordnung und kam zu dem Ergebnis, daß ihr unüberwindbare Widersprüche immanent seien. Damit hatte er die Politische Ökonomie um eine wichtige Erkenntnis bereichert. Der einzige Ausweg, der sich dem Kleinbürger bei der Suche nach Lösungen der Widersprüche bot, war aber reaktionär. Sismondi beabsichtigte bekanntlich, die kapitalistische Entwicklung aufzuhalten und zu den Verhältnissen der kleinen Warenproduktion zurückzukehren. Allerdings muß man bedenken, daß die Bestrebungen zu „hemmen“ und zu „bremsen“ bei Sismondi zum Teil noch verständlich waren, denn er konzipierte seine Theorien zu einem Zeitpunkt, wo sich die Auswüchse des Kapitalismus gerade erst zu zeigen begannen. Auch Lenin übt daher Nachsicht, wenn er in dieser Beziehung über Sismondi urteilt: „Man vergesse übrigens nicht, daß das vor 70 Jahren geschrieben worden ist, daß Sismondi die ersten Anzeichen dieser damals noch völlig neuen Erscheinungen beobachtet hat. Seine Naivität ist noch verzeihlich.“[66]

Wie aber sah es demgegenüber 70 Jahre später aus, als die liberalen Volkstümler ihre ökonomischen Lehren verbreiteten? Der Kapitalismus hatte inzwischen alle seine Mängel offenbart, und die Polarisation der Gesellschaft in die zwei Hauptklassen Bourgeoisie und Proletariat war in den entwickelten westeuropäischen Ländern weit vorangeschritten. Das konnte auch den Volkstümlern, die sich stets eines sicheren Urteils über die westeuropäischen Verhältnisse rühmten, nicht verborgen bleiben. Es war längst klar geworden, daß von dem sich stets nach rückwärts orientierenden Kleinbürgertum keine „Befreiung“ der Menschheit

[66] Ebenda.

ausgehen würde. Die Zeiten, wo das Kleinbürgertum einmal eine progressive Rolle in der Geschichte spielte, lagen nahezu 100 Jahre zurück. Selbst Sismondi, der teilweise noch an diese glorreiche Tradition anknüpfte, verstrickte sich, sobald er im Anschluß an die Analyse seiner Umwelt nach Lösungen suchte, immer mehr in reaktionäre Gedankengänge. Das persönliche Schicksal Sismondis, seine Resignation und Verzweiflung im Alter, die schließlich alle ursprünglich gehegten und noch von der Aufklärung inspirierten Hoffnungen auf den Fortschritt der Menschheit verdrängten, spiegeln die Zukunftslosigkeit des gesamten Kleinbürgertums wider.

Aber die Ideen Sismondis erlebten in der Lehre der liberalen Volkstümler eine Auferstehung. Sich auf die in Rußland noch vorhandene breite Schicht von Kleinbürgern stützend, vertraten die Volkstümler die gleichen reaktionären Forderungen (Hemmung der kapitalistischen Entwicklung, Stärkung der kleinen Warenproduktion) wie Sismondi. Doch die historische Situation hatte sich entscheidend gewandelt. Während sich zu Lebzeiten Sismondis der Kapitalismus noch gegenüber dem Feudalismus behaupten mußte, streuten die liberalen Volkstümler ihren reaktionären Utopismus noch zu einem Zeitpunkt aus, als es bereits galt, den Kapitalismus auf revolutionärem Wege zu überwinden. Gerade das macht ihre Theorien äußerst gefährlich. Die Rolle, die die liberalen Volkstümler in der Geschichte der Politischen Ökonomie gespielt haben, ist also weitaus negativer zu beurteilen als die Stellung Sismondis. Sismondi versagte einfach nur, sobald es darum ging, die Geschicke der Menschheit gestaltend zu beeinflussen. Die Volkstümler aber machten sich einer falschen Orientierung der Massen schuldig, als der Weg in die Zukunft längst klar vorgezeichnet und sogar schon beschritten war. (Pariser Kommune!)

Sehen wir uns jetzt genauer an, inwiefern die ökonomischen Ansichten Sismondis und die Theorien der liberalen Volkstümler übereinstimmen. Bereits Lenin hat dazu umfangreiche Untersuchungen angestellt. Die gesamte Lehre der Volkstümler ist auf die Frage der Realisierung zugespitzt. Dabei wird die Theorie Sismondis von den Volkstümlern gerade in den Punkten am meisten gelobt und idealisiert, wo sie den politischen Interessen der Volkstümler am nächsten kommt. Um solch einen entscheidenden Punkt handelt es sich, wenn Sismondi die prinzipielle Frage des Verhältnisses von Einkommen und Produktion untersucht. In der Sprache der Volkstümler gesprochen, geht es hier um die Bedeutung des inneren Marktes für die Entwicklung des Kapitalismus. Beide Themen – die Größe des Einkommens im Verhältnis zur Produktion (Sismondi) – und – die Bedeutung des inneren Marktes für die Entwicklung des Kapitalismus (Volkstümler) – sind aber identisch.

Sismondi war der Ansicht, daß mit der kapitalistischen Entwicklung in der Industrie und Landwirtschaft die Produktion die Konsumtion überholen müßte, was besagt, daß das Einkommen der Bevölkerung nicht ausreicht, um die große Masse der erzeugten Waren zu realisieren. Der moderne Kapitalismus hat den überwiegenden Teil der Bevölkerung in besitzlose Proletarier verwandelt, die, teilweise sogar beschäftigungslos, d. h. gänzlich einkommenslos, nicht in der Lage sind, die angebotenen Waren zu kaufen. Den einzigen Ausweg aus dieser Sackgasse bildete in der Vorstellung Sismondis der Außenhandel. Allerdings hegte er insofern große Befrüchtungen, weil er voraussah, daß es mit dem Auftreten neuer kapitalistischer Länder auf dem internationalen Markt immer schwerer werden würde, die überschüssigen Produkte der nationalen Produktion abzusetzen. Genau die gleichen Ansichten vertraten 70 Jahre später die Volkstümler, indem sie die Frage der Realisierung der Produkte im Außenhandel, die auch für Sismondi wichtig war, zum entscheidenden Kriterium ihrer ganzen Erörterungen machten.

Die Volkstümler gingen bei ihrer Argumentation davon aus, daß der Ruin der kleinen Produzenten in der Industrie und Landwirtschaft zur Verengung des inneren Marktes führe. Will man dieser Verengung des inneren Marktes Einhalt gebieten, so bleibt keine andere Wahl, als den Wohlstand des Volkes zu heben, was allein dadurch zu erreichen ist, daß man den kleinen Besitz unangetastet läßt und auf gesetzlichem Wege stützt und fördert. Damit fordern die Volkstümler aber eine Hemmung bzw. Verhinderung der kapitalistischen Entwicklung in Rußland. Lenin hat diese absurde Naivität der Volkstümler, die jeglicher historischen und theoretischen Einsicht zuwiderläuft, verspottet und mit äußerster Schärfe gegeißelt, wenn er schreibt: „Es ist begreiflich, daß dieser fromme Wunsch ... mit jedem Tag mehr in immer schärferen Konflikt mit der Wirklichkeit gerät, die jene Widersprüche weiterentwickelt hat, deren Tiefe Sismondi noch nicht abzuschätzen vermochte.“[67]

Und in der Tat hatten sich die Widersprüche, die Sismondi nur im Keimstadium vor Augen hatte, inzwischen weiterentwickelt. Es hatte sich zwar gezeigt, daß die Krisen eine gesetzmäßige Erscheinung der kapitalistischen Produktionsweise sind, es war aber ebenfalls offensichtlich geworden, daß die Entwicklung des Kapitalismus den inneren Markt nicht einengt, sondern erst schafft.

Welche Schlußfolgerungen ziehen demgegenüber die Volkstümler aus ihrer Theorie der Verengung des Marktes, mit der sie bewiesen haben, daß sie unfähig sind, die Fragen der Realisierung der Waren im Kapitalismus richtig zu erfassen?

Im wesentlichen sind es zwei „wichtige Einsichten“, die sie ihrer „Analyse“ des Kapitalismus verdanken. Zunächst ist es die „Erkenntnis“, daß der Kapitalismus zur Vergeudung von Arbeit führt, womit die Forderung, daß die Akkumulation nur stufenweise vor sich gehen darf, in engem Zusammenhang steht, und zum anderen ist es der profunde Unglaube an die Entwicklung des Kapitalismus überhaupt. Auch im Hinblick auf diese zwei Schlußfolgerungen stützen sich die Volkstümler, wie wir gleich sehen werden, wiederum auf Argumente Sismondis.

Was soll mit der These von der Vergeudung der Arbeit

[67] Ebenda, S. 131.

im Kapitalismus und mit der Forderung nach stufenweiser Akkumulation ausgedrückt werden? Sismondi hatte sich eingebildet, daß die Produktion des laufenden Jahres stets gegen die Produktion (Produktion war bei ihm gleich Einkommen) des vergangenen Jahres eingetauscht werden müßte. Hieran anknüpfend und auf einige weitere Äußerungen Sismondis Bezug nehmend, entwickeln die Volkstümler ihre „Theorie der kleinen Verluste". Wenn nämlich, so argumentieren sie in Übereinstimmung mit Sismondi, die Produktion in jedem Jahr ansteigt, so kann nicht die kleinere Produktion bzw. das kleinere Einkommen des Vorjahres das gewachsene Produkt des laufenden Jahres realisieren, d. h. ein Teil der nationalen Produktion bleibt unabsetzbar. Das bedeutet aber, daß die kapitalistische Produktionsweise, der der Hang zur Ausdehnung der Produktion innewohnt, stets Arbeit vergeudet. Eine Erweiterung der kapitalistischen Produktion darf darum, wenn überhaupt, lediglich in ganz kleinen Schritten erfolgen. Nur unter diesen Umständen würden sich die jeweiligen Verluste so klein halten, daß sie noch vertretbar wären.

Soweit die Volkstümler! – Wir müssen uns fragen, worauf eine derartige Forderung nach möglichst kleinen Akkumulationsraten letzten Endes hinausläuft. Sie hat nur das eine von den Volkstümlern hartnäckig verfolgte Ziel, die Notwendigkeit der Hemmung der kapitalistischen Entwicklung zu begründen. Lenin schreibt diesbezüglich: „Je rascher die Akkumulation, d. h. die Vergrößerung der Produktion über die Konsumtion hinaus, vor sich geht – um so besser haben die Klassiker gelehrt, die, wenn sie sich auch nicht im Prozeß der gesellschaftlichen Produktion des Kapitals zurechtzufinden und sich auch nicht von dem Irrtum Smith', wonach das gesellschaftliche Produkt aus zwei Bestandteilen bestehe, freizumachen vermochten, dennoch die völlig richtige These aufstellten, daß sich die Produktion selber einen Markt schafft, daß sie die Konsumtion bestimmt. ... Die Romantiker behaupten genau das Gegenteil und setzen alle ihre Hoffnungen gerade auf eine schwache Entwicklung des

Kapitalismus, weshalb sie dazu auffordern, diese Entwicklung zu hemmen."[68]

Gleiche Wünsche liegen den Behauptungen der Volkstümler zugrunde, sobald sie ihren prinzipiellen Unglauben an die kapitalistische Entwicklung zu begründen versuchen. Eine wichtige Rolle spielt bei ihnen in diesem Zusammenhang die These von der Unmöglichkeit der Realisierung des Mehrwerts. Hatten sie zuvor schon von den Schwierigkeiten beim Absatz des Produkts insgesamt gesprochen, so behaupten sie nunmehr, daß die Realisierung in erster Linie an der Unmöglichkeit der Verwandlung des Mehrwerts in Konsumtionsmittel scheiterte. Aber auch „die Behauptung, die Kapitalisten könnten den Mehrwert nicht verzehren, ist nur eine vulgarisierte Wiederholung der Smithschen Mißverständnisse bezüglich der Realisierung überhaupt"[69], schreibt Lenin. Wiederum liegt der Annahme der Volkstümler der Fehler zugrunde, daß sich das Jahresprodukt ganz allgemein und der Mehrwert im besonderen lediglich aus Konsumtionsmitteln zusammensetzen sollen. Das ist natürlich falsch. Hätten die Volkstümler die Rolle, die das konstante Kapital im Reproduktionsprozeß spielt, berücksichtigt, d. h. hätten sie bei ihren Erwägungen über die Reproduktion eine Unterteilung des gesellschaftlichen Gesamtproduktes in die zwei großen Abteilungen der gesellschaftlichen Produktion vorgenommen, dann wäre ihnen nicht verborgen geblieben, daß auch der Mehrwert zum Teil, und im modernen Kapitalismus sogar zum überwiegenden Teil, aus Produktionsmitteln besteht. Sie hätten jedoch unter diesen Umständen ferner erkennen müssen, daß es sich bei der „Konsumtion" des Mehrwerts nur teilweise um individuelle Konsumtion, um Konsumtion im eigentlichen Sinne des Wortes handelt. Der andere, aus Produktionsmitteln bestehende Teil des Mehrwerts wird im Kapitalismus produktiv konsumiert und in Rohstoffe, Maschinen etc. verwandelt.

[68] Lenin, W. I., Werke, Bd 2, S. 140 f.
[69] Ebenda, S. 155.

Es ist also völlig unhaltbar, von einer Unmöglichkeit der Realisierung des Mehrwerts zu sprechen, wie die Volkstümler in Anlehnung an Sismondi es tun.

Aber auch hier bleiben die Volkstümler nicht einfach bei ihrer falschen Behauptung stehen, sondern sie knüpfen daran Schlußfolgerungen von weitreichender politischer Bedeutung. Über die „Erkenntnis“ von der Unmöglichkeit der Realisierung der Waren im allgemeinen und des Mehrwerts im besonderen gelangen die Volkstümler zu ihren Überlegungen bezüglich der Rolle des äußeren Markts im Kapitalismus. Sie stellen sich auf den Standpunkt, daß ausländische Märkte für entwickelte kapitalistische Staaten wie auch für sich in Richtung Kapitalismus entwickelnde Staaten lebensnotwendig sind.

Lenin hat bei seiner Auseinandersetzung mit den Volkstümlern gerade zu diesem Problem umfangreiche Betrachtungen angestellt. Natürlich bedarf der Kapitalismus, da ihm das Streben nach schrankenloser Ausdehnung der Produktion innewohnt, der äußeren Märkte. Man kann also die Notwendigkeit eines äußeren Marktes für den Kapitalismus nicht leugnen. Allerdings hat, wie Lenin ebenfalls nachwies, „die Frage des äußeren Markts absolut nichts mit der Frage der Realisation gemein“[70]. Dagegen war für die Volkstümler, ausgehend von ihrer falschen theoretischen Ausgangsposition, die Realisierung der Waren innerhalb eines Landes prinzipiell unmöglich. Aus dieser falschen Ansicht leiten sie folgendes ab: Da der Kapitalismus ohne äußere Märkte weder zu existieren noch sich herauszubilden vermag und da andererseits die Aufteilung der äußeren Märkte durch die wirtschaftlich mächtigen westlichen Industrienationen bereits als abgeschlossen betrachtet werden müsse, kann sich ihrer Meinung nach der Kapitalismus in Rußland wegen Mangel an Absatzmärkten gar nicht erst entwickeln.

Damit sind die Volkstümler erneut bei ihrer Ausgangsthese angelangt. Sie glauben bewiesen zu haben, daß ihre

[70] Ebenda, S. 156.

politische Strategie, sich auf die kleinen Produzenten in der Industrie und Landwirtschaft zu stützen, richtig ist. Der Entwicklung des Kapitalismus in Rußland stehen angeblich, auf Grund der hier herrschenden besonderen Umstände (relative Rückständigkeit gegenüber den westlichen Industrieländern), unüberwindbare Hindernisse im Wege. Das erfordere die soziale Umgestaltung des Landes auf dem Wege des Schutzes und der Förderung der kleinen Warenproduktion.

Derartige illusionäre Vorstellungen lassen allerdings die historische Tatsache unberücksichtigt, daß man die kapitalistische Entwicklung nicht aufhalten kann. Diese Feststellung trifft auch für die russischen Verhältnisse zu. Die Volkstümler verstehen nicht bzw. wollen nicht verstehen, auf welche Weise sich der moderne Kapitalismus mit gesetzmäßiger Notwendigkeit aus der kleinen Warenproduktion entwickelt. Sie erfassen weder die überall sichtbaren Anzeichen noch die Bedeutung des sich anbahnenden Umbruchs der gesellschaftlichen Verhältnisse in Rußland.

Ähnlich wie Sismondi fürchten sie den bevorstehenden Umbruch, und sie wollen ihm ausweichen, indem sie versuchen, die progressive kapitalistische Entwicklung in Rußland zu behindern. Dieser grundsätzlich reaktionären Haltung der Volkstümler entsprechen die einzelnen Maßnahmen, die sie zur Durchsetzung ihrer Ziele vorschlagen. Auch in dieser Hinsicht unterscheiden sie sich von Sismondi im Prinzip nur wenig. Es erübrigt sich also, bereits Gesagtes hier noch einmal darzustellen. So verurteilen sie beispielsweise die kapitalistische Konkurrenz, die kapitalistische Geldwirtschaft, die Arbeitsteilung und überhaupt alles, was die moderne kapitalistische Produktionsweise charakterisiert. Demgegenüber wird die Kleinproduktion bei ihnen zur Apotheose erhoben, und es werden vor allem das Glück und die Zufriedenheit der Menschen unter patriarchalischen Lebensverhältnissen auf dem Lande gepriesen. Die volkstümlerische Richtung erweist sich also auch hier als kleinbürgerliche Richtung mit äußerst reaktionären Zügen.

Will man die Wirkung Sismondis in der Geschichte der Politischen Ökonomie über die Volkstümler hinaus weiter verfolgen, so ist es erforderlich, auf die umfangreiche Literatur hinzuweisen, die an die erstmalig von Sismondi aufgeworfene Realisierungsproblematik anknüpft. Auch nach der endgültigen Klärung dieser Frage durch Marx hat es dazu immer wieder unterschiedliche Auffassungen gegeben, mit denen sich Lenin auseinandersetzen mußte. Sieht man von den Volkstümlern ab, so lassen sich die folgenden vier Standpunkte unterscheiden:

1. Es gibt für den Kapitalismus kein prinzipielles Realisationsproblem (Tugan-Baranowski). Tugan-Baranowski lehnt die Schlußfolgerungen Sismondis im Hinblick auf die Realisierungsproblematik ab. Die dennoch auftretenden Krisen sind für ihn ein Ergebnis der Unübersichtlichkeit der Produktion und der fehlenden planmäßigen Kontrolle im Kapitalismus. Die soziale Revolution ist bei Tugan-Baranowski eine ethische Frage.
2. Die Realisation der Waren im Kapitalismus ist möglich. Es gibt kein Akkumulationsproblem. Der Kapitalismus ist prinzipiell lebensfähig. Generelle Ablehnung Sismondis (später Kautsky, Hilferding, Bauer u. a.).
3. Die Realisation der Waren im Kapitalismus ist unmöglich, weil der zur Akkumulation bestimmte Teil des Mehrwerts nicht absetzbar ist. Der Zusammenbruch des Kapitalismus erfolgt automatisch. Sismondi wird in theoretischer Hinsicht, in der Realisierungsfrage zugestimmt, sein Sozialreformismus wird abgelehnt (Luxemburg).
4. Die Realisation der Waren im Kapitalismus ist unmöglich (Großmann). Auf den Marxschen Reproduktionsschemata fußend lehnt Großmann zwar das Sismondische Reproduktionsmodell ab, versucht aber mit Hilfe einer formalen Beweisführung nachzuweisen, daß selbst auf der Grundlage Marxscher Voraussetzungen prinzipiell keine Realisierung möglich ist.

Auf alle diese Varianten im einzelnen einzugehen dürfte

den in einer Einleitung gesteckten Rahmen sprengen. Darum soll abschließend lediglich noch eine kurze Bemerkung zur bürgerlichen Sismondi-Rezeption im Lichte der modernen Wirtschaftstheorie gemacht werden.

Gegenwärtig wird Sismondi häufig als theoretischer Vorläufer von modernen bürgerlichen Konjunkturtheorien genannt, von Konjunkturtheorien, in welchen die Prosperität oder der Verfall einer Wirtschaft von der Höhe der jeweiligen Konsumtionsquote abhängig gemacht werden. Insbesondere im Zusammenhang mit dem Keynesschen System und dem seiner Schüler, in welchem der sogenannte „Hang zum Verbrauch“ eine große Rolle spielt, soll Sismondi, dem ersten „Unterkonsumtionstheoretiker in der Geschichte des ökonomischen Denkens“, ein ehrendes Andenken eingeräumt werden. Wie sind derartige Versuche, die zwischen Sismondi und der modernen bürgerlichen ökonomischen Theorie eine Beziehung herstellen wollen, zu beurteilen? Handelt es sich bei den teilweise tatsächlich vorhandenen Analogien um echte theoretische Beziehungen oder wie sonst muß man diese Beziehungen bewerten? Faßt man unter diesem Gesichtspunkt beispielsweise die angebliche Verwandtschaft zwischen Sismondi und Keynes näher ins Auge, so zeigt sich, daß es sich lediglich um mehr oder weniger formale Anknüpfungspunkte handelt. Was zunächst Sismondi anbetrifft, so war es die empirische Analyse der kapitalistischen Wirklichkeit, die ihm das Vorhandensein ständig auftretender Wirtschaftskrisen vor Augen führte. Von dieser auf induktivem Wege gewonnenen Erfahrung ausgehend, versuchte Sismondi nun die Krisen als eine gesetzmäßige Erscheinung des Kapitalismus zu deduzieren. Diese Deduktion sollte aus den theoretischen Prämissen der klassischen bürgerlichen Politischen Ökonomie geschehen. Die Krisenproblematik mußte also letzten Endes mit der Arbeitswerttheorie in Einklang gebracht werden. Bei der Verwirklichung dieses an sich völlig richtigen Vorhabens ist Sismondi allerdings gescheitert. Es war Marx vorbehalten, die dabei auftretenden theoretischen Schwierigkeiten zu überwinden. Erst

Marx gelang in seiner Reproduktionstheorie eine endgültige Klärung des in der klassischen bürgerlichen Politischen Ökonomie ungelöst gebliebenen Problems. Von gänzlich anderen theoretischen Voraussetzungen ausgehend nahm J. M. Keynes die Erklärung der Wirtschaftskrisen in Angriff. Zu seiner Zeit, in den dreißiger Jahren des 20. Jahrhunderts, hatte sich die bürgerliche Ökonomie bereits weit von den Fragestellungen der klassischen bürgerlichen Politischen Ökonomie, von der Arbeitswerttheorie, ja selbst von den eigentlichen Kategorien der Politischen Ökonomie entfernt. Der Verfall der bürgerlichen Wirtschaftstheorie zur Apologetik war inzwischen vorangeschritten. Das wird unter anderem deutlich, wenn man sich das Eindringen des Psychologismus in die bürgerliche Wirtschaftstheorie vergegenwärtigt. Auch das Keynessche System war dem Einfluß der hedonistischen Doktrinen erlegen. So ruht die gesamte Keynessche Analyse der Wirtschaftskrisen ausschließlich auf psychologischen Faktoren, wie beispielsweise dem „Hang zum Verbrauch", der „Vorliebe für Liquidität" etc. Es handelt sich also um psychologische Beweggründe, um sogenannte „Hänge" der Menschen, die nach Keynes für das Auftreten von Wirtschaftskrisen verantwortlich zu machen sind. Der Krisentheorie Sismondis, abgeleitet aus den Problemstellungen der klassischen bürgerlichen Politischen Ökonomie, steht also das System von Keynes, auf psychologischen Faktoren fußend, gegenüber. Das dabei von einer echten theoriegeschichtlichen Kontinuität nicht gesprochen werden kann, dürfte ohne weiteres klar sein. Eine Beweisführung, die eine solche Beziehung zwischen Sismondi und Keynes dennoch herstellen will, scheint aus eben diesem Grunde zurechtgestutzt. Sie ist allerdings charakteristisch für die Bemühungen moderner bürgerlicher Autoren, eine in Wirklichkeit nicht vorhandene theoriegeschichtliche Legitimität einzuholen. Zwischen der Marxschen Analyse ökonomischer Prozesse sowie der Analyse der unmittelbaren klassischen Vorläufer einerseits und den an psychologischen Faktoren orientierten Analysen moderner bürgerlicher Ökonomen andererseits bestehen über formale Analogien hinaus keine echten wissenschaftlichen Beziehungen.

Editorische Bemerkungen

Wenn hier das ökonomische Hauptwerk Sismondis in neuer Übersetzung herausgegeben wird, so muß man sich die Frage vorlegen, ob ältere Übersetzungen den Anforderungen nicht hätten gerecht werden können. Dazu sei folgendes vermerkt: Die einzige bisher vorliegende deutsche Übersetzung aus dem Jahre 1901, von Robert Prager besorgt, genügt den gegenwärtigen Anforderungen keineswegs. Nicht selten stößt man bei der Übersetzung Pragers auf Unverständnis den Sismondischen Gedankengängen gegenüber; zu sehr macht sich in der Übersetzung Pragers die Denk- und Urteilsweise der deutschen Vulgärökonomie der Jahrhundertwende bemerkbar. Ist nicht einmal Sismondi immer konsequent in der Verwendung seiner wissenschaftlichen Begriffe, so werden diese an sich schon vorhandenen Mängel noch verstärkt durch die Pragersche Übersetzung. Prager verfährt sehr großzügig mit Begriffen wie: Wert, Gebrauchswert, Nutzen, Mehrwert, Profit, Gewinn, Zins, Unternehmergewinn usw.; sie werden von ihm im Sinne der Umgangssprache verwandt.

Der damals in Deutschland herrschende Kathedersozialismus, der natürlich auch den Übersetzungen fremdsprachiger Autoren die Richtung wies, legte allerdings keinen Wert auf den ökonomisch-theoretischen Gehalt eines Werkes. Die Ansichten Sismondis zur Reproduktion, seine Krisentheorie interessierten die auf dem geistigen Boden des Historismus stehenden Sozialreformer und Sozialpolitiker wenig. Für sie waren allein die sozialreformerischen und sozialphilosophischen Ansichten Sismondis wesentlich.

Diesen „Zeitgeist" findet man, im Hinblick auf die Politische Ökonomie in der Pragerschen Übersetzung deutlich widergespiegelt. Veranschlagt man dann noch die Veränderungen im Sprachgebrauch, denen eine Sprache in nahezu 70 Jahren naturgemäß unterworfen ist, so dürfte einleuchtend sein, daß die Pragersche Ausgabe für wissenschaftliche Arbeit gegenwärtig nicht mehr geeignet ist. Diese Unbrauchbarkeit der Pragerschen Übersetzung wirkte sich wiederholt sehr nachteilig für die marxistische Theoriegeschichtsforschung aus. So war es beispielsweise unmöglich, bei der Übersetzung und Herausgabe der Werke Lenins in der Deutschen Demokratischen Republik an den Stellen, wo Lenin sich mit Sismondi beschäftigt, auf die Pragersche Sismondi-Übersetzung zurückzugreifen. Der Studierende und Wissenschaftler in der Deutschen Demokratischen Republik darf jedoch mit Recht erwarten, daß ihm eine Sismondi-Übersetzung zugänglich gemacht wird, die den gegenwärtigen Anforderungen, d. h. dem Erkenntnisstand marxistischer Theoriegeschichtsforschung voll und ganz entspricht.

Eine neue Sismondi-Übersetzung darf nicht über die engen theoretischen Beziehungen hinwegsehen, die zwischen Sismondi einerseits und Marx und später Lenin andererseits bestanden haben. Gewiß, die Sismondischen Begriffe und Termini sind keineswegs immer identisch mit denen von Marx und Lenin. Dennoch ist es für eine neue Sismondi-Übersetzung unumgänglich, die feinen Nuancierungen und Differenzierungen in der Begriffsverwendung, wie sie bei Sismondi, im Unterschied zu Marx und Lenin, bestehen, stets im Auge zu behalten. Insbesondere Marx ist es gewesen, der den begrifflichen Unklarheiten ein Ende bereitete, die die gesamte klassische bürgerliche Ökonomie noch kennzeichnet. Marx stützte sich zwar auf die Begriffe der klassischen bürgerlichen Politischen Ökonomie, aber er verbannte ihre mehrfache und mehrdeutige Verwendung. Spricht Sismondi beispielsweise von profit, von mieux value und plus value, ohne sich immer der weitreichenden theoretischen Unterschiede bewußt zu sein, so treten an diese Stelle bei Marx die Begriffe Profit und Mehrwert mit fest umrissenem Inhalt.

Natürlich können dem Leser derartige begriffliche Schwierigkeiten bei Sismondi nicht gänzlich erspart werden. Es muß hier davor gewarnt werden, sich dazu verleiten zu lassen, den von Sismondi verwendeten Termini grundsätzlich die Bedeutung zu unterlegen, die Marx diesen Begriffen erst später gegeben hat. Liegt diese Gefahr in besonders großem Maße nahe, so werden in den jeweiligen Fußnoten im Text dem Leser kurze Winke gegeben. Derartige Fußnoten des Übersetzers wurden mit einem Sternchen (*) signiert. Die von Sismondi stammenden Anmerkungen sind dagegen mit kleinen hochgestellten Ziffern ([1]) wiedergegeben. Eine weitere Schwierigkeit bei der Übersetzung des Werkes ergab sich insofern, als der Sismondische Schreibstil durch außerordentlich komplizierten Satzbau gekennzeichnet ist. Die einzelnen Sätze erreichen bei Sismondi nicht selten den Umfang von mehr als einer Buchseite. Diese Art zu schreiben ist zwar bei Sismondi durch die Eleganz des Ausdrucks und die Glätte des Stils gerechtfertigt; sie wirkt sich allerdings bei der Übertragung in eine fremde Sprache ungünstig aus. Hinzu kommt, daß die etwas pompöse Schreibart Sismondis, die dem damaligen Zeitgeschmack durchaus entspricht, dem Stil unserer Zeit nicht mehr angemessen ist. In Anbetracht dessen waren die Übersetzer bemüht, den Sismondischen Text in gewissem Grade zu versachlichen. Das konnte natürlich nur insoweit geschehen, als dadurch die subtile Individualität der Sismondischen Schreibart nicht verlorenging.

JEAN CHARLES LÉONARD
SIMONDE DE SISMONDI

NEUE GRUNDSÄTZE DER POLITISCHEN ÖKONOMIE ODER VOM REICHTUM IN SEINEN BEZIEHUNGEN ZUR BEVÖLKERUNG

In zwei Bänden

Erster Band

2. Auflage

Delaunay, Paris 1827

VORWORT
ZUR ZWEITEN AUSGABE

Es sind bereits sieben Jahre vergangen, seit ich das Buch veröffentlichte, dessen zweite Ausgabe ich heute dem Publikum unterbreite. Ich will nicht verhehlen, daß es keineswegs die Billigung jener gefunden hat, die man gegenwärtig zu Recht als diejenigen betrachtet, die die Wissenschaft am meisten vorangebracht haben; allein ihrem persönlichen Wohlwollen verdanke ich die Schonung, mit welcher sie mein Buch bekämpften. Ich war nicht erstaunt, daß ich keinen tieferen Eindruck hinterlassen konnte; ich zog Grundsätze in Zweifel, die man als feststehend betrachtete; ich erschütterte eine Wissenschaft, die wegen ihrer Einfachheit, der klaren und methodischen Deduktion ihrer Gesetze als eine der vornehmsten Schöpfungen des menschlichen Geistes galt; ich griff schließlich eine Orthodoxie an, was sowohl in der Philosophie wie auch in der Religion als ein gefährliches Unterfangen gilt. Gleichzeitig befand ich mich noch in einem weiteren Nachteil; ich trennte mich von Freunden, deren politische Ansichten ich teile; ich wies auf die Gefahren der Neuerungen hin, die sie empfehlen; ich bewies, daß mehrere Einrichtungen, welche sie lange Zeit als Irrtümer bekämpften, wohltätige Folgen gehabt hatten; schließlich berief ich mich bei mehreren Gelegenheiten auf die Intervention des

Staates, um die Vergrößerung des Reichtums zu regeln, anstatt die Politische Ökonomie auf die einfachere und augenscheinlich liberalere Maxime des „laisser faire et laisser passer" zurückzuführen.

Ich hatte keinen Grund, mich zu beklagen; ich wartete, denn die Wahrheit ist stärker als jedweder Systemgeist. Wenn ich mich getäuscht hätte, würde es mir die Folge der Ereignisse bewiesen haben; wenn ich dagegen auf neue Grundsätze gestoßen wäre, die aber selbst in meinen Augen damals erst begannen, Bedeutung zu erlangen, so hätten die Ereignisse sich bald auf ihrer Grundlage vollziehen müssen, und trotz aller Achtung vor der Autorität der Hohepriester der Wissenschaft könnte ich wie Galilei ausrufen: „Eppur si muove."*

Sieben Jahre sind verflossen, und die Tatsachen scheinen siegreich für mich gekämpft zu haben. Sie haben bewiesen, viel besser, als ich es hätte tun können, daß die Gelehrten, von denen ich mich losgesagt hatte, einer falschen Prosperität nachjagten, daß ihre Theorien dort, wo sie in die Praxis umgesetzt wurden, sehr wohl den materiellen Reichtum vermehren konnten, andererseits aber die vielen Genüsse, die jedem Menschen zustehen, herabminderten: daß, wenn sie versuchten, den Reichen reicher zu machen, sie auch den Armen zu größerer Armut, Abhängigkeit und Bedürftigkeit verdammten. Gänzlich unerwartete Krisen im Handel folgten einander; die Fortschritte von Industrie und Reichtumsvermehrung haben die Kapitalisten, die diesen Überfluß schufen, nicht vor ungeheurer Not bewahrt; die Tatsachen entsprachen weder den allgemeinen Erwartungen noch den Voraussagen der Gelehrten, und obwohl die Schüler der Politischen Ökonomie fest an die Lehren ihrer Meister glauben, sehen sie sich doch gezwungen, anderswo nach neuen Erklärungen für die Erscheinungen zu suchen, die so stark von den aufgestellten Gesetzen abweichen.

Unter diesen Erklärungen entsprachen diejenigen, welche

* „Und sie bewegt sich doch."

ich bereits im voraus gegeben hatte, vollkommen den Tatsachen. Vielleicht verdanke ich diesem Umstand das schnellere Entstehen meines Buches sowie die Nachfrage nach einer neuen Ausgabe. In England habe ich mich dieser Aufgabe entledigt. England hat die berühmtesten Ökonomen hervorgebracht. Ihre Lehre wird heute sogar mit doppeltem Eifer verbreitet. Staatsminister, bereits Anhänger der Doktrin von der allgemeinen Wohlfahrt, verfolgen die Vorlesungen eines der fähigsten Professoren für Politische Ökonomie; im Parlament berufen sie sich dann ständig auf die Grundsätze dieses Gelehrten. Die allgemeine Konkurrenz bzw. das Streben, stets mehr und zu niedrigeren Preisen zu produzieren, ist schon seit langem das System Englands, ein System, das ich als gefährlich bekämpft habe, denn jenes System erlaubte es der englischen Industrie, Riesenfortschritte zu machen, wie es gleichzeitig Manufakturbesitzer zweimal in eine schreckliche Notlage gestürzt hat. Angesichts dieser Zuckungen des Reichtums glaubte ich, meine Überlegungen revidieren und mit den Tatsachen vergleichen zu müssen.

Die Studien, die ich in England betrieben hatte, bestärkten mich in meinen neuen Grundsätzen. Ich sah in diesem erstaunlichen Land, das vor den Augen der übrigen Welt einem großen Experiment ausgesetzt war, die Produktion steigen und zur gleichen Zeit die Einkünfte abnehmen. Dem Anschein nach vergißt der größte Teil der Bevölkerung wie auch die Philosophen, daß die Vermehrung der Reichtümer nicht Ziel der Politischen Ökonomie, sondern nur das Mittel ist, über welches man verfügt, um das Glück aller herbeizuführen. Ich suche dieses Glück bei allen Klassen, doch weiß ich nicht, wo man es finden soll. Die hohe englische Aristokratie hat tatsächlich einen solchen Grad von Reichtum und Luxus erreicht, daß er alles übersteigt, was man bei anderen Nationen sehen kann. Und dennoch erfreut sie sich keineswegs jenes Überflusses, den sie auf Kosten der anderen Klassen erworben zu haben scheint; es fehlt ihr an Sicherheit, und in jeder Familie ist die Entbehrung weitaus fühlbarer als der Überfluß. Wenn ich in diese Häuser eintrete, deren Pracht königlich ist, höre ich ihre Besitzer sagen, daß der Entzug des Getreidemonopols ihnen ihre Vermögen vernichten würde, denn die Erträge ihrer Ländereien, die sich über ganze Provinzen[1] erstrecken, könnten die Anbaukosten dann nicht mehr decken. Um diese Besitzer herum sehe ich eine Menge Kinder, was beispiellos ist für die Aristokratie aller anderen Länder; viele haben zehn, zwölf, manchmal noch mehr Kinder; aber alle jüngeren Söhne und alle Töchter werden der Ausstattung des Ältesten geopfert; ihr Kapitalanteil entspricht nicht einmal einer Jahresrente ihres ältesten Bruders; sie müssen unverheiratet bleiben, und am Ende ihres Lebens sind sie dazu verdammt, den Luxus ihrer ersten Jahre mit Abhängigkeit teuer zu bezahlen.

Ich sah ferner, daß neben dieser Aristokratie, mit oder ohne Titel, der Handel einen bedeutenden Platz einnimmt; die ganze Welt wird in seine Unternehmungen einbezogen; seine Agenten trotzen dem Eis beider Pole und der Hitze des Äquators, und die Handelsherren selbst, die sich in der Börse versammeln, können über Millionen verfügen. Zur gleichen Zeit stellen die Geschäfte in allen Straßen von London und in den anderen großen Städten Englands Waren aus, die für den Verbrauch aller Bewohner der Erde ausreichen würden. Aber hat der Reichtum den englischen Kaufleuten jenen sicheren Wohlstand gebracht, welchen er hätte garantieren müssen? Nein, denn in keinem anderen Land ist der Bankrott so häufig wie in England. Nirgend anderswo werden derartig ungeheure Vermögen, die ausreichen wür-

[1] Ich habe anderswo von einer Domäne der Gräfin von Sutherland, die 400000 Hektar groß ist, gesprochen. Im allgemeinen kann man annehmen, daß ein englischer Grundbesitzer für jeweils tausend Pfund Sterling Einkommen zwei Quadratmeilen Boden besitzt; in Schottland, Irland und Wales dagegen setzt das gleiche Einkommen mehr als das Doppelte an Boden voraus. Das ungeheure Anwachsen der Landbesitze in letzter Zeit genügt als Beweis für die Verringerung der Anzahl von Landbesitzern.

den, eine öffentliche Anleihe zu gewähren, um ein Kaiserreich oder eine Republik zu unterhalten, mit so großer Schnelligkeit zerstreut. Alle beklagen sich, daß die Geschäfte kärglich, schwierig und wenig einträglich sind. Im Abstand von nur wenigen Jahren haben zwei schreckliche Krisen einen Teil der Bankiers ruiniert und alle englischen Manufakturen in einen trostlosen Zustand versetzt; gleichzeitig hat eine andere Krise die Pächter zugrunde gerichtet und auch den Kleinhandel in Mitleidenschaft gezogen. Andererseits hat der Handel trotz seines großen Umfanges aufgehört, junge Menschen anzulocken, die nach einer Karriere suchen; alle Stellen sind besetzt, und sowohl in den höchsten wie auch in den niedrigsten Stufen der Gesellschaft, bieten die meisten ihre Arbeit vergeblich an und müssen ohne Verdienst bleiben. Haben dieser allen in die Augen springende allgemeine Reichtum und die von ihm bewirkten materiellen Fortschritte nicht schließlich auch Vorteile für den Armen gebracht? Nein, das einfache Volk Englands ist sowohl seines Auskommens in der Gegenwart wie seiner Sicherheit für die Zukunft beraubt worden. Auf den Feldern gibt es keine selbständigen Bauern mehr; man hat sie gezwungen, den Tagelöhnern Platz zu machen; in den Städten gibt es kaum noch Handwerker und fast keine kleinen unabhängigen Gewerbetreibenden mehr, sondern nur noch Manufakturarbeiter. Der Industriearbeiter, um einen Ausdruck zu gebrauchen, den dieses System selbst in Mode gebracht hat, weiß nicht mehr, was es heißt, einen Beruf zu besitzen; er verdient nur seinen Lohn, und da ihm dieser Lohn nicht für das ganze Jahr reichen kann, ist er fast jedes Jahr gezwungen, bei der Armenkasse um Almosen zu bitten.

Diese so reiche Nation hielt es für ökonomischer, ihr ganzes Gold und Silber zu verkaufen, auf ihr Edelmetall zu verzichten und den gesamten Umlauf vermittels von Banknoten abzuwickeln.

So hat sie sich freiwillig des wertvollsten Vorteils der Edelmetalle, bestehend in der Stabilität der Preise, beraubt, und die Inhaber von Wechseln bei Provinzbanken laufen jeden Tag Gefahr, durch die häufigen, fast epidemieartigen Bankrotte der Bankiers ruiniert zu werden. Der Staat mit all seinem Besitz wäre einer Krise ausgesetzt, wenn eine Invasion oder eine Revolution den Kredit der Nationalbank erschüttern würde. England erachtete es für ökonomischer, auf die Kulturen, die viele Arbeitskräfte erheischen, zu verzichten, und es hat stattdessen die Hälfte der Bauern, die auf dem Lande wohnten, vertrieben. England hielt es auch für ökonomischer, die Manufakturarbeiter durch Dampfmaschinen zu ersetzen, so daß die Arbeiter der Städte oft entlassen, wieder eingestellt und dann abermals entlassen wurden. Deshalb verfallen die Weber, die den power looms (Webstühle mit Dampfantrieb) weichen mußten, heute dem Hunger. Und man hielt es für ökonomischer, allen Arbeitern den niedrigsten Lohn, mit dem sie gerade noch leben können, zu zahlen, so daß alle jene Arbeiter, jetzt nur noch Proletarier, nicht mehr davor zurückschrecken, sich in noch tieferes Elend zu stürzen, indem sie stets zahlreicher werdende Familien aufziehen. Schließlich glaubte man es ökonomischer, die Iren nur mit Kartoffeln zu ernähren und mit Lumpen zu kleiden, und heute bringt jedes packet-boat* neue Legionen von Iren nach England, die die Engländer aus allen Gewerben vertreiben, weil sie billiger arbeiten als diese. Welche Früchte trägt nun dieser ungeheuere, inzwischen angehäufte Reichtum? Hat er nicht etwa nur dazu beigetragen, daß alle Klassen gleichermaßen die Sorgen, Entbehrungen und Gefahren vor dem völligen Ruin teilen? Hat England, das die Menschen über die Dinge vergaß, nicht etwa den Zweck den Mitteln geopfert?

Das schlechte Beispiel Englands ist besonders erstaunlich, weil es eine freie, aufgeklärte und gut regierte Nation ist und weil seine Notlage einzig und allein von einem falschen ökonomischen Grundsatz herrührt. Ohne Zweifel wundert sich ein Ausländer über die anmaßenden Forderungen der Aristokratie und über die in ihren Händen angehäuften

* Postschiff.

Reichtümer, die unaufhörlich weiter anwachsen. Indessen garantiert kein anderes Land allen seinen Klassen besser deren verfassungsmäßige Unabhängigkeit und nirgend anderswo bewahrt sich noch der Ärmste trotz seiner äußerst verachteten Lage im Grunde der Seele so sehr das Bewußtsein seiner persönlichen Würde. In keinem anderen Land haben alle Klassen solches Vertrauen in die Gesetze und einen derartigen Respekt vor der Autorität; in keinem anderen Land ist man trotz allem noch zu soviel Mitleid fähig, und sogar die Reichen sind bereit, bei allen Notlagen zu Hilfe zu eilen; schließlich ist in keinem anderen Land die öffentliche Meinung mächtiger und die Regierung aufgeklärter und fähiger, nach dem Allgemeinwohl zu suchen und es herbeizuführen. Sollten so viele Möglichkeiten und so viele Tugenden ohne Nutzen für die menschliche Gesellschaft bleiben? Ja, sie bleiben es, wenn sie unglücklicherweise falschen Grundsätzen unterliegen. England, das aufgeklärter, freier und mächtiger als alle anderen Nationen ist, gelangte lediglich eher an dieses Ziel, wohin es von einem irrigen Prinzip geleitet wurde. Seine Vitalität und die Fähigkeiten seiner Staatsmänner werden ihm helfen, sofern es dazu den festen Willen hat, leichter als eine andere Nation wieder auf den richtigen Weg zurückzukehren; doch die Wissenschaft hat ihre Vorurteile und die Völker ihre Gewohnheiten, und selbst heute, in ihrer Not, treffen die Engländer bisher keine anderen Maßnahmen als solche, die das Elend nur noch mehr vertiefen.

In diesem Buch, das ich dem Publikum von neuem unterbreite, habe ich mich um die Darstellung der folgenden Tatsache bemüht. Wenn die Reichtümer, Ausdruck aller materiellen Genüsse des Menschen, zum Wohl aller beitragen sollen, dann muß sich ihre Vermehrung nach dem Zuwachs der Bevölkerung richten und auch ihre Verteilung innerhalb der Bevölkerung in strengen Proportionen geschehen, die nicht ohne die größte Gefahr verletzt werden können. Ich habe mir vorgenommen zu beweisen, daß es für das Wohl aller nötig ist, daß das Einkommen mit dem Kapital zunimmt, daß die Bevölkerung nicht das Einkommen, von dem sie leben muß, übersteigen darf, daß der Verbrauch mit der Vermehrung der Bevölkerung wachsen muß und daß schließlich die Reproduktion sich gleichzeitig nach dem Kapital, welches diese ermöglicht, wie auch nach der Bevölkerung, welche die Ergebnisse der Produktion konsumiert, richten muß. Außerdem habe ich gezeigt, daß jede dieser Beziehungen unabhängig von den anderen gestört werden kann; daß das Einkommen oftmals keineswegs im gleichen Verhältnis wie das Kapital wächst, daß die Bevölkerung möglicherweise zunimmt, ohne daß das Einkommen gestiegen ist, daß eine zahlreichere, aber dennoch ärmere Bevölkerung einen geringeren Verbrauch hat, und daß schließlich die Reproduktion sich dem Kapital, aber nicht dem Bedarf der Bevölkerung anpaßt. Doch jedesmal, wenn eine oder die andere dieser Beziehungen in Unordnung geraten ist, entsteht für die Gesellschaft eine Notlage.

Auf diesen Proportionen bauen meine „Neuen Grundsätze" auf. Wegen der Bedeutung, die ich ihnen beimesse, unterscheide ich mich wesentlich von jenen Philosophen, die heute in so brillanter Art und Weise die ökonomischen Lehren von Say, Ricardo, Malthus und Mac Culloch gelehrt haben. Es will mir scheinen, daß sie ständig die Hindernisse übersahen, welche sie bei der Verkettung ihrer Theoreme in Verlegenheit gebracht hätten, und ich glaube ferner, daß sie zu falschen Schlußfolgerungen gelangten, weil sie es unterließen, eine Unterscheidung zu treffen, die mit Mühe verbunden gewesen wäre.

Alle modernen Ökonomen haben in der Tat erkannt, daß der nationale Reichtum, der selbst nur die Summation der Privatkapitale ist, auf die gleiche Art und Weise entstand, wuchs, sich verteilte und zerfiel, wie das Kapital eines jeden einzelnen Privatmannes. Sie alle wußten sehr wohl, daß am Privatkapital das Wichtigste das Einkommen ist, und daß sich entsprechend dem Einkommen der Verbrauch bzw. die Ausgaben regeln müssen, sofern man das Kapital nicht angreifen will. Da jedoch beim Nationalkapital das Kapital des einen zum Einkommen des anderen wird, waren sie bei der Entscheidung dessen, was Kapital und was Einkommen ist, in Verlegenheit geraten, und sie erachteten es für einfacher, das letztere ganz und gar aus ihren Überlegungen herauszulassen.

Say und Ricardo, die einen so wichtigen Faktor wie das Einkommen zu bestimmen vergaßen, gelangten zu der Annahme, daß der Verbrauch eine unbegrenzte Größe sei, oder zumindestens eine Größe, die keine anderen Grenzen als die der Produktion habe, während sie doch in Wirklichkeit vom Einkommen in Schranken gehalten wird. Sie haben angekündigt, daß jeglicher produzierter Reichtum stets seine Verbraucher finden würde, und sie haben die Produzenten dazu ermutigt, eine Überfüllung der Märkte herbeizuführen, die heute das Übel der zivilisierten Welt darstellt. Indessen hätten sie die Produzenten darauf aufmerksam machen müssen, daß sie nur mit jenen Verbrauchern rechnen können, die über ein Einkommen verfügen. Malthus, der zwar auf die Gefahr eines übermäßigen Bevölkerungszuwachses hinweist, macht sich derselben Vernachlässigung schuldig; denn er sieht die Grenzen der Konsumtion nur in der Menge der Lebensmittel, die die Erde hervorbringen kann, übrigens eine Menge, die noch über lange Zeit hin fähig sein wird, sich mit einer ungeheuren Geschwindigkeit zu vergrößern. Wenn er dagegen das Einkommen mit in Betracht gezogen hätte, würde er sehr bald erkannt haben, daß es das Mißverhältnis zwischen arbeitender Bevölkerung und ihrem Einkommen ist, welches alle Leiden verursacht. Mac Culloch behauptet in einer kleinen Schrift, die zur Aufklärung des Volkes über die Lohnfrage dienen sollte, daß der Lohn des Armen sich notwendigerweise nach dem Verhältnis von Bevölkerung und Kapital richtet, während doch der Lohn, der sich aus der jeweils nachgefragten Arbeitsmenge ergibt, in Wirklichkeit direkt vom Verbrauch und damit wiederum vom Einkommen abhängig ist. In der gleichen Schrift ermahnt er die Armen, den Zuwachs ihrer Familie entsprechend der Vermehrung des Nationalkapitals zu gestalten, wobei jedoch das Nationalkapital eine Größe ist, von der sich der Arme nicht die geringste Vorstellung machen kann. Stattdessen hätte er darauf hinweisen sollen, daß jeder Mann, der heiratet und eine Familie gründet, sich immer nach seinem eigenen Einkommen einrichten muß. Allein daraus läßt sich leicht folgern, daß es der Nation genügt, wenn alle Menschen sich nach dem Einkommen aller richten würden.

Ich lege also heute der Öffentlichkeit erneut meine „Neuen Grundsätze der Politischen Ökonomie“ mit noch größerer Zuversicht vor. Der ein wenig unklare Titel könnte vermuten lassen, daß das Werk nur ein neues Handbuch der ökonomischen Anfangsgründe darstellt. Doch meine Ansprüche gehen weiter, denn ich glaube, daß ich die Politische Ökonomie auf eine neue Grundlage gestellt habe. Das ist geschehen durch die Bestimmung des Einkommens aller wie auch durch die Untersuchung der Verteilung dieses Einkommens, welches das größte Wohl für die Nation ermöglicht und welches infolgedessen den Zweck der ökonomischen Wissenschaft am besten erfüllt.

Aber noch weitere, ebenfalls neue Grundsätze, die jedoch von weniger allgemeiner Bedeutung sind, lassen sich aus der von mir geforderten Berücksichtigung des Einkommens ableiten. Ich habe gezeigt, daß der agricole Reichtum um so produktiver war, je mehr Anteil die Bauern am Besitz des Bodens hatten; daß die Gesetze, die den alten Familien das Erbe erhalten sollten, den Ruin eben dieser Familien verursachten; daß das Gleichgewicht bei den Profiten rivalisierender Industriezweige, auf welches die modernen Ökonomen bei ihren Überlegungen bauten, nur durch die Vernichtung des fixen Kapitals und durch die Sterblichkeit der Arbeiter in einer niedergehenden Industrie erreicht wurde. Ich zeigte ferner, daß zwar die Erfindung der Maschinen, die die Fähigkeiten des Menschen erweitern, ein Glück für die Menschheit waren, wies aber gleichzeitig darauf hin, daß die ungerechte Verteilung der dadurch ermöglichten Vorteile die Maschinen sogar in eine Geißel für die Armen verwandelt. Ich versuchte darzustellen, daß die Metallwährung eines Landes als die nützlichste öffentliche Ausgabe und die vernünftigste Form der Prachtentfaltung einer Nation zu bezeichnen ist; und andererseits, daß die Staatspapiere nur eingebildetes Kapital sind, Anweisungen auf das Einkommen, das aus der Arbeit und aus der Industrie hervorgehen kann. Schließlich legte ich dar, daß die natürlichen Schranken der Bevölkerung stets von jenen Menschen beachtet werden, die etwas besitzen, während sie immer von denjenigen überschritten werden, die nichts besitzen. Man darf mir aber nicht vorwerfen, daß ich die ökonomischen Wissenschaften habe Rückschritte machen lassen wollen; im Gegenteil, ich habe sie weiter vorangebracht und in eine neue Bahn gelenkt. Angesichts der schweren Not, die heute eine sehr große Anzahl der Menschen befallen hat, bitte ich dringend, man möge mir auf dieser Bahn folgen; denn die alte ökonomische Wissenschaft lehrt uns weder, diese Not zu verstehen, noch ihr entgegenzuwirken.

Die Kritik, die an der ersten Ausgabe meiner „Neuen Grundsätze“ geübt wurde, ist für mich nicht ohne Wert gewesen; denn ich habe daraufhin das Buch fast gänzlich umgearbeitet. In den meisten Fällen bemühte ich mich, das zu erhellen, was möglicherweise unklar geblieben war. Ich lenkte die Aufmerksamkeit meiner Leser auf England, um an Hand der dort herrschenden Krise zu zeigen, daß einerseits das gegenwärtige Übel durch die wechselseitige Verkettung der verschiedenen Industrien sämtlicher Länder der Welt verursacht wird und daß andererseits unsere eigene Entwicklung in der Zukunft denselben Verlauf nehmen wird, wenn wir fortfahren, nach den Grundsätzen Englands zu handeln. Manchmal habe ich jener Kritik, die mir berechtigt schien, auch durch Weglassungen und Änderungen beigestimmt. Dennoch glaube ich, Einspruch erheben zu müssen gegen die oft so leichtfertige und falsche Art und Weise, in der man ein Buch über die Sozialwissenschaften in der heutigen Welt beurteilt. Die Probleme, welche diese zu lösen haben, sind weitaus schwieriger als diejenigen der Naturwissenschaften; ganz abgesehen davon, daß sich die Sozialwissenschaften gleichzeitig an Herz und Vernunft wenden.

Der Leser wird aufgefordert, die ungerechten Leiden zu erkennen, die aus den Handlungen der Menschen entspringen und denen der Mensch selbst zum Opfer fällt. Er wird sie dann nicht gleichgültig mit ansehen und darüber hinweggehen können, ohne nach irgendwelchen Abhilfen zu suchen, selbst wenn diese Abhilfen manchmal den Gefühlen wie auch den Vorurteilen der Leser zuwiderlaufen und oft überflüssig oder gar undurchführbar sind. Ohne Zweifel werden viele Irrtümer darunter sein, doch lassen sich diese Irrtümer viel eher auf falsche Maßnahmen als auf die Irrtümer der Politischen Ökonomie zurückführen. Der Verfasser kann ebenso wie der Leser in der praktischen Anwendung Fehlgriffe tun, weil nicht alle Umstände, die die Grundlage für praktische Anwendungen bilden, in diesem Buch dargestellt werden konnten. Indessen kann die Verkettung dieser Grundsätze nicht durch irgendwelche Zusätze, die vielleicht zu Widerspruch oder bösartigem Spott anreizen, erschüttert werden. Wenn diese Grundsätze richtig sind, dann sind sie neu; wenn sie fruchtbringend sind, dann haben sie trotz mancher tatsächlichen oder mutmaßlichen Irrtümer, die Sozialwissenschaft vorangebracht, die Sozialwissenschaft, die wichtigste unter den Wissenschaften, denn sie befaßt sich mit dem Wohl des Menschen.

In der Politischen Ökonomie gibt es einen polemischen Teil, der notwendigerweise mit der Gegenwart verbunden ist, der sich auf die jüngsten Ereignisse bezieht und der sich mit den Ereignissen verändern und weiterentwickeln muß. Jede neue Ausgabe eines Buches dieser Art sollte also gezwungenermaßen ein neues Werk werden, wobei es jedoch unmöglich ist, den Käufern der alten Ausgaben Ergänzungsbände mit den Änderungen zu liefern, wie das bei langwierigen historischen Werken leichter möglich und notwendig ist.

Ich glaubte, am Ende dieser Ausgabe nochmals die beiden

Aufsätze, die bereits in Zeitschriften veröffentlicht wurden, abdrucken lassen zu müssen, weil sie den Zweck verfolgen, einige der wichtigsten Fragen der Politischen Ökonomie, in denen ich von meinen Vorgängern abweiche, ausführlicher zu behandeln.

VORWORT
ZUR ERSTEN AUSGABE

Das Buch, das ich heute dem Urteil des Publikums unterbreite, kann in mancher Hinsicht als eine Weiterentwicklung des Artikels „Politische Ökonomie“, den ich in der „Enzyklopädie“ von Edinburgh veröffentlicht habe, angesehen werden.

Als die Verleger dieser ungeheuer umfangreichen Sammlung, die soviel Wissen mit edlen Absichten vereint, mir die Ehre erwiesen, mich um einen Artikel über die ökonomische Wissenschaft zu bitten, willigte ich ein, in dem Glauben, nichts anderes zu tun zu haben, als nur die allgemein anerkannten Grundsätze darzustellen und den Entwicklungsstand einer Theorie anzeigen zu müssen, die ich für unanfechtbar hielt.

Ich bin in der Tat davon überzeugt gewesen, daß es in der Politischen Ökonomie nur noch galt, eine Lehre bei den Regierenden wie auch bei der Masse des Volkes zu verbreiten, über die die Theoretiker in jeder Hinsicht einer Meinung waren. In anderen Schriften, die ich selbst bei verschiedenen Gelegenheiten über die gesamte Wissenschaft sowie nur über ihre einzelnen Zweige veröffentlichte, verfolgte ich ebenfalls kein anderes Ziel. Manchmal schmeichelte ich mir, das System von Adam Smith äußerst klar dargestellt zu haben, ohne seinen Gedanken jemals etwas hinzufügen zu müssen; und ich wollte nicht glauben, daß die zeitgenössischen Autoren kühner waren als ich oder sich in ihrer Kühnheit etwa glücklicher gefühlt hätten.

Die Arbeit, die ich für die Enzyklopädie in Angriff nahm, sollte klar und kurz werden. Ein Schriftsteller kann aber diese beiden Eigenschaften nur erwerben, wenn er seinen eigenen Gedankengängen folgt und sich nicht denjenigen irgendeines anderen unterwirft. Ich ging zu den Ursprüngen zurück, zog daraus meine Schlußfolgerungen und begann die Theorie von neuem darzulegen, als wenn vorher noch nichts anderes existiert hätte. Zu dem Gegenstand, der schon seit langem meine Gedanken beschäftigte, konsultierte ich nicht ein einziges Buch; ich ging völlig selbständig vor, und konnte dabei kaum eine Unterscheidung treffen zwischen dem, was ich in meiner Erinnerung fand, und dem, was das Ergebnis einer neuen Überlegung war. Dergestalt blieb ich, ohne es auch nur im geringsten beabsichtigt zu haben, völlig unabhängig von dem Einfluß irgendeines Systems.

Es will mir scheinen, daß ich mit dieser Methode größere Genauigkeit bei der Darstellung jener Grundsätze erzielte, die ich seit langem als feststehend betrachtete; doch was mich noch mehr erstaunte, war der Umstand, daß sie mich zu völlig neuen Ergebnissen führten. Seit mehr als fünfzehn Jahren, damals schrieb ich den „Handelsreichtum“,* hatte ich nur sehr wenige Bücher zur Politischen Ökonomie gelesen; jedoch ich unterließ es nie, die Tatsachen zu studieren. Einige schienen den Grundsätzen, denen ich anhing, zu widersprechen. Doch plötzlich schienen sie sich, auf der Grundlage der neuen Wendung, die ich meiner Theorie gab, zu ordnen und auseinander zu erklären. Je mehr ich vorankam mit meiner Arbeit, um so überzeugter war ich von der Bedeutung und Richtigkeit der Änderungen, die ich am System von Adam Smith vornahm. All das, was in der ökonomischen Wissenschaft bisher unklar geblieben war, erhellte sich unter diesem neuen Gesichtspunkt, und meine Grundsätze gaben mir die Lösung für alle jene Schwierigkeiten, an die ich vorher nicht einmal gedacht hatte, in die Hand.

Ich beendete meine kleine Schrift für die „Enzyklopädie“, in der ich jedoch alle Ansichten, die mir neu zu sein schienen, zunächst nur andeutete. In Veröffentlichungen dieser Art dürfen meiner Meinung nach nur Tatsachen und Grundsätze niedergeschrieben werden, über die man sich im Weltmaßstab einig ist. Sie stellen ein Denkmal dar, das für die

* Sismondis erstes größeres Werk zur Politischen Ökonomie „De la richesse commerciale“ erschien erstmalig im Jahre 1803.

gegenwärtige Wissenschaft aufgerichtet wird und dürfen nicht als Gerüst zur Weiterentwicklung derselben dienen. Streitfragen sind darin unangebracht und alles das, was gegenwärtig einen besonderen Wert zu haben scheint, wäre darin wirkungslos.

Darum hielt ich es für angemessen, die gleiche Abhandlung nochmals umzuarbeiten, um insbesondere das weiterzuentwickeln, was zunächst nur angedeutet war. Schließlich wollte ich, soweit es meinen Fähigkeiten entsprach, all das, was ich vorerst schüchtern begonnen hatte, jetzt auf feste Grundlagen stellen. Die Handelskrise, die in den letzten Jahren Europa heimsuchte, sowie die Leiden der Manufakturarbeiter, die ich in Italien, in der Schweiz und in Frankreich sah, und die entsprechend allgemeiner Berichte in England, Deutschland und Belgien die nämlichen waren, ergriffen mich stark. Ich war überzeugt, daß die Regierungen und damit die Nationen einen falschen Weg beschritten, und daß sie das Elend, dem sie eigentlich abhelfen wollten, nur noch verschlimmerten. Mit nicht weniger schmerzlichen Gefühlen beobachtete ich die gemeinsamen Bemühungen von Eigentümern, Gesetzgebern und Schriftstellern, jene Bebauungssysteme, die auf dem Lande bisher den größten Wohlstand verbreitet hatten, in der Hoffnung auf einen größeren Ertrag, umzuwandeln, wodurch der Wohlstand der Bauern untergraben wurde. Die Regierenden wie auch die Schriftsteller haben sich meiner Ansicht nach bei der Suche nach den besten Möglichkeiten zur Vermehrung des Reichtums wie auch der Bevölkerung geirrt. Indessen sind Reichtum und Bevölkerung, getrennt voneinander betrachtet, nur Abstraktionen; und das wirkliche Problem des Staatsmannes besteht darin, das richtige Verhältnis von Bevölkerung und Reichtum, das den Menschen auf einem bestimmten Territorium das größte Wohl sichert, zu finden. Ich sah überall gute Menschen Böses tun, Patrioten ihre Länder zugrunde richten, barmherzige Seelen die Armut noch vermehren. Vielleicht wird man mich für anmaßend halten, weil ich die Ansichten so vieler Männer angegriffen habe, deren Charakter und Geist ich gleichermaßen schätze; aber wenn es sich um die Wissenschaft vom öffentlichen Wohl handelt, darf sich kein anständiger Mensch von irgendwelchen persönlichen Überlegungen leiten lassen.

Alles das, was ich in meinem Artikel für die „Enzyklopädie“ nur anzudeuten wagte, ist meiner Meinung nach jetzt, in dem hier vorliegenden Buch, klar und deutlich dargestellt, und ich bilde mir ein, mühelos verstanden zu werden. Zunächst könnten die gebildeteren Leser glauben, in eine bereits ausgefahrene Spur zu geraten, da mir die Grundsätze von Adam Smith stets als Leitfaden dienten. Doch sie werden bald bemerken, daß sich gerade aus diesen Grundsätzen durch die jeweils nötigen Hinzufügungen und Ergänzungen ganz andere Schlußfolgerungen ergeben. Ich bitte die Leser also, nicht vor scheinbar bekannten Tatsachen zurückzuschrecken. Ich bitte ferner darum, unerwartete Schlußfolgerungen nicht gleich ohne nähere Untersuchung zu verwerfen. Bereits viele Jahre habe ich den Weg verfolgt, auf dem sich die anderen heute noch befinden, und das Publikum konnte damals, als ich meinen „Handelsreichtum“ veröffentlichte, beurteilen, daß ich zwar keine Entdeckungen gemacht hatte, aber über große Sachkenntnis verfügte. Die Gründe, die mich zum Abfall von Ansichten veranlaßten, die ich mit solchem Eifer entwickelt hatte, sind es wert, genauer analysiert zu werden.

Ich habe mir keine Gewissensbisse gemacht, daß ich in diesem Buch den größten Teil meines Artikels aus der „Enzyklopädie“, und zwar ungefähr ein Drittel davon, wörtlich übernahm. Es wäre unnütz gewesen, nach anderen Worten zu suchen, um gleiche Dinge zu sagen, wo ich doch glaubte, meine Gedanken klar ausgedrückt zu haben. Zweifellos hätte die Genauigkeit darunter gelitten. Da der Aufsatz übrigens nur in Englisch veröffentlicht wurde, hatte ich wegen des Sprachwechsels weniger das Gefühl, mich selbst zu wiederholen. Gewiß enthält diese kleine Schrift den Keim meiner Gedanken über die Herausbildung des Einkommens, über die Art und Weise, wie Verbrauch und Produktion einzuschränken sind, über die dem Bodenreichtum gemäße Entwicklung, über die Auswirkungen einer unbegrenzten Konkurrenz, über die Folgen des Fortschritts der Maschinen und schließlich über die natürlichen Grenzen der Bevölkerung, die mir Malthus verkannt zu haben scheint. Dennoch habe ich erst hier jene Ideen weiterzuentwickeln gewagt, die meiner Ansicht nach dafür geeignet schienen, und ich habe mich gleichzeitig bemüht, deren bedeutende Anwendungen auf die Wissenschaft, die sich um das Wohl der Menschheit sorgt, aufzuzeigen.

NEUE GRUNDSÄTZE DER POLITISCHEN ÖKONOMIE

Erstes Buch

GEGENSTAND DER POLITISCHEN ÖKONOMIE UND URSPRUNG DIESER WISSENSCHAFT

ERSTES KAPITEL

DIE DOPPELTE AUFGABE DER WISSENSCHAFT VON DEN STAATSGESCHÄFTEN

Die Wissenschaft von den Staatsgeschäften stellt sich die Aufgabe, bzw. sollte sie sich stellen, für das Wohl der in der Gesellschaft vereinten Menschen zu sorgen. Sie sucht nach Mitteln und Möglichkeiten, dieses höchste Ziel, soweit es mit der menschlichen Natur vereinbar ist, zu sichern; und sie ist gleichzeitig bestrebt, daß die größtmögliche Anzahl von Individuen an dieser Wohlfahrt teilhaben kann. In keiner politischen Wissenschaft darf man diese doppelte Aufgabe bei den Bemühungen des Gesetzgebers aus den Augen verlieren; denn er muß stets auf den Grad des Wohlstandes, den der Mensch durch die soziale Organisation erreichen kann, wie auch auf die gerechte Teilnahme aller an diesem Wohlstand achten. Er hat seine Pflicht nicht erfüllt, wenn er, um allen das gleiche Glück zu sichern, die Entwicklung einiger weniger Individuen verhindert, wenn er es niemanden erlaubt, sich über seinesgleichen zu erheben, und wenn er schließlich den Menschen weder Beispiele noch Führer vorgibt, um Entdeckungen anzuspornen, die letzten Endes zum Vorteil für alle werden. Er hat seine Aufgabe natürlich ebensowenig erfüllt, wenn er nur die Entfaltung dieser wenigen bevorzugten Wesen beabsichtigt und dadurch auf Kosten der Leiden und der Herabsetzung aller anderen eine kleine Anzahl von Menschen über ihre Mitbürger erheben will. Eine Nation, in der zwar keiner leidet, in der sich aber ebenso niemand hinreichender Freizeit oder genügenden Wohlstandes erfreut, um stark zu fühlen und gründlich nachzudenken, ist nur halb zivilisiert, sogar dann, wenn diese Nation für ihre untersten Klassen einen verhältnismäßig hohen Lebensstandard bieten würde. Aber ebenso ist die Nation unterjocht, in der die große Masse der Bevölkerung ständigen Entbehrungen ausgesetzt ist, schrecklich um ihre Existenz bangt, unter vielem leiden muß, was den Willen beugt, die Moral untergräbt und den Charakter aufweicht, selbst wenn es in den höheren Klassen Menschen gibt, die die höchste Stufe der menschlichen Glückseligkeit erreicht haben, Menschen, deren sämtliche Fähigkeiten entwickelt, deren Rechte geschützt und deren Genüsse gesichert sind.

Wenn der Gesetzgeber stattdessen weder die Entwicklung einiger weniger Menschen noch das Wohl aller aus den Augen verliert, wenn es ihm gelingt, eine Gesellschaft zu organisieren, in der die Individuen die höchste Stufe von Geist und Seele erreichen sowie die feinsten materiellen Genüsse erzielen können, und wenn zur gleichen Zeit alle Mitglieder der Gemeinschaft sicher sind, Schutz, Bildung, seelische Entfaltung und körperliches Wohlsein zu finden, dann hat er seine Aufgabe erfüllt. Ohne Zweifel ist sie die schönste Aufgabe, die sich der Mensch auf Erden überhaupt stellen kann. Da aber die Wissenschaft von der Gesetzgebung dieses edle Ziel verfolgt, ist sie die erhabenste Theorie mit den wohltätigsten Absichten. Sie trägt Sorge für die Menschen, und zwar ebenso für die Nation wie auch für das Individuum; sie schützt diejenigen, die durch die Unvollkommenheit all unserer Einrichtungen außerstande sind, sich selbst zu schützen, und sie erhält die Ungleichheit nur insoweit aufrecht als sie durch die Bevorzugung einzelner neue Wohltäter für alle heranbilden möchte. Insofern hört die Ungleichheit jedoch auf, eine Ungerechtigkeit zu sein.

Allerdings zeigt sich in allen politischen Wissenschaften nichts häufiger, als die Vernachlässigung der einen oder anderen Seite dieser doppelten Aufgabe. Die einen, begeisterte Anhänger der Gleichheit, lehnen sich gegen jede Art von Unterscheidung auf. Um die Wohlfahrt einer Nation abzuschätzen, vergleichen sie stets die Gesamtheit ihres Reichtums, ihrer Rechte und ihres Bildungsstandes mit dem jeweiligen Anteil des Einzelnen; und der Abstand, den sie dabei feststellen zwischen dem Starken und Schwachen, dem Reichen und Armen, dem Müßiggänger und Arbeiter, dem Gebildeten und Ungebildeten, läßt sie schlußfolgern, daß die Entbehrungen der jeweils letzteren in groben Mängeln der politischen Ordnung begründet sind. Die anderen, die das Ziel der menschlichen Bemühungen stets abstrakt betrachten, nennen diese Ordnung Freiheit, solange sie nur einige Garantien für Rechte und Möglichkeiten zum Widerstand fanden, wie in den Republiken der Antike, selbst wenn diese Ordnung auf der Sklaverei der niederen Klassen beruht. Wenn sie unter den ausgezeichneten Menschen einer Nation, beispielsweise im Frankreich vor der Revolution, einen glänzenden Geist, tiefe Gedanken, eine prüfende Philosophie oder eine hervorragende Literatur entdecken, dann erblicken sie in einer solchen sozialen Ordnung einen hohen Zivilisationsgrad, selbst unter der Bedingung, daß vier Fünftel der Nation nicht lesen können und sämtliche Provinzen sich in tiefer Unwissenheit befinden. Wenn sie auf eine ungeheure Anhäufung von Reichtümern, auf eine vorbildliche Landwirtschaft sowie einen blühenden Handel stoßen, ferner Manufakturen vorfinden, die unaufhörlich die Produkte des menschlichen Fleißes vermehren, und schließlich auf eine Regierung treffen, die über fast unerschöpfliche Schätze verfügt, wie z. B. in England, so bezeichnen sie eine Nation als reich, die all diese Dinge besitzt. Dabei lassen sie aber völlig außer acht zu untersuchen, ob diejenigen, die mit ihren Händen arbeiten und den ganzen Reichtum schaffen, nicht auf das äußerste beschränkt leben müssen, ob der zehnte Teil von ihnen nicht jedes Jahr auf öffentliche Almosen angewiesen ist und ob nicht drei Fünftel der Menschen dieser Nation, die sie reich nennen, größeren Entbehrungen ausgesetzt sind als ebensoviele Individuen in einer Nation, die sie für arm halten.

Die Vereinigung der Menschen im Staat konnte früher wie auch noch heute nur auf der Grundlage des allgemeinen Vorteils, den jeder daraus zieht, bestehen. Es hätte sich kein Recht, welches die menschlichen Angelegenheiten regelt, herausbilden können, wenn es nicht auf dem Vertrauen beruhen würde, das die Menschen sich gegenseitig gewähren, da sie alle das gleiche Ziel verfolgen. Die Ordnung hat Bestand, weil die überwiegende Mehrheit der dem politischen Gebilde Angehörigen, in dieser Ordnung ihre Sicherheit verkörpert sieht. Und die Regierung besteht nur, weil sie im Namen aller diesen allgemeinen Vorteil, der von allen erwartet wird, verschafft.

So werden die verschiedenen, in der Gesellschaft ungleich verteilten Güter durch den Staat gesichert, weil gerade aus der Ungleichheit ein Vorteil für alle erwächst. Die Möglichkeiten, einige wenige Individuen auf die höchste Stufe des Wohlstandes gelangen zu lassen, die Möglichkeiten, diese individuelle Begünstigung in den größten Vorteil für alle zu verwandeln, die Möglichkeiten, alle Staatsbürger gleichermaßen vor der Not zu bewahren und zu verhindern, daß jemand durch das Spiel der Leidenschaften oder durch Interessen seiner Mitbürger geschädigt wird, alle diese Dinge sind gleichermaßen Bestandteile der Wissenschaft von den Staatsgeschäften; sie alle haben die gleiche Bedeutung für die Entfaltung der nationalen Wohlfahrt.

ZWEITES KAPITEL

DIE EINTEILUNG DER WISSENSCHAFT VON DEN STAATSGESCHÄFTEN

HOHE POLITIK UND POLITISCHE ÖKONOMIE

Die Wissenschaft von den Staatsgeschäften zerfällt in zwei große Abteilungen, entsprechend der Mittel, die sie anwendet, um ihr Ziel – das allgemeine Wohl – zu erreichen. Der Mensch ist ein vielseitiges Wesen, das seelische und körperliche Bedürfnisse hat, wie auch sein Glück aus physischen und moralischen Gegebenheiten besteht. Das seelische Wohlbefinden des Menschen, soweit es das Werk der Regierung sein kann, ist eng mit deren Vollkommenheit verbunden, und es ist das Ziel der hohen Politik, auf alle Klassen der Nation den wohltuenden Einfluß der Freiheit, der Aufklärung, der Tugenden und Hoffnungen auszudehnen. Die hohe Politik soll die Nationen darin unterweisen, sich eine Verfassung zu geben, die auf der Grundlage der Freiheit die Seele der Bürger erhebt und veredelt. Sie soll veranlassen, daß sich die Nationen ein Erziehungssystem schaffen, das ihre Herzen zur Tugend erzieht und den Geist der Bildung zugängig macht, und schließlich soll sie eine Religion begründen, die die Hoffnungen auf ein anderes Leben verkörpert und die damit für die irdischen Leiden entschädigt. Sie darf nicht bestrebt sein, nur einem einzelnen Menschen oder einer einzigen Klasse zu entsprechen, sondern sie muß danach trachten, alle Menschen, die ihren Gesetzen unterstehen, glücklicher zu machen, indem sie sie alle zu bessern versucht.

Das körperliche Wohlbefinden des Menschen, soweit es das Werk der Regierung sein kann, ist der Gegenstand der Politischen Ökonomie. Alle materiellen Bedürfnisse des

Menschen, die sich aus der Abhängigkeit der Menschen untereinander ergeben, werden durch den Reichtum einer Nation befriedigt. Denn es ist dieser Reichtum, der die Arbeit in Bewegung setzt, die Dienstleistungen beansprucht und überhaupt alles verschafft, was der Mensch zu seinem Nutzen und Vergnügen angehäuft hat. Durch ihn wird die Gesundheit bewahrt und das Leben unterhalten. Kinder und alte Menschen können mit dem Nötigsten versehen werden; Nahrung, Kleidung und Wohnung werden durch ihn für alle Menschen erreichbar. Der Reichtum einer Nation kann also als Ausdruck all dessen betrachtet werden, was Menschen gegenseitig für ihr materielles Wohl tun können. Und deshalb ist die Wissenschaft, die die Regierung die richtige Methode zur Verwaltung des nationalen Reichtums lehrt, ein wichtiger Zweig der Wissenschaft von der nationalen Wohlfahrt.

Der Staat ist eingerichtet zum Nutzen aller jener Menschen, die zu ihm gehören; infolgedessen muß er stets den Vorteil aller im Auge haben. So wie er durch die hohe Politik auf alle Bürger die Wohltaten der Freiheit, der Tugenden und der Aufklärung ausbreitet, muß er ebenfalls, vermittels der Politischen Ökonomie, allen die Vorteile des nationalen Reichtums zukommen lassen; er muß nach einer Ordnung streben, die es sowohl dem Armen als auch dem Reichen erlaubt, an der Erholung, am Wohlstand und an den angenehmen Seiten des Lebens teilzuhaben; er muß um eine Ordnung bemüht sein, die niemanden im Volk in Not oder in Unruhe über das Morgen versetzt und die es ferner jedem ermöglicht, sich durch seine Arbeit Nahrung, Kleidung und Wohnung für sich und seine Familie zu verschaffen, damit das Leben zum Vergnügen und nicht zur Last wird. Das Ziel der Regierung besteht also keinesfalls nur in der Anhäufung der Reichtümer im Staat, sondern vielmehr auch in der Teilnahme aller Bürger an den Genüssen des materiellen Lebens, welche der Reichtum ermöglicht. Der Staat, Inhaber der Macht in der Gesellschaft, ist dazu berufen, das Werk der göttlichen Vorsehung zu fördern, das Glück auf Erden zu vergrößern und zur Vermehrung der Menschen, die unter seinen Gesetzen leben, in dem Maße zu ermutigen, wie er für sie die Mittel zum Wohlstand bereitstellen kann.

Es ist keineswegs so, daß der Reichtum und die Bevölkerung an sich den absoluten Ausdruck für das Gedeihen der Staaten bilden, sondern es sind vielmehr ihre richtigen Beziehungen zueinander. Der Reichtum kann als etwas Nützliches bezeichnet werden, wenn er für alle Klassen Wohlstand mit sich bringt; und die Bevölkerung verkörpert einen Vorzug nur dann, wenn jeder einzelne Mensch die Sicherheit hat, auf Grund seiner Arbeit ein anständiges Leben führen zu können. Aber ein Staat kann schlecht sein, selbst wenn darin einige wenige Individuen ungeheure Reichtümer anhäufen; und seine Bevölkerung, weit davon entfernt, ein Anlaß des Neides oder ein Mittel der Macht zu sein, stellt sogar ein großes Unglück dar, wenn sie, wie z. B. diejenige Chinas, stets zahlreicher ist als ihre Unterhaltsmittel, wenn sie sich begnügen muß, von dem zu leben, was die Tiere verschmähen, und wenn sie unaufhörlich von der Hungersnot bedroht ist.

Eine vollkommene soziale Ordnung ist im allgemeinen für den Armen ebenso vorteilhaft wie für den Reichen, und die Politische Ökonomie lehrt, wie sich diese Ordnung erhalten läßt, wobei zwar korrigierend eingegriffen, aber nicht gänzlich umgestürzt werden sollte. Die Vorsehung, die der menschlichen Natur sowohl Bedürfnisse als auch Leiden zugeteilt hat, ist segensreich, weil sie mit diesen beiden Zügen den Stachel für die Entfaltung unserer Aktivität und unseres ganzen Wesens schuf. Wenn es uns gelänge, die Leiden aus dieser Welt zu verbannen, dann würden wir gleichzeitig auch die Tugenden ausschließen; desgleichen würden wir, wenn wir das Bedürfnis aus der Welt schaffen könnten, damit auch den Fleiß untergraben. Der Gesetzgeber darf also keineswegs nur die Gleichheit der wirtschaftlichen Bedingungen im Auge haben, sondern er muß vor allem auf das Wohlergehen des Menschen unter jedweden Umständen achten. Er kann dieses Wohlergehen nicht durch die Aufteilung des Eigentums erreichen, weil er durch diese Maßnahme den Arbeitseifer herabsetzen würde, der allein imstande ist, Reichtümer zu schaffen, und der lediglich durch die Ungleichheit angeregt werden kann, wodurch die Arbeit ständig neu in Bewegung gesetzt wird. Dieser allgemeine Wohlstand läßt sich im Gegenteil nur erzielen, wenn der Gesetzgeber jeder Arbeit ihren Lohn sichert, d. h. wenn er Zuversicht und Hoffnung belebt, den Armen wie auch den Reichen sicheren Unterhalt gewährleistet und wenn er schließlich jeden Menschen gewissenhafter Pflichterfüllung der angenehmen Seiten des Lebens teilhaftig werden läßt.

Der Titel „Über das Wesen und die Ursachen des Reichtums der Nationen", den Adam Smith seinem unsterblichen Werk gegeben hat, worin er diese zweite Abteilung der Wissenschaft von den Staatsgeschäften behandelt, ist zugleich auch ihre klarste Definition. Dieser Titel vermittelt eine viel genauere Vorstellung als der später stets verwendete Begriff Politische Ökonomie. Letzterer sollte wenigstens entsprechend der neuen Auffassung des Wortes Ökonomie, im Sinne von Sparsamkeit und nicht in der herkömmlichen Bedeutung von Gesetze der Hauswirtschaft verstanden werden. Man nennt heute Ökonomie die erhaltende und sparsamste Verwaltung eines Vermögens, so wie man einer Tautologie gemäß für Hauswirtschaft Verwaltung eines Privatvermögens sagt und statt von Politischer Ökonomie von Verwaltung des nationalen Reichtums spricht.

DRITTES KAPITEL

DIE VERWALTUNG DES NATIONALEN REICHTUMS VOR IHRER ERHEBUNG ZUM GEGENSTAND EINER WISSENSCHAFT

Seit die Menschen sich zu sozialen Gebilden zusammenschließen, haben sie stets an die gemeinsamen Vorteile, die ihnen aus ihrem Reichtum erwachsen, denken müssen. Ein Teil dieses Nationalvermögens wird bereits seit Bestehen der Gesellschaften für die öffentlichen Bedürfnisse verwendet. Die Erhebung und Verwaltung dieser nationalen Einkünfte, die keinem Einzelnen, sondern vielmehr allen gehören, wurde für die Politiker zu einem wesentlichen Bestandteil der Wissenschaft. Und zwar handelt es sich um jenen Teil der Wissenschaft, den wir Finanzwissenschaft nennen.

Andererseits trugen auch noch die Privatvermögen zur Komplizierung der Interessen der einzelnen Bürger bei, denn sie waren der Habsucht und dem Betrug ausgesetzt und mußten von der öffentlichen Gewalt verteidigt werden entsprechend dem ursprünglichen Vertrage mit der Gesellschaft. Dieser Vertrag vereinigte die einzelnen Kräfte, um jeden Bürger durch die gemeinsame Kraft aller zu schützen. Die Eigentumsrechte, die Teilung des Eigentums sowie dessen Übertragung auf andere wurden zu einem der bedeutendsten Zweige der zivilen Rechtsprechung; und es war eine der wichtigsten Aufgaben des Gesetzgebers, bei der Verteilung des nationalen Reichtums Gerechtigkeit walten zu lassen.

Die Bedürfnisse hatten den Fleiß angeregt und infolgedessen wurden dank einer gewohnheitsmäßigen Erfahrung von den Individuen verschiedene Arten von Reichtum geschaffen. In dem Maße nämlich, wie die Menschen größere

Kenntnisse erwarben, dachten sie immer eingehender über die Vorgänge nach, durch welche sie ihre Bedürfnisse sichern konnten; sie machten eine Wissenschaft daraus und erhellten so ihre Theorie durch Beobachtungen über die allgemeinen Gesetze. Die Landwirtschaft hatte, schon lange bevor sie zur Wissenschaft wurde, die notwendigsten Bedürfnisse der Menschen befriedigt; allerdings hatten zu jener Zeit, wo sie ihre Reichtümer über die Bewohner Griechenlands und Italiens ausbreitete, kluge Männer über Mittel und Möglichkeiten zu deren Vermehrung nachgedacht und diese zu einem Lehrsystem zusammengefaßt. Die Handwerke und Manufakturen hatten sich innerhalb der Familien herausgebildet; aber sehr bald übernahmen erfinderische Köpfe von den Naturforschern, von den Physikern und Mathematikern das Wissen über die Eigenschaften der verschiedenen Körper sowie die Möglichkeiten, einzelne Dinge der Natur nachzubilden. Sie erwarben Kenntnisse über die Beeinflussung der Naturkräfte und schließlich über die Prinzipien ihrer Bewegung; und die industrielle Entwicklung der Städte wurde ebenso Gegenstand der Wissenschaft wie die Förderung der Landwirtschaft. Der Handel, der zum Vergleich der Bedürfnisse und Reichtümer der verschiedenen Völker anregte und der diese Reichtümer durch den Austausch allen nutzbar machte, hatte ebenfalls seine Wissenschaft. Sie war gegründet auf die verschiedenartigsten Erkenntnisse und setzte das gleichzeitige Studium der Tatsachen, Zahlen, Menschen und Gesetze voraus.

Aber obwohl es über jeden einzelnen Bestandteil des nationalen Reichtums bereits eine Theorie gab, hatte dieser Reichtum selbst noch keine. Die Griechen und Römer betrachteten den nationalen Reichtum als eine Erscheinung, ohne sich um deren Wesen und Ursachen jemals Gedanken zu machen. Sie überließen die Reichtumsvermehrung den individuellen Anstrengungen derjenigen, die ihn hervorbrachten; und selbst wenn der Gesetzgeber einmal in irgendeiner Weise aufgefordert wurde, diese Anstrengungen zu beschränken, dann hatte er es in seiner Vorstellung dennoch stets nur mit Privatinteressen zu tun. Infolgedessen richtete er seine Aufmerksamkeit niemals auf die öffentlichen wirtschaftlichen Belange.

Die speziellen Wissenschaften, die jeweils einen Zweig des nationalen Reichtums zum Gegenstand hatten, bezogen sich keineswegs auf einen gemeinsamen Ausgangspunkt; ebensowenig waren ihre Lehrsätze Schlußfolgerungen aus grundlegenden allgemeinen Erkenntnissen; im Gegenteil, man behandelte sie getrennt voneinander, als wenn sie in sich selbst ihre eigenen Grundsätze enthalten würden. So bedachte der Finanzmann bei der Festsetzung der Steuern nur den mehr oder weniger großen Widerstand des Steuerpflichtigen, ferner die gleichmäßige Verteilung der Steuern und die Gewißheit ihrer Eintreibung, statt zu prüfen, welchen Einfluß die einzelnen Steuerarten auf die Vermehrung bzw. Abnahme des nationalen Reichtums ausüben können. Der Rechtsgelehrte bemühte sich sorgfältig um die Sicherung des Eigentums, um die Möglichkeiten, es den Familien zu erhalten, und darum, wie man die alten ungeschriebenen Rechte in ihrer Ganzheit wahren bzw. neu beleben konnte; aber er dachte trotz der Erfindung der Hypothek, der Erbschaftsfolge und der Unterscheidung von wirklichem Eigentum und bloßer Pacht einer Domäne niemals daran, zu untersuchen, ob solche Unterscheidungen dazu beitragen, den Wert des nationalen Reichtums zu steigern oder herabzusetzen, und ob es für das Anwachsen der Reichtümer vorteilhaft wäre, daß das Interesse desjenigen, der die Reichtümer bewirtschaftet, herabgemindert oder abgeschafft wird. Der Landwirtschaftskundige betrachtete das schreckliche Problem der Bodenbearbeitung durch Sklaven stets nur im Hinblick auf den Vorteil des Herrn und nicht vom Gesichtspunkt des öffentlichen Interesses aus, wie auch die Gesetzgebung in Landwirtschaft, Industrie und Handel damals noch nicht auf der Erforschung der günstigsten Bedingungen für die Entwicklung des nationalen Reichtums beruhte. In der großen römischen Gesetzessammlung, in der man gleichermaßen auf ausgeprägten Scharfsinn und subtile Philosophie stößt und in welcher die Absichten der Gesetzgebung ebenso sorgfältig dargelegt werden wie ihre Regeln, findet man nicht eine einzige Verordnung, die auf einem Grundsatz der Politischen Ökonomie beruht. Und dieser Mangel hat sich bis heute in unseren Gesetzen erhalten. Die Philosophen des Altertums lehrten ihre Schüler, daß die materiellen Reichtümer für das Glück überflüssig wären, doch sie hätten besser daran getan, den Regierenden zu zeigen, durch welche Gesetze sie die Vermehrung des Reichtums hätten fördern bzw. aufhalten können.[2]

Indessen hatte sich der spekulative Geist der Griechen vorgenommen, alle nur möglichen menschlichen Kenntnisse zu erfassen. Von ihren Philosophen sind uns einige wenige Schriften zu ökonomischen Studien überliefert, und es ist gerechtfertigt, ihnen einen Augenblick Aufmerksamkeit zu schenken. Das geschieht hauptsächlich, um zu beurteilen, inwieweit Grundsätze von der Schaffung des Reichtums Völkern unbekannt bleiben konnten, welche dennoch die denkbar höchste Stufe sozialer Entwicklung erklommen hatten und die für ihre zahlreiche Bevölkerung alles, was das Leben angenehm gestalten konnte und die Entfaltung des menschlichen Körpers und Geistes ermöglichte, aufbrachten. Xenophon definiert in seinem „Oikonomikos" die Ökonomie als Kunst zur Verbesserung der Haushaltsführung und erklärt, daß er unter Haushaltung alle Besitztümer unseres täglichen Gebrauches versteht.[3] Im Anschluß an seine Definition betrachtet er diese Ökonomie dann weitmehr vom Standpunkt des Philosophen als von dem des Gesetzgebers aus. Er betont die Wichtigkeit einer bestimmten Ordnung sowohl bei der Verteilung der Güter als auch bei der Einteilung der Arbeiten; er beschäftigt sich mit der Charakterbildung der Frau, welche dieser häuslichen Ordnung vorstehen soll, und er legt ferner die Regeln für die Behandlung der Sklaven dar, gleichzeitig daran erinnernd, daß die

[2] Sokrates in Xenophons „Oikonomikos", Band VI, S. 442.
[3] Xenophon, Ausgabe von Gail, Band VI, S. 486.

Sklaven auf Grund ihrer Erziehung eher den Tieren als den Menschen gleichen, und daß es deshalb empfehlenswert sei, sie mit Milde und Belohnungen zu behandeln und sie zum Wetteifern anzuregen. In der Folge vergleicht er die beiden möglichen Wege, die zum menschlichen Wohlstand führen können: einmal die Gewerbe und zum anderen die Landwirtschaft. Er rechtfertigt die damals allgemeine Verachtung für die Gewerbe, weil sie angeblich den Körper schwächen, der Gesundheit schaden, die Seele abstumpfen und den Eifer herabsetzen. Demgegenüber schildert er die Landwirtschaft sehr gelungen als Quelle des Wohlstandes für Familien, die sich damit befassen, und er zeigt ihre enge Beziehung zur Körperkraft, zum Mut, zur Gastfreundschaft, zum Großmut und zu allen übrigen Tugenden auf. Das Buch Xenophons strahlt die Liebe zum Schönen und zur menschlichen Zucht aus, ferner offenbart es wohltuende Menschenliebe sowie echte und feinfühlige Gottesfurcht, und gerade das macht diese Lektüre äußerst anziehend. Dennoch finden wir nichts darin, was man als Politische Ökonomie bezeichnen könnte.

Aristoteles hat im ersten Buch seiner „Abhandlung über die Republik" vier oder fünf Kapitel (die Kapitel VIII bis XIII) jener Wissenschaft gewidmet, die allein uns hier interessiert. Er gibt ihr sogar eine geeignetere Bezeichnung als wir das getan haben: (Chrematistik) die Wissenschaft vom Reichtum. Seine Definition des Reichtums als reichliches Vorhandensein von Gütern der häuslichen und öffentlichen Produktion trifft den Kern der Sache.[4] Das gleiche gilt für seine Darstellung über die Erfindung des Geldes. Der Verstand von Aristoteles, befähigt zu Definitionen und Unterscheidungen, klassifiziert mit großer Genauigkeit die verschiedenen Möglichkeiten, mit deren Hilfe man durch die Landwirtschaft, durch die Gewerbe oder durch Kapitalverleih Reichtum erwerben kann. Ebenso wie alle anderen gelehrten Griechen jener Zeit bevorzugt er mit Nachdruck die Landwirtschaft. Danach trennt er seine

[4] Pariser Ausgabe, Band II, S. 304, „De Republica".

gesamte Chrematistik von der eigentlichen Politik, von der er sagt, daß sie zwar den Rohstoff für die Ausübung der Gesetze liefere, nicht aber deren Gegenstand sei.

Entsprechend dieser Darstellung würde man es erwarten, in den beiden Büchern von Aristoteles „Über die Ökonomik" genauere Angaben zu finden. Aber der größte Teil des griechischen Textes dieser beiden Bücher ist verloren gegangen, und das uns überlieferte Werk beruht nur noch auf der zweifelhaften Glaubhaftigkeit einer lateinischen Übersetzung von Leonhard Aretin. Das erste Buch ist den Individuen gewidmet, die die Familie bilden, das zweite Buch beschäftigt sich mit den materiellen Gütern. Letzteres beginnt damit darzustellen, wie sich die ökonomische Verwaltung bei Königen, Satrapen*, in den Städten und bei Privatpersonen vollzieht. Das scheint interessante Beobachtungen über den nationalen Reichtum zu versprechen. Stattdessen besteht es aber nur aus einer ungereimten Aufzählung aller Mittel und Wege, die von Tyrannen, Statthaltern oder freien Städten angewendet werden, um in Notlagen Geld einzutreiben. Es gibt wahrscheinlich keine moderne ungesetzliche Steuererhebungsmethode, die man nicht schon in diesem Buch angeführt fände; aber es befremdet, daß Aristoteles bzw. der pseudonyme Verfasser die guten und schlechten, ja sogar die gewalttätigsten und außergewöhnlichsten Methoden darlegt, ohne sie zu verwerfen oder auf ihre Gefahren hinzuweisen.

Schließlich entwickelt Plato in dem zweiten Buch der „Republik" mit dem Versuch, den Ursprung des Gemeinwesens bzw. der menschlichen Gesellschaft darzustellen, sein ökonomisches System mit einer Klarheit und Genauigkeit, die kaum ein Schüler von Adam Smith überbieten könnte. Plato meint, daß der gegenseitige Vorteil die Menschen einander annähert und sie zwingt, ihre Anstrengungen zu vereinen. Und er zeigt, daß allein dieses Prinzip die Teilung der Gewerbe herbeiführen kann. Unter diesen Bedingungen

* Altpersische Stadthalter.

könnte dann jeder besser produzieren, als wenn er alles allein herstellen müßte, und alle zusammen würden schließlich mehr erzeugen. Der Handel ist für ihn das Ergebnis der Fortschritte in den Gewerben und in der Landwirtschaft; und als erste Regel für seine Anregung fordert Plato die Freiheit. Dabei unterscheidet er diesen neuen, regen und kühnen Handel von der althergebrachten Fertigkeit des Kleinhändlers, der sich darauf beschränkt, lediglich solche Waren zu verkaufen, die von einem Kaufherren zusammengetragen werden. Einzig und allein aus dem Fortschritt der Gesellschaft leitet sich der Reichtum einiger weniger ihrer Mitglieder, die sich dem Nichtstun, den Vergnügungen oder dem Studium hingeben, ab, und das nur, weil die anderen arbeiten müssen. Die Ungleichheit im Besitz materieller Güter, die Beeinträchtigung des Gesundheitszustandes und der Gerechtigkeit sowie die steigenden Bedürfnisse rivalisierender Städte lassen ihn schließlich schlußfolgern, daß es eine Bevölkerung zum Schutze der übrigen geben sollte, die natürlich auf Kosten der Allgemeinheit lebt und die am Gesamtertrage den gleichen Anteil haben muß.[5]

Nicht ohne Erstaunen sieht man, wie dieser Philosoph, der in seiner Republik die Gemeinschaft der Güter und der Frauen, wenigstens für die erwähnte Schutzbevölkerung herstellen will, mit großem Scharfblick den Ursprung geldlicher Interessen und die Entstehung der Gesellschaft analysiert. Die Gelehrten des Altertums ließen sich häufig von ihrer zu lebhaften Phantasie verleiten, und sie waren schnell geneigt, die Erfahrung, die ihnen übrigens fehlte, durch spekulative Theorien zu ersetzen. Aber wenigstens verloren sie niemals aus den Augen, daß der private Reichtum nur in dem Maße von Wert ist, wie er zum allgemeinen Wohlstand beiträgt; und gerade, weil sie den Reichtum niemals abstrakt betrachteten, waren ihre Ansichten oft viel richtiger als die unsrigen.

Von den Römern sind uns einige Bücher über die Land-

[5] „Divi Platonis de Rep.", lib. II, S. 369, et seg., 1578, Henrici Stephani.

wirtschaft überkommen, jedoch nicht ein einziges über die Wissenschaft, die uns hier beschäftigt.

Übrigens richtet sich das persönliche Interesse nicht danach, ob ihm die Philosophen eine Theorie des Reichtums vorzeichnen. Die Überreste der antiken Kultur der Griechen und Römer, die uns noch erhalten geblieben sind, beweisen im Gegenteil, daß der Reichtum der Nationen fast die höchste Stufe erreichen kann, ohne daß die Wissenschaft, die die Beschleunigung seiner Entwicklung lehrt, gepflegt wird.

VIERTES KAPITEL

DER ERSTE UMSCHWUNG IN DER POLITISCHEN ÖKONOMIE, HERBEIGEFÜHRT DURCH DIE MINISTER KARLS V. IM 16. JAHRHUNDERT

Wenn die Griechen und Römer, die die Höhen der Kultur erklommen hatten, die ihren erfinderischen Geist an einer Vielzahl von Erscheinungen geschult haben, die sich stets über alle von ihnen beobachteten Tatsachen Klarheit zu verschaffen suchten und die ihre Freiheit für das Studium der Wissenschaft von den Staatsgeschäften nutzten, um diese Wissenschaft in jeder Hinsicht zu großer Vollkommenheit zu entwickeln, wenn diese Römer und Griechen nicht im geringsten daran dachten, daß die Politische Ökonomie der Gegenstand einer besonderen Wissenschaft sein könnte, dann sollte man nicht erwarten, daß diese Wissenschaft im Mittelalter entstehen konnte, zu einer Zeit also, in der man es kaum wagte, etwas zu entdecken auf einem Gebiet, das nicht schon irgendwie von den Gelehrten der Antike beschritten worden war. Die Politische Ökonomie entstand also in einer Epoche, wo den Menschen die Möglichkeit zur theoretischen Verallgemeinerung von Gedanken genommen zu sein schien. Tatsächlich lenkten die Denker erst in sehr viel späterer Zeit, geweckt durch die Bedürfnisse der Staaten und die Not der Völker, ihre Aufmerksamkeit wieder auf den nationalen Reichtum.

Im 16. Jahrhundert wurde die öffentliche Freiheit in fast allen Ländern Europas durch eine große politische Umwälzung erschüttert. Man unterdrückte die kleinen Staaten, hob die Privilegien der Städte und Provinzen auf und übertrug das Recht, über den nationalen Reichtum zu verfügen, einer kleinen Anzahl von Herrschern, denen die Gewerbetätigkeit wie auch die Prinzipien der Anhäufung und Aufrechterhaltung des Reichtums völlig unbekannt waren. Bis zur Regierungszeit Karls V. fehlten jenen europäischen Ländern, die unter feudalen Zuständen lebten, jegliche Freiheit und Aufklärung sowie jedwede Staatseinkünfte. Die übrigen Länder Europas aber, die sich bereits eines hohen Wohlstands erfreuten, die täglich ihren agricolen Reichtum und ihre Manufakturen vermehrten und den Handel erweiterten, wurden von Männern regiert, die im Privatleben das Studium der Ökonomie betrieben hatten, die durch die Verwaltung und Vergrößerung ihres eigenen Besitzes gelernt hatten, wie der Reichtum der Staaten verwaltet werden muß. Diese Führer freier Völker, die sich ihren Ländern verantwortlich fühlten, ließen sich bei der Verwaltung des nationalen Reichtums nicht von ihren persönlichen Bestrebungen, sondern vom allgemeinen Interesse leiten. Im 15. Jahrhundert gab es Reichtum und Vertrauen zur Zahlungsfähigkeit nur in den italienischen Republiken, in den Niederlassungen der Hansa, in den freien Reichsstädten Deutschlands, den freien Städten Belgiens und Spaniens und vielleicht auch noch in einigen Städten Frankreichs und Englands, die sich besonderer Stadtrechte erfreuten. Die Magistrate all dieser Städte bestanden aus Männern, die der Geschäftswelt entstammten und die, ohne die Politische Ökonomie auf Grundsätze zurückzuführen, trotzdem Sinn und Erfahrung dafür bewiesen, was den Interessen ihrer Mitbürger dienen bzw. schaden konnte.

Die schrecklichen Kriege, die im 16. Jahrhundert begannen und die das Gleichgewicht Europas erschütterten, verhalfen drei oder vier starken Monarchen zur absoluten Macht, welche dann die Errungenschaften der Zivilisation untereinander teilen mußten. Karl V. vereinigte in seinem Reich alle jene Länder, die bis dahin wegen ihrer Industrie und wegen ihres Reichtums berühmt gewesen waren – Spanien, fast ganz Italien, Flandern und Deutschland. Allerdings vereinigte er sie erst, nachdem er sie bereits vorher ruiniert hatte. Und seine Verwaltung, die alle Vorrechte dieser Länder aufhob, hinderte sie daran, sich wieder zu erheben.

Selbst die absolutesten Herrscher regieren nicht mehr als diejenigen Machthaber, deren Regierungsgewalt durch die Gesetze eingeschränkt wird. Sie übertragen ihre Macht Ministern, die sie sich einbilden, selbst zu wählen, anstatt solche einzusetzen, die ihnen vom Volk empfohlen werden, ganz abgesehen davon, daß sie ihre Minister in einer anderen Reihenfolge als die freien Regierungen berufen. Für die absoluten Herrscher gilt bei der Einsetzung von Bevollmächtigten der hohe Stand als erste Empfehlung, da dieser die Voraussetzung für ein Leben in vornehmer Muße ist bzw. wenigstens auf die völlige Unkenntnis der Hauswirtschaft schließen läßt. Die Minister Karls V., so geschickt sie auch in Verhandlungen oder Intrigen gewesen sein mögen, waren in Geldangelegenheiten alle gleichermaßen unerfahren. Sie ruinierten in der gesamten, ungeheuer großen österreichischen Monarchie die öffentlichen Finanzen, die Landwirtschaft, die Manufakturen, den Handel sowie jegliche Art von Industrie, dabei ließen sie das Volk voll und ganz spüren, welcher Unterschied tatsächlich zwischen ihrer Unfähigkeit und den praktischen Erfahrungen der republikanischen Verwaltungsbeamten bestand.

Karl V., sein Gegner Franz I. und Heinrich VIII., die sich politisch gegenseitig in Schach hielten, hatten sich in Ausgaben verstrickt, die ihre verfügbaren Mittel bei weitem überstiegen. Der Ehrgeiz ihrer Nachfolger und der Eigensinn des Hauses Österreich, das mehr als ein Jahrhundert verderbliche Kriege führte, ließen diese Ausgaben trotz des allgemeinen Elends unaufhörlich anwachsen. Aber je größer die Leiden wurden, um so mehr fühlten sich die Freunde der Menschheit verpflichtet, die Verteidigung der Armen in ihre Hände zu nehmen. So entstand, entgegen dem natürlichen Gang der Ideen, aus der Finanzwissenschaft die Politische Ökonomie. Die Philosophen wollten das Volk vor den Plünderungen, hervorgerufen durch die unumschränkte Macht der Könige, schützen. Sie wußten, daß es nötig war, um gehört zu werden, mit den Fürsten über deren eigene Interessen anstatt über Gerechtigkeit oder Pflichten zu sprechen. Sie versuchten – unter Berücksichtigung ihres eigenen Vorteils – ihnen das Wesen und die Ursachen des nationalen Reichtums aufzuzeigen, um sie zu lehren, wie man den Reichtum verteilen muß, ohne ihn zu zerstören.

FÜNFTES KAPITEL

DAS MERKANTILSYSTEM

Im 16. und 17. Jahrhundert gab es in Europa zu wenig Freiheit, als daß jene Philosophen, die sich als erste mit der Politischen Ökonomie beschäftigten, ihre Überlegungen dem Publikum hätten unterbreiten können. Und die Finanzwissenschaft war viel zu unbekannt, als daß jemand, der nicht unmittelbar damit zu tun hatte, mit den Tatsachen bekannt werden konnte, aus denen sich dann allgemeine Regeln ableiten ließen. Das Studium der Politischen Ökonomie begann erst, als durch einen glücklichen Zufall die Könige zur Verwaltung der Staatsgelder Männer heranzogen, bei denen die Fähigkeiten mit Redlichkeit und Sorge um das Allgemeinwohl verbunden waren.

Zwei große Minister in Frankreich, Sully unter Heinrich IV. und Colbert unter Ludwig XIV., warfen zum ersten Mal Licht auf einen Gegenstand, der bis dahin als Staatsgeheimnis betrachtet worden war, einen Gegenstand, der zahlreiche schreckliche Irrtümer nährte und verbarg. Trotz ihres Genies und ihrer hervorragenden Stellung lag es nicht in ihrer Macht, in die Finanzen des Königreichs Ordnung, Klarheit und ein gewisses System hineinzubringen. Dennoch erkannten beide, nachdem sie die maßlosen Plünderungen der Steuerpächter unterdrückt hatten und dem Privateigentum durch staatlichen Schutz wieder Sicherheit verschafften, die wahren Quellen des nationalen Wohlstandes, und sie bemühten sich, diese Quellen reichlicher fließen zu lassen. Sully gewährte seinen Schutz vor allem der Landwirtschaft. Er wies wiederholt darauf hin, daß „die Viehzucht und der

Ackerbau die beiden natürlichen Grundlagen des Staates seien". Colbert, der, wie man versichert, einer Tuchhändlerfamilie entstammte und den die Eitelkeit des Hofes Ludwigs XIV. zwang, seine Herkunft zu verbergen, bemühte sich stets um die Förderung von Industrie und Handel. Er sammelte die Ratschläge von Kaufleuten und erbat sich stets deren Meinungen. Sowohl Sully als auch Colbert öffneten die Straßen und Kanäle für den Handel, um den Austausch verschiedener Arten von Reichtümern zu erleichtern; alle beide schützten den Unternehmergeist und wertschätzten jegliche Art von wirtschaftlicher Betriebsamkeit, die Reichtum im Lande verbreitete.

Colbert, der zeitlich spätere von beiden, ging jenen Autoren, welche die Politische Ökonomie schließlich zur Wissenschaft, und damit zur Doktrin, erhoben, lange Zeit voraus. Er hatte bereits ein System des nationalen Reichtums entwickelt, weil er unbedingt eine Richtschnur für die Gesamtheit seiner Unternehmungen und für die Festsetzung des Ziels, das er erreichen wollte, brauchte. Wahrscheinlich wurde ihm dieses System von den Kaufleuten eingegeben, die er stets um Rat befragte. Man kennt es unter der Bezeichnung Merkantilsystem oder sogar als Colbertismus. Als Colbertismus aber nicht etwa, weil Colbert der Urheber war oder es in irgendeinem besonderem Werk niedergelegt hätte, sondern weil er unter denjenigen, die es angewendet haben, ohne Frage der berühmteste ist, weil er trotz der theoretischen Mängel es sehr nutzbringend ausgeübt hat und weil schließlich unter den zahlreichen Schriftstellern, die die gleichen Ansichten vertraten, keiner mehr Geschicklichkeit bewiesen hatte, seinen Namen in das Gedächtnis der Leser einzugraben.[6]

[6] Das Merkantilsystem wird in mehreren Büchern dargelegt von Charles Davenant, 1699, 1700; bei Melon in „Politischer Essay über den Handel", 1734; bei James Steuart in „Inquiry into the Principles of political oeconomy" („Untersuchung über die Grundsätze der Politischen Ökonomie"), 4 Bde, London, 1763;

Es ist dennoch gerechtfertigt, das Merkantilsystem vom Namen Colbert zu trennen; denn es war ein System, das von Kaufleuten in einem Land erfunden wurde, in welchem die Kaufleute nicht freie Bürger sondern Untertanen waren, und wo man sie von den öffentlichen Angelegenheiten ausschloß, wenngleich man ihren Rat einholte. In diesem Land war es den Kaufleuten nur erlaubt, ihre eigenen Interessen zu kennen, obgleich sie stets veranlaßt wurden, über diejenigen der anderen zu urteilen. Dieses System wurde von allen Ministern der absoluten Regierungen vertreten, sobald sie begannen, sich Gedanken über die Finanzen zu machen, und Colbert hat daran keinen anderen Anteil, als es befolgt zu haben, ohne Änderungen vorzunehmen.

Nachdem die Regierungen den Handel lange Zeit mit hochmütiger Verachtung abgetan hatten, erkannten sie in ihm endlich eine der größten Quellen des nationalen Reichtums. Sämtliche großen Reichtümer der Staaten waren niemals Eigentum der Kaufleute; wenn aber die Könige plötzlich große Bedürfnisse hatten und auf einmal beträchtliche Geldsummen auftreiben wollten, konnten ihnen allein die Kaufleute damit dienen. Die Landbesitzer bezogen in der Regel ungeheure Einkünfte, und die Manufakturbesitzer ließen zahlreiche Arbeiten ausführen; aber sowohl die einen als auch die anderen konnten stets nur über ihre Renten und über ihr jährliches Produkt verfügen. Allein die Händler boten im Notfalle der Regierung ihren ganzen Besitz an. Da ihr Kapital bereits aus gebrauchsfähigen Waren, also aus Waren, die für den sofortigen Gebrauch auf dem jeweiligen Markt bestimmt waren, bestand, konnten sie diese Waren kurzfristig verkaufen. Sie waren dadurch in der Lage, die Summen, die man von ihnen verlangte, mit dem geringsten Verlust zu beschaffen. Die Kaufleute fanden also Mittel und Wege, sich Gehör zu verschaffen, da sie gewissermaßen

und bei Anton Genovesi n „Lezzioni di Commercio, ossia d'Economia civile" („Vorlesungen über den Handel, d. h. über die Politische Ökonomie"), Mailand. 2 Bde. 1768.

die Verfügungsgewalt über das gesamte Geld im Staate besaßen und außerdem nahezu unabhängig von der Obrigkeit waren. Es gelang ihnen in den meisten Fällen, unbekannt gebliebene Besitztümer dem Zugriff des Despotismus zu entziehen und schnell ins Ausland zu bringen.

Gern hätten die Regierungen die Profite der Kaufleute erhöht, wenn letztere diese mit ihnen geteilt haben würden. Sie glaubten, daß es nur erforderlich sei, sich gegenseitig zu verständigen. Sie boten den Kaufleuten für die Unterstützung der Industrie den Schutz ihrer Macht an. Und da der Gewinn der Händler darin bestand, teuer zu verkaufen und billig einzukaufen, meinten sie, den Handel wirkungsvoll zu fördern, wenn sie ihm Möglichkeiten schufen, noch teurer zu verkaufen und noch günstiger einzukaufen. Die Kaufleute, die sie um Rat befragten, griffen gierig nach diesen Anerbieten. Auf diese Weise entstand das Merkantilsystem. Antonio de Leyva, Fernand de Gonzague, der Herzog von Toledo, machthungrige Vizekönige Karls V., sowie dessen Nachkommen, die Begründer vieler wirtschaftlicher Monopole, hatten noch keine andere Vorstellung von der Politischen Ökonomie. Sobald man aber diese methodischen Ausplünderungen der Verbraucher zu einem System erheben wollte, sobald man gesetzgebende Versammlungen damit befaßte, sobald Colbert die Zünfte befragte und sobald sich schließlich die Öffentlichkeit dieser Angelegenheiten bemächtigte, war es erforderlich geworden, für derartige Geschäfte eine ehrenvollere Grundlage zu suchen. Es galt nicht nur, sich um den Vorteil des Finanzmannes und des Händlers zu kümmern, sondern auch um denjenigen der Nation. Der berechnende Egoismus meidet das Tageslicht, und die vornehmste Aufgabe der Öffentlichkeit muß darin bestehen, lasterhafte Gefühle auszumerzen.

Das Merkantilsystem erhielt damals eine annehmbare Form, die bis zum heutigen Tage von den meisten Geld- und Handelskapitalisten bevorzugt wurde. Der einzige Reichtum, sagten diese ersten Ökonomen, ist das Geld. Die zwei Worte Reichtum und Geld wurden in allen Ländern als fast gleichbedeutende Begriffe in den allgemeinen Gebrauch aufgenommen, und niemand dachte daran, die Identität des Geldes mit dem Reichtum anzuzweifeln. Das Geld, so argumentierten die Merkantilisten, verfügt über die Arbeit des Menschen und über alle ihre Früchte. Das Geld bringt die Produktion in Gang, wenn es bereit ist, die Produkte zu bezahlen. Durch das Geld kann die Industrie eines Staates erhalten werden, und jeder Mensch verdankt ihm seinen Lebensunterhalt und das Fortbestehen seines Lebens. Das Geld ist vor allem die Voraussetzung für die Beziehungen zwischen den einzelnen Nationen. Das Geld bewirkt die Stärke der Armeen und sichert den Erfolg im Kriege. Ein Volk, das reich ist, gebietet über ein anderes Volk, das weniger Geld besitzt. Also muß das Ziel der Wissenschaft von der Politischen Ökonomie darin bestehen, der Nation viel Geld zu verschaffen. Die Masse des Geldes eines Staates kann aber nur dadurch vermehrt werden, daß man es stets von neuem aus dem Boden gewinnt oder von außen einführt. Es ist also erforderlich, entweder mit großem Fleiß in den Edelmetallminen zu arbeiten, sofern man sie besitzt, oder zu versuchen, sich durch den Außenhandel diejenigen Edelmetalle zu verschaffen, die andere Völker aus ihren Bergwerken fördern.

In der Tat, so fügen die Urheber dieses Systems hinzu, vermehrt aller Tauschhandel innerhalb eines Landes, vermehren sämtliche Verkäufe und Einkäufe, die z. B. die Engländer untereinander tätigen, den zwischen den Küsten Englands eingeschlossenen Geldbestand um keinen Sou. Infolgedessen sind alle Gewinne, die man aus dem Binnenhandel oder der eigenen Industrie erzielt, trügerisch. Einzelne bereichern sich wohl dabei, aber auf Kosten anderer, die sich zugrunde richten; denn das, was der eine gewinnt, geht dem anderen verloren. Und die Nation, die nach allen Tauschgeschäften über genau die gleiche Anzahl von Geldstücken verfügt wie vorher, ist dadurch weder reicher noch ärmer geworden, gleichgültig wie groß auch der Fleiß der einen und das Nichtstun und die Verschwendung der anderen gewesen sein mögen.

Der Außenhandel hingegen hat gänzlich andere Wirkungen. Da alle Transaktionen mit Geld ausgeführt werden, ist es das natürliche Ergebnis des Außenhandels, daß entweder Geld ins Land hinein oder aus dem Land hinausgetragen wird. Damit die Nation an Reichtum zunimmt und damit die Anzahl ihrer Geldstücke anwächst, muß der Außenhandel so organisiert sein, daß man den anderen Nationen zwar viel verkauft, ihnen aber nur wenig abkauft. Wenn man das System ganz streng genommen betrachtet, müßte man sagen, daß stets verkauft, aber niemals gekauft werden soll. Aber da man sehr wohl weiß, daß ein derartiges Einkaufsverbot den Handel an sich zerstören würde, gaben sich die Schöpfer dieser Theorie damit zufrieden, von einer Nation zu fordern, nur solche Tauschgeschäfte zu vollziehen, die mit Geld bezahlt werden; denn, so sagen sie, ebenso wie jeder Händler, der mit seinem Partner Geschäfte abschließt, am Ende des Jahres sieht, ob er diesem mehr verkauft als abgekauft hat und dementsprechend Gläubiger oder Schuldner eines in Geld zu bezahlenden Ausgleichs ist, desgleichen steht eine Nation am Ende eines jeden Jahres, nachdem sie alle ihre Einkäufe und Verkäufe mit anderen Nationen zusammengerechnet hat, vor der Frage, ob sie Gläubigerin oder Schuldnerin einer Zahlungsbilanz ist, die in Geld ausgeglichen werden muß. Wenn sie zur Zahlung verpflichtet ist, wird sie ständig ärmer; wenn sie dagegen bezahlt wird, nimmt ihr Reichtum unaufhörlich zu.

Als notwendige Folge aus diesem Wirtschaftssystem ergab sich, daß man von der Regierung die ständige Begünstigung des Ausfuhrhandels forderte und sie gleichzeitig dazu anhielt, unaufhörlich die Industrie zu überwachen, um ihr die Richtung zu geben, die einzig für den Staat vorteilhaft war, ungeachtet der Privatinteressen. Es war unbestreitbar, daß ein handeltreibender Kapitalist, der sich im Binnenhandel bereicherte, keineswegs zur Bereicherung seines Vaterlandes beitrug, sondern es im Gegenteil dadurch nur zugrunde richtete, wenn er ihm fremde Waren verkaufte, während er sich andererseits durch den Verkauf inländischer Waren im Ausland zwar selbst ins Verderben stürzte, der Öffentlichkeit aber nützte, indem er fremdes Geld ins Land einströmen ließ. Alles wurde also Regeln unterworfen, um das Privatinteresse zu fördern, dem man nicht glaubte trauen zu können. Die Industrie wurde reglementiert, um sie zur ständigen Ausfuhr zu zwingen, und die Landesgrenzen wurden bewacht, um die Einfuhr von Waren zu verhindern oder um das Geld zurückzuhalten, das man auszuführen beabsichtigte.

Die Schöpfer des Merkantilsystems legten der Regierung außerdem nahe, wenn man viel Geld aus dem Ausland beziehen wollte, daß es wichtig sei, nicht die Rohprodukte des Landes, sondern erst jene Produkte auszuführen, die durch die industrielle Verarbeitung an Wert gewonnen haben. Ferner sagten sie der Regierung, daß die Manufakturen der Städte den Preis der Erzeugnisse der Landwirtschaft verdoppelten und oft sogar verzehnfachten, daß es also die Manufakturen seien, die es zu fördern gälte. Infolgedessen müßte der Staat eingreifen, um zu verhindern, daß Rohmaterialien, die durch die Bearbeitung in einer nationalen Industrie großen Wert erhalten könnten, nicht in unbearbeitetem Zustand, d. h. im Zustand geringeren Wertes, ins Ausland gelangen. Die aus dem Merkantilsystem hervorgegangenen Bestimmungen wiesen also ein zweites Merkmal auf: sie verboten die Ausfuhr von Rohmaterialien, wobei sie gleichzeitig zur Ausfuhr von Fertigprodukten anregten, und sie leiteten, sehr besorgt um die Gewinne der ausführenden Kaufleute, alles in die Wege, um diesen die Möglichkeit zum billigen Einkauf und zum teuren Verkauf zu geben, selbst wenn daraus für die anderen Klassen der Nation offensichtliche Verluste resultierten.

Heute wird das Merkantilsystem von keinem einzigen Autor mehr öffentlich gelehrt, aber es hat tiefe Spuren im Geist der Regierenden hinterlassen. Es wirkt noch durch die Kraft des Vorurteils und durch die Wirrnis seiner Begriffe besonders auf jene, die sich vor abstrakten Theorien scheuen. Die meisten der Bestimmungen, an die sich die Völker halten, sind sogar heute noch Anwendungen dieses Systems, und die Handelsbilanz existiert nur für diejenigen, die sie anerkennen, obwohl sich die meisten Nationen noch weigern, sie zu berechnen. Nach dem Ursprung allgemein verbreiteter Ideen zu forschen, ist keinesfalls eine unbedeutende Aufgabe. Vielmehr muß man jenen Gelehrten, die glauben, einen Grundsatz zu vertreten, zeigen, daß dieser Grundsatz selbst nur aus einer noch nicht erörterten Meinung abzuleiten ist.

SECHSTES KAPITEL

DAS LANDWIRTSCHAFTSSYSTEM ODER VON DEN PHYSIOKRATEN

Das Merkantilsystem wurde während eines ganzen Jahrhunderts von allen Regierungen angewendet, alle Handelskapitalisten und Handelskammern beriefen sich darauf, und die Schriftsteller kommentierten es, als sei es die klarste und selbstverständlichste Angelegenheit, für die es sich nicht lohne, neue Beweisstücke herbeizuschaffen. Erst in der Mitte des 18. Jahrhunderts setzte ihm der Arzt Quesnay sein „Tableau économique" entgegen, das in der Folge von Mirabeau und dem Abbé de La Rivière erläutert, von Dupont de Nemours weiterentwickelt, von Turgot analysiert und schließlich von einer zahlreichen Schule, die sich in Frankreich unter dem Namen der „Economistes" bildete, angenommen wurde. Diese Schule gewann auch in Italien Anhänger, und insbesondere diese haben am meisten über den Gegenstand geschrieben, der uns hier beschäftigt. Indessen hat man sich hier in so blindem Vertrauen an Quesnay gehalten und war diesem so unbedingt treu geblieben, daß man kaum Unterschiede oder auch nur irgendwelche Fortschritte in den Werken dieser Verfasser gegenüber Quesnay feststellen konnte.[7]

[7] „Tableau économique und allgemeine Regeln für ökonomische Verwaltung", von François Quesnay, Versailles 1758. „Der Freund der Menschen", von Mirabeau, Paris 1759. „Die natürliche und positive Ordnung der politischen Gesellschaften", von Mercier de la Rivière, Paris 1767. „Physiokratie", von Dupont de Nemours, Paris 1768.

Quesnay begründete also das zweite System in der Politischen Ökonomie, das man als das System der Physiokratie oder allgemeiner als das Landwirtschaftssystem bzw. als das System der Ökonomisten bezeichnet. Er war vor allem bestrebt, genau zu beschreiben, woraus sich der Reichtum zusammensetzt; denn die Edelmetalle schienen ihm nur Zeichen des Reichtums, nur Mittel zum Austausch zwischen den Menschen, nur Preismesser für sämtliche feilgebotenen Waren zu sein. Der Überfluß an Gold und Silber stellte für ihn keineswegs die Wohlfahrt einer Nation dar. Darum richtete er sein Augenmerk auf jene Klassen von Menschen, in deren Händen man die Reichtümer sich anhäufen sieht. Unter diesen suchte er nach Menschen, die produktiv tätig waren, nach Menschen also, bei denen er die Entstehung des Reichtums beobachten konnte, der dann erst auf andere übertragen wird. Die ersten, auf die er seine Blicke heftete, schienen ihm nur mit dem Austausch beschäftigt zu sein. Sie brachten den Reichtum zwar in Bewegung, schufen ihn aber nicht.

Der Kaufmann, der die Erzeugnisse der beiden Weltteile von einem Kontinent zum anderen trägt und der bei der Rückkehr in seinen Heimathafen, wenn er seine Ladung verkauft, das Doppelte von der Summe, mit der er seine Reisen begonnen hat, vorfindet, dieser Kaufmann vollzog nach Meinung Quesnays lediglich ein einfaches Tauschgeschäft. Wenn er in den Kolonien europäische Stoffe zu einem höheren Preis verkauft hat, als sie ihn ursprünglich gekostet haben, so deshalb, weil sie in Wirklichkeit mehr wert waren. Mit dem Einkaufspreis der Stoffe mußte er sich gleichzeitig noch den Wert für die aufgewendete Zeit, seine Mühe, seinen Lebensunterhalt und die für seine Matrosen und Agenten während der Reise aufgewendeten Kosten decken lassen. Eine gleiche Entschädigung mußte er beim Verkauf der Baumwolle oder des Zuckers, die er nach Europa brachte, fordern. Wenn ihm am Ende seiner Reise ein gewisser Gewinn blieb, so war das die Frucht seiner Sparsamkeit und seiner Geschicklichkeit. Der Lohn, den ihm die Verbraucher für seine Mühen auf der Reise zubilligten, überstieg die Summe, die er ausgegeben hatte. Das ist allerdings völlig belanglos, liegt es doch in der Natur des Lohns, daß er von demjenigen, der ihn verdient, wieder gänzlich ausgegeben werden muß. Selbst wenn er dann seinen Verdienst ausgibt, trägt er trotz der Arbeit eines ganzen Lebens nicht das geringste zur Vermehrung des nationalen Reichtums bei, da ja die mitgebrachten Waren gerade nur den Wert der zum Austausch bestimmten Waren sowie den Wert seines eigenen Lohns und des Lohns aller derjeniger, die mit ihm in diesem Handel tätig waren, aufwiegen.

Auf Grund dieser Überlegung nannte der französische Gelehrte den Ein- und Ausfuhrhandel „Handel der Zweckmäßigkeit".* Diese Bezeichnung ist bis heute erhalten geblieben. Quesnay sagte, daß ein derartiger Handel keineswegs der Befriedigung der Bedürfnisse derjenigen Nation dient, die ihn ausübt, sondern nur zwei fremden Nationen zum Vorteil gereicht. Die den Handel abwickelnde Nation zieht daraus keinen anderen Gewinn als lediglich den Lohn, und sie kann sich nur dann bereichern, wenn sie mit diesem Lohn gut wirtschaftet.

Quesnay, der sich im folgenden mit den Manufakturen beschäftigt, betrachtet diese, ebenso wie den Handel, nur als eine Art einfachen Austausches. Aber im Gegensatz zum Handel, wo es um den Austausch zweier bereits vorhandener Werte geht, findet nach Quesnay bei den Manufakturen ein Austausch von Gegenwärtigem und Zukünftigem statt. Die aus der Arbeit des Handwerkers hervorgegangenen Waren stellen in seinen Augen lediglich den Gegenwert für den angehäuften Lohn dar. Während er arbeitet, verbraucht er, um leben zu können, die Früchte des Bodens; ein weiteres Produkt des Bodens wird zum Rohmaterial seiner

* Der französische Begriff „commerce d'économie" läßt sich nur schwer übersetzen. Aus dem Zusammenhang ergibt sich, daß auf die Zweckmäßigkeit des Außenhandels für die beteiligten Länder angespielt werden soll.

Arbeit. Mit dem Preis für die vom Weber erzeugte Leinwand muß also erstens der Preis des Flachses oder Hanfs, aus welchem die Leinwand hergestellt wird, und zweitens die Kosten des Getreides und Fleisches, das der Weber während des Spinnens und Webens verzehrte, abgedeckt werden. Die fertiggestellte Arbeit des Webers setzt sich daher aus nichts anderem als aus den einzelnen akkumulierten Werten zusammen.

Endlich richtete Quesnay seine Blicke auf die Landwirtschaft. Zunächst scheint der Bodenbebauer für ihn in der gleichen Lage zu sein wie der Kaufmann oder der Handwerker. Wie letzterer vollzieht er mit dem Boden einen Austausch des Gegenwärtigen gegen das Zukünftige. Die Ernten, die er erzielt, stellen den akkumulierten Wert seiner Arbeit dar; sie werfen ihm einen Lohn ab, auf den er ebensolche Rechte hat wie der Handwerker und Kaufmann, denn dieser Lohn ist der Ausgleich für die Landprodukte, die er verbraucht hat, um neue entstehen zu lassen. Über diesen Lohn hinaus bleibt aber noch ein Nettoeinkommen übrig, das weder in den Manufakturen noch im Handel entstand. Es handelt sich um das Einkommen, das der Bodenpächter dem Eigentümer für die Nutzung seines Bodens bezahlen muß.

Dieses Einkommen der Landeigentümer war nach Ansicht Quesnays ganz anderer Natur als alle übrigen Einkommen. Es stellte nicht etwa den Rücklauf [„reprises“ – ein Ausdruck Quesnays, gebraucht für die Wiedererlangung der den Manufakturarbeitern vorgeschossenen Gelder] dar, es entsprach auch keinem Lohn oder etwa dem Ergebnis eines Austausches, sondern es handelte sich lediglich um den Preis für die ursprüngliche Leistung des Bodens, um den Ertrag aus der wohltätigen Natur. Weil aber ganz allein dieses Einkommen keine schon vorher vorhandenen Reichtümer darstellte, mußte es auch allein als die Quelle aller anderen Reichtümer angesehen werden. Quesnay, der den Wert sämtlicher unter den verschiedensten Bedingungen geschaffenen Produkte zu bestimmen suchte, sah ihren ersten Ursprung stets in den Früchten des Bodens. Die Arbeit des Bodenbebauers, des Handwerkers oder des Kaufmanns verbrauchte diese Früchte als Lohn, um sie dann unter neuen Formen wieder hervorzubringen. Allein der Grundbesitzer bezog sie gleich an der Quelle, aus den Händen der Natur. Dadurch befand er sich in der Lage, allen seinen Mitbürgern, die nur für ihn arbeiteten, einen Lohn zahlen zu können.

Dieses geschickt ausgedachte System mit den neuen Grundsätzen verkehrte das Merkantilsystem in sein genaues Gegenteil. Die Physiokraten leugneten das Vorhandensein jener Handelsbilanz, der ihre Gegner so große Bedeutung beimaßen. Sie hielten es für unmöglich, einen ununterbrochenen Geldstrom aus dem Ausland einfließen zu lassen; und selbst unter der Voraussetzung, daß das gelingen könnte, erblickten sie darin keinen Nutzen für die Nation. Schließlich sprachen sie den Manufakturbesitzern und Kaufleuten, den Begünstigten des Merkantilsystems, die Fähigkeit, Reichtümer zu schaffen, ab. Sie teilten die Nation in drei große Klassen ein, erkannten aber nur die Landbesitzer, die erste Klasse, als die einzigen Verwalter des nationalen Reichtums an. Dementsprechend waren für sie die Pächter, die zweite Klasse, die einzig produktiven Arbeiter, die das Einkommen der Grundeigentümer erst entstehen ließen. Die dritte Klasse bestand aus den Lohnempfängern, zu denen neben den Kaufleuten und Handwerkern auch alle Staatsbeamten, die für die Aufrechterhaltung der Ordnung und Sicherheit zu sorgen hatten, zählten.

Die Ratschläge, welche die Vertreter dieser beiden Systeme ihren Regierungen gaben, unterschieden sich ebenso sehr wie ihre Grundsätze. Während die Merkantilisten den Staat in jeder Beziehung zum Eingreifen bewegen wollten, wiederholten die Physiokraten unaufhörlich: „Laissez faire et laissez passer.“ Die Physiokraten vertraten die Meinung, daß sich das öffentliche Interesse aus den persönlichen Interessen zusammensetzt, und sie glaubten daher, daß das persönliche Interesse jeden einzelnen Menschen sicherer dem allgemeinen Interesse zuführen würde – das Einzelinteresse ist ja gleichzeitig auch das öffentliche Interesse –, als die Regierung das tun könnte.

Da die Physiokraten in den Landbesitzern die eigentlichen Gastgeber erblickten, die die gesamte Nation zum Mahle einluden, da sie in ihnen die Verwalter allen Reichtums und die Herren über die Lebensunterhalte ihrer Mitbürger sahen, betrachteten sie diese auch in der Politik als die Spitzen des Staates. Mit ihren Grundsätzen erstrebten sie die Sicherung der Herrschaft einer absoluten Aristokratie, obgleich sie versuchten, ihre Prinzipien der monarchischen Regierung, unter der sie lebten, anzupassen. Die Pflichten, die sie den Grundbesitzern und dem Staat auferlegten, waren zwar für beide die gleichen, aber die Verfügungsgewalt über die gesamte Produktivkraft sollte allein in den Händen dieser Grundbesitzer liegen.

Weil nach Ansicht der Physiokraten sämtliche Einkommen grundsätzlich aus demjenigen hervorgehen, welches der Boden jährlich seinen Eigentümern gewährt, zweifelten sie auch bezüglich der Finanzpolitik nicht daran, daß jede Steuer, gleichgültig unter welcher Form erhoben, letztlich nur von diesem Einkommen bezahlt würde. Sie meinten daher, daß der Staat lediglich eine einzige Steuer direkt von demjenigen fordern sollte, der sie ja letzten Endes doch entrichten müßte. Sie vertraten die Ansicht, daß diese Steuer stets auf das Einkommen aus dem Boden zu legen sei und daß jede andere Art der Erhebung dem Grundbesitzer, auf den sie ohnehin zurückfiele, nur noch größere Kosten verursachen würde, ganz abgesehen davon, daß sich so vermeiden ließe, daß man Personen unnütz belästigte, die nichts weiter täten, als die Steuer vorzustrecken.

In bezug auf die Gesetzgebung lehrten die Physiokraten, daß die Regierungskunst darin bestehe, den Angehörigen der ersten Klasse, d. h. den Grundbesitzern, die völlige Verfügungsgewalt über den Boden und die ungestörte Nutznießung seiner Früchte zu garantieren; der zweiten Klasse, d. h. den Pächtern, sollte sie den Lohn und die Wiedererstattung der jährlichen Ausgaben gewährleisten; der dritten, der unproduktiven Klasse schließlich, d. h. den Manufakturbesitzern, Kaufleuten, Künstlern und Handwerkern, müßte sie Rechte wie Freiheit, Steuerfreiheit und Konkurrenz einräumen.

Für die Beziehungen im Außenhandel stellten die Physiokraten den Grundsatz auf, niemals die Ausfuhr eines inländischen Rohstoffes oder einer inländischen Ware zu verbieten; niemals die Einfuhr fremder Waren zu untersagen; niemals weder eine Ausfuhrsteuer auf die Rohstoffe und Waren des eigenen Landes noch eine Einfuhrsteuer auf ausländische Waren zu legen und schließlich niemals in den Häfen oder auf den Märkten einen Unterschied zwischen Ausländern und Inländern zu machen.

Das System der Physiokraten führte in Frankreich zu einer großen Umwälzung. Die Regierung dieser Nation gestattete es nunmehr dem Volk, sich um die öffentlichen Belange zu kümmern, ohne ihm jedoch näheren Einblick zu erlauben. Die Diskussion über die Theorie konnte sich sehr frei gestalten; aber keine Tatsache, kein Dokument, worüber die Regierung verfügte, durfte der Öffentlichkeit bekannt werden. Die Folgeerscheinungen dieser unfreiwilligen Unkenntnis der Tatsachen, auf denen die französischen Physiokraten ihre einfallsreichen, wenn auch ungenügend untermauerten Theorien hätten begründen müssen, lassen sich in ihrem System erkennen. Dennoch verführte dieses System die ganze Nation, weil sie sich jetzt zum ersten Male mit ihren Angelegenheiten beschäftigen konnte. Aber bereits zur gleichen Zeit entstand bei einem freien Volk, das über das Recht verfügte, seine Belange zu kennen, ein nicht weniger einfallsreiches System, das weitaus mehr auf Fakten und Beobachtungen beruhte; ein System, das nach kurzem Kampf schließlich die beiden vorangegangenen in Vergessenheit geraten ließ, da schließlich stets die Wahrheit über die Irrtümer, mögen sie auch noch so glänzend dargestellt sein, triumphiert.

SIEBENTES KAPITEL

DAS SYSTEM VON ADAM SMITH DIE GLIEDERUNG DES BUCHES

Adam Smith, der Begründer des dritten Systems der Politischen Ökonomie, bemühte sich, nicht wie seine Vorgänger, a priori eine Theorie zu erfinden, der es in der Folge alle Gegebenheiten anzupassen gälte, sondern er erkannte, daß die Wissenschaft von den Staatsgeschäften eine auf der Erfahrung beruhende Wissenschaft sei, die ausschließlich in der Geschichte der einzelnen Völker begründet liegt, und daß man einzig und allein aus der genauen Beobachtung der Tatsachen Grundsätze ableiten dürfe. Sein unsterbliches Werk „Vom Wesen und von den Ursachen des Reichtums der Nationen", das Smith im Jahre 1776 veröffentlichte und dem er seit 1752 Vorlesungen über die Politische Ökonomie vorangehen ließ, ist in der Tat das Ergebnis einer philosophischen Untersuchung der Menschheitsgeschichte. Erst nachdem er sich durch die Analyse der ökonomischen Umwälzungen in der Vergangenheit genügend geschult hatte, wagte er es, über die allgemeinen Gesetze der Reichtumsvermehrung zu sprechen und sie darzustellen.

Adam Smith, der gleichermaßen zwei sich einander ausschließende Systeme verwarf, von denen das eine die Schaffung des Reichtums nur dem Handel und das andere nur der Landwirtschaft zusprach, suchte selbst die Quellen des Reichtums in der Arbeit. Jede Arbeit, die einen austauschbaren Wert hervorbringt, schien ihm produktiv zu sein, gleichgültig ob sie agricolen oder industriellen Ursprungs war, wenn sie nur einen Tauschwert schuf, der zu einem Teil des Reichtums wurde, oder wenn sie den Wert einer bereits vorhandenen Ware erhöhte.

Ebenso wie die Arbeit in seinen Augen den einzigen Schöpfer des Reichtums darstellte, erblickte er in der sparsamen Wirtschaft die einzige Möglichkeit zur Reichtumsanhäufung. Sparsamkeit brachte das Kapital hervor, ein Ausdruck, unter dem Smith nicht wie die Merkantilisten nur Gold und Silber versteht, sondern Reichtümer aller Art, die durch die Arbeit des Menschen angehäuft und von den Besitzern des Kapitals profitbringend, d. h. zur Ausführung einer neuen Arbeit verwendet werden.

Seiner Ansicht nach setzt sich der nationale Reichtum zusammen erstens aus dem Boden, der, durch die Arbeit des Menschen ertragreich gemacht, nicht nur diese Arbeit mit Profit vergütet, sondern außerdem zugunsten seines Eigentümers ein Nettoeinkommen – das Pachtgeld –, das Smith Rente nennt, hervorbringt; zweitens aus dem Kapital, das zur Anregung der Industrie verwendet wird und sie einträglich werden läßt, so daß die Zirkulation des Kapitals für den jeweiligen Besitzer eine zweite Art Einkommen, das Smith Profit nennt, abwirft, schließlich aus der Arbeit, die für diejenigen, die sie ausführen, ein drittes Einkommen, den Lohn, einbringt.

Adam Smith erkannte nicht nur, daß jede Arbeit auf ihre Art und Weise zum Vorteil aller wie auch gleichzeitig zur Vermehrung des Reichtums beiträgt; er stellte ebenfalls den Grundsatz auf, daß die Gesellschaft vermittels zahlungskräftiger Kapitalisten nach der jeweils notwendigsten Arbeit nachfragt, daß diese Nachfrage und dieses Angebot sich immer in Übereinstimmung befänden und daß die Regierung in bezug auf die Vorwärtsentwicklung der Industrie mit völliger Sicherheit auf das persönliche Interesse bauen dürfe.

Er behauptete, daß die am meisten nachgefragte Arbeit stets die Arbeit ist, die dem Interesse aller entspricht, und daß sie infolgedessen am besten bezahlt und auch am sorgfältigsten ausgeführt wird. Im gleichen Maße wie der Reichtum zunimmt und die Nation über mehr Kapital und Arbeitskräfte verfügen kann, wendet sie ihre Aktivität der Landwirtschaft, dem Binnenhandel, den Manufakturen, die für den inländischen Verbrauch produzieren, dem Außenhandel sowie den Manufakturen, die Produkte für den Verbrauch im Ausland herstellen, und schließlich dem Transporthandel zu. Smith meinte ferner, daß die Nachfrage des Marktes stets den Wechsel der Kapitalien und der Arbeitskräfte aus einer niedergehenden Industrie in eine profitablere Industrie bestimme. Von der Regierung forderte er daher keine andere Gunst, als sowohl der Landwirtschaft wie auch dem Handel völlige Freiheit zu lassen. Seine ganze Hoffnung für die Entwicklung des nationalen Reichtums beruhte auf der freien Konkurrenz.[8]

Da die Absicht dieses Buches darin besteht, das System von Smith darzustellen und zu ergänzen, wäre es hier überflüssig, auf nähere Einzelheiten dieses Systems einzugehen. Die Lehre von Adam Smith ist die unsrige; wir verdanken Smith das Licht, das sein genialer Geist in die Wissenschaft trug und welches die Gelehrten auf den richtigen Weg finden ließ, ferner verdanken wir ihm alle Fortschritte, die wir seither zu verzeichnen haben; und es wäre törichte Eitelkeit, auf alle jene Punkte hinzuweisen, über die uns seine eigenen Gedanken noch keinen Aufschluß geben könnten, da erst durch ihn die Entdeckung von Tatsachen möglich wurde, die ihm selbst unbekannt geblieben waren.

8 Die Lehre von Adam Smith ist dargelegt in seinem eigenen Werk „An Inquiry into the nature and causes of the wealth of nations" („Eine Untersuchung über das Wesen und die Ursachen des Reichtums der Nationen"), 3 Bde., in-8°. Siehe auch „Abhandlung über die Politische Ökonomie" von J.-B. Say, 2 Bde., in-8°, Paris 1803, sowie „Vorlesungen zur Politischen Ökonomie" oder „Darlegung der Grundsätze, die den Wohlstand der Nationen bestimmen" von Henri Storch, 6 Bde., in-8°, Petersburg 1815. Schließlich im Werk, das ich selbst vor fünfzehn Jahren veröffentlicht habe: „Vom Handelsreichtum", 2 Bde., in-8°, Genf 1803.

Nach dem Bekenntnis unserer tiefen Bewunderung für dieses schöpferische Genie und unserer Anerkennung für die Erkenntnisse, die wir allein ihm zuschreiben müssen, wird man zweifellos erstaunt sein zu erfahren, daß die praktischen Ergebnisse aus der Lehre, die wir von ihm entlehnen, oft gerade das Gegenteil jener zu sein scheinen, die er selbst daraus gezogen hat. Außerdem glauben wir beweisen zu können, wenn wir die Grundsätze von Smith mit der Erfahrung eines halben Jahrhunderts, in dem seine Theorie mehr oder weniger angewendet wurde, in Verbindung bringen, daß es in mehr als einem Falle nötig wäre, ganz andere Schlußfolgerungen daraus zu ziehen.

Mit Adam Smith lehren wir, daß die Arbeit die einzige Quelle des Reichtums ist, daß die Sparsamkeit die einzige Möglichkeit darstellt, den Reichtum anzuhäufen; aber wir fügen hinzu, daß das einzige Ziel dieser Reichtumsanhäufung im allgemeinen Wohl liegt und daß es nur ein Anwachsen des nationalen Reichtums geben kann, wenn gleichzeitig auch der allgemeine Wohlstand zunimmt.

Adam Smith, der nur den Reichtum betrachtete und sah, daß alle diejenigen, die Reichtum besitzen, daran interessiert sind, ihn zu vermehren, schlußfolgerte, daß diese Vermehrung am besten gefördert werden könnte, indem man den persönlichen Interessen freien Lauf ließe. Er empfiehlt der Regierung: Die Summe der privaten Reichtümer bildet den Reichtum der Nation; es gibt keinen Reichen, der nicht bemüht wäre, noch reicher zu werden. Laßt ihn gewähren! Er wird die Nation reich machen, indem er selbst nach größerem Reichtum strebt.

Wir hingegen haben den Reichtum in seinem Zusammenhang mit der Bevölkerung betrachtet, welcher er Lebensunterhalt und Wohlergehen gewährleisten soll. Unserer Meinung nach nimmt das Wohl einer Nation keineswegs allein durch das Anwachsen ihrer Kapitalien zu, sondern erst dann, wenn diese Kapitalien durch ihre Zunahme auch mehr Wohlstand für die Bevölkerung mit sich bringen. Denn ganz ohne Zweifel sind zwanzig Millionen Menschen mit einem Einkommen von sechshundert Millionen ärmer als zehn Millionen Menschen mit einem Einkommen von vierhundert Millionen. Wir haben gesehen, daß die Reichen ihre Reichtümer vermehren konnten, sei es durch die Herstellung von neuen Waren oder sei es durch die Aneignung eines Teils des Reichtums, der früher den Armen vorbehalten war. Um aber diese Verteilung nach bestimmten Gesetzen und gerecht vornehmen zu können, berufen wir uns fast ständig auf das Eingreifen des Staates, das Adam Smith verwarf. Wir betrachten den Staat als den Beschützer des Schwachen gegen den Starken, als den Verteidiger der Menschen, die sich in keiner Weise selbst verteidigen können, und als den Vertreter des kontinuierlichen, aber gemäßigten Interesses aller gegen das vorübergehende, aber heftige Interesse des einzelnen.

Die Tatsachen scheinen diese neue Betrachtungsweise eines alten Systems zu rechtfertigen. Obwohl der Einfluß von Adam Smith bei weitem nicht zur Umgestaltung der gesamten Wirtschaftsgesetzgebung führte, hat die fundamentale Lehre von der freien, universellen Konkurrenz in allen zivilisierten Ländern sehr große Wirkungen hervorgebracht; es kam zu einer erstaunlichen Entwicklung der Industrie, aber oft ergaben sich daraus auch schreckliche Leiden für die meisten Klassen der Bevölkerung. Die Erfahrung lehrte uns auch, daß das Eingreifen des Staates, auf das wir uns berufen, unbedingt nötig ist; es soll verhindern, daß Menschen der Reichtumszunahme geopfert werden, aus welcher ihnen nicht der geringste Vorteil erwächst. Allein die Regierung kann sich über die materiellen Berechnungen des einzelnen erheben und diesen die Absicht zur Erhöhung der Genüsse und des Wohlergehens aller – das Ziel der Nationen – gegenüberstellen.[9]

[9] Schon vor uns hatten andere Gelehrte bemerkt, daß die Wirklichkeit nicht gänzlich mit den Lehren von Adam Smith übereinstimmt, und einer der berühmtesten unter seinen Anhängern, Ganilh, sagte sich sogar völlig von dem System

Wir fühlen uns verpflichtet, den Leser im voraus auf diesen Unterschied in den Ergebnissen aufmerksam zu machen, wobei wir aber darauf verzichten wollen, ihn zu einem Streitobjekt zu erheben. Dennoch werden wir nicht davor zurückschrecken, diejenigen Ansichten von Adam Smith, die wir nicht teilen, zu bekämpfen und auf die Punkte hinzuweisen, in denen wir uns von Smith und den zahlreichen Schriftstellern, die ihn kommentiert haben, unterscheiden. Die Grundsätze der ökonomischen Wissenschaft müssen eine Einheit bilden und auseinander hervorgehen. Wir haben sie so dargestellt, wie wir ihre natürliche Verkettung zu sehen glauben, ohne dabei zu behaupten, unsere Gedanken von denjenigen unserer Vorgänger abgrenzen zu wollen. Wenn diese Grundsätze wirklich jeweils aufeinander beruhen und ein gut zusammenhängendes Ganzes ergeben, dann werden wir unser Ziel erreicht haben; denn wir maßen uns keineswegs an, dem System unseres Lehrers ein neues entgegenzusetzen, sondern wir wollen nur zeigen, welche Änderungen wir auf Grund der Erfahrung an dem seinen vornehmen müssen.

Wir werden dieses System in sechs Hauptabschnitte untergliedern, die unserer Meinung nach die ganze Wissenschaft von den Staatsgeschäften mit allen ihren Beziehungen zum materiellen Wohlergehen der Staatsbürger umfassen. Und zwar: 1. Entstehung und Wachstum des Reichtums, 2. agricoler Reichtum, 3. Handelsreichtum, 4. Geld, 5. Steuern und 6. Bevölkerung. Jeder Hauptabschnitt soll den Gegenstand eines Buches bilden. Es muß darauf aufmerksam gemacht

los, das er bis dahin gelehrt hatte. Adam Smith betrachtete die ökonomische Wissenschaft im allgemeinen zu sehr als ausschließlich der Berechnung unterworfen, während sie in vieler Hinsicht der Sphäre des Gefühls und der Eingebung unterliegt, die sich in keiner Weise berechnen lassen. Ganilh, der zwar andere Berechnungen als Smith verfolgt, deren Grundlagen aber sehr unbestimmt sind, scheint sich unserer Meinung nach noch weiter vom Ziel der ökonomischen Wissenschaft entfernt zu haben.

werden, daß der agricole Reichtum und die Bevölkerung für Adam Smith nicht Gegenstand besonderer Forschungen waren.

Heute haben sich selbst in England die Schüler Adam Smith' durch das Beschreiten eines völlig entgegengesetzten Weges von dessen Lehre und mehr noch, wie es uns scheinen will, von dessen Art und Weise, die Wahrheit zu erforschen, entfernt. Adam Smith betrachtete die Politische Ökonomie als eine auf der Erfahrung beruhende Wissenschaft; er bemühte sich um die Untersuchung jeder einzelnen Erscheinung des sozialen Gebildes, dem sie angehörte, dabei vernachlässigte er niemals die verschiedenen Bedingungen, denen sie unterlag, und er verlor niemals die Ergebnisse aus den Augen, durch welche sie den nationalen Wohlstand beeinflussen konnte. Bei der Kritik, die wir heute an Smith üben, erlauben wir uns, darauf aufmerksam zu machen, daß er nicht immer dieser synthetischen Betrachtunsgweise treu geblieben ist und daß er nicht immer das Hauptziel, das er sich stellte, die Beziehungen von Reichtum und Bevölkerung bzw. nationalem Wohlstand, im Auge behielt. Seine neuen Schüler in England haben sich noch weit mehr als Smith auf Abstraktionen eingelassen, die uns den Menschen, welchem der Reichtum gehört und der den Nutzen davon haben soll, völlig aus dem Blick verlieren lassen. In ihren Händen wird die ökonomische Wissenschaft dermaßen spekulativ, so daß sie sich von jeglicher Praxis loszulösen scheint. Zunächst könnte man glauben, daß die Theorie durch die Befreiung von allem nebensächlichen Zubehör klarer und leichter verständlich gemacht werden sollte, doch das Gegenteil ist eingetreten. Die neuen englischen Ökonomen sind sehr dunkel und können nur unter größten Anstrengungen verstanden werden, weil es unserem Verstand widerstrebt, die Abstraktionen, die sie von uns verlangen, anzuerkennen. Aber dieses Widerstreben selbst ist der Beweis dafür, daß wir uns von der Wahrheit entfernen, wenn wir in den moralischen Wissenschaften, wo alles eng zusammenhängt, uns bemühen, einen Grundsatz zu vereinzeln, um ihn nur für sich zu betrachten.

Das geistreiche Werk von D. Ricardo, das im Jahre 1817 erschien und bald von Say ins Französische übersetzt und durch Anmerkungen voller glänzender Kritik bereichert wurde, ist unserer Meinung nach ein bemerkenswertes Beispiel für diese neue Richtung, der die englischen Ökonomen nun folgen. Diese „Grundsätze der Politischen Ökonomie und der Besteuerung" haben eine außerordentliche Wirkung auf die Engländer ausgeübt. Eine Zeitschrift, deren Bedeutung für die ökonomische Wissenschaft groß ist,[10] verkündet diese Grundsätze als diejenigen, welche die Politische Ökonomie seit Adam Smith den gewaltigsten Schritt nach vorn tun ließen. Indessen wissen wir wohl, daß wir ein ganz anderes Gebiet beschreiten, so daß wir kaum die Gelegenheit gefunden hätten, dieses Werk zu erwähnen, wenn uns seine Berühmtheit nicht dazu verpflichtet haben würde, uns manchmal auf seine Überlegungen zu stützen oder sie zu bekämpfen.

Ein französischer Staatsbeamter, dessen Name keineswegs ein Geheimnis ist, obwohl er ihn in seinem Buch nicht angibt, hat im gleichen Jahr ebenfalls „Elemente der Politischen Ökonomie" veröffentlicht, die er allen jenen widmete, die in den Staatsverwaltungen arbeiten. Ich bin erstaunt, daß er bei diesem engen Ziel die ökonomische Wissenschaft unter dermaßen abstrakten Gesichtspunkten behandelt hat. In seinen sogenannten „Elementen" gibt es viele geistreiche Gedanken über die Politische Ökonomie; aber es will mir scheinen, daß der positive Teil, der so wichtig ist für einen Staatsmann, in seinen Überlegungen nicht genügend berücksichtigt wurde.

[10] Edinburgh Review, Nr. 59, Juni 1818.

Zweites Buch

ENTSTEHUNG UND WACHSTUM DES REICHTUMS

ERSTES KAPITEL

DIE ENTSTEHUNG DES REICHTUMS BEIM EINZELNEN MENSCHEN

Der Mensch bringt bei der Geburt Bedürfnisse mit sich auf die Welt, die er befriedigen muß, um leben zu können, ferner hat er von Geburt an Wünsche, die ihn ein ganz bestimmtes Glück aus den verschiedensten Genüssen erwarten lassen, und schließlich verfügt er über eine Geschicklichkeit bzw. Eignung zur Arbeit, die ihn befähigt, sowohl seine Bedürfnisse als auch seine Wünsche zu befriedigen. Diese Geschicklichkeit ist die Quelle seines Reichtums; seine Wünsche und Bedürfnisse veranlassen ihn zur Arbeit. Alle Dinge, denen er Wert beimißt, sind durch seine Geschicklichkeit entstanden, alle Werte, die er geschaffen hat, müssen verbraucht werden, damit er seine Bedürfnisse bzw. Wünsche befriedigen kann. Aber zwischen dem Zeitpunkt der Entstehung der Werte, durch die Arbeit, und demjenigen des Verbrauchs, durch den Genuß, kann die zum Gebrauch bestimmte Ware mehr oder weniger lange bestehen. Jene Ware aber, jene Frucht der Arbeit, die zunächst akkumuliert und noch nicht verbraucht wird, nennt man den Reichtum.

Reichtum kann vorhanden sein nicht nur ohne irgendein Tauschobjekt und ohne Geld, sondern auch ohne irgendeine Möglichkeit zum Austausch bzw. ohne Handel; andererseits kann er aber nicht ohne Arbeit sowie auch nicht ohne die Wünsche und Bedürfnisse, welche diese Arbeit befriedigen soll, bestehen. Wenn ein Mensch auf einer einsamen Insel zurückgelassen wird, so macht ihn der Besitz dieser ganzen Insel, um den er sich mit niemandem zu streiten braucht, nicht reich, dabei ist es gleichgültig, wie groß die natürliche Fruchtbarkeit des Bodens ist, wieviel Wild in den Wäldern herumstreift, wieviele Fische es an der Küste gibt und wieviele Erzadern das Innere der Insel verbirgt. Im Gegenteil, dieser Mensch kann trotz der vielen Hilfen, die ihm die Natur anbietet, im äußersten Elend leben und sogar Hungers sterben. Aber wenn es ihm auf Grund seiner Geschicklichkeit gelingt, einige von den in den Wäldern herumstreifenden Tieren lebend zu fangen, und wenn er diese anstatt sie gleich zu verzehren, für spätere Bedürfnisse aufbewahrt, wenn es ihm ferner glückt, während dieser Zeit die Tiere zu zähmen, von ihrer Milch zu leben, sie zu seiner Arbeit zu benutzen und sie zu vermehren, dann beginnt er reich zu werden, weil ihm seine Arbeit den Besitz dieser Tiere verschaffte und weil eine weitere Arbeit sie zu Haustieren werden ließ. Das Maß für seinen Reichtum kann keineswegs der Preis sein, den er dafür im Austausch erhalten würde, da für ihn jeder Austausch unmöglich ist. Sein Reichtum läßt sich aber ausdrücken durch die Größe seiner Bedürfnisse, die er befriedigen kann, oder auch durch die Zeit, während welcher er von den Früchten seiner Mühen zu leben vermag, ohne auf eine neue Arbeit zurückgreifen zu müssen.

Indem er Tiere zähmte, schuf sich dieser Mann seinen Besitz und Reichtum; ebenso verwandelte er durch die Urbarmachung des Bodens diesen in Besitz und Reichtum. Die Insel, die er bewohnt, war ohne Wert, solange sie ohne Arbeit war; aber wenn der Mensch die Früchte seiner Arbeit, anstatt sie gleich zu verzehren, für spätere Bedürfnisse aufbewahrt oder sie von neuem in die Erde legt, damit sie sich vermehren; wenn er die Felder pflügt, um ihre Fruchtbarkeit zu erhöhen, und sie einzäumte, um sie vor den wilden Tieren zu schützen; wenn er schließlich die Felder mit Bäumen umstellt, von denen er erst nach langen Jahren eine

Ernte erwartet, dann hat dieser Mensch nicht nur den Wert des jährlichen Produkts des Bodens, das durch seine Arbeit entsteht, geschaffen, sondern er hat auch dem Boden selbst, den er wie die Tiere urbar und nutzbar machte, Wert gegeben. Von nun an ist er reich; und er ist es um so mehr, je länger er seine Arbeit einstellen kann, ohne neue Bedürfnisse zu empfinden.

Dieser einsam lebende Mensch, der nicht mehr dem dringendsten aller Bedürfnisse, dem Hunger, ausgesetzt ist, kann nun seine Arbeit der Beschaffung von Wohnung und Kleidung widmen und diese bequemer gestalten. Er baut sich eine Hütte, stattet sie mit solchen Möbeln aus, die er auf Grund seiner Arbeit allein herzustellen fähig ist. Er verwandelt die Häute seiner Schafe sowie deren Schur in Schuhe und Stoffe; und je wohnlicher sein Haus wird und je mehr seine Speicher mit Vorräten an Lebensmitteln und Kleidung für die Zukunft gefüllt sind, als um so reicher kann er sich bezeichnen.

Die Geschichte dieses Mannes ist diejenige der ganzen Menschheitsentwicklung. Ich halte es für sehr wichtig, folgerichtig auf alle Tätigkeiten, die den Menschen aus dem Elend zum Wohlstand gelangen ließen, einzugehen; denn beim Einzelmenschen kann der Verstand diesen Prozessen noch folgen, bei der gesamten Gesellschaft jedoch verlieren sie sich bald aus dem Blickfeld. Indessen ist der Reichtum aller nur die Summe der Reichtümer des einzelnen. Der Reichtum nimmt bei allen wie auch beim einzelnen seinen Anfang in der Arbeit; er häuft sich bei allen wie auch beim einzelnen auf Grund des Überschusses der Erzeugnisse aus der täglichen Arbeit über die täglichen Bedürfnisse an; er ist für alle und auch für den einzelnen dazu bestimmt, Genüsse zu verschaffen, die ihn verbrauchen und vernichten sollen. Wenn der Reichtum aufhören würde, diese Genüsse zu verschaffen, wenn sich niemand mehr fände, der ihn für seine Bedürfnisse anwenden könnte, dann würde er sein Wesen verlieren und nicht mehr Reichtum sein. Alles, was für das Individuum zutrifft, ist auch für die Gesellschaft maßgeblich, und umgekehrt. Während es jedoch sehr leicht fällt, den Wohlstand oder das Elend des einzelnen Menschen zu erfassen, verwirren uns die Austausche, die den Reichtum unaufhörlich verschieben und ihn schließlich aus einem greifbaren Gegenstand zu einem abstrakten Begriff werden lassen.

Wie groß auch die Wohltätigkeit der Natur sein mag, sie gibt dem Menschen nichts umsonst; sie ist jedoch bereit, ihm zu helfen und die Kräfte des Menschen ins unendliche zu steigern, wenn er sich an sie wendet. Die Geschichte des Reichtums findet man stets in die gleichen Grenzen eingeschlossen: nämlich in die Arbeit, die den Reichtum schafft, in die Sparsamkeit, die ihn anhäuft, und in den Verbrauch, der ihn wieder vernichtet. Die Sache, die nicht irgendwie erzeugt wurde bzw. die ihren Wert nicht durch eine mittelbare oder unmittelbare Arbeit erhalten hat, kann keinesfalls als Reichtum bezeichnet werden, selbst wenn sie für das Leben noch so nützlich und notwendig erscheint. Ebensowenig aber ist die Sache Reichtum, die dem Menschen weder nützt, noch seine Bedürfnisse befriedigt oder zu seinem mittelbaren bzw. unmittelbaren Gebrauch dienen kann, gleichgültig durch welche Arbeit sie hervorgebracht wurde. Schließlich kann auch die Sache nicht als Reichtum angesehen werden, die sich nicht akkumulieren und für einen späteren Verbrauch aufbewahren läßt, selbst wenn sie durch die Arbeit entstanden ist und durch den Verzehr verbraucht wird.

Wir haben gesagt, daß die Arbeit, die den Reichtum schafft, mittelbar oder unmittelbar sein kann. In der Tat verleiht der Mensch den Dingen der Natur oft allein durch deren Aneignung einen Wert, weil er sie für eine spätere Arbeit zurückhält oder zu Hilfe nimmt, ohne dabei ihr Wesen zu ändern. Der einsame Inselbewohner, der die Wiese umzäunt, gab dem Rasen, den er nicht berührte, sondern nur vor den wilden Tieren schützte, Wert; durch die Vermehrung seines Viehbestandes verlieh er den Weiden, die zu seiner Verfügung stehen, Wert; als er das Wasser eines

Wasserfalls ausnutzte, um einen Mühlstein in Bewegung zu bringen, gab er sogar dem Sturzbach Wert. Das, was für den einzelnen Menschen zutrifft, gilt noch mehr für die Gesellschaft; die aufgewendete Arbeit verleiht jenen Dingen Wert, die zur Ausübung einer neuen Arbeit dienen sollen.

Außerdem haben wir gezeigt, daß auch der Gebrauch mittelbar oder unmittelbar sein kann. So hat das Heu, das der Inselbewohner einbringt, zwar für ihn selbst keinen Gebrauchswert, wohl aber für seine Tiere, die er davon ernährt.

Schließlich haben wir behauptet, daß jeder Gegenstand, der nur zwei der drei erwähnten Bedingungen vereinigt, noch keineswegs Reichtum ist, solange ihm die dritte Bedingung fehlt. Die Luft, das Wasser und das Feuer sind nicht nur nützlich, sondern vor allem unbedingt lebensnotwendig. Sie können für zukünftige Genüsse aufgespeichert werden. Doch da im allgemeinen zu ihrer Beschaffung keine Arbeit erforderlich ist, stellen sie keinesfalls Reichtum dar. Alle Arbeiten, die ihren Zweck verfehlt haben, sind keineswegs Reichtum, da man durch sie kein Bedürfnis befriedigen kann, unbeschadet dessen, daß sie sich aufspeichern lassen. Die Waffenkunst, die Musik wie auch der Tanz sind zwar Arbeiten, und sie dienen gleichzeitig dem Gebrauch, aber sie bilden keinen Teil des Reichtums, weil man sie nicht für einen späteren Zeitpunkt aufbewahren kann. Bevor der von uns angenommene einsame Mensch auf seiner Insel überhaupt die Möglichkeit des Austausches erwägt und bevor er an die Edelmetalle denkt, die uns den Austausch erleichtern, wird er bereits gelernt haben, die Arbeiten in ihrer Beziehung zum Reichtum zu beurteilen. Wenn die Arbeiten keinen Genuß versprechen, sind sie nutzlos; wenn ihre Ergebnisse nicht für einen späteren Verbrauch gespeichert werden können, sind sie unproduktiv. Die einzig produktiven bzw. reichtumschaffenden Arbeiten sind also jene, die ein sichtbares Pfand hinterlassen, das sogar in den Augen des Inselbewohners im Wert die Mühe aufwiegt, die es ihn gekostet hat. So konnte der Einsiedler glauben, daß er seine

Olivenbäume vermehren würde, wenn er Oliven sät; er wußte nicht, daß ihre Kerne nicht wie diejenigen anderer Früchte aufgehen. Wozu bereitete er in harter Arbeit den Boden für sie her; erst die Erfahrung lehrte ihn, daß diese Arbeit nutzlos war, denn er sah nicht einen einzigen Olivenbaum wachsen. Ferner verteidigte er seine Hütte gegen Bären und Wölfe – eine sehr nützliche, aber unproduktive Arbeit; denn die Früchte dieser Arbeit lassen sich nicht anhäufen. Hätte er bereits die Kultur gekannt, wäre es ihm möglich gewesen, sich seine Zeit mit Flötenspiel zu vertreiben. Aber das Flötenspiel, das er vielleicht als sein einziges Vergnügen betrachtete, ist zwar eine nützliche, aber doch unproduktive Arbeit. Auch konnte er der Pflege seines Körpers und seiner Gesundheit sehr nutzvoll verbrachte Stunden widmen, doch damit schuf er natürlich keinen Reichtum. Der einsame Inselbewohner unterschied also bald die Stunden produktiver Arbeit von den Stunden, in denen er nichts für die Zukunft anhäufte; und ohne sich dieser Art nutzloser Beschäftigung zu berauben, betrachtete er sie doch als verlorene Zeit.

ZWEITES KAPITEL

DIE ENTSTEHUNG DES REICHTUMS IN DER GESELLSCHAFT DURCH DEN AUSTAUSCH

Wir haben gesehen, wie der Reichtum beim einzelnen Menschen entstand, aufbewahrt und angewendet wurde. Dieselben Vorgänge vollziehen sich in der gleichen Art und Weise und mit dem gleichen Ziel, sofern der Mensch in der Gesellschaft lebt; allerdings mit dem einen Unterschied, daß der isolierte Mensch nur sich allein betrachtete und daß er bei der Schaffung des Reichtums niemals seine Verwendung, d. h. seine eigenen Genüsse und seine eigene Bequemlichkeit aus den Augen verlor, während der Mensch als Mitglied der Gesellschaft, der mit den zur Gesellschaft verbundenen Individuen unaufhörlich Dienste austauscht, für den Genuß und die Bequemlichkeit der anderen arbeitet und für seine eigenen Bedürfnisse und seine eigene Bequemlichkeit auf die Arbeit anderer rechnen muß.

Seit der Mensch zu einem Teil der Gesellschaft wurde, ist er ein abstraktes Wesen, dessen Reichtümer und Bedürfnisse nur noch angenommene Größen sind. Er kann die Früchte seiner Arbeit nicht mehr bis zum Zeitpunkt des Verbrauchs verfolgen, und er kann ferner nicht mehr entscheiden, welches Bedürfnis es zu befriedigen gilt und wann er sich ausruhen sollte. Er arbeitet unaufhörlich, um die öffentlichen Speicher zu füllen, wobei er es der Gesellschaft überläßt, die Anwendung für die Dinge, die er hergestellt hat, zu finden.

Der Austausch zwischen zwei Menschen, die gleichermaßen arbeiten und wie unser Inselbewohner Reichtum erzeugen, um ihn zu verbrauchen, entstand zunächst aus dem

Überfluß. „Gib mir das, was du nicht brauchst und was mir dienlich wäre“, hatte einer der beiden Partner gesagt, „und ich werde dir dafür geben, was ich nicht brauche, dir aber nützlich sein wird.“

Indessen war der jeweilige Gebrauchswert nicht der einzige Maßstab für die ausgetauschten Dinge. Jeder der Tauschenden berechnete seinerseits die Mühe und die Zeit, die ihn die Herstellung des Gegenstandes, den er anbot, gekostet hatte. Beide bilden die Grundlage für den Preis des Verkäufers. Außerdem verglich er beides mit der Mühe und Zeit, die er aufwenden müßte, um sich die für ihn notwendigen Dinge selbst zu verschaffen. Aus dieser Berechnung ergibt sich dann der Preis des Käufers. Der Austausch findet aber erst statt, wenn jeder der beiden Partner erkannt hatte, daß es für ihn vorteilhafter ist, sich die zum Leben notwendigen Dinge auf dem Tauschwege zu verschaffen anstatt sie selbst zu erzeugen.

Indessen hat der Austausch keineswegs die Natur des Reichtums verändert; der Reichtum war stets eine durch die Arbeit geschaffene Sache, die für ein zukünftiges Bedürfnis aufbewahrt wird und die nur auf Grund dieses Bedürfnisses überhaupt Wert besitzt. Das Verhältnis zwischen Produktion und Konsumtion blieb das gleiche, wenn auch ein anderer Verbraucher an die Stelle des Herstellers gerückt ist. Im Hinblick auf das Endprodukt kann man von allen Austauschen, die das Erzeugnis durchlaufen hat, absehen. Zwar ist die Ware von einem Menschen erzeugt und von einem Menschen aufbewahrt worden, ein Mensch wird ihrer bedürfen und sie verbrauchen, doch es ist völlig gleichgültig, ob es sich dabei stets um denselben Menschen handelt, denn mehrere aufeinanderfolgende Austausche haben aus dem letzten nur den Repräsentanten des ersten werden lassen.

Der Austausch hatte nicht nur die Waren zum Gegenstand, sondern erstreckte sich gleichzeitig auf die Arbeit, vermittels derer alle Waren hergestellt werden. Hatte jemand Vorräte aufgespeichert, so bot sich an, denjenigen zu ernähren, dessen Speicher leer waren, allerdings unter der Bedingung, daß er für ihn arbeiten mußte. Diese Lebensunterhaltung, die im Austausch für die Arbeit gewährt wurde, nannte man Lohn.

Der Austausch verändert das Wesen der Arbeit ebensowenig wie dasjenige der hergestellten Waren. In den Waren kann es sowohl für die Gesellschaft als auch für den einzelnen Menschen eine nutzlose und eine unproduktive Arbeit geben. Dennoch wird die eine wie die andere Arbeit mit einem Lohn bezahlt, und weder die eine noch die andere Arbeit ändert dadurch ihren Charakter. Das gilt einmal, wenn die nutzlose Arbeit weder den Wünschen noch den Bedürfnissen des Auftraggebers entspricht und zum anderen auch, wenn die unproduktive Arbeit keine Aufbewahrung ihrer Früchte erlaubt. Der Lohn, den der eine oder andere Arbeiter erhält, darf uns keineswegs täuschen. Derjenige, der einen Lohn zahlt, setzt lediglich an seine eigene Stelle einen fremden Arbeiter. Die Aufgabe, die wir bisher von nur einer Person bewältigt sahen, wird jetzt von zwei oder mehreren Menschen erfüllt. Das Ergebnis bleibt ungeachtet dessen stets das gleiche. Der Tagelöhner, der Oliven aussät, würde für seinen Brotgeber nur eine nutzlose Arbeit ausgeführt haben, selbst unter der Bedingung, daß sie für ihn vorteilhaft ist, weil er dafür einen Lohn erhält. Derjenige Tagelöhner, der seinen Brotgeber gegen Bären oder die Gesellschaft gegen Feinde verteidigt, derjenige, der sich um die Person und die Gesundheit des anderen bemüht, und schließlich derjenige, der den anderen Menschen das Vergnügen an Musik, Theater und Tanz ermöglicht, führt ebenfalls wie der auf sich allein gestellte Mensch eine nützliche Arbeit aus, da sie für die anderen angenehm und für ihn selbst einträglich ist. Er verschafft damit seinem Brotgeber Genüsse und Vergnügungen und erhält selbst einen Lohn. Dennoch war diese Arbeit unproduktiv, da ihre Früchte nicht von Dauer sind und sich nicht aufbewahren lassen. Tatsächlich besitzt derjenige, der den Lohn gezahlt hat, am Ende weder den Lohn noch die Dinge, für die er ihn ausgab.

Die Arbeit und Sparsamkeit sind sowohl für den in der Gesellschaft lebenden Menschen als auch für den einzelnen Menschen stets die wirklichen und einzigen Quellen des Reichtums; der eine wie der andere können daraus die gleichen Vorteile erwarten. Indessen haben die Herausbildung der Gesellschaft und damit die Entstehung des Handels und der Austausche die Entwicklung des Reichtums verändert, sei es durch die Steigerung der Produktionsmöglichkeiten auf Grund der Arbeitsteilung oder sei es, daß man der Sparsamkeit ein genaueres Ziel gab und die Genüsse, die der Reichtum verschaffen kann, vergrößerte. Also produzierten die in der Gesellschaft vereinten Menschen mehr, als wenn sie alle für sich allein gearbeitet hätten, und sie bewahrten ihre Produkte mit mehr Sorgfalt auf, weil sie ihren Wert besser schätzen lernten.

Der zufällige Vorteil, den zwei unter an sich gleichen Bedingungen produzierende Menschen beim Austausch von Dingen, die sie nicht sofort verbrauchen können, feststellten, ließ beide recht bald erkennen, daß sie bei derartigen Austauschen stets einen Vorteil erzielen würden. Einen Vorteil immer dann, wenn sie für Waren, die der andere besser als sie erzeugt, solche anbieten, deren Herstellung ihnen selbst weniger Mühe bereitet. Sie waren in der Lage, alles, was sie ständig herstellten, gut anzufertigen, während sie Arbeiten, die sie nur gelegentlich ausübten, langsam und ungeschickt erledigten. Je mehr sie sich also ausschließlich einer einzigen Arbeit widmeten und je mehr Geschicklichkeit sie dabei erwarben, um so besser gelang es ihnen, diese leichter und schneller auszuführen. Eine derartige Beobachtung führte zur Teilung der Arbeit, und der Bauer merkte bald, daß er die Ackergeräte, die der Schmied in einem Tage für ihn erzeugt, allein nicht in einem ganzen Monat fertigstellen könnte.

Der gleiche Grundsatz, der zunächst die Arbeiten in die des Bauern, Schäfers, Schmieds und Webers trennte, führte in der Folge zu zahllosen Arbeitsteilungen. Jeder von ihnen bemerkte, daß er auf Grund der Arbeitsteilung seine Tätigkeit in zunehmendem Maße schneller und vollkommener ausführen konnte. Der Weber verzichtete auf die Arbeiten des Spinnens und Färbens; die Hanf-, Baumwoll-, Woll- und Seidenspinner trennten sich voneinander; auch die Weber spezialisierten sich noch weiter untereinander – entsprechend der Bestimmung und der Gewebeart ihrer Stoffe; und bei jeder Arbeitsteilung stiegen die Arbeitsmöglichkeiten, weil der Arbeiter seine Aufmerksamkeit nunmehr auf eine einzige Arbeit richtete. In den Manufakturen wurde diese Teilung noch vervielfacht, und man erzielte dabei stets dasselbe Ergebnis. Zwanzig Arbeiter arbeiteten zusammen an einer einzige Sache, aber jeder von ihnen führte dabei einen anderen Handgriff aus. Dergestalt leisteten die zwanzig Arbeiter zwanzigmal mehr, als wenn jeder für sich gearbeitet hätte.

Aus der Teilung der Arbeit gingen die Maschinen hervor. Die Natur bietet uns ursprüngliche Kräfte, welche zwar die Kräfte des Menschen unendlich übersteigen, die aber erst dienstbar gemacht werden müssen. Es war nötig, diese Kräfte für die Industrie zu bändigen. Sobald man sie jedoch eine menschliche Arbeit ausführen lassen konnte, erledigten sie diese mit einer Schnelligkeit und in einem Umfang, die die Möglichkeiten des Menschen, der aus seinen eigenen Kräften handelte, unendlich übertrafen. Wasser, Wind und Feuer konnten zwar nicht zur Ausführung schwieriger Arbeitsvorgänge herangezogen werden, aber die Arbeitsteilung hatte ja alle die einzelnen Verrichtungen vereinfacht. Wenn in der Manufaktur jeder Arbeiter mit einem einzigen Handgriff betraut wurde, fand er in sehr kurzer Zeit einen gleichmäßigen Rhythmus zu seiner Ausführung; und er entdeckte bald die Richtung, die er einer Naturkraft geben mußte, damit sie diese Arbeit ohne seine Hilfe verrichtete. So wurde das Wasser zum Mahlen des Getreides, zum Antrieb von Sägen und zum Anheben von Stempeln ausgenutzt; und die Arbeiten, zu deren Ausführung tausende Menschen nicht fähig gewesen wären, wurden jetzt von gefühllosen Arbeitern bewerkstelligt, die keinerlei Bedürfnisse kannten.

Die Teilung der Arbeit erhöhte auch noch anderweitig die Fähigkeit des Menschen, Gebrauchswerte herzustellen. Einzelne Mitglieder der Gesellschaft kehrten sich von den manuellen Arbeiten ab und widmeten sich den geistigen. Sie studierten die Natur und ihre Eigentümlichkeiten, sie beschäftigten sich mit der Dynamik und ihren Gesetzen sowie mit der Mechanik und ihren Anwendungsgebieten, und sie leiteten aus den Forschungen die fast unerschöpflichen Mittel und Wege zur Vergrößerung der menschlichen Produktionsmöglichkeiten ab. Sie schufen das, was wir heute unter der Bezeichnung Allmacht der Wissenschaft kennen. Mit diesen Kräften, die weitaus größer als menschliches Vermögen sind, läßt sich eine Arbeit ausführen, die der Mensch vermittels seiner physischen Fähigkeiten niemals hätte in Angriff nehmen können.

DRITTES KAPITEL

DAS ANWACHSEN DER BEDÜRFNISSE IN DER GESELLSCHAFT UND DIE GRENZEN DER PRODUKTION

Seit der Vereinigung der Menschen zur Gesellschaft und seit der Teilung der Arbeit wird in der Welt mehr produziert. Der einzelne, der nur noch eine ganz bestimmte Arbeit auszuführen hatte, erwarb darin bald besondere Fertigkeiten; jeder machte sich die ursprünglichen Kräfte der Natur für die Vermehrung seiner Arbeit zunutze, sobald es ihm gelungen war, sie zu beherrschen; und schließlich vervielfältigte jedes Individuum seine eigenen Fähigkeiten mit Hilfe der Möglichkeiten der Wissenschaft. Konnte der Mensch im Urzustand durch die Arbeit eines ganzen Tages gerade die allernötigsten Bedürfnisse befriedigen, so dürfte es in der vollkommensten Gesellschaft genügen, daß ein einziger Mensch von hundert, ja vielleicht sogar von tausend, bei gleichem Fleiß in einer Manufaktur ebensoviel Arbeit leistet, ganz abgesehen davon, daß hundert bzw. tausend Menschen dann alle untätig bleiben könnten. Bei den landwirtschaftlichen Arbeiten allerdings ist eine derartige Einsparung von Arbeitskräften nicht möglich.

Jedoch die Fortschritte der Zivilisation führten nicht nur zur Vermehrung der Arbeit, sondern auch zur Ausweitung des Verbrauchs. Der Einzelmensch, der für sich allein arbeitete, konnte nur begrenzte Bedürfnisse und begrenzte Genüsse haben. Zwar brauchte er Nahrung, Kleidung und Wohnung, aber der feine Geschmack, durch den die Befriedigung dieser Bedürfnisse zum Vergnügen geworden wäre, fehlte ihm noch; ebensowenig kannte er die künstlichen Bedürfnisse, die in der Gesellschaft bestehen und deren Befriedigung stets neue Genüsse gewährleistet. Das Ziel des Einzelmenschen bestand einzig und allein im Anhäufen von Gütern, um sich in der Folge von der Arbeit auszuruhen. Für ihn galt es, in der Anhäufung von Reichtümern ein bestimmtes Maß zu erreichen, das zu überschreiten jedoch eine Torheit gewesen wäre, weil er ja seinen Verbrauch nicht im gleichen Verhältnis würde erhöhen können. Die Bedürfnisse des in der Gesellschaft lebenden Menschen aber scheinen unbegrenzt zu sein, da seine Arbeit ihm unendlich viele Genüsse bietet. Wieviel Reichtum er auch angehäuft haben mag, er findet nie einen Grund zu sagen: „Es ist genug." Stets ersinnt er Mittel und Wege, seinen Reichtum in Genuß umzuwandeln bzw. sich die dafür erreichbaren Genüsse vorzustellen.

Indessen ist es ein großer Irrtum, in den die meisten modernen Ökonomen verfielen, zu glauben, daß der Verbrauch eine Macht ohne Grenzen sei, die jederzeit eine unbeschränkte Produktion verschlingen kann. Diese Ökonomen hören nicht auf, die Völker zu ermutigen, mehr zu erzeugen, neue Maschinen zu erfinden und die Arbeiten zu vervollkommnen, damit die Arbeitsmenge des laufenden Jahres stets diejenige des vergangenen Jahres übersteigt. Sie betrüben sich über die zunehmende Zahl unproduktiver Arbeiter, sie setzen die Müßigen der allgemeinen Entrüstung aus; und schließlich wünschen sie, daß in einem Land, wo die Arbeitsmöglichkeiten verhundertfacht wurden, jeder zum Arbeiter wird und arbeiten muß, um überhaupt leben zu können.

Doch es sei darauf hingewiesen, daß der Einzelmensch zunächst nur um seiner Bequemlichkeit willen arbeitete; er häufte Reichtümer an, um diese dann im Müßiggang genießen zu können. Die Erholung ist ein natürliches Bedürfnis des Menschen, sie stellt das Ziel und die Belohnung der Arbeit dar. Und wahrscheinlich würden die Menschen auf alle Verbesserungen in der Industrie sowie auf alle Genüsse, welche uns die Manufakturen ermöglichen, verzichten, wenn es nötig wäre, ständig eine solche Arbeit auszuführen, wie sie der Arbeiter verrichten muß. Die Teilung der Arbeit und der Berufe durch die Spezialisierung der Aufgaben hat das Ziel der menschlichen Arbeit nicht geändert. Der Mensch müht sich ausschließlich darum ab, um sich danach erholen zu können; er häuft nur an, um wieder auszugeben; und er strebt nur nach Reichtum, weil er ihn genießen will. Heute aber sind die Anstrengungen und der Genuß ihrer Früchte voneinander getrennt; denn es ist nicht ein und derselbe Mensch, der arbeitet und sich in der Folge ausruht. Dieser Umstand erklärt sich aus der Tatsache, daß der Arbeiter arbeitet, während zur gleichen Zeit ein anderer müßig sein muß.[11]

Ferner sei gesagt, daß die Bedürfnisse des arbeitenden Menschen gezwungenermaßen sehr stark begrenzt sind. Auf Grund des ungeheuren Anwachsens der Produktionsmöglich-

[11] Mit Erholung, von der wir hier sprechen, meinen wir lediglich die Unterbrechung der Arbeit, die Reichtum schaffen soll; man darf sie deshalb keineswegs mit dem Müßiggang verwechseln. Fast alle körperlichen Bewegungen, die uns unter normalen Bedingungen sehr angenehm sind, hören auf es zu sein, wenn sie der Lebensunterhaltung dienen sollen. Jede Tätigkeit, die also keinen Gewinn verspricht, ist daher Bestandteil der Erholung der Reichen. Nun sind aber vor allem die geistigen Betätigungen Teil dieser Ruhe und infolgedessen nur auf dieser Grundlage überhaupt ausführbar.

Der Mensch akkumuliert, um während des Verbrauchs der angehäuften Güter sich in der Lage zu befinden, seinen Geist zu schulen und seine Seele zu veredeln. Die Nation häuft Reichtümer an, damit jedes Individuum die nötige Muße für die Entfaltung seiner geistigen Fähigkeiten besitzt und damit einige wenige Menschen die menschliche Natur verfeinern und der Vollkommenheit näherbringen können. Wenn alle Mitglieder der Gesellschaft arbeiten würden, nur unaufhörlich arbeiteten, könnte das Ziel des Reichtums nicht erreicht werden, da es weder Zeit gäbe, den Reichtum zu genießen, noch Gelegenheit, den Menschen zu bessern. Die Nation würde durch die Vermehrung ihrer materiellen Reichtümer das Ziel den Mitteln opfern.

keiten bei der Arbeit und mit Hilfe der gesamten Gesellschaft könnte man jeden einzelnen Menschen sehr schnell mit der notwendigen Nahrung, Wohnung und Kleidung versehen. Wenn alle Menschen einer Nation so arbeiten müßten wie die Tagelöhner; wenn infolgedessen zehnmal mehr Nahrung, Wohnung und Kleidung hergestellt würden als jeder einzelne benötigt, hätte sich in diesem Falle die Lage des Menschen verbessert? Ganz im Gegenteil. Jeder Arbeiter wäre nunmehr gezwungen, wie zehn zu verkaufen, wogegen er aber nur wie einer einkaufen könnte. Das würde bedeuten, daß jeder einzelne beim Verkauf auf noch größere Schwierigkeiten stieße und sich infolgedessen noch weniger in der Lage befände, etwas zu kaufen. Die Umwandlung der Nation in eine große Manufaktur voller ständig beschäftigter und produzierender Arbeiter würde, weit davon entfernt, Reichtum zu schaffen, nur allgemeines Elend verursachen.[12]

Sobald es Produkte im Übermaß gibt, muß die überschüssige Arbeit Dingen des Luxus zugewendet werden. Der Verbrauch an unbedingt notwendigen Gütern ist begrenzt, derjenige an Luxusgegenständen jedoch grenzenlos. Alles Schuhwerk und Kleidung, sämtliches Brotgetreide und Fleisch, das die Arbeiter heute unter den sehr beschränkten Lebensverhältnissen verbrauchen können, läßt sich in kurzer Zeit erzeugen. Selbst wenn es auf Grund einer gerechteren Organisation der Gesellschaft gelänge, diesen Arbeitern einen größeren Anteil am Reichtum, den sie schaffen, zu gewähren, ließen sich ihre Genüsse, die mit ihrer Arbeit vereinbar sind, sehr bald befriedigen. Ohne Zweifel wird es niemals dahin kommen, daß sie im Wagen zur Arbeit fahren und ihre

[12] Bei dieser Überlegung lasse ich den Außenhandel außer acht. Wenn man ihn allerdings in Betracht ziehen will, kann ein Land durchaus zum Versorger des Nachbarvolkes werden. Meine Überlegung wird sich jedoch auch als richtig erweisen für die gesamte Menschheit bzw. für jenen Teil der Menschheit, der miteinander Handel treibt und heute gewissermaßen nur noch einen einzigen Markt darstellt.

Arbeit in Samt- oder Goldbrokatkleidern ausführen. Wenn das Ergebnis des Arbeitseifers, den alle Autoren fordern und zu dem sämtliche Regierungen ermuntern, kein anderes Ziel hätte, dann würden die Arbeiter sehr bald auf den Luxus verzichten, den sie mit so harter Arbeit erkaufen müssen.

Böte man den Tagelöhnern als Belohnung für eine anstrengende Arbeit, für eine Arbeit von zwölf bis vierzehn Stunden, wie sie heute üblich ist, alle möglichen Formen des Reichtums, so gäbe es keinen einzigen unter ihnen, der nicht mehr Erholung und mehr Freiheit geringerem Luxus und unbedeutenden Äußerlichkeiten vorzöge. So und nicht anders würde sich unter ungefähr gleichen Lebensbedingungen die gesamte Gesellschaft entscheiden. Niemand, der aus seiner Tätigkeit einen Gewinn zieht, wäre bereit, einen derartig hohen Preis für Luxusgegenstände zu bezahlen, nachdem er den kaum spürbaren Genuß, den ihm schönere Kleider verschaffen, mit der gesamten für sie aufgewendeten Arbeit verglichen hat. Luxus ist erst dann möglich, wenn man ihn mit der Arbeit anderer kaufen kann; und beharrliche Arbeit ohne Unterlaß wird nur geleistet, wenn sie nicht Nichtigkeiten, sondern einzig und allein dem Lebensunterhalt dienen muß.

Das ungeheure Anwachsen der Produktionsmöglichkeiten der Arbeit kann also nur zum Luxus und Genuß bei den müßigen Reichen führen. Der Einzelmensch arbeitete, um sich ausruhen zu können; der in der Gesellschaft lebende Mensch arbeitet, damit sich andere ausruhen können. Der Einzelmensch häufte Güter an, um sie in der Folge zu verbrauchen; der Mensch der Gesellschaft muß zusehen, wie die Früchte seiner Anstrengungen von anderen angehäuft und verzehrt werden. Aber von dem Augenblick an, wo die Arbeiter mehr produzieren, unendlich mehr, als sie selbst verbrauchen können, müssen die Produkte für den Verbrauch von Menschen bestimmt sein, die unter völlig anderen Bedingungen leben und selbst nichts erzeugen.

So führt der Fortschritt in Industrie und Produktion, wenn man ihn in bezug auf die Bevölkerung betrachtet, stets zur größeren Ungleichheit unter den Menschen. Je mehr in einer Nation die Gewerbe und Manufakturen entwickelt sind, um so krasser gestaltet sich das Mißverhältnis zwischen der Lage der Arbeitenden und der Lage der Genießenden; je mehr die einen sich anstrengen müssen, um so mehr Luxus können die anderen entfalten. Das ist immer der Fall, wenn nicht der Staat durch Einrichtungen, die dem rein ökonomischen Ziel der Reichtumsvermehrung entgegengesetzt zu sein scheinen, in die Reichtumsverteilung korrigierend eingreift und denjenigen, die alle Genußgüter herstellen, einen größeren Teil davon zusichert. Der wöchentliche Ruhetag, durch den die Produktionsergebnisse verringert werden, gewährt so auch diesen Armen einen Anteil an den Genüssen, die sie der Gesellschaft an den übrigen Tagen auf Grund ihrer Arbeit ermöglichen. Eine Aufhebung dieses Ruhetages würde bedeuten, daß der erzeugte Reichtum um ein weiteres Siebentel anwüchse. Die Reichen müßten infolgedessen in noch größerem Luxus und die Armen in noch tieferem Elend leben.

In gleicher Weise könnte der Gesetzgeber den Armen gewisse andere Sicherheiten gegen die allgemeine Konkurrenz gewähren. Diese würden sicherlich ebenso, wie die gesetzliche Einrichtung des wöchentlichen Ruhetages, von denjenigen verurteilt, die nur das Anwachsen des Reichtums im Auge haben; dagegen fänden sie die Billigung jener, die die Zunahme des Reichtums allein dann gutheißen, wenn sie zum größeren Wohlergehen aller Schichten der Bevölkerung beiträgt.

Die Reichen aber, die stets die Produkte der Arbeit anderer Menschen verbrauchen, können sie für sich selbst nur durch Tausch erwerben. Wenn sie indessen ihren Reichtum stets für neue und noch ausgefallenere Güter ausgeben, dann müßten, so könnte man annehmen, die Reichtumsreserven bald erschöpft sein; denn wir haben gesagt, daß sie selbst nicht arbeiten, ja nicht einmal fähig sind zu arbeiten. Man könnte also glauben, ihre ursprünglichen Reichtümer nähmen mit jedem Tage mehr ab, so daß sie schließlich den

Arbeitern, die für diese Reichen arbeiten, nichts mehr im Austausch anzubieten haben. Wie wir sahen, können die Arbeiter weder Wagen benutzen noch sich in Samt und Seide kleiden. Wenn jedoch die Reichen aufhörten, reich zu sein, dann müßten die Wagenbauer und die Samtproduzenten vor Elend zugrunde gehen, gerade weil sich die Reichen während einer gewissen Zeit Wagen und teure Kleider leisteten.

Aber in der Gesellschaft besitzt der Reichtum die Fähigkeit, sich durch die Arbeit des anderen zu reproduzieren, ohne daß sein Besitzer es nötig hätte, dazu beizutragen. Wie die Arbeit, so wirft auch der Reichtum, selbst durch Arbeit entstanden, ein jährliches Produkt ab, welches jedes Jahr erneut verbraucht werden kann, ohne daß der Reiche dabei ärmer würde. Dieses Produkt ist das Einkommen, das aus dem Kapital entsteht. Die Unterscheidung beider, die Unterscheidung von Einkommen und Kapital, wird zur Grundlage der gesellschaftlichen Wohlfahrt. Die Produktion stockt, sobald sie nicht mehr gegen das Einkommen eingetauscht werden kann. Wenn plötzlich alle Angehörigen der reichen Klasse den Entschluß fassen, wie die Ärmsten von ihrer eigenen Arbeit zu leben und ihr gesamtes Einkommen dem Kapital zuzuschlagen, dann wären die Arbeiter, die auf den Austausch dieses Einkommens angewiesen sind, um leben zu können, der Verzweiflung und dem Hungertode preisgegeben. Auch im gegenteiligen Falle, wenn nämlich sich die reiche Klasse nicht damit begnügen würde, nur von ihrem Einkommen zu leben, sondern dazu noch ihr gesamtes Kapital ausgäbe, nähme dieser für die arme Klasse so notwendige Austausch ein Ende. Wir werden an anderer Stelle sehen, daß das nicht die einzige unheilvolle Folge ist, die der Kapitalverlust hervorruft. So muß das Ausmaß der Produktion durch das gesellschaftliche Einkommen bestimmt werden. Alle diejenigen, die zu einer unbegrenzten Produktion ermutigen, ohne an die Größe des Einkommens zu denken, stoßen ein Land ins Verderben, anstatt, wie sie glauben, ihm den Weg zum Reichtum zu weisen.

VIERTES KAPITEL

WIE DAS EINKOMMEN AUS DEM KAPITAL ENTSTEHT

Der Handel – Sammelbegriff für alle Arten von Austausch – komplizierte die zwischen Produktion und Konsumtion bestehenden Beziehungen. Doch gleichzeitig erhöhte er auch seine eigene Bedeutung. Ursprünglich hatte jeder mit der Herstellung dessen begonnen, was er selbst zu verbrauchen gedachte. Da er seine Bedürfnisse kannte, konnte er die Arbeit danach einteilen. Aber seitdem jeder für den unbekannten Käufer arbeitet, muß die Produktion aller auch von allen verbraucht werden, und jeder muß bei seiner Erzeugung die Endnachfrage der Gesellschaft, für die das Produkt der Arbeit des einzelnen bestimmt ist, im Auge haben. Diese Nachfrage kennt er jedoch nur sehr ungenau, ganz abgesehen davon, daß sie begrenzt ist. Jeder einzelne muß daher seine Ausgaben, um sie fortlaufend gestalten zu können, gewissen Grenzen unterwerfen, denn die Summe der Einzelausgaben ist nichts anderes als die Summe der Ausgaben der gesamten Gesellschaft.

Die genaue Unterscheidung zwischen Kapital und Einkommen gab es beim Einzelmenschen noch nicht. In der Gesellschaft allerdings wird sie wesentlich. Der in der Gesellschaft lebende Mensch muß den Verbrauch seinem Einkommen anpassen, und die Gesellschaft selbst, deren Teil er ist, unterliegt den gleichen Regeln. Wenn sie sich nicht zugrunde richten will, kann und darf sie in jedem Jahr nur das jährliche Einkommen verbrauchen. Greift sie jedoch ihr Kapital an, so zerstört sie sowohl die Mittel zur ständigen Reproduktion als auch die zukünftigen Konsumtionsmittel.

Die gesamte Produktion ist stets für den Verbrauch bestimmt; und wenn das jährliche Produkt auf dem Markt, für den es bestimmt war, keine Abnehmer findet, stockt notwendigerweise die Reproduktion und die Bevölkerung geht inmitten des größten Überflusses zugrunde. Wir erörtern hier die schwierigste und abstrakteste Frage der Politischen Ökonomie. Die Eigentümlichkeiten des Kapitals und des Einkommens vermischen sich unaufhörlich in unserer Vorstellung. Was für den einen Menschen Einkommen darstellt, sehen wir bei einem anderen zum Kapital werden. Ferner beobachten wir, wie eine Ware, die von Hand zu Hand geht, nacheinander verschiedene Bezeichnungen erhält, während ihr Wert, der sich vom verbrauchten Gegenstand trennt, eine metaphysische Größe zu sein scheint, die der eine ausgibt und die ein anderer wiederum eintauscht, eine Größe also, die bei dem einen mit dem Gegenstand selbst erlischt, während sie sich beim anderen erneuert und ebensolange wie die Zirkulation fortbesteht. Eine genaue Unterscheidung von Kapital und Einkommen läßt sich oft nur schwer treffen, aber sie ist sehr wichtig. Mehr als ein verderbliches System beruhte auf ihrer Verwechslung. Bald ermunterte man zur Verschwendung, um dadurch die Industrie anzuregen; bald schlug man Steuern auf das Kapital anstatt auf das Einkommen, und man wies jene als Geisterseher ab, die sich zugunsten der Erhaltung des Nationalkapitals auf das Gleichnis von der Henne mit den goldenen Eiern beriefen.

An anderer Stelle sagten wir bereits, daß aller Reichtum Produkt der Arbeit sei. Das Einkommen – ein Teil des Reichtums – muß den gleichen Ursprung haben. Es ist üblich, drei Arten von Einkommen zu unterscheiden, und zwar Rente, Profit und Lohn, die aus den drei verschiedenen Quellen – Boden, akkumuliertes Kapital und Arbeit – hervorgehen. Bei genauerer Betrachtung stellt man allerdings fest, daß diese Dreiteilung des Einkommens nur aus drei verschiedenen Arten des Teilhabens am Produkt der menschlichen Arbeit besteht.

Auf Grund der Fortschritte in Industrie und Wissenschaft, die dem Menschen die Beherrschung aller Naturkräfte ermöglichten, kann der Arbeiter täglich mehr, ja sogar viel mehr, erzeugen, als er zum eigenen Verbrauch benötigt. Der Reichtum, der durch die Arbeit geschaffen wird, macht den Arbeiter allerdings untüchtig, wenn er in seinen Genuß kommt. Doch der Reichtum bleibt fast niemals im Besitz desjenigen, der arbeiten muß, um leben zu können. Indessen tritt der Reichtum der Arbeit gegenüber, und derjenige, der Reichtum besitzt, behält dem Arbeiter dafür, daß er den Reichtum für ihn produziert, einen Teil dessen vor, was der Arbeiter über seinen Verbrauch hinaus hergestellt hat.

Im allgemeinen konnte der Arbeiter seinen Besitz an Grund und Boden nicht aufrechterhalten. Bekanntlich verfügt aber der Boden über eine produktive Kraft, die der Mensch vermittels seiner Arbeit wohl für sich zu nutzen verstand. Der Eigentümer des Bodens, auf dem die Arbeit sich vollzieht, behält sich für die Vorteile, die ihm aus dieser produktiven Kraft erwachsen, einen Teil der Früchte aus der Arbeit vor, an der sein Boden mitgewirkt hat. Dies ist das Einkommen des Grundeigentümers, das im voraus auf die Produkte aus der Arbeit des Arbeiters gelegt wird und das ohne Reproduktion verbraucht werden kann. Die Ökonomen nennen es die R e n t e.

In der modernen Gesellschaft verfügt der Arbeiter ebenfalls nicht mehr über eine ausreichende Menge an Konsumtionsmitteln, die es ihm erlauben würden, leben zu können und seine Arbeit so lange auszuführen, bis er einen Käufer gefunden hat. Ebensowenig besitzt er die Rohstoffe, die er für seine Arbeit benötigt und die sehr oft von weither bezogen werden müssen. Schließlich fehlen ihm noch die komplizierten und kostspieligen Maschinen, die die Arbeit erleichtern und um vieles produktiver gestalten. Der Reiche, der die notwendigen Konsumtionsmittel, Rohstoffe und Maschinen besitzt, kann darauf verzichten, selbst zu arbeiten, denn er ist gewissermaßen Herr über den Arbeiter, dem er diese drei Dinge bereitstellt. Als Entschädigung dafür behält er sich den größten Teil der Früchte aus der Arbeit des Arbeiters vor. Das ist der Profit aus dem von ihm vorgeschossenen Kapital, bzw. das Einkommen des Kapitalisten.

Obwohl der Arbeiter durch die Arbeit eines Tages weit mehr erzeugt, als seine täglichen Ausgaben betragen, bleibt ihm nur selten, nachdem er mit dem Grundbesitzer und mit dem Kapitalisten das Produkt seiner Arbeit geteilt hat, mehr als das zum Leben unbedingt Notwendige übrig. Was ihm letzten Endes bleibt, bildet sein Einkommen, den Lohn. Diesen Lohn kann er verbrauchen, ohne ihn erneuern zu müssen.

Betrachten wir zunächst einmal die Entstehung und Entwicklung der verschiedenen Arten des Einkommens in einer Hauswirtschaft.

In den Augen des einzelnen Menschen, bei dem wir zuerst die Entstehung des Reichtums untersucht haben, stellte aller Reichtum nichts anderes als einen im voraus vorbereiteten Vorrat für den Augenblick des Bedarfs dar. Dennoch unterschied er bereits bei diesem Vorrat zwei Teile: erstens den Teil, den er bei seiner Disposition für den konsumtiven d. h. sofortigen Verbrauch zurückhalten mußte, und zweitens jenen Teil, den er zum Zwecke einer neuen Produktion zu verwenden gedachte. So mußte er sich von einem Teil seines Getreides bis zur nächsten Ernte ernähren, während der andere Teil, der für die Aussaat aufgespeichert wurde, im kommenden Jahr Früchte tragen sollte. Die Entstehung der Gesellschaft und die Einführung der Austausche erlaubten es, dieses Saatgut, d. h. diesen fruchtbringenden Teil des angehäuften Reichtums fast unaufhörlich zu vermehren. Er wurde das Kapital genannt.

Der Einzelmensch konnte sich bei seiner Arbeit nur auf den Boden und auf die Tiere stützen; in der Gesellschaft aber kann der Reiche den Armen für sich arbeiten lassen. Der Bodenbebauer begriff, nachdem er alles für die nächste Ernte notwendige Getreide aufgespeichert hatte, daß es von Nutzen war, den außerdem noch vorhandenen Überschuß an Getreide zur Ernährung anderer Menschen zu verwenden.

Diese würden dann für ihn den Boden bearbeiten und neues Getreide erzeugen; ferner würden sie seinen Hanf und seine Wolle spinnen und weben, ja sogar in seinen Bergwerken arbeiten. Sie nähmen also aus seinen Händen, gleichgültig unter welcher Form, alle bereits für den Gebrauch bestimmten Waren entgegen, um dafür ihrem Brotgeber nach Ablauf einer bestimmten Zeit Gebrauchsgüter von viel größerem Wert zurückzuerstatten.

Auf Grund dieses Vorgehens verwandelte der Grundbesitzer einen Teil seines Einkommens in Kapital; und in der Tat, neues Kapital entsteht stets auf diesem Wege. Das Getreide, das er über den eigenen Verbrauch bei der Arbeit und über das zur Aufrechterhaltung der Wirtschaft notwendige Saatgut hinaus geerntet hat, stellt einen Reichtum dar, den er nichtstuend verbrauchen, verschenken oder verschwenden kann, ohne dabei ärmer zu werden. Dieses überschüssige Getreide ist ein Einkommen; aber sobald es der Grundeigentümer zur Ernährung für produktive Arbeiter benutzt und sobald er es gegen Arbeit bzw. die Früchte aus der Arbeit seiner Landarbeiter, Weber und Bergleute austauscht, besitzt es einen bleibenden, sich stets vermehrenden Wert, der nicht mehr vergeht, denn es ist nunmehr Kapital. Dieser permanente, sich stets vermehrende Wert unterscheidet sich nun aber vom Wert der gewährten Lebensunterhaltsmittel, durch die er erst geschaffen werden konnte. Er bleibt als eine mystische, stofflose Größe immer im Besitz des gleichen Grundbesitzers, für den allein er verschiedene Formen annimmt. Zunächst war er Getreide, dann ein der Arbeit gleicher Wert, in der Folge entsprach er den Früchten dieser Arbeit, dann dem Verkaufspreis dieser Früchte, später wurde er Geld und schließlich wieder zu Getreide bzw. zu Arbeit. Alle diese aufeinanderfolgenden Umwandlungen änderten das Kapital nicht, es blieb stets in den Händen desjenigen, der es einmal erspart hatte.

Allerdings haben diese Umwandlungen des Kapitals zur gleichen Zeit anderen Menschen den Lebensunterhalt verschafft, der daraufhin in Form von Einkommen viele Male wieder verbraucht wurde, ohne daß sich jedoch ein Kapitalverlust ergab. Ein Austausch setzt stets zwei Werte voraus; dabei kann jeder dieser beiden Werte eine andere Bestimmung haben; die Eigenschaft als Kapital und als Einkommen folgt aber nicht dem ausgetauschten Gegenstand, sondern bleibt an die Person des Besitzers gekettet. So haben die Arbeiter als Quelle des Einkommens nur ihre Arbeit; sie geben sie im Austausch gegen das Getreide hin, das für sie dann zum Einkommen wird. Sie können dieses Getreide verbrauchen, ohne daß dadurch ein Verlust an Substanz entsteht, während ihre Arbeit andererseits für ihren Herrn zu Kapital wird. Dieser nun tauscht in der Folge die Früchte der Arbeit aus. Er gibt dem Kaufmann z. B. Wollgewebe. Der Austausch zwischen Grundbesitzer und Kaufmann vollzieht sich hier Kapital gegen Kapital; jeder behält das seinige, allerdings unter einer anderen Form. Schließlich verkauft der Kaufmann die Wollgewebe dem Verbraucher, der daraus Kleider herstellen will. Letzterer kauft die Gewebe mit seinem Einkommen, und er kann sie also ohne Verlust an Substanz verbrauchen. Das schließt aber nicht aus, daß der Teil des Einkommens, den er dem Kaufmann gab, für diesen nunmehr zum Bestandteil seines Kapitals geworden ist.

Da allein die Arbeit die Fähigkeit besitzt, Reichtum zu schaffen, indem sie Güter zur Befriedigung der menschlichen Bedürfnisse erzeugt, muß das gesamte Kapital ursprünglich dazu angewendet worden sein, Arbeit in Bewegung zu setzen; denn jeder Reichtum, den man nicht vernichten will, muß gegen einen zukünftigen Reichtum, den die Arbeit hervorbringen soll, ausgetauscht werden. Der Lohn wurde zum Preis, für den der Reiche im Austausch die Arbeit des Armen erhält. Die Teilung der Arbeit ließ die Klassenunterschiede entstehen. Mit jeder neuen Generation wurden mehr Menschen geboren, deren Einkommen allein in ihrer Arbeit bestand. Infolgedessen waren sie gezwungen, sich jeder Art von Tätigkeit zu unterziehen, die man ihnen gerade anbot. Aber sobald man nur noch einen sehr einfachen Arbeitsgang in der Manufaktur ausführen konnte, begab man sich in die Abhängigkeit desjenigen, der einen beschäftigte. Der Arbeiter stellte kein vollständiges Produkt mehr her, sondern fertigte nur noch einen Teil davon an. Für die Herstellung des Produktes waren ebenso wie die Rohstoffe und Werkzeuge die Mitarbeit anderer Arbeiter und schließlich die Händler, die den Austausch der Waren vornehmen, erforderlich. Wenn der Arbeiter mit einem Manufakturbesitzer über den Austausch seiner Arbeit gegen Unterhaltsmittel verhandelte, so war seine Lage immer die unvorteilhaftere; denn er brauchte stets mehr Unterhaltsmittel, als der Kapitalist Arbeit benötigte. Diese Unterhaltsmittel sich selbst zu beschaffen, war er jedoch immer weniger in der Lage. Der Arbeiter fordert also Unterhaltsmittel, um leben zu können, der Manufakturbesitzer fragt nach Arbeit, um Profit zu erzielen. Der Arbeiter beschränkt seine Forderung ständig auf das unbedingt Notwendigste, denn ohne dieses Minimum kann die von ihm angebotene Arbeit überhaupt nicht ausgeführt werden. Der Kapitalist will dagegen aus jedem Anwachsen der Produktionsmöglichkeiten, die sich aus der Teilung der Arbeit ergeben, profitieren.

Die Abhängigkeit der Arbeiter und das Elend all jener, die den nationalen Reichtum schaffen, haben jedoch mit dem Wachstum der Bevölkerung zugenommen. Die Zahl der Menschen, die kein anderes Einkommen als ihre Arme haben und deshalb auf die Arbeit angewiesen sind, wächst ständig. Infolgedessen sind diese Menschen mehr und mehr gezwungen, recht schnell jede beliebige Arbeit, die gerade angeboten wird, anzunehmen, sich den Bedingungen zu unterwerfen, die man ihnen auferlegt, und schließlich mit dem auf das zum Leben unbedingt Notwendige reduzierten Lohn zufrieden zu sein. Der Gewinn eines Unternehmers stellt nur einen Raub an dem von ihm beschäftigten Arbeiter dar. Denn der Unternehmer verdient nicht etwa, weil sein Betrieb viel mehr produziert als er ihn kostet, sondern weil er nicht alles das bezahlt, was er ihn wirklich kostet, da er dem Arbeiter nicht die hinlängliche Belohnung für seine Arbeit gewährt. Eine derartige Industrie ist ein Übel für die Gesellschaft, da sie diejenigen, die arbeiten, ins tiefste Elend stürzt, während sie dem Kapitalisten den üblichen Profit aus dem Kapital zusichert.

Indessen befindet sich der Reiche jedesmal, wenn er aus der von ihm veranlaßten Arbeit Profit zieht, in jeder Beziehung in der gleichen Lage wie der Landbebauer, der das Land bestellt. Der Lohn nämlich, den er seinen Arbeitern zahlt, stellt ebenfalls ein Saatgut dar, das er diesen anvertraute, damit es innerhalb einer bestimmten Zeit Früchte trägt. Ebenso wie der Landbebauer weiß er, daß er aus dieser Saat eine Ernte, in diesem Falle die fertiggestellte Arbeit seiner Arbeiter, erwarten kann. Er weiß auch, daß er im Ertrage dieser Ernte zunächst einen der Aussaat entsprechenden Wert bzw. den Wert wiederfindet, der dem gesamten Kapital entspricht, das er anwandte, um die Arbeit ausführen zu lassen. Das bleibt für ihn eine unveräußerliche Größe. Ferner bringt ihm die Ernte einen Produktenüberschuß ein, den er als seinen Profit bezeichnet und der sein Einkommen darstellt. Dieses Einkommen, das jedes Jahr wieder aus dem gleichen Reichtum entsteht, kann ohne Reproduktion und ohne daß sein Besitzer deshalb ärmer würde, verbraucht werden.

Der Unternehmer verwendet ebensowenig wie der Landbebauer seinen ganzen produktiven Reichtum als Saatgut, sondern er benutzt einen gewissen Teil dieses Reichtums für die Gebäude, Fabriken und Werkzeuge, durch welche die Arbeit erleichtert und einträglicher gestaltet werden kann; ebenso wie der Landbebauer einen Teil des Reichtums für die ständigen Arbeiten zur Erhöhung der Bodenfruchtbarkeit ausgibt. So sehen wir die verschiedenen Arten von Reichtum nacheinander entstehen und sich wieder voneinander trennen. Ein Teil der von der Gesellschaft angehäuften Reichtümer wird von dem jeweiligen Besitzer verwendet, um die Arbeit gewinnbringender zu gestalten und um die ursprünglichen Kräfte der Natur menschliche Arbeit übernehmen zu lassen. Dieser Teil, der sich nur langsam verbraucht, wird fixes Kapital genannt. Er umfaßt die Urbarmachung, die Bewässerungskanäle, die Fabriken, die Werkzeuge und Maschinen aller Art. Ein zweiter Teil des Reichtums wird dagegen für den schnellen Verbrauch bestimmt, um sich in der Arbeit, die er ausführt, zu reproduzieren. Dieser zweite Teil des Reichtums kann unaufhörlich seine Form ändern, behält aber ständig den gleichen Wert. Man nennt ihn zirkulierendes Kapital, und er schließt in sich ein die Aussaat, die zu bearbeitenden Rohstoffe und die Löhne. Schließlich hebt sich noch ein dritter Teil des Reichtums von diesem zweiten Teil ab. Er stellt den Wert dar, der nach vollendeter Arbeit über die Vorgaben hinaus vorhanden ist. Dieser Wert, der als Kapitaleinkommen bezeichnet wird, ist für den Verbrauch bestimmt, ohne daß er erneuert werden muß. Bevor er jedoch verbraucht wird, tauscht man ihn ein letztes Mal gegen die Dinge aus, die man für den persönlichen Gebrauch benötigt. Alle diese Dinge, die zur Befriedigung der persönlichen Bedürfnisse gebraucht werden, Dinge, die sich nicht mehr erneuern und die mit dem Einkommen gekauft werden, nennt man den Konsumtionsfonds.

Es ist wesentlich, darauf hinzuweisen, daß diese drei Arten des Reichtums letzten Endes immer dem Verbrauch unterliegen. Denn alles, was geschaffen wurde, besitzt nur Wert für den Menschen, wenn es seinen Bedürfnissen dient, und die menschlichen Bedürfnisse können lediglich durch die Konsumtion befriedigt werden. Das fixe Kapital allerdings trägt nur in indirekter Weise zur Befriedigung der Bedürfnisse bei, da es sich sehr langsam verbraucht, indem es seinen Wert entsprechend seines anteilmäßigen Verschleißes auf das Produkt überträgt. Das zirkulierende Kapital dagegen geht unaufhörlich auf die direkten Gebrauchsgegenstände des Menschen über. Es verwandelt sich in den Konsumtionsfonds des Arbeiters und bildet den Lohn, den sich der Arbeiter durch den Verkauf seiner Arbeit, die bekanntlich sein Einkommen darstellt, verschafft hat. Wenn dieser Vorgang beendet ist und das zirkulierende Kapital sich erneuert hat, geht es in den Konsumtionsfonds des Käufers über, der es sich vermittels irgendeines Einkommens aneignen kann. Beim Verbrauch eines Gegenstandes gibt es immer einen Menschen, für den dieser Gegenstand unwiederbringlich geworden ist, während gleichzeitig noch ein anderer Mensch existieren kann, für den der Gegenstand konsumiert und doch reproduziert wurde.

Diese Bewegung des Reichtums ist dermaßen abstrakt und erfordert, um sie richtig zu verstehen, sehr große Aufmerksamkeit, so daß wir es für angebracht erachten, die einfachsten Abläufe dieses Prozesses zu verfolgen, indem wir unsere Blicke auf eine einzige Familie richten. Ein einsamer Farmer in einer entfernten Kolonie, am Rande der Wüste, hat in einem Jahr hundert Säcke Getreide geerntet. Da es für ihn keinen Markt gibt, auf den er das Getreide bringen könnte, muß er es in jedem Falle innerhalb eines Jahres verbrauchen. Andernfalls hätte es ja keinen Wert für ihn. Aber zusammen mit seiner Familie verzehrt er nur dreißig von den hundert Säcken. Diese dreißig Säcke Getreide bilden gewissermaßen seinen Lohn, bzw. das Äquivalent seines Einkommens. Sie reproduzieren sich für niemanden. Daraufhin wird er sich um Arbeiter bemühen, die er die Wälder roden, die nahegelegenen Sümpfe entwässern und einen Teil der Einöde urbar machen und bebauen läßt. Die Arbeiter verzehren dann weitere dreißig Säcke Getreide. Sie tätigen damit eine Ausgabe, die sie sich auf Grund ihres Einkommens, d. h. ihrer Arbeit leisten können. Für den Farmer handelt es sich dabei nur um einen Austausch, da er diese dreißig Säcke Getreide in fixes Kapital umgewandelt hat. Schließlich bleiben ihm noch vierzig Säcke zur Aussaat übrig, statt der zwanzig Säcke im vorangegangenen Jahr. Sie stellen sein zirkulierendes Kapital dar, das er verdoppeln konnte. Alle hundert Säcke wurden also verbraucht; allerdings sind nur siebzig Säcke von den Hundert wirklich angelegt, um mit sehr großem Zuwachs wieder zu entstehen, die einen aus der nächsten Ernte, die anderen aus allen nachfolgenden Ernten.

Gerade in der Absonderung des von uns angenommenen Farmers können wir die Grenzen eines solchen Ablaufs am besten erkennen. Wenn er in diesem Jahr nur sechzig von hundert Säcken geernteten Getreides verzehren und verzehren lassen konnte, wer soll dann im folgenden Jahr die durch die Erhöhung der Aussaat erzeugten zweihundert Säcke verbrauchen? Man wird antworten: „Seine Familie, die sich vergrößert." Zweifellos, doch die Menschheit wächst nicht so schnell wie die Unterhaltsmittel. Wenn unser Farmer genug Arbeitskräfte hat, um jedes Jahr den von uns vorausgesetzten Vorgang wiederholen zu können, verdoppelt sich seine Getreideernte jährlich, während seine Familie doch höchstens alle fünfundzwanzig Jahre auf das Doppelte anwachsen kann.

Nachdem wir soeben drei Arten von Reichtum bei einer privaten Familie unterschieden haben, wollen wir jetzt diese Dreiteilung aufgreifen, um auch jede einzelne Art von Reichtum in bezug auf die ganze Nation zu betrachten und um zu sehen, wie das Nationaleinkommen aus dieser Einteilung hervorgeht.

Ebenso wie der Farmer, um Kulturland zu gewinnen, für das Roden der Wälder und für die Entwässerung der Sümpfe eine einfache Arbeit leisten mußte, ist auch bei jedem Unternehmen zunächst eine ursprüngliche Arbeit, die die Reproduktion des zirkulierenden Kapitals erleichtert und beschleunigt, erforderlich. Bevor man zum Erz gelangt, muß man ein Bergwerk anlegen; bevor man eine Mühle oder eine Fabrik bauen und arbeiten lassen kann, muß Wasser in Kanäle geleitet werden; Wolle, Hanf oder Seide können erst gewebt werden, wenn die Manufaktur und die Webstühle vorhanden sind. Diese erste Vorgabe wird stets durch eine Arbeit geschaffen; diese Arbeit jedoch stellt sich immer durch einen Lohn dar, und dieser Lohn wird ständig ausgetauscht gegen die lebensnotwendigen Dinge, die die Arbeiter verbrauchen, während sie diese Arbeit ausführen. Also wird ein Teil der jährlichen Konsumtion in beständige Anlagen umgewandelt. Diese Anlagen sollen die Produktionsmöglichkeiten einer zukünftigen Arbeit erhöhen. Wir haben sie als fixes Kapital bezeichnet. Allerdings veralten diese Anlagen ihrerseits, sie verfallen und verschleißen langsam, nachdem sie lange Zeit dazu beigetragen haben, die jährliche Produktion zu steigern.

Gleichermaßen wie der Farmer zunächst Saatgut brauchte, das sich, wenn es ausgesät worden ist, bis zur Ernte verfünffacht hat, benötigt jeder Unternehmer Rohstoffe, die er bearbeiten lassen will, sowie für die Arbeiter Löhne, welche den lebensnotwendigen Dingen, die die Arbeiter während ihrer Arbeit verbrauchen, entsprechen müssen. Seine Unternehmung beginnt also mit einem Verbrauch, dem eine reichliche Erneuerung folgen muß; denn durch diese Erneuerung müssen aufgewogen werden die Rohstoffe, die inzwischen bearbeitet wurden, der Lebensunterhalt für die Arbeiter während ihrer Arbeit, der Verschleiß der Webstühle und aller fixen Kapitalien bei der Produktion, schließlich die Gewinne all jener, die sich an der Arbeit beteiligen und die das Risiko auf sich nahmen, in der Hoffnung, dabei zu gewinnen. Der Farmer säte zwanzig Säcke Getreide, um hundert zu ernten. Der Manufakturbesitzer muß eine ähnliche Rechnung anstellen. Und ebenso wie der Farmer in seiner Ernte nicht nur das vorgestreckte Saatgut, sondern auch die Belohnung aller seiner Arbeiten wiederfinden muß, muß der Unternehmer in der Reproduktion nicht nur die Rohstoffe, sondern auch alle Löhne für seine Arbeiter, die Zinsen und den Unternehmergewinn seines fixen Kapitals sowie die Zinsen und den Unternehmergewinn seines zirkulierenden Kapitals vergolten bekommen.

Schließlich kann der Farmer zwar jedes Jahr das Saatgut vermehren, muß dabei aber die Gewißheit haben, daß er stets genug Verbraucher für seine im gleichen Verhältnis größerwerdenden Ernten findet. Auch der Manufakturbesitzer, der ebenfalls seine Ersparnisse benutzt, um die Produktion zu erhöhen, muß darauf achten, daß genügend Käufer und Verbraucher für die gestiegene Produktion seines Unternehmens vorhanden sind.

Da der Konsumtionsfonds nicht produktiv ist und da man im allgemeinen bemüht ist, sein Vermögen zu erhalten und noch zu vergrößern, wird der Konsumtionsfonds soweit wie möglich eingeschränkt. Anstatt in seinem Hause Vorräte anzuhäufen, die dem jährlichen Einkommen entsprechen, das für die jährliche Konsumtion bestimmt ist, erhöht man zumindestens vorübergehend, sein fixes und zirkulierendes Kapital um die Summe, die jeweils noch nicht für die Konsumtion ausgegeben wird. Gegenwärtig befindet sich ein Teil des Konsumtionsfonds in den Händen der Kleinhändler, die auf die Bequemlichkeit der Käufer zählen. Ein anderer Teil, der sich nur sehr langsam verbraucht (Häuser, Möbel, Wagen, Pferde), gehört denjenigen, die ein Geschäft daraus machen, diese Dinge dem Gebrauch zur Verfügung zu stellen, ohne ihren Besitz aufzugeben. Ein beträchtlicher Teil des Reichtums der sehr reichen Nationen gelangt also auf diese Weise stets wieder in den Konsumtionsfonds zurück. Obwohl dieser Teil zwar seinen Verwaltern noch Gewinn einbringt, trägt er zur Vermehrung der nationalen Reproduktion nicht mehr bei.

FÜNFTES KAPITEL

DIE AUFTEILUNG DES NATIONALEINKOMMENS AUF DIE EINZELNEN KLASSEN DER NATION

Wir haben gesagt, daß die Arbeit in der Gesellschaft drei beständige Reichtumsquellen schafft, aus denen drei Arten von Einkommen entstehen. Die erste dieser Quellen ist der Boden. Seine ursprüngliche, ständig zur Erzeugung bereite Kraft braucht nur nutzbar gemacht zu werden. Das geschieht durch die Arbeit. Das zur Bezahlung der Arbeit angewendete Kapital ist die zweite der Reichtumsquellen. Das Leben schließlich, das die Kraft zum Arbeiten spendet, bildet die dritte dieser Quellen. Daraus ergibt sich, daß alle drei in direkter Verbindung zur Arbeit stehen und daß es ohne Arbeit keinen Reichtum geben kann.

Der Boden, als Einkommensquelle betrachtet, steht, wie sich leicht erkennen läßt, in enger Beziehung mit dem fixen Kapital, das heißt mit den Fabriken, Mühlen, Hüttenwerken, Bergwerken, deren Besitz ebenfalls ein Einkommen abwirft, das aber nicht anders als durch die Arbeit des Menschen entstehen kann. Der Boden wie auch die Fabriken erleichtern diese Arbeit und gestalten sie produktiver. Die Früchte dieser so angewendeten Arbeit umfassen dann zunächst den Lohn des Arbeiters sowie in dem einen Falle die Entlohnung für den Boden und im anderen Falle die Entlohnung für die Fabriken, die ja wie Menschen gearbeitet haben.

Allerdings beruht die Produktionsfähigkeit der Fabriken gänzlich auf einer vorausgegangenen menschlichen Arbeit, durch welche die Fabriken überhaupt erst entstanden. Der produktiven Kraft des Bodens liegt dagegen nur teilweise eine vorherige Arbeit zugrunde, nämlich die Einhegung,

Urbarmachung und Vorbereitung zur Bebauung, damit der Boden dann durch die jährliche Arbeit fruchtbringend werden kann. Außerdem gibt es im Boden und in der Natur eine produktive Kraft, die nicht vom Menschen herrührt, die er sich aber aneignet allein auf Grund der Tatsache, daß er sie zu bändigen und zu lenken versteht. Die Ökonomen schlußfolgerten daraus, daß die Arbeit, welche den Boden fruchttragend macht, viel produktiver als jede andere Arbeit sei, da sie von einer ursprünglichen Kraft, die es nur zu beleben gilt, begünstigt wird. Aber auch die Fabriken setzen Kräfte in Bewegung, wie beispielsweise Luft, Wasser und Dampf, die die menschlichen Kräfte unendlich übersteigen; und ihre Produkte werfen mehr Gewinn ab, als die Erzeugnisse der Landwirtschaft, wenigstens dann, wenn der Grund und Boden eigener Besitz ist. In den Kolonien, wo der Boden demjenigen gehört, der ihn in Besitz nimmt, ist die Landwirtschaft das gewinnbringendste Unternehmen, weil sie die einfachsten Bedürfnisse der Gesellschaft befriedigen muß.

Im Gegensatz zum Boden ließen sich die beiden anderen Quellen des Reichtums – das Leben, das die Arbeit erst ermöglicht, und das Kapital, welches die Arbeit bezahlt – zusammen behandeln. Wenn diese beiden Komponenten zusammen wirken, stellen sie nämlich eine ausdehnungsfähige Kraft dar; denn die Arbeit, die der Arbeiter im laufenden Jahr vollbringt, ist stets mehr wert als die Arbeit des vergangenen Jahres, von der er sein Leben unterhalten muß. Allein auf Grund dieses Mehrwerts trägt die Industrie zum ständigen Wachstum der Reichtümer bei. Dabei versteht es sich, daß der Mehrwert um so größer ist, je mehr Fortschritte in Industrie und Wissenschaft sowie in der Anwendung wissenschaftlicher Methoden im Gewerbe gemacht werden. Das Wachstum dieser Reichtümer, von dem soeben die Rede war, kann nun entweder das Einkommen der arbeitenden Klassen bilden oder aber das Kapital der Arbeiter erhöhen. Im allgemeinen jedoch bleibt das Kapital, das die Arbeit bezahlt und erst ermöglicht, nicht in den Händen jener, die arbeiten. Daraus entstand eine mehr oder weniger ungleiche Teilung zwischen dem Kapitalisten und dem Arbeiter, eine Teilung, bei der es dem Kapitalisten darauf ankommt, dem Arbeiter nur gerade das zu lassen, was er zum Lebensunterhalt unbedingt braucht, während er selbst alles das zurückbehält, was der Arbeiter über den Wert dieses Lebensunterhaltes hinaus hergestellt hat. Der Arbeiter seinerseits kämpft um einen etwas größeren Anteil an der von ihm geleisteten Arbeit.

Zur genaueren Untersuchung dieses wichtigen Kampfes wird es einfacher sein, alle Arbeiter, die gleichzeitig noch Kapitalisten sind, und alle Kapitalisten, die zur gleichen Zeit als Arbeiter angesehen werden können, außer acht zu lassen. Entsprechend der Höhe ihres Einkommens, das sie aus ihrer Arbeit und aus ihrem Kapital erwarten, neigen sie zu der einen oder zu der anderen Klasse. Außerdem wollen wir von dem wesentlichen Unterschied absehen, den es zwischen dem Einkommen aus dem Boden und dem Einkommen aus dem Kapital gibt. Da ja auch das Einkommen aus dem Boden letzten Endes erst mit Hilfe von Kapital und Arbeit entstehen kann, sind die Farmer, die Unternehmer in der Landwirtschaft, ebenfalls Kapitalisten. Ihren Arbeitern gegenüber befinden sie sich in der gleichen Lage wie die Kapitalisten in der Industrie. Nachdem sie nämlich ihren Arbeitern den Lebensunterhalt vorgestreckt haben, sind sie darauf bedacht, den ganzen Mehrwert aus der Arbeit für sich zu behalten und dem Arbeiter gerade nur den zum Leben notwendigsten Teil zu lassen, damit dieser bei Kräften bleibt und eine neue Arbeit beginnen kann.

Betrachtet man das Nationaleinkommen unter diesem zweiten Gesichtspunkt, so setzt es sich lediglich aus zwei Teilen zusammen: Aus der jährlichen Produktion, die den aus dem Reichtum entstehenden Profit repräsentiert und aus der Kraft zum Arbeiten, die dem Leben entspringt. Unter Reichtum verstehen wir in diesem Falle sowohl den Besitz an Grund und Boden als auch das Kapital; und mit Profit bezeichnen wir das Reineinkommen, das dem Grundeigentümer zufällt, wie auch den Profit des Kapitalisten. Die

Grundbesitzer nehmen keinen Anteil an dem Kampf zwischen Arbeitern und Kapitalisten. Sie erhalten ihre Rente, die aus dem Kapitalprofit bezahlt wird, erst im Ergebnis dieses Kampfes.

Auch die jährliche Produktion, also das Ergebnis aller in dem jeweiligen Jahr von der Nation ausgeführten Arbeiten, besteht aus zwei Teilen. Der eine Teil ist der Profit, der aus dem Reichtum hervorgeht, der andere Teil stellt die Arbeitsfähigkeit dar, die dem Reichtum, für den man sie eintauscht, bzw. den Lebensunterhaltsmitteln für den Arbeiter entspricht.

So halten sich das Nationaleinkommen und die jährliche Produktion gegenseitig die Waage und sind quantitativ gleich. Die gesamte jährliche Produktion wird jährlich verbraucht, allerdings zum Teil durch die Arbeiter, welche die jährliche Produktion durch den Verkauf ihrer Arbeit in Kapital verwandeln und von neuem erzeugen; zum Teil durch die Kapitalisten, die sie auf Grund des Austausches gegen Einkommen verbrauchen. Außerdem darf man keineswegs vergessen, daß die Arbeitskraft sich nicht durch Reichtum messen läßt. Der Lohn drückt nämlich nicht den wirklichen Wert der Arbeit aus, sondern nur die Menge an Unterhaltsmitteln, die im vergangenen Jahr zur Ernährung der Arbeiter genügte. Die gleiche Menge Unterhaltsmittel setzt dann im kommenden Jahr wieder eine mehr oder weniger große Arbeit in Bewegung; und aus dem Schwanken zwischen den beiden Werten resultieren entweder ein Anwachsen oder eine Verminderung des nationalen Reichtums, Wohlstand oder Elend der arbeitenden Klasse sowie Vermehrung oder Untergang der Bevölkerung.

Schließlich gilt es, darauf hinzuweisen, daß auch das Nationaleinkommen aus zwei Teilen besteht, wovon der eine vergangen und der andere gegenwärtig bzw., wenn man so will, der eine gegenwärtig und der andere zukünftig ist. Der eine – der Profit aus dem Reichtum – befindet sich gegenwärtig in den Händen derer, die verbrauchen wollen, und er entstand aus den im vergangenen Jahr geleisteten Arbeiten. Der andere Teil – die Bereitschaft und die Fähigkeit zum Arbeiten – verwandelt sich nur in dem Maße in wirklichen Reichtum, wie sich die Gelegenheit zum Arbeiten bietet und wie sich die Fähigkeit gleichzeitig gegen Konsumtionsmittel austauscht.

Das gesamte jährliche Einkommen ist dazu bestimmt, gegen die gesamte jährliche Produktion ausgetauscht zu werden. Durch diesen Austausch deckt jeder seinen Bedarf, ferner wird das Kapital ersetzt, und schließlich wird verbraucht, wodurch die Nachfrage nach einer neuen Produktion verursacht wird. Wenn das jährliche Einkommen nicht die gesamte jährliche Produktion kaufen würde, bliebe ein Teil dieser Produktion unverkauft. Diese übriggebliebene Produktion würde die Lagerräume der Produzenten füllen, ihr Kapital lahm legen und die Produktion zum Stillstand bringen.

Wenn also jene, deren Einkommen im Profit aus dem Reichtum besteht, derartige Verluste erleiden, daß ihnen der Profit nicht mehr zum Leben ausreicht, oder wenn sie sich dem Luxus und der Verschwendung hingeben, was dazu veranlaßt, die Ausgaben zu erhöhen, ohne daß ihr Einkommen gestiegen ist, wenn sie schließlich aus irgendwelchen anderen Gründen für ihren Verbrauch mehr ausgeben, als ihr Einkommen beträgt, so können sie diese Mehrausgaben nur von ihrem Kapital tätigen. Aber in diesem Falle vermindern sie das Einkommen der arbeitenden Klasse, nachdem sie es für ein Jahr erhöht hatten, in den folgenden Jahren immer mehr; denn alles, was sie Kapital nennen, muß gegen die Arbeit, die das Einkommen des Arbeiters bildet, ausgetauscht werden. Der Reiche schreibt also dem Armen die Lebensweise vor. Wenn er sein Kapital verbraucht, ruiniert er sich; allein sein eigenes Interesse könnte ihn daran noch hindern. Wenn er aber vor diesem Interesse die Augen verschließt und das Kapital verzehrt, ist der Rest von diesem verminderten Kapital alles, was der Arme für die Arbeit des kommenden Jahres noch erhalten kann. Das Einkommen des Armen ist zwar stets das gleiche, denn er hat immer die gleiche Kraft zum Arbeiten; allerdings ist die Veranschlagung dieses Einkommens nicht mehr die gleiche geblieben. Solange der Verschwender sein Kapital als Einkommen verbrauchen kann, gibt er den Arbeitern für ihre geleistete Arbeit einen ausreichenden Teil von der jährlichen Produktion. Wenn der Verschwender allerdings sein Kapital erschöpft hat und deshalb auch kein Einkommen mehr besitzt, sinkt natürlich ebenfalls der Anteil an der jährlichen Produktion, der dem Arbeiter für seine Arbeit gegeben wird. Der Arbeiter erhält dann für seine Arbeit weniger, als er unbedingt zum Leben benötigt.

Wenn der Reiche dagegen vom Einkommen spart, um seinem Kapital etwas hinzuzufügen, dann nimmt er für sich selbst einen geringeren Teil vom jährlichen Produkt der Industrie und kann infolgedessen einen größeren Teil davon gegen Arbeit eintauschen. Je mehr er sein Einkommen einschränkt, um so mehr steigt das Einkommen des Armen; aber nicht nur, weil dieser für seine Arbeit mehr Unterhaltsmittel erhält, sondern auch deswegen, weil diese Arbeit insgesamt beträchtlicher ist. Ist jedoch die Bevölkerung zu gering, um einer Vermehrung der Arbeit gewachsen zu sein, so wird sie bald auf Grund des Anwachsens der Löhne dazu ermutigt, sich auszudehnen; denn einzig und allein das Elend hindert die Menschen daran, sich zu vermehren. Sobald das Elend geringer wird, bleiben die Kinder, die ansonsten in frühem Alter gestorben wären, am Leben und genießen den neuen Wohlstand. Die Junggesellen, die keine Kinder gehabt hätten, heiraten dann, um Kinder zu zeugen und um diese an der Nachfrage nach Arbeit profitieren zu lassen.

Der Reiche sorgt also für das Wohlergehen des Armen, wenn er an seinem Einkommen spart und es dem Kapital zuschlägt, denn da er selbst die Teilung der jährlichen Produktion vornimmt, behält er alles das zurück, was er Einkommen nennt, um es für sich zu verbrauchen. Alles das hingegen, was er als Kapital ansieht, überläßt er dem Armen als Einkommen. Allerdings muß der Reiche bei dieser Einteilung darauf achten, daß er niemals zu einer Arbeit ermutigt, die gar nicht nachgefragt ist; denn das Produkt einer Arbeit, die er ohne richtigen Beweggrund angeordnet hat, verkauft sich entweder überhaupt nicht oder nur sehr schlecht. Also wird der Profit, den er im kommenden Jahr daraus erwarten kann, gering, oder er verwandelt sich sogar in einen Verlust. Nachdem er also zur Entstehung einer aktiven Bevölkerung beigetragen hat, die als Einkommen nur ihre Arme besitzt, würde er sie nun der Unterhaltsmittel berauben, die er sie für ihre Arbeit erhoffen ließ.

Jedoch auch durch Verschwendung führt der Reiche eine ähnliche Lage herbei. Solange er sein Kapital neben dem Einkommen verbraucht, kann er mehr Arbeit nachfragen und einen höheren Lohn zahlen. Hat er aber auf diese Art und Weise erst einmal einen Bevölkerungszuwachs in der arbeitenden Klasse bewirkt, so nimmt er dieser dann plötzlich das Einkommen, da er selbst sein Kapital restlos verausgabt hat. Man hat allerdings kaum Gelegenheit, das Scheitern eines solchen Verschwenders zu bemerken, weil im allgemeinen die Verschwendung des einen durch die Sparsamkeit des anderen aufgewogen wird. Wenn allerdings der Staat selbst seine Kapitalien verzehrt, wie es vor allem während des Krieges geschieht, wo durch beträchtliche Anleihen die jährlichen Ausgaben bestritten werden sollen, dann schafft er zunächst einen künstlichen Wohlstand, solange nämlich, wie das Kapital der Anleihen verausgabt wird. Doch sehr bald stürzt die Bevölkerung, deren rasche Vermehrung erfolgte und die sich von diesem Kapital aus den Anleihen ernährte, in das tiefste Elend. Das geschieht, sobald man beginnt, die Schulden zu bezahlen anstatt neue zu machen.

Nach diesen allgemeinen Überlegungen zur ersten Teilung des Einkommens, ist es angebracht, dessen Verteilung auf die einzelnen Zweige der Gesellschaft zu verfolgen.

Der Farmer findet im Ertrag seiner Ernte, nachdem er das dem Vorjahre entsprechende Saatgut zurückgelegt hat, einen weiteren Teil, von dem er sich mit seiner Familie ernährt. Diesen Teil eignet er sich an und verzehrt ihn im Austausch gegen sein Einkommen, das in seiner jährlichen Arbeit besteht. Die Ernte liefert ihm aber auch noch einen dritten Teil, von dem er seine Arbeiter unterhält. Ferner muß ein Teil übrigbleiben, mit dem er den Besitzer des Bodens zufriedenstellt, der das Recht auf dieses Einkommen erworben hat, weil er durch eine einmalige Arbeit den Boden urbar machte bzw. einfach deswegen, weil er von einem herrenlosen Boden Besitz ergriff. Schließlich bringt ihm die Ernte einen weiteren Teil ein, von dem er entweder die Zinsen seiner Schulden bezahlen oder sich die Anwendung seines eigenen Kapitals vergelten kann. Dieses Einkommen steht ihm zu, weil er ursprünglich eine Arbeit zur Entstehung seines Kapitals leisten mußte. Man kann sogar noch von einem fünften Teil sprechen, der ebenfalls aus der jährlichen Produktion seiner Felder hervorgeht. Er stellt das Entgelt dar, das er den Hütern seiner Rechte, seiner Person und der Gesellschaft zahlt. Diesen Beamten, Soldaten, Rechtskundigen und Ärzten steht eine solche Vergütung auf Grund der geleisteten unproduktiven Arbeit, die keine Spuren hinterläßt, zu.

Gleichermaßen findet der Manufakturbesitzer im jährlichen Produkt seiner Fabrik zunächst die verwendeten Rohstoffe, dann das Äquivalent des Lohnes für sich und für seine Arbeiter, ein Einkommen, das ihnen auf Grund ihrer Arbeit zusteht. Ferner enthält das jährliche Produkt den Gegenwert für den jährlichen Verschleiß des fixen Kapitals, ein Einkommen, begründet auf der ursprünglichen Arbeit des Besitzers des fixen Kapitals. Schließlich liefert das jährliche Produkt den Ausgleich für die Zinsen und den Profit des zirkulierenden Kapitals, ebenfalls durch eine ursprüngliche Arbeit entstanden.

Man erkennt also, daß es trotz des Gegensatzes, den wir feststellten, zwischen dem Einkommen, das aus dem Reichtum entsteht, und demjenigen, das nur auf Arbeit beruht, auch eine wesentliche Beziehung zwischen beiden gibt, nämlich diejenige, den gleichen Ursprung zu haben, allerdings zu einer jeweils anderen Zeit. Unter jenen, die sich das Nationaleinkommen teilen, erwerben die einen jedes Jahr auf Grund einer neuen Arbeit ein neues Anrecht darauf, während die anderen schon von vornherein wegen einer ursprünglich geleisteten Arbeit, die die jährliche Arbeit lohnender gestaltet, einen ständigen Anspruch darauf erheben. Jeder erhält seinen Anteil am Nationaleinkommen entweder auf Grund dessen, was er selbst bzw. seine Rechtsnachfolger zu seiner Entstehung beigetragen haben bzw. noch beitragen, oder, wie wir bald sehen werden, er bekommt seinen Anteil aus zweiter Hand, als Entschädigung für die Arbeit, die er den anderen geleistet hat. Nun ruiniert man sich aber, wenn man verbraucht, ohne die Bedingungen zu erfüllen, die allein das Anrecht auf ein Einkommen verschaffen. Ebenfalls ruiniert man sich, wenn man verbraucht, ohne überhaupt ein Einkommen zu haben, oder wenn man über sein Einkommen hinaus konsumiert. Das trifft auch für eine Nation zu. Sie ruiniert sich ebenfalls, wenn sie sich aus derartigen Verbrauchern zusammensetzt. Das Einkommen ist eine Größe, um die der nationale Reichtum jährlich angewachsen ist und welche infolgedessen verbraucht werden kann, ohne daß die Nation deswegen ärmer wird. Allerdings zerstört eine Nation, die Reichtümer verbraucht, welche über den jährlichen Zuwachs hinausgehen, ohne wieder erneuert zu werden, selbst die Voraussetzungen für eine gleichbleibende Reproduktion in den nachfolgenden Jahren.

SECHSTES KAPITEL

DIE WECHSELSEITIGE BESTIMMUNG DER PRODUKTION DURCH DIE KONSUMTION UND DER AUSGABEN DURCH DAS EINKOMMEN

Das Wachstum des nationalen Reichtums stellt einen Kreislauf dar. Dabei wird jede Wirkung zugleich auch wieder Ursache, da jeder neue Schritt bereits durch den vorangegangenen bestimmt ist und selbst den nächstfolgenden festlegt, so daß schließlich der letzte Schritt wieder auf den ersten zurückführt. Das Nationaleinkommen soll die Ausgaben der Nation regeln. Die Ausgaben ihrerseits sollen aus dem Konsumtionsfonds die gesamte Produktion verzehren. Der absolute Verbrauch regt dann eine gleiche oder gar größere Wiedererzeugung an, und aus dieser Wiedererzeugung entsteht schließlich das Einkommen. Der nationale Reichtum nimmt weiter zu, und der Staat fährt fort zu gedeihen, wenn ein schneller und vollständiger Verbrauch eine stets größere Wiedererzeugung hervorruft und wenn die anderen Bestandteile des Reichtums, die in enger Beziehung zueinander stehen, mit dieser Bewegung Schritt halten und im gleichen Verhältnis anwachsen. Sobald aber die Proportionen zwischen den einzelnen Bestandteilen gestört sind, geht der Staat zugrunde.

Das Nationaleinkommen soll die Ausgaben der Nation regeln. Wir haben gesehen, daß dieses Einkommen von unterschiedlicher Beschaffenheit sein kann. Einmal stellt es den Profit der Kapitalisten dar, zum anderen repräsentiert es die Arbeitskraft der Armen. Die Reichen können selbst darüber entscheiden, ob sie ihren Profit aus dem Reichtum, der ihr Einkommen bildet, zur Befriedigung ihrer Bedürfnisse und Wünsche gegen die verschiedensten Konsumtionsgegenstände austauschen wollen. Übersteigen die Ausgaben jedoch ihr Einkommen, so sind sie notwendigerweise gezwungen, das Kapital selbst, aus dem ihr Profit hervorging, anzugreifen. Damit vermindern sie ihre zukünftigen Gewinne und richten sich in der Folge davon zugrunde.

Die Armen, die als Einkommen nur ihre Arbeit besitzen, befinden sich, bevor sie ihr Einkommen überhaupt ausgeben können, in Abhängigkeit von der Klasse der Kapitalisten. Sie müssen ihre Arbeit erst verkaufen, bevor sie in den Genuß ihrer Früchte kommen; und sie können sie nur jenen verkaufen, die, nachdem sie bereits ihr gesamtes Einkommen für sich selbst verausgabt haben, ihr restliches Kapital mit den Armen austauschen. Die Arbeitskraft wird aber erst zum Einkommen, wenn sie angewendet wird. Sie ist wertlos, wenn sie keinen Käufer findet; und selbst wenn sie gänzlich ausgenutzt wird, erhöht bzw. vermindert sich ihr Wert entsprechend der mehr oder weniger großen Nachfrage. Der Arme kann also sein Einkommen, die Arbeit, erst ausgeben, wenn er sie verkauft hat, und der Preis dafür regelt schließlich seine Ausgaben. Jede Ausgabe, die über diesen Preis hinausgeht, die er etwa von seinen kleinen Ersparnissen oder von Geborgtem tätigt, ist sowohl für ihn als auch für die Gesellschaft verderbenbringend. Andererseits ist auch jede Entbehrung, die sich der Arbeiter wegen der geringen Bezahlung oder nach dem Aufhören dieser Bezahlung auferlegt, verhängnisvoll für die Gesellschaft, da das Leben, die Gesundheit und die Kräfte des Arbeiters dadurch angegriffen werden und die zukünftige Arbeitsfähigkeit, die einen so wesentlichen Bestandteil des gesellschaftlichen Einkommens darstellt, abnimmt und sogar vernichtet wird.

Aus diesem Grunde darf also weder der Arme noch der Reiche mit seinen Ausgaben das wirkliche Einkommen übersteigen, wie auch jede Ausgabe der Gesellschaft durch das gesellschaftliche Einkommen geregelt wird.

Zum anderen sollen die nationalen Ausgaben allerdings die gesamte nationale Produktion aus dem Konsumtionsfonds abziehen. Um diesen Überlegungen sicherer folgen zu können und um die Probleme zu vereinfachen, sehen wir bis jetzt völlig vom Außenhandel ab und setzen damit eine isolierte Nation voraus. Die menschliche Gesellschaft selbst entspricht dieser isolierten Nation, und alles, was für eine Nation ohne Handel zutrifft, hat auch Gültigkeit für die gesamte Menschheit.

Wir haben gesehen, daß das einzige Ziel der Arbeit des Menschen in der Befriedigung seiner Bedürfnisse besteht und daß nur die Produkte menschlicher Arbeit Wert besitzen, die dem Gebrauch dienen. Ferner stellten wir fest, daß dieser Gebrauch stets durch einen Verbrauch gekennzeichnet ist, wobei dieser Verbrauch bald sehr schnell, bald sehr langsam vonstatten gehen kann. Schließlich sahen wir, daß der Mensch, sobald er den Reichtum genießen möchte und ihn aus der Zirkulation zieht, anfängt, ihn zu verzehren. Damit der Reichtum seinen Zweck erfüllt, ist es unwichtig, ob er vom Menschen verschwendet wird, vielmehr genügt es schon, daß er vom Markt zurückgezogen und in Genuß umgewandelt wird bzw. einfach nur in den Konsumtionsfonds übergeht.

Solange der Reichtum nicht seiner Bestimmung folgt, verhindert er die Wiedererzeugung der nämlichen Menge von Produkten, die ihn ersetzen soll. Wenn der Einsiedler einmal mehr Nahrung, Kleidung und Wohnung zur Verfügung hat, als er selbst gebrauchen kann, hört er auf zu arbeiten. Er wird nicht säen, um dann nicht zu ernten, er wird keinen Stoff weben, um sich in der Folge nicht damit zu kleiden, er wird keine Wohnung bauen, um dann nicht darin zu wohnen. Ohne Zweifel wird ihm ein gewisser Überfluß Behagen bereiten, und wenn er dazu fähig ist, wird er sich nicht nur das Nötigste, sondern auch diesen Überfluß schaffen. Dieser Überfluß ist ein Vergnügen für die Phantasie. Er hat indessen auch seine Grenzen. Denn sobald die reichliche Fülle der Einbildungskraft dem Einsiedler nicht mehr über dessen Bedürfnisse hinaus schmeichelt, hört er auf zu arbeiten. Er wird zu der Einsicht gelangen, daß ein so geringes Vergnügen mit einer so großen Mühe zu teuer bezahlt sei. Die

Gesellschaft verhält sich nun ganz genauso wie der Einzelmensch. Trotz der Teilung der Aufgaben läßt sie sich von den gleichen Beweggründen leiten. Sie will nicht mehr Nahrung erzeugen, wenn es keinen Verbraucher dafür gibt bzw. wenn niemand glaubt, daß die Nahrung verzehrt werden könnte. Sie wird nicht mehr Kleidung herstellen, wenn niemand seinen Bestand damit erweitern will. Schließlich schafft die Gesellschaft keine Wohnungen mehr, wenn niemand sie beziehen will.

Allerdings tritt die Grenze, welche der Verbrauch der Wiedererzeugung setzt, in der Gesellschaft noch fühlbarer hervor als beim einzelnen Menschen. Denn obwohl es in der Gesellschaft eine sehr große Anzahl schlecht ernährter, schlecht gekleideter und schlecht untergebrachter Menschen gibt, wird nur soviel hergestellt, wie die Gesellschaft kaufen kann; und wie wir sahen, kann sie nur entsprechend ihres Einkommens kaufen. Werden viel mehr Luxusgegenstände hergestellt als die Reichen Einkommen aus ihrem Kapital erzielen, bekommen die Reichen Lust, diese zu erwerben und sie erkennen zugleich, daß daraus neue Genüsse zu erlangen sind. Doch kaufen können sie diese Luxusgüter nur auf die Gefahr hin, sich dabei zu ruinieren; denn sie müßten ihr Kapital angreifen und würden dadurch das Einkommen der Armen sowie natürlich auch ihr eigenes zukünftiges Einkommen schmälern. Andererseits würde die Arbeit desjenigen unterbrochen, der diese Luxusgegenstände herstellt, sie aber nicht gegen das Einkommen der Reichen austauschen kann und deshalb sein Kapital nicht erneuert findet, um die Herstellung wieder aufnehmen zu können.

Schafft man für die Armen mehr Unterhaltsmittel, zwar nicht mehr als sie verbrauchen könnten, aber mehr als ihr Einkommen aus der Arbeit beträgt, so besteht kein Zweifel, daß sie sich besser ernähren und kleiden würden sowie schöner wohnen möchten, was ihnen in Wirklichkeit jedoch niemals möglich ist, denn der Reiche wird sich wegen dieser Bestrebungen nicht zu höheren Lohnzahlungen oder umfangreicheren Arbeitsangeboten veranlaßt sehen. Die Armen selbst können im Austausch mit dem Reichen nichts über ihre Arbeit hinaus anbieten, oder sie geraten in noch tieferes Elend, wenn sie ihre eventuellen geringen Ersparnisse ausgeben. Getreide kann also trotz einer hungernden Menge unverkauft bleiben, und der Produzent dieses Getreides, der sein Kapital nicht erneuert bekommt, kann infolgedessen auch keine neue Produktion in Bewegung setzen, so daß die Arbeit ins Stocken gerät.

Der Überfluß an Produkten führt zunächst dennoch, wegen der gesenkten Preise, einen höheren Verbrauch herbei. Das Endergebnis wird dadurch aber nicht verbessert. Bieten die Produzenten doppelt so viele Luxuswaren auf dem Markt an, als das Einkommen der Reichen beträgt, und wollen sie diese Waren unbedingt verkaufen, so sind sie gezwungen, ihr gesamtes Angebot gegen dieses Einkommen, d. h. mit 50% Verlust, einzutauschen. Die Reichen glauben, als Verbraucher verdient zu haben, indem sie Waren billiger erwarben, die sie ursprünglich gar nicht hätten kaufen wollen. Unter den Reichen allerdings gibt es auch Produzenten, und als Produzenten verlieren sie dann mehr als sie gewinnen, denn sie verlieren das Notwendigste. Ihr Verlust von 50% beim Verkauf der jährlichen Produktion fällt sowohl auf das Kapital als auch auf das Einkommen zurück. Da der Verlust also das Einkommen vermindert, sinkt infolgedessen der Verbrauch des kommenden Jahres. Durch die Verringerung des Kapitals wird die Nachfrage nach der Arbeit der Armen eingeschränkt, was bedeutet, daß auch ihr Einkommen in allen folgenden Jahren ständig geringer wird.

Wenn die Produzenten doppelt so viel Unterhaltsmittel auf den Markt bringen, wie die Armen Lohn bekommen, so sind sie gleichermaßen gezwungen, diese Unterhaltsmittel gegen den Wert des Lohnes abzugeben, d. h. mit einem Verlust von 50%. In diesem Jahr profitiert der Arme als Verbraucher, doch bereits im folgenden Jahr wird er den Verlust am Kapital bzw. Einkommen des Kapitalisten bitter zu spüren bekommen. Um den Verlust an Einkommen wieder auszugleichen, schränkt der Reiche von nun an seinen Verbrauch ein, was zur Folge hat, daß die Nachfrage nach den Produkten aus der Arbeit des Armen zurückgeht. Alles, was der Reiche an Kapital eingebüßt hat, wird er von den Löhnen, die er zahlt, abziehen, so daß im Endergebnis die Arbeit, die bekanntlich das Einkommen des Armen bildet, weniger Wert besitzt.

Aus dem eben Dargelegten geht also hervor, daß die nationalen Ausgaben, begrenzt durch das Einkommen, stets die gesamte Produktion aus dem Konsumtionsfonds absorbieren müssen.

Die absolute Konsumtion bestimmt, ob die Wiedererzeugung gleichgroß bleiben muß oder anwachsen soll. Infolgedessen entscheidet sie auch, ob der wirtschaftliche Kreislauf sich ausdehnen und sich in eine Spirale verwandeln kann. Hat man im vergangenen Jahr wie zehn produziert und verbraucht, wird man sich im folgenden Jahr, wenn man wie elf produziert, schmeicheln können, auch wie elf zu verbrauchen. Die mehr oder weniger große Leichtigkeit, mit der sich die Konsumtion vollzogen hat, zeigt uns das mehr oder minder günstige Ergebnis im Vergleich zum Vorjahr an. Die Reichen hatten bereits im vergangenen Jahr ihr Einkommen etwas eingeschränkt, um diese Summe ihrem Kapital bzw. den Löhnen, die sie den Armen geben, hinzuzufügen. Als Folge davon konnte mehr Arbeit ausgeführt werden. Wenn sich die Produkte dieser Arbeit verkaufen, ja sogar gut verkaufen lassen, dann hat dieses neue Kapital ein entsprechendes Einkommen hervorgebracht, welches wieder eine neue Konsumtion nach sich zieht. Die Ersparnisse des Vorjahres zerfallen im kommenden Jahr in zwei Teile. Ein Teil erhöht in Form des Einkommens die Genüsse des Reichen, der andere Teil trägt als Lohn zur besseren Lebenslage des Armen bei. Handelt man klug und maßvoll, kann man dieses Vorgehen fruchtbringend fortsetzen. Durch Übereilung würde man allerdings nur Mißerfolge und Elend herbeiführen. Stets muß das Einkommen des vergangenen Jahres die Produktion des laufenden Jahres bezahlen; denn das Einkommen des Vorjahres stellt im voraus eine feste

Größe dar, die als Maß für die noch unbekannte Menge an Arbeit in der Zukunft dient. Der Irrtum jener, die zu einer unbegrenzten Produktion ermuntern, besteht darin, daß sie das Einkommen der Vergangenheit mit dem Einkommen der Zukunft verwechseln. Sie behaupten, daß Vermehrung der Arbeit gleichzeitig Anwachsen des Reichtums und damit Anwachsen des Einkommens bedeutet und daß auf Grund des höheren Einkommens auch der Verbrauch zunimmt. Man kann jedoch den Reichtum nur vermehren, indem man die nachgefragte Arbeit, d. h. Arbeit, die zu ihrem wirklichen Preis bezahlt werden kann, anwachsen läßt; und dieser Preis, der im voraus festgesetzt wird, ist das bereits vorher vorhandene Einkommen. Alles in allem tauscht man also immer nur die Gesamtheit der Produktion des laufenden Jahres gegen die gesamte Produktion des vergangenen Jahres aus. Sollte die Produktion aber jährlich stufenweise anwachsen, so muß der jeweilige Austausch einen kleinen Verlust verursachen, der allerdings gleichzeitig eine Verbesserung der zukünftigen Lebensbedingungen bedeutet. Wenn dieser Verlust geringe Ausmaße hat und gut verteilt ist, wird ihn jeder ertragen, ohne sich über sein Einkommen zu beklagen. Er fördert sogar die Volkswirtschaft, denn mehrere dieser kleinen Opfer erhöhen nur das Kapital und den öffentlichen Wohlstand. Ist das Mißverhältnis zwischen der neuen und der vorjährigen Produktion jedoch zu groß, so daß man bereits das Kapital angreifen muß, dann herrscht Leid und Elend, und die Nation gerät in Rückstand anstatt vorwärtszukommen.

Schließlich sei gesagt, daß das Einkommen aus der neuen Produktion entsteht; aber die Produktion an sich stellt noch nicht das Einkommen dar, sondern sie erhält diesen Namen und diese Funktion erst dann, wenn sie realisiert worden ist, d. h. wenn das Erzeugnis den Verbraucher gefunden hat, der seiner bedarf und der dafür, daß er das Erzeugte der Zirkulation entzieht und es in seinen Konsumtionsfonds übergehen läßt, einen Gegenwert entrichtet. Jetzt kann der Produzent seine Abrechnung machen; aus dem vollzogenen

Tausch legt er zunächst sein ganzes Kapital zurück, dann übersieht er den Profit, der ihm bleibt, ferner deckt er seine Bedürfnisse und Genüsse, und schließlich beginnt er den Prozeß von neuem.

Alle bisherigen Darlegungen lassen erkennen, daß jede Verschiebung in den wechselseitigen Beziehungen zwischen Produktion, Einkommen und Konsumtion sich nachteilig für die Nation auswirkt. Zum Beispiel wenn die Produktion ein geringeres Einkommen abwirft als gewöhnlich, wenn ein Teil des Kapitals in den Konsumtionsfonds übergeht oder wenn im Gegenteil die Konsumtion sinkt und daher keine neue Produktion mehr erforderlich wird. Bereits die geringste Störung des Gleichgewichts genügt, um Not und Elend im Land herbeizuführen. Die Produktion nimmt ab, sobald sich Müßiggang unter der arbeitenden Klasse ausbreitet; das Kapital verringert sich, wenn Verschwendung oder Luxus zur Mode werden; schließlich kann die Konsumtion auf Grund einer Notlage, die nichts mit der Verringerung der Arbeit zu tun hat, abnehmen; indessen führt aber die herabgesetzte Konsumtion ihrerseits wieder zur Einschränkung der Arbeit, da nach einer neuen Produktion gar keine Nachfrage mehr besteht.

So schweben über den Nationen Gefahren, die völlig im Gegensatz zueinander zu stehen scheinen. Nationen können sich ruinieren, sowohl wenn sie zu viel als auch wenn sie zu wenig ausgeben. Eine Nation gibt immer dann zu viel aus, wenn sie ihr Einkommen überzieht und das Kapital angreifen muß, was bedeutet, daß die zukünftige Produktion eingeschränkt wird. Eine Nation handelt dann so wie der einsam lebende Bauer, der sein Saatgetreide verzehren würde. Dagegen gibt eine Nation stets zu wenig aus, wenn sie keinen Außenhandel treibt und ihre Produktion nicht verbraucht, bzw. auch dann gibt sie zu wenig aus, wenn sie sich zwar auf einen Außenhandel stützen kann, aber die über die Ausfuhr hinaus übriggebliebene Produktion nicht verzehrt. In diesem Falle würde sie sich bald in der gleichen Lage befinden, wie der einsame Farmer, der seine Speicher weit über alle Konsumtionsmöglichkeiten gefüllt hat und der, um nicht gerade eine unnütze Arbeit auszuführen, sich gezwungen sieht, auf eine neue Aussaat zu verzichten.

Hängt eine Nation nicht einem falschen System an und wird sie von ihrer Regierung nicht zu Schritten veranlaßt, die ihren wirklichen Interessen widersprechen, so vollzieht sich glücklicherweise in den meisten Fällen das Wachstum von Kapital, Einkommen und Konsumtion von sich aus in gewisser Übereinstimmung, ohne daß es nötig wäre, irgendwelche Maßnahmen zu treffen. Falls aber doch einer dieser drei voneinander abhängigen Bestandteile des Reichtums zeitweilig die anderen übersteigen sollte, so läßt sich fast immer vermittels des Außenhandels das Gleichgewicht wieder herstellen.

Wenn ich die bekanntesten und fähigsten Ökonomen anklage, der Konsumtion bzw. dem Absatz, dessen entscheidende Bedeutung jeder Kaufmann kennt, zu wenig Aufmerksamkeit zu schenken, könnte man glauben, daß ich einen Irrtum bekämpfe, der nur in meiner Vorstellung existiert. Aber ich finde diese Meinung auch im letzten Buch Ricardos ausgesprochen, allerdings unter einem Gesichtspunkt, der zu starker Kritik veranlaßt; und auch Say hat in seinen Anmerkungen diese Auffassungen nicht angegriffen, weil sie zu seinen eigenen passen und sich sogar, bis zu einem gewissen Punkt, Adam Smith zuschreiben lassen.

„Sofern die jährliche Produktion eines Landes", schreibt Ricardo[13], „seine jährliche Konsumtion übersteigt, so sagt man von ihm, daß es sein Kapital vermehrt. Wenn seine jährliche Konsumtion durch seine jährliche Produktion nicht wenigstens ersetzt wird, so sagt man, es vermindert sein Kapital. Kapital kann daher durch eine erhöhte Produktion oder durch eine verringerte unproduktive Konsumtion vermehrt werden.

[13] Deutsche Übersetzung von G. Bondi: „Über die Grundsätze der Politischen Ökonomie und der Besteuerung", Berlin 1959, S. 139; Französische Übersetzung, Kap. VII, S. 239; im Original S. 187.

Falls der durch die Einführung zusätzlicher Steuern erhöhte Verbrauch der Regierung entweder durch eine erhöhte Produktion oder durch eine verminderte Konsumtion des Volkes getragen wird, so werden die Steuern die Revenue treffen und das nationale Kapital unberührt lassen."

Ist es also auch dann noch ein Zeichen von Blüte für die Hutfabriken der Stadt Lyon, wenn sie im Jahre 1817 hunderttausend Hüte, im Jahre 1818 sogar hundertzehntausend und im letzten Jahr wieder hunderttausend Hüte hergestellt haben, davon aber nur neunzigtausend verkaufen konnten? Sind nicht in dem einen und dem anderen Falle zehntausend Hüte zu viel erzeugt worden? Zweifellos wird man auf keinen Huthändler treffen, der nicht, ohne sich dabei für einen großen Ökonomen zu halten, zu sagen verstünde, daß man im Jahre 1818 durch die Herstellung von hundertzehntausend Hüten statt hunderttausend Hüten verdient hat, sofern alle Hüte zu ihrem Preis verkauft werden konnten. Dagegen muß man von Verlust sprechen, wenn die zusätzlichen zehntausend Hüte keinen Absatz fanden. Ganz unbestritten ist der Verlust allerdings dann, wenn man 1818 nur hunderttausend Hüte wie im Jahre 1817 hergestellt hätte und davon zehntausend unverkauft geblieben wären.

Soll in der Behauptung Ricardos etwas Wahres sein, so muß man den Außenhandel mit in Betracht ziehen, aber auch dann erkennt man sofort, wie vieler Berichtigungen es noch bedarf.

Wenn im Jahre 1817 in Lyon hunderttausend Hüte hergestellt wurden, die man das Stück für zwanzig Francs an die Verbraucher in der Stadt verkauft hat, so erhielte die eine Partei zwei Millionen Francs, während die andere Partei die gleiche Summe Geldes bezahlen müßte. Würden dann im Jahre 1818 ebenso viele Hüte erzeugt wie im Vorjahr, die sich sofort zum gleichen Preis verkaufen ließen, dergestalt aber, daß man zehntausend Hüte an die Landbevölkerung abgäbe, während zehntausend Lyoner darauf verzichteten, so könnte man sagen, daß diese Lyoner zweihunderttausend Francs gespart haben, ohne daß jedoch die

Huthändler einen Verlust zu verzeichnen hätten. Sollte es dagegen den Huthändlern im Jahre 1818 gelingen, zum gleichen Preis und mit der gleichen Schnelligkeit hunderttausend Hüte an die Bewohner Lyons und zusätzlich noch zehntausend Hüte an die Landbevölkerung zu verkaufen, so wird man behaupten können, daß die Hutfabriken ihr Kapital um zweihunderttausend Francs erhöht haben, ohne daß sie von den Lyoner Verbrauchern gezahlt werden mußten. Unter einem gewissen Gesichtspunkt lassen sich beide Ergebnisse als gleichwertig für die Stadt Lyon betrachten. Allerdings ist es weder in dem einen Falle die Steigerung der Produktion noch in dem anderen Falle die Abnahme der Konsumtion, die das nationale Kapital erhöhen oder aufrechterhalten, sondern vielmehr lediglich die neue Nachfrage der zahlungsfähigen Verbraucher, die bereit sind, denselben Preis zu zahlen. Aus dem Hutverkauf an die Landbevölkerung und an die eigenen Einwohner ergibt sich zwar eine Verschiebung in der Bilanz für die Stadt Lyon, aber nicht die geringste für Frankreich. Ebenso verhält es sich bei einem Verkauf an Franzosen und an Ausländer; die Verschiedenheit der Bilanz besteht nur für Frankreich, nicht aber für die gesamte menschliche Gesellschaft. Betrachtet man schließlich die Bilanz der gesamten menschlichen Gesellschaft, durch welche der Welthandel geregelt wird, so stellt man stets fest, daß nur die Zunahme der Konsumtion eine Erhöhung der Produktion bestimmt und daß die Konsumtion ihrerseits einzig und allein durch das Einkommen der Verbraucher festgelegt ist.

SIEBENTES KAPITEL

WIE DAS GELD DEN AUSTAUSCH DES REICHTUMS ERLEICHTERTE

Wir haben es bei der Darstellung der Geschichte von der Entstehung und vom Wachstum des Reichtums bisher absichtlich vermieden, vom Geld zu sprechen, damit um so deutlicher fühlbar werde, daß das Geld für diesen Prozeß gar nicht erforderlich ist. Das Geld trug in keiner Weise zur Entstehung des Reichtums bei, sondern es vereinfachte lediglich alle Beziehungen sowie sämtliche Handelsunternehmungen, ferner gab es jedem die Möglichkeit, schneller das zu finden, was ihm am meisten entsprach. Da das Geld dergestalt also für jedermann einen Vorteil darstellt, erhöhte es noch den Reichtum, der sich auch schon ohne das Geld vermehrt hatte.

Die Edelmetalle sind einer der zahlreichen Werte, die durch die Arbeit des Menschen hervorgebracht werden, um dann seinem Gebrauch zu dienen. Man erkannte, daß sie, mehr als jede andere Art von Reichtümern, die Eigenschaft besitzen, sich ohne die geringste Veränderung lange zu erhalten. Außerdem besitzen die Edelmetalle die nicht weniger wertvolle Eigenschaft, sich wieder mit Leichtigkeit zu einem einzigen Ganzen vereinigen zu lassen, nachdem sie vorher fast bis ins unendliche zerteilt worden waren. Die zwei Hälften einer Schafschur, eines Stückes Stoff und noch weniger, die zwei Hälften eines Tieres, die, wie man annimmt, früher wie Geld benutzt wurden, haben längst nicht den Wert des ganzen Stückes. Die zwei Hälften oder die vier Viertel eines Pfund Goldes dagegen sind und bleiben stets ein Pfund Gold, auch dann, wenn man sie noch so sehr zerteilt und noch so lange aufbewahrt.

Da die Menschen denjenigen Austausch als den vorrangigsten betrachten, der sie in die Lage versetzt, die Früchte ihrer Arbeit für die Zukunft aufzubewahren, zeigt sich jeder einzelne Mensch bemüht, für seinen Überschuß an Produkten, welcher Art er auch sein mag, als Gegenwert Edelmetalle zu bekommen, selbst dann, wenn er nicht im geringsten daran denkt, diese Edelmetalle selbst zu gebrauchen. Er ist aber sicher, daß er sie in der Zukunft gleichermaßen und aus dem nämlichen Grunde gegen Dinge austauschen kann, die er dann benötigen wird. Seit dieser Erkenntnis begannen die Edelmetalle besonders geschätzt und begehrt zu werden, allerdings nicht nur, um sie als Schmuck und als Geräte für den eigenen Gebrauch zu benutzen, sondern um sie vor allem stellvertretend für jede andere Art von Reichtümern anzuhäufen und um sie erst später im Handel als Mittel zur Erleichterung der Austausche zu verwenden.

Der Goldstaub in seinem ursprünglichen Zustand ist bei den afrikanischen Völkern bis zum heutigen Tage der Vermittler im Handel geblieben. Ist indessen sein Wert erst einmal allgemein anerkannt, bleibt nur ein sehr kleiner und noch weitaus unbedeutenderer Schritt zu tun bis zu seiner Verwandlung in Geld, welches auf Grund der gesetzlichen Prägung für Gewicht und Bezeichnung jedes kleinen, sich im Umlauf befindenden Stückes Edelmetall bürgt.

Die Erfindung des Geldes verlieh den Austauschen ein völlig neues Aussehen, denn in gewisser Weise zerfiel von nun an jedes Handelsgeschäft in zwei Teile. Früher mußte man zur gleichen Zeit das betrachten, was man erwerben und das, was man dafür geben wollte. Durch das Geld wird jeder dieser Vorgänge getrennt voneinander ausgeführt. Der Erwerb des Gewünschten heißt Kauf; die Weggabe von Überschüssigem nennt man Verkauf, wobei die beiden Geschäfte unabhängig voneinander ausgeführt werden. Um sein Getreide absetzen zu können, braucht der Landwirt nicht mehr auf die Zusammenkunft mit dem Kleiderhändler zu warten, der ihm dafür die fehlenden Dinge verschaffen würde. Es genügt dem Landwirt, Geld dafür zu erhalten und die Sicherheit zu besitzen, daß er für dieses Geld stets sofort die gewünschten Gebrauchsgüter bekommen kann. Der Käufer seinerseits braucht auch nicht mehr zu bedenken, was dem Verkäufer entsprechen könnte; denn mit seinem Geld ist er immer sicher, diesen zu befriedigen. Außerdem steht fest, daß vor der Erfindung des Geldes unbedingt ein glückliches Zusammentreffen der Bedingungen für den Vollzug eines Austausches vorhanden sein mußte, während es nach der Erfindung des Geldes kaum noch einen Käufer gibt, der nicht einen Verkäufer fände, bzw. umgekehrt gibt es keinen Verkäufer, der nicht auch sogleich seinen Käufer hätte.

Alle Abläufe, die wir in den vorangegangenen Kapiteln beschrieben haben und die bekanntlich den Wachstumsprozeß des Reichtums in der Gesellschaft darstellen, wurden durch die Einführung des Geldes in den Austausch vereinfacht. Da das Geld andererseits allerdings die Anzahl aller Vorgänge verdoppelte, lassen sich diese vom Beobachter weniger leicht erfassen. Wie wir gesehen haben, besteht der Entstehungsprozeß des Reichtums im Austausch eines Teils der jährlichen Gebrauchsgüterproduktion, die das Kapital der Reichen darstellt, gegen die Arbeit, d. h. das Einkommen der Armen. Dieser Vorgang zerfällt aber in zahlreiche Einzelvorgänge und drückt sich durch ebensoviele verschiedene Summen Geldes aus. Die Produzenten verkaufen die Produktion des Jahres und veranschlagen aus dem Ertrag in Geld sowohl ihr Einkommen wie auch ihr Kapital. Mit dem Einkommen kaufen sie die Dinge, die sie für ihren individuellen Verbrauch benötigen. Darin besteht ihre erste Ausgabe. Mit dem Kapital kaufen sie die Arbeit, die die Armen zu verkaufen haben und die letzteren als Einkommen dient. Diese Arbeit wird in Geld ausgedrückt, so daß die Armen ihrerseits mit diesem Geld die Gegenstände kaufen können, die sie für den Lebensunterhalt benötigen. Das ist ihre Ausgabe; und damit vollzieht sich der zweite Teil des Austausches der jährlichen Produktion.

Man veranschlagt das Kapital von nun an nicht nur in

Geld, sondern es scheint tatsächlich nur noch Geld zu sein. Die Sprache trägt ebenfalls dazu bei, diese beiden Begriffe zu verwechseln. Darum bedarf es stets einer außerordentlichen geistigen Anstrengung, um sich richtig vergegenwärtigen zu können, daß das Kapital nicht Geld ist bzw. daß es nur während eines bestimmten Augenblicks Geld darstellt. In Wirklichkeit repräsentiert das Kapital jenen Teil des zu verbrauchenden Reichtums, der den Arbeitern für ihre jährliche Arbeit gegeben wird.

Ebenso wie das Kapital wird das Einkommen der Reichen durch Geld ausgedrückt. Auch in diesem Falle kann man sich nur schwer vorstellen, daß das Geld nur einen zeitweiligen Maßstab bilden soll, während es doch wirklich aus jenem Teil des verzehrbaren Reichtums besteht, den die Kapitalisten gegen einen anderen, gleichwertigen Teil des nämlichen Reichtums, der zur Befriedigung ihrer Bedürfnisse dient, austauschen.

Schließlich wird der Lohn der Armen immer in Geld berechnet, wobei es auch hier nicht leicht ist zu erkennen, daß der Lohn identisch ist mit dem Kapital der Reichen, was bedeutet, daß er den Teil des verzehrbaren Reichtums darstellt, den die Arbeiter für ihre jährliche Arbeit erhalten.

Dergestalt vereinfachte das Geld zwar alle wirtschaftlichen Vorgänge, komplizierte aber gleichzeitig sämtliche philosophischen Betrachtungen, die sich damit beschäftigen. In dem Maße, wie diese Erfindung jedem einzelnen das Ziel klarer vorzeichnete, das er im Handel zu verfolgen hat, in dem gleichen Maße gestaltet sich die Gesamtheit der Austausche verworrener und dunkler, und der allgemeine Ablauf des Handels läßt sich nur noch schwer erfassen.

ACHTES KAPITEL

WIE DER HANDEL DIE PRODUKTION BEGÜNSTIGTE UND DAS PRODUKTIVE KAPITAL ERSETZTE

Sowohl zunächst die einfachen Austausche als auch später die den einfachen Austausch ersetzenden Käufe und Verkäufe waren für gewöhnlich freiwillige Handlungen, die jeder nur vollzog, weil er erkannte, daß die Dinge, die er im Austausch erwarb, wirklich den gleichen Wert wie die von ihm angebotenen Waren hatten. Man kann also daraus schlußfolgern, daß alle Werte gegen völlig gleichgroße Werte ausgetauscht werden und daß infolgedessen trotz der vielen jährlichen Austausche nichts zum gesellschaftlichen Reichtum hinzukommt. Indessen müssen diese Geschäfte noch unter einem anderen Gesichtspunkt betrachtet werden; denn in Wirklichkeit beruht der Handel auf einer genaueren Einschätzung ihrer Ergebnisse. Niemals tätigt man Austausche, die nicht zum Vorteil beider Parteien gereichen. Der Verkäufer erzielt im Verkauf und der Käufer im Kauf einen Gewinn für sich. Der eine zieht aus dem erhaltenen Geld einen größeren Nutzen als aus seinen Waren. Dem anderen ist mit der erworbenen Ware mehr gedient als mit seinem Geld. Beide haben also an dem Geschäft für sich gewonnen, und infolgedessen stellt das Geschäft der beiden für die Gesellschaft einen doppelten Gewinn dar.

Gleichermaßen verhält es sich, wenn ein Kapitalist einen Arbeiter für sich arbeiten läßt und diesem für seine Arbeit einen Lohn zahlt, der dem Lebensunterhalt des Arbeiters entspricht. Beide gewinnen dabei. Der Arbeiter, weil man ihm die Früchte der Arbeit vorstreckt, bevor er sie überhaupt ausführt; der Kapitalist, weil die Arbeit dieses Arbeiters mehr wert ist als der gezahlte Lohn. Schließlich gewinnt die Nation an allen beiden; denn da der nationale Reichtum in letzter Konsequenz sich stets in Genüsse umwandeln soll, muß alles, was bequemer ist, oder alles, was die Genüsse des einzelnen Menschen erhöht, als Gewinn für die Gesamtheit betrachtet werden.

Die Produkte aus Landwirtschaft und Industrie entstammen oft Gegenden, die weit entfernt sind von den Wohngebieten der Verbraucher. Eine Schicht von Menschen übernahm es, alle Austausche zu erleichtern, allerdings unter der Bedingung, daß sie am Gewinn teilhaben. Sie geben dem Produzenten Geld, wenn er seine Arbeit vollendet hat und wenn er gezwungen ist, die Produkte zu verkaufen. Hat man die Ware an den Ort gebracht, wo das Bedürfnis nach ihr besteht, wird sogar noch der Bequemlichkeit des Käufers entgegengekommen, indem man ihm in kleinen Mengen verkauft, was er niemals auf einmal hätte kaufen können. So wird allen ein Dienst erwiesen, und selbst bezahlt man sich aus diesen Diensten mit dem Teil, der als Handelsprofit bezeichnet wird. Der Handelsprofit beruht auf dem Gewinn aus sehr umfangreichen Austauschen. Der Produzent des Nordens glaubt, daß zwei Maßeinheiten seiner Ware einer Maßeinheit der Ware aus dem Süden entsprechen, wohingegen der Erzeuger des Südens meint, daß die doppelte Menge seiner Erzeugnisse die einfache Menge von Erzeugnissen aus dem Norden aufwiegen kann. Nur dieser auffällige Unterschied zwischen den beiden Voraussetzungen erlaubt es, die Transportkosten, sämtliche Handelsprofite sowie die Zinsen des für den Handel vorgestreckten Geldes zu decken. In der Tat muß der Verkauf der Waren, den der Handel übernimmt, folgende Beträge aufwiegen: Zunächst das an den Produzenten gezahlte Geld, dann die Löhne für die Matrosen, Fuhrleute, Handelsgehilfen und für alle vom Handelskapitalisten beschäftigten Arbeiter, ferner die Zinsen der Gelder, mit denen der Händler arbeitet, und schließlich noch den Handelsprofit.

Der Handelskapitalist tritt zwischen den Erzeuger und

den Verbraucher, um sowohl dem einen als auch dem anderen einen Dienst zu erweisen und um sich selbst diesen Dienst auch von dem einen und dem anderen bezahlen zu lassen. Gleichermaßen wie es eine Arbeitsteilung unter den Arbeitern gibt, existiert nun eine Teilung dieser zweiten Arbeit, die in der richtigen Lenkung des Kapitals besteht; das Ergebnis bleibt dasselbe. Allerdings wird auf Grund dieser zweiten Teilung mit den gleichen Kräften mehr Arbeit, und zwar besser, ausgeführt. Die Überwachung der Arbeiter, der richtige Einsatz ihrer Kräfte, die Zuteilung von Rohstoffen sowie die nachfolgende Prüfung der erzeugten Produkte fordern bereits eine ganz andere geistige Überlegung und eine größere Erfahrung als das einfache Abwägen von verschiedenen Produktionen gegen die jeweiligen Bedürfnisse voneinander entfernter Gegenden oder mit anderer Gesetzgebung und anderer Sprache ausgerüsteter Völker. Die Geschäfte wickeln sich mit größerer Zuverlässigkeit ab, und die vom Handelskapitalisten erwiesenen Dienste besitzen mehr Regelmäßigkeit, da der Erzeuger stets vom Verbraucher getrennt ist. Der Großhändler führt sein Geschäft aus, indem er dem Fabrikanten die Waren abkauft, sobald sie fertiggestellt worden sind, und sie sofort, nachdem er die Nachfragen der einzelnen Märkte überprüft hat, dorthin gelangen läßt, wo es die interessiertesten Verbraucher zu geben scheint. Bei einem derartigen Ablauf des Handels bestimmt der Handelskapitalist sogar in gewisser Hinsicht das Arbeitstempo und außerdem stehen Arbeiter unter seinen Befehlen, nämlich einerseits die Handelsgehilfen und andererseits die Matrosen, Fuhrleute und Lastträger. Sie alle tragen indirekt zur Produktion bei; denn die Produktion, deren Endzweck im Verbrauch besteht, kann erst dann als abgeschlossen betrachtet werden, wenn die Erzeugnisse dem Verbraucher zur Verfügung stehen.

Der Vergleich der einzelnen Märkte fremder Länder veranlaßte natürlich auch zum Vergleich der jeweiligen Währungen und Zahlungsgewohnheiten. Als Folge davon unterteilte sich der Handel abermals. Von nun an bemühen sich die Geldkapitalisten stets um das Handelsgleichgewicht zwischen den Produzenten des einen Landes und den Produzenten des anderen Landes sowie zwischen den jeweiligen Verbrauchern, so daß die Warenlieferung allein schon für die gegenseitige Bezahlung aufkommt, ohne daß noch Geldtransporte nötig wären. Dergestalt tragen die Geldkapitalisten, die sich in der Absicht, den Kaufleuten nützlich zu sein, von diesen trennen, nicht weniger, wenn auch nur indirekt, zum großen Austausch der Produktion gegen das Einkommen der Verbraucher und des Austausches dieses Einkommens gegen die Neuerzeugung bei.

Der Ausblick auf die Lage der Weltmärkte kann den Handelskapitalisten von den nicht weniger wichtigen und viel näherliegenden Problemen, nämlich den Bedürfnissen des Verbrauchers seiner unmittelbaren Nachbarschaft, abziehen. Indem sich von nun an der Kleinhändler mit diesen Angelegenheiten beschäftigt, entlastet er den Großhändler. Unter der Bedingung, einen entsprechenden Gewinn zu erzielen, ist er sogar bereit, jene Waren in seinem Geschäft aufzubewahren, die der Verbraucher bereits in seinen Konsumtionsfonds übernommen hätte, würde er schon das Einkommen besessen haben, mit dem er die Waren erwerben könnte. Der Kleinhändler sorgt also für die Bequemlichkeit des Verbrauchers und läßt diesen auch dafür bezahlen.

Im Handel steckt ein beträchtliches Kapital, das aber, beim ersten flüchtigen Hinsehen nicht Bestandteil desjenigen Kapitals zu sein scheint, dessen Entwicklungsgang wir ausführlich behandelt haben. Der Wert der im Lagerhaus des Tuchhändlers aufgehäuften Stoffe scheint zunächst überhaupt nichts mit jenem Teil der jährlichen Produktion zu tun zu haben, den der Reiche dem Armen als Lohn für seine Arbeit gibt. Indessen hat dieses Kapital nur jenes ersetzt, von dem wir gesprochen haben. Um das Wachstum des Reichtums gut verständlich zu machen, begannen wir mit seiner Entstehung und verfolgten dann seinen Werdegang bis zum Verbrauch. Das beispielsweise in den Tuchfabriken verwendete Kapital schien uns stets das nämliche zu bleiben. Wird es gegen das Einkommen des Verbrauchers ausgetauscht, zerfällt es lediglich in zwei Teile: In das Einkommen des Kapitalisten in Form von Profit und in das Einkommen der Arbeiter in Form des Lohnes, auf Grund dessen diese wieder in der Lage sind, neue Stoffe herzustellen.

Sehr bald aber erkannte man, daß es zum Vorteil aller gereicht, wenn die einzelnen Bestandteile des Kapitals sich nacheinander ablösen. Genügten bisher hunderttausend Goldstücke, um den gesamten Umschlag zwischen dem Erzeuger und dem Verbraucher abzuwickeln, so ist es auch recht gut möglich, daß sich nun diese hunderttausend Goldstücke gleichermaßen auf den Fabrikanten, Großhändler und Kleinhändler verteilen. Der Fabrikant, dem jetzt nur ein Drittel des Kapitals zur Verfügung steht, kann damit die gleiche Arbeit ausführen lassen, die er mit dem gesamten Kapital hätte hervorbringen können; denn er findet nach abgeschlossener Produktion sofort einen Aufkaufhändler. Das Kapital des Großhändlers wiederum wird sehr viel schneller durch dasjenige des Kleinhändlers ersetzt. In gleicher Weise reichen die Handlanger, die auf einer Baustelle arbeiten, das zu schwere Baumaterial, das sie zu transportieren haben, von Hand zu Hand weiter. Die Handgriffe werden dadurch sehr kurz und die Ruhepausen häufiger, die Arbeit bleibt aber trotzdem die gleiche. Die Differenz zwischen der vorgeschossenen Lohnsumme und dem Kaufpreis des Verbrauchers stellt den Profit aus dem Kapital dar. Dieser Profit verteilt sich auf den Erzeuger, Großhändler und Kleinhändler, insofern eine Funktionsteilung zwischen ihnen herrscht. Obwohl drei Personen und drei Kapitalteile an der Arbeit beteiligt waren, ist ihr Ausmaß doch das nämliche von früher gewesen.

NEUNTES KAPITEL

ARBEITENDE BEVÖLKERUNGSSCHICHTEN, DEREN ARBEITSLEISTUNG SICH NICHT IN EINEM PRODUKT NIEDERSCHLÄGT

Die Gesellschaft benötigt nicht nur Reichtümer; sie wäre nicht vollständig, wenn es in ihr nur Grundeigentümer, Kapitalisten und produktive Arbeiter gäbe. Die Gesellschaft braucht vor allem auch tüchtige Verwalter, die im Innern alle Kräfte zu einem gemeinsamen Ziel führen und die nach außen hin die Interessen der Gesellschaft vertreten und schützen. Sie braucht Gesetzgeber, um Gesetze für ihre Gesellschaft festlegen zu lassen, sie bedarf vieler Richter, die dafür verantwortlich sind, daß diese Gesetze beachtet werden, ferner benötigt sie Anwälte, um sie zu verteidigen. Schließlich braucht die Gesellschaft eine bewaffnete Kraft, die im Innern die jeweils herrschende Ordnung aufrechterhält und die nach außen hin, sowohl zu Wasser als auch zu Lande, alle Angriffe abwehrt, die der inneren Ordnung schaden könnten. Alle diese dem Schutze des Staates dienenden Menschen, vom Staatsoberhaupt bis hin zum kleinsten Soldaten, produzieren nichts. Ihre Arbeit läßt sich nicht in materiellen Werten ausdrücken und kann auch nicht akkumuliert werden. Gäbe es indessen diese Verwalter nicht, würde aller von den produktiven Arbeitern geschaffener Reichtum gewaltsam verschwendet werden, und die Arbeit selbst geriete ins Stocken. Die Arbeiter hätten nicht die Gewißheit, die Früchte ihrer Arbeit in Ruhe genießen zu können.

Die Hüter der Ordnung einer Nation leisten eine notwendige Arbeit und verdienen daher eine Bezahlung. Sie können durchaus Angehörige der reichen Klasse sein und daher als solche ein aus dem Eigentum herrührendes Einkommen beziehen. Dessen ungeachtet arbeiten sie als Hüter der öffentlichen Ordnung und sind deswegen Arbeiter, deren Einkommen aus dem jährlichen Wert ihrer Arbeit besteht. Dieses Einkommen wird ihnen allerdings nicht, wie dasjenige der übrigen arbeitenden Klasse, aus dem Nationalkapital gezahlt. Es sollte zumindestens nicht vorkommen, denn dieses Kapital darf nicht angegriffen bzw. nur gegen materielle Werte ausgetauscht werden, da es aus solchen besteht. Die Arbeit der Ordnungshüter weist aber keinen materiellen Wert auf. Diese Arbeit ist für den Austausch ungeeignet.

Infolgedessen werden die Hüter der öffentlichen Ordnung nicht vom Kapital, sondern vom gesellschaftlichen Einkommen bezahlt. Zur Bezahlung der Sicherheit ist es erforderlich, daß jeder einzelne Bürger seine Bedürfnisse um ein geringes einschränkt; denn die eigene Sicherheit bedeutet letzten Endes ebenfalls ein Bedürfnis. Die Reichen nehmen das Einkommen, das ihnen aus dem Eigentum erwächst, um ihre Bedürfnisse durch die Konsumtion eines Teiles der jährlichen Produktion zu befriedigen. Für die gewährte Sicherheit verzichten sie aber auf einen gewissen Betrag, der ihnen aus der jährlichen Produktion zufällt. Diesen von den Reichen abgetretenen Teil verzehren die Ordnungshüter. Bisher benutzten die Armen ihr gesamtes Einkommen, d. h. den Arbeitslohn, für ihren Lebensunterhalt. Jetzt müssen sie einwilligen, bei geringerem Lohn die gleiche Menge Arbeit zu leisten. Der von ihrem Lohn abgezogene Teil wird für die Bezahlung der Ordnung im Staate veranschlagt; er wird von den Hütern der Ordnung verbraucht.

Da aber die Dienste, die die Ordnungshüter der gesamten Gesellschaft leisten, selbst wenn sie noch so groß sind, vom einzelnen nicht besonders empfunden werden, ist es unvorstellbar, daß sie das Objekt eines freiwilligen Austausches darstellen. Die Gesellschaft selbst muß sie bezahlen, indem sie vom Einkommen aller einen Pflichtbeitrag abzieht. Der Zwang, der an die Stelle der freien Entscheidung tritt, zerstört sehr bald jedes Gleichgewicht zwischen den Werten der ausgetauschten Dinge sowie jede Rechtlichkeit zwischen den Verhandlungspartnern. Der Beitrag wird an diejenigen entrichtet, die über gesellschaftliche Macht verfügen, was bedeutet, daß sie allein deswegen bezahlt werden, weil sie diese Macht besitzen. Bald mißbrauchen sie ihre Macht, und sie überhäufen die Mitglieder der Gesellschaft mit Steuern, deren Höhe sie von nun an selbst festlegen. Sie vermehren die Zahl der Zivil- und Militärbeamten weit über das für das öffentliche Wohl notwendige Maß hinaus. Sie regieren zu eifrig und verbieten jenen viel zu viel, denen sie ihre Dienste auch dann aufzwingen, wenn sie ihnen nur noch eine Last sind. So werden die Staatsoberhäupter, eingesetzt zum Schutze des Reichtums, oft die maßgebendsten Urheber seiner Verschwendung.

Selbst wenn man die öffentliche Verwaltung unter rein ökonomischem Gesichtspunkt betrachtet, gelangt man letzten Endes zu den Prinzipien der parlamentarischen Regierungsform. Bei allen Übereinkommen zwischen Kapitalisten und Arbeitern wird über die Höhe des Lohnes untereinander verhandelt; bei der Arbeit aber, die die Hüter der Ordnung auszuführen haben, bestimmt einzig und allein der Arbeiter selbst den Lohn und zwingt jenen, dem er nützlich sein will, ihm diesen zu zahlen. Diese Gruppe von Menschen dient allerdings nicht dem einzelnen, sondern der Gesellschaft. Darum ist es auch Sache der Gesellschaft, die Vertreter zu ernennen, die in ihrem Namen mit den Ordnungshütern verhandeln. Dies ist das Recht und die Pflicht der Volksvertreter freier Regierungen. Trotz ihrer Vermittlung gibt es aber nur wenige Nationen, die ihren Schutz nicht viel zu teuer bezahlen müssen, allein deshalb, weil die Deputierten die Interessen ihrer Wähler längst nicht mit dem Einsatz verfechten, wie sie ihre eigenen verteidigen würden.

Die Gesellschaft kann nicht auf solche Arbeiten verzichten, die die Genüsse der Seele ermöglichen. Die Ergebnisse dieser Arbeiten sind fast ohne Ausnahme substanzlos, d. h. sie können nicht akkumuliert werden. Die Religion, die Wissenschaften und die Künste befördern das Glück der Menschen. Um dieses Glück zu verbreiten, muß Arbeit verrichtet werden. Diese Arbeit jedoch bringt keine materiellen Früchte hervor, denn man kann Dinge, die dem Bereich der Seele angehören, nicht aufhäufen und sparen. Will man jeden Genuß als Reichtum bezeichnen, so wird der Reichtum, den die Verbreiter von Religion, Wissenschaft und Kunst hervorbringen, bereits im Augenblick der Entstehung selbst wieder verausgabt. Dieser Reichtum gereicht den Menschen also zum Nutzen, ohne auch nur für die geringste Zeit aufgespeichert werden zu können. So wird einerseits die Hervorbringung und andererseits der Kauf des betreffenden Genusses von ein und demselben Menschen, nämlich dem Verbraucher, veranlaßt. Diese Arbeit tauscht sich ebenso wie die Arbeit der Ordnungshüter nur ein einziges Mal aus, und zwar gegen Einkommen; denn zwischen der Entstehung und dem Verbrauch ihrer Früchte bleibt nicht genügend Zeit für die Einschaltung des Kapitals, um zu kaufen und zu verkaufen.

Jeder Verbraucher entscheidet selbst darüber, in welchen Proportionen er sein Einkommen für materielle bzw. nicht materielle Genüsse ausgibt. Im allgemeinen ersetzt er mit seinem Einkommen, auf der Grundlage eines freien Austausches, abwechselnd einmal das Kapital der Produzenten, die materielle Güter herstellen, und zum anderen die Arbeit der sogenannten unproduktiven Arbeiter. Letztere verzehren ihrerseits den Teil der materiellen Produktion, auf welchen die übrigen Verbraucher verzichten, indem sie die unproduktiven Arbeiter bezahlen.

Unter den geistigen Genüssen hat die Regierung einige als besonders wichtig für die Gesellschaft erachtet, wenngleich sie von den Verbrauchern als weniger wichtig betrachtet werden. Die Regierung fürchtet darum für die Vernachlässigung von Religion und Bildung, wenn ein jeder entsprechend des eigenen Bedürfnisses dafür zahlen würde. Darum hat sie den freien Austausch in diesem Bereich abgeschafft. Sie sorgt von nun an vermittels Erhebung eines Pflichtbeitrages für die Bezahlung der Minister, für die

Unterhaltungskosten der Regierung usw. Die unproduktiven Arbeiter werden dadurch unabhängig von jenen, für die sie arbeiten und von denen sie bezahlt werden. Das hat zur Folge, daß die Qualität, der Eifer und oft auch der Erfolg dieser Arbeit beträchtlich sinkt. In Ländern, in denen man nicht so verfuhr, in Ländern also, wo Religion und Bildung weiterhin dem freien Wettbewerb überlassen sind, kann man beobachten, daß diejenigen, die selbst dafür aufkommen müssen, den Geschmack an Religion und Bildung nicht verloren haben. Was die Vertreter und Lehrer von Religion und Wissenschaft anbetrifft, so haben letztere sogar noch größere Aktivität und mehr Fähigkeiten entfaltet.

Sowohl diese ernsten Genüsse des Geistes als auch die etwas leichteren Genüsse, wie improvisierte Dichtung, Musik und Theater, werden gegen das Einkommen der armen Klasse gleichermaßen wie gegen das Einkommen der reichen Klasse ausgetauscht. Dafür müssen die Armen auf einen Teil ihres Lebensunterhalts verzichten, während die Reichen für den Luxus des Geistes einen Teil ihres materiellen Luxus preisgeben. Dadurch geht ein bestimmter Anteil ihres Verbrauchs, der ihnen aus einem einfachen Austausch erwachsen wäre, an die unproduktiven Arbeiter über.

Es sei auch darauf hingewiesen, daß eine Nation zwar nicht die Wissenschaften und Künste zu ihren Reichtümern zu zählen braucht, durchaus aber die Gelehrten und Künstler dazu rechnen kann. Die Bildung, die sie erworben haben, und die Vornehmheit, durch welche sie sich auszeichnen, verleihen der geistigen Arbeit dieser Menschen großen Wert. Ihre Arbeit wird darum oft viel höher bezahlt als diejenige der geschicktesten Hände. Die Arbeit der Wissenschaftler und Künstler kann also zur Vermehrung des Reichtums beitragen. Gewissermaßen stellt die erworbene Geschicklichkeit dieser Arbeiter eine Art fixen Kapitals dar, gleichgültig welcher Klasse sie angehören.

Schließlich braucht die Gesellschaft Arbeiten, die nicht das geistige Wohlergehen des Menschen, sondern den menschlichen Körper selbst betreffen. Derartige Arbeiten können ihrem Charakter nach sehr anspruchsvoll, aber auch äußerst einfach sein. Das hängt davon ab, ob diese Arbeiten entweder die genaue Kenntnis der Natur und das Wissen um ihre Geheimnisse voraussetzen, wie das beim Arzt der Fall ist, oder aber, ob sie einfach nur die Dienstfertigkeit und den Gehorsam auf die Befehle eines Herrn verlangen, wie das für die Arbeiten der Kammerdiener zutrifft. Alle Arbeiten dienen jedoch ohne Ausnahme dem Genuß, und sie unterscheiden sich von den produktiven Arbeiten lediglich dadurch, daß ihre Ergebnisse nicht aufgespeichert werden können. Obwohl sie also zum Wohlergehen des Volkes beitragen, bilden sie natürlich niemals einen Teil des nationalen Kapitals. Das Einkommen dieser Klasse von Arbeitern bzw. der Wert ihrer Arbeit wird stets nur gegen das Einkommen, nicht aber gegen das Kapital der anderen Klassen ausgetauscht.

Die von uns soeben vorgenommene Unterscheidung zwischen produktiven und unproduktiven Arbeitern wird von den modernsten Theoretikern der Politischen Ökonomie verworfen. Sie betrachten die Bezeichnung unproduktive Arbeiter, wie Adam Smith diese Klasse wegen der Substanzlosigkeit ihrer Arbeit nennt, gewissermaßen als eine Beleidigung sehr achtbarer Menschen. Selbst wenn man die beiden Begriffe produktiv und unproduktiv richtig begreift, wäre es noch schwierig zu entscheiden, warum der eine ehrenvoller als der andere sein soll. Eine Unterscheidung zwischen den beiden Klassen zu treffen, ist jedoch gerechtfertigt, denn die eine Klasse tauscht ihre Arbeit immer gegen das Kapital einer Nation aus, während die andere Klasse ihre Arbeit stets gegen einen Teil des Nationaleinkommens weggibt. Ferner wird diese Unterscheidung unbedingt erforderlich, wenn man verständlich machen will, was das Kapital einer Nation überhaupt sei und wie es abwechselnd einmal das Einkommen der einen Klasse darstellt und wie es zum anderen dann wieder das Einkommen der anderen Klasse ersetzt oder durch dieses ersetzt wird. Alles übrige wäre nur Streit um Worte, bei dem es sich nicht lohnt, sich aufzuhalten.

Drittes Buch

VOM AGRICOLEN REICHTUM

ERSTES KAPITEL

DAS ZIEL DER GESETZGEBUNG HINSICHTLICH DES AGRICOLEN REICHTUMS

Die Reichtümer, die aus dem Boden hervorgehen, müssen zuerst die Aufmerksamkeit des Ökonomen und Gesetzgebers auf sich ziehen. Weil der Boden die Unterhaltsmittel aller Menschen hervorbringen muß, stellen sie die lebensnotwendigsten Reichtümer dar. Ferner bilden sie die Grundlage aller weiteren Arbeiten. Schließlich sind zu ihrer Gewinnung wenigstens die Hälfte, gewöhnlich sogar weit mehr als die Hälfte aller Arbeiter einer Nation beschäftigt. Dieser Teil des Volkes, der den Boden bearbeitet, zeichnet sich durch solche körperliche und seelische Eigenschaften aus, die ihn einmal zum guten Soldaten und zum anderen zum braven Bürger geeignet erscheinen lassen. Zufriedenheit und Wohlergehen der Landbevölkerung lassen sich leichter als bei der Stadtbevölkerung schützen. Auch die Zunahme des agricolen Reichtums vollzieht sich einfacher und schneller. Einer Regierung fällt infolgedessen eine große Schuld zu, wenn sie die Landwirtschaft verfallen läßt, hängt es doch fast immer nur von der Regierung ab, sie zur Blüte zu bringen.

In den am meisten entwickelten Ländern, in denen nicht nur Arbeitsteilung herrscht, sondern wo auch häufig verschiedene Institutionen über die einzelnen Besitzrechte befinden, weil das Einkommen aus dem Reichtum gewöhnlich von dem Einkommen aus der Arbeit getrennt ist, zerfällt das jährliche Einkommen der Landwirtschaft, oder die jährliche Ernte, wie folgt. Ein Teil der Früchte, die die Arbeit hervorgebracht hat, dienen dazu, dem Grundeigentümer die Hilfe zu bezahlen, die der Boden bei der menschlichen Arbeit geleistet hat. Ferner sollen von diesem Teil die Zinsen aller Kapitalien bezahlt werden, die ursprünglich zur Nutzbarmachung des Bodens verwendet wurden. Lediglich diesen Teil bezeichnet man als das Reineinkommen. Ein weiterer Teil ersetzt jene Früchte, die verzehrt wurden, um die Arbeit überhaupt zu ermöglichen, der man die Ernte verdankt. Zu diesem Teil gehört auch das Saatgut sowie alle für die Landwirtschaft notwendigen Vorschüsse. Die Ökonomen nennen diesen Teil den Ersatz der Auslagen. Ein anderer Bestandteil der Ernte bleibt demjenigen als Profit, der den landwirtschaftlichen Arbeiten vorgestanden hat. Der Profit richtet sich nach dem vorgeschossenen Kapital und nach dem aufgewendeten Fleiß. Auch die Regierung nimmt sich ihren Teil von allen diesen Früchten des Bodens. Durch verschiedene Steuern verringert sie das Einkommen des Grundeigentümers und den Profit des Pächters sowie den Lohn des Tagelöhners und schafft auf diese Art und Weise das Einkommen für eine andere Klasse der Nation. Die Tagelöhner, Pächter und Grundeigentümer behalten die ihnen zufallenden Erträge des Bodens keinesfalls nur als Naturprodukte. Haben sie für ihren eigenen Lebensunterhalt genug zurückgelegt, tauschen sie alle drei den Rest gegen Produkte der städtischen Industrie aus. Auf Grund dieser Austausche kann die übrige Nation ernährt werden.

Tagtäglich sehen wir, wie sich diese Teilung des agricolen Einkommens vollzieht. Diesen Vorgang muß man gut begriffen haben, wenn man jede Art von Einkommen auf seinen eigentlichen Ursprung zurückführen und die Einkommen aus einer vergangenen Arbeit von den Einkommen aus einer gegenwärtigen Arbeit unterscheiden will. Obwohl allerdings in mehreren sehr weit entwickelten Ländern an dieser Teilung festgehalten wird, ist sie dennoch völlig unwesentlich für den agricolen Reichtum. Die drei Bezeichnungen Grundeigentümer, Pächter und Tagelöhner können in einer einzigen Person vereinigt sein, ohne daß deswegen die jährliche Produktion auch nur im geringsten ins Stocken geriete oder gar eingestellt werden müßte und ohne daß sich daraus irgendeine andere soziale Störung ergeben würde. Die Arbeitsteilung hat einen sehr großen und äußerst vorteilhaften Einfluß auf die Entwicklung der Industrie und auf die Erhöhung des industriellen Gesamtprodukts ausgeübt. Die Teilung der Besitzrechte allerdings ist aus eigentümlichen Übereinstimmungen, aus Zufallskombinationen, oft sogar aus Leidenschaften oder Nichtigkeiten entstanden. Die Unterscheidung zwischen Grundeigentümer, Pächter und Tagelöhner hat weder dazu beigetragen, dem ersten mehr Eifer, noch dem zweiten mehr Intelligenz oder gar dem dritten mehr Kraft zu verleihen. Sie hat nicht verursacht, daß eine bestimmte Arbeit von ein und demselben Menschen und infolgedessen besser oder schneller ausgeführt wurde. Außerdem ist diese spezielle Einteilung häufig durch andersartige ersetzt worden. Wie alle übrigen sozialen Einrichtungen muß auch diese danach beurteilt werden, wieviel Gutes und Schlechtes sich daraus für die menschliche Gesellschaft ergibt, welchen Wohlstand sie verschaffen kann und wieviele Menschen an diesem Wohlstand teilhaben.

Die Grundeigentümer glauben oft, daß ein Landwirtschaftssystem um so besser sei, je beachtlicher ihr Reineinkommen ist bzw. der Anteil der landwirtschaftlichen Produktion, der ihnen zufällt, nachdem bereits alle Bebauungskosten bezahlt sind. Der Nation indessen kommt es auf das Bruttoprodukt oder den Gesamtbetrag der Ernte an, worauf auch der Ökonom seine Aufmerksamkeit richten muß; denn erst durch das Bruttoprodukt ist der Lebensunterhalt der gesamten Nation und das Wohlergehen aller Klassen gesichert. Während das Reineinkommen nur das Einkommen der müßigen Reichen darstellt, enthält das Bruttoprodukt noch das Einkommen aller Arbeitenden und aller jener, die ihr Kapital in der Landwirtschaft arbeiten lassen.

Das Anwachsen des Reinertrags auf Kosten des Bruttoprodukts kann sein und ist in der Tat oft ein nationales

Übel. Wenn ein Grundeigentümer ein Stück Land, das in der geschicktesten und kostspieligsten Art bebaut wird, für hundert Taler verpachtet hat, obwohl das Bruttoprodukt dieses Bodens tausend Taler beträgt, dann aber herausfindet, daß er sein Stück Land ohne eigene Kosten für hundertzehn Taler als Weide verpachten kann, indem er es brachliegen läßt, so wird er seine Gärtner und Weinbauern entlassen und die zehn Taler gewinnen wollen. Die Nation verliert dabei allerdings achthundertneunzig Taler; denn alle Kapitalien, die eine so reichliche Produktion hervorbringen würden, finden keine Verwendung und bringen infolgedessen auch keinen Gewinn. Alle Tagelöhner, die diesen Ertrag durch ihre Arbeit entstehen ließen, blieben dann arbeitslos und als Folge davon ohne Einkommen. Der Fiskus selbst verliert weit mehr als der Grundeigentümer gewinnen kann, denn der Fiskus hat ebenso wie am Einkommen des Grundbesitzers auch an den Einkommen der Tagelöhner und des Pächters teil; und die Summe, die ihm aus dem Einkommen der Tagelöhner und des Pächters erwächst, ist wahrscheinlich größer als diejenige aus dem Einkommen des Grundeigentümers.

Das stufenweise Anwachsen des Bruttoprodukts kann allerdings auch die Folge eines Notstandes sein. Wenn eine Nation nicht reicher, sondern nur zahlreicher als eine andere ist, dann hat es wenig zu sagen, daß die Gesamtsumme der nationalen Produktion zwar beträchtlicher, aber der Anteil, der dem einzelnen zufällt, kleiner ist. Der Reichtum einer Nation drückt sich nicht nur in der Höhe ihres Einkommens aus, sondern vor allem in dem Verhältnis dieses Einkommens zur Zahl der Menschen, die davon leben müssen. Nun kann aber ein System, das den agricolen Reichtum schlecht verwaltet, gerade zur Entstehung einer sehr zahlreichen Bevölkerung beitragen. Dieser Bevölkerung mag es zwar gelingen, durch mehr Arbeit dem Boden ertragreichere Ernten abzugewinnen, sie muß diese dann allerdings zu teuer bezahlen. Die gesamte Klasse der Bodenbearbeiter leidet also inmitten des Überflusses, und dabei ist es gleichgültig, ob diejenigen, die arbeiten, selbst Grundeigentümer sind und aus Liebe zum Eigentum trotz Verlusts keine Arbeit scheuen oder ob es einfache Tagelöhner sind, die sich trotz ständigen Kampfes gegen das Monopol der Grundeigentümer und Pächter mit einem viel zu geringen Lohn zufriedengeben. Mögen die Ernten noch so sehr anwachsen, die Menschen, welche diese Ernten in zu umfangreicher Arbeit hervorbringen, können sich trotzdem nur ungenügende Unterhaltsmittel kaufen, und sie sind gezwungen, im Elend zu leben. In der Politischen Ökonomie gibt es darum keinen Zweig, der nicht nach seiner Einstellung zum Wohlstand der Masse des Volkes beurteilt werden müßte. Eine soziale Ordnung ist immer schlecht, wenn der größte Teil der Bevölkerung Not leidet.

Der Handelsreichtum verteilt und vermehrt sich durch Austausche. Auch die Produkte der Landwirtschaft gehören zum Handel, sobald sie geerntet worden sind. Der agricole Reichtum dagegen wird vermittels dauerhafter Verträge verwaltet. Die Aufmerksamkeit des Ökonomen muß sich dabei zunächst auf den Verlauf der Bebauung richten, dann auf die Verteilung der geernteten Produkte unter jene, die zu ihrer Entstehung beitrugen, schließlich auf den Charakter der Grundeigentümerrechte und auf das Ergebnis bei der Verpachtung von Grundbesitz.

ZWEITES KAPITEL

DER EINFLUSS DER REGIERUNG AUF DIE FORTSCHRITTE IN DER LANDWIRTSCHAFT

Die Weiterentwicklung der sozialen Ordnung, die zunehmende Sicherheit, der Schutz, den die Regierung den Rechten aller Staatsbürger gewährt, und das Anwachsen der Bevölkerung veranlassen den Landwirt, in immer größerem Umfange die Arbeit, die seinen Reichtum hervorbringt, dem Boden zuzuwenden. Solange er noch im ängstlichen Zustand der Barbarei lebt, wagt er es nicht, auf eigene Kosten den Wert eines Grundstücks, das ihm vielleicht schnell weggenommen werden kann, zu erhöhen. Sobald er sich aber in der vollendeten Zivilisation in Sicherheit weiß, glaubt er dagegen, den Grundbesitz als den sichersten aller Reichtümer ansehen zu können. In den Wüsten Arabiens und der Tatarei, in den Savannen Amerikas vor der einsetzenden Zivilisation, auf den Weiden der Römischen Campagna und der Capitanata von Pouille gab sich der Mensch auch nach dem Siegeszug der Zivilisation noch mit den natürlichen Früchten des jeweiligen Gebiets, mit dem Gras, das seine Herden abweideten, zufrieden. Wenn nun manche dieser öden Gebiete sogar einen Verkaufspreis erlangten, so ist dieser weniger der leichten Einzäunungsarbeit seitens der Besitzer zu verdanken als vielmehr jener Arbeit der Hirten, die der Vermehrung der Rinder und Schafe, die auf diesem Landstrich weideten, diente.

Wenn dann die Bevölkerung dieser Einöden zunimmt und wenn das Hirtenleben mehr und mehr durch den Ackerbau verdrängt wird, hört auch der Mensch auf, eine Arbeit in den Boden hineinzustecken, deren Früchte er erst nach vielen Jahren ernten kann. Er wird von nun an das Feld bestellen, um in der nächstfolgenden Jahreszeit ernten zu können. Um alle vorgeschossenen Aufwendungen wiederzuerlangen, genügen jetzt zwölf Monate. Der Boden, der vom Menschen bestellt worden ist, durch die menschliche Arbeit aber noch lange keinen dauerhaften Wert erhält, wird für kurze Zeit von den auf ihm gewachsenen Früchten ausgesaugt. Anstatt zu versuchen, diesen Boden durch eine wohlüberlegte Arbeit zu verbessern, wird er des Ausruhens wegen brachliegen gelassen. Im kommenden Jahr bearbeitet der Bauer ein anderes Stück Land. Die Nutzungsform der Brachen, ein letzter Rest dieser halbwilden Landwirtschaft, hat sich gleichsam als Monument einer früher allgemein angewendeten Praktik bis zum heutigen Tage in drei Vierteln Europas erhalten.

Die Brachen ändern allerdings völlig ihr Aussehen, sobald die Bevölkerung und der Reichtum stark zunehmen und dadurch alle Arbeiten leichter werden und sobald die soziale Ordnung bereits genügende Sicherheit für den Bodenbearbeiter bietet. Er wagt es nun, seinen Boden so zu bewirtschaften, daß er ihn zusammen mit seiner Lebensarbeit auf die Nachkommen übertragen kann.

Von nun an werden Obst- und Gemüsegärten sowie Weinberge angelegt, deren Nutznießung vielen Generationen zugedacht ist. Zur Erhöhung der Fruchtbarkeit hebt man Bewässerungs- und Entwässerungsgräben aus. Auf den Hügeln erheben sich jene hängenden Terrassen, die für die kanaanäische Bodenkultur typisch sind. Ein schneller Wechsel von Ernten verschiedener Art erschöpft nicht die Kräfte des Bodens, sondern belebt sie. Auf einem Gebiet, das beim ursprünglichen Bebauungssystem kaum für ein paar Schafe gereicht hätte, lebt jetzt eine zahlreiche Bevölkerung.

Die gesamte landwirtschaftliche Produktion nimmt also auf Grund der dem Eigentum gewährten Sicherheit schnell zu. Die Vermehrung der landwirtschaftlichen Erzeugnisse bis zu dem Punkte, wo neben den Bodenbearbeitern auch jene Klasse der Nation, die in den Städten lebt, ernährt werden kann, ist aber nur möglich, weil der Boden, der früher demjenigen gehörte, der zuerst Besitz davon ergriff oder der Stärkste war, unter dem Schutz des Gesetzes einen nicht weniger geheiligten Besitz darstellt als die menschliche Arbeit selbst. Der Mensch, der nach der Einzäunung seines Feldes zuerst sagt: „Das gehört mir“, verhilft damit sogar anderen Menschen zur Existenz, die selbst keinen Boden besitzen und nicht leben könnten, wenn das Feld des ersteren nicht einen Produktionsüberschuß hervorbringen würde. Da es sich also um eine nutzbringende Usurpation handelt, tut die Gesellschaft gut daran, sie zum Vorteil aller zu schützen. Diese Besitzergreifung ist indessen eine Erscheinung der Gesellschaft und nicht etwa ein natürliches Gesetz, das der Gesellschaft vorausgeht. Für diese Tatsache liefert erstens die Geschichte einen Beweis, denn es gibt zahlreiche Länder, in denen eine willkürliche Bodenaneignung nicht anerkannt wird. Zweitens sagt uns die Vernunft, daß der Besitz an Grund und Boden kein ausschließliches Produkt des Fleißes darstellt, wie das bei einem nur aus menschlicher Arbeit hervorgegangenen Besitz der Fall ist.

Die Araber und die Tataren, die nicht zulassen, daß der Boden im Besitz des Menschen oder der Familie bleibt, die zum ersten Male seine kostenlosen Früchte geerntet haben, sind nicht so gewissenhaft, wenn es gilt, an dem menschlichen Besitz festzuhalten, der zwar mit Hilfe dieser kostenlosen Bodenprodukte, aber durch eigenen Fleiß geschaffen wurde. Die Herden, wie auch die Zelte, die sie aus der Wolle ihrer Schafe gewebt haben, und auch die Möbel aus dem von ihnen geschlagenen Holz gehören ihnen sehr wohl. Ferner machen sie niemandem die Ernte eines Feldes, das aus eigener Kraft bestellt wurde, strittig. Sie sehen jedoch nicht ein, warum ein anderer nicht ebenfalls das Recht haben soll, zu säen. Die Ungleichheit, die aus dem sogenannten Recht der ersten Besitzergreifung herrührt, beruht, ihrer Meinung nach, keineswegs auf Gerechtigkeitsprinzipien. Wenn der gesamte Boden unter eine bestimmte Anzahl von Landesbewohnern aufgeteilt ist, so besitzen diese

Menschen eine Vorrangstellung gegenüber dem Rest der Nation, dem sie sich nicht unterordnen wollen.

Die Aneignung von Boden beruht in der Tat nicht auf Prinzipien der Gerechtigkeit, sondern auf solchen Prinzipien, die dem allgemeinen Wohl dienen. Die ersten Besitzergreifer handelten keineswegs auf Grund eines höheren Rechts, sondern die Gesellschaft billigte ihnen dieses Recht und den Schutz für ihre Arbeit lediglich zu, weil sie daran interessiert war, ihre Unterhaltsmittel zu vermehren. Allerdings können dem Boden nur dann alle Früchte abverlangt werden, wenn das persönliche Interesse des Bodenbearbeiters dabei wächst. Sowohl der Gesellschaft insgesamt wie auch dem Reichen und Armen gereicht es zum Vorteil, daß die Grundeigentümer gesellschaftlichen Schutz genießen. Die Gesellschaft kann aber an ihr Zugeständnis Bedingungen knüpfen, d. h. sie sollte das unbedingt tun. Der Landbesitz soll stets einer solchen Gesetzgebung unterstellt werden, die tatsächlich das Wohl aller gewährleistet; denn das Wohl aller stellt die einzige Rechtfertigung dieses Besitzes dar.

Der Handel oder die Industrie eines Landes können noch lange nicht als blühend angesehen werden, wenn nur eine geringe Anzahl von Händlern ungeheure Profite daraus erzielt. Diese außergewöhnlich großen Profite zeugen im Gegenteil fast immer gegen den allgemeinen Wohlstand eines Landes. Desgleichen darf man die Gewinne, die einige reiche Grundeigentümer aus ihrem zu Weideland umgestalteten Grundbesitz erhalten, nicht als kennzeichnend für ein wohlverstandenes Landwirtschaftssystem betrachten. Zwar bereichern sich einige wenige daran, aber es fehlt der andere Teil der Nation, der von diesem Boden hervorgebracht werden soll, sowie die Unterhaltsmittel für das übrige Volk.

Es gibt keinen Tatarenanführer, der nicht zahlreiche Schätze, sehr große Herden, viele Sklaven und prachtvolle Möbel besäße. Aber bevor es dieser kleinen Anzahl von Menschen gelang, zu einem derartigen Reichtum zu kommen, war es erforderlich, die Städte und Dörfer jener Länder, in denen man die Weidewirtschaft einführen wollte, dergestalt dem Erdboden gleich zu machen, daß ein Pferd, gemäß einem Ausspruch der Tataren, das Gebiet, das früher diese Städte einnahmen, ohne Straucheln durchqueren kann. Die weiten Steppen Nordasiens konnte man dabei unberührt lassen. Aus den Schädeln der Bewohner der reichen Gebiete indessen ließen sich jene schrecklichen Denkmäler errichten, derer Zingis und Timur sich rühmten. So vollzog Zingis die Zerstörung der drei Hauptstädte von Khorasan. Und nach dem Hinschlachten von vier Millionen dreihundertsiebenundvierzigtausend Einwohnern konnten einige tausend Tataren mit ihren Herden auf dem Gebiet, das früher ein ganzes Volk ernährt hatte, in Wohlstand leben.[14]

In einigen Teilen des zivilisierten Europas kehrte man ebenfalls zur Weidewirtschaft zurück. Zwar mordete man deswegen nicht die Bevölkerung dieser Gegenden, setzte sie aber dem Hungertode aus. Bei seiner Rückkunft in das Königreich Neapel erfuhr Ferdinand*, daß in jener weiträumigen Provinz, die man unter dem Namen Tavoliere di Puglia kennt und die seit drei Jahrhunderten unbebaut geblieben war und nur zur Weidewirtschaft genutzt werden konnte, auf Anordnung seines Vorgängers wieder Ackerbau betrieben wurde. Ferner hatte Murat* den Grundbesitz, der unter den Bourbonen nach altem Brauch jedes Jahr ausgelost wurde, der Erbpacht unterstellt. In seinem Widerwillen gegen jede Neuerung verbot Ferdinand sowohl den Ackerbau, den man gerade wieder eingeführt hatte, wie natürlich auch die Anwendung eines Pflugs, dessen Schar so lang war, daß damit das Unkraut ausgerottet werden konnte. Er zwang die Grundeigentümer, ihren Boden von neuem der Weidewirtschaft zu opfern, obwohl das selbst für die

[14] D'Herbelot, „Orientalische Bibliothek", Bd. I, S. 380–381.

* Gemeint ist Ferdinand IV. (1751–1825) aus dem Hause Bourbon, seit 1759 König von Sizilien und Neapel, während der napoleonischen Kriege behielt er nur Sizilien.

* Murat, Joachim (1767–1815), französischer Marschall (seit 1804), König von Neapel (von 1808–1815).

Eigentümer dieses Bodens weitaus weniger gewinnbringend war.[15]

Nicht auf Befehl einer höheren Gewalt, sondern lediglich wegen des Profits der Grundeigentümer und wegen Mißbrauch des Besitzrechts sind in Nordschottland fast alle Einwohner von ihrem Besitztum vertrieben worden, um in der Folge in den Städten, auf engstem Raum zusammengedrängt, Elends sterben zu müssen oder um auf Schiffe geladen zu werden, die sie nach Amerika bringen sollen. Dies alles mußte geschehen, weil die Herren des Bodens bei ihrer Kalkulation herausfanden, daß sie mehr verdienen können, wenn sie weniger vorschießen müssen, ungeachtet dessen, daß die Einnahmen geringer werden. So wurde eine treue, tapfere und fleißige Bevölkerung, die allerdings von Haferbrot ernährt werden mußte, durch Rinder- und Schafsherden, die sich mit Gras begnügen, ersetzt.[16] Zahllose Dör-

[15] Das Ministerium von Neapel hat mir den ehrenvollen Auftrag erteilt, in seinen Amtszimmern eine kleine Abhandlung zu verfassen, um darin die in der ersten Ausgabe meines Buches erwähnten Ereignisse in der Provinz Tavoliere di Puglia zu erhellen. Das Ministerium wirft mir vor, daß ich mit keinem Wort die guten Absichten des Königs erwähnte, die er mit seinem Edikt über den Verbot des Ackerbaus verfolgte. Trotzdem akzeptiert man die Tatsachen, wie ich sie berichtet habe.

[16] Die schottischen highlanders konnten ihren Boden unter der Bedingung bewirtschaften, daß sie dem Grundherrn in den Krieg folgten, ferner einen Tag in der Woche auf seinen Feldern arbeiteten und ihm schließlich den zwanzigsten Teil ihres eigenen Hafermehlertrags ablieferten. Diese Rente war zwar sehr gering und die Bewirtschaftung äußerst schlecht, aber niemals zuvor oder danach wurde infolgedessen den Grundherren mehr Liebe und Gehorsam entgegengebracht. Der Profit, den die schottischen Grundherren heute aus der Viehzucht erzielen, beruht auf dem ausgedehnten Markt in England, wo die Tiere gemästet werden.
In der „Enzyklopädie“ habe ich die Einzelheiten jener Umwälzung in der Grafschaft Sutherland beschrieben. Bewirkt

fer wurden verlassen, und das Land büßte einen großen, vielleicht den wertvollsten Teil seiner Bewohner ein. Mit diesen Menschen gingen der Nation zugleich auch alle Einkommen verloren, von denen die Bauern selbst lebten und die die Bauern durch ihre Arbeit schufen. Die Grundeigentümer haben zwar beträchtlich ihr Vermögen erhöhen können, doch brachen sie andererseits den ursprünglichen Vertrag, durch welchen die Gesellschaft ihnen den Besitz sicherte. Wenn allerdings in einem Land ausschließlich Weidewirtschaft betrieben wird, muß der Boden zum Gemeineigentum erklärt werden; denn die Gesellschaft hat den Grundeigentümern das Recht der ersten Besitzergreifung nur unter der Bedingung zuerkannt, daß sie die Landwirtschaft weiterentwickeln und dadurch für alle Klassen der Nation größeren Wohlstand schaffen.

wurde diese Umwälzung von der Markgräfin Stafford, welcher der größte Teil dieser Grafschaft gehört. Sie hat die gesamte ehemalige Bevölkerung aus dem Innern des Landes vertrieben und alle diese Bergbewohner an der Meeresküste ansässig gemacht, indem sie ihnen befahl, von nun an vom Fischfang zu leben. In einem Buch, das sie zur Rechtfertigung dieser „Verbesserungen" veröffentlichte, behauptet sie, ihren Erbvasallen gegenüber noch viel mäßiger gehandelt zu haben als ihre Nachbarn. Das mag zweifellos wahr sein, beweist es doch nur zu deutlich, welchen Mißbrauch man mit dem Besitzrecht treiben kann, wenn man nur das Reineinkommen und den Vorteil des Grundeigentümers in Betracht zieht.

DRITTES KAPITEL

DIE PATRIARCHALISCHE BEWIRTSCHAFTUNG

Die ersten Grundeigentümer bewirtschafteten ihren Boden noch selbst. Gemeinsam mit ihren Kindern und ihrem Gesinde verrichteten sie alle Feldarbeiten. In keiner späteren Gesellschaftsordnung gab es jemals wieder soviel Wohlstand und Anständigkeit innerhalb der zahlreichsten Klasse der Nation, soviel Reichtum für alle übrigen Klassen und eine derartige Festigkeit der öffentlichen Ordnung. Die ursprüngliche Besitzergreifung von Boden wurde als vorteilhaft für die ganze Gesellschaft anerkannt, weil sie dem Bearbeiter dieses Bodens die Gewißheit verlieh, sich ständig in vollem Maße der Früchte seiner Arbeit erfreuen zu können. Die Landwirtschaft stellt den langsamsten aller Erzeugungsprozesse dar. Manche landwirtschaftlichen Produkte entstehen erst im Verlaufe von unzähligen Jahren. So kann zum Beispiel eine Eiche, die der Großvater gepflanzt hat, erst vom Enkel geschlagen werden. Die Bewässerungs- und Entwässerungsarbeiten, die Deiche und das Trockenlegen von Sümpfen tragen erst nach mehreren Jahrhunderten Früchte. Aber auch die üblichen landwirtschaftlichen Arbeiten tragen, unabhängig vom sofortigen Gewinn, den man aus ihnen erwartet, zu einer ständigen Verbesserung der Bodenverhältnisse bei, die sich dann von Generation zu Generation übertragen läßt. Alle Pachtverträge und sämtliche Arten der Fruchtverteilung, bei denen der Besitzvorteil vom Nutzungsinteresse abweicht, verhindern bzw. schränken zumindestens das positive Ergebnis ein, das sich die Gesellschaft aus der willkürlichen Aneignung von Boden versprach. Es war umsonst, daß kürzlich jene Länder, die die Landwirtschaft am meisten vorangetrieben haben, vermittels von Gesetzen die langen Pachtverträge förderten; denn allein die Tatsache, daß Pachtzeiten überhaupt existieren, genügt schon, daß das Interesse des Pächters geringer ist als dasjenige des Grundeigentümers.

Unabhängig vom reinen Interesse des Eigentümers trägt vor allem seine Liebe zum Boden als einer der wichtigsten Anreize zur Weiterentwicklung der Landwirtschaft bei. Allein die Liebe eines Vorfahren zu unbekannten und noch ungeborenen Nachkommen würde nur in den seltensten Fällen dazu geführt haben, das eigene Wohlergehen zu opfern, wenn nicht diese weitreichende gute Tat mit der Freude an der Schöpfung, am Wachstum und an der Verschönerung gepaart gewesen wäre. Der Mensch arbeitete also deshalb für seine entferntesten Nachkommen, weil er seine Arbeit ebenso sehr liebte, wie die Nachfahren selbst. Er handelt dabei ohne Berechnung, weil das Vergnügen, bereits über einen Zeitraum verfügen zu können, den er selbst nicht mehr sehen soll, und die Freude, noch nach seinem Leben weiterzuwirken, die größte Entschädigung für ihn darstellen. In den Ländern, wo der Pächter noch gleichzeitig der Grundeigentümer ist und wo die Früchte, ohne verteilt zu werden, demselben Menschen gehören, der alle nötigen Arbeiten verrichtet hat, in den Ländern also, deren landwirtschaftliche Nutzung wir als patriarchalische Nutzung bezeichnen, findet man auf Schritt und Tritt die Merkmale der Verbundenheit des Menschen mit dem Haus, das er bewohnt, und mit dem Boden, den er bewirtschaftet. Er fragt nicht danach, wie viele Arbeitstage er brauchen wird, um sich Wege zu bahnen, um Quellen in die gewünschte Richtung zu lenken und um Beete mit Blumen zu bepflanzen. Es ist die Arbeit an sich, die ihm Vergnügen bereitet. Da er also Befriedigung in seiner Arbeit findet, verfügt er auch über genügend Zeit und über ausreichende Kräfte zu ihrer Ausübung. Niemals könnte ihn Geld dazu veranlassen, das zu schaffen, was ihm durch die Liebe zum Eigentum so leicht fällt.

Ein dritter, mit der ursprünglichen Besitzergreifung von Boden zusammenhängender Vorteil besteht in der günstigen Auswirkung der voranschreitenden Erfahrung sowie der Zunahme der Kenntnisse auf dem landwirtschaftlichen Wissensgebiet. Sowohl die praktische Erfahrung als auch die Weiterentwicklung der Kenntnis sind gleichermaßen notwendig für eine blühende Landwirtschaft. Handelt es sich aber um Nutzungsformen, bei denen die Erträge aufgeteilt werden müssen, so fallen diese beiden wichtigen Faktoren kaum noch ins Gewicht. In den als glücklich zu bezeichnenden Ländern, in denen die patriarchalische Nutzungsform üblich ist, kennt man die Eigenart jedes einzelnen Feldes, und die Kenntnis darüber wird von Generation zu Generation weitervermittelt. Man weiß ganz genau, welche Art von Korn auf einem bestimmten Feld am besten gedeiht, welche Zeit am günstigsten für die Aussaat ist und wann man mit den Gefahren von Hagel und Frost rechnen muß. Hat man sich einmal auf dem Lande umgesehen, so weiß man, daß es keine noch so kleine Wirtschaft gibt, bei der sich nicht von Quadratmeter zu Quadratmeter spezifische Unterschiede feststellen ließen. Diese Unterschiede zu kennen, will aber noch gar nichts heißen, sondern es kommt nun vielmehr darauf an, die möglichen Folgen der unterschiedlichen Bodenbeschaffenheit zu erwägen. Derartige Überlegungen kann der Bodenbearbeiter aber nur anstellen, wenn er über einen ausgeruhten und wendigen Geist verfügt. Landwirtschaftliche Nutzungsformen, die auf dem Pachtsystem beruhen und daher in den Händen reicherer Menschen liegen, setzen sich vielleicht in starkem Maße über Vorurteile und Routine hinweg. Allerdings wird die bessere Einsicht sowieso nicht bis zu jenen gelangen, die den Boden bearbeiten und infolgedessen nur eine unzureichende Anwendung finden.

Beim Durchqueren des größten Teils der Schweiz sowie einiger Provinzen Frankreichs, Italiens und Deutschlands und bei näherer Betrachtung dieser Landstriche stellt man sich unwillkürlich die Frage, ob der Boden einem Pächter gehört oder einem Grundeigentümer, der das Land eigenhändig bewirtschaftet. Die wohlverstandene Pflege, die guten Erträge und das prächtige Aussehen, das dem Land durch die eigennützige Arbeit verliehen wurde, lassen schnell darauf schließen, daß es sich um die Felder eines selbstarbeitenden Eigentümers handelt. Es entspricht durchaus der Wahrheit, daß unter dem Zwangssystem einer Regierung die Fertigkeiten und Erfahrungen, die dem Grundbesitz zu verdanken sind, unterdrückt, ja sogar gänzlich zunichte gemacht werden. Derartige politische Zustände erlauben es auch, daß die Steuer das Beste von den Ernten abschöpft und daß die Regierungsbeamten mit ihrer Rücksichtslosigkeit die Sicherheit der Bodenbearbeiter gefährden. Ferner führt die Tatsache, daß man gegenüber einem mächtigeren Nachbarn kein Recht bekommt, zu seelischer Mutlosigkeit. Schließlich ist es möglich, daß in dem schönen, der Verwaltung des Königs von Sardinien anvertrauten Lande die Grundeigentümer gleichermaßen im Elend leben wie die Tagelöhner. In solchen Fällen zählt man vergeblich auf eine einzige Regel der Politischen Ökonomie, denn ein Grundsatz allein kann noch lange nicht den allgemeinen Wohlstand herbeiführen. Man ist höchstens in der Lage, dem Übel etwas Einhalt zu gebieten.

Die patriarchalische Nutzungsform trägt ferner zur Verbesserung der Sitten und des Charakters jener vielen Menschen bei, die in einem Lande alle landwirtschaftlichen Arbeiten verrichten müssen. Der Besitz an Grund und Boden erzieht zur Ordnung und Sparsamkeit. Die tägliche Fülle läßt den Gedanken an Völlerei und Trinkertum gar nicht erst aufkommen. Der Wunsch nach Ausschweifungen entsteht einzig und allein aus Entbehrungen. Man möchte seine Sorgen im zügellosen Trinken betäuben. Die schnellen Tauschgeschäfte ziehen notwendigerweise eine rasche Entwicklung des Handels nach sich, wobei sich aber neben den zahlreichen Vorteilen auch Nachteile ergeben. Ein besonderer Nachteil besteht darin, daß die Ehrlichkeit des Volkes beeinträchtigt wird. Will man gut und schnell verkaufen, macht man sich bald wenig Gedanken um Übervorteilung und Betrug. Je mehr ein Mensch, der ständig von Berufs wegen Geschäfte abwickelt, um seinen Lebensunterhalt kämpfen muß, um so mehr ist er der Versuchung zu betrügen ausgesetzt. Nicht selten hat man es bedauert, daß auch die Menschen auf dem Lande nicht mehr den Ruf der Ehrlichkeit verdienten. Dabei gilt es allerdings zu beachten, daß lediglich die selbstwirtschaftenden Grundeigentümer diesen guten Ruf schufen. Das heißt also, daß das gute Ansehen nicht einfach auch auf die anderen Landbewohner ausgedehnt werden darf. Alle jene, die gezwungen sind, jeden Tag ihre Arbeit und ihre Erträge zu verkaufen, die überhaupt nur mit List ihre geringen Existenzmittel verteidigen können und die zu allen Bedingungen ihren Handel abwickeln müssen, haben natürlich viele Tugenden eingebüßt. Der eigenhändig wirtschaftende Grundeigentümer dagegen besitzt diese Tugenden noch; denn da er seine Austausche fast nur unmittelbar mit der Natur vollzieht, hat er weniger als jeder andere fleißige Arbeiter Anlaß dazu, den Menschen zu mißtrauen und ihnen Unehrlichkeit vorzuwerfen.[17]

[17] Den Bewohnern der Vereinigten Staaten wird vorgeworfen, daß sie einen ausschließlichen Hang zur Vermögenskalkulation hätten und bei ihren Transaktionen reichlich wenig Feingefühl bewiesen. Sie kennen indessen nur die patriarchalische Wirtschaftsform. Aber die Ausnahme bestätigt wieder einmal die Regel. Der Boden selbst bildet in Amerika den Gegenstand ständiger Spekulationen. Der Bodenbearbeiter ist nicht daran interessiert, bequem zu leben, sondern er strebt einzig und allein nach Reichtum. Er verkauft sein Land in Virginia, um nach Kentucky zu ziehen. Bald danach veräußert er auch hier wieder seinen Boden und läßt sich in Illinois nieder. Er spekuliert ohne Unterlaß, wie ein Makler an der Börse. Eine derartige Aktivität führt zwar zu größerem Reichtum, gleichzeitig aber auch zu geringerer Sittlichkeit. Die Klasse von Menschen, die eigentlich auf Grund ihres Verhältnisses zum Boden die alten Grundsätze bewahren sollte, wird selbst von einer zu schnellen Bewegung mitgeris-

In den Ländern, in denen die patriarchalische Nutzungsform noch erhalten geblieben ist, nimmt die Bevölkerung so lange regelmäßig und schnell zu, bis sie ihre natürlichen Grenzen erreicht hat. Das bedeutet, daß das Erbe immer wieder unter mehrere Söhne aufgeteilt wird, so daß auf Grund einer Arbeitssteigerung jede Familie aus dem geringeren Stück Land dennoch ein gleichbleibendes Einkommen erzielen kann. Der Vater, der ausgedehntes Weideland besaß, teilt dieses unter seine Söhne auf, damit sie es in Felder und Wiesen verwandeln. Die Söhne verteilen dieses Land dann abermals unter ihre Kinder, wobei das System der Brachen wegfallen muß. Auf diese Art und Weise erlaubt also jede Verbesserung der landwirtschaftlichen Nutzung stets wieder eine Aufteilung des Landbesitzes. Man darf aber nicht glauben, daß der Grundeigentümer Kinder in die Welt setzt, um Bettler aus ihnen zu machen. Er kennt ganz genau die Größe des Erbgutes, das er ihnen hinterlassen kann. Ferner hat er die Gewißheit, daß das Gesetz für eine gerechte Aufteilung seines Eigentums unter die Söhne bürgt. Schließlich kennt er die Grenze, bis zu der er die Teilung treiben kann, ohne daß dabei seine Nachkommen an Rang einbüßen müßten. Neben allen diesen Umständen sorgt der Standesdünkel, der dem Bauern ebenso eigen ist wie dem Edelmann, dafür, daß keine Kinder zur Welt kommen, für die nicht gesorgt werden könnte. Werden sie trotzdem geboren, so bleiben sie wenigstens unverheiratet, oder es wird entschieden, welcher von mehreren Brüdern das Familienerbe antreten und fortsetzen soll. In den Schweizer Kantonen kommt es nie vor, daß die Bauern ihren Besitz so stark aufteilen würden, daß man davon nicht mehr bequem und gut leben könnte, obwohl auch hier die Sitte, in der Fremde zu arbeiten – für die Kinder ein

sen. Allerdings sind diese Zustände, die für ein so winziges Volk auf einem so großen Territorium zutreffen, sehr außergewöhnlich. Man darf sie keineswegs mit der langsamen Entwicklung eines europäischen Landes vergleichen.

völlig unbekannter und unberechenbarer Weg –, eine zu große Bevölkerungsexplosion zur Folge hat.

Die größte Garantie, auf die eine Regierung überhaupt bauen kann, besteht in einer zahlreichen Schicht von eigenhändig wirtschaftenden Bauern. Selbst wenn sich der Schutz des Eigentums noch so vorteilhaft für die Gesellschaft auswirkt, bleibt dieser Umstand doch für alle jene eine abstrakte Idee, denen es nur um eine Billigung der Enteignung geht. Wird der Besitz an Grund und Boden den Bauern genommen und entreißt man den kleinen Handwerkern ihre Manufakturen, so beraubt man alle diese Menschen, die den Reichtum schaffen und ständig durch ihre Hände gehen sehen, gleichzeitig auch aller Annehmlichkeiten, die aus dem Reichtum resultieren. Diese Beraubten bilden bei weitem den größten Teil der Nation, und, obwohl sie der Gesellschaft am nützlichsten sind, bleiben sie arm und zurückgesetzt. Ständiger Neid nagt an ihnen und bringt sie gegen die Reichen auf. Man wagt es kaum, in ihrer Gegenwart über politische Rechte zu sprechen; denn es ist stets zu befürchten, daß eine derartige Diskussion in eine Auseinandersetzung über Eigentumsrechte umschlägt und Forderungen nach einer gerechten Verteilung der Güter und des Bodens gestellt werden.

Eine Revolution in einem solchen Land ist furchtbar. Die gesamte Ordnung der Gesellschaft wird umgestürzt, und die Macht geht in die Hände der Menge, die die physische Gewalt innehat, über. Da diese Menge viel gelitten hat und wegen des Übermaßes an Arbeit völlig ungebildet blieb, steht sie nun jedem Gesetz, jedweder Unterscheidung und sämtlichem Eigentum feindlich gegenüber. In Frankreich hat es eine solche Revolution gegeben, zu einer Zeit, als die große Masse der Bevölkerung besitzlos war und infolgedessen nicht den geringsten Vorteil der Zivilisation genoß. Allerdings hat diese Revolution neben den zahlreichen Übeln und dem vielen Leid auch einige positive Seiten aufzuweisen. Eine ihrer größten Wohltaten besteht vielleicht in der Gewißheit, daß sich eine derartige Katastrophe niemals mehr wiederholen wird. Durch die Revolution hat die Klasse der selbstwirtschaftenden Eigentümer zunächst erst einmal in außerordentlichem Maße zugenommen. Heute zählt man in Frankreich mehr als drei Millionen Familien, die unabhängige Besitzer des Bodens sind, den sie bewohnen und bewirtschaften, im ganzen also mehr als fünfzehn Millionen Einzelpersonen. Infolgedessen ist mehr als die Hälfte der Nation zum eigenen Vorteil am Schutz der Eigentumsrechte interessiert. Daher steht die Mehrheit auf der Seite der öffentlichen Ordnung. Würde die Regierung aus irgendeinem Grund zusammenbrechen, wäre die Menge sofort darum bemüht, sich eine neue Regierung zu schaffen, die wieder die Sicherheit und das Eigentum schützt. In dieser Tatsache sind die wesentlichsten Ursachen für den Unterschied der Revolution von 1813 und 1814 und von 1789 zu suchen.

Der Aufruf an die Bauern, Grundeigentümer zu werden, war tatsächlich die Folge der Revolution von 1789, die Folge der Konfiskationen und des Verkaufs von Nationalgütern aller Art. Dagegen entspringen das Elend und das Unglück innerer und äußerer Kriege aus den negativen Seiten des menschlichen Wesens, ähnlich wie die Überschwemmungen und Erdbeben Erscheinungen der allgemeinen Natur sind. Ist der Übelstand aber überwunden, sollte man der Vorsehung danken, wenn auch nur irgendetwas Gutes zu verzeichnen war. Letzteres ist ohne Zweifel geschehen. Tag für Tag wurde die Aufteilung der großen Erbgüter von neuem vollzogen, tagtäglich wurden mit Gewinn große Landstücke an Pächter verkauft, die sie dann bewirtschafteten. Die Nation ist also noch weit davon entfernt, alle Früchte zu ernten, die sie aus der Zerstückelung des Eigentums erwarten darf; denn Gewohnheiten bilden sich nur langsam heraus, und der Sinn für Ordnung, Sparsamkeit, Sauberkeit und Feinheit ist erst das Ergebnis längeren Genusses.

Ebenso wie in der Schweiz, der alten Welt, wird im freien Amerika, der neuen Welt, das Eigentum an Grund und Boden keineswegs von der Bewirtschaftung und somit auch nicht vom Profit aus den Erträgen getrennt. In dieser einfachsten und natürlichsten Form des Landbaus, die bereits von den ersten seßhaftwerdenden Völkern angewendet wurde, liegt eine der Ursachen für die schnelle Blüte der Landwirtschaft. Wir haben sie deshalb als patriarchalische Nutzungsform bezeichnet. Man stößt auf sie in der Geschichte aller Völker des Altertums, nur daß sie gerade in dieser Epoche mit dem Makel der Sklaverei behaftet ist.

Der ständige Kriegszustand der halbbarbarischen Völker führte bereits in den frühesten Zeiten zur Sklaverei. Die Stärksten empfanden es als bequem, sich durch den Mißbrauch ihres Sieges Arbeiter zu verschaffen. Solange jedoch das Familienoberhaupt selbst mit seinen Kindern und den Sklaven zusammenarbeitete, waren die Lebensbedingungen der Sklaven noch weniger hart. Ihr Herr fühlte sich in der gleichen Lage wie sie und verspürte infolgedessen die gleichen Bedürfnisse, die nämliche Erschöpfung. Er strebte nach den gleichen Freuden, und er wußte aus eigener Erfahrung, daß er von den Menschen, die er schlecht ernährte, nur wenig Arbeit zu erwarten hatte. In ganz Frankreich ißt der Knecht des selbstwirtschaftenden Bauern am Tische seines Herrn; die Sklaven wurden ursprünglich nicht schlechter behandelt. Dergestalt vollzog sich die landwirtschaftliche Nutzung in Judäa, in den guten Zeiten in Italien und Griechenland, und so ist sie noch heute im Innern Afrikas und in vielen Teilen Amerikas, wo der Sklave an der Seite des freien Menschen arbeitet.

Vor dem zweiten punischen Krieg waren die Landgüter der Römer noch so klein, daß die Zahl der freien Menschen, die auf den Feldern arbeiteten, um vieles die Anzahl der Sklaven übertreffen mußte. Die Freien lebten in Behaglichkeit und waren im vollen Besitz der Früchte ihrer Arbeit, während die Sklaven mehr gedemütigt wurden, als sie zu leiden hatten. Ebenso wie das Rind, der Helfer des Menschen, im eigenen Interesse geschont wird, hatten auch die Sklaven nur selten eine schlechte Behandlung, und noch weniger Not zu erdulden. Das Familienoberhaupt nahm allein die Gesamtheit der Ernte an sich. Die Unterscheidung von Rente, Profit und Lohn war noch nicht erforderlich. Der Überschuß, der nach Abzug der Unterhaltsmittel blieb, verschaffte auf dem Tauschwege Erzeugnisse aus der Stadt, so daß von diesem landwirtschaftlichen Überschuß der Rest der Nation ernährt werden konnte.

VIERTES KAPITEL

DIE BEWIRTSCHAFTUNG MIT SKLAVEN

Mit dem Anwachsen von Reichtum, Luxus und Müßiggang wurde in allen Ländern des Altertums die urgesellschaftliche Nutzung durch die Nutzungsform der Sklavenhaltergesellschaft abgelöst. Dieser Prozeß bewirkte, daß die Bevölkerung zahlenmäßig zurückging und an Wohlstand einbüßte. Die Landwirtschaft selbst gewann gar nichts dabei. Da in Rom die Grundeigentümer ihren Besitz durch die Konfiskation des Bodens der besiegten Völker vermehrt hatten und in Griechenland ihr Eigentum durch die aus dem Handel erzielten Reichtümer angewachsen war, hörten sie auf, selbst zu arbeiten. Sehr bald schon verachteten sie die Arbeit überhaupt. Sie übersiedelten in die Städte und vertrauten die Verwaltung ihrer Landgüter den Verwaltern und Sklavenaufsehern[18] an. Von diesem Zeitpunkt an wurde die Lage der meisten Landbewohner unerträglich. Die Arbeit, die früher das Bindeglied zwischen den beiden Klassen der Gesellschaft dargestellt hatte, verwandelte sich nun in eine Schranke der Trennung. Verachtung und Gefühllosigkeit traten an die Stelle der Fürsorge. Die Strafen nahmen an Härte um so mehr zu, je tiefer derjenige rangmäßig stand, der sie anordnete, und je weniger der Tod eines oder mehrerer Sklaven dem Reichtum des Verwalters schaden konnte. Diese Sklaven, die mangelhaft ernährt, stark mißhandelt und schlecht entlohnt wurden, verloren jegliches Interesse an den Angelegenheiten ihres Herrn. Ihre äußerst dürftige

[18] Columella nennt diese villici, im Gegensatz zu coloni.

Lebenslage führte zur Verkümmerung ihrer geistigen Fähigkeiten. Sie gaben sich keine Mühe mehr mit der Bearbeitung des Bodens und empfanden stets eine heimliche Freude, wenn sie bemerkten, daß der Reichtum ihres Unterdrückers abnahm oder wenn seine Hoffnungen getäuscht wurden.

Man glaubt, viel einsparen zu können, wenn man die Menschen, die man für sich arbeiten läßt, nicht bezahlt. Diese Arbeiter müssen indessen ernährt werden, und selbst bei noch so großem Geiz der Sklavenhalter kostet der Lebensunterhalt eines Sklaven nicht viel weniger als derjenige eines freien Menschen. Verweigert man dem Sklaven irgendeine Lebensnotwendigkeit, so gewinnt dieser, da er seinerseits nicht ans Sparen denkt, Spaß daran, die Güter seines Feindes zu verschwenden. Da man den Sklaven erst durch Kauf erwerben kann, gilt es ferner zu beachten, daß die Zinsen des Kaufpreises nicht aus dem Lohn, sondern aus dem, was man an Entlohnung einsparen will, bestritten werden müssen. Die Physiologen haben festgestellt, daß die gute Einstellung zur Arbeit die Kräfte des Menschen vermehrt und ihn die Ermüdung weniger verspüren läßt. Allein diese Tatsache bewirkt – sogar bei gleichem Kräfteverhältnis – das Übergewicht der Arbeit des freien Menschen über die Arbeit des Sklaven. Columella, der um das Jahr 40 unserer Zeitrechnung schrieb, riet den Grundeigentümern, nur dann Sklaven zu beschäftigen, wenn sie sie selbst beaufsichtigen konnten. Dagegen sollten sie sich an freie Bodenbearbeiter, an die Kolonen, halten, wenn ihre Besitzungen sehr weit entfernt lagen und wenn sie nicht auf dem Lande leben wollten, um ihren Arbeitern vorzustehen.[19]

Die Beschäftigung mit den Wissenschaften und die regelmäßige genaue Beobachtung trieben in der Tat die landwirtschaftliche Theorie voran. Die landwirtschaftliche Praxis allerdings verfiel zur gleichen Zeit sehr schnell. Diesen Umstand beklagen alle Agronomen des Altertums sehr.[20] Ver-

[19] Columella, „De Re rustica", Buch I, 7. Kap.
[20] Columella, „De Re rustica", Buch I, in Prooemio.

stand, Liebe und Eifer, die die Erfolge der Landwirtschaft bewirkt hatten, fehlten nun völlig bei der Arbeit. Die Einkommen nahmen ab, und die Ausgaben stiegen beträchtlich. Von nun an war man viel mehr darum bemüht, an der Bezahlung der Arbeitskräfte zu sparen, anstatt die Erzeugung zu erhöhen. Durch die Sklaven waren alle freien Bodenbearbeiter vom Lande verjagt worden. Aber auch die Zahl der Sklaven nahm schnell ab. Während des Verfalls des Römischen Reiches war die Bevölkerung Italiens in ebenso starkem Maße zurückgegangen wie heute die Einwohner des Agro Romano.* Gleichzeitig befand sich die römische Bevölkerung in tiefster Not und in größtem Elend.

Der Sklavenaufstand der Jahre 73 bis 71 vor Jesus Christus zeigte Rom, daß es gefahrvoll ist, den Bestand eines Staates von einer Bevölkerungsschicht abhängen zu lassen, deren Leben in Elend und Verzweiflung verläuft. Pompeius besiegte zwar den Spartacus. In diesen Kämpfen fielen jedoch so viele Sklaven, daß die in Schrecken versetzten Sklavenhalter es vorzogen, auf einen Teil ihrer Ernten zu verzichten, um auf ihren Feldern die Zahl ihrer Feinde nicht erhöhen zu müssen. Der Getreideanbau hörte in Italien fast völlig auf. Rom war für seinen Lebensunterhalt auf die Ernten Afrikas und Ägyptens angewiesen. Übrigens hatte man in Rom ebenso wie im Golf von Mexiko erfahren, daß die Sklavenhalterwirtschaft nicht ohne Sklavenhandel bestehen kann. Die Zwangsarbeit, die schlechte Ernährung, die harten Strafen und die Unterdrückungen aller Art verminderten sehr schnell die Anzahl der Sklavenbevölkerung. So-

* Agro Romano oder Agro Pontino: Pontinischer Acker, das über 700 km^2 große Gebiet der ehemals malariaverseuchten Pontinischen Sümpfe, südöstlich von Rom zwischen den Albanerbergen, Volskerbergen und den Küstendünen. Die im Altertum und im Mittelalter vergeblich versuchte Kultivierung dieses Küstentieflandes der Provinz Latina gelang erst in den letzten Jahrzehnten unseres Jahrhunderts durch kostspielige Entwässerungsanlagen.

lange die Waffenkunst des Imperiums noch blühte, trieben die römischen Legionen Sklavenhandel.

Aus den Berichten Cäsars kann man entnehmen, wie oft es vorkam, daß der Eroberer ganze besiegte Nationen unter der Aufsicht hoher römischer Beamter verkaufen ließ. Die Grenzen an Rhein und Donau, in Afrika und am Euphrat waren Sklavenmärkte, auf denen man die Landarbeiter Italiens, Galliens und Griechenlands aufkaufte. Mit Blut kaufte man Blut.[21] Aber der Sieg verließ die unterjochenden Römer. Die römischen Provinzen wurden nun im gleichen Maße von den Barbaren geplündert, wie die römischen Legionen die barbarischen Völker gequält hatten. Die Sklaven wurden von den Landgütern entführt und in den anderen Provinzen wieder verkauft oder nach Germanien verschleppt. Als Alarich und Rhadagisus Italien durchquerten, wuchs ihr Heer beträchtlich, denn alle, die noch die teutonische Sprache sprachen, und jeder Sklave, der sich Gote oder Germane nennen konnte, schlossen sich ihnen an. Zur gleichen Zeit zeigten die Aufstände der Bagauden, in Gallien, Italien und Spanien, daß die Unterdrückung der Landbevölkerung trotz ihres großen Rückgangs nicht abgenommen hatte und daß die Gefahr, die in der Bewirtschaftung durch Sklaven bestand, stets die gleiche geblieben war.

Nach und nach war die gesamte Nation durch dieses verabscheuungswürdige Regime verschwunden. Römer fand man nur noch in Rom, auf Italiener traf man lediglich noch in den großen Städten. Auf dem Lande hüteten noch einige wenige Sklaven ein paar Herden. Die Flüsse aber hatten ihre Deiche durchbrochen, die Wälder dehnten sich bis in die

[21] Bei den Sklaven unterschied man zwischen solchen, die ohne Ketten arbeiteten, und jenen, die gefesselt arbeiteten. Letztere, die man nachts in Kerker einsperrte, waren meistens Gefangene aus den Kriegen gegen die barbarischen Völker. Die ohne Ketten arbeitenden Sklaven waren dagegen im Hause geboren. (Columella, „De Re rustica“, Buch I, 7. Kap.)

Wiesen aus, und die Wölfe und Wildschweine hatten wieder Besitz ergriffen von der alten Domäne der Zivilisation.

Die landwirtschaftliche Nutzung im Golf von Mexiko beruhte ebenfalls auf dem verderblichen System der Sklaverei. Auch hier richtete dieses System die Bevölkerung zugrunde. Die Menschen stumpften ab, und die Landwirtschaft ging zurück. In der Tat füllte der Sklavenhandel mit Negern wieder die Lücken, die der Landbevölkerung jedes Jahr durch die Barbarei der Kolonisten beigebracht wurden. In dieser Landwirtschaft, in der der Arbeitende ständig weniger als das Lebensminimum erhält und wo derjenige, der nicht arbeitet, alles für sich beansprucht, lag das Reineinkommen während einer gewissen Zeitspanne sehr hoch. Allerdings blieb zur gleichen Zeit das Bruttoeinkommen, das allein entscheidend ist für den Fortbestand der Nation, weit unter der Summe, die jede andere Nutzungsform eingebracht hätte. Mehr als sieben Achtel der Einwohner des Landes lebten unter erbärmlichen Bedingungen.

Heute ist in den Kolonien das Reineinkommen ebenso wie das Bruttoeinkommen dermaßen niedrig, daß man sich nicht genug über die Hartnäckigkeit wundern kann, mit welcher die Kolonisten auf dem landwirtschaftlichen Betrieb durch Sklaven beharren. Der Boden ist auf den Antillen um vieles fruchtbarer als in Frankreich, die heißere Sonne läßt hier eine viel reichere Vegetation gedeihen. Die Erzeugnisse der Antillen, die eben nur auf diesem begrenzten Gebiet wachsen, werden in der ganzen Welt nachgefragt. Die Ausgaben der Regierung und der Armee gehen auf Kosten des Mutterlandes. Indessen können die Kolonien ihren Anbau nur aufrechterhalten, weil man ihrem Zucker und ihrem Kaffee das Monopol des Marktes von ganz Frankreich gewährt hat. Und trotz eines ebenso wunderbaren wie ungerechtfertigten Vorteils besitzt der Boden keinen Wert, und der Preis einer Plantage stellt lediglich das Kapital dar, mit dem sie bewirtschaftet wird. So wurde es möglich, daß die Nachteile, die die landwirtschaftliche Nutzung durch Sklaven mit sich brachte, alle Vorteile, die in der hohen Bodenfruchtbarkeit, dem günstigen Klima und in nichtvorhandenen Steuern und Monopolen bestanden, wieder aufhoben.

Die Herrschaft über Sklaven ist kein Recht, sondern einzig und allein Menschenraub, der in manchen Ländern und unter gewissen Umständen von den Gesetzen nicht bestraft wird. Die Sklavenbesitzer, die Pflanzer, sprechen oft von ihren Rechten, d. h. vom Schutz, den die Gesetze des Landes dem Eigentum gewähren sollen. Selbst wenn das Gesetz dazu stillschweigt, ändert sich dadurch nichts an der Moralität der verachtenswerten Handlungsweise der Pflanzer. Die garantierte Straffreiheit für denjenigen, der sich fremden Gutes bemächtigt, hebt noch lange nicht die Unterscheidung zwischen Recht und Unrecht auf. Der Besitz an Grund und Boden war ein Zugeständnis des Gesetzes zum Vorteil aller. Das Recht auf die persönliche Freiheit und auf die Aneignung der Früchte der eigenen Arbeit liegt zeitlich vor dem Gesetz. Der Sklave aber ist nicht nur an dem Tage bestohlen worden, als er gefangen genommen wurde, sondern er wird jeden Tag neu beraubt, wenn man ihm die Belohnung und die Früchte seiner täglichen Arbeit vorenthält. Die Züchtigungen und Strafen, durch die die Herren den Widerstand ihrer Sklaven brechen wollen, sind ebenfalls neue Vergehen, die vom Gesetz nur deshalb nicht bestraft werden, weil es sich um Sklaven handelt. Die europäischen Grundeigentümer können sich über ihre verbrecherischen Handlungen keiner Täuschung hingeben; denn in dem gleichen Maße, wie sie den natürlichen Gesetzen widersprechen, stehen sie auch im Gegensatz zu den positiven Gesetzen des jeweiligen Landes. Der Gesetzgeber scheint hier darauf verzichtet zu haben, solche Gesetzesverletzungen zu bestrafen, die zu weit außerhalb seines Aufsichtsgebiets vorgekommen sind. Wenn der Herr und sein Sklave nach Frankreich oder England zurückkehren, steht der Sklave wieder unter dem Schutz des allgemeinen Gesetzes, so daß jedes Unrecht des Herrn dem Sklaven gegenüber so bestraft wird, wie ein Vergehen gegen jeden anderen Bürger bestraft würde. Da das positive Gesetz auf den Antillen die klar auf der Hand liegenden Anordnungen des natürlichen Gesetzes nicht anerkennt, ist es dem Sklavenbesitzer möglich, für seine Vergehen gegen Sklaven Straffreiheit zu fordern. Allerdings verfügt er nicht über das Recht zu verlangen, daß das Gesetz auch in der Zukunft derartige Zustände billigt. Es war seine Schuld, wenn er gestohlenes Gut erwarb, und er muß es hinnehmen, dafür zu bezahlen, Ungerechtigkeiten begangen zu haben, Ungerechtigkeiten, die sich unaufhörlich wiederholten und über deren verabscheuenswerten Charakter er sich völlig im klaren war. Wenn hier jemand entschädigt werden muß, dann ist es der Sklave für seine langjährige Ausplünderung, welcher er wegen der Ungerechtigkeit des Gesetzes ausgesetzt war.

Die Frage der Befreiung der Sklaven und das Problem des Ersetzens des landwirtschaftlichen Betriebs auf Grundlage der Sklavenarbeit durch eine andere landwirtschaftliche Nutzungsform bergen zweifellos Schwierigkeiten, vor allem wegen des wirksamen Schutzes einer über lange Zeit unterdrückten Menschenschicht gegen die Folgen der moralischen Erniedrigung. Der Gesetzgeber, der die Neger einst auf die Stufe des Tieres herabgesetzt hatte und dann erlaubt, daß diese vertierten Wesen wieder in die zivilisierte Gesellschaft aufgenommen werden, muß die Sklaven erst wieder auf die Stufe des Menschen erheben, bevor er ihnen überhaupt menschliche Rechte zubilligen kann. Der Gesetzgeber schuldet diesen Wesen eine Erziehung, und er ist verpflichtet, sie stufenweise an ihre Freiheit zu gewöhnen, damit sich ein zu rascher Wechsel ihrer Lebensbedingungen nicht verhängnisvoll für sie auswirkt. Aber den Sklavenhaltern schuldet der Gesetzgeber überhaupt nichts, denn Eigentum, das nur auf einer Reihe von Vergehen beruht, verdient keinen Schutz, zumal es heute auch wirklich nicht mehr den geringsten Wert besitzt. Man soll in der Tat das Monopol der Kolonien aufheben und alle Häfen Indiens und Amerikas öffnen für den Kaffee und Zucker aus der Erzeugung freier Hände. Dann wird die so kostspielige Landwirtschaft mit Sklaven der Konkurrenz nicht standhalten können. Zöge man die europäischen Garnisonen von den Antillen zurück und böte ferner diese fremde Macht, die von den Antillen nicht bezahlt wird, den Kreolen keinen Schutz mehr gegen die Neger, so würde sich der letzte Kreole beeilen, noch vor dem letzten Soldaten zu flüchten. Heute ist der Neger nicht einmal als Eigentum zu bezeichnen, sondern er bildet vielmehr sogar die Ursache zahlreicher Verluste und stellt eine große Gefahr für den Weißen dar. Nicht der Sklave schafft das Einkommen für den Pflanzer, sondern dieses Einkommen kommt ganz und gar aus den Taschen des europäischen Verbrauchers, dem die Waren aus den Kolonien zu einem Monopolpreis verkauft werden. Dieser Verbraucher zahlt seiner Regierung außerdem noch Steuern, um es zu ermöglichen, daß mit Hilfe militärischer Gewalt ein landwirtschaftliches Nutzungssystem aufrechterhalten wird, das nicht nur mit Ungerechtigkeit und Grausamkeit befleckt ist, sondern darüber hinaus auch kostspielig und verderbenbringender als jedes andere Landwirtschaftssystem ist.

Hochherzige Menschen haben versucht, das Los der Neger zu erleichtern, indem sie beharrlich gegen den verabscheuungswürdigen Sklavenhandel auftraten. Es ist ihnen gelungen, diesen Handel zu verbieten, so daß wenigstens in den englischen Kolonien die fortwährenden Verbrechen ein Ende nahmen und nicht noch mehr Unglückliche sterben mußten. Jenen Sklaven allerdings, die sich bereits auf Jamaika oder in den englischen Kolonien in Gefangenschaft befanden, brachte die Abschaffung des Sklavenhandels keine Erleichterung. Man sagte, daß die Sklavenbesitzer zwar ebensowenig die Auflösung ihrer Menschenherden wünschen wie die Zerstörung ihrer Tierbestände. Die meisten dieser Eigentümer lebten aber in Europa. Wirkliches Interesse für die Sklaven zeigten jedoch nur die Farmer, die selbst für ihre Wirtschaft verantwortlich waren. Jene dagegen, die von den Eigentümern nur beauftragt waren, aus den Sklaven Nutzen zu ziehen, interessierten sich nicht für das Los dieser bedauernswerten Wesen. Es gibt wohl kaum einen Privatmann, der seine Pferde einem Droschkenkutscher leihen würde. Sollte er es dennoch tun, müßte er stets daran denken, wie seine Pferde unter der schweren Arbeit zu leiden haben. Hier handelt es sich aber um Menschen, deren Arbeit, Unterhalt und Züchtigung man den in den Kolonien lebenden Verwaltern überläßt! Eine ganze Welt trennt die Herren von den Sklaven, während der barbarische Unternehmer das Recht besitzt, sie zu strafen. Dieser hat kein Interesse am Wert der Plantagen, am Wert der Sklaven, denn sein ganzer Profit oder sein ganzer Kredit, den er von seinem europäischen Herrn erhält, richtet sich nach dem jährlichen Einkommen, das er diesem aushändigt. Wenn das Gesetz überhaupt eine so ungerechte und so grausame Einrichtung wie die Sklaverei erlaubt und noch für ihren Schutz sorgt, muß es wenigstens die Bedingung daran knüpfen, daß der Sklave ständig unter der Aufsicht seines Eigentümers bleibt, um Zuflucht bei ihm suchen zu können. Es ist schon schlimm genug, daß man diesen Unglücklichen keinen anderen Schutz bietet als lediglich das Mitleid jener, von denen sie abhängig sind. Darum ist es unzulässig, daß sich die Sklavenbesitzer so weit entfernen, daß sie kein Mitleid mehr empfinden können. In der europäischen Landwirtschaft unterstehen die Viehbestände den Pächtern und nicht dem Grundeigentümer, so daß die Herden vom Pächter wirklich gut behandelt werden. Wenn die Pflanzungen der abwesenden Kolonisten verpachtet würden und die Sklaven mit zum Grundstück des Pächters gehörten, gäbe es zweifellos weniger Leid unter den Sklaven. Es gibt neben der Sklavenwirtschaft kein anderes System der landwirtschaftlichen Nutzung, bei dem der Grundeigentümer über eine Farm bestimmt, die dreitausend Meilen von seinem Wohnort entfernt liegt. Allerdings könnte sich auch in keiner anderen Nutzungsform ein derartiges Vertrauen verhängnisvoller auswirken. Die Gesetze Europas erklären jeden Neger für frei, der einen europäischen Hafen betritt. Die Gesetze wären gerechter, wenn sie jene Neger für frei erklärten, deren Besitzer in Europa leben.

FÜNFTES KAPITEL

DIE HALBBAUEREI ODER VON DER ERTRAGSTEILUNG

Durch das Eindringen der Barbaren in das Römische Reich wurden neben neuen Sitten auch neue Systeme der landwirtschaftlichen Nutzung eingeführt. Die Eroberer, die nun Eigentümer von Grund und Boden waren und die dem Luxus nicht so nachhingen, sondern in noch größerem Maße Krieger waren als die von ihnen besiegten Römer, brauchten zunächst Menschen noch nötiger als Reichtümer. Sie verzichteten auf den Wohnsitz in den Städten und ließen sich auf dem Lande nieder. Ihre Burgen machten sie zu kleinen Fürstentümern, die sie aus eigener Kraft verteidigen konnten. Sie fühlten, daß es nötig war, die Zuneigung jener zu erwerben, die von ihnen abhingen. Die Lockerung der sozialen Bindungen und die Unabhängigkeit der großen Grundeigentümer hatten sowohl innerhalb als auch außerhalb der Grenzen des ehemaligen Römischen Imperiums die gleichen Folgen. Seit dem Sturz des Römerreiches begannen die Herren in ganz Europa die Lage ihrer Untertanen zu verbessern. Diese Rückkehr zur Menschlichkeit brachte genau das mit sich, was man davon zu erwarten hatte. Die Bevölkerung und der Reichtum nahmen schnell zu, die Lebensbedingungen der Landbevölkerung wurden besser.

Zahlreiche Möglichkeiten gab es, um den Sklaven und der einheimischen Landbevölkerung wieder etwas Eigentum zu überlassen und in ihnen die Lust zum Leben sowie die Liebe zur Arbeit, zum Geburtsort und zum Herrn neu zu wecken. Diese Möglichkeiten sind von den verschiedensten Völkern angewendet worden, und sie haben den entscheidendsten Einfluß auf das nachfolgende Wachstum des agricolen Reichtums und der Bevölkerung ausgeübt. In Italien, in einem Teil Frankreichs und Spaniens sowie wahrscheinlich im größten Teil des ehemaligen Römischen Reiches teilte der Lehnsherr seinen Boden unter seine Vasallen auf und kam mit diesen überein, die Ernten in natura zu teilen. Dergestalt war die Nutzungsform der Ertragsteilung.[22]

In Ungarn, Polen, Böhmen und sämtlichen Gebieten Deutschlands mit Slawenniederlassungen hatte man in viel geringerem Maße Sklaven freigelassen, so daß diese noch immer in völliger Abhängigkeit von ihren Herren lebten, als „an die Scholle Gekettete". Allerdings erhielten sie von ihrem Herrn die Hälfte seines Bodens, während er die andere Hälfte für sich behielt. Er wollte nicht die Früchte ihrer Arbeit teilen, sondern die Arbeit selbst. Er verpflichtete sie, unentgeltlich zwei, drei, in Siebenbürgen sogar vier Tage in der Woche für ihn zu arbeiten. Das ist die Nutzungsform der Frondienste.

In Rußland sowie in mehreren Provinzen Frankreichs und Englands verteilten die Grundherren ebenfalls den Boden unter ihre Vasallen, aber, anstatt mit diesen die Zeit oder die Ernten teilen zu wollen, erlegten die Grundeigentümer den Vasallen eine Kopfsteuer auf. Da es ein Übermaß an unbebautem, ständig zur Urbarmachung bereitliegenden

[22] In der Gesetzessprache Italiens nennt man die Halbbauern noch heute coloni. Schon die römischen Gesetze kannten diese Bezeichnung für die freien Bauern, was bedeutet, daß derselbe Name für ein Vertragsverhältnis, dessen Schöpfung sich in der Nacht der Zeiten verliert, erhalten geblieben ist.
Aus den Berichten eines geistreichen Reisenden geht hervor, daß in den Königreichen Algier und Tripoli die Nutzungsform der Ertragsteilung allgemein üblich ist. Dieser Reisende berichtet ferner, daß ihm die Bauern glücklich erschienen und daß der Boden reiche Früchte trug. Die Unterdrückung auf dem Lande empfände man nicht als so grausam wie in den Städten.

Bodens gab, sah der Eigentümer dieses Bodens keinen anderen Unterschied in den Voraussetzungen der Bodenbearbeiter als lediglich die jeweils verschiedene Kopfzahl der Familien. Mit der Kopfsteuer war stets die Pflicht persönlicher Dienste und das Verharren des Vasallen in abhängiger Stellung verbunden. Die Bewirtschaftung auf Grundlage der Kopfsteuer brachte für die Bodenarbeiter in dem Maße, wie in den einzelnen Ländern die persönliche Freiheit der Untertanen vom Gesetz geschützt wurde, mehr oder weniger erträgliche Lebensbedingungen mit sich. In Rußland kamen die Untertanen nie aus der Lage des an die Scholle Geketteten heraus, wogegen sie in England durch einen geringfügigen Wechsel in den Rang eines Pächters aufstiegen.

Die Halbbauerei oder die Nutzungsform der Ertragsteilung ist vielleicht eine der glücklichsten Erfindungen des Mittelalters. Sie trug am meisten dazu bei, daß auch die niederen Klassen im Wohlstand lebten, daß der Boden auf die höchste Bebauungsstufe gehoben wurde und daß unzählige Reichtümer angehäuft werden konnten. Dieses System der Bewirtschaftung bildete den natürlichsten, den einfachsten und vorteilhaftesten Übergang, um den Sklaven wieder auf die Stufe eines freien Menschen zu erheben, um seine Intelligenz zu entwickeln, ihm Sparsamkeit und Mäßigung beizubringen und um ihm schließlich Eigentum in die Hände zu geben, das er nicht mißbrauchen wird. Die Bauern besitzen kaum oder gar kein Kapital. Sie erhalten aber vom Grundherrn den bereits bestellten und reichlich Früchte tragenden Boden und werden verpflichtet, auf diesem Boden alle nötigen Arbeiten zu verrichten und dabei den guten Kulturstand des Bodens aufrechtzuerhalten. Ferner fordert der Herr dann von ihnen die Hälfte aller Ernten, und nach Ablauf der Pachtzeit läßt er sich wieder den bestellten Acker, die vollen Ställe, die mit Rebenpfählen versehenen Weinberge, d. h. alle Dinge in dem gleichen fruchtbaren Zustand, in dem er sie einst aushändigte, zurückgeben.

Der Halbbauer ist von allen Lasten frei, die in anderen

Ländern die unterste Klasse des Volkes zu tragen hat. Er braucht keine direkten Steuern zu bezahlen, da allein der Grundherr damit beauflagt wird. Ferner ist der Halbbauer nicht verpflichtet, seinem Herrn den Pachtzins in Geld zu bezahlen. Es obliegt ihm also lediglich der Kauf und Verkauf im Interesse der eigenen Hauswirtschaft. Der Termin, zu dem der Halbbauer die Steuer oder die Rente zahlen muß, drückt ihn nicht und zwingt ihn daher nicht, die Ernte, die ihn für seinen Fleiß belohnen soll, vorzeitig zu verkaufen. Er benötigt nur sehr geringes Kapital, da er sich nicht mit dem Verkauf von Lebensmitteln zu befassen braucht. Die anfänglichen grundlegenden Vorschüsse hat ein für allemal der Grundherr geleistet, und was die tägliche Arbeit anbetrifft, diese verrichtet der Halbbauer selbst, gemeinsam mit seiner Familie. So hat das System der Halbbauerei stets eine weitreichende Teilung des Bodens zur Folge, so daß man auch von Kleinkultur sprechen kann.

Bei dieser Form der Bewirtschaftung interessiert sich der Bauer so für den Grund und Boden, als wenn es sein Eigentum wäre. Sein Pachthof bringt ihm alle Freuden, mit denen die Freigebigkeit der Natur die Arbeit des Menschen belohnt. Allerdings ist er nicht wohlhabend genug, um auf die eigene Arbeit verzichten zu können. Auf dem Lande steht also rangmäßig keiner tiefer als er. Es gibt keine Tagelöhner und keine Knechte, deren Lebensbedingungen schlechter wären. Die Lebenslage des Halbbauern ist indessen erträglich. Sein Fleiß, seine Sparsamkeit und die Entfaltung seiner geistigen Fähigkeiten erhöhen noch fortlaufend sein Wohlergehen. In guten Jahren erfreut er sich sogar eines gewissen Überschusses. Er bleibt keineswegs ausgeschlossen von dem Gastmahl der Natur, zu dessen Vorbereitung er beigetragen hat. Seine Arbeiten verrichtet er gemäß der eigenen klugen Entscheidung, und er pflanzt, damit seine Nachkommen die Früchte ernten können.

Der hohe Stand der Landwirtschaft in den schönsten Gegenden Italiens, ganz besonders in der Toskana, wo im allgemeinen die Halbbauerei vorherrscht, ferner die Anhäufung ungeheurer Kapitalien auf den Boden sowie die Erfindung kluger Aufteilungsmöglichkeiten und zahlreicher geschickter Bebauungsmethoden, die ein geschulter und gut beobachtender Geist einzig und allein aus seiner Vertrautheit mit der Natur ableiten konnte, und schließlich die Konzentration einer sehr zahlreichen Bevölkerung auf einem äußerst begrenzten und einem zum größten Teil wenig fruchtbaren Territorium beweisen zur Genüge, daß sich diese Art der Bewirtschaftung gleichermaßen für das Land und den Bauern vorteilhaft auswirken kann. Diese Nutzungsform ermöglicht es, daß alle niederen Schichten auf dem Lande von der Arbeit ihrer Hände anständig leben können und daß der Boden außerdem noch reichliche Erträge für die übrige Bevölkerung abwirft.

Seit der Aufhebung der Sklaverei auf Santo Domingo wurde auch hier die Halbbauerei eingeführt. Mit der Annahme dieses Landwirtschaftssystems bewiesen die Bewohner Haitis viel Klugheit. Während die englischen Menschenfreunde in ihren Kolonien nach den Möglichkeiten der stufenweisen Befreiung der Neger suchen, haben ihnen die Bewohner von Haiti in unmittelbarer Nachbarschaft den praktischen, unfehlbaren Weg gewiesen, der dazu führt, die Freigelassenen an die Arbeit zu gewöhnen, ihr Interesse zu wecken, ihren Verstand zu beflügeln und sie den Reiz fühlen zu lassen, den durch Fleiß erworbener Besitz mit sich bringt. Auf Haiti werden alle Plantagen auf Grundlage der Ertragsteilung bebaut, ausgenommen die Zuckerrohrpflanzungen, weil diese einen sehr hohen Kapitalvorschuß erforderlich machen. Da der Vorschuß vom Grundeigentümer geleistet wird, bekommt der Pflanzer nur ein Viertel des Zuckerreinertrags, und dieser Teil entspricht vollkommen der Hälfte jedes anderen Produkts.

In Frankreich indessen mangelt es an vielem, um auch hier mit dieser Art der Bewirtschaftung die gleichen günstigen Ergebnisse zu erzielen. Einerseits ist dieses System insofern abgeändert worden, als der Halbbauer der Notwendigkeit ausgesetzt wurde, zu einem bestimmten Termin

Geld zu bezahlen. Dadurch hat er mit den gleichen Schwierigkeiten und Verlusten zu kämpfen wie der kleine Pächter. Andererseits ist dieses Bewirtschaftungssystem vor allem in den Provinzen südlich der Loire angenommen worden, wo es nur wenige große Städte und kaum Bildungsstätten gibt, wo ferner nur sehr geringe Verbindungsmöglichkeiten bestehen und wo man feststellen muß, daß die Bauern in tiefer Unwissenheit leben, weiter auf ihren Gewohnheiten und ihren alten Erfahrungen beharren und darum nicht in der Lage sind, den Weg des übrigen zivilisierten Frankreichs zu beschreiten. Eine solche Nutzungsform ist in der Vendée üblich, wo sich der Bauer noch in völliger Abhängigkeit von seinem Herrn und vom Klerus befindet, wo die Revolution nichts geändert hat, wo schließlich die Bildung nicht bis auf das Land vordringt und wo sich scheinbar kein Vorurteil überwinden läßt.

Die Halbbauerei stellt in der Tat einen ersten Fortschritt für den Bauern dar, aber das System allein reicht noch nicht aus, um auch weitere Fortschritte zu sichern. Die Lebensbedingungen der Bauern sind ziemlich zufriedenstellend, aber sie bleiben stets die gleichen; denn der Sohn nimmt genau wieder den Platz ein, auf dem sich schon sein Vater befand. Er denkt nicht daran, reicher zu werden. Er versucht nicht, seine Lage zu ändern. Man könnte glauben, daß man es mit jenen Kasten Indiens zu tun hat, die durch die Religion unwiderruflich immer wieder an dieselben Berufe gebunden sind. In einem Land wie Frankreich, wo alles vorangeht und sich betriebsam vorwärtsbewegt, muß eine Klasse, die in mehreren Provinzen neun Zehntel der Bevölkerung darstellt und seit vier oder fünf Jahrhunderten im Stillstand verharrt, der übrigen Nation gegenüber stark zurückstehen. Die gleiche Klasse hat in Italien an den Fortschritten der allgemeinen Zivilisation teilgenommen, weil sie kaum die Hälfte der Nation bildete, weil sie sich ständig mit der Stadtbevölkerung vermischte und weil zumindestens zu der Zeit, in der Italien seine eigentliche Entfaltung erfuhr, die so zahlreichen und früher so blühenden Städte dieser Gegenden sehr große Fortschritte auf allen Wissensgebieten zu verzeichnen hatten.

In Frankreich wird es in den von der Revolution unberührten Provinzen südlich der Loire eine dauerhafte liberale und konstitutionelle Regierung erst dann geben, wenn ein Teil des Bodens den eigentlichen Bebauern gehört, wenn eine weitere Schicht der Bauernschaft sich auf Grund wiederbelebter Hoffnungen und größeren Wissens mit der Klasse der Halbbauern vermischt und wenn die Halbbauern selbst endlich Möglichkeiten des Vorankommens sehen, anstatt immer nach rückwärts schauen zu müssen.

In einigen Teilen Italiens, wo die eben genannten Übel nicht ins Gewicht fallen, macht sich ein anderer Nachteil in dem übermäßigen Wachstum der mit der Halbbauerei verbundenen Bevölkerung bemerkbar. Da das Eigentum und die persönliche Sicherheit dieser Schichten einigermaßen gesichert sind, erreicht die Landbevölkerung bald ihre natürlichen Grenzen. Das heißt daß die Pachthöfe immer wieder geteilt und stets von neuem unterteilt wurden, so lange es einer Familie überhaupt noch möglich war, auf dem ihr noch verbliebenen Stück Erde, beim jeweiligen Entwicklungsstand der Landwirtschaftswissenschaften, durch maßvolle Arbeit und mit ihrem Anteil an den Ernten, einen angemessenen Wohlstand zu erhalten. Wir haben gesehen, daß bei der patriarchalischen Wirtschaft die Bevölkerung an diesem Punkt aufhört zuzunehmen. Würde man die Halbbauern gewähren lassen, würde das Bevölkerungswachstum auch in dieser ertragteiligen Nutzungsform aufhören. Aber die Halbbauern sind nicht die eigenen Herren ihres Schicksals.

Niemals wird man erleben, daß eine solche Familie ihrem Herrn vorschlägt, den Pachthof zu teilen, und daß sie außerdem die Gewißheit besitzt, auf einem kleineren Stück Land im gleichen Wohlstand leben zu können. Ebensowenig kommt es vor, daß in einer Familie gleichzeitig mehrere Söhne heiraten und dementsprechend ebensoviele Haushalte gegründet werden. Nur ein einziger nimmt sich eine Frau und belastet sich mit den Sorgen eines Hausstandes. Kein weiterer seiner Brüder verheiratet sich, außer wenn der erste keine Kinder hat und wenn dem zweiten Bruder ein neuer Pachthof angeboten wird.

Das Eigentum aber ist erblich, während ein Pachthof vom guten Willen des Herrn abhängt. Eine Familie kann entlassen werden, sei es wegen eigenen Verschuldens oder sei es wegen einer Laune des Grundeigentümers. Sofort werden sich zweite Söhne der Bauernfamilie, die sich gern verheiraten wollen, anbieten, einen neuen Pachthof zu übernehmen. Die erste Familie, die durch den Verlust ihrer Arbeit in Not lebt, bietet nun ihre Dienste allen Grundeigentümern an. Um überhaupt Arbeit zu finden, ist diese Familie bereit, sich den ungünstigsten Bedingungen zu unterwerfen. Weitere Söhne solcher Familien, die sich ebenfalls verheiraten möchten, bieten gleichermaßen ihre Arbeitskraft an. Durch diese Angebote werden die Grundeigentümer veranlaßt, ihre Pachthöfe über das ratsame Maß hinaus zu teilen. Durch jede neue Teilung wächst die Arbeitsmenge und damit auch das Bruttoprodukt auf dem jeweiligen Boden. Dementsprechend müßte auch der Anteil der Bodenbearbeiter am Bruttoprodukt stets zunehmen, er bleibt jedoch immer gleich groß. Der Grundeigentümer, der sich die Hälfte vom Bruttoprodukt nimmt, sieht bei jeder neuen Zerstückelung sein Einkommen wachsen. Der Bauer dagegen, der jetzt viel mehr Arbeit gegen einen stets gleichbleibenden Ertrag eintauscht, muß einer ständigen Abnahme seines Einkommens zusehen. Die Halbbauern, die sich also den Teil gegenseitig streitig machen, den ihnen die Grundeigentümer gerade zubilligen, geben sich schließlich mit den notdürftigsten Unterhaltsmitteln zufrieden, mit einem Anteil, der in den guten Jahren kaum ausreicht und der sie in den schlechten Jahren dem Hunger preisgibt.

Dieses übermäßige Arbeitsangebot hat an der Genuesischen Riviera, in der Republik Lucca und in mehreren Provinzen des Königreichs Neapel dazu geführt, daß sich die Bauern dort mit einem Drittel der Ernte statt mit der Hälfte zufriedengeben. In diesen wunderbaren Gegenden, die von der Natur mit allen Gaben bedacht, von der Kunst mit aller Pracht geschmückt wurden und die jedes Jahr die reichlichsten Ernten hervorbringen, behält die zahlreiche Bevölkerung, die sämtliche Früchte des Bodens erzeugt, nichts von dem Getreide, das sie erntet, oder von dem Wein, den sie keltert. Ihr Anteil ist die afrikanische Hirse oder der Mais, und ihr Getränk ist der Nachwein oder das Wasser, in dem die zerstampften Weintrauben gärten. Diese Bevölkerungsschichten kämpfen ständig mit der Not. Das gleiche Los hätte wahrscheinlich auch das Volk der Toskana ereilt, wenn die öffentliche Meinung nicht den Bodenbearbeiter beschützen würde. Außerdem würde es in diesem Landstrich kein Grundeigentümer wagen, unübliche Maßnahmen durchzusetzen, ganz abgesehen davon, daß der Austausch eines Halbbauern durch einen anderen noch nichts am ursprünglichen Vertrag ändert. Wenn diese öffentliche Meinung allerdings für die Erhaltung des allgemeinen Wohls bereits unbedingte Notwendigkeit geworden ist, wäre es besser, sie sofort durch ein Gesetz zu sanktionieren.

Die Ökonomen beharrten immer wieder auf der alten Wahrheit, daß jeder einzelne Mensch seine eigenen Interessen viel besser kennt und vertreten kann als das die Regierung tun könnte. Aus dieser Tatsache schlußfolgerten sie, daß es unnütz und sogar schädlich ist, daß die Gesetzgebung versucht, den einzelnen zur Pflege seines Vermögens anzuhalten. Allerdings behaupteten die Ökonomen zu leichtfertig, daß die Absicht jedes einzelnen Menschen, noch größeres Elend zu vermeiden, mit dem Interesse aller übereinstimmen soll. Es ist durchaus im Interesse eines Menschen, seinen Nachbarn zu berauben, und es liegt auch durchaus im Interesse dieses Nachbarn, wenn er den Stärkeren gewähren läßt, um vermeiden zu können, daß er von diesem erschlagen wird. Der Gesellschaft aber kann nicht daran gelegen sein, daß der eine Gewalt anwendet und der andere deshalb unterliegen muß. Nun tritt uns aber die gesamte soziale Ordnung stets und überall mit einem Zwang entgegen, der zwar nicht immer diese ausgeprägte Form der Gewalt trägt, wohl aber gefährlich wird, wenn man sich ihm widersetzen sollte. Die Gesellschaft bot wegen ihrer Einrichtungen fast immer einen Anlaß für diesen Zwang; und schon allein aus diesem Grunde dürfte sie ihn nicht noch mit allen Mitteln unterstützen. Unzählige Male verschuldete die Gesellschaft, daß die Armen sich erbärmlichsten Bedingungen unterwerfen mußten, um überhaupt dem Hungertode entgehen zu können. Wenn der Arme von der Gesellschaft in diese gefährliche Lage gebracht wurde, dann ist es nur recht und billig, daß sie seine Verteidigung übernimmt. Zweifellos liegt es im Interesse eines jeden Halbbauern, sich nicht mit weniger als der Hälfte der Ernte als Entlohnung für seine Arbeit zufriedenzugeben. Derjenige Halbbauer aber, der seine Stellung verloren hat und keine neue Beschäftigung finden kann, gibt sich bereits mit einem Drittel oder gar weniger als einem Drittel der Ernte zufrieden, und es liegt ihm wenig daran, ob er durch sein Vorgehen die Existenz aller anderen Halbbauern in Gefahr bringt. Das Streben all jener, die als Tagelöhner arbeiten, besteht ohne Zweifel darin, daß der Lohn aus einer Arbeit von zehn Stunden für ihren Lebensunterhalt und für den ihrer Kinder bis zum Erwachsensein ausreicht. Das liegt auch in der Absicht der Gesellschaft. Das Interesse eines Tagelöhners ohne Arbeit besteht jedoch darin, Brot zu finden, gleichgültig auf welche Art und Weise. Er ist bereit, vierzehn Stunden täglich zu arbeiten, er wird seine Kinder bereits mit sechs Jahren in eine Fabrik schicken und setzt mit seiner Gesundheit und seinem Leben die Existenz seiner ganzen Klasse aufs Spiel, bloß um dem augenblicklichen Druck des Elends zu entgehen.

Die englische Gesetzgebung sah sich kürzlich vor die Notwendigkeit gestellt, in die vertraglichen Beziehungen zwischen Armen und Reichen einzugreifen, um die Schwächsten unter ihnen zu schützen. Sie setzte das Alter fest, unter welchem keine Kinder in den Manufakturen beschäftigt werden dürfen. Ferner wurde die Zahl der Stunden vorgeschrieben, während welcher man Kinder überhaupt zur Arbeit verpflichten kann. Die Gesetzgebung der römischen Kaiser, die bestimmt nicht sehr großzügig in bezug auf die unteren Schichten war, schützte dennoch die Kolonen, deren Lage sich mit der Situation der russischen Leibeigenen vergleichen läßt, die mit einer Kopfsteuer belegt waren. Ein Gesetz des Kaisers Konstantin („Codex Justiniani", lib. XI, tit. 49, lex 1) besagt: „Jeder Kolone, von dem der Herr plötzlich einen höheren Grundzins fordert als vorher und jemals in früheren Zeiten, soll sich sofort an den ersten, für ihn erreichbaren Richter wenden und ihm das Vergehen mit Beweisen darlegen, damit demjenigen, der glaubte, mehr Zinsen einziehen zu können als gewöhnlich, das Verbot erteilt wird, darin fortzufahren, und damit dieser außerdem die Summe zurückerstattet, die er über seine Befugnisse hinaus dem Kolonen abgenötigt hat." Da aber die Hörigen ihren Herrn nicht gerichtlich belangen konnten, verlieh ihnen ein späteres Gesetz von Arcadius und Honorius (ibid., lib. II) formal das Recht für einen solchen Fall.

Seitdem es keinen herrenlosen Boden mehr gibt, nehmen die Eigentümer des Bodens im allgemeinen eine Monopolstellung gegenüber dem Rest der Nation ein. Das Gesetz rechtfertigt dieses Monopol, indem es die Aneignung von Boden erlaubt. Da das Gesetz die Bodenaneignung als nützlich für die Gesellschaft erachtet, steht die Bodenaneignung unter gesetzlichem Schutz. Überall dort, wo diese Monopolstellung existiert, muß allerdings der Gesetzgeber seine Autorität einschalten, damit jene, die sich dieser Vorrangsstellung erfreuen, sie nicht mißbrauchen. Ohne die Erlaubnis der kleinen Schicht von Grundeigentümern könnte im Lande kein Mensch arbeiten, noch den Boden bebauen oder gar sich ernähren. Aus dieser Tatsache schlußfolgerten die Ökonomen, daß allein die Grundeigentümer unumschränkte Herrscher sind und daß sie die ganze Nation entlassen könnten, wenn es ihnen gefiele. Vielmehr gilt es aber den Schluß zu ziehen, daß derartige Privilegien einzig und allein im Interesse der Gesellschaft gewährt werden konnten und daß es deshalb auch die Aufgabe der Gesellschaft ist, sie zu regeln. Die Gesellschaft hätte ebensogut das Wasser zum

Privateigentum erklären können, so daß kein Mensch ohne die Bewilligung des Gewässereigentümers oder des Gewässerpächters trinken dürfte. Sie hat es jedoch nicht getan, einzig und allein deswegen, weil sich daraus kein gesellschaftlicher Nutzen ergeben hätte. Da sie aber die Aneignung des Bodens erlaubt hat, muß sie auch den gesellschaftlichen Nutzen sicherstellen, den sie sich daraus versprach. Sie muß also die Interessen jener wahren, die vom Boden sowohl Arbeit als auch Unterhaltsmittel erwarten.

SECHSTES KAPITEL

VON DER FRONWIRTSCHAFT

Um Fronwirtschaft handelt es sich, wenn der Eigentümer oder vielmehr der Herr des Bodens einem Bauern, Leibeigenen oder Vasallen einen Hof zusammen mit einem bestimmten, an den Hof angrenzenden Stück Land zur Verfügung stellt und ferner seinen Untertanen das Weiderecht und den Anspruch auf Brennholz aus dem Herrenbesitz verleiht. Der Grundherr fordert dafür seinerseits vom Bauern, daß er in der Woche eine bestimmte Anzahl von Tagen mit seinem Gespann den Boden bearbeitet, der in den Händen des Grundeigentümers geblieben ist.

Dieses Nutzungssystem wurde bereits während des Verfalls des Römischen Imperiums eingeführt, als die starke Abnahme der Zahl der Sklaven und die Unmöglichkeit, ihren Bestand aus den feindlichen Völkern zu ergänzen, dazu führte, daß man nach Mitteln und Wegen suchte, um das Los der Sklaven zu mildern. Es ist wahrscheinlich, daß unter den Bauern, die das Gesetzbuch von Justinian als Kolonen bezeichnet, mehrere den Boden durch Frondienste bearbeiteten. Das gleiche Bewirtschaftungssystem hat in ganz Europa seine Spuren hinterlassen, sowohl außerhalb als auch innerhalb der Grenzen des ehemaligen Römischen Reiches, d. h. in den germanischen Ländern, den eigentlichen Ländern des Feudalsystems, und auch in den slawischen Ländern und in Schottland, wo es Lehen in diesem Sinne niemals gegeben hat. Die Lehnsbarkeit der Highländers oder jener keltischen Bergbewohner Schottlands, deren Tapferkeit und Ergebenheit gegenüber dem Lehnsherrn so berühmt sind, war von gleicher Art. Die Lehnsbarkeit war auch allgemein üblich im ganzen Osten Europas bis hin zur Türkei, und man findet sie sogar bei den Fakiren der Eusofzyen in Caubul.[23]

Die Fronwirtschaft schien einer der ersten Auswege zu sein, der sich den Sklavenbesitzern bot, um aus der Arbeit anderer weiterhin den größtmöglichen Nutzen ziehen zu können, ohne sich dabei um die Existenz und den Lebensunterhalt dieser Menschen sorgen zu müssen. Es ist sehr wahrscheinlich, daß die Gallier zur Zeit Cäsars den Boden auf diese Art und Weise bewirtschafteten, denn Cäsar beschreibt die Lage der Landbevölkerung als eine der Sklaverei ähnliche, wenn auch das Landvolk nicht in den Häusern der Herren wohnte.[24] In einigen Kolonien des Golfs von Mexiko hat man, anstatt die Sklaven zu ernähren, diesen ebenfalls wöchentlich eine bestimmte Zeit zugebilligt, damit sie eine Pflanzung bebauen und für ihren Lebensunterhalt aufkommen können. Wegen der Härte, die alle Negergesetze charakterisiert, sind ihnen schließlich nur noch zwei Tage in der Woche geblieben, von denen der eine eigentlich ihr Ruhetag sein sollte. In Siebenbürgen haben die leibeigenen Bauern außer dem Sonntag nur zwei Arbeitstage für sich.

Der Fronwirtschaft fehlt viel, um eine ebenso glückliche Erfindung zu sein wie die Nutzungsform der Ertragsteilung. Zwar hat die Fronwirtschaft den Bauern wieder Interesse am Leben verliehen und ihnen eine Art Besitz verschafft, aber gleichzeitig besteht ständig die Möglichkeit, daß die Hauswirtschaft der Leibeigenen jeder Zeit durch die drückenden Forderungen des Grundherrn oder seines Verwalters in Schwierigkeiten gerät. Der leibeigene Bauer kann seine Arbeiten nicht an dem Tage verrichten, an dem er sie gern ausführen würde. Die Arbeit für den Herrn muß stets vor der seinigen erledigt werden, und die Regentage fallen stets auf seinen Teil. Er leistet die Frondienste nur mit Wider-

[23] Elphinstone, „Account of Caubul", S. 344.
[24] „De Bello gallico", Buch IV, Kap. XIII und XV.

willen, ohne Interesse am Ergebnis seiner Arbeit, ohne Liebe und ohne Belohnung. Auf den Feldern des Herrn arbeitet er so schlecht, wie es überhaupt, ohne Gefahr zu laufen, bestraft zu werden, möglich ist. Andererseits erachtet der Aufseher die Anwendung von körperlichen Strafen als unbedingt notwendig, und sie sind ganz und gar seinem Belieben anheimgestellt.

Die Ankettung an die Scholle ist in den meisten Ländern, die zur Fronwirtschaft übergegangen sind, zwar nur dem Namen nach aufgehoben worden, aber sobald sich dieses neue Landwirtschaftssystem erst allgemein durchgesetzt hat, kann es für die Bauern keine Freiheit mehr geben. Obwohl die Aufhebung der Sklaverei den Vasallen persönliche Rechte und Rechte auf die Früchte ihrer Arbeit verschaffte, die das Gesetz davor nicht anerkannte, so erhielten sie dennoch kaum die Möglichkeit, diese Rechte geltend zu machen. Sie werden ebenso wie früher ständig bei ihrer eigenen landwirtschaftlichen Arbeit gehindert und entmutigt. Sie bearbeiten auch weiterhin den Boden ihres Herrn schlecht, leben gleichermaßen schlecht in ihren Hütten, und der Grundherr, den man glauben ließ, daß durch die Aufhebung der Sklaverei sein Einkommen steigen würde, zieht daraus nicht den geringsten Vorteil. Er bildet den ständigen Anlaß des Hasses und des Mißtrauens für seine Vasallen, und die soziale Ordnung, die unaufhörlich bedroht ist, kann nur durch Gewalt aufrechterhalten werden.

Die Vertragsbasis der Halbbauerei und der Fronwirtschaft ist ganz genau die gleiche. Sowohl in Ungarn als auch in Italien hat der Grundherr dem Bauern nur unter der Bedingung Boden gegeben, daß er dafür die Hälfte der Früchte erhält. In dem einen und auch dem anderen Lande glaubt der Grundeigentümer, daß die andere Hälfte der Früchte für das Leben und als Entschädigung für seine Vorschüsse ausreicht. Ein einziger Irrtum in der Politischen Ökonomie ließ für eines dieser Länder verhängnisvoll werden, was sich in dem anderen Land so vorteilhaft auswirkte. Die Ungarn haben bei ihren Halbbauern nicht das Interesse am eigenen

Fleiß geweckt. Indem sie den Boden und den Arbeitstag, statt die Früchte, mit ihnen teilten, machten sie sich aus jenen Feinde, die eigentlich ihre Helfer sein sollten. Die Arbeit wurde ohne Eifer und ohne Klugheit verrichtet. Der Anteil des Herrn fiel weitaus geringer aus als in jedem anderen Landwirtschaftssystem, ganz abgesehen davon, daß er nur mit Furcht entgegengenommen wurde. Der Anteil des Bauern ist so klein, daß dieser in ständigem Elend lebt. So bleiben einige der fruchtbarsten Länder der Erde seit Jahrhunderten zu einem Zustand des Elends und der Bedrückung verurteilt.

Eine neue Verbesserung in der Lage der armen Bevölkerungsschichten – die Ablösung der Sklaverei durch die Fronwirtschaft stellt ohne Zweifel eine solche Verbesserung dar – führt meist zu irgendwelchen Vervollkommnungen. Das wechselseitige Interesse, das zwischen dem Grundherrn und dem Vasallen besteht, hat bei beiden das Bestreben zur Folge, daß die Dienste, die der Herr vom Vasallen fordern kann, genauer abgeschätzt und berechnet werden. Häufig werden die Dienste in Naturalien, oft sogar in Form von Geld erstattet. Die Frondienste und die Kopfsteuer, von der wir im nächstfolgenden Kapitel sprechen wollen, können sich auf die verschiedenste Art und Weise vermischen. Von jedem Leibeigenen wurde eine bestimmte Menge Abgaben gefordert, sei es in Geld oder in Getreide, und zu diesem Grundzins kam als Erinnerung an die ehemalige Sklaverei und als Zeichen für die Rechte des Herrn lediglich die Verpflichtung hinzu, persönlich einige Dienste zu leisten, wie z. B. an den Befestigungsgräben des Herrnschlosses zu arbeiten oder irgendwelche andere leibeigene Dienste zu verrichten. Fast alle zinspflichtigen Bauernhöfe in Frankreich und England und auch jene, die man in England als copyhold bezeichnet, waren ursprünglich der Fronwirtschaft oder der Kopfsteuer unterworfen worden. Ihre Inhaber befreiten sich aber nach und nach von allen Erniedrigungen. Der Pachtzins und die copyholds wurden erblich, ähnlich wie andere Erbgüter. Die Rente, die ursprünglich willkürlich war, wird jetzt lebenslänglich und gleichbleibend. Durch die Abwertung des Geldes machte sie im Vergleich zum Wert des Bodens fast überall einen verhältnismäßig geringen Teil aus. Der einzige Nachteil, der noch mit dem Landbesitz verbunden blieb, war die Bezahlung der Verkaufsgebühren an den Grundeigentümer für den Wechsel des Besitzes, was dem Bauern zugunsten des Grundherrn einen Teil des Kapitals entzieht, das den Wert des eigenen Bodens erhöhen sollte.

Im Königreich Polen, wo sich die Befreiung der Bauern erst kürzlich vollzog, werden die Frondienste in Naturalien geleistet. Da diese Dienste aber auf einem freiwilligen Vertrag beruhen, richtet sich die Zahl der Arbeitstage des Bauern ganz genau nach der Größe des Bodens, den der Bauer vom Grundherrn erhalten hat. Die Lage des Bauern wird indessen erst dann sichergestellt sein, wenn er die Möglichkeit haben wird, den Grundzins mit entsprechenden Werten aus seiner Wirtschaft zu bezahlen.

Die Dazwischenkunft des Gesetzgebers, die wir im letzten Kapitel zugunsten des Halbbauern forderten, hat in fast allen Ländern, in denen die Fronwirtschaft vorherrscht, zugunsten des Bauern, Vasallen oder Leibeigenen stattgefunden. Im ehemaligen Frankreich wurde der Pachtzins für feststehend und für nicht wiederverkäuflich erklärt, und er konnte auch nicht vom Grundherrn erhöht werden. In England mußten die copyholders einen Grundzins zahlen, der vom Grundherrn festgelegt worden war. Das Gesetz verlangte aber, daß dieser Wille des Grundherrn der Sitte der jeweiligen Grafschaft entsprechen mußte, wobei diese unveränderlich bleiben sollte.[25] In den deutschen Provinzen der

[25] Dieses so vernünftige Gesetz ist weder auf die Lehnsbezirke mit zinspflichtigen Bauernhöfen in Schottland und Irland überkommen, noch ist es angewendet worden auf die moderneren Übereinkünfte zwischen den Grundherrn und ihren Pächtern. Daher rührt auch die stufenweise Enteignung der Bauern in den drei Königreichen.

österreichischen Monarchie wurde der Vertrag zwischen dem Grundherrn und seinem Bauern gesetzlich für unwiderruflich erklärt. Gleichzeitig hat man die meisten Frondienste zu gleichbleibenden und unveränderlichen Abgaben in Geld oder Naturalien umgewandelt. Auf diese Art und Weise hat der Bauer sein Haus und seinen Boden als wirkliches Eigentum erworben, das lediglich noch mit Renten und einigen Lehndiensten belastet blieb. Damit die Klasse der Bauern in der Folge nicht unterdrückt oder gar von den reichen Grundherrn enteignet werden konnte, gestattete es das Gesetz den Lehnsherrn nicht, Bauernland zu kaufen. Wollte ein Lehnsherr dennoch Bauernland kaufen, so war er verpflichtet, dieses zu gleichen Bedingungen wieder einer anderen Bauernfamilie zu geben, so daß der Adelsbesitz niemals anwachsen bzw. derjenige der Landbevölkerung niemals abnehmen konnte.

Diese Bevölkerung, die sich des Überflusses und der Sicherheit erfreute, gelangte sehr schnell an jene Schranken, die ganz und gar ihrem Wohlstand und ihrer guten Bewirtschaftung entsprachen, doch niemals ging sie über ihre Möglichkeiten hinaus. Da die Familienoberhäupter ihre Einkünfte sehr wohl kennen, hüten sie sich, der Armut zu verfallen oder mehr Kinder zu verheiraten, als sie ausstatten können. Bei den Menschen, die ihre Lage beurteilen können und die allein von sich selbst abhängig sind, kann man sicher sein, daß sie ihre Lebensbedingungen nicht ändern werden. Die Klasse, die den Staat ständig mit einer erbärmlich lebenden Bevölkerung überhäuft und die sich bei der Beschaffung ihres Lebensunterhalts nur auf ihre Arme und den guten Willen der anderen verlassen kann, hat nicht die geringsten Anhaltspunkte, um die Möglichkeiten, die sich ihren Kindern bieten werden, beurteilen zu können.

Die österreichische Regierung hat zugunsten ihrer Untertanen und im Interesse ihrer eigenen Festigkeit auf diese Art und Weise die meisten Mängel wieder gutgemacht, indem sie einer Ordnung zu Hilfe kam, die, hätte man sie sich selbst überlassen, unweigerlich unterdrückt worden wäre. In einem der Freiheit beraubten Lande, in dem die Finanzen zu allen Zeiten sehr schlecht verwaltet worden sind und wo es ebenso ewige wie verhängnisvolle Kriege gibt, weil hier zur Hartnäckigkeit fast immer die Unerfahrenheit hinzukommt, wurde dennoch der großen Masse der Bevölkerung, die sich fast ausschließlich aus im Wohlstand lebenden, selbst wirtschaftenden Bauern zusammensetzt, zu einem zufriedenstellenden Leben verholfen. Diese vielen Staatsbürger, die ihr Wohlergehen empfinden und jedwede Änderung fürchten, wirken allen Revolutionsprojekten und Eroberungsplänen, die diese Zustände beeinträchtigen könnten, entgegen.

SIEBENTES KAPITEL

VON DER BEWIRTSCHAFTUNG DURCH DIE KOPFSTEUER

Die Bewirtschaftung durch die Kopfsteuer hat es wahrscheinlich in allen jenen Ländern gegeben, wo Sklaverei und Leibeigenschaft gesetzlich erlaubt waren. Die Kopfsteuer, aus der Habsucht der Herren geboren, diente gewissermaßen dazu, aus einem verabscheuungswürdigen Recht Nutzen zu ziehen. Dabei war es nicht einmal erforderlich, sich um den Unterhalt der Ausgebeuteten und um die Beaufsichtigung ihrer Arbeit zu sorgen. Der Herr, der über Untertanen gebietet und diese nicht auf eigene Kosten arbeiten lassen will, kann wählen, ob er sie entweder anderen zur Arbeit vermietet, oder ob er sie sich selbst überläßt und ihnen dann einen Gegenwert in Höhe dieser Miete abverlangt. Eine solche jährliche Miete – die Russen nennen sie „obrok“, entspricht genau dem, was wir mit Kopfsteuer bezeichneten. Auch auf den Antillen ist sie keineswegs unbekannt; denn die kleinen Grundeigentümer erlauben ihren Negern häufig genug, auf ihre eigenen Kosten einen Beruf oder einen kleinen Handel auszuüben, unter der Bedingung, daß sie eine Kopfsteuer zahlen. Gleichermaßen ist diese Art Steuer in der Türkei allgemein üblich, wo die Rajas* einer Kopfsteuer unterworfen sind, um jährlich ihr Leben vom Sultan neu zu erkaufen, das so lange als verfallen angesehen wird. Die Kopfsteuer hat sich ferner in allen Ländern durchgesetzt, in denen das Feudalsystem vorherrscht. Aus diesem Grunde hat man die Kopfsteuer überall als Zeichen der Knechtschaft angesehen.

* Raja oder Radscha: Titel indischer oder malaiischer Fürsten.

Diese Rente auf die Person, die als Ausgleich für das Recht auf die Arbeit des Untertanen erhoben wurde, konnte allerdings nur in einem solchen Lande zur Nutzungsform werden, wo es reichlich unbewirtschafteten Boden gab, dort also, wo die Arbeit des Menschen alles bedeutete und das Einkommen aus dem Boden überhaupt keine Rolle spielte. Derartige Zustände herrschten sehr wahrscheinlich in Rußland, als der „obrok“ für die Bauern der Krone festgesetzt wurde. Es gab mehr fruchtbares Land, als überhaupt von den Bauern hätte bewirtschaftet werden können, hinzu kam noch, daß dieses Land bis dahin auch völlig unberührt geblieben war. Die Krone überließ infolgedessen den gesamten zum Dorf gehörigen Boden zur Nutzung der Bauern, und anstatt von den Bauern dafür die Hälfte der Früchte, Frondienste oder eine Grundrente für den Boden, sei es in Naturalien oder in Geld, zu verlangen, forderten sie von ihnen den „obrok“, den jeder männliche Leibeigene zahlen mußte, sobald er das Mannesalter erreicht hatte. Diese Ablösung war nicht in allen Teilen Rußlands gleichgroß. Das russische Reich zerfiel in vier Regierungsbezirke, was bedeutet, daß der „obrok“ jedes einzelnen Bezirks entsprechend der Bodenfruchtbarkeit und der Entfernung zum Markt höher oder geringer sein konnte. In demselben Regierungsbezirk blieb der „obrok“ jedoch für alle Menschen gleich. Wir gebrauchen immer wieder das Fremdwort „obrok“, weil der russische Bauer außer dem „obrok“ noch eine zweite Kopfsteuer zu bezahlen hat, ebenfalls unter dieser Bezeichnung bekannt und jedem Bürger des russischen Reiches gleichermaßen auferlegt.

Die Freiheit hat in den letzten fünfzig Jahren so große Fortschritte gemacht, daß alle jene Bauern, die den „obrok“ bezahlen müssen, heute wahrscheinlich den größten Anteil der Klasse der persönlich Abhängigen in den zivilisierten Ländern ausmachen. Im Jahre 1782 zählte man vier Millionen sechshundertfünfundsiebzigtausend Männer unter den russischen Kronbauern. Diese Kronbauern sind bei weitem die glücklichsten unter den Leibeigenen des Zarenreiches. Nicht selten hört man sie ihre glückliche Lage jenen gegenüber rühmen, die den alten Zeiten nachhängen und zusehen müssen, wie der Mensch nur mit Mühe seine Rechte wiedererlangt. In der Tat, die Kopfsteuer der Kronbauern ist mäßig, ihr Eigentum wird durch das Gesetz geschützt, und jedes Dorf verteilt mit der Erlaubnis der eigenen Verwaltungsbeamten den Boden, der der Gemeinde zugesprochen worden ist, an die Bewohner des jeweiligen Dorfes. Vor kurzem haben sie das Recht erworben, Boden für sich zu kaufen. Für Geld können sie das Recht erwerben, bis zu drei Jahren ins Innere des Landes zu reisen. Manchmal erhalten sie, ebenfalls für Geld, sogar die Erlaubnis, sich als Bürger in den Städten einschreiben zu lassen. Auf Grund dieser Vorrechte erfreuen sich die Kronbauern tatsächlich eines gewissen Wohlstandes in ihrer Wirtschaft, und es ist durchaus vorgekommen, daß große Reichtümer von ihnen angehäuft wurden. Dennoch kann selbst diese privilegierte Klasse plötzlich alle diese Vorteile verlieren. Es besteht die Möglichkeit, sie an Fabriken oder Pachthöfe weiterzugeben oder sie gar einem Privatmann zu verkaufen oder zu überlassen, der diese unglücklichen Menschen wieder in die völlige Knechtschaft zurückwirft. Schließlich sind diese Bauern kürzlich auf Grund eines allgemeinen Plans zur Einrichtung von Militärkolonien stark geplündert worden. Die Folge dieser Plünderung lassen sich heute schwer einschätzen.

Gleichermaßen wie im übrigen Europa bestand auch in Rußland die Politik des Jahrhunderts in der Förderung der Manufakturen und Bergwerke. Die Krone selbst besitzt Bergwerke und Fabriken, denen sie Bauern jener Schicht genehmigt, die aufhören, den „obrok" zu zahlen, um sie so wieder Frondiensten zu unterwerfen. Sie dürfen dann ihre Arbeit, die sie von nun an ausführen, ebensowenig verlassen, wie die zur Zwangsarbeit verurteilten in den Zuchthäusern. In der gleichen Art und Weise übergibt die Krone solchen Menschen ganze Dörfer, die im Lande irgendeine neue Industrie einführen. Die Lebensbedingungen der unglücklichen Bauern, von ihrem Übernehmer jetzt in Manufakturarbeiter verwandelt, werden noch härter.

Die Krongüter in den ehemaligen schwedischen und polnischen Provinzen werden häufig an Zivil- oder Militärbeamte, die der Herrscher belohnen will, verpachtet. Diese Pächter oder Unterpächter versäumen es nicht, die Lage der Bauern weiter zu erschweren. Schließlich wurden oft von Katharina und ihren Vorgängern neue Ländereien eingerichtet, um irgendeinen Günstling zu beschenken. Die Kronbauern, die zu diesen Landgütern gehörten, verloren auf diese Art und Weise alle ihre Vorrechte und wurden wieder zu völlig Abhängigen. Der Zar Alexander hat niemals derartige Schenkungen vorgenommen, aber es gibt kein bindendes Gesetz für seinen und denjenigen Willen seiner Nachfolger.

Im Jahre 1782 bildeten diese Leibeigenen, die dem russischen Adel gehörten, eine Bevölkerung von sechs Millionen sechshundertachtundsiebzigtausend männlichen Wesen. Unter diesen war die größte Anzahl landwirtschaftlichen Arbeiten unterworfen und bezahlte infolgedessen den „obrok". Dennoch waren diese Bauern die am wenigsten unglücklichen, obwohl die Höhe des „obroks" vom Willen des jeweiligen Herrn abhing und der Rest ihres Eigentums sich ebensowenig eines Schutzes erfreute wie die eigene Person, so daß also alles, was sie durch jahrelangen Fleiß erspart hatten, ihnen gesetzlich auf einen Schlag genommen werden konnte. Andere Bauern leisten Frondienste für ihren Herrn; wieder andere schließlich werden Pächtern unterstellt. Außerdem können sämtliche Leibeigenen der Adligen von den landwirtschaftlichen Arbeiten weggerissen werden, um sie in den Bergwerken, Fabriken und Zünften zu beschäftigen oder gar um sie für Hausdienste zu verwenden, sei es bei dem alten oder neuen Herrn.

Es entspricht durchaus der Wahrheit, daß aus der Uneigennützigkeit einiger Adelsfamilien, die seit mehreren Generationen den „obrok" nicht verändert haben, bei den Bauern das genügende Vertrauen entspringt, um ihren Fleiß wieder anzuregen, ihnen den Sinn für Sparsamkeit und Arbeit zurückzugeben und es ihnen manchmal sogar zu ermöglichen, große Vermögen anzulegen. Diese Vermögen bleiben dann unberührt, obwohl die Bauern vom guten Willen der Herren abhängig sind. Rußland ist auch das einzige Land, in dem die Klasse der Leibeigenen sich nicht nur auf der ständig gleichbleibenden Bevölkerungsstufe hält, sondern sich auch ohne neue Einfuhren vermehrt. Indessen, das Wesen der Leibeigenschaft hat sich nicht geändert. Der Leibeigene kann stets versetzt, herausgerissen, verkauft oder seines ganzen Eigentums, das er sich durch seinen Fleiß geschaffen hat, beraubt werden. Daraus ergibt sich, daß die Ordnung, der er untersteht, ihn unaufhörlich daran erinnert, daß er seine ganzen Ersparnisse nur sich selbst entzieht, um sie letzten Endes seinem Herrn zu geben, daß ferner seine gesamte Mühe unnütz, jede Erfindung gefährlich, jede Vervollkommnung gegen seinen eigenen Vorteil gerichtet ist und daß schließlich jede Bildung sein Elend verschlimmert, weil er dadurch seine Lage besser beurteilen kann.

Wir haben gesagt, daß in Westeuropa die Kopfsteuer gleichzeitig einer der ersten Schritte war, der die Landbevölkerung aus dem Zustand der Leibeigenschaft löste. Die Kopfsteuer stellte zunächst eine Möglichkeit zum Loskauf von den Frondiensten dar, in der Folge hing sie zusammen mit dem Wert des Bodens, der vom Herrn abgetreten wurde, so daß sie den Ursprung für den Grundzins bildete. Wir wollen an dieser Stelle nicht noch einmal die Geschichte jener Verbesserungen in der Lage des Bauern wiederholen, die wir bereits am Ende des vorangegangenen Kapitels aufgezeichnet haben.

ACHTES KAPITEL

VOM PACHTVERTRAG

In den reichsten Ländern sind alle Verträge, die noch aus der ehemaligen Leibeigenschaft herrühren, fast ausschließlich durch die Bewirtschaftung auf Grundlage des Pachtvertrags ersetzt worden. Diese Nutzungsform hat mehr als alle anderen die Aufmerksamkeit der Ökonomen auf sich gelenkt, und sie wird allgemein als die notwendige Folgeerscheinung der Zivilisationsfortschritte betrachtet.

Auf Grund des Pachtvertrages überläßt der Grundeigentümer dem Pächter seinen unbewirtschafteten Boden. Als Gegenleistung verlangt er dafür ein ständig gleichbleibendes Einkommen. Der Pächter dagegen hat die Aufgabe, alle Arbeiten zu leiten oder sie selbst auszuführen, den Viehbestand, die Werkzeuge sowie die Vorräte zu beschaffen, die Früchte zu verkaufen und die Steuern zu zahlen. Er übernimmt damit sowohl die Sorgen als auch die Profite der Landwirtschaft. Er sieht die Landwirtschaft als eine Kapitalanlagesphäre an, aus der er entsprechend dem angewendeten Kapital Profite erwartet.

Das Pachtsystem konnte sich zur Zeit der Aufhebung der Sklaverei noch nicht herausbilden. Die Freigelassenen waren nicht in der Lage, so schwerwiegende Verpflichtungen einzugehen. Sie konnten nicht die Arbeit eines ganzen Jahres vorschießen, und noch viel weniger die Arbeit mehrerer Jahre, um einen Pachthof überhaupt erst in guten Stand zu versetzen. Ihr Herr, der ihnen die Freiheit schenkte, hätte ihnen gleichzeitig noch einen Hof, Vieh, Ackergeräte, Sämereien und Nahrung für ein ganzes Jahr geben müssen. Und trotz aller dieser Vorschüsse wäre der Pachthof eine beschwerliche Last für den Grundherrn geblieben. Der Grundherr verzichtet auf Grund des Vertrages auf den Profit der guten Jahre, und sein Pächter müßte ihn vor schlechten Jahren bewahren. Ein Pächter aber, der nichts besitzt, kann nichts zusichern, so daß der Grundherr seine guten Ernten ohne irgendeine Entschädigung opfern würde.

Die ersten Pächter waren einfache Bodenarbeiter, die eigenhändig die meisten landwirtschaftlichen Arbeiten ausführten. Die Größe des Hofes richtete sich nach der Stärke ihrer Familie. Da sie auf diese Weise den Grundeigentümern kein allzu großes Vertrauen einflößten, schränkten diese den Handlungsspielraum der Pächter durch viele verbindliche Vorschriften ein. Sie begrenzten die Pachtzeit auf eine geringe Anzahl von Jahren und hielten die Pächter in ständiger Abhängigkeit. Wo diese Art der Bewirtschaftung sich durchgesetzt hatte, ist der eben geschilderte Zustand des Pächters im allgemeinen noch erhalten geblieben, ausgenommen in Rom und in England. In der Tat haben auch anderswo diese verbindlichen Vorschriften nach und nach an Gewicht verloren, oder sie sind in ihrer Durchführung vernachlässigt worden, so daß die Pächter freier über den Boden verfügen und längere Pachtzeiten zugebilligt bekommen als ein halbes Jahrhundert früher. Sie haben indessen nicht aufgehört, einfache Bauern zu sein. Sie halten die Pflugschar mit den eigenen Händen und folgen ihren Tieren auf das Feld oder in den Stall. Sie leben unter freiem Himmel und gewöhnen sich an die Mühen und die karge Nahrung, durch die sie zu kräftigen Bürgern und tapferen Soldaten werden. Fast niemals beschäftigen sie Tagelöhner, sondern nur Hausgesinde, das sie unter ihresgleichen auswählen und dementsprechend behandeln, indem Pächter und Gesinde den Tisch teilen, denselben Wein trinken und die gleichen Kleider tragen. Außerdem gehören die Pächter und ihr Gesinde ein und derselben Klasse an, nämlich der Klasse der Bauern. Beide werden von den gleichen Gefühlen bewegt, sie haben die gleichen Freuden, sie sind den gleichen Entbehrungen ausgesetzt, und das gleiche Band verbindet sie mit dem Vaterland.

Auf Grund dieser Bedingungen sind die Pächter zweifellos weniger glücklich als die kleinen Grundeigentümer, aber sie sind es mehr als die Halbbauern. Selbst wenn sie größere Sorgen haben und die Verpflichtung, am festgelegten Tag die Pacht und das Geld für die Steuern aufbringen zu müssen, sie in schwierigere Lagen versetzt und ihnen ernsthaftere Verluste verursacht, so haben sie dennoch mehr Hoffnung. Ihr Weg kennt keine Grenzen. Für sie gibt es ein Vorwärtskommen, sie können reich werden und, wie sie es alle anstreben, auf die Stufe der Grundeigentümer überwechseln. Diese Mischung von Hoffnung und Furcht formt den Geist, läßt den Wert des Wissens erkennen und hohe Gefühle entstehen. Die Pächter in Frankreich sind Franzosen, während die Halbbauern nur Vasallen sind.

In England allerdings, wo die Pächter an der Weiterentwicklung des allgemeinen Wohlstandes und an der Akkumulation des Kapitals teilhaben, gehören sie einer gehobeneren Schicht der Gesellschaft an. Um ihre Ersparnisse richtig zu verwerten, haben sie sich umfangreichere Höfe gepachtet. Größere Erkenntnisse und ein besserer Bildungsweg führten dazu, daß die Landwirtschaft von den Pächtern als Wissenschaft behandelt wird. Sie wendeten mehrere bedeutende Entdeckungen der Chemie und Biologie auf die Landwirtschaft an. Sie haben auch manche Geschäftsgewohnheiten des Handels mit den Verfahrensweisen der Landwirte vereint. Die Erwartung eines höheren Profits veranlaßte sie zu größeren Vorausgaben. Sie verzichteten auf das aus der Not geborene Sparen, das das Gegenteil wirklicher Wirtschaftlichkeit ist. Schließlich führen sie regelmäßiger Buch, was ihnen mehr Möglichkeiten bietet, aus der eigenen Erfahrung zu profitieren.

Andererseits haben die Pächter sehr bald aufgehört, selbst Bauern zu sein, so daß sich notwendigerweise unterhalb von ihnen eine Schicht von Landarbeitern herausbildete. Diese Schicht, die durch ihre Arbeit die gesamte Nation ernähren muß, besteht aus wirklichen Bodenbearbeitern und bildet den wichtigsten Bestandteil der Bevölkerung. Diese Klasse, die durch die ursprünglichste aller Arbeiten kräftig geworden ist, befindet sich stets in der Lage, alle anfallenden Arbeiten auszuführen. So muß sie im Notfalle das Vaterland verteidigen. Ferner ist sie jene Klasse, die unbedingt mit dem Boden verhaftet bleibt, auf dem sie geboren wurde. Wäre es nicht ein Gebot der Menschlichkeit, so sollte bereits die Politik dazu auffordern, das Los dieser Menschen glücklich zu gestalten.

Vergleicht man, wie es oft getan wird, das System der kleinen Pachtgüter mit dem der großen,[26] so stellt man fest,

[26] Der Gebrauch der Worte kleiner und großer Pachthof, kleine und große Kultur kann den Anlaß für eine gewisse Verwirrung bieten. In den südlichen Ländern, wo man ein und demselben Boden drei bis vier Ernten im Jahr abverlangt, z. B. Getreide, Bohnen, Wein und Oliven, ist ein Stück Boden von einem „arpent" (= ehemaliges französisches Ackermaß, das je nach den Provinzen zwischen 30 und 51 Ar variierte) viermal soviel wert wie in den Ländern des Nordens, sei es nun durch die Menge der Erzeugnisse oder sei es auf Grund der Arbeit, die der Boden erheischt. Außerdem muß der Mensch alle Arbeiten in den Weinbergen, Olivenhainen und Obstgärten ausführen, während er die Arbeiten auf den Wiesen, Feldern und in den Wäldern von Tieren verrichten läßt. Wenn man als große Kultur die Bewirtschaftung mit dem Pflug bezeichnet und dabei einen Pachthof von ungefähr fünfzig „arpents" voraussetzt, und als kleine Kultur die Nutzung mit Hacke und Spaten auf einem Pachtgut von sieben bis acht „arpents" ansieht, wovon noch ein Teil Weinberge sind, dann muß man sich bei der Entscheidung zwischen großer und kleiner Kultur unbedingt nach dem Klima, der Bodenbeschaffenheit und dem vorhandenen Kapital richten. Ich wollte aber etwas anderes vergleichen, nämlich die Pachthöfe derjenigen Bauern, die eine Fläche von fünfzig bis sechzig „arpents" umfassen und die ich jetzt als klein bezeichne, mit den Pachthöfen der Spekulanten, die von fünf- bis sechshundert, sogar auf fünf- bis sechstausend „ar-

daß die Landbevölkerung durch die großen Pachtgüter, bei denen ihnen die Leitung der Arbeiten verlorengeht, in eine weitaus schlechtere Lebenslage gerät als bei fast jedem anderen landwirtschaftlichen Nutzungssystem. Die Tagelöhner, die alle landwirtschaftlichen Arbeiten unter den Befehlen der reichen Pächter ausführen, befinden sich in der Tat nicht nur in einer abhängigeren Lage als die Halbbauern, sondern sie sind auch in mancher Hinsicht noch abhängiger als die Leibeigenen, die entweder die Kopfsteuer zahlen oder Frondienste leisten müssen. Die Leibeigenen, gleichgültig welcher Art der Bedrückung sie unterliegen, besitzen wenigstens Hoffnungen, Eigentum und ein Erbe, das sie ihren Kindern hinterlassen können. Den Tagelöhnern dagegen steht nicht der geringste Anteil am Eigentum zu, sie haben nichts aus der Fruchtbarkeit des Bodens oder aus einer reichen Ernte zu erwarten, sie pflanzen auch nicht für ihre Kinder. Die Tagelöhner widmen dem Boden nicht die Arbeit ihrer jungen Jahre, um im Alter daraus reichliche Früchte ernten zu können. Mit dem Lohn einer Woche leben sie von der Hand in den Mund. Ständig der Gefahr ausgesetzt, durch die Zerrüttung der Vermögensverhältnisse der Pächter und Grundeigentümer die Arbeit zu verlieren, immer in der bösen Gewißheit lebend, infolge einer Krankheit, eines Unfalls oder wegen des nahenden Alters in die größte Not zu geraten, drohen diesen Menschen alle Formen des Elends, ohne jemals die Möglichkeit des Glücks und des Wohlstands kennenzulernen.

Es besteht nur wenig Wahrscheinlichkeit, daß die Landarbeiter bei dieser schlechten Lebenslage noch sparen können. Die täglichen Entbehrungen und Leiden bringen außerdem die Gewohnheit des Wunsches nach täglichen Vergnügungen mit sich. Abgesehen davon, daß ihnen der Alkoholgenuß vielleicht zur unbedingten Notwendigkeit ge-

pents“ anwachsen. Das sind jene Pachthöfe, die Arthur Young bzw. die englischen Agronomen und Ökonomen unter dem Namen „große Pachthöfe“ empfehlen.

worden ist, um ihre Sorgen damit zu betäuben, beschränken sich die Gedanken eines Menschen, dem von einem Tag zum anderen die Nahrung fehlen kann, gerade auf das Essen und Trinken, in der gleichen Weise, wie das Fasten zum Schlemmen anreizt. Das Volk braucht seine Vergnügungen, aber es ist nicht die Schuld des Tagelöhners, wenn er auf Grund der sozialen Ordnung dahin gelangt, nur noch den allergröbsten Zerstreuungen nachzugehen.

Übrigens, selbst wenn es dem Tagelöhner gelingen sollte, ein kleines Kapital zu ersparen, würde er dieses Kapital wegen der weggefallenen Zwischenstufen in der Gesellschaft gar nicht benutzen können. Seine Lebensbedingungen unterscheiden sich zu sehr von denen eines großen Pächters, um diese Kluft zu überwinden. Im System der kleinen Kultur dagegen hat der Tagelöhner die Möglichkeit, mit seinen geringfügigen Ersparnissen zunächst ein kleines Pachtgut zu übernehmen, um später dann von diesem auf ein größeres oder sogar auf eigenen Besitz überzugehen. Dieselben Ursachen haben auch bei anderen Berufen zum Wegfall der gesellschaftlichen Zwischenstufen geführt. Zwischen dem Tagelöhner, sowohl der Landwirtschaft als auch der Industrie, und jedem Manufaktur-, Handels- oder Pachtunternehmen tut sich ein gewaltiger Abgrund auf. Hinzu kommt noch, daß die niedrigste Klasse der Gesellschaft jene Hoffnung verloren hat, die ihr in der vorausgegangenen Zivilisationsepoche Kraft verlieh. Selbst die Unterstützungen der Gemeinde, die den englischen Tagelöhnern gewährt werden, erhöhen ihre Abhängigkeit nur noch mehr. Im Zustand des Leidens und der Unruhe, in den man sie versetzt hat, sind sie kaum noch fähig, sich das Gefühl der menschlichen Würde oder die Liebe zur Freiheit zu bewahren. Auf dem höchsten Punkt der modernen Zivilisation nähert sich die Landwirtschaft wieder jener Verfallszeit der antiken Zivilisation, wo sämtliche Feldarbeiten von Sklaven verrichtet wurden.

Die Verhältnisse in Irland sowie die zahlreichen Unruhen, von denen dieses unglückliche Land unaufhörlich heimgesucht wird, zeigen deutlich genug, wie wichtig es für die Ruhe und Sicherheit der Reichen selbst ist, daß die Klasse der Landarbeiter, die den größten Teil der Nation bildet, in Wohlstand, Hoffnung und Glück lebt. Die irischen Bauern, die stets bereit sind, sich zu erheben und ihr Land in einen schrecklichen Bürgerkrieg zu stürzen, wohnen in elenden Hütten und leben von der Kartoffelernte eines winzigen Ackers und von der Milch einer einzigen Kuh. Sie sind heute unglücklicher als die englischen Tagelöhner. Aber sie besitzen ein kleines Eigentum, was die letzteren nicht haben. Für das zugebilligte Stück Land verpflichten sie sich lediglich, am Tage auf dem Pachtgut, von dem sie abhängig sind, für einen festgesetzten Lohn zu arbeiten. Allerdings zwingt sie die Konkurrenz untereinander, sich mit dem niedrigsten gerade noch möglichen Lohn zufriedenzugeben.[27] Diese Konkurrenz kann sich in einem ungünstigen Augenblick sogar gegen die englischen Tagelöhner richten.

Abgesehen davon besteht keine Gleichheit der Kräfte zwischen dem hungrigen Tagelöhner und dem Pächter, der nicht einmal das Einkommen eines Teils seines Bodens einbüßt, wenn er einige der üblichen Arbeiten nicht ausführen läßt. Auch das Ergebnis des Kampfes zwischen beiden besteht stets in der Aufopferung derjenigen Klasse, die am ärmsten, am zahlreichsten ist und die am meisten ein Recht auf den Schutz des Gesetzgebers hätte.

Wenn sich jedoch das System der großen Pachtgüter erst einmal durchzusetzen beginnt, können die kleinen Pächter

[27] Nicht die Teilung der Erbschaft in jeder Familie hat in Irland die „cottagers" über die Bedürfnisse der Landwirtschaft hinaus vermehrt, sondern ihre Zahl hat vielmehr zugenommen durch die ursprüngliche Abtretung von Grund und Boden seitens der Grundherrn. Jeder Hütte wurde ein zu kleines Stück Land zugedacht, und die Grundherrn, die gleichzeitig auch Kriegsherrn waren, wollten eine recht große Anzahl von Untergebenen haben. Allerdings haben diese ursprünglichen Zuteilungen nur noch selten neue, durch die Bauern vorgenommene Teilungen erfahren.

keine Konkurrenz mehr bieten. Selbst die kleinen Grundeigentümer werden von jenen ruiniert, die ihre Arbeiten ständig mit größerer Wirtschaftlichkeit ausführen und ihre Erzeugnisse immer in einem günstigeren Augenblick verkaufen. Wenn die Steuern sehr steigen, ist jeder Eigentümer gewissermaßen nichts anderes als der Pächter des Fiskus. In England kann man feststellen, daß jene, die man die kleinen „free-holders" (Freibesitzer) nennt, hier im allgemeinen in Not leben. Auf diese Art und Weise ist ein System, durch welches das Volk immer mehr ins Elend gerät, aus eigenen Kräften in der Lage, sich über alle anderen hinwegzusetzen.

Dieser Vorteil erklärt sich leicht. Der Profit eines Pächters ist das Ergebnis dreier sehr unterschiedlich auszufechtender Kämpfe; denn der Pächter hat sich auseinanderzusetzen mit den Verbrauchern, mit den Grundeigentümern und mit den Tagelöhnern, die für ihn arbeiten. Er besitzt die Möglichkeit, seine Profite zu steigern, sei es dadurch, daß er die Lebensmittel teuerer verkauft, sei es, daß er weniger Pacht bezahlt oder seine Tagelöhner zwingt, sich mit einem niedrigeren Lohn zufrieden zu geben. Bei jedem dieser Vorgehen befindet sich der Großpächter, d. h. der Pächter, der über großes Kapital verfügt, in einer günstigeren Lage als der kleine Pächter.

Je geringer die Zahl der Pächter wird, um so leichter können sich diese gegenüber den Verbrauchern über einen Monopolpreis für ihre Erzeugnisse einigen. Im Kirchenstaat trifft man auf mehr als eine Stadt, die ausschließlich von den Ländereien eines Pachthofes umgeben wird. Es steht fest, daß die Bewohner von Nepi oder diejenigen von Ronciglione in völliger Abhängigkeit von diesem einen Pächter leben, der sie von allen Seiten umgibt. Von ihm allein kaufen sie sämtliche Lebensmittel, die keinen langen Transport vertragen oder nur kurze Zeit haltbar sind, wie z. B. Milchprodukte, Grünfutter und Geflügel. Wenn die Stadt Velletri an vier Pachtgüter grenzt oder Tivoli sogar an zehn, dann wird die Lage der Verbraucher weniger schlecht sein, weil es mehr Lieferanten gibt. Hinzu kommt noch, je kleiner die

Pachthöfe sind, um so weniger besteht für die Pächter die Möglichkeit, einen Monopolpreis zu verlangen.

Auch den Tagelöhnern gegenüber nehmen die Pächter eine ähnliche Monopolstellung ein. Bieten die Bewohner von Nepi oder von Ronciglione ihre Arbeit gegen Lohn an, so können sie nur mit einem einzigen Menschen verhandeln. Er ist der alleinige Herr und kann den Lohn so niedrig wie nur irgendmöglich festlegen. Die Einwohner von Velletri dagegen können bereits eine etwas größere Konkurrenz unter den vier Nachbarpächtern erwarten, und die Bewohner von Tivoli dürfen mit einer noch größeren zwischen den zehn Pächtern rechnen. Daraus geht indessen nicht hervor, daß sie auch die Gewißheit haben, für ihre Arbeit richtig bezahlt zu werden.

Übrigens ergeben sich für den Großpächter aus der elenden Lage, in die er die Tagelöhner gebracht hat, unmittelbare Ersparnisse. Im System der kleinen Pachthöfe wurden tausend „arpents"* von fünfzig, in bescheidenem Wohlstand lebenden Familien bearbeitet. Um den gleichen Grund und Boden in einen einzigen Pachthof umzugestalten, wird der Großpächter die fünfzig kleinen Pächterfamilien durch fünfzig, in Armut lebende Tagelöhnerfamilien ersetzen. Infolgedessen gewinnt er für sich die Differenz zwischen dem Verbrauch der Tagelöhner und dem Verbrauch ihrer Vorgänger. Kann man jedoch einen solchen Gewinn als vorteilhaft für die Nation ansehen?

Der Großpächter wird indessen bald noch etwas anderes tun. Er entläßt die Tagelöhner und setzt ihr Dorf unter Kultur. Um alle Arbeiten zu schaffen, rechnet er mit Arbeitern, die er für die landwirtschaftlichen Saisonarbeiten von weither heranrufen läßt.

Wenn ein Pächter mit tausend „arpents" seine Erzeugnisse besser verkaufen kann und dabei seine Arbeiter schlechter bezahlt, befindet er sich bestimmt in der Lage, dem Grund-

* arpent = ehemaliges französisches Ackermaß, das je nach den Provinzen zwischen 30 und 51 Ar variiert.

eigentümer einen höheren Pachtbetrag zu bezahlen, als die fünfzig kleinen Pächter, an deren Stelle er getreten ist. Er beginnt sofort zu handeln, indem er die einfachen Hütten zerstört, die für seine Bewirtschaftung unbrauchbar geworden sind. Er pflügt die Obst- und Gemüsegärten um, aus denen die kleinen Wirtschaften ihren Nutzen zogen. Er reißt die Zäune nieder, die jetzt keinen Sinn mehr haben. Schließlich unterwirft er seine tausend „arpents" einer einheitlichen Bebauungsordnung. Selbst wenn der Grundeigentümer jetzt zur Kleinkultur zurückkehren möchte, so sind ihm bereits alle Möglichkeiten dazu genommen. Um alles wieder in seinen ursprünglichen Zustand zu versetzen, wären neue und beträchtliche Kapitalvorschüsse erforderlich. Der große Pachthof entspricht nur noch den großen Pächtern. Es kann niemand an ein großes Pachtgut denken, wenn er nicht das genügende Kapital besitzt, um tausend „arpents" nutzbar zu machen. Die Zahl solcher Unternehmer ist allerdings ganz anders begrenzt als jene der selbstwirtschaftenden kleinen Pächter, die vertrieben wurden. Den Großpächtern fällt es leicht, sich untereinander zu verständigen. Sie vermeiden es, sich gegenseitig eine gefährliche Konkurrenz zu bieten. Sehr bald befinden sie sich in der Lage, dem Grundeigentümer Gesetze vorzuschreiben, so daß der Großpächter, der beim Verkauf seiner Erzeugnisse mehr verdient als der kleine Pächter und der beim Unterhalt seiner Arbeiter mehr gewinnt als der kleine, im Handel mit dem Grundeigentümer noch weit mehr profitiert als der kleine Pächter.

Bei einer feindlichen Begegnung zwischen dem System der großen Pachthöfe und dem der kleinen Pachthöfe, wobei die kleinen Pächter weder den Schutz des Gesetzes noch der öffentlichen Meinung erfahren, wird ohne Zweifel das System der großen Pachthöfe sich durchsetzen, obgleich die Gesellschaft nicht den geringsten Vorteil davon zu erwarten hat. Der kleine Pächter und der kleine Grundeigentümer gelangen in eine Lage, in der sie der Konkurrenz ihres reichen Nachbarn nicht mehr standhalten können. Daraus darf man jedoch nicht schließen, daß diese so häufig beobachtete Tatsache zugunsten des siegreichen Systems spricht, wenn man sie unter dem Gesichtspunkt des nationalen Wohlstands betrachtet.

Die Vorteile, von denen wir soeben gesprochen haben, stehen alle mit den Bedingungen im Zusammenhang, die die großen Pächter jenen auferlegen, mit denen sie verhandeln. Einige andere ergeben sich aus dem wirklichen Anwachsen der Reichtümer. Der kleine Pächter oder der kleine Grundeigentümer besitzt selten ein ausreichendes Kapital für seine kleine Wirtschaft. Er ist stets gezwungen zu verkaufen und kann nur in den wenigsten Fällen zur rechten Zeit einkaufen. Außerdem spart der Großpächter, relativ gesehen, Zeit ein, und zwar durch folgendes: Die Oberaufsicht und Anleitung einer Arbeit erfordert fast immer das gleiche Maß an Aufmerksamkeit und Mühe, dabei ist es gleichgültig, von welcher Größe des Betriebes ausgegangen wird. Vierzig Arbeiter lassen sich ebenso leicht führen wie vier. Früher hatten diesbezüglich zehn Pächter die gleichen Aufgaben zu erfüllen, die heute ein einziger leistet; die Anstrengungen von neun dieser zehn Pächter können also eingespart werden. Durch die Vereinigung von zehn Feldern zu einem einzigen, fallen ebensoviele Einzäunungen und Feldwege weg. Das Dorf selbst mit all dem Boden, auf dem sich die Häuser und Höfe befanden, kann sogar unter Kultur gesetzt werden.

Die Bewirtschaftung im großen ermöglicht es einer gleich großen Anzahl von Menschen, zur gleichen Zeit eine größere Menge an Arbeit zu verrichten. Vor allem aber wird mit dieser Nutzungsform angestrebt, durch die Anwendung von großen Kapitalien, jenen Profit zu erzielen, den man vorher durch den Einsatz von sehr vielen Arbeitskräften zu erreichen suchte. Die Großwirtschaft führt den Gebrauch von kostspieligen Arbeitsgeräten ein, die die Arbeit des Menschen verkürzen und erleichtern. Es werden Maschinen erfunden, bei denen der Wind, die Wasserkraft und die Ausdehnung von Dampf die menschlichen Kräfte ersetzen. Auch andere Arbeiten, die früher von Tagelöhnern ausgeführt wurden, überläßt man nun, im neuen Bewirtschaftungssystem, den

Tieren. Die Tagelöhner aber werden von Beschäftigung zu Beschäftigung gejagt, bis sich ihre Existenz schließlich als überflüssig erweist. Die Einsparung menschlicher Kräfte ist in einem neuen Land, in einer Kolonie, wo man ihr reichliches Vorhandensein stets anderweitig gewinnbringend anwenden kann, ein außerordentlicher Vorteil. Mit Recht fordert man auf den Antillen im Namen der Menschlichkeit die Anwendung von Maschinen, um die Arbeit der Neger zu ergänzen, die längst nicht soviel leisten können, wie man von ihnen verlangt, deren Zahl man aber unaufhörlich durch einen abscheulichen Handel vermehrt. In einem Land jedoch, wo es bereits eine zu reichliche Bevölkerung gibt, bedeutet die Entlassung von mehr als der Hälfte der Landarbeiter ein großes Übel, noch dazu gleichzeitig in den Städten, wo ebenfalls eine Verbesserung der Maschinen stattgefunden hat, mehr als die Hälfte der Industriearbeiter arbeitslos werden. Die Nation ist nichts anderes als die Vereinigung der Individuen, aus der sie sich zusammensetzt; und das Anwachsen des nationalen Reichtums ist trügerisch, wenn es sich auf Kosten der allgemeinen Not und Sterblichkeit vollzogen hat.

Betrachtet man die Verhältnisse, die auf Grund der großen Pachthöfe in der Provinz der Römischen Campagna herrschen, so kann man die Gefahr ermessen, die einem Land droht, in dem sich die Nutzungsform der großen Pachtgüter durchgesetzt hat. Die Römische Campagna, das sind alle Gebiete, die sich vom Gebirge von Viterbo bis Terracina und vom Meer bis zu den Sabiner Bergen erstrecken. In dieser Provinz von neunzig Meilen Länge und fünfundzwanzig Meilen Breite oder, anders ausgedrückt, von zweitausendzweihundertfünfzig Quadratmeilen, gibt es heute nur noch ungefähr vierzig Pächter. Sie bezeichnen sich natürlich nicht mehr als solche. Vielmehr werden sie „mercanti di tenute", Händler mit Grund und Boden, genannt. Diesen Handel mit Grund und Boden vollziehen sie mit ungeheuren Kapitalien, und durch ihren unermeßlichen Reichtum können sie alle ihre Konkurrenten ausschalten. Aber ihre Form, den Boden zu nutzen, zweifellos die für sie vorteilhafteste, besteht darin, in jeder Hinsicht menschliche Arbeit einzusparen, sich mit den natürlichen Produkten des Bodens zufriedenzugeben und nur noch Weidewirtschaft zu betreiben, so daß auf diese Weise nach und nach die letzten Reste der Bevölkerung vertrieben werden. Dieses so wunderbar fruchtbare römische Gebiet, auf dem sich von fünf „arpents" eine Familie ernährte und das die Ausbildung je eines Soldaten ermöglichte, dieses Gebiet, wo die Weinstöcke, Oliven- und Feigenbäume auf den Feldern wuchsen und wo man drei- und viermal im Jahr ernten konnte, fast ebenso wie im Staat von Lucca, auf diesem römischen Gebiet verschwanden zunehmend die Häuser, die Dörfer mit ihrer gesamten Bevölkerung, die Einhegungen, die Weinberge, die Olivenhaine sowie sämtliche Kulturen, die die ständige Pflege, Arbeit und vor allem die Liebe des Menschen erforderten. Den Kleinkulturen folgten riesengroße Felder, und die „mercanti di tenute" hielten es für ökonomischer, die Aussaat und die Ernten auf diesen Feldern von Arbeitern vornehmen zu lassen, die jedes Jahr von den Sabiner Bergen herunterkamen. Diese Arbeiter sind es gewöhnt, von einem Stück Brot zu leben und unter freiem Himmel zu schlafen. In jeder Saison sterben sie wegen mangelnder Pflege zu hunderten am Maremmenfieber.* Und trotz dieser Gefahren begnügen sie sich mit dem elendsten Lohn. Die eingeborene Bevölkerung der Römischen Campagna dagegen würde den Pächtern gar nichts nützen, ganz abgesehen davon, daß sie bereits völlig verschwunden ist. Nur noch wenige Städte sind inmitten jener großen Ländereien erhalten geblieben, die einem einzigen Herrn gehören. In Nepi und Ronciglione aber geht die Bevölkerung sehr schnell zurück, weil man ihr den Boden genommen hat, von dem sie leben sollte. Man kann im voraus berechnen, wann das Land umgepflügt werden wird, auf dem die Paläste der Einwoh-

* Maremmen – sumpfiges, malariagefährdetes, dünnbesiedeltes Schwemmland an der mittelitalienischen Westküste.

ner dieser Städte stehen, gleichermaßen wie die Pflüge bereits über die Überreste von San Lorenzo, Vico, Bracciono und Rom selbst hinweggehen. Andererseits müssen die Felder wiederum den Weiden weichen, auf denen stets Dornen- und Ginstergebüsch dem Gras den Platz streitig macht. Mitten in der Zivilisation sieht man wieder die Steppen der Tatarei entstehen.

Zweifelsohne muß der Gesetzgeber der Ausrottung der Bevölkerung, die im Namen des Eigentums geschieht, Einhalt gebieten. Das Recht des ersten Besitzergreifens wurde nicht garantiert, um zu verhindern, daß der Boden produziert und der Mensch seine Arbeit nutzbringend anwendet. Die Aufgaben des Gesetzgebers werden noch dadurch erschwert, daß alles Leid, das sich aus dieser von ihm gebilligten, verhängnisvollen Nutzungsform ergibt, letzten Endes sein Werk ist. Die Natur griff korrigierend in die Übel ein, die aus der Anhäufung von Eigentümern resultierten, indem sich die Familien stark vermehrten und eine gerechte Teilung des Erbes vorgenommen werden mußte. Die großen Reichtümer, die für die Gesellschaft nicht weniger eine gefürchtete Geißel darstellen als eine große Notlage, würden sich von selbst verteilt haben, wenn der Gesetzgeber nicht versucht hätte, diese Reichtümer durch die Erbschaft des Erstgeborenen zu verewigen. Wenn das Gesetz sein Gewicht nicht zu sehr geltend machen will, kann es keineswegs die Größe eines Pachtgutes festlegen und regulieren. Dafür sollte es aber unaufhörlich darauf achten, daß häufig Eigentumsteilungen vorgenommen werden, um das größte nationale Übel zu verhüten, das wir heute schon in der Römischen Campagna sehen, wo das Volk aus seinen eigenen Häusern und Höfen verjagt wird.

Während in England die Klasse der Bauern schnell ihrem Verfall entgegengeht und diejenige der Römischen Campagna bereits untergegangen ist, erlebt sie in Frankreich gerade ihren Aufschwung. Sie kräftigt sich und erfreut sich der Wohlhabenheit, ohne dabei die manuelle Arbeit aufzugeben. Der Verstand dieser Klasse entwickelt sich; und wenn auch langsam, eignet sie sich die Entdeckungen der Wissenschaft an. Ein langer Krieg und die lästigen Steuern vermochten nicht, das Vorwärtskommen der Landbevölkerung aufzuhalten, das durch die Erwerbung des Eigentumsrechts bewirkt wurde. Die betriebsamsten Provinzen gelangten dadurch zu unerwarteten Änderungen im Pachtsystem, d. h. zur „Parzellenverpachtung". Anstatt das Pachtgut einem einzigen Pächter zu überlassen, ist es für einen großen Grundeigentümer heute weitaus günstiger, die Ländereien unter eine große Anzahl ihm benachbarter Bauern zu verteilen. Jeder von ihnen erhält Grund und Boden in einer Menge, die es ihm gestattet, das ganze Jahr beschäftigt zu sein. Im allgemeinen opfert der Bauer den gepachteten Boden demjenigen, den er sein Eigentum nennt. Der eine wie der andere Boden wird indessen mit der Liebe bearbeitet, die einem direkten Interesse entspringt. Ferner wird der Boden mit jener Intelligenz bewirtschaftet, die den Bauern neuerlich auszeichnet, da er nicht mehr unterdrückt werden kann. In Frankreich ist die Klasse der Landbevölkerung in der Tat so glücklich, wie es die politischen Zustände in einem so geliebten Vaterland nur irgend erlauben.

Als wir die Nachteile darzustellen versuchten, die sehr große Pachtgüter und der Verzicht des Pächters auf jegliche manuelle Arbeit mit sich bringen können, haben wir es versäumt, gründlich auf die Frage der Groß- und Kleinkultur einzugehen. Das war auch nicht möglich, gehört diese Frage doch viel eher in das Gebiet der Landwirtschaftswissenschaft als zur Politischen Ökonomie. Während das Klima, die Lage und die Marktsituation die Art der Produkte bestimmen, die man dem Boden abverlangt, richtet sich die Größe der einzelnen Pachthöfe wiederum nach der Art dieser Produkte. Verfahren, die für Gebiete mit Getreideanbau und Wiesenwirtschaft in Frage kommen, wären für Weinbau, Olivenpflanzungen und Gemüsefelder völlig unangebracht. Die Großkultur eignet sich für Produkte, die hauptsächlich durch den Einsatz der Tiere gewonnen werden. Kleinkultur dagegen ist angebracht bei einer landwirtschaftlichen Erzeugung, die eine sorgfältige und manchmal äußerst genaue Pflege durch den Menschen erfordert. In den meisten Fällen hängt es keinesfalls von uns ab, zwischen beiden zu wählen. Desgleichen hängt es nicht von der Größe des Eigentums ab, ob man der einen oder anderen Kultur den Vorzug gibt. In der Toskana, einem Land der Kleinkultur, wird eine große Domäne (una Fattoria) in zwanzig oder dreißig kleine Pachtgüter aufgeteilt. Im Patrimonium Petri, einem Land der Großkultur, werden häufig sieben oder acht Domänen zu einem einzigen Pachtgut vereint.

Ohne dem einen oder anderen System den Vorzug zu geben, haben wir lediglich daran erinnern wollen, daß jedes dieser beiden Systeme übertrieben werden kann und daß die Gesellschaft keineswegs durch das Interesse des Grundeigentümers vor solchen Übertreibungen geschützt ist. Im fünften Kapitel sahen wir, wie häufig in Italien der Grundeigentümer selbst die Güter unermeßlich zerteilte und dadurch die Halbbauern ins Elend stürzte. Wir glaubten zeigen zu müssen, daß in England die übertriebene Zusammenlegung von Pachtgütern oft vom Eigentümer gegen den Vorteil der Nation vorgenommen wurde. In England hat die Prosperität eine so hohe Stufe erreicht, hier ist die Anwendung der naturwissenschaftlichen Erkenntnisse auf die Landwirtschaft, die Weiterentwicklung von Haustierrassen, ertragreichen Kulturen und die Entwicklung moderner Maschinen so weit vorangeschritten, daß man im ersten Augenblick keineswegs die Nachteile bemerkt, welche die großen Pachtgüter für England mit sich bringen. Hat man diese so sorgfältig bewirtschafteten Ländereien bewundert, gilt es, im Anschluß die Zahl der Bevölkerung zu betrachten, von der die Felder bebaut werden. Sie ist um mehr als die Hälfte geringer als die in Frankreich auf dem gleichen Raum lebende. Für manche Ökonomen bedeutet das einen Gewinn, in meinen Augen ist es ein Verlust. Diese viel geringere Bevölkerung in England ist gleichzeitig auch noch ärmer als die französische. Der „cottager" lebt freudloser, hoffnungsloser und in geringerer Sicherheit als die Landbevölkerung fast aller anderen europäischen Länder. Aus diesem Grunde scheint mir der Zweck der Schaffung von Reichtümern verfehlt.

Bei einer genaueren Betrachtung der Dinge, ist man sehr bekümmert, denn alle die kleinen Freuden, die die Natur zu spenden vermag, sind zusammen mit dem Menschen, der sich daran erfreuen sollte, verschwunden. Weder Gemüsegärten noch Obstbäume beleben weiterhin das Land. Nicht etwa, daß das Klima ihren Anbau nicht gestatten würde – das englische Klima ist dem eines Teils von Frankreich gleich und sogar besser als in Deutschland – vielmehr liegt die sorgfältige Pflege der Obstbäume außerhalb der Möglichkeiten eines Pächters von fünfhundert Morgen. Gleichermaßen gibt er sich keine Mühe mit der Geflügelzucht. Zahlreiche, mit Eiern beladene Schiffe kommen aus der Normandie, um die englischen Märkte zu versorgen. Ein solcher Pächter besitzt große Rinderherden, und die Milchverarbeitung vollzieht sich mit einer Geschicklichkeit und Sauberkeit, die uns Bewunderung abverlangen müßte. Aber weder die Butter noch die Sahne oder andere Milchprodukte werden verkauft. Schließlich verachtet ein solcher Pächter auch die Gartenbaukunst, so daß es reichliche Mengen an Gemüse nur in der Nähe der großen Städte oder in den Gemüsegärten der Grundeigentümer gibt. Der reiche Pächter beschäftigt sich einzig und allein mit dem Getreide- und Viehhandel. Alle landwirtschaftlichen Arbeiten, die wenig Geld einbringen, die den armen Wirtschaften auf dem Festland aber viel Freude verschaffen, hält er für unter seiner Würde.

Alles ist also der Getreideproduktion zum Opfer gefallen. Warum aber kann dann der englische Pächter den Getreideerzeugern des Festlandes keine Konkurrenz bieten? Benötigt er als Stütze ein Monopol, damit ihm die Erträge der Felder die Vorschüsse wieder einbringen? Die Getreideeinfuhr ist verboten, und in diesem Jahr (1826), wo die Ernten nicht ausreichend waren, bedurfte es des ganzen Einsatzes des Ministeriums, um beim Parlament die Erlaubnis für die Einfuhr einer begrenzten Menge an Getreide zu erwirken, für die man ein Einfuhrzoll von ungefähr zwanzig Prozent bezahlen mußte.

Es läßt sich nicht leugnen, daß die Landwirtschaftswissenschaft in England große Fortschritte gemacht hat, und wenn man so will, gerade wegen der großen Pachtgüter. Man fragt sich aber mit Verwunderung, wer daraus profitiert? Ist die Landbevölkerung zahlreicher geworden? Nein; den ersten Vorteil, den man sich davon versprach, war die Einsparung von Arbeitskräften, so daß die Landbevölkerung um mehr als die Hälfte reduziert worden ist. Sind die Bodenbearbeiter glücklicher geworden? Nein; sie sind weder besser ernährt oder gekleidet, noch wohnen sie besser als die französischen. Und dabei haben sie noch nicht einmal die Garantien, die die Landbevölkerung in Frankreich genießt. Der „cottager" besitzt nie die Gewißheit, das ganze Jahr bzw. überhaupt in der nächsten Woche Arbeit zu haben. Um leben zu können, ist er unaufhörlich gezwungen, die Armenkasse und den Beistand seiner Gemeinde in Anspruch zu nehmen. Können wenigstens die Pächter reich werden? Nein; fast alle wurden vor einigen Jahren durch die plötzlichen Preisänderungen für Lebensmittel ruiniert. Die Grundeigentümer fordern von ihnen den höchsten Pachtsatz, einen Pachtsatz, den sie gerade noch zahlen können. Es handelt sich um die sogenannte „rack rent". Trotz aller Geschicklichkeit und allem Fleiß können sich die Pächter nur mit Mühe halten. Erntet also dann der Grundeigentümer sämtliche Früchte der Fortschritte in der Landwirtschaft? Nein; das Pachtgeld von fünfundzwanzig Franken pro Morgen, das in England als durchschnittlich angesehen werden kann, liegt unter der Durchschnittspacht Frankreichs. Übrigens ist dieser Pachtsatz nur vermittels eines Monopols überhaupt zu erzielen, eines Monopols, das heute schon ein ganzes Volk empört und das sich nicht wird aufrechterhalten lassen. Profitiert schließlich der Verbraucher auf Kosten des Erzeugers? Nein; er kann weder Früchte, noch Geflügel, Milchprodukte oder Gemüse billig erhalten. Er bezahlt das Fleisch ebenso teuer, wie er es auf dem Festlande bezahlen müßte. Vergeblich kämpft er darum, daß man ihn das Getreide vom Festland kaufen läßt, selbst unter der Bedingung eines Einfuhrzolls von zwanzig Prozent. Ein System, das derartige Ergebnisse hervorbringt, kann gewiß nicht als nachahmenswertes Beispiel empfohlen werden.

NEUNTES KAPITEL

VON DER ERBPACHT

Um den Überblick über die verschiedenen Systeme der Bewirtschaftung, die den agricolen Reichtum unaufhörlich vermehren, abzuschließen, wollen wir noch einen Blick auf die Nutzungsform der Erbpacht werfen. Im System der Erbpachtgüter entsteht eine Art Halbeigentum für den Bodenbearbeiter, so daß dieser auf die Stufe der Schicht selbständiger Bauern gehoben wird. Diese Bauern sind dann fast ebenso fleißig und glücklich, sie fühlen die gleiche Verbundenheit zum Vaterland, wie die kleinen Eigentümer.

In den anderen Bewirtschaftungssystemen, wo Bebauung und Eigentum getrennt sind, wird der Bodenbearbeiter für seine jährlichen Vorschüsse sehr wohl entschädigt. Ganz anders verhält es sich jedoch bei den wertschaffenden Vorschüssen, die er in Form von Sumpfentwässerungen, Anpflanzungen und Urbarmachungen leistet. Bei ihnen besitzt er nicht die geringste Garantie auf Profit. Nur selten befindet sich ein Grundeigentümer in der Lage, derartige Vorarbeiten selbst vorzunehmen. Verkauft der Grundeigentümer seinen Boden an einen Interessenten, so wird dieser für den Kauf sein ganzes Kapital aufwenden müssen, so daß er für die notwendigen Vorarbeiten nichts übrig behält. Aus diesem Grunde bezeichnen wir die „Erbpacht" oder, der eigentlichen Wortbedeutung entsprechend, die „Anpflanzungspacht" als eine äußerst glückliche Erfindung. Der Bodenbearbeiter widmet sich der Urbarmachung und Bepflanzung, durch die der Boden überhaupt erst Wert erhält, unter der Bedingung, daß ihm dafür das der Wüste abgewonnene Land zur ständigen

Nutzung überlassen wird. Der Grundeigentümer selbst behält sich eine stets gleichbleibende Rente vor; er bleibt der wirkliche Herr des Grund und Bodens. Außer dem Erbpachtsystem gibt es keinen anderen Weg, der besser geeignet wäre, im Menschen gleichzeitig eine große Liebe zum Eigentum und allen Fleiß bei der Bebauung zu vereinen. Desgleichen ließe sich in keinem anderen landwirtschaftlichen Nutzungssystem das Kapital, das zur Verbesserung und damit zur Werterhöhung des Bodens dient, nutzbringender anwenden als gerade hier.

Diese Vorteile wiegen in der Tat den ziemlich schwerwiegenden Nachteil auf, daß nämlich zwei Personen ein ständiges Recht auf ein und denselben Boden besitzen und daß ihre wechselseitigen Beziehungen von den Bedingungen eines Vertrages abhängen, der lange Zeit vor der Geburt der beiden Betroffenen abgeschlossen sein konnte. Der Zwang, den sich die beiden Miteigentümer auferlegen müssen, um ihre wechselseitigen Rechte zu wahren, wirkt sich in keiner Weise vorteilhaft für das Eigentum selbst aus. Es kommt zu Prozessen, die an und für sich ein Übel darstellen, und die Entscheidung fällt um so unzuverlässiger und ungerechter aus, je älter die jeweiligen Rechtsansprüche sind. Die Erbpacht weist eine offensichtliche Beziehung zum Grundzins auf, von dem bereits gesprochen wurde. Dieser Grundzins entstand in der Epoche der Sklaverei aus einem feudalen Recht, während die Erbpacht aus einem römischen Recht jener Zeit hervorgeht, zu der die Bodenbearbeiter noch frei waren. Derartige feudale Bestimmungen sind bis in die modernen Zeiten überkommen. Anstatt den Boden auf Erbbasis zu übergeben, wurde er den Bebauern nur für eine oder mehrere Generationen zugesprochen. Sobald die Frist verstrichen war, nahm der Eigentümer den Boden mit allen geleisteten Vorschüssen und Verbesserungen wieder zurück. Nicht selten verursachte er dadurch den Ruin der enteigneten Familien. In Italien, und vor allem in der Toskana, verteilte der Großherzog Peter-Leopold fast alle Güter der Krone und einen großen Teil der Ländereien des Klerus als

Erbpachthöfe bzw. als „livello". Auf diese Weise entstanden Provinzen, die heute die fruchtbarsten und blühendsten sind. Gleichzeitig ordnete der Herrscher an, daß die für vier Generationen angesetzte Erbpacht ständig erneuert werden könnte, sofern dafür das Fünffache des jährlichen Grundzinses, der im allgemeinen drei Prozent betrug, oder fünfzehn Prozent vom Kapital als „laudemio" bezahlt würden. Ein solches Gesetz über die mögliche Verlängerung der Pachtzeit war zweifelsohne sehr klug, denn es erhöhte den Wert der Erbpachthöfe und trug dazu bei, daß der Bebauer keineswegs in seiner Sorgfalt nachließ, sobald das Ende der festgelegten Erbpachtzeit näher kam. Andererseits jedoch handelt es sich immer um eine schlechte Wirtschaftsform, wenn dem Bebauer auf diese Weise ein Teil seines Kapitals statt einer Rente abverlangt wird. Eine solche hohe Summe trifft ihn in einem Jahr viel härter, als wenn sie sich regelmäßig verteilt von den Erträgen abziehen ließe.

Für Pächter von großen Ländereien, die der Grundherr nicht zu verkaufen beabsichtigt, bietet die Erbpacht die Möglichkeit, am Eigentum teilzuhaben. Die Erbpacht kann indessen nie eine allgemein angewendete Nutzungsform werden, weil sie den eigentlichen Eigentümer von Grund und Boden aller Freuden am Grundeigentum beraubt und ihn zwar alle Nachteile spüren läßt, ihm aber nicht den geringsten Vorteil eines gewöhnlichen Kapitalisten verschafft. Ein Familienvater kann nicht als klug und ökonomisch angesehen werden, wenn er auf diese Art und Weise seinen Besitz auf ewig veräußert und nicht einmal den Preis bestimmen kann, den er dafür erhalten soll.

Die englische Gesetzgebung ihrerseits hat versucht, die Erbpachtverträge zu begünstigen. Sie betrachtet die Erbpächter als Freibesitzer (free-holders). In dieser Stellung haben sie das Recht, bei Wahlen abzustimmen. Ausgeschlossen werden demgegenüber alle jene, die Pachtzinsen zahlen müssen, gemeint sind die copy-holders, sowie alle einfachen Pächter (lease-holders). Trotzdem geht die Zahl der Erbpächter in jeder Grafschaft sehr stark zurück.[28] Fast immer, wenn ein Erbpachtvertrag zu Ende geht, verpachtet der Eigentümer den Boden nur noch auf einundzwanzig Jahre, anstatt die ursprüngliche Erbpacht weiterbestehen zu lassen. Er läßt dann nur noch so viele free-holds weiterbestehen, wie er gerade für seinen Einfluß bei den Grafschaftswahlen für notwendig erachtet. In Irland werden die kleinen Besitzungen den cottagers auf Lebensdauer überlassen, so daß es sehr viele free-holders gibt, die bei den Wahlen völlig abhängig von ihren Grundherren sind. Wenn der Gesetzgeber diese Art der Bewirtschaftung tatsächlich fördern wollte, müßte er für den free-holder, der das Recht zu wählen haben soll, fordern, daß dieser ein weitaus höheres Einkommen als das vom Gesetz festgelegte von 40 Schilling erzielt. Der Vorteil, den die Zerstückelung in dieser Wirtschaftsform einbringt, sowie die ausgesprochene Ablehnung aller anderen Nutzungssysteme richten sich sowohl gegen die ökonomische als auch die politische Absicht, die man ursprünglich damit verfolgte. Das Gesetz hat keineswegs zur Vermehrung der Schicht von wirklich unabhängigen Bauern beigetragen. Das Recht, in Wahlen vertreten zu sein, wurde ihnen zwar gewährt, nicht aber auf Grund wirklicher Unabhängigkeit.

In Schottland gib es die fortgesetzte Erbpacht in sehr großem Umfang, allerdings nur in der Nähe der Städte und in Gegenden, die sich für den Hausbau eignen. Diese Boden-

[28] Nicht die Zahl der free-holders an sich geht in England zurück, sondern vielmehr die Ausdehnung des Bodens, der durch das Erbpachtsystem bewirtschaftet wird. Die Grundeigentümer vermehren die Zahl der free-holders zur Zeit der Wahlen, um eine große Anzahl von Wählern zu ihren Diensten zu haben. Man darf aber nicht glauben, daß es große Güter wären, die die Grundherren dann ihren Pächtern überlassen. Im Gegenteil, sie schränken diese Höfe auf die gerade noch gesetzlich zugelassene Größe ein, auf einen jährlichen Wert von vierzig Schilling, während sie alle anderen Ländereien, aus denen sie ein Einkommen erzielen wollen, in der üblichen Weise verpachten.

parzellen, die man zu hunderten in der Umgebung von Edinburgh findet, werden nicht mehr in der üblichen Form landwirtschaftlich genutzt. Sie führten indessen zu leichtsinnigen Spekulationen, durch die zahlreiche Straßen ohne Häuser rings um die Hauptstadt Schottlands entstanden und durch die sehr viele Bauunternehmer ruiniert wurden.

In einigen Provinzen Frankreichs und in Savoyen kennt man die Erbpacht unter dem Namen „abergement". Sie ist hier allerdings nicht häufig genug, als daß sie einen spürbaren Einfluß auf die Lage der Bodenbearbeiter ausübte.

ZEHNTES KAPITEL

ÜBER DIE GESETZE DES GETREIDEHANDELS

Wir haben die verschiedenen Bewirtschaftungssysteme dargestellt und untersucht, die in jedem Jahr in den einzelnen Ländern den agricolen Reichtum hervorbringen. Die erzielten Ernten gehören indessen bereits zum Handelsreichtum, da sie als Waren behandelt werden, und die meisten Bestimmungen, die wir im folgenden Buch über den Handelsreichtum darzulegen versuchen, treffen sowohl für den Handel mit Getreide und anderen landwirtschaftlichen Produkten als auch für den Handel mit Erzeugnissen der städtischen Industrie zu. Das Getreide indessen, die Ernährungsgrundlage des Menschen und gleichzeitig auch jenes Produkt, das die meisten Arbeitskräfte beschäftigt, die wiederum einen sehr großen Wert repräsentieren, dieses Getreide ist im Handel einer besonderen Gesetzgebung unterworfen worden. Es ist erforderlich, diese Gesetzgebung hier zu untersuchen, da sie in engem Zusammenhang mit den Ergebnissen der einzelnen Bewirtschaftungssysteme steht.

Das erste Ziel, das sich die Gesetzgeber stellten, als sie den Getreidehandel zu lenken versuchten, war die Niedrighaltung der Getreidepreise auf den Märkten. Es läßt sich nicht leugnen, daß dieses Ziel sehr erstrebenswert gewesen wäre. Aber fast immer haben sie sich geirrt, wenn sie versuchten, ihr Ziel auf dem Wege von Gesetzen über die Lebensmittelpreise, über die Vorratshaltung und gegen die Getreidewucherer zu erreichen. Auch alle anderen Maßnahmen mit der gleichen Zielrichtung, nämlich das möglichst billig zu verkaufen, was in der Erzeugung sehr viel gekostet hat, waren ohne Erfolg. Es wäre jedoch nutzlos, wollten wir die vielen Fehler und Irrtümer hier niederlegen und bekämpfen, die die Zeit längst als solche erwiesen hat. Jeder weiß heute, daß, wenn man die Landwirtschaft zwingt, mit Verlust zu verkaufen, die Reproduktion nicht gewährleistet ist und daß als Folge davon statt eines gutgehenden Marktgeschäfts Teuerung und sogar Hungersnot eintritt. Ferner ist jedem bekannt, daß die sogenannten Getreideaufkäufer Händler sind, die sich immerhin bemühen, die Preisgleichheit in den verschiedenen Provinzen und zu verschiedenen Jahreszeiten aufrechtzuerhalten. Demgegenüber versorgen die öffentlichen Getreidespeicher das Volk sogar teuerer und schlechter. Schließlich wissen wir, daß alle ehemaligen Bemühungen der Regierungen zur Senkung des Getreidepreises ständig die entgegengesetzte Wirkung erzielten.

Aus allen diesen Tatsachen darf man aber nicht schlußfolgern, daß die beabsichtigten niedrigen Getreidepreise nicht doch ein nationaler Gewinn sein würden. Jeder Mensch ist Getreideverbraucher, jeder zieht gern Vorteile aus dem Überfluß und aus dem niedrigen Preis. Es bleibt nur zu wünschen übrig, daß dieser niedrige Preis von Dauer ist und daß er, wie es die Engländer ausdrücken, sogenannter „Belohner" ist, d. h., daß er alle Produktionsvorschüsse wieder einbringt und daß dadurch schließlich die Erzeugung von neuem angeregt wird. Der Getreidepreis bildet die Grundlage für die Höhe der Löhne. Wenn das Getreide einen hohen Preis hat, erhöhen sich zwangsläufig die Preise für alle anderen Produkte menschlicher Arbeit, so daß nach einer gewissen Zeit die Teuerung des Getreides den Ruin aller exportierenden Industrien herbeiführt.

England, das am meisten industrialisierte, das reichste und in der Politischen Ökonomie erfahrenste Land, besitzt indessen Gesetze, die einzig und allein der Erhöhung des Getreidepreises dienen. Die eine Hälfte des englischen Volkes fordert in heftiger Erregung gegen jene, die sie erhalten wollen, die Aufhebung dieser Gesetze, während die andere Hälfte wiederum ihren Bestand verlangt, indem sie Rufe der Entrüstung gegen jene verlauten läßt, die die Gesetze abschaffen wollen. Diese Gesetze, über die das Ministerium geteilter Meinung ist – das Parlament, das sich hauptsächlich aus Grundeigentümern zusammensetzt, schreckt davor zurück, darüber einen Entschluß zu fassen, weil heftige Unruhen oder sogar Bürgerkrieg ausgelöst werden könnten –, diese Gesetze sind jedoch zur Zeit die einzigen, die es noch verdienen, untersucht zu werden.

England ist, wie wir sahen, ein Land der großen Pachtgüter. Die Bebauung des Bodens geschieht hier, unter der Leitung von spekulierenden Pächtern, durch Tagelöhner, die von den Pächtern jede Woche mit Geld bezahlt werden. Um ihre Produktion aufrechterhalten zu können, müssen diese Pächter durch den Verkauf fast sämtlicher der von ihnen hergestellten Lebensmittel Geld einnehmen. Diese Pächter können und wollen ihre Produktion nicht mit Verlust fortführen. Wenn ihnen das Getreide, das sie ernten und verkaufen, nicht die vorgeschossenen Löhne ersetzt, ziehen die Pächter ihr Kapital aus der Landwirtschaft zurück. Sie geben den unbearbeiteten Boden wieder an den Grundeigentümer zurück, der daraus nicht mehr das geringste Einkommen erzielen kann, aber das ist schon nicht mehr Angelegenheit der Pächter. Diese entlassen ferner die Tagelöhner, die nun Hungers sterben, was die Pächter gleichermaßen nichts angeht. Schließlich kommt die Getreideproduktion zum Erliegen. Die Grundeigentümer und die Pächter behaupten nun aber gleichzeitig, daß in England der gegenwärtige Getreidepreis von fünfzig bis sechzig Schilling für einen englischen Viertelzentner* kaum als ein alle Kosten aufwiegender Preis (remunerating price) bezeichnet werden kann. Dieser Preis deckt gerade die Produktionskosten. Sollte dieser Preis noch weiter gesenkt werden, wären sowohl die Grundeigentümer als auch die Pächter gezwungen, den Getreideanbau einzustellen.

Andererseits bieten die Ostsee-, Schwarzmeer- und Mittel-

* 28 Pfund

meerländer sowie jene Länder, die an den großen amerikanischen Flüssen liegen, reichliche Mengen Getreide, von denen ganz England leben könnte, zu einem weitaus niedrigeren Preis als dem „remunerating price" an. Das beste Getreide, das man in England den Viertelzentner zu sechsundfünfzig Schilling verkaufte, wurde im August 1826 im Hafen von Danzig und sogar im Lübecker Hafen für siebzehn Schilling angeboten. In diesem Frühjahr wurde das Ministerium über den erschreckenden Zustand der Ernten in England in Kenntnis gesetzt. Daraufhin erbat das Ministerium vom Parlament die Erlaubnis, im Notfalle eine begrenzte Menge Getreide einzuführen, mit einem Einfuhrzoll von zehn Schilling pro englischen Viertelzentner. Das Ministerium stieß jedoch, obwohl es sich nur um eine vorübergehende Maßnahme handeln sollte, auf den heftigsten Widerstand des Adels. Den Sieg hat das Ministerium schließlich lediglich deshalb davongetragen, weil es sich auf die große Zahl seiner Anhänger stützen konnte.

Zur gleichen Zeit wurden die Fabriken dieses Landes, in welchem mehr als die Hälfte der Bevölkerung in der städtischen Industrie arbeitet, von einer Handelskrise heimgesucht. Ein solches Land kann infolgedessen nicht ohne die ausländischen Märkte bestehen, die es mit den Erzeugnissen seiner Industrie versieht. Die Hälfte der Industriearbeiter, die allein vom Lohn leben müssen, bekamen keinen Lohn. Die ausländischen Märkte waren verstopft und kauften nicht mehr. Der Hunger nahm unter den Armen zu. Die Armen konnten nicht ohne Entrüstung hinnehmen, daß man ihnen eine geringe Menge Brot, von der sie noch nicht einmal zur Hälfte gesättigt waren, nur deshalb zu einem so hohen Preis verkaufte, weil den Reichen, die bereits ein oder zwei Millionen an Rente beziehen, ein noch höheres Einkommen sichergestellt werden sollte. Sie waren empört, daß man das Getreide zurückwies, das man in allen Häfen um den halben Preis angeboten bekam, und sie waren vor allem empört, weil die Hungersnot, die sie zu erleiden hatten, einzig und allein von den Reichen verschuldet wurde. Die Manufakturbesitzer ihrerseits behaupteten, daß die Verstopfung der Märkte auf ein und dieselben Gesetze zurückzuführen sei. Die Reichen des Festlandes könnten die Industriewaren Englands nicht kaufen, weil sie keine Abnehmer für ihr Getreide fänden. Hinzu kommt, daß die Manufakturen des Kontinents ein besseres Fortkommen haben als die englischen, weil die Lebensmittel hier billiger sind und die Löhne daher niedriger sein können, was bedeutet, daß die Waren den Produzenten letzten Endes weniger kosten. Auf diese Weise stehen sich die beiden Hälften des englischen Volkes in einem Streit gegenüber, bei dem es sich nicht nur um den Profit allein, sondern um die Existenz an sich handelt. Den Ministern fällt es nicht nur ungeheuer schwer, sich für eine Partei zu entscheiden, sondern sie wissen noch nicht einmal, wie sie die Zusammenarbeit mit dem Parlament erreichen können, das hauptsächlich aus Grundeigentümern besteht und gleichzeitig der Richter und eine der Parteien ist.

Eine Öffnung der Märkte für ausländisches Getreide würde die englischen Grundeigentümer wahrscheinlich ruinieren und den Wert der Pachtgüter unermeßlich senken. Ohne Zweifel ist das ein großes Übel, aber es stellt keineswegs eine Ungerechtigkeit dar. Wenn die Grundeigentümer ihren Boden verpachten, besitzen sie lediglich das Recht auf eine Entschädigung, die im Wert jenem Dienst entspricht, den sie der Gesellschaft erwiesen, dadurch, daß die Gesellschaft gepachteten Boden bebauen kann. Wenn dieser Dienst aber wertlos ist, können die Grundeigentümer nichts dafür fordern. Die Gesellschaft wird von den Grundeigentümern regelrecht ausgeplündert, wenn diese die Gesellschaft zwingen, Dienste entgegenzunehmen, die sie gar nicht braucht und in keiner Weise gefordert hat, und wenn sie für diese Dienste den geforderten Preis bezahlen muß. Zweifellos wird die Gesellschaft stark verarmen, wenn die Grundeigentümer ihr Einkommen verlieren. Aber sie kann diese Verarmung nicht verhindern, indem sie das Einkommen der Gesellschaft so verwendet, daß sie es den Grundeigentümern gibt.

Es trifft zu, daß nicht nur die Grundeigentümer an der

Landwirtschaft interessiert sind, auch die Pächter und Tagelöhner leben gleichermaßen von diesem Produktionszweig. Die Pächter finden sich als erste mit den Gegebenheiten ab. Sie ziehen ihr Kapital zurück, das zumindest zum Teil in einem anderen Wirtschaftszweig angelegt werden kann. Sie transferieren es nach Amerika, wo ihnen ihre Geschicklichkeit nützlich sein wird. Da die Pächter weder an den Grund und Boden noch an ihre Tätigkeit gekettet sind, nehmen sie keinen Schaden, einzig und allein für die Nation bedeuten sie einen Verlust.

Was wird aber aus dem Tagelöhner? Obwohl wegen der Großkultur die Zahl der in der Landwirtschaft beschäftigten Arbeitskräfte außerordentlich zurückgegangen ist, gibt es wahrscheinlich in England trotzdem noch sechshunderttausend Tagelöhnerfamilien, die von einem Tag zum anderen für die Feldarbeit bezahlt werden. Die Arbeit wird aufhören, und die Felder werden sich in Weiden umwandeln. Die Landwirtschaft beschränkt sich dann auf die Viehzucht, und für die Pflege der Tiere braucht man nicht einmal den zehnten Teil der Arbeitskräfte, die für den Getreideanbau erforderlich wären. Was geschieht mit den fünfhundertvierzigtausend Familien, denen man die Arbeit verweigert? Selbst wenn sie zur Arbeit in einem anderen Industriezweig fähig wären, muß man sich fragen, ob es denn heute überhaupt eine Industrie gibt, die sie aufnehmen könnte. In England beschäftigt die Landwirtschaft etwas weniger Arbeitskräfte als alle anderen Industrien zusammen, während in der französischen Landwirtschaft viermal mehr Tagelöhner arbeiten als in den anderen Industriezweigen. Wie sollte ein einziger Industriezweig bzw. wie sollten alle Industrien zusammen alle Tagelöhner der Landwirtschaft aufnehmen?

Gibt es überhaupt eine Regierung, die die Hälfte des Volkes, das sie regiert, freiwillig einer solchen Krise aussetzen würde? Selbst wenn eine Regierung so handelte, könnte sie dann in der Folge den Verzweiflungsausbrüchen des Volkes widerstehen? Würden jene, die Grundeigentümer nämlich, denen man auf diese Weise die Tagelöhner in der Landwirtschaft opferte, überhaupt einen Vorteil daraus ziehen? Diese Tagelöhner sind die unmittelbarsten und sichersten Verbraucher der englischen Industrieproduktion. Die Einstellung ihres Verbrauchs wäre unheilvoller für die Industrie als die Schließung eines der größten ausländischen Märkte.

Man wird mir in der Tat vorwerfen können, daß ich die Dinge zum äußersten treibe, und ich höre bereits sagen, daß auch in den Ländern, die England mit Getreide versorgen, der Getreideanbau nicht länger fortbestehen kann, wenn er keinen entsprechenden Profit abwirft. Die Getreideanbaugebiete Polens erzielen nicht den Profit, den man in einem anderen Industriezweig erzielen kann. Die polnischen Pächter werden ihr Kapital also anderweitig anlegen. Man wird ferner sagen, daß man in Polen gleichermaßen wie in England aufhören wird, Güter der Nr. 4, 5 und 6 zu bebauen, während die Ländereien der Nr. 1, 2 und 3 in England bestehenbleiben werden, da man sie ebenfalls in Polen bebaut.

Die Ökonomen, die diese Sprache sprechen und glauben, daß sie mit ihren acht Zahlen nicht nur alle Grade der Fruchtbarkeit, sondern auch alle Gründe bezeichnen können, die die landwirtschaftliche Erzeugung beeinflussen, diese Ökonomen haben sich nie Gedanken gemacht über die einzelnen Bewirtschaftungssysteme. Sie wissen überhaupt nicht, daß in der Fronwirtschaft die Arbeit, die das Getreide hervorbringt, ein für allemal im voraus bezahlt worden ist und daß von nun an eine Generation der anderen diese Arbeit schuldet. Infolgedessen merkt der Getreideverkäufer niemals, ob ihm das Getreide zu viel oder zu wenig kostet, falls er damit überhaupt den Anbau fortsetzen kann. Das Getreide kostet ihn nur einige hundert Stockschläge, die er an die leibeigenen Bauern austeilt. Zu welchem Preis das Getreide auch verkauft worden ist, der Verkäufer wird sich stets für die verteilten Stockschläge bezahlt finden.

In den gewaltigen Ländern, in denen die Fronwirtschaft herrscht und zu denen ganz Polen, die fruchtbarsten Gegenden Südrußlands und viele andere barbarische Gebiete gehören, sahen wir den Boden in zwei Teile geteilt, in den

Teil, der dem Bauern gehört, und in denjenigen Teil des Feudalherren. Der Teil des Bauern ernährt alle Bodenbearbeiter, während alle Produkte des anderen Teils im Ausland verkauft werden. Dieser letztere Teil überschwemmt heute die Märkte Europas und kann zu jedem beliebigen Preis verkauft werden; denn das Getreide aus Polen und der Ukraine kostet ihre Verkäufer nichts. Das Getreide aus Ägypten und der Berberei, das im System der Fruchtteilung erzeugt wird, kostet die Paschas oder die Beys*, die davon die Hälfte ernten, ebenfalls nichts.

In den Ländern mit Fronwirtschaft interessiert sich der leibeigene Bauer kaum dafür, welchen Preis die von ihm erzeugten Lebensmittel auf dem Markt haben. Er baut die Früchte nicht mit der Absicht an, sie zu verkaufen. Der Boden, der ihm anstelle eines Lohns vom Feudalherrn gegeben wurde, soll den Bauern lediglich ernähren. Der leibeigene Bauer tauscht höchstens einmal einige Erzeugnisse aus, aber er kauft oder verkauft niemals etwas. Wenn er irgendetwas zu bezahlen hat, dann tut er es immer mit Arbeit, niemals aber in Geld. Er verzehrt sein Getreide, seine Milchprodukte, das Fleisch seiner Herden. Seine Schuhe fertigt er aus den Häuten des eigenen Viehbestandes an. Er kleidet sich mit der Schur seiner Schafe. Er webt seinen Hanf, das Haus, die Möbel und Werkzeuge entstehen aus seinem Holz. Seine Armut besteht viel eher darin, daß die Dinge seines Gebrauchs ungehobelt und schlecht bearbeitet sind, als im Fehlen dieser Dinge überhaupt. Krieg und fremde Unterdrückung haben das Land entvölkert, so daß der Bauer stets genügend unbebauten Boden vorfindet. Sobald er sich in Sicherheit fühlt und es wagt, seine Familie zu vergrößern, bebaut er das reichlich vorhandene Land. Trotz der niedrigen Getreidepreise, von denen er vielleicht gar nichts weiß, befindet er sich heute in einer verhältnismäßig günstigen Situation.

* früher bei Turkvölkern Titel unabhängiger Fürsten, großer Feudalherren

Die andere Hälfte des Bodens aber gehört in diesen Ländern den Feudalherren. Dieser Boden, der in seiner Größe die Fläche Frankreichs und Englands zusammen übersteigt und der für den Getreideanbau weitaus ertragreicher ist als der Boden dieser beiden Länder, wird völlig von den leibeigenen Bauern bebaut. Der Ertrag allerdings wird vom Feudalherrn verkauft, ohne daß er dafür dem Leibeigenen eine Entschädigung zu bezahlen hätte. Ohne Zweifel erleidet der Feudalherr einen Verlust, wenn sich das Getreide schlecht verkaufen läßt, weil dann sein Einkommen abnimmt. Das Einkommen hat ihm jedoch nicht die geringsten Ausgaben verursacht, es hat ihn weder Kapital noch Arbeit gekostet. Mag das Einkommen noch so gering sein, es lohnt sich stets für ihn, daß die leibeigenen Bauern ihm Getreide erzeugen. Denn auf diese Art und Weise hat er immer ein Einkommen. Wenn der Feudalherr jedoch die Bauern aufhören läßt zu arbeiten, würde er gar nichts mehr einnehmen. Die niedrigen Getreidepreise würden ihn sogar veranlassen, ein größeres Gebiet zu bebauen, um durch den Verkauf von mehr Getreide jenes Einkommen wiederzuerlangen, das ihm früher eine geringere Menge Getreide einbrachte.

Es ist unmöglich, daß ein Land mit großen Pachtgütern einer derartigen Konkurrenz standhalten kann, einer Konkurrenz von Getreideverkäufern, die ihre Ware stets für den günstigsten Preis abgeben können. Wenn man die Häfen Englands für das Getreide des Ostsee- und Schwarzmeerraums öffnen würde, müßte der Getreideanbau in England völlig erliegen; denn das Getreide verursacht dem englischen Pächter stets beträchtliche Kosten, unabhängig vom hohen Entwicklungsstand der englischen Landwirtschaft und der Bodenfruchtbarkeit. Im Gegensatz dazu ist es völlig gleichgültig, wie unentwickelt und ungebildet der polnische Leibeigene und wie hoch die Bodenfruchtbarkeit seines Landes ist. Das Getreide, das der leibeigene Bauer produziert, kostet den Feudalherren, der es verkauft, nichts. Ebensowenig kostet das Getreide den ägyptischen Pascha oder den Bey aus Tunis oder Tripoli, weil es als Produktenrente erhoben wird.

Was gilt es indessen zu tun? Soll man die englischen Häfen öffnen oder schließen? Soll man in England die Tagelöhner in Industrie und Landwirtschaft der Hungersnot und dem Tode ausliefern? Gewiß, diese Fragen sind schrecklich. Die Lage, in der sich das englische Ministerium befindet, ist eine der unerfreulichsten, in der sich Staatsmänner überhaupt befinden können. Man muß die Aufmerksamkeit mehr auf die Auswirkungen der Fronwirtschaft lenken, die den Ministern entgangen zu sein scheinen, und wir erwarten neue Erkenntnisse aus den Diskussionen des Parlaments. Das Parlament sollte sich mit diesen Fragen zunächst auseinandersetzen, anstatt sie gleich lösen zu wollen. Eine Erkenntnis allgemeineren Charakters zeigt sich jedoch auf den ersten Blick: die Gefahr nämlich, die in der Bewirtschaftung durch große Pachtgüter liegt. Es ist gefährlich, die gesamte Landwirtschaft einem einzigen großen Spekulationssystem zu unterwerfen.

Der Reichtum, wir können nicht widerstehen, es zu wiederholen, ist keineswegs das Ziel der Gesellschaft. Der Reichtum ist nur eines der Mittel, das zu diesem Ziel führt. Wir können es keineswegs leugnen, daß das System der großen Pachtgüter, der großen Kapitalanlagen in der Landwirtschaft und der Verbindung von Naturwissenschaften und Großkultur in gewisser Weise zur Vermehrung des Reichtums beigetragen hat. Die Arbeiten werden besser ausgeführt, das Unkraut läßt sich leichter vernichten, die Ernten sind im Verhältnis zur Aussaat reichlicher und die Viehhaltung geschieht ebenfalls unter besseren Voraussetzungen. Die landwirtschaftliche Erzeugung aber, von der der Lebensunterhalt der ganzen Nation abhängt, ist ständig den jeweiligen Marktsituationen unterworfen. Der Getreideanbau muß in England entweder aufgenommen oder unterlassen werden, je nachdem, ob die Marktberichte von Danzig, Taganrok und Kentucky Profit oder Verlust für das englische oder das russische sowie amerikanische Getreide anzeigen. Das muß in einem Lande geschehen, wo man das Getreide nur anbaut, um es gänzlich zu verkaufen. Ein Pächter von tausend

Morgen, der jedes Jahr – bald auf dem einen Teil seiner Felder, bald auf dem anderen – ungefähr zwölfhundert englische Viertelzentner Getreide erntet, verbraucht von diesem Getreide nicht mehr als zwanzig bis dreißig Viertelzentner für sich und seine Familie. Das übrige Getreide muß verkauft werden. Der Handelswert ist das einzige, was einen englischen Pächter bei der Getreideproduktion interessiert. Wenn jedoch die Pachtgüter statt tausend Morgen nur fünfzig Morgen groß wären, wenn also zwanzig Familien, die ihre Felder selbst bewirtschaften, den einen Pächter ersetzen würden, dann erntete jede Familie sechzig englische Viertelzentner und verbrauchte davon zwanzig bis dreißig. Diese selbstwirtschaftenden Familien würden beim Getreideanbau verharren, weil sie ihn für den eigenen Verbrauch benötigen. Sie blieben auch dann dabei, wenn sie einen gewissen Verlust bei jenem Getreide, das sie verkaufen, zu verzeichnen hätten, das sich im Preis nach den niedrigen Preisen des ausländischen Getreides, das im System der Fronwirtschaft erzeugt wird, richten muß.

Das geschieht heute auf dem ganzen europäischen Festland. Das Getreide Polens und Rußlands ist Frankreich gleichermaßen nahe wie das englische; Getreide aus Böhmen und Ungarn ist für Deutschland näher als das aus England. Für Italien ist das Getreide vom Schwarzen Meer und aus der Berberei sogar noch näher. Zweifelsohne leidet die Landwirtschaft unter den niedrigen Preisen des ausländischen Getreides. Dennoch denken die meisten Regierungen nicht daran, die Getreideeinfuhren zu verbieten oder mit hohen Einfuhrzöllen zu belegen. Die Bauern Frankreichs, Deutschlands und Italiens, die zwar jenen Getreideanbau, der für sie ein Verlustgeschäft bedeutet, ein wenig einschränken, denken nicht im geringsten daran, ganz damit aufzuhören, weil sie sich in erster Linie selbst davon ernähren müssen.

Je mehr man in einem Lande den Austausch fördert und verstärkt und jeden Menschen daran gewöhnt, alles Notwendige kaufen zu können sowie alles zu verkaufen, was produziert wird, um so mehr nehmen innerhalb dieser Nation das zirkulierende Geld, der Anschein von Reichtum und sogar die Möglichkeiten, über beträchtliches Kapital zu verfügen, zu. Aber andererseits herrscht ein Gefühl der Sicherheit und Zufriedenheit vor, wenn man daran gewöhnt ist, sich selbst mit den eigenen Produkten zu versorgen, zu ernähren und zu kleiden, ohne daß man auf den Markt angewiesen wäre. Die Dichter kennen diese Freuden sehr gut und haben häufig genug davon berichtet. Es gefällt ihnen, Bauern zu besingen, die sich des Überflusses ihrer Speicher, Hühnerhöfe, Schafschuren und Stoffe aus eigenem Lein und Hanf erfreuen. Die Ökonomen haben diese Liebe des einzelnen zu den eigenen Erzeugnissen lange als eine Illusion bezeichnet. Immer von neuem wiederholten sie, daß, wenn ein Mensch, der stets nur ein und denselben Gegenstand herstellt, anstatt alle Dinge für den eigenen Gebrauch zu produzieren, diesen einen Gegenstand viel besser gestalten kann, wodurch zur allgemeinen Vervollkommnung und zur Wirtschaftlichkeit beim Kaufen und Verkaufen beigetragen werden kann. Das Beispiel Englands zeigt uns aber, daß dieser Weg nicht ohne Gefahren ist.

Sollte es tatsächlich wahr sein, daß der Bauer, der seine Felder selbst bestellt, um sein eigenes Getreide zu verzehren, dieses Getreide teuerer produziert als jener Bauer, der fast seine ganze Erzeugung verkauft, um mit dem Erlös Arbeit kaufen zu können, womit schließlich neues Getreide erzeugt wird? Ich glaube, es wäre besser, wenn die große Masse der Landarbeiter der ersten anstatt der zweiten Klasse angehörte. Die hohen Kosten, zu denen das Getreide erzeugt wird, sind zwar eine nationale Ausgabe, aber man würde den nationalen Reichtum besser anwenden, wenn man damit Sicherheit kaufte. Von Sicherheit jedoch kann bei einer Nation nicht die Rede sein, wenn ihre Existenz von den Schwankungen auf den Märkten abhängt, wenn entsprechend hoher oder niedrigerer Getreidepreise die Spekulanten die Bevölkerung zur Vermehrung ermuntern oder in Hunger stürzen. Es gibt ferner keine Sicherheit, wenn die Fülle des einen Jahres nicht die geringste Garantie für den möglichen Mangel des folgenden Jahres bietet. Schließlich kann man nicht von Sicherheit und Zufriedenheit sprechen, wenn ein Land, das schon stark unter Krisen, Stockungen und Nöten aller Art in der Industrie zu leiden hat, auch noch alle Krisen und Schwankungen auf dem Getreidemarkt überstehen muß. Letzten Endes sind die Industriekrisen selbst die notwendige Folge davon, daß alle Spekulanten gleichzeitig feststellen, daß auf dem Getreidemarkt entweder zu viele oder zu wenige Waren angeboten wurden. In Frankreich und in Italien, wo vier Fünftel der Nation zur Landbevölkerung gehören, ernähren sich diese vier Fünftel der Bevölkerung von landeseigenem Getreide, gleichgültig welchen Preis das ausländische Getreide hat. Die Preisschwankungen, von den Spekulanten hervorgerufen, wirken sich hier also nur auf ein Fünftel der Bevölkerung aus. Von der gesamten Ernte werden vier Fünftel überhaupt nicht auf den Markt gebracht und lediglich der fünfte Teil ist den Preisschwankungen des Marktes unterworfen. In England, wo ohnehin nur weniger als die Hälfte der Bevölkerung in der Landwirtschaft beschäftigt ist, ernährt sich noch nicht einmal der zehnte Teil dieser Landarbeiter von selbsterzeugtem Getreide. Die aus Spekulationen herrührenden Preisschwankungen, die ihrerseits wiederum als Ergebnis eines „over trading and under trading" (eines Zuviel oder Zuwenig im Handel) bezeichnet werden, wirken sich auf die Gesamtheit des produzierten Getreides aus und betreffen hier die ganze Nation.

Das ist aber noch nicht alles. Die Engländer stellen die großen Pachtgüter als die einzige Möglichkeit zur Verbesserung der Landwirtschaft dar, d. h. als die einzige Möglichkeit, sich im Überfluß billigere landwirtschaftliche Produkte zu verschaffen. In Wirklichkeit jedoch produzieren sie viel teurer. Daher kommt es, daß diese so reichen, so klugen und mit allen wissenschaftlichen Fortschritten ausgerüsteten Pächter, deren Gespanne so hervorragend sind, die so einwandfrei geschlossene Umzäunungen und Felder ohne Unkraut besitzen, den elenden, unwissenden, durch die Leibeigenschaft abgestumpften polnischen Bauern, deren einzige Zuflucht der Trunk ist und deren landwirtschaftliche Technik sich noch in den Anfängen befindet, keine Konkurrenz bieten können. Das Getreide, das in Mittelpolen geerntet wurde, das Transportkosten für mehrere hundert Meilen auf den Flüssen, auf dem Lande und Meer verursacht sowie einen Einfuhrzoll von dreißig bis vierzig Prozent von seinem Wert gekostet hat, dieses Getreide ist noch billiger als jenes der reichsten Grafschaften Englands.

Um diesen beunruhigenden Unterschied bei den Getreidepreisen zu erklären, klagen die englischen Ökonomen, die sich niemals mit der Lage in den anderen Ländern beschäftigen wollten, die Minister wegen der hohen inländischen Steuern oder wegen der Änderung des Geldwertes an. Mir ist es weder gelungen, die Argumente der modernen Schule hinsichtlich der Änderung des Geldwertes zu verstehen, noch konnte ich mich davon überzeugen, daß jene, die sich ihrer bedienten, sie verstanden hatten. Gewiß, die Steuern sind hoch, und sie erhöhen notwendigerweise den Preis aller Waren. Es wäre aber eine Geringschätzung der britischen Freiheit, wenn man nicht zugeben wollte, daß das Fehlen jeglicher Sicherheit, Garantie und Gerechtigkeit für den polnischen Bauern, ägyptischen oder berberischen Fellachen eine noch schwerere Last bedeutet als die Auflagen, die der englische Landarbeiter in Form von Steuern zahlen muß.

Man tut immer gut daran, von den Ministern Steuerherabsetzungen und Sparsamkeit zu fordern. Da aber alle diese Herabsetzungen nichts an den Schuldzinsen ändern können, lassen sich auch die Steuern nicht wesentlich senken. Es liegt einzig und allein am Bewirtschaftungssystem, welches in England schlecht ist, auf einer gefährlichen Grundlage ruht und verändert werden muß, wenn auch nicht mit Gewalt und überstürzt, so aber doch tatkräftig und wirkungsvoll. Eben dieses System wurde uns kürzlich von allen Autoren zur Bewunderung unterbreitet. Anstatt es zu bewundern, wäre es indessen viel wichtiger, dieses System genau zu kennen und sich vor einer Nachahmung zu hüten.

Wie kann man in England derartige wirksame Maßnahmen treffen, die zwar langsam durchzuführen sind, die aber dennoch den kleinen Pachthöfen wieder zu Ansehen verhelfen? All das hätte zu einem Zeitpunkt zu geschehen, wo die Hälfte der Nation, die in den Manufakturen arbeitet, Hunger leidet und wo die von ihr geforderten Maßnahmen den anderen Teil der Nation, der in der Landwirtschaft arbeitet, ebenfalls durch Hunger bedrohen. Ich weiß es nicht. Ich glaube, man muß die Gesetzgebung über den Getreidehandel großen Änderungen unterwerfen. Jenen aber, die den Getreidehandel ganz abschaffen wollen, empfehle ich, die folgenden Fragen sorgfältig zu prüfen.

1. Wenn das Getreide, das durch die Fronwirtschaft erzeugt wird und das den Verkäufer nichts kostet, ohne Hindernisse nach England gelangt, wäre es dann noch einem einzigen englischen Pächter möglich, auch nur ein einziges Feld mit Getreide zu bebauen?
2. Wenn der englische Staat es für ökonomischer hielte, ausländisches Getreide zu kaufen und infolgedessen auf den Getreideanbau im Lande verzichtete, in welchem Maß würde dann die Zahl der in der Landwirtschaft beschäftigten Arbeitskräfte abnehmen? Was müßten die Manufakturarbeiter für die Erhaltung aller aus der Landwirtschaft entlassenen Tagelöhnerfamilien im Armenhaus aufbringen? Welchen Verlust hätten die Manufakturen durch den Konsumtionsausfall der gesamten englischen Landbevölkerung, die fast die Hälfte der Nation bildet? Was würden die Manufakturen durch den Konsumtionsausfall jener Reichen verlieren, deren Einkommen aus der Landwirtschaft herrührt?
3. Welche Sicherheiten hat ein Land noch, wenn es bei seinem Unterhalt völlig auf das Ausland angewiesen ist und auf Menschen, die sehr leicht die ärgsten Feinde werden können? Welche Sicherheiten hat es, wenn es von den grausamsten und despotischsten Regierungen in ganz Europa abhängt, die in keiner Weise davor zurückschrecken, ihrem Handelspartner Schaden zu verursachen, selbst unter der Bedingung, daß die eigenen Untertanen

davon betroffen werden? Was würde aus der Ehre Englands, wenn der russische Zar, sofern er den Engländern ein Zugeständnis abzwingen will, die Möglichkeit besitzt, dieses Land auszuhungern, indem er die Ostseehäfen schließen läßt?

Diese und noch viele andere Schwierigkeiten gilt es zu beachten bei der Ausarbeitung eines Gesetzes über die Aufhebung des Getreideanbaus. Das sind Schwierigkeiten, die in zehn oder zwanzig Jahren noch in einer anderen Form auftreten werden, wenn nämlich als Folge der raschen Vermehrung der Schafe in Australien große Mengen von so billiger Wolle in die englischen Häfen gebracht werden, daß die Schafzucht in England gleichermaßen unprofitabel wird, wie es heute bereits der Getreideanbau ist. Schließlich muß man die Folgen der weltweiten Konkurrenz, die auf dem Prinzip, alles am billigsten zu produzieren, beruht, im voraus berücksichtigen, heute, wo uns alle Fortschritte dazu veranlassen, die Welt nur noch als einen einzigen großen Markt anzusehen.

ELFTES KAPITEL

DER VERKAUF VON GRUNDEIGENTUM

Um die Reproduktion des agricolen Reichtums zu ermöglichen, genügt es im allgemeinen, daß lediglich die Nutzung des Bodens fleißigen Menschen übertragen wird, während das Eigentum selbst in den Händen der Reichen bleiben kann, die weder Interesse an der Arbeit zeigen noch die Befähigung zur Arbeit haben, aber immer an Genuß und Gewinn denken. Das nationale Interesse erfordert indessen oft, daß der Grund und Boden direkt an jene übergeht, die ihn am besten zu nutzen verstehen. Der Boden wird nicht nur allein für die Reichen gewinnbringend bebaut, sondern im Interesse der ganzen Nation. Wenn also die Reichen wegen Zerrüttung ihrer Vermögensverhältnisse die landwirtschaftliche Produktion einstellen müssen, ist es für die gesamte Nation erforderlich, daß der Grund und Boden an andere Besitzer gelangt.

Übrigens reicht das persönliche Interesse aus, um derartige Übertragungen vorzunehmen, falls die Gesetzgebung keine Hindernisse in den Weg legt. Wenn man annimmt, daß ein in der Manufakturarbeit völlig unerfahrener Mensch, z. B. ein Soldat, ein Gerät zur Strumpfherstellung erbt, dann braucht man nicht zu befürchten, daß er dieses Werkzeug lange behalten wird. In seinen Händen bliebe das Gerät sowohl für ihn selbst als auch für die Nation unnütz; in den Händen eines Fabrikanten dagegen wäre es für den Fabrikanten und für die Nation produktiv. Beide empfinden diese Nützlichkeit, so daß bald ein Austausch vollzogen wird. Der Soldat bekommt für sein Gerät Geld, mit dem er etwas anzufangen weiß. Der Fabrikant erhält eine Maschine, mit deren Bedienung er vertraut ist, und die Produktion kann wieder beginnen. Die meisten europäischen Gesetze über Eigentum sind aber so abgefaßt, daß sie den Soldaten daran hindern würden, sich eines Gerätes zu entledigen, das er in keiner Weise anzuwenden versteht.

Grund und Boden kann stets nur durch die Aufwendung von Kapital nutzbar gemacht werden; denn mit dem Kapital führt man dem Boden die akkumumlierte Arbeit zu, die die Natur des Bodens verändert. Es ist also für die Existenz der Nation notwendig, daß sich der Grund und Boden stets in den Händen jener befindet, die Arbeit hineinstecken und in der Lage sind, Kapital anzuwenden. Wenn es zwar niemals erlaubt sein wird, eine Strumpfwirkmaschine zu verkaufen, so ist es aber wenigstens nicht verboten, eine völlig neue herzustellen, an der weitere Arbeiter beschäftigt werden können. Grund und Boden dagegen läßt sich in keiner Weise produzieren; und jedesmal, wenn das Gesetz den Verkauf von Grund und Boden verhindert, der von seinem Eigentümer nicht genutzt werden kann, unterbindet es die wichtigste aller Produktionen.

Die Bewirtschaftungssysteme, die wir hier nacheinander behandelt haben, nutzen den Boden sehr gut durch den jeweiligen Bebauer, sofern die ständigen Vorschüsse geleistet worden sind. Allerdings werden die Bebauer völlig entmutigt, diese Vorschüsse zu leisten, da die Vorschüsse dem Grund und Boden einen dauernden Wert verleihen und daher nur von jenen aufgebracht werden können, die Eigentümer des Bodens sind und bleiben werden. Der Gesetzgeber, der sehr darum bemüht ist, jeden Grundstückverkauf zu verhindern, um den großen Familien die großen Besitztümer zu erhalten, fürchtet im allgemeinen, daß ein solcher Verkauf durch eine lange Pacht verschleiert wird. Der Gesetzgeber ist also bemüht, die Rechte des Eigentümers gegen die Eigentümer selbst zu verteidigen. Er schafft ihnen die Möglichkeit des Reukaufs und günstige Aufhebungsbedingungen der Pachtverträge. Er hat kurze Pachtzeiten festgelegt und scheint den vorübergehenden Bebauern des Bodens ständig zu wiederholen: „Dieser Boden, den ihr bebaut, gehört nicht euch. Laßt keine zu große Verbundenheit mit diesem Boden aufkommen und leistet keine solchen Vorschüsse, die euch ins Verderben stürzen könnten. Soweit es möglich ist, profitiert aus dem Augenblick, denkt aber nicht an die Zukunft und hütet euch vor allem, für die Nachwelt zu arbeiten."

Übrigens, unabhängig von den unaufhörlichen Hindernissen des Gesetzgebers gegen die Dauerpacht, liegt es in der Natur der Pacht selbst, daß der Pächter niemals das gleiche Interesse am Boden hat wie der eigentliche Eigentümer. Es genügt, daß die Pacht begrenzt ist, damit der Pächter in dem Maße, wie sich das Ende der Pachtzeit nähert, das Interesse an seinen Gütern verliert und darauf verzichtet, Vorschüsse auf längere Sicht zu leisten. Ein Halbbauer, mit weniger Fähigkeiten, schreckt nie vor Bodenverbesserungen zurück, da ihm, sofern er sich nicht schlecht aufführt, auf Grund der unveränderlichen Pachtbedingungen der Boden nicht weggenommen werden kann. Der Pächter dagegen kann gerade wegen hervorragender Bewirtschaftung seine Pacht verlieren. Je mehr er das ihm anvertraute Gut verbessert hat, um so mehr fühlt sich der Grundeigentümer angetrieben, bei der Erneuerung der Pacht eine Erhöhung der Renten zu fordern. Da die meisten der vom Bebauer geleisteten Vorschüsse dem Boden einen bleibenden Wert verleihen, ist es außerdem weder gerecht noch natürlich, daß diese Vorschüsse von demjenigen geleistet werden, der nur einen vorübergehenden Vorteil daraus zieht. Ein Pächter wird vielleicht die Felder und Wiesen bewirtschaften und pflegen, da sie ihm in wenigen Jahren alle Vorschüsse wieder einbringen. Aber er wird, im Norden, nur wenige Obstbäume und wenig Hochwald anpflanzen, und im Süden wird er kaum Wein- und Olivenbau betreiben. Ferner wird ein Pächter wenig Schiffahrtskanäle, Bewässerungs- und Entwässerungsgräben anlegen, wenig Transportwege bauen und kaum Urbarmachungen vornehmen. Das heißt, er führt nur wenige jener Arbeiten aus, die am meisten dem öffentlichen Interesse nutzen würden, da sie den nachfolgenden Generationen Wohlstand bringen.

Alle die Arbeiten, von denen die Existenz der gesamten Nation abhängt, können nur von einem reichen Eigentümer, der über großes Kapital an Grund und Boden verfügt, unternommen werden. Nicht die Erhaltung der großen Vermögen ist der Nation wichtig, sondern vielmehr das Zusammenwirken von Grundeigentum und zirkulierendem Reichtum. In den Händen jener, die schon zu viele Grundstücke besitzen, bringt der Boden nichts ein, dagegen aber bei jenen, die genug Geld haben, um dem Boden Wert zu verleihen. Die Bodengesetzgebung sollte also versuchen, das bewegliche Kapital unaufhörlich mit dem fixen Kapital zu verbinden und das Grundeigentum, das die Engländer persönliches nennen, mit dem sogenannten reellen Grundeigentum zu vereinen. Ferner müßte der Grundstückverkauf erleichtert werden. Doch die Gesetzgebung fast der ganzen Welt handelt in gegenteiliger Richtung.

Die natürliche Folge der Anhäufung von Reichtümern in der Gesellschaft ist die ständig zunehmende Trennung der Arbeit vom Genuß ihrer Früchte. Die Aufgabe des Gesetzgebers jedoch muß darin bestehen, die Arbeit und den Genuß ihrer Früchte stets eine Einheit bilden zu lassen. Jener, der sich sein Vermögen selbst geschaffen hat, darf nach Ruhe und Wohlstand verlangen, denn sie sind die Früchte seiner Arbeit. Es ist völlig gerecht, daß er sich ihrer erfreut. Eine weitere Genugtuung besteht für einen solchen Menschen darin, daß er ohne Beunruhigung seine Familie wachsen sehen kann. Wenn ihm schließlich der Gesetzgeber keine antisozialen Vorurteile einflößt, wird er mehrere Kinder großziehen und seine Güter gleichmäßig unter sie verteilen. Er wird zusehen können, wie seine Kinder gleichermaßen wie er zu arbeiten beginnen.

Wenn andererseits der Besitz eines Grundeigentümers gefährdet sein sollte, wäre es wünschenswert, sowohl für die eigene Familie als auch für die Gesellschaft, den Boden zu verkaufen anstatt Hypotheken aufzunehmen. Die Liebe zum Grund und Boden, die Vorurteile und vor allem die Eitelkeit aber lassen einen solchen Grundeigentümer in den meisten Fällen das Gegenteil tun. Im Verhältnis zu seinem Kapital, seinen körperlichen Kräften und zur Aufmerksamkeit, die er dem Boden widmen kann, bleibt er mit zu großen Ländereien belastet. Er macht Anleihen zu beschwerlichen Bedingungen, und die Bezahlung der Zinsen verringert noch in jedem Jahr jenes Kapital, mit dem er sein Gut bearbeiten und aufwerten sollte. Schließlich produziert er auf seinem gesamten Boden weniger, als er auf einer Hälfte erzeugt hätte, würde er die andere verkauft haben. Diese andere Hälfte indessen wäre in die Hände eines wohlhabenden Käufers gelangt, der sie wertbringend genutzt hätte, so daß die Gesellschaft statt einem zwei Bruttoprodukte erzielen würde.

Die Gesetzgebung darf dem Grundeigentümer die Möglichkeiten zur Anleihe nicht verweigern, aber sie sollte ihm dennoch den Weg, der für ihn besser wäre, nämlich den Verkauf, erleichtern. Die Gesetzgebung müßte dem Verleiher starke Garantien geben. Die beste dieser Garantien bestände in der Leichtigkeit des Verkaufs, sofern der Schuldner nicht bezahlt. In Wirklichkeit bedienen sich die Gesetzgeber jedoch gegenteiliger Praktiken. In ihrer Hochschätzung des Grundeigentums haben sie die Enteignungen so schwierig gemacht, daß sowohl die Interessen des Grundeigentümers, den sie begünstigen wollten, als auch die Interessen des Gläubigers darunter leiden. Man hat den Rang von Gläubigern bei Grund und Boden entsprechend dem Eintragungsdatum des Wechsels festgelegt, während sämtliche anderen Gläubiger mit allen ihren Wechseln auf bewegliche Güter vor dem Gesetz völlig gleichgestellt sind. Nun sind entweder die Vorrechte der ersteren gänzlich unnütz und infolgedessen auch gefährlich; denn sie komplizieren nicht nur die Rechte, sondern vermehren gleichzeitig noch die gerichtlichen Prozesse, oder aber diese Vorrechte müßten dem Grundeigentümer wegen der größeren Sicherheiten den Vorteil verschaffen, zu geringeren Zinsen Anleihen aufzunehmen. Indessen ist das Gegenteil eingetreten. In Frankreich liegt heute der Zinsfuß des Handels oft bei vier Prozent und derjenige von Bodenanleihen für die erste Hypothek bei sechs Prozent. Die Zwangsenteignungen, falls sie sich überhaupt durchführen lassen, vollziehen sich in der Tat so langsam und so kostspielig, daß der Gläubiger weitaus weniger Sicherheiten besitzt, wenn er Anleihen auf den Boden gewährt, als wenn er für sein Geld einen Wechsel erhält.

Mag das Gesetz beim Verkauf von Grundeigentum sich noch so vorsichtig und zurückhaltend verhalten, bei der Festnahme einer Person zeigt es sich weniger schonungsvoll. In fast allen Ländern läßt sich die Festnahme eines Schuldners leichter erwirken als die Beschlagnahme seiner beweglichen Güter, wobei sich letztere wiederum noch leichter vollziehen läßt als der Verkauf von unbeweglichem Grundeigentum. Trotz der Achtung, die die persönliche Freiheit verdient, müßte der Gesetzgeber indessen im Interesse des nationalen Reichtums genau den entgegengesetzten Weg beschreiten. Durch die Festnahme der Person zerstört man das ganze Einkommen, das die Arbeit würde hervorbringen können. Beschlagnahmte bewegliche Güter kann man nur weit unter dem Wert verkaufen, den sie für den Eigentümer darstellten. Beschlagnahmte Waren ruinieren den Kaufmann. Nimmt man jedoch unbewegliches Gut, d. h. Grund und Boden, schadet man weder dem Schuldner noch der Nation. Man hätte schon sehr viel zur schnellen Behebung der Schulden beigetragen, wenn das Gesetz den Verkauf von Grundeigentum allein in den Fällen erlauben würde, wo es heute gestattet ist, den Schuldner ins Gefängnis zu bringen. Es würden dann die meisten alten Schulden erlöschen, und der Grund und Boden, der die Nation ernähren soll, befände sich in den Händen jener, die durch ihr Kapital und ihre Arbeit genügend Unterhaltsmittel produzieren könnten. Anstatt an diese Möglichkeiten zu denken, ist es dahin gekommen, daß die Hälfte der landwirtschaftlichen Nutzungsfläche Europas Menschen gehört, die bei weitem nicht das nötige Bewirtschaftungskapital besitzen, sondern vielmehr so hoch mit Schulden belastet sind, daß diese sich nicht mehr aus den Ländereien herauswirtschaften lassen. Derartig in Schwierigkeiten befindliche Grundeigentümer greifen daher ständig zu verhängnisvollen Mitteln, um weiterhin Geld aus ihrem Boden zu erzielen. Sie machen Anleihen bei den Pächtern, verkleinern die Anbauflächen, verkaufen die Waldbestände und bringen ihre gesamten Ländereien in einen schlechten Zustand, so daß ihnen nicht genügend Kapital bleibt, um den Wert ihres Grund und Bodens zu erhöhen.

ZWÖLFTES KAPITEL

GESETZE ZUM FORTBESTAND DES GRUNDEIGENTUMS IN DEN FAMILIEN

Das Interesse der Gesellschaft erfordert die Teilung des Grundeigentums, und zwar in der gleichen Weise, wie es angehäuft wurde. Durch eine schnelle Zirkulation sollen sich ferner alle gleichermaßen des Vermögens erfreuen, das sie durch ihre Arbeit geschaffen haben. Die Gesellschaft macht Fortschritte auf Grund der Anstrengungen, die jeder einzelne unternimmt, um seinen Reichtum zu vermehren. Sobald aber diese Aktivität aufhört, wird das Vorankommen der Gesellschaft in Frage gestellt. Sie trägt die Kosten, wenn es zur Stagnation einer Ordnung kommt, die für das Wohl aller vorteilhaft ist.

Die Gesetzgeber haben die Dinge keineswegs so verstanden. Da sie selbst fast immer aus den vermögenden Bevölkerungsschichten hervorgegangen sind, glaubten sie, daß es nicht ausreiche, den Reichen den Genuß ihrer Reichtümer zu sichern. Sie meinten außerdem, daß diese Reichtümer stets in den Händen der Reichen und ihrer Kinder bleiben müßten. Sie trachteten danach, daß das durch ursprüngliche Aktivität Erworbene auch bei späterem Nichtstun erhalten bleiben sollte, so daß den folgenden Generationen verwehrt blieb zu tun, was die anderen getan haben. Sie erhoben es zur Maxime, daß in der sozialen Ordnung die ehemaligen Besitztümer der alten Familien erhalten bleiben müßten.

Es ist eine Frage der Verfassung und nicht der Politischen Ökonomie zu untersuchen, in welchem Maße eine Monarchie den Adel benötigt und wieviel alten agricolen Reichtum dieser Adel seinerseits braucht. Dagegen ist es sehr wohl Aufgabe der Politischen Ökonomie festzustellen, welcher Einfluß auf die Entwicklung der Landwirtschaft und Industrie ausgeübt wird durch die dem Familienstolz gewährten Garantien, als da sind ständiges Einsetzen von Nacherben, das Majorat, das an der Erstgeburt haftende Erbteil, die Geschlechterfolge und schließlich alle die Vorkehrungen, die verhindern sollen, daß sich die Reichen ruinieren und gezwungen sind, ihre Güter zu verkaufen. Ferner wäre es ein Problem der Politischen Ökonomie zu untersuchen, bis zu welchem Grad die eben genannten Gesetze tatsächlich zu Ergebnissen führten, die man von ihnen erwartete, und wie lange überhaupt die Erbgüter ohne Verfall in ein und derselben Familie fortbestanden haben.

Die Gesetze der Monarchien gestatteten ständige Erbeinsetzungen in mehreren Formen, sie erlaubten Gründungen von Lehen und Ordenspfründen sowie die Begründung einfacher Pfründen bei Familienschenkungen. Schließlich ermöglichten sie die Majorate, Erbeinsetzungen zugunsten zweitgeborener Söhne und Erbeinsetzungen sogar zugunsten der Töchter. Durch derartige Bestimmungen nimmt der Grundeigentümer seinen Erben die Möglichkeit, frei über ihr Vermögen zu verfügen. Das Erbe läßt sich weder verkaufen, noch teilen, noch kann man eine Hypothek darauf aufnehmen, und schon gar nicht können die Erben in ihrem Testament frei darüber verfügen. Die Erben sind verpflichtet, das Erbe in der männlichen Linie im Wert unvermindert weiterzugeben an den jeweils künftigen Vertreter der Familie, dem bereits vor seiner Geburt ein höheres Recht zugesprochen wird als der noch lebenden Generation. Diese ständige Aufeinanderfolge, die die Engländer unter der Bezeichnung „entail" kennen, die von den Spaniern „majorazgo" genannt wird, ist in Italien als „fedecommesso" bekannt, weil der gegenwärtige Eigentümer stets nur als Treuhandserbe angesehen wird, zum Vorteil von Generationen, die noch gar nicht existieren.

Der erste Begründer einer ständigen Erbeinsetzung hat stets einen Teil seines Eigentums für sich behalten und diesen nicht den Fesseln des „Fideikommiß"* oder des „Majorats" unterworfen, so daß er ihn gleichmäßig unter seine Kinder aufteilen konnte. Auch in der folgenden Generation kann sich der älteste Sohn ebenfalls noch einen Teil des freiverfügbaren Grund und Bodens vorbehalten, um ihn seinen jüngeren Söhnen und den Töchtern zu vererben. Wenn die jüngeren Söhne aus reichen Häusern es verstehen, sich vermittels anfänglicher Vorschüsse aus dem Elternhaus eine Anstellung oder wenigstens Bildung zu erwerben, wenn sie in der Lage sind, ihre Aktivität und jene kleinen Kapitalien, die sie sich beim Heer, bei der Marine, in den Wissenschaften, in der Kirche oder im Handel erarbeitet haben, gut anzuwenden, besitzen sie oft sogar die Mittel, für die Verschwendung ihres ältesten Bruders aufzukommen. Die meisten von ihnen gelangen erst zu spät zu Vermögen, um noch ans Heiraten denken zu können. So manches Mal hat erst die Erbschaft eines reichen Onkels das Familienerbe eines Hauses, das bereits seinem Untergang entgegenging, wieder aufgebessert.

Erbeinsetzungen haben unweigerlich zur Folge, daß bereits in der dritten Generation der Haupterbe über keine freiverfügbaren Güter mehr disponieren kann. Zwei aufeinandergefolgte Teilungen des freiverfügbaren Grund und Bodens haben nacheinander seine Onkel, Tanten, Brüder und Schwestern versehen. Was bleibt dann noch für die eigenen Söhne und Töchter übrig?

Wird er selbst zu Vermögen gelangen? In Wirklichkeit scheint es so zu sein, daß der Haupterbe durch die festgelegte Erbeinsetzung eher an der Vermögensbildung gehindert an-

* Fideikommiß (lat.: „auf Treue Anvertrautes"): im früheren Recht hauptsächlich aus größerem Grundbesitz bestehendes Familienvermögen, das unveräußerlich war und beim Tode des Eigentümers an ein einziges anderes Glied der Familie überging. Diente der Zusammenhaltung des Grundbesitzes der Junker und damit der Erhaltung der wirtschaftlichen Grundlage ihrer politischen Macht.

statt begünstigt wird. Da es ihm nicht erlaubt ist, frei über sein Kapital zu verfügen, kann er seinen Reichtum für kein gewinnbringendes Unternehmen nutzen. Ersparnisse sind nur möglich, wenn man ein Einkommen hat oder über Kapitalprofite verfügt. Der Treuhandserbe eines Grundstücks kann jedoch weder Grund und Boden im Handel anlegen, noch eine Manufaktur begründen oder sich daran beteiligen, noch an einem allgemeinnützlichen Unternehmen teilhaben. Und gerade dies würde zur Werterhöhung des Grundeigentums, das er seinen Nachkommen überlassen muß, beitragen. Ein solcher Erbe verfügt also nicht über Mittel, einen Hafen, Kanäle und Brücken zu bauen oder eine Schleuse zu errichten, um den Wasserstand in den Flüssen zu heben. Es ist ihm also untersagt, über den einen Teil seines Reichtums zu verfügen, um den anderen aufzubessern. Das alles heißt, er darf keine großen Urbarmachungen vornehmen, keine Sümpfe entwässern, keine Flußläufe umleiten. Er hat nicht die Erlaubnis, Torfmoore, Mergelgruben oder Bodenschätze zu nutzen oder überhaupt aus irgendeinem der Reichtümer, die sein Grund und Boden verbirgt, Profit zu ziehen. Alles, was das Kapital zum Vorteil einer Länderei zu Wege zu bringen vermöchte, ist jenen Reichen mit ständiger Erbeinsetzung zu unternehmen verboten. Und gerade darin besteht die eigentliche und die verhängnisvollste Auswirkung jener Fesseln, die man dem Grundeigentum anlegt. Reichtümer verlangen nach Arbeit; nur so können sie ihrerseits wieder neuen Reichtum schaffen. Alle jene Reichtümer jedoch, die der fortlaufenden Erbeinsetzung unterstehen, werden aller Verbesserungsmöglichkeiten beraubt, falls sie nicht gar völlig fruchtlos bleiben.

Wenn man der lebenden Generation die freie Verfügung über die eigenen Güter versagt, um diese dem Willen längst vergangener Generationen und den Erwartungen noch nicht geborener Nachkommen unterzuordnen, nimmt man dieser lebenden Generation die Möglichkeit, für die stufenweise Verbesserung des Grund und Bodens zu arbeiten. Die gegenwärtigen Eigentümer zeigen kein Interesse an solchem Land, das ihnen in gewisser Hinsicht fremd geworden ist. Man enterbt sie des allgemeinmenschlichen Rechts, zu Lebzeiten über die Güter dieser Erde ebenso uneingeschränkt zu verfügen, wie es die Vorfahren getan haben und es die Nachfahren eines Tages tun werden. Das ist aber noch nicht alles. Durch die ungerechte Verteilung der Vermögen verändert man die moralischen Verhaltensweisen jener, die man zu begünstigen glaubte. Man raubt ihnen die seelische und geistige Kraft in dem Maße, wie man die Anwendung der Kapitalien verhindert, die wegen der Erbeinsetzung unberührt bleiben müssen.

In einem Land, wo der erstgeborene Sohn das gesamte Familienvermögen erbt und dieses unangetastet weitervererben muß, haben allein die jüngeren Brüder die Möglichkeit, eine wirkungsvolle und gewinnbringende Laufbahn einzuschlagen. Der älteste Bruder dagegen glaubt, seine Aufgabe erfüllt zu haben, wenn er das väterliche Erbe pflegt und erhält. Man hat ihn beizeiten gelehrt, als Edelmann zu leben, ohne Beschäftigungen, ohne Studien und Erkenntnisse. Letzteres ist einzig und allein Angelegenheit seiner Untergebenen. Man hat dem Familienerben zu verstehen gegeben, daß, während seine Brüder auf verschiedene Art und Weise versuchen, ihre Vermögen zu erhöhen, ihm die Ehre gebührt, den alten Glanz seines Hauses zu bewahren. Der Name und der Ruf seines Hauses wurden ihm stets in gewisser Weise als Kultgegenstand vor Augen geführt. Die Diener und Arbeiter, die von ihm abhängen, wie auch mannigfaltige Parasiten, die sich an ihn heften, befleißigen sich, ihm zu berichten, durch welchen Luxus sein Vater und Großvater einst sich der Achtung würdig erwiesen. Sie berichten ferner, wieviele Lakeien, Equipagen, Pferde und Jagdhunde die Vorfahren besaßen, welch herrliche Feste sie feierten und welcher Art die Eleganz und der Geschmack von Einrichtung, Tafel und Haushaltung waren. Neben dem Ruhm, den der Haupterbe eines großen Vermögens durch übertriebene Ausgaben erwirbt, scheinen für ihn alle anderen Arten von Ansehen und Ehre überflüssig zu sein. Alle jene, die aus seiner Verschwendungssucht profitieren, stimmen dieser so lange zu, wie sie noch möglich ist, so daß die Öffentlichkeit selbst das ernste, wenn auch der Erhaltung des nationalen Reichtums fernliegendere Anliegen vergißt, um sich dagegen einzig und allein dem Tagesinteresse einer ungeheueren Pompentfaltung unterzuordnen. Zu jeder Zeit und überall zeigt sich die Öffentlichkeit gegenüber den Verschwendern nachsichtiger als gegenüber den Geizigen.

Beim Tode des Familienoberhauptes ist der älteste Sohn, der dem Vater folgt, berufen, jeder seiner Schwestern eine Mitgift zu geben und jedem seiner Brüder wenigstens eine Pension zu zahlen. Die Mitgift eines Mädchens ist ein Kapital, das sich irgendwie vom väterlichen Erbe abzweigen lassen muß. Falls der Vater jedoch bei seinem Tode nur Grund und Boden, aber kein Kapital hinterläßt, wird es erforderlich, Grund und Boden zu verkaufen, Anleihen in Form von Hypotheken darauf zu nehmen oder Land selbst anstelle der Mitgift abzugeben. Geerbtes Land darf indessen weder verkauft, noch verpfändet und auch nicht weggegeben werden. Der jeweilige Nacherbe kann sich in diesem Falle jedoch auf den Kredit seines Einkommens berufen; er kann Anleihen ohne Pfand machen und die Schulden dann von seinem Einkommen bezahlen.

Aus diesem Grunde ist er ständig in Affären mit Gläubigern verwickelt, aus denen er sich kaum wieder zurückziehen kann. Der Luxus, der eigentlich seinen Kredit zerstören müßte, trägt während einer gewissen Zeit sogar zur Erhöhung seines Ansehens bei. Es ist für ihn nunmehr unbedingt erforderlich, daß man ihm weiterhin Vertrauen schenkt, und er versucht bereits, indem er sich selbst täuscht, seine Gläubiger zu täuschen. Er muß Schulden aus seiner Jugendzeit tilgen, er muß für die Kosten seiner Einrichtung und Verheiratung aufkommen; niemand verweigert ihm jedoch Geld auf sein Wort hin oder gegen ein einfaches Schreiben. Alle Kaufleute sind bemüht, ihm etwas zu verkaufen. Alle Handwerker wollen für ihn arbeiten, und sämtliches Hausgesinde möchte ihm dienen. Bedingungslos vertrauen sie ihm in bezug auf ihren Unterhalt und ihre Entlohnung. Bevor sie diesem Herrn ihr Vertrauen verweigern, kann sich dieser bereits in die größte Unordnung verwickelt haben. Alle wollen wissen, daß sein Einkommen steigen wird. Sie kennen die Höhe seiner Schuld, sind aber fest davon überzeugt, daß er durch diszipliniertes Sparen während zwei, vier oder sechs Jahren sämtliche Schulden wird bezahlen können. Jeder bildet sich ein, bezahlt zu werden, sobald die Sparsamkeit des Herrn beginnt. Durch geduldiges Warten erweist aber jeder nur erneutes Vertrauen und trägt dadurch zur Verzögerung der Bezahlung bei. Der Kaufmann setzt willkürlich den Preis der Waren fest, die er auf die Rechnung schreibt. Die Handwerker und das Gesinde bezahlen sich selbst, indem sie von den Vorräten des Hauses leben. Sie alle profitieren aus der Verschwendung und Unordnung ihres Herrn. Der Verbrauch nimmt zu, und die Produkte der Arbeit nehmen ab, ohne daß es der Herr wagt, sich bei seinen Leuten zu beklagen, die er nicht bezahlt und die ja ihrerseits weitmehr das Recht besitzen, sich bei ihm zu beklagen. Wer weiß heute nicht, daß in ganz Europa das Schicksal der großen Besitztümer darin besteht, nur in den seltensten Fällen bis zur dritten Generation zu gelangen, ohne nicht schon vorher in die Hände eines Verschwenders zu fallen? Dieser Verschwender kämpft den größten Teil seines Lebens gegen die Schwierigkeiten an, in die er sich eingelassen hat. Er gebraucht gegenüber seinen Gläubigern alle nur erdenklichen Listen, um Zahlungsaufschübe zu erhalten, die er nicht zu nutzen versteht. Er verstrickt sich in eine Reihe von Geschäften, eins immer verhängnisvoller als das andere, nur um sich eine kurze Atempause in seiner Verlegenheit zu verschaffen. Schließlich erduldet er das ganze Elend der Armut, alle ihre Ängste, Nöte und Demütigungen, ohne auf seine Equipagen, auf den äußeren Luxus und den ihn umgebenden eitlen Glanz verzichten zu wollen, aus dem ihm noch nicht einmal Genuß erwächst. So erreicht er das Ende seines Lebens, überhäuft mit Schulden, die er in keiner Weise begleichen kann.

Schließlich stirbt der Verschwender, und das gesamte Besitztum geht an den neuen Nacherben über, ohne daß dieser für die Irrtümer und Fehler seines Vaters einzustehen braucht. Aber das ist es ja gerade, was der Schöpfer der ständigen Erbeinsetzung wie auch der Gesetzgeber, der ihm seinen Schutz gewährt hat, bezweckte. Alle Gläubiger des Vaters sind durch dessen Bankrott ruiniert worden. Sie hatten den fünf- bis zehnfachen Wert seines Einkommens zu fordern. Das war ihr Kapital. Verlieren sie es, verliert es die Nation mit ihnen. Die Kaufleute und Fabrikanten, die ihm Waren verkauften, machen ebenfalls Bankrott. Die Handwerker, die Arbeiter und die Dienerschaft müssen zusehen, wie ihre Ersparnisse verlorengehen, die sie sich für ihr Alter angelegt hatten. Die langwierigen und mühsamen Ersparnisse jener Klassen, die Reichtum schaffen, werden an einem einzigen Tage von der Klasse vernichtet, die Reichtümer verschwendet und die durch die Erbeinsetzung vor den Folgen des Bankrotts geschützt wird. Nicht auf diese Art und Weise dürfen die großen Reichtümer geteilt werden und in die Zirkulation zurückkehren.

Geht nun aber in Wirklichkeit das gesamte Erbeigentum unvermindert an den Nacherben über? Das darf man nicht glauben. Die ständige Erbeinsetzung verhindert zwar das Anwachsen der Besitztümer, aber nicht ihre Verkleinerung. Ein Grundeigentümer, der innerhalb von zwanzig oder dreißig Jahren sich im Zustand ständiger Bedrängnis befunden hat, konnte nicht das geringste Kapital, nicht die geringsten Ersparnisse für die Verbesserung des Bodens, für Rodungen oder andere große werterhaltende Arbeiten aufbringen. Indessen verdankt der Boden aber gerade der Arbeit des Menschen seine produktiven Kräfte, und allein die menschliche Arbeit kann diese Kräfte aufrechterhalten. Die ausgehobenen Bewässerungs- und Entwässerungskanäle verlanden wieder. Nach einer mehr oder weniger langen Zeitspanne müssen sie von neuem gegraben werden. Die Deiche brechen zusammen, die Schleusen werden schlechter, und die Wohnhäuser, Stallungen sowie Weinkeltereien verfallen. Zu ihrer Wiederinstandsetzung ist Kapital nötig, aber dieses Kapital ist nicht vorhanden. Um die Pflanzungen in gutem Zustand zu erhalten, müssen unaufhörlich Neuanpflanzungen vorgenommen werden. Auf hundert Olivenbäume muß jährlich einer erneuert werden. Auf fünfzig Maulbeersträucher und auf zwanzig Weinstöcke kommt je eine Neuanpflanzung im Jahr. Diese Vorschüsse sind ausschließlich vom Grundeigentümer zu leisten, da weder die Pächter noch die Halbbauern die Früchte davon ernten können. Vernachlässigt der Grundeigentümer während mehrerer aufeinanderfolgender Jahre diese Pflanzungen, geht alles zu Grunde, und es kommt schließlich der Zeitpunkt, wo seine Ländereien fast öde werden, wo die Weinberge, die Maulbeersträucher und Olivenbäume nicht mehr die Arbeit entschädigen, die sie erfordern. Die Erträge werden geringer als jene, die Felder und Wiesen erbringen würden. Die Felder und Wiesen erfordern ihrerseits wiederum zahlreiche Gespanne und Ackergeräte sowie eine richtige landwirtschaftliche Ordnung, die der Verschwender völlig vernachlässigt hat. Ferner sind für die Felder und Wiesen die Herden nötig, die er in einer Notlage verkauft hat. Schließlich braucht man für die Feld- und Wiesenwirtschaft unbedingt Hausgesinde und Landarbeiter, von denen er einen Teil bereits entlassen mußte, weil er wegen Geldmangel an allen landwirtschaftlichen Vorschüssen einsparen wollte. Es wird dann profitbringender, auf den Feldbau überhaupt zu verzichten, um das Land in Weide zu verwandeln und an die Besitzer großer Viehherden zu verpachten.

Derartig vollzieht sich der langsame Verfall, durch den ein fruchtbarer Boden schließlich der öden Landschaft rund um Rom oder den Gebieten des Capitanats ähnelt, ein Boden, der ehemals der reichen Erde von Lucca glich, die in vier Jahren sechs Ernten hervorbringt, ohne die Erträge der Olivenhaine, Weinberge, Feigenbäume und Maulbeersträucher zu zählen, die in diesem Land so zahlreich wachsen. Die Disteln und Ginsterbüsche verdrängen hier mehr und mehr die Rasenfläche, die als Weideland dienen soll. Es ist das der gleiche Vorgang, der einstmals die ertragreichsten Ackerkulturen durch Rasen ersetzte. In diesen unbebauten Provinzen wird dennoch der Grund und Boden weitervererbt. Dieselbe Familie bleibt stets im Besitz der gleichen Anzahl von „arpents". Diese „arpents"* allerdings, die vom Menschen vernachlässigt wurden, stellen weder für die Familie noch für die Nation den ehemaligen Wert dar.

Es besteht jedoch nicht nur die Möglichkeit, daß das Grundeigentum in die Hände eines Verschwenders gerät, durch den dann das Familieneigentum bedroht ist, sondern es kann auch vorkommen, daß der Besitz einer Familie nicht immer ohne Unterbrechung, d. h. in direkter Linie, vom Vater auf den ältesten Sohn übergeht.

Wenn der Nacherbe gar keine Kinder hat, wenn er nur Töchter oder sogar nur uneheliche Kinder hat, weiß er schon im voraus, daß er bei seinem Tode sein ganzes Eigentum einem Bruder, Neffen oder Cousin, zum Nachteil seiner Witwe und seiner Töchter, die er am meisten von allen liebt, überlassen muß. Deshalb ist er sein ganzes Leben lang bemüht, für jene zu sparen, die er liebt, und oft sogar jenen zu schaden, die er auf Grund der gegebenen Tatsachen hassen muß. Um sich eine kleine Barschaft, ein kleines Kapital zu schaffen, über das er frei verfügen kann, schlägt er den Wald auf seinen Ländereien, entledigt er sich der Möbel seiner Häuser und verweigert er jegliche Ausgabe, die gemacht werden müßte, um den Wert eines Grundstücks zu erhalten, das er gegen seinen Willen verwalten muß. Hat man nicht oft genug jene ständige Interessenverschiedenheit beobachten können, die sich zwischen dem gegenwärtigen Eigentümer und dem Nacherben herausbildet? Führt nicht diese Interessenverschiedenheit zwischen jenem, der alle Vorschüsse leisten muß, und jenem, der die Früchte davon ernten wird, zwischen jenem also, der eines Tages das Eigentum weitergeben muß, und jenem, der es bekommen soll und es

* arpent = ehemaliges französisches Ackermaß, das je nach den Provinzen zwischen 30 und 51 Ar variierte.

deshalb schon vorher sorgfältig hütet, zu einer Feindschaft, die man am wenigsten zwischen Vater und ältestem Sohn vermuten sollte? Der Vater ist nun ohne Unterlaß bemüht, einen gewissen Teil vom zusammengehörenden Eigentum loszulösen. Er freut sich über jeden einzelnen Baum, den er fällen läßt, da er für das Holz einige Taler erhält, die er seinen jüngeren Söhnen hinterlassen kann. Andererseits weigert er sich gegen jede Pflanzung von Bäumen oder Weinstöcken, denn er müßte zugunsten des reichen Sohnes das Geld für die Anpflanzungen von jenem Kapital nehmen, das für seine armen Söhne bestimmt war. Seine Mißgunst gegen den einen seiner Söhne ist eng verbunden mit der Liebe für die übrigen Söhne. Geiz und Gerechtigkeit, Tugenden und Laster vermischen sich bei ihm und führen durch gleichzeitiges Wirken zum Ruin des Eigentums, das ihm anvertraut ist.

Die allgemeine Erfahrung schien alle Gesetzgeber von den verhängnisvollen Auswirkungen der ständigen Erbeinsetzung überzeugt zu haben. Der Familienstolz oder die Vorurteile indessen, die in der ständigen Erbeinsetzung die Erhaltung eines aristokratischen Interesses sehen, verschaffen ihr häufig neue Verteidiger. In Schottland sind die ständigen Erbeinsetzungen gültiges Gesetz. In England, wo die Verordnung „de donis conditionalibus“ (13, Edw. I, c. 1) die Erbeinsetzungen ins Leben gerufen hatte, haben die Richter unaufhörlich versucht, sie durch Spitzfindigkeiten wieder abzuschaffen. Es war zumindestens möglich, daß im Falle von Hochverrat die Erbgüter beschlagnahmt werden konnten. In der Tat, seit der Regierungszeit Eduard IV.* und vor allem seit Heinrich VIII.** hat der jeweilige Eigentümer die Möglichkeit, durch einen Scheinprozeß, der im englischen Gesetz unter der Bezeichnung „fines and recoveries“ bekannt ist, die Erbeinsetzung aufzuheben. Das Gesetz hat allerdings die

* Eduard IV.: 1442–1483, seit 1461 König, erster Herrscher des Hauses York.

** Heinrich VIII.: 1491–1547.

allererste Erbeinsetzung (remainder) unter seinen Schutz gestellt, und da diese stets erneuert wird, vollzieht sich ungefähr der gleiche Vorgang wie bei der ständigen Erbeinsetzung. Die ständigen Erbeinsetzungen tragen seit langem zum Ruin Spaniens, Portugals und ihrer Kolonien bei. Sie sind üblich in Deutschland, und sie wurden in Frankreich neuerdings wieder erlaubt, von Napoleon, der das staatlich anerkannte Interesse dem Bestreben, für seinen neuen Adel Majorate zu gründen, opferte. Mit der Restauration haben sie sich noch mehr gefestigt. Schließlich wurden die ständigen Erbeinsetzungen in Italien von den meisten Regierungen wieder eingeführt, aus Haß gegen die philosophischen Lehren,* von denen diese Regierungen angegriffen wurden.

Es müssen schon mehrere Umstände zusammentreffen, wenn die Auswirkungen der ständigen Erbeinsetzungen derartig verhängnisvoll ausfallen sollen, wie sie soeben geschildert wurden. Wenn ein Land, wie z. B. England, einen sehr hohen Grad von Wohlstand erreicht hat, wenn den tätigen und fleißigen Menschen alle Wege offen stehen, wenn die Stellungen in Regierung, Marine, Armee, Handel und in Indien zahllose Möglichkeiten bieten und wenn das Ansehen eines Vaters oder eines mächtigen Bruders genügt, um jungen gebildeten Menschen, die zwar einen Namen haben, aber nur wenig Vermögen besitzen, eine Laufbahn und Vorwärtskommen zu verschaffen, dann ist der Wohlstand der Nation und derjenige der Familien nicht wegen, sondern trotz der ständigen Erbeinsetzungen von Bestand. Wenn der Wohlstand dieses Landes erst einmal erschüttert würde, wenn zahlreiche Bankrotte den Handel ruinierten, wenn sich wegen der hohen Preise der landeseigenen Produkte die ausländischen Märkte schlössen, wenn die Zerrüttung der Finanzen

* Gemeint sind die philosophischen Lehren der Aufklärung, die gegen das gesamte feudale System gerichtet waren und dabei natürlich auch gegen die Einrichtung der „ständigen Erbeinsetzung", die entscheidend dazu beitrug, die feudale Gesellschaftsstruktur zu erhalten.

zur Verringerung des Heeres und der Marine zwänge und in zahlreichen Regierungsämtern Reformen erforderlich machte, wenn schließlich durch alle diese Tatsachen die einzigen aktiven Menschen der obersten Klasse, die heute am meisten zum nationalen Reichtum beitragen, wenn also die jüngeren Söhne begüterter Familien zum Nichtstun verurteilt wären, würde dieses Land sehr bald erfahren, wie verhängnisvoll die Auswirkungen der ständigen Erbeinsetzungen sein können. Man würde begreifen, wie nötig es ist, sich über den Familienstolz hinwegzusetzen und eine gerechte Aufteilung des Erbes unter alle Kinder zu fordern.

Es ist tatsächlich in jedem Lande so, daß nicht nur die ständige Erbeinsetzung an sich, sondern gleichermaßen auch der bestehende Brauch, alle Ländereien dem ältesten Sohn zu überlassen und ihm dadurch ungeheure Vorteile gegenüber den jüngeren Brüdern einzuräumen, von jeder gewinnbringenden Beschäftigung abzieht und auf Grund des großen Reichtums den Begünstigten selbst zum Nichtstun verurteilt. Für das Wohl des Landes dagegen wäre es unbedingt erforderlich, daß gerade mit Reichtum neuer Reichtum geschaffen wird. Ohne diesen Reichtum ist weder ein landwirtschaftliches noch industrielles oder Handelsunternehmen möglich. Für das Wohl eines Landes ist es sehr wichtig, den Grund und Boden durch Kapital und Kredite gewinnbringend anzuwenden, nicht weniger wichtig jedenfalls, als Menschen zur Arbeit anzuregen.

Als unvermeidliche Folge des Rechts des ältesten Sohnes sowie der ständigen Erbeinsetzungen wird Geldbesitz vom Eigentum an Grund und Boden getrennt. Die Prosperität der Familien, gleicherweise wie die der Nation, hängt im wesentlichen von der Einheit beider, von der Einheit des fixen Kapitals mit dem zirkulierenden Kapital ab. Die ständige Erbeinsetzung aber, manchmal sogar ein bloßes Vorurteil, welches das Ansehen der Familien mit der Erhaltung sämtlicher Güter, die sie einst besessen haben, in Verbindung bringt, wiederholt bei jeder neuen Erbeinsetzung die verhängnisvolle Trennung des Geldes vom Grund und Boden.

Beim Tode des Familienoberhauptes geht das gesamte zirkulierende Kapital an die Töchter, die jüngeren Söhne und an die Witwe über. Der Haupterbe indessen bekommt einzig und allein den Boden, einen Boden, der mit dem höchsten, gerade noch zulässigen Maß an Schulden belastet ist. Die Besitzungen verfallen in den langen Zeiträumen stark, und um sie wieder nutzbar zu machen, sind grundlegende Vorschüsse nötig, die der Eigentümer außerstande ist zu leisten. Wie viele Eigentümer könnten den Wohlstand, den sie verloren haben, wiedererlangen, wenn sie die eine Hälfte ihres Erbes verkaufen würden, um den Erlös zur Urbarmachung der anderen Hälfte zu verwenden! Aber es ist gerade der Verkauf, der durch die ständigen Erbeinsetzungen, das Gesetz oder gar durch das Vorurteil verboten wird.

Schließlich verweigert die ständige Erbeinsetzung den Eigentümern von Grund und Boden nicht nur jede Aktivität und sämtliches Kapital, sondern sie raubt ihnen auch das Ansehen und die Vertrauenswürdigkeit. In gewisser Weise war es eine Frage schlechter Verwaltung, die Reichen daran zu hindern, ein Vertrauen einzuflößen, das die anderen bewegt hätte, ihnen Kapital zur Verfügung zu stellen. Die ständigen Erbeinsetzungen haben jedoch auch dieses Problem auf ihre Weise gelöst. Ein Grundeigentümer, von dessen Vorankommen das Schicksal von sechzig Bauernfamilien abhängt, die seinen Boden bebauen, könnte den Wert seiner Besitztümer verdoppeln, wenn er einen Damm errichten würde, der ihm Schutz gegen Überschwemmungen böte, wenn er Gräben ausheben würde, um die Sümpfe trockenzulegen, wenn er ferner seine Weiden bewässerte oder wenn er schließlich einen Kanal bauen würde, um günstige Transportwege für seine Erzeugnisse zu schaffen. Er könnte einen unbebauten Hügel, der nur etwas Gras hervorbringt, nützen, um guttragende Weinstöcke anzupflanzen. Bei günstigen Voraussetzungen wäre es möglich, weite Steppenlandschaften, die der Dornbusch dem Heidekraut streitig macht, in Olivenhaine, Maulbeerstrauchpflanzungen, Felder oder Wiesen umzuwandeln. Um dieses Unternehmen ausführen zu können, das für die Nation nicht weniger nutzbringend ist als für ihn selbst, das nicht weniger vorteilhaft für seine Bauern als für seine Erben ist, benötigt er vierzig, sechzig oder sogar hundert Taler, für die er gern die Zinsen zahlen würde, indem er Hypotheken auf den Boden aufnimmt, den er nutzbar zu machen gedenkt. Die ständige Erbeinsetzung untersagt ihm jedoch dieses Vorgehen. Sie verbietet es, Hypotheken auf den Grund und Boden aufzunehmen. Die Gläubiger werden davon in Kenntnis gesetzt, daß sie, wenn sie so unklug waren, Geld vorzuschießen, das Kapital beim Tode des Grundeigentümers verlieren, selbst dann, wenn dessen Erben dadurch reich geworden sind.

Im Ergebnis zeigt sich, daß der Gesetzgeber völlig das Ziel verfehlt hat, das er sich mit der Einrichtung der ständigen Erbeinsetzungen und Majorate stellte. Er hat alle Söhne jener Familien, deren Ansehen er bewahren wollte, zum Nichtstun verurteilt. Allen, den ältesten Söhnen aus Stolz, den jüngeren aus Ohnmacht, untersagt das Gesetz jedwede Betriebsamkeit, die die einzige Möglichkeit zur Vermögenserhöhung wäre. Stattdessen setzt es sie allen Wechselfällen aus, die sich unaufhörlich gegen alles Alte richten, was stets dazu führen muß, daß der Reichtum, der sich nicht erneuern kann, zerstört wird.

Die Erfahrung hat diese wichtigen Lehren bestätigt. Die Geschichte der einzelnen Völker zeigt, daß es durchaus gelingt, das alte Ansehen der Familien im Interesse der Aristokratie zu erhalten, wenn eine gerechte Teilung des Eigentums unter alle Kinder gesetzlich festgelegt wird. Unter solchen Bedingungen vermeiden es die Väter, viele Söhne zu haben. Begünstigt dagegen das Gesetz den ältesten Sohn, fühlt sich der Vater keinem derartigen Zwang ausgesetzt. Aber das Erbteil der jüngeren Söhne, mag es noch so klein sein, richtet schließlich das größte Erbe zugrunde.

In allen Aristokratien, die jemals von Bestand waren, in Griechenland, in der Römischen Republik, in Florenz, in Venedig, in allen italienischen Republiken des Mittelalters, in allen jenen der Schweiz und Deutschlands herrschte das

Gesetz der gerechten Aufteilung des Eigentums unter die Kinder. Auf diese Art und Weise haben sich riesige Vermögen über Jahrhunderte erhalten, selbst Handelsvermögen, wie diejenigen der Strozzi und Medici in Florenz oder der Fugger in Augsburg. In diesen Familien hat es nur selten viele Brüder gegeben, und dennoch sind sie deswegen nicht schneller ausgestorben.

Dagegen lebten alle Adelsfamilien, die man in den Monarchien oder Fürstentümern Spaniens, Italiens, Deutschlands oder des ehemaligen Frankreichs erniedrigender Armut anheimfallen gesehen hatte, unter der Majorats- und Erbeinsetzungsordnung. Jeder Familienvater hatte eine große Anzahl von Söhnen, von denen alle jüngeren zu Nichtstun und schließlich zu Not und Elend verurteilt waren. Die vielen Söhne waren keineswegs eine Garantie gegen das Aussterben dieser Familien. Es wurde durchaus häufig beobachtet, daß ein Vater von acht Kindern nur in den seltensten Fällen Enkel hatte. Kam es jedoch vor, daß sich die jüngeren Söhne verheirateten, so entstanden neue Linien, die im Elend lebten und dadurch das Ansehen zerstörten, das man mit dem historischen Namen verband.

Diese Tatsache, die man in der Weltgeschichte als feststehend betrachten kann, erklärt sich aus dem Grundsatz, auf den wir bereits hingewiesen haben und den wir im letzten Buch weiter entwickeln werden, daß sich nämlich die Bevölkerungszahl stets nach dem Einkommen richtet. Wir können bereits hier feststellen, daß die reichen Adelsfamilien, die weit davon entfernt sind, sich unbegrenzt zu vergrößern, vielmehr immer dazu neigen auszusterben (man kann sich von dieser Tatsache überzeugen, indem man in allen Ländern, Jahrhundert für Jahrhundert die Adelsregister studiert und vergleicht). Diese Familien sterben gleichermaßen schnell aus, ob es nun viele Kinder gibt oder ob nur ein einziges da ist; denn je mehr Kinder es gibt, um so weniger bemühen sich die Eltern um deren Verheiratung. Im Interesse dieser Familien und im Interesse der gesamten Aristokratie wäre darum zu wünschen, daß sie sich stets nur aus einer kleinen

Anzahl von Menschen zusammensetzen und daß sie diese kleine Anzahl niemals überschritten, und die Familienväter sollten dabei immer daran denken müssen, das Erbteil gerecht unter alle ihre Kinder zu verteilen. Das Eigentum der Familien muß durch die Mittel erhalten werden, durch die es einst erworben wurde. Man muß wissen, daß man Eigentum zerstört, wenn man es unveräußerlich machen will. Schließlich sollten die großen Namen an sich schon für große Erbgüter bürgen. Es sollte nicht einer Einmischung des Gesetzes bedürfen, um einem Pair von Frankreich durch eine reiche Ausstattung wieder das seinem Rang entsprechende Vermögen zu verschaffen, wenn dieses durch einen der zahllosen Wechselfälle, denen alles Irdische ausgesetzt ist, erschüttert wurde.

DREIZEHNTES KAPITEL

RICARDOS THEORIE ÜBER DIE BODENRENTE

Man könnte der Ansicht sein, daß wir das Wesen, die Entstehung und das Wachstum des agricolen Reichtums nur sehr unvollständig dargestellt haben, wenn wir dabei eine neue Lehre völlig außer acht lassen, die vor kurzem von einem Autor entwickelt wurde, der sich in England großer Berühmtheit erfreut. Diese Lehre steht im absoluten Gegensatz zu derjenigen von Smith und entfernt sich dermaßen von der unsrigen, daß wir bei der Darstellung unserer eigenen Grundsätze nicht einmal Gelegenheit fanden, sie anzugreifen oder zu widerlegen. Es ist jene Doktrin, die D. Ricardo in seinem neuen Werk „Grundsätze der Politischen Ökonomie und der Besteuerung“[29] dargestellt hat und die von Say in den ausgezeichneten Bemerkungen, die er der Übersetzung beigefügt hat, teilweise widerlegt wurde.*

Ricardo erhebt zum Grundsatz, daß immer ein vollkommenes Gleichgewicht zwischen den Profiten in den einzelnen Kapitalanlagesphären besteht, da, sobald irgendeine der Industrien durch einen unerwarteten Umstand weniger einbringt als die anderen, die Arbeiter aus dieser Industrie

[29] „Principles of political economy and taxation“, by David Ricardo, esq.[e], 1 vol. in 8°, London 1817. (Die deutsche Übersetzung des Ricardoschen Werkes: „Über die Grundsätze der Politischen Ökonomie und der Besteuerung“, G. Bondi, Berlin 1959)

* Gemeint ist die französische Übersetzung von F.S. Constancio, „Principes de l'économie politique et de l'impôt“, mit Bemerkungen von J. B. Say, Paris 1818.

abwandern und in Massen jenem Industriezweig zuströmen, in dem die Profite höher liegen. Ricardo glaubt, daß in der ganzen Nation durch diese ständige Bewegung der Menschen und Kapitalien stets ein ausgeglichenes Profitniveau erhalten bleibt. Aus diesem Umstand folgert er dann ferner, daß ebenso alle Pächter stets den gleichen Profit aus jeder Art Boden erzielen müssen, denn kein Pächter würde ja den schlechtesten Boden bestellen, könnte er damit nicht ebensoviel Profit erzielen wie mit den besseren Böden. Dieser Ausgleich der Profite zwischen allen Pächtern wird nach Ricardos Meinung durch den Preis hergestellt, durch den Preis, den die Pächter für ihr Pachtgut zahlen müssen. Ricardo setzt voraus, daß diejenigen, die den schlechtesten Boden bewirtschaften, keine Pacht zahlen. Die Pachthöhe für ertragreichere Böden hingegen wird immer durch das Verhältnis aller anderen Böden zu jenem Boden bestimmt, der für Ricardo die Null der Skala darstellt. Wenn also eine bestimmte Menge Arbeit und ein bestimmtes Kapital auf diesem schlechtesten Boden hundert Mud* Getreide hervorbringen und wenn die gleiche Menge Arbeit und ein gleichhohes Kapital auf Böden besserer Qualität hundertzehn, hundertzwanzig, hundertdreißig und hundertvierzig Mud Getreide produzieren, dann beträgt nach Ricardos Auffassung die Pachthöhe für jeden dieser letzteren Böden genau den Wert von zehn, zwanzig, dreißig und vierzig Mud Getreide.

Nachdem Ricardo die Pachthöhe aus der einfachen Abschätzung der unterschiedlichen produktiven Fähigkeit der einzelnen Böden abgeleitet hat,** zieht er daraus schließlich Schlußfolgerungen, wie sich die Steuern auf das Reinein-

* altes französisches, je nach den Provinzen verschiedenes Hohlmaß.

** Hier, wie auch anderswo, wird die Ricardosche Theorie von Sismondi verwässert. Wir wissen, daß Ricardo die Bodenrente nicht einfach aus der unterschiedlichen „produktiven Fähigkeit" verschiedener Bodenparzellen ableitet. Vielmehr ist es bei Ricardo der unterschiedliche W e r t eines gleichen Erkommen, auf das Bruttoeinkommen und auf die Lebensmittel bei den verschiedenen Klassen der Gesellschaft auswirken. Diese Schlußfolgerungen ergeben sich unserer Meinung nach keineswegs aus Ricardos Prämissen. Wir werden indessen seinen Überlegungen nicht weiter folgen, mögen ihre Ergebnisse auch noch so bedeutend sein, weil wir ihren Ausgangspunkt nicht billigen. Bei der kurzen Behandlung Ricardos werden wir jedoch bemerken, daß er, wie alle anderen englischen Ökonomen auch, im Pachtsystem die einzige Möglichkeit zur vorteilhaften Nutzung des agricolen Reichtums sieht. Er läßt dabei außer Acht, daß durchaus auch in seinem Land noch andere, vielleicht sogar bessere Nutzungssysteme üblich sind.

Wir beginnen unsere Einwände damit, daß wir keineswegs die Grundlagen von Ricardos Überlegungen, d. h. das ständige Gleichgewicht der Profite in allen Kapitalanlagesphären, billigen. Wir glauben vielmehr im Gegenteil, daß die Schwierigkeiten, in welchen sich die Eigentümer von fixem Kapital stets befinden, wenn sie dieses realisieren oder seine Bestimmung ändern wollen, immer auf folgendes hinauslaufen: Die Kapitaleigentümer werden ihr angelegtes Kapital sogar in einer beliebigen Anlagesphäre belassen, selbst wenn daraus nur noch ein weitaus geringerer Profit als aus anderen Kapitalanlagen zu erzielen ist. Dieses Beharren wird noch außerordentlich dadurch begünstigt, daß man im Falle des Wechsels in eine andere Sphäre alle bisher erworbenen Fähigkeiten aufgeben müßte. Schließlich spielt auch noch das Unvermögen der in einem Zweige beschäftigten Arbeiter eine Rolle, eine andere Arbeit in einem anderen Bereich in Angriff zu nehmen. Je zahlreicher diese Klasse ist, um so größer sind dann natürlich die Hindernisse. Da nun aber, selbst wenn einige Arbeiter ihre Entmutigung

tragsquantums von verschiedenen fruchtbaren Böden, der die Rente letztlich bedingt.
Vgl. hierzu Ricardos Theorie der Bodenrente in „Principles of political economy and taxation", Kap. II u. VI, und die Darlegungen von Marx dazu in „Theorien über den Mehrwert".

überwinden und den Industriezweig wechseln, neue in den folgenden Generationen heranwachsen und diese ersetzen, wird niemals ein Gleichgewicht herrschen. Die Pächter z. B. können nicht einfach Weber werden. Pächter eines Gebietes wechseln sogar nur mit sehr großer Schwierigkeit in ein anderes über; und wenn die Erfahrung etwas erweist, so ist es dieses, daß die Profite nicht in allen Provinzen und auf allen Bodenarten gleichgroß sind.

Wir verwahren uns außerdem gegen die Annahme, daß gewöhnlich die Pächter dem Grundeigentümer die Gesetze vorschreiben. Es scheint doch im Gegenteil fast immer so zu sein, daß der Grundeigentümer den Pächtern Vorschriften zu machen hat. Die Menge des Pachtlandes ist begrenzt und kann nicht erweitert werden. Die Kapitalien und die Zahl der sich anbietenden Arbeitskräfte wachsen hingegen unaufhörlich, so daß es in der Gesellschaft meistens mehr Menschen gibt, die Boden bewirtschaften wollen, als solche, die Boden abgeben möchten.

Aber ohne uns bei diesen wesentlichen Unterschieden aufzuhalten, die das gesamte System von Ricardo betreffen, greifen wir dessen Schlußfolgerungen selbst an, und zwar die Art seiner Beweisführung. Wenn die Bevölkerung zunimmt und über ein Einkommen verfügt, mit dem sie ihren Lebensunterhalt bestreiten kann, ist es notwendig, daß Land bebaut wird, das bis dahin brach gelegen hat. Gleichzeitig sichert diese Bevölkerung dem Eigentümer solchen Landes das Recht zu, sich die Nutznießung bezahlen zu lassen. Wenn der unbebaute und schlechtere Boden niemandem gehören würde und wenn jeder unterschiedslos berechtigt wäre, ihn dann zu bebauen, wenn er daraus einen Vorteil glaubt ziehen zu können, dann wären die Beweisführungen Ricardos begründet. Man weiß allerdings nur zu genau, daß in jedem zivilisierten Land der gesamte Grund und Boden, ob gut oder schlecht, bebauungsfähig oder brachliegend, entweder Privat- oder Gemeindeeigentum ist, daß infolgedessen niemand dieses Land nutzen kann, ohne die Einwilligung des Eigentümers erworben zu haben, und daß der Preis für diesen Erwerb das ist, was man als Pacht bezeichnet. Selbst in Amerika, in den westlichsten Teilen, wo ein neuentstandenes Land von ungeheuren Ausmaßen unaufhörlich neue Bebauer anzieht, erhält man den Boden nur durch Kauf vom Staat, zum Preise von zwei Dollars pro Morgen. Zweifellos ist dieser Preis sehr gering, aber schließlich repräsentiert er dennoch das Kapital einer Rente, die völlig unabhängig ist von dem Vergleich, den Ricardo aufstellt. Das Eigentum an Grund und Boden stellt immer etwas dar, während Ricardo voraussetzt, daß es nichts ist. Er hat die niedrigste Stufe seiner Vergleichsskala mit Null bezeichnet. Statt seiner Null müßte zumindestens eine Eins stehen.

Als Bruttoprodukt haben wir die Gesamtheit des jährlichen Bodenertrages bezeichnet, so wie er unter alle jene verteilt werden soll, die zu seiner Hervorbringung beigetragen haben. Nettoprodukt nannten wir jenen Teil der Jahresrente, der dem Eigentümer zufällt, nachdem alle Kosten abgezogen sind. Das Nettoprodukt dient als Grundlage zur Festsetzung der Rente, in dem Falle, wo der Boden verpachtet wird. In jedem anderen Nutzungssystem stellt das Nettoprodukt immer den jährlichen Wert des Besitzrechts dar.

Unter dem Namen Nettoprodukt haben wir allerdings Einkommen sehr unterschiedlicher Natur zu verstehen. Der Grundeigentümer vereinigt tatsächlich in der Pacht, die er verlangt: 1. den Ausgleich für die Arbeit des Bodens oder die Menge, um die die produktive Kraft des Bodens den Wert der Produkte, die ihm durch Arbeit abgewonnen werden, wirklich erhöht; 2. den Monopolpreis, den er dem Boden gibt, wenn er dessen Nutzung allen jenen verweigert, die arbeiten möchten, aber keinen Boden besitzen, die konsumieren wollen, aber keine Lebensmittel finden; 3. den mehr-Wert, den er erzielt durch den Vergleich eines besseren mit einem schlechteren Boden; 4. schließlich das Einkommen aus dem Kapital, das er selbst für den Boden angewendet hat, um ihn nutzbar zu machen, und das er nicht wieder zurückziehen kann. Von diesen vier Bestandteilen des Nettoeinkommens erkennt Ricardo nur die beiden letzten an und das nur in einer sehr unverständlichen Art und Weise.

Man sollte in der Politischen Ökonomie, dieser Einwand trifft für das gesamte Werk Ricardos zu, stets zwei Arten des Wertes unterscheiden, den eigentlichen und den relativen. Der eine ergibt sich aus der Produktion, der andere entsteht in der Konkurrenz; der eine ist die Beziehung des hergestellten Gegenstandes zur Arbeit, die ihn hervorgebracht hat, der andere repräsentiert das Verhältnis des gefertigten Produkts zur Nachfrage jener, die es benötigen.

Der eigentliche Wert ist völlig unabhängig von jedem Austausch. Der Bodenbearbeiter, der fünf Säcke Getreide ausgesät hat und davon fünfundzwanzig erntet, braucht sich nicht erst nach der Nachfrage auf dem Markt zu erkundigen, um zu wissen, daß seine Produktion im Wert wesentlich höher ist als seine Vorschüsse, denn es ist ihm möglich, nicht nur dieselbe Arbeit noch einmal zu beginnen, sondern eine noch viel größere in Angriff zu nehmen. Jene Arbeit, die er ausgeführt hat, um den Boden nutzbar zu machen, zu düngen, zu säen und zu ernten, kann vielleicht mit zehn weiteren Säcken Getreide veranschlagt werden. Mit fünfzehn Säcken Getreide würde er sich nun genau an demselben Punkt befinden, wo er sich am Anfang des vorherigen Jahres befand. Es bleiben ihm also zehn Säcke Getreide übrig, die die Arbeit der Natur darstellen.

Da die landwirtschaftliche Arbeit als einzige Arbeit für den Lebensunterhalt der Menschen sorgt, kann sie auch als einzige ohne irgendeinen Austausch bewertet werden. Der Boden liefert einem einzelnen Menschen alles das, was er zum Leben braucht, sofern dieser den Boden nur nutzbar gemacht hat. Wenn er sich mit den Häuten seiner Schafe kleidet, von ihrem Fleisch und dem Getreide, das er erntet, ernährt und sich eine Hütte aus dem Holz seiner Wälder baut, dann kann er sofort, ohne irgendein Zwischenglied, einen Vergleich anstellen zwischen der durch seine Arbeit entstandenen Menge und der während seiner Arbeit verbrauchten Menge. Er erhält also den direkten Beweis dafür, daß die letztere Menge geringer ist als die erstere. Er sieht vor sich und für sich ein Nettoprodukt entstehen, das völlig unabhängig ist von jeglicher Konkurrenz, von jeder Marktnachfrage sowie von jedem Wert, gegen den er dieses Produkt austauschen wird. In keiner anderen Industrie wäre es möglich, daß die Arbeit des Arbeiters ganz und gar für dessen Konsumtion bestimmt ist. In der Industrie lebt man also nicht vom Produkt, sondern von dem, was man im Austausch für dieses Produkt erhalten hat. Außerdem hängt die größere Menge dieser Produktion gegenüber der Konsumtion von den Bedingungen ab, zu denen ausgetauscht werden kann. Trotz Hilfe seitens der Natur oder der Wissenschaft, die sich die Naturkräfte zunutze macht, tritt das Nettoprodukt jeder industriellen Arbeit demnach nicht so klar und so gewiß hervor wie das Nettoprodukt der Landwirtschaft.

Wenn allerdings der Landbebauer seine eigenen Bedürfnisse gedeckt hat, ist der Überschuß seines produzierten Getreides nur von Wert, wenn er es austauscht. Jetzt muß er den relativen Wert des Getreides veranschlagen, d. h. das Verhältnis zwischen Nachfrage des Marktes und Produktion. Das Gleichgewicht bildet sich heraus aus dem umgekehrten Verhältnis der Kräfte von Nachfrager und Erzeuger. Der Landbebauer verkauft die zehn überschüssigen Säcke Getreide nicht für den Preis der Arbeitstage, die zu ihrer Erzeugung erforderlich waren, sondern zum Preise der Arbeitstage, deren Produkte man ihm anbietet, um dieses Getreide zu kaufen. In manchen Fällen genießt der Landbebauer eine gewisse Monopolstellung, weil die Menge bebauten Landes begrenzt ist und die Nachfrage der Bevölkerung die Erzeugung übersteigt. Dann kann er seine Forderungen erheben, und er verkauft sein Getreide zu dem Preis, den der vom hiesigen Markt am weitesten entfernte Getreideproduzent auf eben diesem Markt dafür verlangen würde, obwohl letzterer ebensoviel wie er für die Getreideproduktion verausgabt hat und außerdem noch viel mehr ausgeben müßte als dieser für die Transportkosten von den Feldern zum Markt. In einem solchen Falle spürt der entfernt wohnende

Getreideproduzent, wie sich die Macht des Monopols gegen ihn wendet. Er findet in seiner Nähe keine Käufer für sein Getreide, und um sich des Getreides zu entledigen, sieht er sich gezwungen, den Käufern sogar einen Teil seines Nettoprodukts abzulassen.

Ist der Boden jedoch gepachtet, muß der Bebauer, nachdem er mit dem Käufer den Preis für sein Getreide vereinbart hat, mit dem Grundeigentümer über den Pachtpreis verhandeln. Bei der Preisfestsetzung darf er nicht nur den guten Absatz in Betracht ziehen, sondern er muß ebenso die Zahl seiner Konkurrenten mitbedenken, die gleichermaßen wie er Arbeit und landwirtschaftliches Kapital anbieten. Ob der Pächter dem Grundeigentümer die Gesetze vorschreibt oder sie von diesem vorgeschrieben bekommt, hängt davon ab, ob die angebotenen Kapitalien und Arbeitskräfte größer oder geringer sind als die Menge des vorhandenen Bodens.

So stellt das Nettoprodukt der Landwirtschaft oder der mehr-Wert der Ernten über die Wiedereinnahmen des Bebauers hinaus eine natürliche Größe dar, an der sich die Gesellschaft, unabhängig von den Schwankungen des Marktes, bereichern kann. Ferner bildet diese Größe eine echte Grundlage für die Berechnung der Bodenrente. Der Handelswert dieses Produkts kann jedoch erst in einem zweifachen oder gar dreifachen Kampf festgelegt werden, dergestalt, daß entsprechend den Umständen dieser Wert manchmal ganz dem Grundeigentümer verbleibt, selbst wenn er bereits durch einen Monopolpreis erhöht ist. Ein anderes Mal kann er zum Teil dem Pächter oder Tagelöhner – den Produzenten der Ernten – zufallen, und schließlich profitiert nicht selten der Verbraucher daraus. In den neuen, westlichsten Kolonien des amerikanischen Kontinents, im Gebiet von Illinois, wo der Kolone den Boden für zwei Dollars pro Morgen kaufen kann, was jährlich mindestens eine Rente von zwanzig Cents[30] ausmacht, erzielt die Landwirtschaft natürlich auf

[30] Der Cent, oder der hundertste Teil eines Dollars, entspricht ungefähr dem französischen Sou.

den fruchtbareren Böden einen viel höheren Nettoprofit. Dieser Nettoprofit wird allerdings unter den Pächter, Tagelöhner und den Getreidehändler von New Orleans aufgeteilt, und zwar dergestalt, daß der Pächter einen viel größeren Profit erhält und daß der Getreidehändler das Getreide viel billiger verkauft, als es in New York geschehen könnte. Die beträchtliche Bodenpacht, die man in New York zahlen muß, in Illinois aber nicht zu bezahlen braucht, genügt, um die Profite dieser drei Personenkreise aufzusaugen.

Die Arbeit der Natur, diese schöpferische Arbeit, die zwar ohne den Menschen geschieht, aber nicht unmittelbar auf seinen Nutzen zielt, ist der Ursprung des eigentlichen Nettoprodukts des Bodens. Die Nachfrage des Marktes oder das Verhältnis zwischen dem Einkommen der Verbraucher und der Größe des zum Verkauf angebotenen Bruttoprodukts bestimmt den Wert des Nettoprodukts bzw. legt seinen relativen Preis fest. Das Eigentumsrecht oder die von der Gesellschaft zugebilligte Monopolstellung, die jeder Grundeigentümer gegenüber zwei Menschenschichten ausübt, einmal gegenüber jenen, die nach Lebensmitteln nachfragen, zum anderen gegenüber jenen, die Arbeit anbieten, um Lebensmittel zu produzieren, verhindert, daß einerseits der Pachtpreis und andererseits die Lebensmittelpreise auf den niedrigsten Wert absinken können.

Erst nachdem diese drei Ursachen, entsprechend der Umstände in den vielfältigsten Variationen, gewirkt haben, machen sich die anderen, von Ricardo erkannten Gründe bemerkbar. Ein Pächter, der in ein und demselben Verwaltungsbezirk zwischen zwei Grundstücken wählt, muß dem Grundeigentümer des besseren Bodens tatsächlich einen Aufschlag zahlen, der in seiner Höhe dem entspricht, was dieser Boden bei gleichem Arbeitsaufwand mehr hervorbringt als der schlechtere. Um dieses Bessersein einzuschätzen, wird es erforderlich, die Verbesserungen des Bodens, die der Grundeigentümer mit seinem eigenen Kapital vorgenommen hat, sowie die Beschaffenheit des Bodens an sich zu berücksichtigen. Unter diesen Verbesserungen sind die meisten bereits jahrhundertealt. Die Kanäle in der Lombardei und die Terrassen der Toskana zählen bereits drei oder vier Jahrhunderte. Derartige Verbesserungen sind bereits mit der Natur des Bodens selbst eins geworden.

Manchmal aber auch bleibt das Nettoprodukt der Natur völlig aus, während hingegen das Nettoprodukt, das dem Eigentum durch das Monopol gesichert wird, an Wert zunimmt. Die in der Umgebung von Paris bebauten Gärten bringen eine sehr hohe Pacht ein. Diese Pacht repräsentiert die Arbeit der Natur, die sehr aktiv ist, denn dieser Boden, der durch jahrhundertelange Verbesserungen bereichert wurde, erzeugt weitaus mehr Lebensmittel als zu seiner Bearbeitung verbraucht werden. Baut man aber eine Geschäftsstraße quer durch diese Gärten, hört der Boden zwar völlig auf zu produzieren, man wird ihn jedoch noch teuerer verkaufen als zu der Zeit, wo er reiche Ernten einbrachte. Der Eigentümer läßt sich sowohl die günstige Lage als auch alle Früchte bezahlen, auf deren Erzeugung er verzichtet hat. Diese Verpachtung von Grund und Boden, den man am Fruchttragen hindert, gibt es in allen aufblühenden Städten. In Pittsburgh, in Lexington und sogar in den Städten Westamerikas, die erst vor zehn Jahren gegründet wurden, deren Prosperität aber schnell zunimmt, in allen diesen Städten ist der Baugrund der schönsten Viertel teuerer als in den schönsten Straßen Londons.

Weit davon entfernt ähnlich wie Ricardo zu schlußfolgern, daß nämlich „die Rente immer den Konsumenten und niemals den Farmer belastet",[31] betrachten wir im Endergebnis den Pachtbetrag oder vielmehr das Nettoprodukt als unmittelbar aus dem Boden hervorgegangen, und zwar zum Vorteil des Grundeigentümers. Weder dem Pächter noch dem Verbraucher wird durch den Pachtvertrag etwas weggenommen. Wir glauben aber, daß entsprechend der Markt-

[31] Ricardo, „Über die Grundsätze der Politischen Ökonomie und der Besteuerung", dt. Übersetzung von G. Bondi, Berlin 1959, Kap. VI, S. 99.

situation bald der Pächter oder der Verbraucher aus einem Teil dieser Pacht profitiert, bald der Grundeigentümer, der nicht nur die gesamte Pacht einnimmt, sondern sich darüber hinaus noch einen Monopolpreis zahlen läßt, deren Verlust sich allerdings ungleichmäßig auf den Pächter und den Verbraucher aufteilt. In der Politischen Ökonomie sollte man sich im allgemeinen vor absoluten Behauptungen gleichermaßen wie vor Abstraktionen hüten. Jede Kraft, die dazu bestimmt ist, sich auf dem Markt auszugleichen, kann jedoch auch durch sich selbst und unabhängig von der Kraft, mit der sie ins Gleichgewicht gebracht werden soll, Änderungen erfahren. Nirgendwo findet man absolute Größen, niemals trifft man auf stets gleiche Kräfte, und jede Abstraktion wird deshalb immer zu einer Enttäuschung. Auch die Politische Ökonomie ist keine Wissenschaft des Kalküls, sondern eine sittliche Wissenschaft. Die Politische Ökonomie führt irre, wenn man sich von Zahlen leiten läßt. Sie führt nur ans Ziel, wenn man die Gefühle, Bedürfnisse und Leidenschaften der Menschen berücksichtigt.

Viertes Buch

VOM HANDELSREICHTUM

ERSTES KAPITEL

DER NATIONALE WOHLSTAND IM HANDELSSYSTEM

Die ersten Reichtümer hat der Mensch durch seine Arbeit dem Boden abgewonnen; aber kaum daß er seine notwendigsten Bedürfnisse befriedigt hatte, ließen ihn seine Wünsche bereits an andere Genüsse denken, die er jedoch nur mit Hilfe seiner Mitmenschen verwirklichen konnte. Die Austausche begannen; sie erstreckten sich auf alles, was Wert hatte und was Werte schaffen konnte. Die Austausche umfaßten gegenseitige Dienste und Arbeiten sowie die Früchte der Arbeit; sie bildeten den Anlaß für die Entstehung und das Wachstum eines neuen Reichtums, der nicht mehr nach den Bedürfnissen desjenigen gemessen wurde, der ihn hervorbrachte, sondern sich nach den Bedürfnissen aller jener richtete, mit denen der Erzeuger Austausche beginnen und durchführen konnte. Wir werden diesen Reichtum künftig Handelsreichtum nennen.

Dieser Reichtum war von Anbeginn völlig getrennt vom Besitz an Boden: er vereinigte alle Dinge, die der Mensch durch seine Arbeit für den Gebrauch geschaffen hatte und die geeignet waren, Bedürfnisse zu befriedigen bzw. Launen entgegenzukommen. Die Produkte des Bodens, welcher Art sie auch sein mochten, bildeten von dem Zeitpunkt an, wo sie der Bebauer weggab, bis zu dem Augenblick, wo sie in die Hände der Verbraucher gelangten, den Handelsreichtum. Während dieser Zeitspanne erfahren sie verschiedentlich noch

Zurichtungen, durch welche sie für den Verbraucher immer wertvoller werden. Bilden sie den Gegenstand von Arbeit, bezeichnet man sie als Rohstoffe; denn ein jeder, der sie erneut bearbeitet, vergißt ja die ihm vorangegangenen Arbeiten und betrachtet die Stoffe, die er benutzt, als unbearbeitet. Andere Produkte, bereits fertiggestellt und für den Verbraucher verwendungsfähig, unterliegen einem Transport, um an die Orte zu gelangen, wo der Verbraucher nach ihnen verlangt; in einem solchen Falle handelt es sich um Waren. Noch andere Produkte sind für die Konsumtion der Erzeuger selbst bestimmt, ihr Wert stellt, nebst den Werten der vom Arbeiter bearbeiteten Rohstoffe, das zirkulierende Kapital der Manufakturen dar. Andere schließlich sind dazu bestimmt, die Arbeit des Menschen zu befördern und die Ergebnisse seines Fleißes zu vermehren, man bezeichnet sie als fixes Kapital. Alle diese Produkte gehören zum Handelsreichtum, und die vielen Kapitalisten, Fabrikanten, Fabrikarbeiter, Kaufleute, Kleinhändler, Matrosen und Fuhrleute, die an der Herstellung und am Transport der Ware beteiligt waren, leben gleichermaßen vom Handel.

Wir haben gesehen, daß der agricole Reichtum mehr oder weniger ungleich unter jene verteilt wird, die zu seiner Entstehung beigetragen haben. Wenn es schon nicht erforderlich ist, daß jeder den gleichen Anteil von den Früchten des Bodens erhält, so ist es aber für das wirkliche Gedeihen einer Nation zumindestens wesentlich, daß jeder die Sicherheit besitzt, sich durch seine Arbeit nicht nur das unbedingt Notwendige, sondern auch die Freuden des Lebens verschaffen zu können. Die Bevölkerung muß aufhören zuzunehmen, bevor sie an den Punkt gelangt, wo sie lediglich um ihre jämmerliche Existenz kämpfen würde. Die gleiche Regel gilt für den Handelsreichtum. Weder beim agricolen Reichtum noch beim Handelsreichtum haben das Nettoprodukt oder der Überfluß einiger Grundeigentümer oder Fabrikbesitzer große Bedeutung für die Nation. Auch die Menge der verrichteten Arbeit spielt keine Rolle, wenn nicht das Verhältnis zu ihrer Entlohnung betrachtet wird. Wichtig für eine

Nation ist allein der allgemeine Wohlstand und das Glück aller, von dem der Reichtum nur der äußere Ausdruck ist.

Solange der Handelsreichtum im Verhältnis zu den Bedürfnissen, die seine Entstehung bestimmen, wächst, bringt er für alle jene, die ihn hervorbringen, Wohlstand mit sich. Dagegen verursacht er Elend und Untergang, zumindestens für alle unteren Klassen der Bevölkerung, sobald seine Entstehung den Bedürfnissen vorangeht. Der Landwirt und der Grundeigentümer, die Kleidung benötigen, werden ohne Bedauern jenem, der sie ihnen verschafft, einen Teil der Produkte ihrer Felder abtreten, ausreichend für den Lebensunterhalt des Lieferanten. Eine Gegenüberstellung zeigt ihnen nämlich, daß dieser Teil wesentlich geringer ist als jener, den sie verbrauchen würden, wenn sie die Arbeit selbst ausführten. Wenn aber der Tuchhändler und der Schneider mehr Kleider hergestellt haben, als der Grundeigentümer oder der Landwirt verbrauchen können oder wollen; wenn mehrere Tuchhändler und mehrere Schneider um einen einzigen Käufer ringen und ihre Ware zu herabgesetzten Preisen anbieten, erhalten sie zum Leben nur noch einen ungenügenden Teil, so daß durch den Überfluß des Handelsreichtums die Armut der Kaufleute verursacht wird.

Eine Nation prosperiert wirklich, sowohl im Handel als auch in der Landwirtschaft, wenn das zirkulierende Kapital, das akkumuliert wurde, ausreicht, um alle jene Arbeit in Gang zu setzen, deren Ausführung vorteilhaft ist. Eine Nation lebt ferner im Wohlstand, wenn keine Verbesserung und kein neues Produkt, das die Bevölkerung benötigt und das sie durchaus in der Lage ist zu bezahlen, unausgeführt bleibt, wegen Mangel an akkumuliertem Kapital, das für den Lebensunterhalt der Arbeiter bestimmt ist und das bis zu dem Zeitpunkt ausreicht, wo das erwartete Einkommen gegen die fertiggestellten Produkte ausgetauscht wird. Dieses Kapital, das einem bereits vorhandenen Einkommen entspricht und das dieses Einkommen ersetzen kann, wird eine entsprechende Entschädigung für den wesentlichen Dienst, den es leistet, finden. Die Zinsen werden hoch, und der

Profit des Handels wird beträchtlich sein. Im folgenden Jahr entstehen daraus zwei neue Einkommensteilchen. Jene, die darüber verfügen, können im Wohlstand leben, und sie tragen durch einen schnellen Verbrauch zu einer reichlichen Reproduktion bei.

Sind die Kapitalien seit langer Zeit geringer als die Bedürfnisse, kommt es nur schwerlich zu Notständen, weil die Bevölkerung, die davon leben sollte, noch gar nicht existiert, es müßten also lediglich die Ungeborenen auf Genüsse verzichten. Dagegen wirft ein bereits vorhandenes ungenügendes Kapital ein verhältnismäßig höheres Einkommen ab. Es erleichtert das Sparen und ermuntert zum Sparen, sobald sich ein Verwendungszweck anbietet, dem man es zuführen kann. Ungenügendes Kapital begünstigt das Erziehen von Kindern, insofern es im voraus das Anwachsen der Kapitalanlage, die überhaupt erst eine Anwendung ermöglicht, verspricht. Dergestalt ist die Situation im freien Amerika. Die Kapitalien sind hier zwar schon beträchtlich, aber sie liegen noch weit unter den Bedürfnissen und der Nachfrage. Diese Kapitalien bieten viele Anwendungsmöglichkeiten, von der eine weitaus zahlreichere Bevölkerung leben könnte, als es bisher dort gibt. Im Bedauern um das Wohlergehen, an dem diese ungeborene Bevölkerung teilhaben könnte, liegt die einzige Unzulänglichkeit der ungenügenden amerikanischen Kapitalien. Die lebende Bevölkerung erhält in Form von Löhnen, Handelsprofiten oder Kapitalzinsen einen reichlichen Teil von dem Einkommen, das diese Kapitalien hervorbringen.

Wenn aber die vorhandenen Kapitalien zerstört worden sind, sei es durch irgendeine Notlage oder durch die Verschwendung der Kapitalisten oder der Regierung, so befinden sich die übriggebliebenen ungenügenden Kapitalien in keinem Verhältnis mehr, nicht nur zu den Bedürfnissen und der Nachfrage der Verbraucher, was keine allzu schwerwiegenden Entbehrungen zur Folge hätte, sondern sie stehen auch in keinem richtigen Verhältnis mehr zu den Arbeitern, deren Lebensunterhalt davon abhängt und welche, in größerem Überfluß aufgewachsen, des Arbeitslohnes, der ihr Einkommen darstellt, beraubt werden. Diese Arbeiter sind dann dem Elend und dem Hunger ausgesetzt.

Wenn dagegen die Kapitalien höher als die Konsumtionsbedürfnisse sind, besteht die erste unerfreuliche Folge darin, daß die einen den anderen ihre Anwendung streitig machen und daß sich schließlich die Kapitalinhaber mit einem geringeren Profit zufriedengeben. Die Zinssätze fallen, das Einkommen jener, die diesen wesentlichen Teil des Handelsreichtums besitzen, sinkt, und ihre Genüsse nehmen ab.

Das ist noch nicht alles. Die Unternehmer, die von nun an die Arbeiten, die sie in Auftrag nehmen, nicht mehr nach den Bedürfnissen der Gesellschaft, denen sie genügen sollen, sondern nach den verfügbaren Kapitalien regeln, lassen mehr Arbeit ausführen, als verbraucht werden kann. Sie streiten sich um die Kunden und sind bereit, um verkaufen zu können, sich mit einem geringeren Profit zufriedenzugeben. Das Sinken des Handelsprofits verringert das Einkommen aller jener, die vom Handel leben, und schränkt ihre Genüsse ein.

Schließlich haben diese über den Bedürfnissen liegenden Kapitalien nicht nur eine übermäßige Aktivität bei den Kaufleuten hervorgerufen, sondern sie übten ebenfalls einen Einfluß auf die Arbeiter aus. Man setzte neue Arbeiten in Bewegung, die aber keineswegs auf der Sicherheit des Verkaufs basierten, sondern lediglich deshalb vorgenommen wurden, weil man über genügend Kapital für langfristige Vorschüsse verfügte. Man forderte von den Vätern mehr Kinder, da man Löhne bot, die zu zahlen man nicht lange wird fortfahren können. Man rief eine neue Bevölkerung ins Leben, indem man ihr in der Zukunft eine Arbeit versprach, die man nicht immer nachfragen wird. Die Zahl der Arbeitskräfte übersteigt sehr bald die Bedürfnisse und auch die Kapitalien. Dann sinkt der Lohn jedes einzelnen Arbeiters und diese dritte Klasse, die ebenfalls vom Handelsreichtum lebt, hat folglich niedrigere Einkommen, weniger Genüsse und einen geringeren Wohlstand.

Nicht immer erweist sich also eine Wirtschaftlichkeit, die Kapitalien akkumuliert und die allein neue Reichtümer entstehen läßt, als vorteilhaft. Sie kann sich dann als unzweckmäßig herausstellen, wenn es für die Ersparnisse keine günstige Anlagemöglichkeit gibt. Eine Nation lebt nur so lange in Wohlstand und Glück, wie sie sich vorwärtsbewegt und auf allen Gebieten gleichzeitig weiterentwickelt, wie sie sich ferner auf neue Gebiete ausdehnen bzw. die vorher vernachlässigten wieder bewirtschaften kann. Wohlfahrt ist nur möglich, wenn reichlich für den Unterhalt der lebenden Bevölkerung gesorgt wird und wenn für eine zahlreichere zukünftige Bevölkerung Lebensmittel bereitgestellt werden, wenn die Nation schließlich in der Lage ist, mit Leichtigkeit die Kleidung, die Wohnungen, ihre Einrichtungen und Genüsse aller Art, die man für diese Bevölkerung vorsieht, zu bezahlen und weitere nachfragen zu lassen.

Eine in ihrer Entwicklung zurückgebliebene Nation aber muß auch in ihrer Aktivität, die die Entwicklung vorantreiben soll, zurückhaltend sein. Wenn sie die Gesamtmenge der Nahrungsmittel nur dadurch erhöhen kann, daß sie den Anteil jedes einzelnen unter die Wohlstandsgrenze reduziert oder sie durch eine übermäßige Arbeit erkaufen muß, dann dürfen die landwirtschaftlichen Arbeiten oder die Teilung von Grund und Boden nicht vorangetrieben werden. Wenn diese Nation ihre im Handel tätige Bevölkerung nur vermehren kann, indem sie von jedem, für den gleichen Lohn, mehr Arbeit fordert, dann muß sie vor dem Anwachsen ihrer Industriebevölkerung Furcht hegen. Wenn eine Nation ihre Erzeugnisse lediglich gegen ein Einkommen austauschen kann, das nicht so schnell zunimmt wie die Produkte, dann soll sie ihrer Arbeit Grenzen setzen. Wenn die Arbeiten, die sie mit ihren Kapitalien in Bewegung setzt, keine größere Beschäftigung bieten, soll die Akkumulation der Kapitalien eingeschränkt werden. Eine Nation, die keine Fortschritte macht, soll auf Ersparnisse verzichten.

Da beim Wachstum des Reichtums jede Wirkung wieder zur Ursache wird, ist nichts so schwierig, wie zu begreifen, wo diese Vorwärtsbewegung beginnen soll und wo sie unterbrochen werden muß. Indessen hat es den Anschein, daß der Handelsreichtum im Wirtschaftssystem nur von zweitrangiger Bedeutung ist und daß der agricole Reichtum, der die Unterhaltsmittel liefert, den ersteren vermehren muß. Diese ganze zahlreiche Klasse, die vom Handel lebt, kann an den Früchten des Bodens nur teilhaben, sofern es diese überhaupt gibt. Sie darf nur in dem Maße wachsen, wie die Bodenprodukte zunehmen. Sie vervollständigt eine Bevölkerung, repräsentiert sie aber nicht. Wenn es hin und wieder kleine Völker gab, die ausschließlich vom Handel lebten und dabei zu großem Reichtum und sogar zu großer Macht gelangten, ohne viel Territorium zu besitzen und ohne Landwirtschaft zu betreiben, so muß man bedenken, daß die politischen Teilungen der unabhängigen Völker nicht immer mit den ökonomischen Teilungen, die sich aus den wechselseitigen Bedürfnissen ergeben, übereinstimmen. In den Unruhen des Mittelalters hatten allein die Städte ihre Freiheit gerettet, während die Landgemeinden, von denen die Städte abhängig waren und umgekehrt, unfrei geblieben waren. Damals lösten sich die Kapitalien von ihrer Ursprungsgegend, um ohne ihre Urheber Republiken zu gründen. Das Gedeihen und Anwachsen der Kapitalien schien einzig und allein dem Handel geschuldet. Holland indessen hatte für seinen Handel die Landwirtschaftsgebiete am Ufer des Rheins benötigt; die Hansestädte brauchten die Gebiete an Elbe und Weser, und die Kaiserstädte stützten sich auf die Lehen in Mitteldeutschland.

Die nationale Entwicklung muß stets auf der Vorwärtsentwicklung des Einkommens begründet sein. Wir haben bereits gesagt, daß alle Handelseinkommen aus der Arbeit des Menschen hervorgehen, einschließlich des agricolen Einkommens, das allerdings noch aus einer zweiten Quelle, der Arbeit des Bodens, entspringt. So scheint das Wachstum des agricolen Reichtums, wodurch das Einkommen unmittelbarer vermehrt wird, der Anstoß für alle weiteren Bewegungen zu sein, die diesem Wachstum folgen sollen. Die

Ökonomen um Quesnay haben dieser Auffassung allerdings zu großen Spielraum gegeben: sie wollten kein anderes Einkommen neben jenem anerkennen, das aus dem Boden entsteht, und sie gaben vor, daß der Handel, die Gewerbe und die Industrie nur das eine Ziel hätten, dem Grundeigentümer zu dienen. So einseitig haben wir das agricole Einkommen nicht betrachtet. Es ist keineswegs das einzige, sondern nur umfangreicher, und wenn es nicht gleichzeitig mit den anderen Einkommen zunimmt, gäbe es bald ein Mißverhältnis zwischen der Produktion und der Konsumtion.

ZWEITES KAPITEL

VON DER KENNTNIS DES MARKTES

Obwohl die Verwaltung des agricolen Reichtums Anlaß zu zahlreichen Irrtümern und Anlaß zu vielen falschen Systemen gegeben hat, kann man sie im Vergleich zur Verwaltung des Handelsreichtums dennoch als sehr einfach betrachten. Bei der Verwaltung des ersteren hatte man das gestellte Ziel stets vor Augen. Die Interessierten wußten, was sie sich gegenseitig nachzufragen beabsichtigten. Der Landbebauer wollte von den Erzeugnissen seines Feldes leben, und seine Bedürfnisse bildeten den besten und einzigen Maßstab für die auszuführenden Arbeiten. Wer jedoch vom Handelsreichtum lebt, hängt von einem metaphysischen Publikum, von einer unbekannten und unsichtbaren Macht ab, deren Bedürfnisse es zu befriedigen gilt, deren Geschmack man entgegenkommen muß und deren Wollen und Können zu erforschen erforderlich ist. Wer vom Handel lebt, muß alle Faktoren erraten, ohne mit seinem Publikum sprechen zu können. Er darf sie nicht falsch verstehen, denn mit jeder schlechten Veranschlagung gefährdet er seinen Lebensunterhalt und das Leben selbst. Allein diese so kritische Lage aller Bevölkerungsschichten, die vom Handelsreichtum leben, ist für den Gesetzgeber schon hinreichender Grund, sich weniger auf sie zu verlassen, sobald es sich um die Festigkeit und das Gedeihen des Staates handelt.

Solange der Mensch allein war, arbeitete er für seine eigenen Bedürfnisse, wobei der Verbrauch Maßstab für die Produktion war. Es ließ sich gut einrichten, Vorräte für ein Jahr oder vielleicht auch für zwei Jahre zu produzieren.

Darüber hinaus jedoch vermehrte der Alleinlebende diese nicht. Es genügte dem einzelnen Menschen, die Produkte dergestalt zu erneuern, daß sie sich stets auf dem gleichen Stand hielten; und wenn Zeit übrigblieb, arbeitete man lediglich, um sich neue Genüsse zu verschaffen oder irgendwelche Launen zu befriedigen. Was die Gesellschaft anbetrifft, so hat sie durch den Handel lediglich eine Aufteilung alles dessen auf ihre einzelnen Glieder vorgenommen, was vorher vom einzelnen ausschließlich selbst getan wurde. Jedes Glied der Gesellschaft arbeitet nun ebenfalls, um Vorräte für ein Jahr, für zwei Jahre oder mehr zu schaffen. In der Folge arbeitet jeder daran, diese Vorräte vollständig zu erhalten, denn die Konsumtion zerstört ja fortlaufend einen gewissen Teil dieser Vorräte. Da Arbeitsteilung und Vervollkommnungen in Industrie und Gewerbe es erlauben, stets mehr Arbeit auszuführen, und da für die Reproduktion des einfachen Verbrauchs bald gesorgt ist, kann man dazu übergehen, neue Genüsse und neue Launen zu wecken, um sie zu befriedigen.

Solange ein Mensch für sich allein arbeitete, konnte er an Launen überhaupt erst denken, wenn er für die grundlegenden Bedürfnisse gesorgt hatte. Seine Zeit stellte sein Einkommen dar, seine Zeit bildete gleichzeitig die einzige Möglichkeit zu produzieren. Er brauchte nicht darüber nachzudenken, ob auch alles ganz genau aufeinander abgestimmt war. Er arbeitete niemals, um ein Verlangen zu befriedigen, das er selbst gar nicht verspürte oder das ihm weniger bedeutete als ein unmittelbares Bedürfnis. Als durch das Aufkommen des Handels niemand mehr für sich allein arbeitete, sondern für den Unbekannten, waren die verschiedenen Beziehungen – die Beziehung zwischen Wunsch und Möglichkeit, diesen Wunsch zu befriedigen, die Beziehung zwischen Arbeit und Einkommen sowie die Beziehung zwischen Produktion und Konsumtion – nicht mehr so übersichtlich. Sie wurden voneinander unabhängig, und jeder Produzent wurde gezwungen, sich nach Vermutungen zu richten, und zwar auf einem Gebiet, wo selbst die Fähigsten nur mutmaßen konnten.

Das Wissen des isolierten Menschen um seine Möglichkeiten und um seine eigenen Bedürfnisse mußte durch die Kenntnis des Marktes, für den der Mensch in der Gesellschaft arbeitet, durch die Kenntnis der Nachfrage und der Marktausdehnung ersetzt werden.

Die Zahl der Verbraucher, ihr Geschmack, die Größe ihrer Konsumtion und diejenige ihrer Einkommen bilden zusammen den Markt, für den jeder Erzeuger arbeitet. Jeder dieser vier Bestandteile ist unabhängig von den anderen und als variabel anzusehen, und jede der möglichen Variationen verzögert oder beschleunigt den Verkauf.

Die Zahl der Verbraucher kann abnehmen, wenn ein Krieg das Land verwüstet hat, auf das sich der Handel bezog, wenn Krankheit, Hungersnot und Elend die Sterblichkeit erhöht haben, wenn die Regierung, von der das Land abhängt, durch ihre Politik den Verbindungen zwischen den Käufern und Verkäufern Hindernisse setzt, wenn diese Hindernisse natürlicher Art sind, sei es, daß die Wege schlechter, gefährlicher und kostspieliger werden, und sei es, daß die Waren infolgedessen für den ursprünglichen Preis nicht so weit gelangen. Die Zahl der Verbraucher kann schließlich zurückgehen, wenn neue Produzenten mit den alten in Konkurrenz treten, denn je größer die Anzahl der Verkäufer ist, die auf eine bestimmte Anzahl von Käufern fallen, um so kleiner wird der Anteil jedes einzelnen sein.

Der Geschmack und die Ansprüche des Verbrauchers können sich wandeln durch die Mode, durch eine mehr oder weniger lange Unterbrechung der alten Gewohnheiten, aus der sich neue herausbilden, ferner durch die Einführung neuer Produkte, die eleganter, bequemer oder billiger sind als die alten, schließlich durch eine Änderung der religiösen Auffassungen bei der großen Masse der Bevölkerung, die zum Beispiel bei den Muselmanen die Nachfrage nach alkoholischen Getränken bewirken und in den katholischen Ländern die Nachfrage nach Trockenfisch einstellen könnte.

Der Verbrauch eines bestimmten Produkts kann unabhängig von der Anzahl, vom Geschmack und vom Einkommen der Verbraucher abnehmen, wenn einzig und allein dieses Einkommen einem anderen Verwendungszweck dienen soll. Ein vom Krieg bedrohtes Land, das Waffenvorräte angehäuft hat, ein Land, das von Hungersnot bedroht wird und Getreidevorräte aufgespeichert hat, oder ein von der Pest bedrohtes Land, das vorrangig für Krankenhäuser sorgte, würde seinen übrigen Verbrauch herabsetzen, selbst dann, wenn es von der befürchteten Katastrophe nicht heimgesucht würde.

Schließlich kann das Einkommen der Verbraucher abnehmen, ohne daß ihre Zahl geringer wird, so daß bei den gleichen Bedürfnissen nicht mehr die gleichen Möglichkeiten bestehen, diese Bedürfnisse zu befriedigen. In der Tat, wenn das Einkommen nicht den Bedürfnissen der Bevölkerung entspricht, kann diese keinen Markt bilden. Vergeblich würde man Getreide für jene anbauen, die Hunger haben, vergeblich würde man Kleider für die Unbekleideten herstellen, wenn sie sie nicht bezahlen können. Nicht nach den Bedürfnissen, sondern nach den Käufern sucht der Handel. Wenn das Einkommen der Reichen, die sich zahlenmäßig nicht verändern, sinkt, muß ihr Verbrauch geringer werden. Wenn das zirkulierende Kapital der Reichen abnimmt, obwohl die Zahl der Armen gleichbleibt, muß auch der Verbrauch der Armen zurückgehen; denn, wie wir sahen, erhält die Arbeit, die das Einkommen der Armen darstellt, erst einen Handelswert im Austausch mit zirkulierendem Kapital. Die Arbeit wird ganz gegen dieses Kapital getauscht, und ihr Preis nimmt ab, wenn sich dieses Kapital verringert. So kann der Reichtum einer Nation nicht in Bedrängnis geraten, ohne daß gleichzeitig der Markt, den dieses Land den Produzenten bietet, eingeschränkt wird: sei es, daß das Kapital oder die Einkommen betroffen werden oder sei es, daß die Reichen bzw. Armen zu den schlechtesten Käufern werden.

Diese Umwälzungen des Marktes lassen sich schwer mit Genauigkeit erkennen und veranschlagen. Für den einzelnen Produzenten wird die Unklarheit dadurch noch größer, daß er nur unzureichend die Zahl und die Möglichkeiten der anderen Kaufleute, seiner Konkurrenten, die in Rivalität zu ihm verkaufen, kennt. Eine einzige Beobachtung jedoch ersetzt ihm alle anderen: die Analyse seines Preises beim Verkauf. Diese Analyse, mag es sich um Gewinn oder Verlust handeln, gibt dem Produzenten den Hinweis, die Produktion im kommenden Jahr entweder zu erhöhen oder einzuschränken. Unglücklicherweise wird diese Analyse von allen Produzenten natürlich gleichzeitig angestellt. Alle bemühen sich nun und alle überschreiten dadurch fast immer das gesetzte Ziel, denn sie kennen ja nicht das Ausmaß der Bemühungen ihrer Rivalen.

Der Produzent legt den Preis einer Ware unter Veranschlagung der Kosten fest, wobei er den Profit mit einschließt und so festsetzt, daß er in seiner Höhe demjenigen entspricht, den er mit jeder anderen Produktion auch erzielt hätte. Dieser Preis muß ausreichen, um die Löhne der Arbeiter, die Bodenrente und die Zinsen der zur Produktion verwendeten fixen Kapitalien zu bezahlen, er muß ferner ausreichen, den Wert der vom Produzenten verarbeiteten Rohstoffe, alle Transportkosten sowie alle Geldvorschüsse auszugleichen. Wenn alle diese Aufwendungen, die nach dem durchschnittlichen Landessatz berechnet werden, bis zum letzten Käufer hin ausgeglichen sind, kann die Produktion im gleichen Ausmaß festgesetzt werden. Wenn die erzielten Profite höher als der Durchschnittssatz liegen, wird der Produzent sein Unternehmen vergrößern, neue Arbeitskräfte beschäftigen und neue Kapitalien anwenden. Da der Produzent nun aber aus diesem überdurchschnittlichen Profit profitieren will, wird er ihn gerade früher oder später auf den Durchschnittsstand reduzieren. Wenn dagegen der Käufer einen zu niedrigen Preis zahlt, so daß sämtliche Auslagen, die der Produzent gehabt hat, nicht entschädigt werden können, dann wird dieser Produzent versuchen, seine Produktion einzuschränken, was natürlich keineswegs einfach ist.

In der Politischen Ökonomie hat man es zum Grundsatz erhoben, daß die Produktion entsprechend der Bedürfnisse sinkt oder steigt. Indessen bedarf es vieler Faktoren, damit diese Bewegung regelmäßig ist. Verbreitet jenes Bedürfnis, das zur Steigerung der Produktion beiträgt, einen allgemeinen Wohlstand, so bewirkt der Überfluß, der zur Einschränkung der Produktion führt, in jedem politischen Gebilde nur schreckliche Leiden. Das Gute, das man tut, indem man neue Arbeiter beschäftigt, steht in keinem Verhältnis zu dem Übel, das man in der Folge zu erwarten hat, indem man diesen Arbeitern die Existenzgrundlage wieder entreißt.

Die Arbeiter, die von einem Produzenten beschäftigt werden, der mit dem Verkaufspreis nicht mehr alle seine Vorschüsse aufwiegen kann, sind nur selten in der Lage, ein anderes Gewerbe auszuführen; ihre Lehrzeit war oft lang und kostspielig. Die Geschicklichkeit, die sie erworben haben, stellt einen Teil ihres Reichtums dar, auf den sie verzichten würden, wenn sie einen anderen Beruf ergriffen. Es wäre neues Kapital erforderlich, das sie aber meistens nicht besitzen, um eine neue Lehre zu bezahlen, so daß diese Arbeiter also, selbst wenn es in einer anderen Berufsgattung eine ständige Arbeitsnachfrage gäbe, nicht von einem Beruf zum anderen wechseln. Sie fahren vielmehr fort, für niedrigeren Lohn und sogar für weniger als das Lebensnotwendige zu arbeiten. Die Arbeit wird billiger verkauft werden, und gleichzeitig nimmt sogar ihre Menge zu. Ein Arbeiter, der bisher für seinen Lebensunterhalt mit einer täglichen Arbeit von zehn Stunden auskommen konnte, wird bei geringerer Bezahlung versuchen, sich die gleiche Summe, die er für seine Existenz braucht, durch mehr Arbeit zu verschaffen. Er wird täglich vierzehn Stunden arbeiten und sich an den Feiertagen nicht ausruhen. Außerdem wird er auf die Zeit verzichten, die er vorher dem Vergnügen und der Ausschweifung widmete, so daß im Endergebnis die gleiche Anzahl von Arbeitern viel mehr Produkte herstellen.

Gleichermaßen können auch alle fixen Kapitalien keinem anderen Verwendungszweck zugeführt werden. Ein Baumwollfabrikant hat mit großem Kostenaufwand riesige Gebäude für seinen Betrieb errichten lassen, ferner läßt er die Maschinen durch Wasser antreiben, das von weither kommt. Schließlich hat er für jeden Arbeiter einen kostspieligen Webstuhl aufgestellt. Die Hälfte bis zu drei Vierteln seines Vermögens sind unabänderlich für die Herstellung von Baumwollgeweben bestimmt. Der Preis, den er für die Gewebe vom Käufer erhält, deckt nicht mehr alle seine Ausgaben. Wird er deswegen mit der Arbeit in seinen Werkstätten aufhören? Nein, gewiß nicht. Er findet sich damit ab, die Hälfte des Einkommens, dem fixen Kapital geschuldet, zu verlieren, er produziert weiter und realisiert wenigstens die andere Hälfte. Schlösse er jedoch seine Werkstätten, würde er sein gesamtes Einkommen einbüßen.

Schließlich benötigt der Fabrikant natürlich seinen Betrieb, um leben zu können. Er kann nicht aus freien Stücken darauf verzichten. Er ist stets geneigt, den Rückgang seines Handels unerwarteten Tatsachen zuzuschreiben. Je weniger er allerdings verdient hat, um so weniger ist er bereit, sich aus den Geschäften zurückzuziehen. Auch die Produktion wird noch lange nach Befriedigung der Bedürfnisse fortgesetzt. Hört sie schließlich auf, so erst nach dem sie bei allen, die zu ihrer Entstehung beitrugen, einen Verlust an Kapital, Einkommen und Menschenleben verursacht hat, einen Verlust, den man nicht ohne Schaudern berechnen kann. Die Produzenten geben die Produktion nicht auf, und ihre Zahl nimmt so lange nicht ab, ehe nicht ein Teil der Fabrikbesitzer Bankrott gemacht hat und ein Teil der Arbeiter im Elend umgekommen ist.

Kein Irrtum ist allgemeiner verbreitet als derjenige, daß sich alles wieder beleben wird. Dieser Irrtum wird trotz der täglichen gegenteiligen Erfahrung aufrecht erhalten. Er ist sogar von einem scharfsinnigen englischen Autor, von Ricardo, aufgegriffen worden, der sehr gewagte Schlußfolgerungen darauf begründet. Eine gewisse Erfahrung scheint auch diese Auffassung von der Neubelebung der Wirtschaft zu bestätigen; kann doch ein Manufakturbesitzer in ein und derselben Werkstatt sehr schnell von einem altmodischen

Stoff zu einem anderen, der von der Mode begünstigt wird, übergehen, z. B. von gestreiftem zu glattem Samt oder von geköpertem Barchent zu Pikee. Ein und dasselbe Gebäude dient dann zur Herstellung der einen oder anderen Stoffart, die gleiche Klugheit des Meisters und der Arbeiter wird mit der neuen Arbeit ebenso vertraut wie mit der vorangegangenen, und der aus der Neuheit erwachsende Profit entschädigt den Vorschuß einiger neuer Maschinen. Aber fast alle Arbeiter der Stahlindustrie würden eher zugrunde gehen, bevor sie einen neuen Beruf erlernten, um beispielsweise in die Baumwollwebereien überzuwechseln. Der Wechsel der Webereibesitzer und ihres zirkulierenden Kapitals, an sich längst nicht so schwierig, vollzieht sich indessen ebenfalls mit einer unsagbaren Langsamkeit; völlig unmöglich ist auch hier ein Wechsel der meisten fixen Kapitalien.

Das von uns Gesagte braucht also nicht als absolut aufgefaßt zu werden. Der Profit des Produzenten einer bestimmten Warengattung muß sich nicht unbedingt und in jedem Falle nach dem Profit aus einer anderen Produktion richten. Dennoch richtet sich in Wirklichkeit selbstverständlich jeder, der die Möglichkeiten einer neuen Anlagesphäre in Betracht zieht, nach diesem allgemeinen Leitsatz. In jedem Land gibt es einen üblichen Handelsprofit, gleichermaßen wie den allgemeinen Zinssatz. Dieser Profit wird in jedem Handel, den man unternehmen oder mit Leichtigkeit aufgeben kann, sich dem Durchschnitt angleichen, und er dient als Grundlage für die allgemeinen Spekulationen. Jeder frühere Handel, vor allem natürlich jeder Industriezweig, der eine lange Ausbildung seiner Arbeiter und viel fixes Kapital erfordert, scheidet aus dieser Konkurrenz von vornherein aus. Die Profite können hier während einer langen Zeitspanne weitaus höher oder viel niedriger liegen als die Profite einer anderen Industrie des gleichen Landes. Ganilh hat diesbezüglich zu Recht bemerkt, daß die Profite der Pächter in keinem Verhältnis zu den Handelsprofiten stehen und auch nicht gleich bemessen werden können im Hinblick auf Risiken und persönliche Einstellungen. Gewohnheiten sind eine moralische Größe, die sich nicht ins Kalkül ziehen läßt, und die Vertreter der Politischen Ökonomie haben zu häufig vergessen, daß es sich um Menschen handelte und eben nicht um Maschinen.

Durch eine beträchtliche Herabsetzung der Zinsen aus dem fixen Kapital und durch die Einschränkung sowohl des Profits wie auch des Arbeitslohnes kann der Preis einer Ware sinken. Diese Ware findet dann neue Käufer, und die gesteigerte Aktivität, die vom Elend selbst verursacht wurde, kann unter Umständen von Bestand sein. Das Endergebnis wird uns jedoch zeigen, ob die neue Aktivität der Manufakturen, von deren völligem Bankrott man kürzlich erst sprach, nicht diesem Umstand zuzuschreiben ist. Oft scheinen die Zuckungen eines Todkranken mehr Kraft zu beweisen, als dieser jemals in der Blüte seines Lebens besaß.

Zum zweiten wird der Preis des Käufers durch die Konkurrenz bestimmt. Der Verkäufer fragt keineswegs nur danach, was eine Ware kostet, sondern auch nach den Bedingungen, unter denen er eine andere, die diese ersetzen würde, erhalten könnte. Er wendet sich ferner an mehrere Kaufleute, die ihm alle ein und dieselbe Ware anbieten, um von jenem zu kaufen, der ihn am billigsten versorgt. Der Käufer rechnet sich aus, was ihm unter Waren zwar verschiedener Art, die sich aber durchaus gegenseitig ersetzen lassen, am meisten zuspricht. Ein jeder strebt, sofern er sich nur um sein Privatinteresse kümmert, das gleiche Ziel an. Alle Verkäufer einerseits und alle Käufer andererseits handeln wie nach festen Spielregeln. Nachfrage und Angebot kommen ins Gleichgewicht, es entsteht der Durchschnittspreis.

Der Preis des Verkäufers muß es dem Verkäufer ermöglichen, die verkaufte Ware unter den gleichen Bedingungen und von derselben Qualität mit Gewinn wieder herzustellen. Sein Markt wird sich überall dort ausdehnen, wo der aus der Konkurrenz entstandene Preis über dem seinigen liegt. Seine Produktion wird also nicht durch seine Nachbarn und seine Landsleute begrenzt, sondern sie hängt von den Bedürfnissen aller jener ab, die, wo auch immer sie wohnen mögen, beim Kauf dieser Ware einen Vorteil finden oder für die der Erzeugerpreis unter dem Käuferpreis liegt. Diese Umstände sind es, die die Ausdehnung des Marktes bedingen.

DRITTES KAPITEL

WIE DER VERKÄUFER SEINEN ABSATZ ERWEITERT

Wir haben gesagt, daß die Produktion erhöht wird, wenn der Preis, den der Verkäufer dem Produzenten bietet, höher liegt als die erforderlichen Aufwendungen zum Ausgleich sämtlicher Vorschüsse und zur Erzielung eines angemessenen Gewinns. Der Erzeuger, begierig, aus dem sich bietenden Vorteil zu profitieren, fordert neue Kapitalien an, die man ihm gern gewährt, solange er einen hohen Zinssatz zahlt. Außerdem werden neue Arbeiter angelernt. Stehen die Söhne von Handwerkern oder Arbeitern gerade vor der Berufswahl, dann kann dieser Fabrikant, der Beschäftigung und höheren Lohn bietet, sicher sein, jene für sich zu gewinnen. Er nutzt ferner alle Erfindungen, die seine Produktion erhöhen können, und der zu erwartende Profit ermutigt ihn, ein beträchtliches Kapital für die Aufstellung neuer Maschinen vorzuschießen. Auf diese Weise vollzieht sich die Ausdehnung des Handels; überall wird Profit erzielt; der Handelsprofit nimmt zu; der Geldkapitalist, der dem Unternehmer Kapital geliehen hat, erhält höhere Zinsen, der Arbeiter einen höheren Lohn und der Fabrikant selbst Maschinen und neue Arbeit.

Diese fruchtbringende Aktivität aber wurde in Bewegung gesetzt durch eine Nachfrage, die die vorherige Produktion übersteigt; diese Nachfrage setzt ihrerseits wieder ein neues, für die Konsumtion bestimmtes Einkommen voraus. Das Vorankommen des Fabrikanten ergibt sich also aus der Prosperität anderer. Dabei ist es unwichtig, ob das neue Einkommen, das gegen seine Produktion eingetauscht werden wird, aus der Landwirtschaft oder aus der Industrie hervorgegangen ist, ob es den eigenen Landsleuten oder Ausländern gehört, ob es nah oder fern von ihm entstanden ist, ob es Reichen oder Armen gehört. Es genügt ihm, daß sich der Austausch zu seinem Vorteil vollzieht; und für den Wohlstand der Gesellschaft ist es wesentlich, daß dieses Einkommen neu ist und eine neue Arbeit nachfragt.

Andererseits hat ein Produzent zu einer Zeit, wo durch die Arbeitsteilung die Produktionsmöglichkeiten unaufhörlich erhöht werden und wo ferner die Zunahme der Kapitalien täglich zur Suche nach neuen Anlagesphären und zur Erprobung neuer Industrien veranlaßt, kein dringlicheres Interesse, als seinen Markt zu erweitern. Wenn er keine neuen Kunden findet, ist es vergeblich, das Kapital durch Sparen zu erhöhen. Der Produzent wird weder seine Werkstätten vergrößern können, noch neue Arbeiter einstellen, noch die Produktionsmöglichkeiten durch die Vervollkommnung der von ihm verwendeten Maschinen steigern. Des feststehenden Verbrauchs wegen wird er den alten Werkstätten alles das nehmen, was er in den neuen produzieren läßt. Das mit Maschinen Hergestellte raubt den Arbeitern die Arbeit. Das ganze Wachstum seines Vermögens hängt also von der Zunahme des Absatzes ab.

Keine Wahrheit ist von den Kaufleuten früher und besser erkannt worden als diese, keine Tatsache läßt sich häufiger beobachten als diese. Es ist darum verwunderlich, daß die modernen Ökonomen das Problem des Absatzes aus den Augen verloren haben. Ein Kaufmann wendet sein gesamtes Talent auf, um seinen Absatz zu erhöhen; die ganze Handelspolitik verfolgt das Ziel, den nationalen Absatz zu steigern; jede Krisensituation im Handel erklärt sich aus dem Rückgang des Absatzes. Was soll man also von einer Lehre halten, die die Sozialwissenschaft darauf beschränkt, eine stets größere Anzahl von immer aktiveren Produzenten ins Leben zu rufen, eine Lehre, die glaubt, daß durch die unaufhörliche Steigerung der Produktion ebenfalls der Absatz unbegrenzt zunimmt?

Das genaue Gegenteil ist der Fall. Das Interesse der Gesellschaft muß hinsichtlich Produktionssteigerung und Handelsreichtum durch Erwägungen gemäßigt werden, die ohne Einfluß auf die Einzelproduzenten sind. Die Gesellschaft verlangt, daß nur ein neues Einkommen eine neue Arbeit in Bewegung setzt. Jedem einzelnen Produzenten genügt es bereits, wenn ein Einkommen von der ursprünglichen Quelle abgezogen wird und zu ihm gelangt, wenn dieses Einkommen von den Rivalen, die davon lebten, zu ihm überwechselt, um seine Werkstätten zu beleben. Die Gesellschaft dagegen muß stets wünschen, daß sich die Arbeit nach der Nachfrage richtet, damit immer für den Absatz gesorgt ist und keiner der Produzenten in eine Notlage gerät. Jedoch anstatt sich nach der allgemeinen Nachfrage zu richten, bestimmt jeder Produzent seine Aktivität nach der ihm zur Verfügung stehenden Kapitalmenge. Er hat stets nur die Produktionsmöglichkeiten im Auge, niemals jedoch die Konsumtionsmöglichkeiten. Selbst wenn man dem Ablauf des Handels geringe Aufmerksamkeit schenkt, wird man sich dennoch davon überzeugen können, daß ein Kaufmann seine Anstrengungen nicht vermindert, weil es wenig Geschäfte in seiner Gegend gibt. Er wird im Gegenteil mit noch mehr Eifer arbeiten, um alle diese Geschäfte auf sich zu vereinigen.

Die Regierung darf die Produktion nicht ins unendliche anwachsen lassen, sondern sie sollte vielmehr darüber wachen, daß der blinde Eifer, der sich meistens gegen die Mitbürger oder andere Menschen kehrt, gemäßigt wird. Im ersteren Falle widerspricht es den Regeln kluger Politik, im letzteren der Menschlichkeit.

Es hängt keineswegs vom Produzenten ab, die Einkommen der Gesellschaft oder des Marktes, denen er dient, dergestalt zu erhöhen, daß sie sich gegen eine vermehrte Anzahl von Produkten austauschen können. Darüber hinaus richtet sich sein ganzer Eifer allein darauf, aus dem Austausch den größten Vorteil zu erzielen. Unter Geschäftsleuten gilt es als unsauber, sich gegenseitig Kunden wegzunehmen. Die Konkurrenz aller gegen alle macht diese Tugend allerdings zu einem reinen Wunschbild. Ein Geschäftsmann wird nicht weniger beflissen sein, wenn er seinen Absatz auf Kosten der Geschäftskollegen ausdehnen kann, als wenn er den Absatz dem allgemeinen Anwachsen der Reichtümer verdankt, sofern diese den Austausch eines neuen Einkommens ermöglichen.

Er verkauft mehr, wenn er billiger verkauft; die Konkurrenten verkaufen dann weniger. Die Aufmerksamkeit des Produzenten ist also unaufhörlich darauf gerichtet, in der Arbeit oder in der Verarbeitung der Rohstoffe irgendwelche Einsparungen zu erfinden, die ihn in die Lage versetzen, billiger zu verkaufen als die Konkurrenten. Da die Rohstoffe ihrerseits das Produkt einer vorangegangenen Arbeit sind, läuft alles letzten Endes immer darauf hinaus, weniger Arbeit für das gleiche Erzeugnis aufzuwenden. Welche Arbeit auch immer in Bewegung gesetzt wird, um eine neue Fabrik zu errichten, um neue Webstühle zu bauen, um Wasser, Wind, Feuer oder Dampf nutzbar zu machen, diese außerordentlichen Arbeiten werden nur vorgeschossen, weil anzunehmen ist, daß dadurch die übliche Arbeit beträchtlich herabgesetzt wird und daß in der Zukunft ein Kind die Arbeit wird verrichten können, die bis dahin von zehn Männern ausgeführt wurde. Das Ziel des Fabrikanten bestand indessen nicht darin, einen Teil der Arbeiter zu entlassen, sondern vielmehr darin, mit der gleichen Anzahl von Arbeitskräften mehr zu produzieren. Nehmen wir an, dieses Ziel wird erreicht. Dann nimmt dieser Fabrikant seinen Konkurrenten die Kunden weg; er wird mehr verkaufen, jene weniger. Der Preis der Ware sinkt etwas. Wenn nun alle an diesem Handel Interessierten ein und demselben Staat angehören, so werden die Folgen bald sichtbar sein.

Die anderen Fabrikanten werden nämlich, wenn sie dazu in der Lage sind, sich ebenso verhalten. Dabei wird es sich ergeben, daß die einen oder die anderen ihre Arbeiter entlassen müssen, und zwar in dem Maße, wie die neue Maschine über die ursprüngliche Produktionskapazität der

Arbeit hinaus produziert. Wenn der Verbrauch unverändert bleibt und wenn die gleiche Arbeit jetzt von zehnmal weniger Arbeitskräften ausgeführt wird, werden neun Zehntel der Einkommen diesem Teil der arbeitenden Klasse entzogen, und ihre Konsumtion wird in dem gleichen Maße zurückgehen. Die alten Gewerbe gehen dann zugrunde und mit ihnen ein Teil des Einkommens aus dem hier angelegten fixen Kapital. Die Handelsprofite werden nunmehr von der Konkurrenz bestimmt, und sie sind genau so hoch, wie sie vorher waren. Gewonnen haben lediglich die zahlungsfähigen Verbraucher; sie erzielen einen geringen Gewinn beim Einkauf ihrer Vorräte. Dieser Vorteil steht jedoch in keinem Verhältnis zur Verminderung der Arbeit, die ihn bedingt. Spart ein Fabrikant auch nur fünf Prozent dadurch ein, daß er Arbeiter durch Maschinen ersetzt, so zwingt er alle übrigen Produzenten, ihm nachzufolgen und gleichermaßen drei Viertel bis neun Zehntel der Tagelöhner zu entlassen. Das Ergebnis einer Erfindung ist also – treibt das Land keinen Außenhandel und bleibt der Verbrauch unverändert – ein Absinken des Nationaleinkommens, was wiederum einen herabgesetzten allgemeinen Verbrauch im kommenden Jahr zur Folge hat.

In der Tat, wenn ein neues Produktionsverfahren von allen übrigen Produzenten ebenfalls eingeführt wird, hätte es für den Erfinder keinen Sinn, diese Neuerung überhaupt einzuführen, es sei denn, die Konsumtionsbedürfnisse würden weit über der Produktion liegen. Man bemüht sich also um Geheimhaltung, und wenn das gelingt, eignet man sich allein das an, was früher den Reichtum aller darstellte. Die übrigen Produzenten sind gezwungen, die gleichen Preissenkungen vorzunehmen; nichtsdestoweniger verkaufen sie ihre Waren noch eine gewisse Zeitlang mit Verlust. Sie werden wahrscheinlich die alten Maschinen und ihren Handel nicht eher aufgeben, bis sie vor dem Bankrott stehen. Das Einkommen, das sie bis dahin erzielten, geht verloren. Selbst das zirkulierende Kapital verschwindet; die Arbeiter müssen entlassen werden und verlieren ihren Broterwerb. Der Erfinder des neuen Produktionsverfahrens seinerseits reißt die gesamte Produktion dieses Industriezweiges an sich. Er verdient für sich allein das ganze Einkommen, das sich vorher alle ehemaligen Fabrikanten teilten, abgesehen von dem Teil, den er den Verbrauchern als Preisnachlaß überläßt.

Bis zu diesem Punkt verursacht in dem einen und dem anderen Falle die Erfindung eines neuen Herstellungsverfahrens einen großen nationalen Verlust, einen beträchtlichen Rückgang des Einkommens und infolgedessen das Absinken des Verbrauchs. Das muß notwendigerweise geschehen; denn da die Arbeit selbst einen wesentlichen Teil des Einkommens darstellt, kann man die nachgefragte Arbeit nicht vermindern, ohne daß dabei die Nation ärmer wird. Der Gewinn, den man aus der Erfindung eines neuen ökonomischen Prozesses erwartet, ergibt sich hingegen fast immer im Außenhandel.

Da die allgemeinen Gepflogenheiten dazu verpflichten, innerhalb des eigenen Landes gewisse soziale Pflichten als verbindlich zu erklären, manifestiert sich die Rivalität zwischen ausländischen Herstellern um so heftiger. Sie sind bestrebt, sich gegenseitig von den Märkten auszuschließen, indem die einen billiger verkaufen als die anderen. Wenn in einem Land ein neuer Fabrikationsvorgang eingeführt wird, der eine große Ersparnis darstellt, sieht dieses Land plötzlich die Anzahl seiner ausländischen Verbraucher fast unaufhörlich anwachsen. In England hatten die Strumpffabrikanten vor der Erfindung der Strumpfwirkmaschine nur englische Verbraucher; seit dieser Erfindung bis zu dem Zeitpunkt, wo man dieses Produktionsverfahren auch außerhalb der Insel einführte, belieferten die englischen Produzenten die Verbraucher des ganzen Festlandes. Die Erzeuger des Festlandes verfielen dem Bankrott, die Engländer schöpften den gesamten Vorteil ab. Die Zahl der Arbeiter wuchs anstatt abzunehmen, die Löhne stiegen, die Profite der Fabrikanten nahmen ebenfalls zu, so daß diese Entdeckung den allgemeinen Wohlstand zum Ergebnis zu haben schien; alle jene, die darunter zu leiden hatten, waren ja

Ausländer und wohnten in großer Entfernung, alle jene hingegen, die davon reich wurden, lebten unter den Augen des Erfinders.

Jede Vervollkommnung industrieller Verfahren hat fast immer diese gleichen verhängnisvollen Auswirkungen gehabt, wenn sie nicht als Folge einer neuen Nachfrage vorgenommen wurde, die ihrerseits einen umfangreicheren Verbrauch nach sich zog. Über lange Zeiträume jedoch hat eine solche Vervollkommnung viele Produzenten zugrunde gerichtet; sie starben, ohne daß man darauf aufmerksam wurde. Um den Erfinder herum bereicherten sich neue Hersteller, die jede Entdeckung als eine Wohltat für die Menschheit betrachten, weil sie die wirklichen Opfer nicht kennen.

Wenn indessen in einem Land ein einzelner Fabrikant es verstanden hat, eine derartige Arbeitseinsparung zu erzielen, die die Ausdehnung seines Marktes ermöglicht, oder wenn die ausschließliche Anwendung des von ihm erfundenen Verfahrens patentiert wird, dann müssen die Landsleute, ebenfalls Fabrikanten wie er, im Konkurrenzkampf unterliegen und den gesamten Verlust tragen, vorausgesetzt, daß sie vorher mit ihm den ausländischen Markt teilten, den er jetzt allein beherrscht. Der erfolgreiche Fabrikant selbst teilt seinen Profit mit den ausländischen Verbrauchern, indem er ihnen seine Waren zu niedrigen Preisen verkauft. In unserem Jahrhundert, wo Verbindungen zwischen den einzelnen Ländern leicht möglich sind und wo man sämtliche Wissenschaften auf alle Industriezweige anwendet, werden die Entdeckungen bald nachvollzogen und kopiert, so daß ein Land nicht lange den Vorteil einer besonderen Herstellungsweise für sich behält, die es ja nur der Geheimhaltung verdankt. Infolgedessen schließt sich der Markt sehr bald wieder, ein Markt, der sich für eine kurze Zeit wegen der niedrigeren Preise erweitert hatte. Wenn der allgemeine Verbrauch auch nicht zugenommen hat, die Produktion ist um so mehr gestiegen. Daraus muß man schlußfolgern, daß die Ermunterung zu Entdeckungen in der Industrie durch Vorrechte und Patente wenig klug ist. Die Ausländer haben längst vor Erlöschen des Vorzugsrechts das Geheimnis entdeckt, und die Nation, die auf ihre Kosten die Entdeckung fördert, durch ein Opfer, das sie sich selbst auferlegt, erntet niemals die Früchte davon.

Ohne Zweifel muß man einem Produzenten mehr Nachsicht entgegenbringen, wenn er durch eine Erfindung in der Industrie in die Lage versetzt wird, seinen Landsleuten zu dienen, die bis dahin von Ausländern beliefert wurden. Die Auswirkungen sind allerdings in jedem Falle die gleichen; denn ein solcher Produzent beraubt die ausländischen Arbeiter des Broterwerbs, um denen seiner näheren Umgebung einen solchen zu schaffen. So und nur so sieht die unvermeidliche Folge des Zivilisationsfortschrittes aus. Jene ersten, die für die Sicherung ihres Lebensunterhalts auf einen ausländischen Markt zählten, der ihnen alsbald durch die Vervollkommnungen in der Industrie wieder verlorenging, hatten sich von vornherein in eine unsichere Lage gebracht, in der sie binnen kurzem von Not und Elend betroffen wurden. Die Regierung muß der Entstehung einer neuen Bevölkerungsschicht, die aus ihrer Arbeit ein ausreichendes Einkommen erzielt, zwar beistimmen; ein Freund der Menschheit darf derartige Anstrengungen nicht tadeln, allerdings ist es bedrückend, daß als Resultat der Konkurrenz zwischen den Produzenten stets neue Leiden für einige unter ihnen entstehen.

Sollte man daraus schlußfolgern, daß jegliche Entdeckung in der Industrie, die dem Menschen Arbeit erspart, stets für einen Teil der Menschheit verhängnisvoll ist? Nein, sicher nicht. Die Gesellschaft hat überhaupt nur auf Grund solcher Entdeckungen Fortschritte gemacht. Diese Entdeckungen ermöglichten es erst, daß die menschliche Arbeit den Bedürfnissen genügte, bald sogar besondere Genüsse gewährte und daß schließlich die Arbeit eines nur geringen Teils der Mitglieder der Gesellschaft ausreichte, um für den Luxus der gesamten Gesellschaft zu sorgen. Der Verbrauch konnte ungeheuer ansteigen, und trotzdem war es gleichzeitig noch möglich, unermeßliche Reichtümer zu akkumulieren. Jede

Erfindung in Industrie und Landwirtschaft, die die Produktionsmöglichkeiten des Menschen erhöht hat, vom Pflug bis zur Dampfmaschine, ist nützlich, allerdings wird sie nur nutzbringend angewendet, wenn sie im richtigen Verhältnis zum Verbrauch steht. Wenn die Verbraucher mehr Erzeugnisse benötigen, ist die Erfindung insofern nützlich, als sie dieses Mehr mit gleichem Arbeitsaufwand bereitstellt. Fragen die Verbraucher keine vermehrte Anzahl von Produkten nach, wäre diese Erfindung immer noch nützlich, wenn sie den Arbeitern eine längere Ruhepause ermöglicht. Es liegt nicht an der Entwicklung der technischen Wissenschaften, sondern an der sozialen Ordnung, wenn der Arbeiter, der sich die Fähigkeit erwirbt, jetzt in zwei Stunden herzustellen, was er früher in zwölf Stunden verfertigte, nicht reicher wird und auch nicht über mehr Freizeit verfügt, sondern im Gegenteil sechsmal mehr Arbeit verrichtet, als nachgefragt wird.

Die Gesellschaft leidet keineswegs unter den gestiegenen Produktionsmöglichkeiten, sondern vielmehr darunter, daß sie davon schlechten Gebrauch macht und Produkte herstellt, für die sie gar keine Verwendung hat. Jede Arbeit, die auf einer gestiegenen Nachfrage beruht, ist für die Gesellschaft nützlich, während solche Arbeit, die die Arbeit anderer sinnlos werden läßt, meistens gefährliche und schreckliche Auswirkungen nach sich zieht. Wenn der Verbrauch begrenzt ist und nicht zunehmen kann, wenn es ferner in den Fabriken schon zu viele Arbeiter gibt und wenn diese trotz Aufwendung ihrer ganzen Kräfte nur einen unzureichenden Lohn erhalten, dann bedeutet die Erfindung einer Maschine, die durch eine leblose Kraft eine Anzahl von Menschen ersetzt, ein Unglück, weil der Erfinder die Maschine, anstatt sie einzusetzen, um den eigenen Arbeitern die Arbeit abzunehmen, sie dafür verwendet, die Arbeiter des Konkurrenten zu töten.

Als die entferntgelegenen Provinzen Westamerikas ihre vielen Erzeugnisse in Umlauf bringen wollten, fanden sie nirgends genug Arbeiter für die Ernten und auch nicht genug Ruderknechte für die vielen Schiffe, die sie mit ihren

Produkten hätten beladen können. Keine Erfindung ist jemals nützlicher gewesen als diejenige der Dampfschiffe, die die mächtigen Flüsse Amerikas durchfahren können und den abgeschlagenen Farmern eine Verbindungsmöglichkeit bieten, die ihnen sonst lange verschlossen geblieben wäre. Die Arbeit mehrerer tausend Menschen wird von einer kleinen Anzahl von Maschinen ausgeführt. Man darf allerdings nicht glauben, daß die Anwendung von Dampfmaschinen hier zur Entlassung dieser vielen Arbeiter geführt hätte. Im Gegenteil, dank der Dampfmaschinen konnten Tausende von Arbeitern zu anderen Arbeiten herangezogen werden, deren Ausführung sonst unmöglich geblieben wäre. Nach derartigen Ergebnissen sollte man die Anwendung der Wissenschaften auf die menschliche Arbeit beurteilen. Die Anwendung der Wissenschaft wirkt sich stets vorteilhaft aus in einem Lande, wo die Arbeitskräfte fehlen und wo man gezwungen ist, noch ungeborene Arbeitskräfte durch andere Mittel zu ersetzen.

Wir haben gesehen, daß auf jedes neue Verfahren, das Arbeit einspart, eine Preissenkung des Erzeugnisses folgte. Dieses Ziel hatte sich der Fabrikant gestellt; denn durch den Preisnachlaß wollte er seinen Absatz vergrößern. Aus der Preissenkung ergibt sich nicht nur eine geringe Ersparnis beim Verbraucher, sondern es erhöht sich außerdem der Konsum, was sich beträchtlich auf den Gesamtverbrauch auswirken kann. Der Käufer hatte einen bestimmten Teil seines Einkommens für einen ganz bestimmten Teil von Ausgaben vorgesehen; wenn dieses Einkommen weder steigt noch abnimmt, wird er wahrscheinlich stets den gleichen Teil aufwenden, um sich dieselben Dinge zu verschaffen. Für das Geld, das er für den Kauf bestimmter Dinge bestimmt hatte, wird er nach der Preissenkung entweder eine größere Menge oder eine bessere Qualität der gleichen Ware erhalten. Er bezieht also für das gleiche Geld entweder mehr Kleidungsstücke oder bessere Kleidung. Das heißt, daß er sowohl in dem einen wie auch dem anderen Falle seinen Genuß etwas erhöht, ohne seinem Reichtum direkt etwas hinzuzufügen.

Außerdem werden aber wahrscheinlich neue Verbraucher durch den vorteilhaften Markt angezogen. Sie nehmen einen Genuß wahr, der ihnen derartig günstig geboten wird und auf den sie ursprünglich nicht gehofft hatten. Um sich diesen Genuß zu verschaffen, bemühen sie sich, ihr Einkommen zu erhöhen, sei es durch mehr Fleiß oder sei es durch größere Sparsamkeit. Auf diese Art und Weise geschah es, daß manche Genüsse, die früher als Luxus angesehen wurden, nach und nach auch jenen Bevölkerungsschichten zugängig wurden, die sie bis dahin entbehren mußten. Fensterscheiben, die es früher nur in den Palästen gab, findet man heute sogar in der ärmsten Hütte. Der Verkäufer trägt also durch die gesenkten Fabrikpreise indirekt zur Zunahme der Käufer bzw. der Käufe bei. Es kommt sogar vor, daß ein neues Einkommen entsteht aus dem Wunsch, das Angebotene zu erwerben; Arbeit und Fleiß wurden dann verdoppelt. Dem Armen fehlt im allgemeinen nicht die Lust, sondern die Möglichkeit zum Mehrverdienen. Wenn er sich den Kauf einer bestimmten Ware jedoch nur auf Grund größerer Sparsamkeit leisten kann, dann entzieht er einem anderen Produzenten das, was er diesem gibt.

Es liegt also ein großer Trugschluß in der so häufig wiederholten Behauptung, daß durch die Herabsetzung der Produktionskosten die Erzeugnisse auch für die ärmsten Bevölkerungsschichten erschwinglich werden und daß infolgedessen der Verbrauch zunimmt. Gewiß, man steigert den Verbrauch dieser oder jener Ware, nicht aber den Gesamtverbrauch bzw. die Gesamtentschädigung für die Produktion. Eine Familie, die ein Einkommen von 1000 Francs bezieht, kann für nicht mehr als 1000 Francs einkaufen, selbst wenn die gesenkten Preise für Fensterscheiben oder für Strümpfe es erlauben oder nicht erlauben, die Fenster mit Scheiben zu versehen oder Strümpfe in die Schuhe anzuziehen. Eine Nation, die aus einer Million von Familien mit 1000 Francs Einkommen besteht, wird selbst bei gesenkten Preisen nur eine Milliarde für den Gesamtverbrauch ausgeben, solange die Einkommen nicht gestiegen sind.

Der Verkäufer kann den Absatz auch ohne neue Erfindungen erhöhen, allein dadurch, daß er sich beim Verkauf mit einem geringeren Profit zufriedengibt. Der aktivste, fleißigste und sparsamste Produzent kann auf diese Weise seinen Konkurrenten die Kunden abziehen und, wie man im Handel sagt, das Geschäft verderben. Die Juden, die sich fast keinen Luxus und keinen Genuß erlauben, werden im allgemeinen von den anderen Kaufleuten, vor allem in Polen, beschuldigt, durch diese äußerste Sparsamkeit jede Konkurrenz mit ihnen unmöglich zu machen. Für einen Verkäufer, der sich mit kleinen Profiten zufriedengibt, sind die Auswirkungen ohne Zweifel vorteilhaft; denn zahlreiche kleine Profite führen bald zu einem beträchtlicheren Kapital, besonders dann, wenn damit das Kapital der Konkurrenten ersetzt wird. Allerdings ist es nicht einfach zu entscheiden, ob die Nation dabei etwas gewinnt, sofern sie bei derartiger Sparsamkeit nicht gar verliert. Zweifellos profitiert der Verbraucher aus jeder Einschränkung der Handelsprofite. Dennoch nimmt das Einkommen durch die Genüsse, die man ihm zusätzlich verschafft, indem man ihm die Anwendung seines Einkommens angenehmer gestaltet, nicht zu. Man kann sich lediglich etwas mehr Eleganz in Kleidung und Einrichtung leisten. Da aber die Freuden, die einer derartigen Eleganz erwachsen, meistens in der Seltenheit begründet sind, bemerkt der Verbraucher überhaupt keinen Fortschritt; diese Freuden werden ja von allen gleichermaßen genossen. Die aufgezwungene Verwendung eines feineren Gewebes, dem gleichen Gebrauch wie früher ein gröberes Gewebe dienend, verschafft nicht den geringsten Genuß. Im Gegenteil stellt z. B. der Verlust Warschauer Kaufleute, die von jüdischen Hausierern gezwungen wurden, ihre Läden zu schließen, einen wirklichen Rückgang des Einkommens dar, einen Rückgang eines Einkommens, das seinerseits einen neuen Verbrauch hätte aktivieren können.

VIERTES KAPITEL

DER HANDELSREICHTUM RICHTET SICH NACH DEM ANWACHSEN DES EINKOMMENS

Der Verkäufer selbst hat keine Möglichkeit, seinen Absatz zu vergrößern, ohne dabei auf die übrigen Verkäufer zu wirken. Er macht ihnen einen Teil des vorhandenen Einkommens, das sein Kapital ersetzen soll, streitig. Je besser es ihm gelingt, einen großen Teil davon zu erhalten, um so weniger bleibt für die übrigen Verkäufer. Die Zunahme dieses Einkommens hängt nicht von ihm ab, aber er profitiert aus jedem Anwachsen des Einkommens und wird dadurch selbst eine der Triebkräfte, die den allgemeinen Wohlstand verbreiten. Nun setzt sich aber das Nationaleinkommen, wie wir bereits mehrmals sagten, zusammen aus dem Anteil der Reichen, dem Profit aus sämtlichen fixen und zirkulierenden Kapitalien, und aus dem Anteil der Armen, dem Preis für die Arbeit, die sie gegen das zirkulierende Kapital austauschen. Jeder Verbrauch, der nicht gegen ein Einkommen ausgetauscht wird, stellt einen Verlust für den Staat dar; dagegen ist jeder Verbrauch, der gegen ein neues Einkommen ausgetauscht wird, eine Quelle neuen Wohlstands.

Ein neues Einkommen entsteht für den Staat aus jedem fixen oder zirkulierenden Kapital, das zusätzlich aus Sparsamkeit hervorgegangen ist und angewendet wird, um eine neue Produktion und damit eine neue Nachfrage anzuregen.

Ein neues Einkommen entsteht ferner aus jeder neuen Arbeit, die von einem Kapital im richtigen Verhältnis zur Nachfrage finanziert wird. Diese ausreichend bezahlte Arbeit läßt eine Bevölkerung entstehen bzw. beschäftigt Arbeiter, die bis dahin nicht existierten oder untätig waren.

Jedes neue zirkulierende Kapital, das eine zweckmäßige Verwendung findet oder eine Produktion in Bewegung setzt, deren Verbrauch gesichert ist, ohne irgendeiner anderen zu schaden, schafft also der Gesellschaft zwei neue Einkommen, nämlich ein Einkommen für den Reichen, bewirkt durch das Anwachsen, das dieses Kapital in der Zirkulation erfährt, und ein Einkommen für den Armen, bewirkt durch die Arbeit, der es Wert verleiht. Sowohl das eine wie auch das andere dieser Einkommen tauscht sich gegen einen neuen Verbrauch aus und erhöht dementsprechend den Absatz der Verkäufer.

Ein Einkommen allerdings, das nur den Besitzer wechselt, ist keineswegs ein neues Einkommen. Ein Kaufmann, der sein Einkommen durch die Verluste der Konkurrenten erhöht, trägt nicht zum Reichtum der Nation bei. Ein Fabrikant, der sein Einkommen um die Summe erhöht, die er den Arbeitern vom Lohn abzieht, fügt nichts zum Nationaleinkommen hinzu; gleichermaßen schafft auch ein Staatsbeamter keine neuen Reichtümer, wenn er sein Gehalt durch höhere Steuereinnahmen aufbessert. Gewiß, jeder von ihnen ermöglicht dem Handel durch den Verbrauch einen günstigen Absatz und trägt ferner zur Anregung einer bestimmten Produktion bei, aber es wird dadurch lediglich der Verbrauch anderer ersetzt, deren Einkommen die Hände gewechselt hat.

Ebenso wie es nicht unbedeutend für das Wohl der Staatsbürger ist, ob der Anteil aller an Wohlstand und Genuß annähernd gleichgroß ist oder ob nur eine kleine Anzahl von Menschen im Überfluß lebt, während die Mehrzahl gerade nur über das Existenzminimum verfügt, spielt auch die Verteilung des Einkommens eine wesentliche Rolle für die weitere Zunahme des Handelsreichtums. Die Gleichheit der Genüsse muß ständig zur größeren Ausdehnung des Produzentenmarktes führen; die Ungleichheit im Verbrauch dagegen schränkt den Markt immer mehr ein. Ein und dasselbe Einkommen wird sowohl vom Reichen wie auch vom Armen gut verwendet, aber es wird nicht in der gleichen Art und Weise verausgabt. Der Reiche ersetzt weitaus mehr Kapital und viel weniger Arbeit als der Arme. Er begünstigt die Bevölkerung in viel geringerem Maße, und infolgedessen trägt er viel weniger zur Reproduktion des Reichtums bei.

Als die Kleinkultur von der Großkultur abgelöst wurde, sind viel größere Kapitalien in die Landwirtschaft investiert worden als vorher. Sie wurden aber vom Boden reproduziert. Es konnten jetzt mehr Reichtümer unter die gesamte Masse der Landbevölkerung verteilt werden; jedoch der Verbrauch einer reichen Pächterfamilie zusammen mit dem Verbrauch von fünfzig Familien ärmster Tagelöhner wiegt für die Nation nicht den Verbrauch der früheren fünfzig Bauernfamilien auf, von der zwar keine reich war, aber doch in bescheidenem Wohlstand lebte. Ebenso verhält es sich in den Städten; denn der Verbrauch eines Industriemillionärs, der tausend Arbeiter für sich arbeiten läßt, die gerade das Existenzminimum verdienen, bringt der Nation nicht so viel wie der Verbrauch von hundert weitaus weniger reichen Fabrikanten, von denen jeder zehn viel weniger arme Arbeiter beschäftigt.

Es stimmt zwar, daß hunderttausend Pfund Einkommen, mögen sie nun einem einzigen Manne oder hundert Personen gehören, stets gleichermaßen für den Verbrauch bestimmt sind; aber dieser Verbrauch ist keineswegs ein und derselben Natur. Ein sehr reicher Mensch kann für sich nicht unendlich mehr Dinge verwenden als eine arme Person; allerdings verbraucht er Dinge, die viel besserer Qualität sind. Er beansprucht feinere Sortimente, kostbarere Materialien sowie Waren, die von weither kommen. Er ist es, der in besonderem Maße dazu beiträgt, daß die Arbeiter spezialisiert werden und nur geringe Handgriffe, dafür aber mit besonderer Geschicklichkeit, ausführen. Dieser Reiche ist es auch, der solchen spezialisierten Arbeitern außergewöhnliche Löhne zahlt. Schließlich bezahlt der Reiche vor allem jene Arbeiter, die wir als unproduktiv bezeichneten, weil sie nur vorübergehende, flüchtige Genüsse verschaffen, die nicht akkumuliert werden können und deshalb nicht Bestandteil des nationalen Reichtums sind.

Hundert wohlhabende Familien hätten sich indessen vom besten Brot und vom besten Fleisch der Landesproduktion ernährt, sie würden den besten inländischen Wein oder das vorzüglichste Bier des eigenen Landes trinken und auf diese Weise die nationale Landwirtschaft anregen. Desgleichen hätten sie sich mit den besten, im Lande erzeugten Stoffen bekleidet, ihr Luxus bestände im Besitz mehrerer Kleidungsstücke und in einem reichlichen Wäschevorrat, so daß sie dadurch eine starke nationale Industrie in Bewegung gesetzt haben würden.

Wenn sich dagegen ein und dasselbe Einkommen auf neunundneunzig ärmste Familien und auf einen sehr reichen Haushalt verteilt, wird die Anregung für die nationale Industrie sehr viel geringer sein. Die ersteren leben von Kartoffeln und Milchprodukten und verbrauchen infolgedessen die Erzeugnisse eines zehnmal kleineren Stück Landes. Sie kleiden sich mit billigeren Stoffen, mit solchen, deren Herstellung nur wenige Arbeitskräfte erfordert, und außerdem verfügen sie über viel geringere Wäschevorräte. Diese armen Familien beschäftigen die nationale Industrie also in viel geringerem Maße als die Familien der Reichen.

Damit die Arbeit nicht stockt und damit es zu keiner allgemeinen Notlage kommt, ist es erforderlich, daß die reiche Familie allein (sie vereinigt jetzt das gesamte Einkommen auf sich, das früher hundert Familien teilten) der Landwirtschaft und der Industrie den Verbrauch für die übrigen neunundneunzig Familien mit ausgleicht. Ohne Zweifel beschäftigt diese reiche Familie eine gewisse Anzahl von Hausgesinde, das zum Verzehr der Bodenerzeugnisse beiträgt. Indessen ist es aber viel weniger die landeseigene Landwirtschaft, die durch den Lebensunterhalt der reichen Familie mit Gesinde angeregt wird als die landwirtschaftliche Produktion anderer Länder. Diese Familie wird ihre Weine aus den berühmten Weinbergen Frankreichs, Spaniens, Ungarns und Afrikas kommen lassen, ihre Liköre von den Inseln und ihre Spezereien aus Indien beziehen. Anstatt den Boden zu nutzen, von dem die neunundneunzig anderen Familien nicht mehr die Produkte verzehren können, verwendet die reiche Familie lediglich einen Teil davon, auf dem geschickte Gärtner ihre Fähigkeiten entfalten sollen. Für den übrigen Boden müssen neue Verbraucher gefunden werden. Gleichermaßen kann die reiche Familie für Kleidung und Einrichtung nicht den gesamten Stoff verwenden, den die übrigen neunundneunzig Familien nun nicht mehr kaufen. Vielmehr läßt sie sich Teppiche aus Persien und aus der Türkei kommen, Schals aus Kaschmir und Musselin aus Indien. Sie beschäftigt Stickerinnen und Modegeschäfte. Auf diese Weise kommt sie zwar sehr gut für den Fleiß, die Eleganz und den Geschmack eines einzigen Arbeiters auf, die übrigen neun Zehntel der nationalen Industrie, die nicht mehr zu den in bescheidenem Wohlstand lebenden Familien gehören, bleiben jedoch ohne Beschäftigung.

Es ist wesentlich, darauf hinzuweisen, daß bei einer Kapitalzunahme im allgemeinen die Arbeiten in sehr großen Fabriken konzentriert werden, die Folgen von großem Reichtum bestehen aber darin, daß die Erzeugnisse dieser großen Fabriken fast gänzlich aus dem Verbrauch der Reichen ausscheiden. Ein Gegenstand, der früher durch die manuelle Geschicklichkeit eines Arbeiters entstand, verliert immer etwas an Vollkommenheit und büßt in den Augen der Mode an Wert ein, wenn er zum Produkt eines blinden Mechanismus geworden ist. Die Erfindung des Tülls mag für mittlere Vermögensverhältnisse sehr nützlich sein, für die Reichen jedoch ersetzt sie keineswegs die Spitzen. So verhält es sich mit allen anderen Maschinenerzeugnissen.

Durch die Konzentration der Vermögen in den Händen weniger reicher Eigentümer nimmt also der innere Markt immer mehr ab. Die Industrie wird mehr und mehr gezwungen, Absatz für ihre Waren auf ausländischen Märkten zu suchen, wo noch größere Umwälzungen drohen.

Alle Länder, deren Produktion den Verbrauch übersteigt, wenden ihre Blicke ebenfalls auf diesen ausländischen Markt, und da man seine Grenzen nicht kennt, hält man ihn für unbegrenzt. Seitdem aber die Schiffahrt beträchtliche Vervollkommnungen erfahren hat, seit sich alle Wege öffneten und seitdem immer größere Sicherheit für den Warentransport gewährleistet wurde, begann man zu bemerken, daß der Weltmarkt ebenso begrenzt ist, wie es vorher der Markt jedes Landes gewesen war. Die allgemeine Zuversicht aller Produzenten, im Ausland verkaufen zu können, hat überall die Produktion über die Nachfrage hinaus anwachsen lassen. Man mußte sich davon überzeugen, daß ein großer Preisnachlaß, den die Produzenten des einen Landes den Verbrauchern eines anderen Landes gewährten, einem Todesurteil gleichkam, das man gegen die Produzenten des nämlichen Landes verhängte. Deshalb ist der Kampf in jedem Handelskrieg heftig und unmäßig, aber fast immer im Interesse der Landesbevölkerung gewesen, mag es auch beim ersten Hinsehen den Anschein haben, daß er sich gegen die Belange der Verbraucher richtet, die ja die gesamte Einwohnerzahl darstellen.

Was wir zu Beginn des Kapitals über den inländischen Markt sagten, nämlich daß er sich nur auf Grund des nationalen Wohlstandes und der Zunahme des Nationaleinkommens erweitern kann, trifft also auch im Außenhandel zu. Es gilt für jedes Land, das seine Produkte für das Ausland bestimmt und Welthandel betreiben will. Der Absatz kann im Weltmaßstab lediglich zunehmen, wenn sich der Wohlstand in der Welt vermehrt. Die Menschen können nur in dem Maße neue Bedürfnisse befriedigen und das kaufen, was wir ihnen verkaufen wollen, wie sie neue Einkommen erwerben.

Der Markt eines Fabrikanten kann sich also ausdehnen, und das ist der vornehmste Wunsch des Staatsmannes, durch den Fortschritt der Zivilisation, des Wohlstandes, der Sicherheit und durch die Weiterentwicklung zurückgebliebener Länder. Europa ist dahin gelangt, in allen Ländern eine Industrie und Produktion zu haben, die die Bedürfnisse übersteigt. Wenn aber eine falsche Politik nicht dazu anhielte, bei seinen Nachbarn unablässig die Fortschritte der Zivilisation zu unterbinden, wenn Ägypten in den Händen eines Volkes geblieben wäre, das der europäischen Industrie bedürfte, wenn Griechenland und Kleinasien von der Unterdrückung befreit würden, unter der sie zu leiden haben, wenn die Siege über die Berber genutzt worden wären, um die Küsten Afrikas wieder gesellschaftlichem Leben zugängig zu machen, wenn Spanien nicht einem Despotismus unterworfen wäre, der zerstört und die Bevölkerung zugrunde richtet, wenn die Unabhängigkeit Lateinamerikas so unterstützt würde, daß es sich der Vorteile der Natur erfreuen könnte; wenn sich die von Europa unterworfenen Indianer mit den Europäern vermischt hätten und wenn die Franken ermutigt worden wären, sich niederzulassen anstatt verjagt zu werden, dann würde der Verbrauch in diesen verschiedenen Ländern und Gegenden schnell zugenommen haben, um alle überzählige Arbeit, mit der Europa heute nichts mehr anzufangen weiß, anzuwenden und um die Notlage zu beenden, in der sich die Armen befinden.

In allen Wirtschaftsrapporten, Zeitungen und Reiseberichten findet man Beweise für diese über den Verbrauch hinausgehende Überproduktion, für eine Erzeugung, die sich nicht nach der Nachfrage richtet, sondern nach dem Kapital, das man anwenden will; Beweise schließlich für jene Aktivität der Kaufleute, die dazu führt, daß sie sich alle auf jeden neuen Markt stürzen und dadurch nach und nach in einem Handel, aus dem sie sich Profite versprachen, verhängnisvolle Verluste erleiden. Auf allen Märkten Italiens sahen wir Waren aller Art im Überfluß, vor allem aber Waren aus England, der großen Industriemacht. Das Warenangebot überstieg dermaßen die Nachfrage, daß die Händler gezwungen waren, um überhaupt in ihre Länder zurückkehren zu können, die Waren mit einem Viertel oder sogar einem Drittel Verlust anstatt mit Gewinn zu verkaufen. Der Handelsfluß, der von Italien zurückgewiesen wurde, ergoß sich in der Folge über Deutschland, Rußland und Brasilien, um hier ebenfalls bald auf die gleichen Hindernisse zu stoßen.

Die letzten Zeitungen berichten von ähnlichen Verlusten in wieder anderen Ländern.[32] Im August des Jahres 1818 beklagte man sich am Kap der Guten Hoffnung, daß sämtliche Geschäfte mit europäischen Waren gefüllt wären, die man zu niedrigeren Preisen als in Europa anböte und doch nicht verkaufen könnte. In Kalkutta kommt es im Juni zu Beschwerden gleicher Art, nachdem es zuvor zu folgender seltsamen Erscheinung gekommen war. England hatte Baumwollgewebe nach Indien geschickt, die es billiger herstellen konnte als die halbnackten Bewohner von Hindustan, weil die englischen Arbeiter in noch größerem Elend lebten. Diese eigenartige Art zu handeln, währte aber nicht lange. Heute werden die englischen Erzeugnisse in Indien billiger verkauft als in England selbst. Im Mai sah man sich gezwungen, aus Neuholland die europäischen Waren, die man in zu großer Menge dorthin gebracht hatte, wieder auszuführen. Ebenso kommt es bereits in Buenos Aires, Kolumbien, Mexiko und in Chile zu Warenverstopfungen. Fearons Reise in die Vereinigten Staaten, die erst im Frühjahr 1818 zu Ende ging, liefert noch schlagendere Beweise für diese Handelsmisere. Von der einen Küste zur anderen dieses gewaltigen und so blühenden Kontinents gibt es nicht eine Stadt, nicht einen kleinen Marktflecken, wo nicht die Menge der zum Verkauf gebotenen Waren bei weitem die Möglichkeiten und Mittel der Käufer überstiege, wenngleich die Kaufleute sich die größte Mühe gaben, die Kunden durch sehr langfristige Kredite und durch alle Arten von Zahlungserleichterungen, z. B. durch Abzahlungen oder Vergütungen in Form von Lebensmitteln, zu verführen. Nichts ist allerorts offensichtlicher und vielgesichtiger als gerade das Mißverhältnis zwischen den Konsumtions- und Produktionsmöglichkeiten, als das Unvermögen der Produzenten, eine nicht mehr nachgefragte Produktion zu stoppen. Nichts ist gewisser, als daß die Zahl der Fabrikanten erst durch den

[32] Die „letzten" beziehen sich auf die erste Ausgabe dieses Buches im Jahre 1819.

völligen Bankrott vieler unter ihnen geringer wird. Wie ist es überhaupt möglich, daß die Philosophen nicht sehen wollen, was dem einfachen Mann überall in die Augen springt?

Der Irrtum, in den sie verfallen sind, liegt ganz und gar in der falschen Annahme begründet, daß nämlich ihrer Meinung nach die jährliche Produktion das gleiche ist wie das Einkommen. Ricardo, der sich auf Aussagen von Say stützt, wiederholt und befürwortet diesen falschen Grundsatz. „Say hat indessen in durchaus zufriedenstellender Weise gezeigt", sagt Ricardo, „daß es keine Kapitalsumme gibt, die nicht in einem Lande verwendet werden kann, da die Nachfrage nur durch die Produktion beschränkt wird. Niemand produziert, außer mit der Absicht zu konsumieren oder zu verkaufen, und er verkauft niemals, außer um eine andere Ware zu kaufen, die ihm entweder nützlich sein kann oder zur künftigen Produktion beizutragen vermag. Durch Produzieren wird er also notwendigerweise entweder Konsument seiner eigenen Ware oder Käufer und Konsument der Waren jemandes anderen."[33]

Ein derartiger Grundsatz macht es von vornherein unmöglich, die von allen Theoretikern so häufig in der Geschichte des Handels beschriebene Tatsache der Verstopfung der Märkte zu verstehen oder zu erklären. Durch diesen Grundsatz wird es gleichermaßen unmöglich, die Widersprüche aufzudecken, die sich Say und Ricardo gegenseitig über die Bedeutung vorwerfen, die man dem Wort Wert und Reichtum beimessen soll. Es läßt sich auch nicht darlegen, wie der Kapitalprofit und die Löhne oft fallen können, während die Produktion zur gleichen Zeit zunimmt. Die Verwechslung des jährlichen Einkommens mit dem jährlichen Produkt breitet einen dichten Schleier über die ge-

[33] „Principles of political economy and taxation", by David Ricardo, London 1817. (Die deutsche Übersetzung des Ricardoschen Werkes: „Über die Grundsätze der Politischen Ökonomie und der Besteuerung", G. Bondi, Berlin 1959, 21. Kap., S. 280.)

samte Wissenschaft. Sobald man jedoch beide Begriffe voneinander trennt, läßt sich alles erklären, und sämtliche Tatsachen werden mit der Theorie übereinstimmen.

Es ist wichtig, darauf hinzuweisen, daß Adam Smith die Irrtümer, in die seine Schüler verfallen sind, nicht begangen hat. Auch Ricardo bemüht sich in dem von uns soeben erwähnten Kapitel, die Irrtümer zu bekämpfen.

Sieben Jahre sind verstrichen seit dem ersten Erscheinen dieses Buches, und die Umwälzungen im Handel, die sich in der Zwischenzeit vollzogen haben, beweisen meiner Ansicht nach immer mehr die Behauptung, daß die Produktion der wohlhabenden Nationen sich nicht nach den Bedürfnissen richtet, sondern vom Kapitalüberfluß bestimmt wird; und da die Produktion sehr bald die Bedürfnisse übersteigt, kommt es zu schrecklichen Notlagen.

Die Krise, die im Jahre 1819 den englischen Handel erschütterte, hat sich wieder beruhigt. Darum hat man mir mehrmals die erneute Blüte der Manufakturen als einen Beweis für meine Irrtümer vorgeworfen. Ich hätte darauf antworten können, daß eine so freie, fleißige und fortschrittliche Nation wie England fast immer in der Lage ist, eine derartige Krise aus eigener Kraft zu überwinden, daß das Jahr 1819 den Verlust unermeßlicher Kapitalien und den Ruin zahlreicher Familien verursachte, daß aber der Reichtum der übrigen Welt im Frieden angewachsen ist und daß ein neues, sehr beträchtliches Einkommen, das die Ausländer gegen die Erzeugnisse Englands austauschten, die englische Industrie wieder belebt hat. Indessen eine andere Ursache spielte eine noch ausschlaggebendere Rolle, was hier näher untersucht werden soll.

Der neue ungeheure Markt, der sich den Industrieproduzenten in Südamerika bot, scheint mir das Ereignis gewesen zu sein, das die englischen Manufakturen am meisten entlasten konnte. Die britische Regierung war der gleichen Meinung; und in den sieben Jahren, die seit der Handelskrise im Jahre 1818 verflossen sind, kam es zu einer unwahrscheinlich hohen Aktivität, die dazu beitrug, daß der englische Handel bis in die entlegensten Gebiete Mexikos, Kolumbiens, Brasiliens, des Rio de la Plata, Chiles und Perus vorgedrungen ist. Bevor sich das Ministerium entschloß, diese neuen Staaten anzuerkennen, hatte es sich bemüht, den englischen Handel hier durch zahlreiche Stationen von Linienschiffen zu schützen und zu unterstützen, deren Kommandanten viel eher diplomatische als militärische Funktionen ausübten. In der Folge hat das englische Ministerium der Heiligen Alliance Trotz geboten und die neuen Republiken anerkannt, zu einem Zeitpunkt, wo außer England ganz Europa den Untergang Südamerikas beschloß. Aber, so gewaltig der Markt, der sich im freien Amerika bot, auch gewesen sein mag, er hätte längst noch nicht ausgereicht, alle Waren aufzunehmen, die England über die Konsumtionsbedürfnisse hinaus produziert hatte, wenn in den neuen Republiken nicht plötzlich die Mittel zum Kauf der englischen Waren durch Anleihen stark gestiegen wären. Jeder Staat Amerikas lieh von England, um die eigene Regierung zu festigen. Obwohl diese Summen Kapital darstellten, gaben es die Regierungen sofort im laufenden Jahr als Einkommen aus, d. h. sie verwendeten es in seiner Gänze, um die englischen Waren auf Kosten der Allgemeinheit zu kaufen bzw. um jene Waren zu bezahlen, die auf Rechnung von Einzelpersonen geschickt worden sind. Zur gleichen Zeit wurden mit großen Kapitalien Gesellschaften gegründet, um die Bergwerke Amerikas ausbeuten zu können. Das ganze Geld, das diese Gesellschaften verausgabten, ist ebenfalls als Einkommen nach England zurückgeflossen, da man damit entweder die Maschinen bezahlte, von denen man direkten Gebrauch machte, oder aber die Waren kaufte, die dorthin gesandt wurden, wo die Maschinen arbeiten sollten. Solange dieser eigenartige Handel währte, bei dem die Engländer von den Amerikanern lediglich forderten, daß diese mit englischem Kapital englische Waren kauften und verbrauchten, schien die englische Industrie prächtig zu blühen. Nicht etwa das Einkommen, sondern das englische Kapital wurde verwendet, um den Verbrauch zu aktivieren. Die Engländer, die ihre eigenen Waren, die sie nach Amerika schickten, kauften und bezahlten, haben sich nur um das Vergnügen gebracht, sich ihrer zu erfreuen. Niemals haben die englischen Manufakturen mehr Aufträge gehabt als im Jahre 1825 infolge einer Reihe von Spekulationen, über welche die Welt so stark erstaunte. Als aber sämtliches Kapital verausgabt war und der Augenblick des Zurückzahlens gekommen war, fiel plötzlich der Schleier. Alle Illusionen brachen zusammen, und die Not war größer als im Jahre 1818. In der Tat, die Produktion hatte übermäßig zugenommen, und die Industriebevölkerung war unaufhörlich angewachsen, aber die gewaltigen Kapitalsummen, die in gewagte Spekulationen gesteckt wurden und deren Zurückfließen mehr oder weniger lange dauert, waren der Industrie entzogen worden. Die ausländischen Käufer, die in ein oder zwei Jahren diese ungeheuren Kapitalien verbrauchten, verfielen mit einer riesigen Verschuldung der ursprünglichen Armut, die sowieso zur Sparsamkeit zwingt. Die Krise ist also von neuem aufgetreten, heftiger denn je zuvor. Die Manufakturen haben weder Aufträge noch Absatz. Die Löhne der Arbeiter sind unzureichend, und viele Arbeiter finden überhaupt keine Arbeit. Das gesamte Kapital der Manufakturen wurde in die Warenproduktion gesteckt, wobei die Waren die Lagerhäuser verstopfen. So sehen die Merkmale der gegenwärtigen Krise und des wachsenden Mißverhältnisses zwischen Produktion und Konsumtion aus. Die dem Volk erwachsenden Leiden sind groß und wahrscheinlich von langer Dauer, denn die Scheinblüte der vergangenen Jahre hat nur zur Verschlimmerung der Lage Englands geführt. Von den Freudenrufen, mit denen man die Ankunft einiger Kommandanten aus Amerika feiert sowie von der wiedererlangten Aktivität einiger Manufakturen dürfen wir uns nicht zu falschen Vorstellungen hinreißen lassen. England hat mehreren Staaten, die Anleihen aufgenommen haben, 40000000 Pfund Sterling (eine Milliarde Francs) vorgeschossen. Die gleiche Summe erhielten auch einige Gesellschaften, um damit riesige Unternehmen zu gründen. Nicht nur, daß diese zwei Milliarden, die in den letzten zwei oder drei Jahren verausgabt wurden, in den kommenden zwei oder drei Jahren nicht von neuem verausgabt werden können; es ist sogar wahrscheinlich, daß man auf die Zinsen für dieses so unklug angelegte Geld lange wird warten müssen. Es muß also ein beträchtliches Defizit im Verbrauch geben im Vergleich zu der künstlichen Aktivität, die durch derartige Kapitalvorschüsse hervorgerufen wurde. Indessen liegt es mir fern zu behaupten, daß man diesem Übelstand nicht abhelfen könnte. Die Nation besitzt ungeheure Möglichkeiten, und das Ministerium verfügt über große Fähigkeiten. Allein eine so teuer erkaufte Erfahrung müßte endlich zur Einsicht führen. Man sollte erkennen, daß der Verbrauch keineswegs die notwendige Folge der Produktion ist, daß vielmehr die Verstopfung der Märkte ein unvermeidliches Ergebnis des Systems ist, in das man sich verirrt hat.

FÜNFTES KAPITEL

ÜBER DIE LÖHNE

Da der Vergleich zwischen dem durchschnittlichen Preis, der vom Käufer auf dem Markt geboten wird, und dem Preise, den der Produzent fordert (letzterer richtet sich nach den Kosten), darüber entscheiden soll, welche Warenart für jedes einzelne Land die günstigste ist, welche Warenproduktion ein ausreichendes Einkommen sowohl für den Produzenten und Kaufmann als auch für alle übrigen an Produktion und Handel Beteiligten abwirft und welche Art der Produktion den allgemeinen Wohlstand am meisten begünstigt und darum gefördert werden soll, ist es wichtig, die einzelnen Bestandteile, aus denen sich der Produzentenpreis zusammensetzt, nacheinander zu untersuchen.

Die lebendige Arbeit ist das wesentlichste Element, und bis zu einem gewissen Punkt stellt sie sogar den Regulator für die anderen Bestandteile dar, weil es einen unbedingt erforderlichen Lohn gibt, der selbst von der Konkurrenz nicht lange unterschritten werden kann. Dagegen will es scheinen, daß Geldzins und Kapitalprofit, die anderen Bestandteile des Preises, sich unendlich reduzieren lassen.[34]

Der niedrige Preis der Arbeitskräfte erlaubt es dem Pro-

[34] Ricardo hat diese Überlegung auf die Spitze getrieben. Er betrachtet den Arbeitslohn als die einzige, auf den Preis entscheidend wirkende Ursache. Sollte diese Rechnung Ricardos stimmen, dann müßten die Arbeiter vom absoluten Existenzminimum leben, das in keiner Weise unterschritten werden kann. Glücklicherweise verwirklichen sich derartige Zustände nie.

duzenten im allgemeinen, die Waren äußerst billig herzustellen. Er erzielt hohe Profite aus einer Industrie, die in einem Lande mit höheren Löhnen verlustbringend wäre. Auf diese Weise steigt der Absatz der Manufaktur, und das Unternehmen erhält den Schein von Prosperität. In der Tat, sehr häufig hat man den geringen Preis der Arbeitskräfte als den Hauptgrund für den Erfolg der Industrie in einem Lande angesehen.

Der Preis für die Arbeitskraft kann jedoch entweder wirklich oder nur nominell niedrig sein, je nachdem, ob die Arbeit gegen eine ungenügende oder eine große Menge von lebensnotwendigen Dingen ausgetauscht wird. Das Geld ist nur der äußere Maßstab für den Tausch; der Arbeiter hat nicht die Absicht, es zu behalten. Kaum daß er das Geld erhalten hat, gibt er es schon wieder für Güter des täglichen Bedarfs aus. Wenn die Lebensmittel und anderen Vorräte billig sind und wenn der Erlös für einen Arbeitstag nicht nur gegen das unbedingt Notwendige, sondern auch noch gegen einen bescheidenen Überfluß ausgetauscht wird, dann ist der Lohn nur nominell niedrig. Das Gefühl des Wohlseins ist eng mit einem gewissen Überfluß verbunden. Erst durch den Überfluß gewinnt das Leben an Wert und die Arbeit an Freude. Wenn sich der Arbeiter durch seine Arbeit diesen Überfluß verdient, ist die Existenz eines solchen Arbeiters für die Nation wünschenswert; denn sein Leben ist glücklich, mag der Geldwert eines Tagelohns auch noch so niedrig sein.

Wenn die Lebensmittel teuer sind, während gleichzeitig die Arbeitskraft niedrig bezahlt wird, wenn die Arbeiter infolgedessen wegen der Konkurrenz gezwungen sind, sich mit dem Lebensminimum oder mit noch weniger zufrieden zu geben, wenn sie auf alle Genüsse und Ruhestunden verzichten müssen, ihr Leben also ein ständiger Kampf gegen Not und Elend ist, dann sind die Preise für die Arbeitskraft wirklich niedrig. Wir müssen von einem nationalen Übel sprechen. Derartig schlecht bezahlte Arbeiter schaffen zwar ebenfalls einen Teil austauschbaren Reichtums, sie arbeiten mit dem Nationalkapital und brauchen es auf, und sie erzielen für den Fabrikanten Profite. Ein derartiges Anwachsen der Reichtümer auf Kosten der Menschlichkeit ist jedoch zu teuer bezahlt worden. Seit langem hat man erkannt, daß eine zu große Teilung von Grund und Boden bei der Landbevölkerung zu einer allgemeinen Notlage führte, in welcher der Landarbeiter trotz erhöhter Arbeitsleistung einen Lohn erhielt, der nicht zum Leben ausreicht. Obwohl durch die vermehrte Arbeit, zu der man den Arbeiter zwang, das Bruttoprodukt stieg, mußte man erkennen, daß ein Reichtum, der nicht für seine Hervorbringer zum Leben ausreicht, ein nationales Übel ist. Diese Tatsache trifft in gleicher Weise für die Industriearbeiter zu. Die Nation verarmt, anstatt reich zu werden, wenn das Einkommen lediglich einfach zunimmt, während sich gleichzeitig die Bevölkerung verdoppelt.

Sind jedoch die Löhne nur nominell niedrig, d. h. wird zum Beispiel der Arbeitstag eines Menschen mit zehn Sous bezahlt, wobei diese zehn Sous allerdings ebensoviele Lebensmittel und Bedarfsgüter repräsentieren wie anderswo zwanzig Sous, dann erlaubt der nationale Wohlstand nicht nur die Einrichtung von Fabriken, sondern er macht sie sogar erforderlich. Dieser niedrige Lebensmittelpreis, der die niedrigen Löhne verursacht hat, ist hier ein Zeichen für die Notlage der Landbevölkerung. Der Landbebauer findet offensichtlich keinen genügenden Absatz für seine Produkte. Die Verbraucher wohnen zu weit weg, und die Transportkosten sind zu hoch. Der Bau einer Fabrik in der Nähe ist für ihn noch lohnender als die Eröffnung eines günstigen Transportweges bis zum Markt; denn mit dem Bau der Fabrik rückt der Markt zu ihm heran. Die Menschen, die nun in der Nähe seines landwirtschaftlichen Betriebes arbeiten, verzehren jetzt den Überschuß an Lebensmtiteln. Die Erzeugnisse der Fabrik, die mengenmäßig stets geringer sind als die landwirtschaftlichen Produkte, lassen sich leichter ausführen. Jeder verdient in einem solchen Falle gut. Der Landwirt zieht größeren Nutzen aus seinem Boden, der Arbeiter lebt in Wohlstand, und der Kaufmann wird reich.

Oft gelang es, den niedrigen Preis der Arbeitskraft als einen nationalen Vorteil geltend zu machen. Dabei ließ man die Frage außer acht, ob der Preis nominell oder wirklich niedrig war. Man lobte den Patriotismus jener Fabrikanten, die sich weigerten, die Löhne der Arbeiter zu erhöhen. Die Regierungen haben sie häufig dabei unterstützt, indem sie bestimmte Lohnsätze festlegten und diese mit Gewalt aufrechterhielten. Es ist indessen schwierig, sich ein gleichzeitig unpolitischeres und ungerechteres Gesetz als gerade dieses vorzustellen. Das nationale Interesse wird nicht durch den Profit des Fabrikanten repräsentiert, sondern es findet vielmehr seinen Ausdruck in dem Gewinn aller Menschen, die an der Produktion mitwirkten, und im Teilhaben aller dieser Menschen am Nationaleinkommen, das aus der Arbeit hervorgeht. Sollte es sich die Staatsverwaltung einmal zum Ziel setzen, eine Klasse der Nation auf Kosten einer anderen zu begünstigen, dann müßten es unbedingt die Tagelöhner sein, die diesen Vorteil genießen. Unter jenen, die an der Produktion teilhaben, sind sie nämlich die zahlreichsten. Das Wohlergehen der Tagelöhner sicherzustellen, hieße, die große Masse des Volkes glücklich zu machen. Sie haben bescheidenere Ansprüche als alle anderen Schichten der Bevölkerung, sie ziehen geringeren Nutzen aus der sozialen Ordnung als alle anderen, sie schaffen die Reichtümer und haben fast gar keinen Anteil daran. Da die Tagelöhner gezwungen sind, von jenen, die sie beschäftigen, ihren Lebensunterhalt zu erkämpfen, sind sie kräftemäßig von vornherein die Unterlegenen. Es stimmt zwar, daß die Fabrikanten und die Arbeiter sich gegenseitig benötigen; aber diese Notwendigkeit zwingt den Arbeiter jeden Tag von neuem, während der Fabrikant durchaus zu warten in der Lage ist. Der erstere muß arbeiten, um überhaupt leben zu können; letzterer kann warten und immer noch leben, selbst ohne arbeiten zu lassen. Wer ist nicht bis ins Innerste erschüttert, wenn er sieht, daß sämtliche Arbeiter einer Industriestadt ihre Arbeit aufgeben, weil die Produzenten nicht bereit sind, noch einmal die Löhne zu erhöhen, die während eines Krisenjahres stark gefallen waren? Wer wird nicht schmerzlich berührt, wenn er sieht, wie sich die Arbeiter mit allen Entbehrungen abfinden, in der Hoffnung, endlich den Widerstand des Produzenten zu überwinden, während der Produzent gleichzeitig damit kalkuliert, daß jeder neue Tag das kleine Kapital einer unglücklichen Familie zerstört? Wenn einer solchen Familie bereits Hunger und Kälte drohen, der Fabrikant verspürt nach Jahren der Produktionsunterbrechung noch nicht einmal den geringsten Mangel. Während diese Unglücklichen um einen Lohn kämpfen, von dem ihr Leben und das Leben ihrer Kinder abhängt, und in ihrer Verzweiflung eine Ordnung respektieren, die sie vernichtet, werden sie von Soldaten und Häschern bewacht. Diese warten ungeduldig auf den geringsten Zwischenfall, um die Arbeiter den Tribunalen auszuliefern, von denen sie schwer bestraft werden. Wer weiß, ob sich nicht sogar einige Verräter unter die Arbeiter mischen, um sie zum Verbrechen anzustiften, dessen Bestrafung man mit Ungeduld herbeisehnt?

Der Reichtum der Nationen nimmt zu, wenn das Einkommen steigt; der Reichtum nimmt aber nicht zu, wenn das Einkommen der einen Klasse von einer anderen usurpiert wird. Nationen sind reich, wenn sie eine größere Menge von Erzeugnissen stets für ein und denselben Preis verkaufen, weil dann durch die Mehrproduktion sowohl das Einkommen des Reichen wie auch des Armen zunimmt. Eine Nation ist dagegen nicht als reich zu bezeichnen, wenn der Reiche das gewinnt, was dem Armen verlorengeht, wenn der Handelsprofit auf dem Sinken der Löhne beruht. Selbst wenn der niedrigere Preis der Arbeitskraft zur Ausdehnung des inneren Marktes führen sollte, wäre eine dadurch neu angeregte Produktion zu teuer bezahlt, sofern sie eine unglückliche und notleidende Bevölkerung hervorbrächte. Es darf nicht vergessen werden, daß der Reichtum lediglich der Ausdruck für die Annehmlichkeiten des Lebens ist; und das Wort würde wirklich nur für eine Sache stehen, wenn man künstlichen Reichtum schafft, indem man die Nation zu Armut und Elend verurteilt.

Der Lohn ist nicht nur eine Entschädigung für die Arbeit, die nach Stunden berechnet wird. Der Lohn ist das Einkommen des Armen, und infolgedessen muß er nicht nur für den Lebensunterhalt in der Zeit der Aktivität, sondern auch noch nach Niederlegung der Arbeit ausreichen. Der Lohn muß für den gesamten Lebensunterhalt aufkommen: in Kindheit, Mannesalter und Alter, in Gesundheit und bei Krankheit, an den Ruhetagen, die für die Erhaltung der Kräfte erforderlich sind, an gesetzlichen und kirchlichen Feiertagen sowie an allen Arbeitstagen.

Es ist nicht vorteilhaft, sondern vielmehr schädlich für die Prosperität eines Landes, eine Arbeit zu begünstigen, deren Lohn nicht für die verschiedensten Lebensnotwendigkeiten ausreicht. Eine derartige neu in Bewegung gesetzte Arbeit bringt stets eine Bevölkerung hervor, die arbeiten will. Aber eine solche unglückliche und leidende Bevölkerung befindet sich in stetiger Unruhe und wird zum Feind der bestehenden Ordnung. Sie wird für alle anderen gefährlich und sich selbst zur Last. Wenn eine solche Bevölkerung bereits existiert, muß sie der Not und Verzweiflung entrissen werden; man soll sich aber hüten, sie überhaupt erst entstehen zu lassen.

Wenn von der Obrigkeit ein Fonds eingerichtet und im Namen des Gesetzes verwaltet wird, um den Armen im Krankheitsfalle, in schweren Zeiten, bei Arbeitsunterbrechung, in Kindheit und Alter zu helfen, so wird ein solcher Fonds, den es in England tatsächlich als Armensteuer gibt, bald als eine selbstverständliche Ergänzung zu den Löhnen betrachtet werden. Wenn sich die Armen infolge des gesellschaftlichen Entwicklungsganges bereits in völliger Abhängigkeit von den Reichen befinden, wenn mehr Arbeit angeboten als nachgefragt wird, geben sich die Armen, die die Gewißheit besitzen, eine Hilfe bei Krankheit, im Alter und für ihre Kinder zu erhalten, mit einem geringeren Lohn zufrieden, und sie finden sich damit ab, daß ein Teil dessen, was ihnen rechtmäßig zusteht, von anderen für sie verwaltet wird, um als Reservefonds zu dienen. Außerdem muß zugegeben werden, daß die Armen, selbst wenn es die Armenunterstützung nicht gäbe, bereit wären, für einen unzureichenden Lohn zu arbeiten. Allein ein solcher Zustand kann nicht von Dauer sein, da die Armen sehr schnell zugrunde gerichtet würden.

In der Lage, in die England durch die Armensteuer versetzt wurde, kann man das Einkommen als aus zwei Teilen bestehend betrachten: einmal aus dem unzureichenden Lohn, den der Arbeiter für seine Arbeit erhält, zum anderen aus dem Fonds, der von der Öffentlichkeit in Form von Steuern erhoben wird und die Armen unterstützen soll. Dieser Fonds, der sich im vergangenen Jahr (im Jahre 1818) auf 8168340 Pfund Sterling belief, sollte für ein Elftel der Bevölkerung als Unterstützung dienen, d. h. für fünfhundertsechzehntausendneunhundertdreiundsechzig Personen ständig und für hundertdreiundzwanzigtausendsechshundertdreiundsechzig zeitweilig, im ganzen also für neunhundertvierzigtausendsechshundertsechsundzwanzig Personen, bei einer Gesamtbevölkerung von zehn Millionen hundertfünfzigtausendsechshundertfünfzehn Menschen, von denen ungefähr sechs Millionen überhaupt kein Eigentum besitzen. Die Unterstützten, die jährlich acht Pfund und vierzehn Shilling pro Kopf erhalten, konnten so noch bei geringstem Lohn ihr Leben fristen. Diese acht Pfund vierzehn Shilling, die der Fabrikherr an den Löhnen der Arbeiter einsparte, kamen zum Profit dazu, den die Kapitalisten schon aus der Arbeit der unterstützten Arbeiter zogen. Bei den vielen Ungerechtigkeiten und Mißständen, die aus derartigen verhängnisvollen Einrichtungen resultieren, darf man keineswegs eine sonderbare Einrichtung vergessen. Sie besteht darin, den Eigentümern einen Teil ihres Einkommens wegzunehmen, um daraus wieder ein Einkommen für die Manufakturbesitzer entstehen zu lassen, dergestalt, daß diese ihre Produkte den Ausländern ohne Profit für das eigene Land verkaufen können und sich den eigenen Aufwand vergüten lassen auf Kosten des Verlustes, den andere Schichten der Gesellschaft, nämlich die Arbeiter, zu tragen haben.

Im allgemeinen glaubt man, etwas für die Prosperität der

Nation getan zu haben, wenn man die Möglichkeit zur Beschäftigung von Kindern schafft und diese bereits seit frühestem Alter mit den Vätern in den Fabriken arbeiten läßt. Indessen zeigt der Kampf zwischen der Klasse der Arbeiter und den Kapitalisten stets, daß die Arbeiter für ihren Lohn, der ihnen gewährt wird, alle Arbeit geben, die sie überhaupt leisten können, ohne dabei zugrunde zu gehen. Wenn die Kinder noch nicht arbeiten, müssen die Väter genug verdienen, um für den Unterhalt der Kinder so lange aufzukommen, bis diese kräftemäßig zur Arbeit fähig sind. Ansonsten würden die Kinder jung sterben, und die Arbeit geriete bald ins Stocken. Aber sobald die Kinder einen Teil des Unterhalts verdienen, kann der Lohn der Väter reduziert werden. Aus der Beschäftigung von Kindern ergab sich keineswegs eine Einkommenssteigerung für die arme Klasse, sondern einzig und allein ein Anwachsen der Arbeit, die stets gegen die gleiche Summe Geldes ausgetauscht wird, bzw. es resultierte daraus ein geringerer Tageslohn, während der Gesamtpreis für die nationale Arbeit gleich geblieben ist. Für die Nation ist es also kein Vorteil, wenn die Kinder der Armen ihres einzigen Lebensglücks beraubt wurden, wenn ihnen die Freuden des Kindesalters genommen werden und sich die körperlichen und geistigen Kräfte nicht mehr beim Spiel und in ungetrübter Freiheit entwickeln können. Es bleibt ohne Gewinn für den Reichtum oder für die Industrie, wenn man Kinder von sechs bis acht Jahren in den Baumwollmanufakturen beschäftigt, wo sie in einer mit Wollfasern und Staub verunreinigten Luft zwölf bis vierzehn Stunden arbeiten und langsam an Schwindsucht dahinsiechen, noch bevor sie das zwanzigste Lebensjahr erreicht haben. Man müßte sich schämen, wollte man die Summe errechnen, mit der diese vielen menschlichen Opfer zu bezahlen wären; doch man begeht ja diese Verbrechen kostenlos.

Desgleichen wurde manchmal angenommen, daß man die Lage der Arbeiter erleichtern könnte, indem man nicht mehr die Einhaltung der durch die Religion festgesetzten Ruhetage fordert. Doch dadurch würde sich die Lage nur noch verschlimmern. Da die Arbeiter gezwungen sind, sämtliche Arbeit, die sie überhaupt ausführen können, gegen Unterhaltsmittel auszutauschen, müssen sie sechs Tage Arbeit bieten, um sieben Tage leben zu können, weil sie nicht die Erlaubnis besitzen, einen siebenten Tag zu arbeiten. Sobald ihnen aber die Einhaltung des Ruhetages erlassen würde, wären die Arbeiter gezwungen, ohne die geringste Unterbrechung jeweils für den täglichen Unterhalt zu arbeiten. Das erste Land, das diesen Ruhetag aufheben würde, erzielte zwar den Vorteil, den Absatz auf Grund gesenkter Preise auszudehnen, aber es würde allen Arbeitern der anderen Länder den Krieg erklären und ihnen den Broterwerb so lange rauben, bis sie sich den gleichen Bedingungen unterworfen hätten. Wenn dann auch die Arbeiter der anderen Länder auf ihren einzigen Genuß, auf den Ruhetag, verzichtet hätten, zöge auch der ehemalige Neuerer keinen Vorteil mehr daraus. Der Markt engte sich wieder ein, und die Arbeit würde für alle nur noch härter.

Die Sonntagsruhe ist keineswegs eine einfache hebräische Ordensregel, sie ist keine äußere Form des Religionskults nur eines einzigen Landes, wie z. B. die Reinigung des Blutes oder die Opferung, sondern die Sonntagsruhe ist ein wohltätiges Gesetz, das glücklicherweise gleichermaßen von den verschiedenen Religionen, von den Juden, Muselmanen und Christen eingehalten wird. Dieser Ruhetag ist den Menschen nicht etwa vorgeschrieben worden, damit sie ihre Gebete und religiösen Zeremonien verrichten können, sondern damit sie Entspannung und Freude kennenlernen. Die Ausgelassenheit und Heiterkeit bei Tanz und Gesang, alle die bescheidenen Vergnügungen, deren Bedürfnis der Mensch verspürt, sollen dann und wann auch dem Sklaven und dem Arbeiter ermöglicht werden. Nicht nur dem Gläubigen gewährten die zehn Gebote einen Ruhetag, sondern auch dem Sklaven und dem Fremden, der im Dienst der Juden ist, steht dieser Tag zu. Aber nicht nur allein dem Menschen, sondern auch den Tieren, dem Rind und dem Esel, die für den Menschen arbeiten, gebührt ein Tag der Ruhe, damit das Vieh ebenso wie der Mensch die Freuden des Daseins empfinden kann.

Es ist schwer zu verstehen, warum dieses wohltätige Gesetz von einem einzigen Land* der christlichen Völker geändert wurde und warum in diesem Land der Tag der Ruhe und Freude in einen Tag der Traurigkeit umgewandelt wurde. Mehr als eine verhängnisvolle Folge war das Ergebnis dieser Strenge. Die Untersagung der kleinen und unschuldigen Vergnügungen hat dem Charakter der Volksmasse einen düsteren und manchmal sogar schrecklichen Zug verliehen. Das Verbot von lauten Freuden führte zur Flucht in die Trunkenheit. Je mehr die Einhaltung des Ruhetages durch das Wegfallen aller öffentlichen Vergnügungen ihren eigentlichen Sinn verliert, um so mehr wird die Trunkenheit zu einem allgemeinen Laster des Volkes. Auf diese Weise hat die Moral das eingebüßt, was man der Einhaltung der religiösen Regeln zuzuschreiben glaubte.[35]

Aber, wird man sagen, wenn alle Arbeiter einer Nation sieben Tage anstatt sechs arbeiten, leisten sie mehr Arbeit, und es wird mehr Reichtum geschaffen. Wenn jeder Arbeiter statt zehn Stunden zwölf oder vierzehn Stunden am Tag arbeitete, wenn er anstatt als Tagelöhner im Akkord arbeitete und infolgedessen seine ganze Tatkraft und allen Eifer im Interesse der Arbeit einsetzen würde, wenn jedes Kind im frühsten Alter zu arbeiten begänne, wenn jeder alte Mensch bis ins hohe Alter hinein arbeiten würde, dann könnte die Produktion doch unendlich gesteigert werden. So ungefähr urteilte Arthur Young über Frankreich, dem er Müßiggang

* gemeint ist der Versuch, in England die Sonntagsruhe abzuschaffen.

35 Kürzlich haben die katholischen Priester die Strenge der englischen Puritaner imitiert. Sie wollten die Vergnügungen des Ruhetages untersagen. Auf diese Weise haben sie sich von der wohltätigen Einrichtung des Sonntags und damit von der alten Praxis ihrer Kirche entfernt.

vorwirft. Er berechnete die verlorene Zeit, oder vielmehr die für die Lebensfreude gewonnene Zeit, der kleinen Grundeigentümer Frankreichs und setzte sie in Vergleich zu der angeblich verlorenen Zeit bei den großen Pächtern und Tagelöhnern in England.

Dieser Sophismus läßt einen wesentlichen Grundsatz vergessen, den wir behandelten, als über die Entstehung des Reichtums gesprochen wurde. Der Mensch arbeitet, um sich im Anschluß daran ausruhen zu können. Er benötigt stets eine entsprechende Ruhepause, durch die er sich Genüsse verschaffen kann. Dem Fortschritt der Zivilisation ist es zu verdanken, daß sich ein Mensch für zehn, für hundert, sogar für tausend ausruhen könnte, d. h. er hätte die Möglichkeit, während eines einzigen Ruhetages alles das zu verzehren, was die anderen früher in zehn, hundert oder tausend Arbeitstagen hergestellt haben.

Dieses Mißverhältnis stellt weder das Ziel der Gesellschaft, noch dasjenige der Politischen Ökonomie, noch das des Reichtums, dem man stets eine große Sicherheit gewährte, dar. Im Gegenteil, wir müssen von einem Mißbrauch sprechen. Werden die Kinder der Armen und die armen alten Menschen ihrer Ruhe beraubt, verkürzt man die Nachtruhe der Tagelöhner zugunsten von Arbeitsstunden und entzieht man den Arbeitern ferner einige Stunden, die zur Ausübung der Religion dienten, um sie dem Kampf um das tägliche Brot hinzuzufügen, dann wird man gleichzeitig gezwungen sein, dem Luxus des Reichen neue Genüsse und neue Bequemlichkeiten zu verschaffen, damit er die Produkte der hinzugekommenen Arbeit auch verzehren kann. Gewiß, er selbst wird sich nicht dafür bedanken, daß man ihm diese neuen, so teuer erkauften und so wenig spürbaren Genüsse verschafft hat. Oft bemerkt er es nicht einmal, daß seine Wäsche deswegen feiner geworden und daß der Stahl, dessen er sich bedient, deshalb ein wenig mehr glänzt, weil einige hundert menschliche Wesen ihres Schlafes beraubt wurden, um beim Reichen eine neue Laune zu wecken und zu befriedigen.

Schließlich und endlich sei gesagt, daß das Ziel der Gesellschaft nicht von den Reichen repräsentiert wird. Reichtum ist für die Gesellschaft nur wünschenswert, wenn sich der daraus erwachsende Wohlstand auf alle Klassen der Gesellschaft ausbreitet. Insofern die Zunahme der Arbeit zur Vermehrung eines solchen Wohlstandes beiträgt, ist diese Arbeit eine nationale Wohltat. Sobald man jedoch jene, die die viele Arbeit verrichten, vergißt und nur jene betrachtet, die daraus Nutzen ziehen, kann diese vermehrte Arbeit eine schreckliche Notlage herbeiführen.

SECHSTES KAPITEL

VOM ZINS

Lohn und Profit bilden die Bestandteile, aus denen sich der Preis jeder Ware zusammensetzt. Der Lohn repräsentiert die unmittelbare Arbeit, die zur Herstellung einer Ware nötig war. Der Profit verkörpert den Gewinn aus einer bereits vergangenen Arbeit, die eine günstige Herstellung der Ware erlaubte. Beim Profit unterscheidet man wiederum zwei Teile: Erstens den Zins des Kapitalisten, der den reinen Kapitalzins darstellt und der von jeglicher Arbeit und Belohnung für die geschickte Anwendung des Kapitals durch den Arbeiter losgelöst ist. Zweitens den Handelsprofit, der diese Belohnung an sich darstellt und der, obwohl er sich nach der angewendeten Kapitalsumme richtet, dennoch der Natur des Lohnes entspricht, denn durch Geschicklichkeit wächst er und bei Nachlässigkeit geht er verloren.

Die Kaufleute, die nur selten zu unterscheiden wissen, ob sie auf Grund des Verlustes anderer verdienen oder wegen des allgemeinen Zunehmens des Reichtums Gewinne erzielen, stellen ihre Profite in Gegensatz zum Kapitalzins und betrachten infolgedessen den Handel als um so vorteilhafter für den Staat, je niedriger der Zinsfuß liegt. In der Tat, wenn ihnen ein Geschäft zehn Prozent für das angewendete Kapital einbringt, ist es besser für sie, sechs oder sieben Prozent davon für sich zu behalten und den Geldkapitalisten nur vier oder drei zu geben anstatt fünf. Man sieht allerdings, daß dieser Gewinn der einen Gruppe auf Kosten einer anderen erworben worden ist und daß das Nationaleinkommen dabei nicht im geringsten zunimmt.

Beim Sinken des Zinsfußes läßt sich von zwei Tatsachen lediglich eine feststellen: entweder daß das Kapital auf Grund eines vorhandenen Bedürfnisses zugenommen hat oder daß das Bedürfnis nach dem gleichen Kapital abgenommen hat. Der eine dieser beiden Umstände führt zur Prosperität, während der andere eine Krisensituation zur Folge hat. Bis man aber mit Gewißheit weiß, welcher Umstand überwiegt und bis zu welchem Grade die beiden Umstände miteinander verknüpft sind, kann man aus dem niedrigeren Zinsfuß keine Schlußfolgerungen ziehen, es sei denn die eine, daß die Geldkapitalisten einen Teil ihrer Einkommen verlieren. Wenn das Sinken des Zinsfußes die Auswirkung eines Kapitalüberschusses ist, steigt das Gesamteinkommen der Gesellschaft. Ein größeres Kapital verschafft den Geldkapitalisten ein größeres Einkommen, selbst dann, wenn der Zinsfuß gesunken ist. Die Kaufleute ihrerseits verdienen doppelt, nämlich an einer größer gewordenen Kapitalsumme und an einem niedrigeren Zinsfuß. Ein Teil des Einkommens der Geldkapitalisten geht an die Kaufleute über, und da dieser Teil als stellvertretend für die zu erzielenden Profite zu betrachten ist, erlaubt er den Kaufleuten, die Waren billiger zu verkaufen und den Handel auszudehnen. Wenn die niedrigeren Zinsfüße dagegen aus dem Stillstand des Handels herrühren, wird dieser Teil des Einkommens der Geldkapitalisten vernichtet, denn die Kaufleute profitieren nicht daraus, es kommt nichts zu ihrem Einkommen hinzu, und der Verlust betrifft die gesamte Nation.

Aus diesen Darlegungen geht hervor, daß die Bemühungen verschiedener Gesetzgeber, den Zinsfuß zu reduzieren, festzulegen oder gar ganz abzuschaffen, vernunftswidrig sind. Die Versuche zur Abschaffung und Aufhebung jeglichen Zinses unter dem Vorwand von Wucher sind im allgemeinen die Folge religiöser Vorurteile und der Manie, die Gesetzgebung der Hebräer auf das moderne Europa anzuwenden. Derartige Bemühungen führten stets dazu, daß sich die vertragschließenden Partner in ein Mysterium einhüllen mußten, wofür sie sich bezahlen ließen und was für die einen bzw. für die anderen einen Fall des guten Glaubens darstellte. Oder die Kapitalisten wurden gezwungen, auf Grund solcher Bestrebungen Kapitalien außerhalb des Landes anzulegen, weil sie diese nicht mit der gleichen Sicherheit und mit dem gleichen Gewinn im eigenen Lande anwenden konnten. Die staatliche Festlegung eines Zinsfußes ist unsinnig, unsinnig deshalb, da der Profit, der erzielt werden kann, variabel ist und von den jeweiligen Bedürfnissen abhängt. Aus diesem Grunde muß der Zins, der für die Anwendung des Kapitals gezahlt werden soll, entsprechend dieser Bedürfnisse und dieser Profite schwanken. Schließlich ist der Versuch an sich, die Zinsfüße herabzusetzen, politisch nicht vertretbar. Der Zins stellt einen Teil des Nationaleinkommens dar, und betrachtet man ihn nur für sich, ist es vorteilhaft, wenn er hoch ist. Die Herabsetzung des Kapitalzinses würde also ein nationales Übel sein. Es stimmt zwar, daß dieser Übelstand häufig das Anzeichen von etwas Gutem ist, wenn nämlich das Anwachsen der Kapitalien dadurch angezeigt wird, aber durch die willkürliche Verstärkung dieses Symptoms verbessert man noch längst nicht die Tatsachen an sich, ebensowenig wie man durch das Aufziehen einer Uhr den Zeitlauf beschleunigen kann.

Wenn ein niedriger Zinsfuß die Folge von Kapitalüberfluß ist, hat der nationale Wohlstand um den Zins zugenommen, den die neuen Kapitalien abwerfen; denn das allgemeine Einkommen ist beträchtlicher geworden, selbst wenn jedes einzelne aus jeweils tausend Talern entstandene Einkommen verhältnismäßig geringer geworden ist. Aber unabhängig von dem größeren Reichtum des Kapitaleigentümers weitet sich auch der Handel aus, auf Grund der vorteilhaften Bedingungen, zu denen das Kapital ausgeliehen werden kann. Mit größeren Kapitalien sind die Fabrikanten und Kaufherren in der Lage, ihre Ankäufe und Verkäufe zu einem günstigeren Zeitpunkt zu tätigen. Nichts drängt sie, übereilt zu handeln, und nichts zwingt sie zu irgendwelchen Opfern. Durch Arbeiten in größerem Stile werden ferner sowohl Zeit als auch Kosten eingespart, die bei einer kleinen Summe im gleichen Maße anfallen würden wie bei einer großen Summe.

Das sind vielleicht die einzigen Vorteile, die sich für die Produktion aus der Anwendung eines größeren zirkulierenden Kapitals ergeben, sofern die Bedürfnisse begrenzt sind. Meist aber lassen sich die Bedürfnisse, d. h. die Nachfrage auf dem Markt, ausdehnen, und die Zunahme des zirkulierenden Kapitals erlaubt die Ausführung einer größeren Produktion, was insgesamt einen größeren Profit zur Folge hat, wenngleich der jeweilige Einzelprofit auf das vorgeschossene Kapital geringer ist. Eine Gesellschaft, die auf zwanzig Millionen zirkulierendes Kapital zehn Prozent erzielt, zur Hälfte Kapitalzins, zur Hälfte Profit, erzielt bei vierzig Millionen, die nur noch acht Prozent einbringen und in gleicher Weise in das Einkommen des Geldkapitalisten und in das Einkommen des Kaufherrn zerfallen, einen Zuwachs von sechshunderttausend Francs. Ein niedrigerer Zinsfuß veranlaßt den Fabrikanten fast immer dazu, bei der Produktion ein größeres fixes Kapital anzuwenden, die Arbeitsteilung voranzutreiben und mehr Maschinen einzusetzen, was zu einer erneuten Senkung des Preises seiner Erzeugnisse führt. Letzteres soll allerdings erst im folgenden Kapitel näher beleuchtet werden.

Die Zunahme des zirkulierenden Kapitals jedenfalls, aus der sich eine Verringerung des Zinsfußes und Einsparungen im Produktionsprozeß ergeben, ist für jede Nation im Vergleich zu anderen Nationen, ein Vorteil, weil die Herstellungspreise gesenkt, der Markt ausgedehnt und der Absatz auf Kosten der ausländischen Konkurrenten erhöht werden können. Betrachtet man jedoch eine völlig isolierte Nation oder vielmehr die gesamte handeltreibende Welt, so ist eine Zunahme der Kapitalien nur dann wünschenswert, wenn gleichzeitig auch deren Anwendungsmöglichkeiten wachsen. Nun ist aber das Sinken des Kapitalzinses jedesmal ein sicheres Zeichen dafür, daß die Anwendung des Kapitals im Verhältnis zu seiner Größe abnimmt, so daß schließlich dieser niedrigere Zinsfuß, der für den einen einen Vorteil darstellt, für die anderen Nachteile mit sich bringt. Entweder es sinken die Kapitalrenten der Landsleute, oder aber für die Ausländer bedeutet das Sinken des Zinsfußes den Entzug von Arbeit.

SIEBENTES KAPITEL

VON DER ARBEITSTEILUNG UND VON DEN MASCHINEN

Die Akkumulation von Kapitalien und das Herabsetzen des Zinsfußes veranlassen den Fabrikanten fast immer zu zwei Dingen: zur Arbeitsteilung und zur Anwendung von Maschinen. Beides trägt dazu bei, den Herstellungspreis zu senken und infolgedessen den Absatz zu erweitern. Die Arbeitsteilung setzt aber voraus, daß das Unternehmen auf einer breiten Basis ruht, damit jeder Arbeiter, der jetzt nur noch einen einzigen Arbeitsgang ausführt, ständig beschäftigt werden kann. Die Arbeitsteilung erfordert also mehr zirkulierendes Kapital. Andererseits ist für die Vermehrung der Maschinen, die die Arbeit des Menschen ersetzen oder verringern sollen, anfangs stets eine kostspielige Einrichtung, ein großer Vorschuß nötig, der nur langsam wieder eingebracht wird. Infolgedessen braucht man also auch tote Kapitalien, zu denen man im Bedarfsfalle greift, womit eine Art dauernder Rente geschaffen wird.

Die zunehmende Arbeitsteilung ist, wie wir schon sahen, die wesentlichste Ursache für das Zunehmen der Produktionsmöglichkeiten. Jeder Arbeiter, der nur einen einzigen Arbeitsgang ausführt, verrichtet diesen besser; und wenn seine ganze Arbeit schließlich auf den einfachsten Vorgang beschränkt bleibt, gelingt es ihm, diese Arbeit mit derartiger Leichtigkeit und Schnelligkeit zu erledigen, daß man kaum noch mit den Augen zu folgen vermag und nur schwer begreift, daß die menschliche Hand einen solchen Grad von Geschicklichkeit und Geschwindigkeit erreichen kann.

Oft läßt diese Arbeitsteilung erkennen, daß der Arbeiter

nichts weiter als eine Maschine ist und darum tatsächlich durch eine Maschine ersetzt werden kann. Mehrere große Erfindungen der industriell angewendeten Mechanik sind das Ergebnis einer entsprechenden Beobachtung. Durch die Arbeitsteilung hat der Mensch jedoch vieles eingebüßt, nämlich Intelligenz, Körperkraft, Gesundheit, Freude, alle jene Eigenschaften, die er sich vorher bei der mühevollen Schaffung des Reichtums erworben hatte.

Geist und Seele entfalten sich erst durch die Vielfalt der Handgriffe. Eine Nation braucht Menschen, um aus ihnen Bürger zu machen, nicht aber Maschinen, die den eigentlichen Maschinen gleichen, die man mit Wasser und Feuer antreibt. Die Arbeitsteilung hat Arbeitsgängen Wert verliehen, die derartig leicht sind, daß sie von kleinsten Kindern ausgeführt werden könnten. Und Kinder, die noch keine Gelegenheit hatten, ihre Fähigkeiten überhaupt zu entwickeln oder auch nur eine einzige Lebensfreude kennenzulernen, sind in der Tat dazu verdammt worden, Räder in Bewegung zu halten, Hähne auf und zu zu drehen oder Spulen zu wickeln. Das Ergebnis einer solchen Arbeitsteilung schlägt sich zwar in mehr Tresse, mehr Nadeln, mehr Garnen und Geweben aus Seide und Baumwolle nieder; aber zu welchem verabscheuungswürdigen Preis sind sie erkauft worden, wenn sich dahinter die Aufopferung tausender Menschen verbirgt!

Durch die Arbeitsteilung wird stets ein Teil des Nationalkapitals festgelegt, nicht lediglich in Gestalt von Maschinen, sondern auch in Gestalt von Arbeitern, die Arbeitsgänge daran ausführen. Der Arbeiter benötigte eine gewisse Ausbildung, dazu eine bestimmte Zeit einschließlich Unterhalt ohne eigenes Einkommen, um diese spezifische Fähigkeit zu erwerben, durch die er den anderen Menschen überlegen ist. Der Arbeiter in einer Nadelfabrik, der Weber oder der Spinnereiarbeiter besitzt etwas höhere Fertigkeiten als eine gewöhnliche Arbeitskraft. Sie alle haben die Kenntnisse ihres speziellen Handwerks durch mehr Arbeit und durch größere Entbehrungen erworben. Der Verlust an Kapital, das für ihre Ausbildung angewendet wurde, ist gar nicht zu merken, da dieses Kapital von den kleinen Vorschüssen oder geringen Ersparnissen der Eltern verauslagt wurde. In Wirklichkeit hat natürlich doch alles eine bestimmte Summe gekostet, und die Arbeit müßte nunmehr, abgesehen vom gewöhnlichen Lohn, eine gewisse Rente abwerfen. In den Handelskrisen erweist sich jedoch meist das Gegenteil. Der Fabrikarbeiter arbeitet für einen viel niedrigeren Lohn als der Tagelöhner in der Landwirtschaft oder der Bauarbeiter. Die Geschicklichkeit, die der Fabrikarbeiter erworben hat, diente lediglich dazu, den unzureichenden Preis der Arbeit, d. h. den Lohn dergestalt aufzubessern, daß er in seiner Höhe den laufenden Unterhalt bestreiten kann.

Obwohl die Einförmigkeit der Handgriffe, auf die sich die Tätigkeit der Arbeiter in einer Fabrik beschränkt, scheinbar der Intelligenz schaden, ist es indessen richtig zu behaupten, daß entsprechend glaubwürdigster Beobachtungen in England die Manufakturarbeiter den Landarbeitern geistig, moralisch und bildungsmäßig überlegen sind. Sie verdanken diese Überlegenheit den zahlreichen Bildungsmöglichkeiten, die in diesem Lande allen Bevölkerungsschichten geboten werden. Da man unaufhörlich zusammen lebt, weniger erschöpft ist und sich viel unterhalten kann, verbreiten sich Gedanken schnell. Sofern die Arbeiter erst einmal angeregt und angereizt sind, erheben sie sich durch Wetteifern bald über die Arbeiter anderer Länder. Diese moralische Überlegenheit ist in anderer Weise ebenso wichtig wie das Wachstum des Reichtums. Andererseits ist aber die moralische Erniedrigung, bedingt durch die Einrichtung der Manufakturen, ein Übel, das durch kein Anwachsen der Produktion ausgeglichen werden kann. Es ist und bleibt ein Übelstand, Menschen ins Leben gerufen zu haben, denen man von vornherein sämtliche Freuden des Daseins raubt sowie dem Vaterlande Bürger zu geben, die ihr Vaterland nicht lieben und sich mit der herrschenden Ordnung nicht verbunden fühlen. Hinzu kommt, daß es als schlechte Spekulation angesehen werden muß, wenn solche Menschen mit ihrer Arbeit ein Einkommen erwerben, das nicht einmal für ihre Ausgaben ausreicht, ganz abgesehen davon, das nicht das Kapital ersetzen wird, das zum Zwecke ihrer Ausbildung akkumuliert worden war.

Die Anwendung von Maschinen, die die Arbeit des Menschen ersetzen sollen, ist verbunden mit dem Prozeß der Neuanwerbung und Ausbildung von Arbeitern. Desgleichen veranlaßt die Herabsetzung des Zinsfußes zu Überlegungen bezüglich der produktiven Anwendung von überschüssigem Kapital. Die Produktionssteigerung, die sich daraus ergibt, erweist sich als vorteilhaft, wenn sie auf Nachfrage beruht, d. h. wenn sie einem gestiegenen Verbrauch entspricht. Eine Produktionssteigerung wird allerdings die Ursache allgemeinen Leidens, wenn sie nur auf dem Anwachsen der Kapitalien, nicht aber auf der Zunahme der Einkommen begründet ist, d. h. wenn sie lediglich dem Erfinder die Möglichkeit verschafft, seinen Konkurrenten den Krieg zu erklären und ihnen die Kundschaft zu rauben.

Bei der erneuten Entwicklung von Landwirtschaft und Gewerbe gab es sehr viel Arbeit, aber es mangelte an Arbeitskräften; die armen Bevölkerungsschichten waren durch Unterdrückung stark reduziert. Auf dem Lande blieben viele Felder unbestellt, in den Städten gab es zahlreiche verlassene Werkstätten, und die Landesherren brauchten für den Krieg so viele Soldaten, daß es schien, daß die Arbeitskräfte gar nicht genug schonend behandelt werden mußten. Jedem Arbeiter, der sein Gewerbe aufgegeben hatte, boten sich gleich zehn andere. Die Zustände sind heute nicht mehr die gleichen, und es fehlt an Arbeitsplätzen. Einige Ursachen dafür haben wir bereits angeführt, weitere werden wir noch untersuchen. Indessen wird zweifellos jeder der Meinung sein, daß das Ersetzen eines Menschen durch eine Maschine nur dann angebracht ist, wenn dieser Mensch auch wieder neue Arbeit findet. Niemand wird behaupten, daß es besser sei, die Bevölkerung setze sich aus Dampfmaschinen anstatt aus Bürgern zusammen, selbst wenn die von Arbeitern verfertigten Stoffe teurer sind als die von Maschinen erzeugten Gewebe.

Eine größere Arbeitsteilung, die stets im Zusammenhang mit einem beträchtlicherem zirkulierendem Kapital und der Aufwendung eines umfangreicheren fixen Kapitals steht, kann einen Vorteil für den Unternehmer bedeuten und seine Manufaktur zur Blüte bringen, ohne daß sich dabei unbedingt auf einen Vorteil der ganzen Gesellschaft schließen ließe. Hätte der Unternehmer seinen Betrieb auf Grund einer größeren Nachfrage ausgedehnt, wäre der gesellschaftliche Nutzen gewiß, den Arbeitern würde weiterhin der gleiche Lohn gezahlt, unabhängig davon, daß für die Beschäftigung von mehr Arbeitern ein größeres zirkulierendes Kapital aufgewendet werden müßte. Auch die Geldkapitalisten erhielten den gleichen Zinssatz, obwohl die hinzugekommenen Maschinen zusätzliche Kapitalien verschlungen haben. Der Unternehmer selbst erzielte den gleichen durchschnittlichen Profit, wenngleich jetzt von einem größeren Kapital.

Richtet sich die Produktion eines Fabrikanten jedoch nicht nach einer neuen Nachfrage, sondern ausschließlich nach einem Angebot überschüssigen Kapitals, das zu günstigen Bedingungen ausgeliehen wird, dann kann die Nutzung dieses Kapitals zum Bau von Maschinen dennoch ein nationaler Vorteil sein, wenn auch auf Kosten der ausländischen Produzenten. Mit Hilfe der Maschinen kann der Fabrikant mehr produzieren, billiger verkaufen und infolgedessen Kunden im Ausland suchen. Er läßt aus Kapitalien, ohne seine produktive Tätigkeit ungenutzt, Einkommen entstehen. Die Löhne im eigenen Lande werden dadurch nicht niedriger, wenngleich die Löhne und Einkünfte im Ausland sinken. Für sich selbst erzielt der Unternehmer schließlich aus diesem neuen Kapital einen Profit, aus welchem die Zinsen für den Geldkapitalisten abgegolten werden können.

Wenn aber ein Fabrikant ohne gestiegene Nachfrage und ohne Erhöhung der Kapitalien lediglich einen Teil seines zirkulierenden Kapitals in Maschinen umwandelt, dabei Arbeiter entläßt, deren Arbeit nun von Maschinen verrichtet wird, wenn er ferner seinen Absatz nicht erweitern kann,

d. h. also lediglich einen höheren Profit erzielt, weil er billiger produzieren kann, dann ist der Verlust für die Gesellschaft beträchtlich, gleichgültig wie groß der Vorteil für den einzelnen dabei ist.

Diese drei verschiedenen Fälle treten übrigens in Wirklichkeit fast nie in so reiner Form auf. Einer leichten Zunahme der Nachfrage folgt meistens eine Produktion, die die anfängliche Nachfrage bereits bei weitem übersteigt. Das Kapital, das für den Bau neuer Maschinen angewendet wird, kann zum Teil neu sein, aber auch zum Teil vom zirkulierenden Kapital, von dem die Löhne gezahlt werden, abgetrennt worden sein. Das Ergebnis der verschiedenen Kombinationsmöglichkeiten kompliziert sich schließlich außerordentlich dadurch, daß der Fabrikant selbst nur selten wissen kann, ob er die Nachfrage angeregt hat, oder ob er von ihr ursprünglich zur Mehrproduktion angehalten wurde.

In Ländern, wo die Lebensmittel billig sind, erweisen sich Fabriken mit vielen Arbeitskräften als angebracht, weil dadurch die Nachfrage zunimmt. Desgleichen kann für ein Land, wo der Kapitalzins niedrig ist, eine Manufaktur mit großem fixem Kapital, d. h. mit großen Vorschüssen, vorteilhaft sein, weil Kapitalien nutzbar und nutzbringend gemacht werden, die ansonsten keine Anwendung gefunden hätten. Indessen ist es noch einfacher, die Kapitalien anstatt die Industrie zu versetzen. Kapitalien, die in einer reichen Stadt keine Verwendung finden, können in einer armen Stadt angelegt werden. Die Arbeiter allerdings, die entlassen werden, weil ihre Arbeit nunmehr von einer Maschine verrichtet wird, laufen Gefahr, Hungers zu sterben.

Der Überfluß, entweder an Lebensmitteln oder aber an Kapital, ist jeweils ein guter Hinweis dafür, in welche Richtung man die fleißige Bevölkerung eines Landes lenken sollte. Im allgemeinen sind es keineswegs die gleichen Gegenden, die für die Manufaktur beide Vorteile bieten. In den reichen Städten, wo Kapital im Überfluß vorhanden ist und wo außerdem die Lebensmittelpreise niedrig sind, ist das Leben dennoch teuer, weil die Mieten sehr hoch sind.

Wollte man hier Fabriken einrichten, so müßten es solche sein, die viel Kapital und viele wissenschaftliche Kräfte, aber nur wenige Arbeiter benötigen. In den armen Ländern dagegen, wo es Transportschwierigkeiten gibt, wo sich die Lebensmittel schlecht verkaufen lassen und wo die Landwirtschaft mangels an Verbrauchern darniederliegt, kann man nur solche Fabriken bauen, die viele Arbeitskräfte beschäftigen und nur in geringem Maße auf Kapitalien und technische Einrichtungen angewiesen sind. So entsprechen beispielsweise Uhren- und Schmuckmanufakturen ganz und gar den Gegebenheiten der Stadt Genf. Je mehr sich nämlich eine Industrie vervollkommnet, um so größer wird die Nachfrage nach Kapital und Fachkräften und um so besser paßt sie zu einer reichen Stadt, in der das Leben teuer ist. Andererseits aber muß diese Stadt auf Spitzenwebereien sowie auf Woll- und Baumwollspinnereien verzichten, auf Manufakturen also, in denen der Lohn für ungelernte Arbeitskräfte einen größeren Teil ausmacht als der Kapitalzins.

ACHTES KAPITEL

DIE ERGEBNISSE DES BESTREBENS, BILLIGER ZU PRODUZIEREN

Wir haben gesehen, daß das Bemühen der Produzenten, sich gegenseitig die Kunden wegzunehmen, dazu führte, stets mehr und billiger zu produzieren, ohne dabei die Nachfrage im Handel zu beachten. Es wurde bereits dargelegt, daß, wenn die Nachfrage nicht wächst, die Konkurrenz, durch die sich einige wenige bereichern können, einen sicheren Verlust für alle anderen bedeutet. Zu recht wird man einwenden, daß eine neue Produktion ihrerseits wieder ein neues Einkommen entstehen läßt und daß selbst dann, wenn die Nachfrage, die sich aus diesem neuen Einkommen ergibt, erst im Anschluß an die Produktion anfällt, noch immer kein Hinderungsgrund dafür besteht, daß die Produktion verbraucht wird. Das ist ohne Zweifel richtig, aber das neue Einkommen, das der neuen, billigeren Produktion entstammt, muß in dem Falle niedriger als die neue Produktion sein. Diese Behauptung scheint aus sich selbst heraus klar zu sein. Wir wollen sie indessen noch durch einige Beispiele genauer belegen.

Die erste Auswirkung der Konkurrenz bestand darin, daß die Löhne gesenkt wurden und gleichzeitig die Zahl der Arbeiter zunahm. Denken wir uns hundert Arbeiter, von denen jeder in einer Tuchfabrik 300 Francs im Jahr verdient. Die Jahresproduktion soll zehntausend Ellen Stoff betragen, und das Einkommen der Arbeiter sowie ihr Verbrauch belaufen sich auf 30000 Francs. Nach zehn Jahren sind in der gleichen Fabrik bereits zweihundert Arbeiter beschäftigt, deren Jahreslohn aber nur noch 200 Francs beträgt. Die Produktion hat sich sicher verdoppelt, beträgt also zwanzigtausend Ellen Stoff. Das Einkommen und der Verbrauch der Arbeiter sind indessen nicht auf 40000 Francs gestiegen. Das Einkommen der Arbeiter hat also nicht proportional zum Wachstum der Produktion zugenommen.

In der gleichen Fabrik bringt ein zirkulierendes Kapital von 100000 Francs dem Fabrikanten jährlich 15000 Francs ein; davon fallen dem Geldkapitalisten 6% Zinsen bzw. 6000 Francs zu, es bleiben also 9000 Francs. Die Erhöhung der Kapitalien und die Herabsetzung der Zinsen erlaubten es dem Fabrikanten, das Unternehmen zu vergrößern und sich mit geringeren Profiten zufriedenzugeben, da ja jetzt mit höheren Kapitalsummen gearbeitet wird. Es stecken nunmehr 200000 Francs in dem Unternehmen, und es werden 4%, d. h. 8000 Francs an den Geldkapitalisten gezahlt. Dem Unternehmer bleiben zwar nur 8%; trotzdem glaubt er, ein gutes Geschäft gemacht zu haben; denn sein Einkommen ist von 9000 auf 16000 Francs gestiegen. Dasjenige des Geldkapitalisten übrigens von 6000 auf 8000 Francs. Bei verdoppelter Produktion sind aber das Einkommen des Produzenten und Geldkapitalisten, und infolgedessen ihr Verbrauch dennoch lediglich im Verhältnis von fünf zu acht gestiegen.

Hinzu kommt, daß der Fabrikant den Kapitalüberfluß insofern ausnutzt, als er in seiner Fabrik zusätzliche Maschinen aufstellt und dadurch das Jahresprodukt verdoppelt. Für die Maschinen verausgabt er 200000 Francs, die er sehr gut angelegt glaubt, da er daraus den gleichen Profit zieht wie aus den ersten in Umlauf gesetzten 200000 Francs, d. h. 8% für sich selbst und 4% für den Geldkapitalisten, insgesamt also 24000 Francs.

Doch hier macht sich jetzt vor allem das Sinken des Verbrauchs bemerkbar. Zehn Jahre zuvor betrug das Jahresprodukt zehntausend Ellen Stoff, und das den Verbrauch repräsentierende Einkommen belief sich auf 45000 Francs: 30000 für die Arbeiter, 6000 für den Geldkapitalisten und 9000 Francs für den Produzenten. Jetzt, nach zehn Jahren, beträgt das jährliche Produkt vierzigtausend Ellen desselben Stoffes, das den Verbrauch repräsentierende Gesamteinkommen beläuft sich aber nur auf 80000 Francs, d. h. 40000 für die Arbeiter, 8000 für jenen Geldkapitalisten, der das zirkulierende Kapital ausgeliehen hat, 8000 für den Geldkapitalisten, der das fixe Kapital zur Verfügung gestellt hat, und 32000 für den Fabrikanten, davon 16000 Francs als Profit aus dem zirkulierenden Kapital und 16000 Francs als Profit aus dem fixen Kapital. Die Produktion ist also vervierfacht worden, während sich der Verbrauch noch nicht einmal verdoppelt hat. Bei dieser Rechnung ist es nicht erforderlich, den Verbrauch jener Arbeiter in Betracht zu ziehen, die die Maschinen hergestellt haben. Dieser Verbrauch wird mit von den 200000 Francs gedeckt, die anfangs investiert wurden. Außerdem fällt der Verbrauch der die Maschinen produzierenden Arbeiter einem anderen Unternehmen zu, in dem ebensolche Verhältnisse herrschen können.

Wenn indessen die Produktion vervierfacht wird und das Einkommen dabei nur auf das Doppelte anwächst, muß es irgendwo eine Industrie geben, deren Einkommen auf das Vierfache steigt, während sich dort die Produktion nur verdoppelt. Oder aber es kommt zu Überlastungen im Handel, zu Verkaufsschwierigkeiten und hohen Verlusten. Jeder Erzeuger rechnet mit dem Unbekannten, mit dem ausländischen Käufer. Er glaubt an die Entstehung neuer Einkommen in irgendeinem anderen Industriezweig, ohne sich genaue Rechenschaft darüber abzulegen. Alle Industrien ähneln sich jedoch, alle Ausländer stehen in Verbindung miteinander und vergleichen die Preise, so daß die Rechnung, die man zunächst nur für ein einziges Unternehmen aufgestellt hatte, sehr bald für das ganze Land und schließlich für die gesamte Handelswelt zutrifft.

Die Tatsachen, die wir soeben darlegten, tragen allgemeinen Charakter. Jeder Fabrikant, der seinen Betrieb vergrößert, und zwar nicht auf Grund der Nachfrage, die es ihm ermöglicht hätte, jedem Arbeiter den gleichen Lohn, auch bei Einstellung neuer Arbeiter, weiterzuzahlen und sämtliches

Kapital, selbst bei Anwendung einer höheren Summe, zum gleichen Zinsfuß auszuleihen, jeder dieser Fabrikanten wird also auf die gleichen Ergebnisse stoßen, wenn er die Endrechnung in seiner Fabrik vornimmt. Wenn er sich, anstatt nur an sich zu denken, ebenfalls mit den übrigen gleichartigen Industriezweigen seines Landes beschäftigt, wird er diese Rechnung abermals bestätigt finden. Der Handel kann sich ausdehnen, wenn aber diese Zunahme des Handels darauf beruht, daß die ehemaligen Löhne und Zinsfüße gesunken sind, dann stimmt der Verbrauch keineswegs mehr mit der Produktion überein, was im Endergebnis niemals zu größerem allgemeinen Wohlstand führt.

Diese Rechnung widerspricht bereits in ihrer ganzen Anlage einem der am meisten verfochtenen Grundsätze der Politischen Ökonomie, nämlich jenem, daß die freie Konkurrenz für den günstigsten Verlauf der Industrieproduktion sorgt, daß jeder einzelne Fabrikant seine eigenen Interessen viel besser vertreten könne, als das eine unwissende und unaufmerksame Regierung überhaupt vermöchte, und daß das Interesse des einzelnen schließlich das Interesse aller repräsentiere. Sowohl die eine als auch die andere Behauptung trifft zu, die Schlußfolgerung indessen ist nicht richtig. Das Interesse jedes einzelnen, sofern es von allen anderen in Grenzen gehalten wird, wäre in der Tat das Interesse aller. Aber, da jeder einzelne seinen persönlichen Vorteil ebenso auf Kosten der anderen wie durch die Entfaltung seiner eigenen Möglichkeiten zu erreichen sucht, wird das Interesse nicht immer durch Kräfte gezügelt, die die eigenen in Schranken halten. Der Stärkste versteht es, seinen Vorteil im Nehmen zu finden, und der Schwächere kommt noch auf seine Kosten, wenn er dem Stärkeren keinen Widerstand leistet; denn das geringere Übel ist ebenso wie der größte Vorteil Ziel der menschlichen Politik. Oft setzen sich gewisse Ungerechtigkeiten im Kampf der Interessen durch, so daß diese Ungerechtigkeiten dann sogar von der staatlichen Macht unterstützt werden, da sich die Regierung unparteiisch glaubt, und es auch tatsächlich ist, weil sie sich, ohne die Umstände überhaupt näher zu untersuchen, stets auf die Seite des Stärkeren schlägt.

Betrachten wir jene Fabrik, von der wir sprachen, so werden wir sehen, daß das Interesse des einzelnen, allerdings ebenfalls ein aufgezwungenes Interesse, zu einem Resultat führt, das dem Interesse der meisten, und im Endergebnis sogar dem Interesse aller, zuwiderläuft.

Aus der natürlichen Entwicklung der Gesellschaft resultiert ein beständiges Anwachsen des Kapitals, während eine schlechte soziale Ordnung – wir werden diesen Fall an anderer Stelle behandeln – eine fortwährende Zunahme der arbeitenden Bevölkerung und ein Angebot an Arbeitskräften bedingt, das gewöhnlich die Nachfrage nach Arbeit übersteigt. Der Fabrikant steht mit seiner Manufaktur stets diesen beiden sich stets weiter entwickelnden Kräften gegenüber. Er wendet 100000 Francs Kapital an und beschäftigt hundert Arbeiter für einen Lohn von 300 Francs. Ein zweiter Geldkapitalist bietet ihm weitere 100000 Francs, und es ist im Interesse des Fabrikanten, dieses Angebot anzunehmen, da er, wie wir bereits sahen, sein Einkommen von 9000 Francs auf 16000 erhöhen kann. Einem geringeren Kapitalzins zuzustimmen, liegt durchaus im Interesse der beiden Geldkapitalisten, weil sonst die Hälfte des Kapitals ungenutzt bliebe, während bei der Zustimmung zu 4%, anstelle von 6%, das gesamte Einkommen des Geldkapitalisten von 6000 auf 8000 Francs steigt. Schließlich entspricht es den Interessen der arbeitenden Klasse, sich mit einer niedrigeren Bezahlung abzufinden, sei es nun, daß sie tatsächlich zahlenmäßig zugenommen hat, oder sei es, daß die Nachfrage nach Arbeitskräften auf Grund von Maschinen gesunken ist. Würde die arbeitende Klasse ihr Anwachsen nutzen, um die Maschinen zu zerstören, stieße sie auf den Widerstand der öffentlichen Gewalt. Jeder verzichtet also im eigenen Interesse auf einen Teil seines Einkommens, bis schließlich jener, zugunsten dessen alle diese Opfer gebracht werden und der alle Früchte zu ernten scheint, seinerseits bemerkt, daß bei niedrigen Löhnen weniger gekauft wird und daß die Produktion seiner Fabrik nicht mehr der Nachfrage des Marktes entspricht.

Unter welchem Gesichtspunkt man auch immer das Wachstum des Reichtums betrachten mag, man kommt stets zum gleichen Ergebnis. Erfolgt das Wachstum des Reichtums stufenweise, proportional und ohne Übereilung in richtigen Ausmaßen, dann herrscht allgemeiner Wohlstand. Sobald aber die einzelnen Bestandteile des Reichtums nicht mehr gleichzeitig wirken, sondern sich mit unterschiedlicher Schnelligkeit entwickeln, kommt es zu Mißständen. Wir sahen jenen Übelstand, der sich aus einem zu schnellen Verbrauch im Verhältnis zur Einkommensentwicklung ergab, und jenen, der aus einer den Verbrauch übersteigenden Produktion resultierte. Ferner wurden wir bereits mit jenem Mißstand konfrontiert, der aus einer Wirtschaft herrührt, die mehr Kapitalien hervorbringt als auf Grund der vorhandenen Bedürfnisse in der Industrie angewendet werden können. Das größte Leid und Elend erwächst jedoch, wenn die arbeitende Bevölkerung dermaßen zugenommen hat, daß sie bei weitem die Nachfrage nach Arbeitskräften übersteigt.

Es will scheinen, als wäre jeder einzelne bestrebt, den Einsatz der Maschinen zu verstärken und zu beschleunigen. Vielleicht sollte die Aufgabe der Regierung darin bestehen, diese Bewegung zu verlangsamen, um sie in die rechten Bahnen zu lenken.

Bei der Schaffung des Reichtums gibt es durchaus Raum zur Entfaltung der menschlichen Aktivität, sofern der geschaffene Reichtum einem gemeinsamen Fonds zufließt und nicht zu Streitigkeiten und Ungerechtigkeiten führt und sofern der Mensch den Kampf mit der Natur, aber nicht gegen andere Menschen aufnimmt. Jeder weiß, die Anwendung der Wissenschaft in der Industrie beschränkt sich nicht nur auf die Erfindung von Maschinen, was äußerst nützlich ist, solange mehr Arbeitskräfte nachgefragt werden, als die Bevölkerung Ausmaße hat. Die Wissenschaften dienen jedoch ferner zur Entdeckung neuer Rohstoffe und Farbstoffe sowie sichererer und ökonomischerer Konservierungsverfahren und ermöglichten auf diese Art und Weise billigere und bessere Produkte. Gleichzeitig konnte die Gesundheit der Arbeiter verbessert werden. Die Anwendung der Wissenschaften in der industriellen Produktion führte im Endergebnis demnach nicht nur zu einem numerischen Anwachsen des Reichtums, sondern ebenfalls zu größerem Wohlstand für die gesamte Menschheit.

Als die Nationen noch völlig auf die Natur angewiesen waren und die Vorteile des Klimas, der Lage, der Bodenverhältnisse und das Vorhandensein von Rohstoffen ausnützten, gerieten sie niemals in Notlagen. Sie erstrebten keinen scheinbaren Überfluß und Reichtum, der sich für die große Masse des Volkes in wirkliches Elend verwandelt hätte. Die geistigen Fähigkeiten des Menschen waren noch natürlicher Vorteil. Die Natur, in manchen Gegenden sehr verschwenderisch, scheint ihren Bewohnern einen angemessenen Fleiß, angemessene Intelligenz, Körperkraft und Beharrlichkeit bei der Arbeit zu verleihen, die nicht einmal durch Bildung entwickelt zu werden braucht. Aber noch andere Qualitäten und Tugenden tragen sowohl zum Wachstum des Reichtums als auch zum allgemeinen Wohl der Gesellschaft bei, nämlich Ordnungsliebe, Sparsamkeit, Mäßigkeit und Gerechtigkeit. Diese Tugenden sind fast immer das Werk öffentlicher Einrichtungen. Religion und Bildung, Regierungsform und Ehrbegriff ändern die Natur des Menschen. Ebenso wie man fähig ist, gute oder schlechte Bürger heranzuziehen, entfernt oder nähert man den Menschen dem Ziel, das sich die Politische Ökonomie zu stellen hat.

Fleißige und intelligente Nationen werden mit dem gleichen Kräfteaufwand mehr Arbeit verrichten; bescheidene und tugendhafte Nationen haben bei gleichem Einkommen höhere Genüsse; die freien und ordnungsliebenden Nationen schließlich erzielen mit den gleichen Kapitalien größere Sicherheit. Tugenden gehen nicht verloren, sofern man sie nicht leichtsinnig zu Markte trägt. Die am besten verwalteten Nationen werden auch die glücklichsten sein, solange sie das grundlegende Gleichgewicht zwischen Nachfrage und Arbeit nicht aus den Augen verlieren. Entschließen sie sich allerdings erst einmal, billiger zu produzieren und billiger zu verkaufen, um den anderen Völkern die Kunden zu rauben, dann werden sie weder durch Intelligenz, noch durch Mäßigkeit, noch durch Freiheit vor dem sicheren Elend bewahrt.

NEUNTES KAPITEL

DIE VON DER REGIERUNG EINGERICHTETEN MONOPOLE

Es wurde bereits mehrmals darauf hingewiesen, daß die Einmischung der Regierung in den Entstehungsprozeß des Handelsreichtums durchaus erforderlich ist. Überließe man diesen Prozeß einzig und allein der freien Konkurrenz, wäre man keineswegs sicher, ob das nicht ungeheures Leid und starke Unterdrückung für die meisten Menschen mit sich brächte und ob nicht gar aus dem Anwachsen des Reichtums selbst eine allgemeine Krise und schließlich der völlige Untergang jener resultierte, die die Dinge zu weit getrieben haben. Wenn die Regierung auf das Wachstum des Reichtums einen regelnden und mäßigenden Einfluß ausübt, kann sich dieser Reichtum für alle ungeheuer nützlich und wohltuend auswirken. Allerdings fällt es der Regierung nicht leicht, bei dem noch dürftigen Stand der Wissenschaften, das zu stellende Ziel genau zu kennen oder den Gang der Dinge entsprechend der Umstände, die vielleicht sogar das entgegengesetzte Verhalten erfordern, abzuändern. Betrachtet man nun die Maßnahmen, welche die einzelnen Regierungen zum Zwecke der Reichtumsbildung ergriffen haben, so stößt man nur selten auf etwas anderes als auf die Folgen falscher Systeme oder auf Auswirkungen irgendeines Zufalls.

Im allgemeinen sahen die Regierungen im Handelsreichtum einzig und allein die Handelskapitalisten verkörpert. Sie hielten das Interesse dieser Handelskapitalisten für übereinstimmend mit demjenigen der gesamten Nation. Deshalb richtete sich die Gesetzgebung fast immer nach den Ratschlägen aus der Handelswelt. Die Regierungen unterstützten auf diese Weise das schnelle Reichwerden der Handelsleute und gewährten diesen sogar oft direkte Monopole, um ihnen damit den Vorteil des billigen Kaufs und des teuren Verkaufs zu sichern. Selbst wenn das Geschrei und die Entrüstung jener, die teurer verkaufen wollten bzw. jener, die billiger zu kaufen gedachten, und das Bedauern jener, die weder kaufen noch verkaufen konnten, die Regierungen zwangen, auf derartige parteiische und unpolitische Gesetze zu verzichten, verblieben dennoch in der Handelsgesetzgebung einige Monopolreste.

Von diesem gesamten System der Gesetzgebung wurde ständig behauptet, daß es dazu bestimmt sei, die Ausdehnung des Handels und der Industrie sowie das Anwachsen der Kapitalien, die Handel und Industrie versehen, zu begünstigen. Unter diesem Gesichtspunkt betrachtet, gibt es fast kein Gesetz, selbst nicht in den klug wirtschaftenden Nationen, von dem man nicht beweisen könnte, daß es gerade den entgegengesetzten Zweck verfolgt. Aber wir sagten bereits, daß, wenn die Regierung gleichzeitig genügend aufgeklärt, wohlwollend und unparteiisch ist, so daß man ihr ganz vertrauen kann, es durchaus Fälle gibt, in denen durch die Einschränkung der Industrieproduktion und durch das Aufhalten eines übermäßigen Produktionswachstums der Menschheit ein großer Dienst erwiesen werden könnte. Einige Regeln des Handels, die heute von der öffentlichen Meinung verworfen werden, können durchaus als Bremseinrichtung Rechtfertigung finden, sofern sie als Anreiz der Industrieproduktion verdammt zu werden verdienen.

Zu Zeiten der Barbarei räumten manche Regierungen, gegen Entrichtung einer Geldgebühr, Einzelpersonen das Recht ein, einzig und allein bestimmte Lebensmittel oder Waren zu verkaufen, mit denen der Monopolist dann ungeheure Profite erzielte. Später, mit zunehmender Zivilisation, erkannte man sehr bald, daß derartige Monopole nichts anderes als eine Steuer darstellten, und man hörte auf, solche Monopole zu den Vorteilen zu zählen, die man dem Handel gewährte.

Diese Monopole indessen, die früher von den Freiherren innerhalb ihrer Freistaaten gewährt wurden und die heute noch von den türkischen Paschas den Meistbietenden verkauft werden, haben den völlig gleichen Charakter wie die Vorrechte der Handelsgesellschaften, denen man eine gewisse öffentliche Garantie zubilligt, die einerseits darin besteht, daß bestimmte Spekulationen ohne Konkurrenz durchgeführt werden können, wie z. B. bei Banken und Versicherungen, und die zum anderen die Möglichkeit bietet, in einem neuen Lande, wie z. B. in Indien oder in China, als erster und allein einen Handel anfangen zu können. Für die Gunst, die man einigen wenigen Bevorzugten auf Kosten einer ganzen Bevölkerungsschicht gewährt, führt man folgende Beweggründe an: Zuerst die Eigentümlichkeit desjenigen Handels, dem das Monopol eingeräumt wird, zweitens das Bedürfnis nach sehr großen Krediten, äußerst hohen Kapitalanlagen sowie nach einer beeindruckenden Machtstellung, um sich bei den barbarischen Völkern und ihren Regierungen Respekt zu verschaffen. Hätte man nicht eher von dem Vorzug sprechen müssen, wie man derartige Zweige des Handels erschwert und dem Publikum verleidet? An anderer Stelle werden wir solchen Vorzügen beim Bankmonopol begegnen.

Im allgemeinen sind die Grundsätze, auf denen man das Monopol der Handelsgesellschaften hat begründen wollen, verurteilt worden. Man konnte nachweisen, daß ein solches Monopol stets die Waren für den Verbraucher verteuerte, Produktion und Konsumtion herabsetzte und den nationalen Kapitalien eine verhängnisvolle Anlagesphäre aufzwang, entweder durch zu frühes Hinzuziehen zu einem noch unentwickelten Handel oder aber durch Zurückweisung, wenn eine Anlagesphäre gesucht wurde. Ferner hat man festgestellt, daß die Handelsgesellschaften trotz des Vorzuges, billig kaufen und teurer verkaufen zu dürfen, auf Grund ihrer Struktur für Handelsspekulationen wenig geeignet waren, so daß diese Vereinigungen, die ungeheuer reich und mächtig waren, letzten Endes doch fast immer Bankrott machten, wenn nicht wegen fehlender Rechtschaffenheit, so doch bestimmt wegen mangelnder Wachsamkeit seitens der Verwalter. Die Erfahrung des letzten halben Jahrhunderts hat dem, was Adam Smith bereits den Staatsmännern über die Gebrechen der Handelsgesellschaften sagte, nichts hinzugefügt.

Die Handelsgesellschaften konnten überhaupt nur dann ins Leben gerufen werden, wenn mit einem fremden Land auf europäische Art gehandelt werden sollte. Anderswo hätte man ihr Monopol gar nicht geduldet. Manchmal aber gelang es sogar auf Grund der Gunst einer ausländischen Regierung, Befürchtungen aller Art oder Hoffnungen auf ein Bündnis führten dazu, Vorteile für die Kaufleute einer Nation gegenüber jeder anderen zu erreichen, Vorteile, die den Kaufleuten eine Art Monopol in jenem Lande verschafften, das sich derartigen Anordnungen fügte. Das war das Ziel der Handelsverträge, die während eines halben Jahrhunderts den Hauptzweck der europäischen Politik bildeten.

Durch Befreiung von Einfuhrzöllen, die von sämtlichen anderen Nationen bezahlt werden müssen, oder durch Senkung dieser Zölle, fällt jener Nation, die einen Zollerlaß erhält, fast der gesamte Außenhandel jenes Landes zu, das den Nachlaß gewährt. Derjenige, der zum gleichen Preis produziert wie ein anderer, aber wegen niedriger Abgaben fünf oder zehn Prozent billiger verkaufen kann, ist fast sicher, als einziger zu verkaufen. Die Regierung aber, die derartige Zollbefreiungen zuläßt, räumt den Ausländern das Recht ein, eine Steuer auf die Waren zu legen. Der Fiskus bzw. der Verbraucher des einführenden Landes verlieren dadurch alles, was der Ausländer gewinnt.

Gäbe es im Handelsvertrag eine Bestimmung über gegenseitigen Nachlaß von Einfuhrzöllen, dann müßte jedes Land feststellen, daß es das den Produzenten gewährte Monopol durch das den Ausländern gegen die eigenen Verbraucher eingeräumte Monopol zu teuer bezahlt, zumal dann, wenn nicht die geringste Beziehung zwischen dem einen und dem anderen Handel besteht. Man hat noch ein gewisses Verständnis dafür, daß die Tuchverbraucher zum Nutzen der Tuchfabrikanten besteuert werden. Aber man wird nicht mehr einsehen wollen, daß die Verbraucher von Wein in England Verluste erleiden zugunsten der Tuchhändler in Portugal.

Es wäre nutzlos, die Irrtümer des Systems ehemaliger Handelsverträge noch weiter zu verfolgen. Im heutigen Europa könnte man unmöglich noch Handelsverträge zu derartig ungleichen Bedingungen abschließen. Es ist wahrscheinlich, daß gegenwärtig ausschließlich Verträge auf liberaler Grundlage geschaffen werden, deren Ziel darin besteht, die Hindernisse der Ein- und Ausfuhrverbote zu beseitigen, d. h. Hindernisse, die für die Industrie ohnehin nicht länger tragbar sind. Ferner wird man damit beginnen, die Schranken zwischen zwei benachbarten Ländern aufzuheben, um die Menschen daran zu gewöhnen, sich als Brüder zu betrachten, auch wenn sie nicht ein und derselben Nation angehören.

Es gibt und gab keinen Handelsvertrag, der das unersättliche Verlangen der Handelskapitalisten nach Monopolen voll und ganz befriedigen könnte; selbst nicht einmal, als die Regierungen durch Kolonialisierung die Einwohner der Kolonie zu Käufern der Handelskapitalisten des Mutterlandes werden ließen. Man verbot den Einwohnern der Kolonien jeglichen Bau von Manufakturen in ihrem Land, damit sie abhängiger vom Mutterland wurden. Ferner wurde ihnen streng untersagt, Außenhandel zu treiben, und man unterwarf sie schließlich den bedrückendsten und ihren eigenen Interessen völlig entgegengesetzten Reglementierungen. Dies alles geschah aber nicht etwa zum Wohle des Mutterlandes, sondern lediglich im Interesse einiger weniger Handelskapitalisten.

Die ungeheuren Vorteile eines solchen Landes, in dem jede Arbeit noch profitbringend ist, weil alles noch getan werden muß, haben selbst bei der strengsten Verwaltung und den größten Opfern noch zur wirtschaftlichen Blüte der Kolonien geführt. Da sich die Rohprodukte der Kolonien im Ausland gut absetzen ließen, konnte Handel getrieben werden, wenn auch in einem für die Kolonien sehr ungleichen Verhältnis; man nahm den Kolonien nichts ab, was man in Europa selbst herstellen konnte. Das schnelle Anwachsen der Kolonien zeugt gegen das System der Mutterländer, denn die Kolonien gelangten zu wirtschaftlicher Blüte durch eine Ordnung, die derjenigen der Mutterländer völlig entgegengesetzt war. Man begünstigte in den Kolonien die Ausfuhr sämtlicher Rohprodukte und die Einfuhr aller Fertigwaren. Jenen aber, die an die Existenz eines allgemeinen Handelsgleichgewichts glaubten und dieses sogar berechneten, präsentierten die Kolonien eine Bilanz, die sich auf Grund der Verluste im Handel mit dem Mutterland, dem einzig erlaubten Handel, von Jahr zu Jahr verschlechterte.

Beurteilen wir dagegen die Kolonien nach den von uns bisher verfochtenen Grundsätzen, so müssen wir sie als eine notwendige Maßnahme betrachten, die es den alten Nationen ermöglichte, an der Entwicklung von neuen Ländern teilzuhaben. In Frankreich z. B. konnte sich die Industrie nicht weiter entwickeln, die Kapitalien fanden keine Anwendung und die Arbeit keine Nachfrage mehr. Das Wachstum von Wirtschaft, Produktion und Konsumtion hatte sich verlangsamt, bis die Kolonie Santo Domingo diesen gesamten Überschuß aufnahm. Um dieses neue Gebiet zu entwickeln, waren ungeheure Arbeiten notwendig, die zugunsten von Menschen verrichtet wurden, die selbst nicht arbeiteten, sondern sich Sklaven für die Arbeit auf ihrem Grund und Boden hielten. Durch den französischen Handel entstanden gut eingerichtete Städte mit vielen Geschäften, so daß die Einwohner dieser Städte Arbeit und Unterhaltsmittel fanden. Ohne Zweifel gab es für die Nation, die sich mit dem Aufbau und der Entwicklung einer Kolonie befaßte, zu gewinnen und zu profitieren. Aber die Ungerechtigkeit war so groß, daß der Gewinn nicht von langer Dauer sein konnte. Andererseits jedoch beweisen die Einkommen, mit denen die Kolonie französische Arbeit kaufen konnte, daß die Landwirtschaft, selbst wenn sie sehr kostspielig ist, d. h. mit Sklaven betrieben wird, durchaus genügt, um eine Nation reich zu machen. Im alten Europa bringt die Landwirtschaft keine großen Vorteile, weil sämtliche Profite durch die Bodenrente verschlungen werden. In einem neuen Land dagegen, wo es viel Boden und keine Rente gibt, ist der Profit aus der Landwirtschaft der höchste von allen.

Die Mutterländer hatten sich in den Kolonien alles als Monopol vorbehalten, gleichzeitig engten sie dadurch aber auch ihren Handel stark ein. Ein freier Handel ganz Europas mit allen Kolonien wäre zweifellos für beide Teile vorteilhafter gewesen, denn er hätte den europäischen Markt unermeßlich erweitert und die Entwicklung der Kolonien stark beschleunigt. Selbst bei völliger Freiheit hätten sich die Kolonien noch lange zurückgehalten, mit der europäischen Industrieproduktion zu konkurrieren. Was Politik und Recht ohnehin gelehrt hätten, ist mit Gewalt erreicht worden. Das hat zur Folge, daß ein derartiges Kolonialsystem nicht mehr lange wird bestehen können.

Alle anderen Möglichkeiten zur Ausdehnung des Marktes der Produzenten haben sich als unzureichend erwiesen. Manche Regierungen sind sogar sehr weit gegangen, indem sie ihre Handelsleute bezahlten, damit diese in der Lage waren, billiger zu verkaufen. Je befremdender und entgegengesetzter ein derartiges Opfer den einfachsten Überlegungen scheint, um so mehr wurde es einer hohen Politik zugeschrieben. So stellen Prämien eine Belohnung dar, die der Staat dem Produzenten auf die Produktion gewährt, anstelle des Profits. Infolgedessen begünstigt die Prämienzahlung Industrien, die kein Einkommen abwerfen. Werden die Prämien dem Export gewährt, dann bezahlt die Regierung die Handelskapitalisten auf Kosten anderer Staatsbürger, nur damit die Waren im Ausland billiger abgesetzt werden können. Es wird vermutet, daß man zu derartigen Maßnahmen griff, um die ausländischen Unternehmen, deren Konkurrenz man fürchtete, zu ruinieren. Die Opfer stehen dabei aber in keinem Verhältnis zu dem Ziel, das erreicht werden sollte. Das Volk, das über zehn Jahre eine Prämie zahlt, um die Konkurrenz niederzuhalten, würde, sofern es die Prämie im elften Jahr nicht mehr zahlt, Gefahr laufen, wieder auf starke Konkurrenten zu treffen. Außerdem kann ein ausländisches Unternehmen, dessen Absatz so wenig Profit einbringt, daß bereits eine Prämie genügt, es zu ruinieren, kaum sehr wichtig sein. Solche Konkurrenten, denen man großen Schaden zufügen wollte, könnten sich vielleicht dafür bedanken, daß man sie zwang, ihre Kapitalien und Arbeiter aus einem so fragwürdigen Unternehmen abzuziehen.

Eine Prämie kann politisch nur gerechtfertigt werden, wenn sie für eine Ware gezahlt wird, die man entweder für die Verteidigung oder für den Unterhalt eines Volks als äußerst wichtig erachtet, d. h., wenn man um jeden Preis die Produktion von Waffen, Schiffsausrüstungen, Medikamenten und Lebensmitteln, die für das Land geeignet sind, obwohl ihr Anbau vielleicht noch gar nicht betrieben wird, sichern will. Die Anhäufung von Reichtümern ist nicht das Hauptziel für die Existenz einer Nation, vielmehr muß dieses Ziel allen Bestrebungen geopfert werden, die der Sicherheit oder der Gesundheit dienen.[36]

Man darf die Prämien keineswegs mit den Rückerstattungen von Steuern verwechseln, die oftmals die gleiche Bezeichnung tragen, und die die Engländer „drawback" nennen. Im Augenblick der Ausfuhr einer im Lande erzeugten Ware ist es richtig, alle Steuern, die für die Herstellung dieser Ware eingezogen wurden, sowie alle jene, die für die Einfuhr einer ausländischen Ware bezahlt wurden, die man

[36] Zu meinem großen Erstaunen rechtfertigt Ricardo die Prämien, von denen ich annahm, daß alle Ökonomen sie mißbilligten (Ricardo, XXII. Kap.). Im allgemeinen jedoch ist er bestrebt, mit seinem System zu lehren, daß alles auf das gleiche hinausliefe und daß nichts von Übel sein könne. Dieser Grundsatz vereinfacht Ricardos Wissenschaft sehr. Es fehlt seiner Lehre nur noch der letzte Schritt zu der Behauptung, daß es das Übel nicht gibt.

jedoch wieder exportiert, zurückzuerstatten. Es kann nicht gelingen, den Verbrauch der Ausländer, die frei entscheiden können, woher sie ihre Waren beziehen wollen, mit einer Steuer zu belegen. Eine auf die Produktion erhobene Steuer, die nicht erstattet wird, würde also den Markt des inländischen Produzenten ungerechtfertigt einschränken. Erhält er aber die ehemals entrichtete Steuer bei der Ausfuhr seiner Waren zurück, so wird er von der Regierung lediglich mit den gleichen Startbedingungen versehen wie alle seine Konkurrenten.

ZEHNTES KAPITEL

GESETZLICHE MASSNAHMEN ZUR EINSCHRÄNKUNG DER ZAHL DER PRODUZENTEN

Monopole, wie wir sie im vorhergehenden Kapitel behandelt haben, sind keineswegs die einzigen, die man den Handelskapitalisten gewährte. Mit Billigung der Regierung schlossen sich die Handelskapitalisten zu Körperschaften und Gemeinschaften zusammen, deren Statuten und Vorrechte man sich gesetzlich sanktionieren ließ. Das Ergebnis dieser Organisationen war sowohl eine zahlenmäßige Begrenzung der Gesellschaften selbst als auch eine Einschränkung der Aktivität jedes einzelnen Mitglieds, so daß die Produktion niemals die Nachfrage überstieg oder überhaupt nur erreichen konnte.

Alle Gewerbe waren klassifiziert worden, und keiner durfte produzieren oder verkaufen, wenn er nicht einer jener Gruppen angehörte, die man Innungen nannte. Die Vorsitzenden wurden von der Körperschaft gewählt, sie übten die Zunftgerichtsbarkeit aus. Diese Zünfte hatten eine bestimmte Ordnung und legten Strafen fest für alle jene, die dieser Ordnung zuwiderhandelten. Im allgemeinen war die Zahl der Meister in jeder einzelnen Innung begrenzt und vorgeschrieben, und allein dem Meister war es vorbehalten, ein Geschäft zu haben und für sich zu kaufen und zu verkaufen. Jeder Meister durfte nur eine bestimmte Anzahl von Lehrlingen beschäftigen, die er sein Handwerk lehrte. Es gab Innungen, wo einem Meister lediglich ein einziger Lehrling gestattet wurde. Jeder Meister durfte ebenfalls nur eine begrenzte Zahl von Arbeitern beschäftigen, die man Gesellen nannte. In Gewerben, wo lediglich ein einziger Lehrling beschäftigt werden durfte, war ebenfalls nur ein einziger, höchstens zwei Gesellen gestattet. Niemanden war es erlaubt, innerhalb eines Handwerks zu kaufen, zu verkaufen oder zu arbeiten, sofern er nicht Lehrling, Geselle oder Meister war. Niemand konnte Geselle werden, wenn er nicht eine bestimmte Anzahl von Jahren als Lehrling gearbeitet hatte. Desgleichen konnte niemand den Meisterstand erreichen, wenn er nicht eine bestimmte Zeit als Geselle gedient und außerdem sein Meisterstück angefertigt oder eine andere vorgeschriebene Arbeit ausgeführt hatte, die von der Zunft begutachtet werden mußte.

Man kann sehen, daß es ganz und gar in den Händen der Meister lag, über ein bestimmtes Handwerk zu verfügen, es auszudehnen usw. Die Meister durften zwar Lehrlinge einstellen, konnten andererseits aber nicht dazu gezwungen werden. Außerdem ließen sie sich diese Gunst oft sehr hoch bezahlen, so daß ein junger Mann die Lehre für ein bestimmtes Handwerk nicht antreten konnte, wenn er nicht die Summe im voraus bezahlte, die für die Lehre selbst und für den Unterhalt während der Lehrzeit erforderlich war. Während vier, fünf oder sogar sieben Jahren gehörte die gesamte, vom Lehrling geleistete Arbeit dem Meister. Der Lehrling befand sich während dieser Zeit in völliger Abhängigkeit vom Meister; ein einziger Widerspruch oder gar eine Laune hätten ihm den Weg zu einem später einträglichen Handwerk verschließen können.

War der Lehrling schließlich Geselle geworden, verfügte er über etwas mehr Freiheit. Er konnte nun bei dem Meister arbeiten, den er sich selbst wählte, und sogar von einem Meister zum anderen wechseln. Da man jedoch erst nach einer langen, im einzelnen vorgeschriebenen Lehrzeit Geselle werden konnte, begann man nunmehr, sofern man es geworden war, aus dem Monopol zu profitieren, unter dem man so lange zu leiden gehabt hatte. Der Geselle besaß die Gewißheit, daß er eine Arbeit, die außer ihm kein anderer ausführen durfte, gut bezahlt bekäme. Es hing indessen von der Zunft ab, ob er Meister werden würde oder nicht. Ein

Geselle konnte keineswegs von sich behaupten, einen sicheren Lebensunterhalt zu haben, solange er noch nicht Meister geworden war. Im allgemeinen heiratete er darum erst, wenn er den Meisterstand erreicht hatte.

Um solche Gesetze zu erwirken, die einen Bevölkerungsteil in völlige Abhängigkeit vom anderen brachten, hatte man den Regierungen erklärt, daß die Lehrlingsstatuten und alle übrigen Zunftbestimmungen notwendig wären, damit ungelernte Arbeiter daran gehindert würden, einen Beruf auszuüben, den sie noch gar nicht beherrschen, und damit ferner unehrliche Meister den Verbraucher nicht betrügen könnten. Derartige Behauptungen sind jedoch nicht stichhaltig; vielmehr steht fest, daß der Arbeiter allein durch Nachahmung und Wetteifer eine gewisse handwerkliche Fertigkeit erwerben kann. Ferner weiß man, daß die lange Lehrzeit den Geist abstumpft und den Eifer beträchtlich herabsetzt, daß allein der Verbraucher darüber zu entscheiden hat, was er benötigt und ob er auf eine solche Produktion, die durch Zunftregeln begünstigt wird, verzichten will, um sich für eine ganz andere zu entscheiden. Schließlich läßt sich nicht bestreiten, daß gerade Betrug von niemandem sicherer aufgedeckt und bestraft wird als vom Käufer.

Die Fortschritte der Industrie waren an den Zünften schon lange vor ihrer endgültigen Aufhebung vorübergegangen. Ihre Satzungen galten im allgemeinen nur noch in geschlossenen Städten. Die Vorstädte betrachteten sich ihnen gegenüber als privilegiert, weil dort die Industrie frei war. Hinzu kommt, daß Gewerbe, die erst nach den letzten Gesetzen aufgekommen waren, von jedweden Zunftbestimmungen unabhängig blieben. In den meisten großen Manufakturen, sowohl in Frankreich als auch in England, hatte man seitdem das Lehrlingswesen und die Oberherrschaft der Zünfte abgeschafft. Dieses Nebeneinanderbestehen von Zünften und freien Manufakturen erhöhte verständlicherweise die Verwirrung und Entrüstung jener, denen man im eigenen Vaterlande die freie Ausübung ihrer Arbeit und erworbenen Fähigkeiten verweigerte.

In Frankreich wurden die Zünfte durch die Revolution abgeschafft, und ihre Wiederherstellung wird im allgemeinen nur von Leuten gefordert, die weiterhin die alten Vorurteile und Mißbräuche verfechten, die gegen jede genaue Prüfung sind und sowohl in politischen wie auch in religiösen Fragen stets geneigt sind zu sagen: „Placet, quia absurdum."* Indessen ist der Einfluß aller dieser hinderlichen Vorrechte auf das Wachstum der Bevölkerung und auf die beschleunigte Entwicklung der Industrie niemals genauer untersucht worden als gegenwärtig, und es ist gar nicht leicht, darüber zu urteilen. Diese Einrichtungen und Bestimmungen sind entstanden in kleinen freien Handelsrepubliken sowie in freien Gemeinden, wo die Gesetzgeber selbst Gewerbe ausübten und diese den eigenen Gesetzen unterwarfen. Natürlich waren diese Instanzen an den Monopolen, die sie einrichteten, interessiert. Aber die Erfahrung des freien Menschen verdient eine viel strengere Prüfung als die Gesetzgebung von Ministern, die von den Angelegenheiten, die sie zu reglementieren bemüht sind, meist nichts verstehen.

Man täuscht sich, wenn man glaubt, das Elend der armen Klassen durch ein übermäßiges Bevölkerungswachstum mildern zu können. Existiert erst einmal eine solche Bevölkerung, sinken, selbst bei den größten Anstrengungen seitens der Gesetzgeber, auf Grund der Konkurrenz die Löhne. Kann also von der Arbeit dieser neu entstandenen Bevölkerung der Lebensunterhalt nicht bestritten werden, gibt es nur ein Mittel zur Verhütung derartigen Elends: die Entstehung einer solchen Bevölkerung muß verhindert werden. Keine Regierung, mag sie noch so aufgeklärt, aktiv und wohlwollend sein, kennt jemals die Beziehungen zwischen der wirklichen Nachfrage nach Arbeit und der vorhandenen Zahl der Arbeiter so genau, daß sie in der Lage wäre, das Bevölkerungswachstum zu regeln. Das Vernünftigste, was überhaupt getan werden kann, ist, die Sorge um das Bevölkerungswachstum den Familienvätern zu überlassen und ihnen

* Es gefällt, weil es widersinnig ist.

gleichzeitig die Möglichkeiten zu geben, sich über ihre Lage selbst Klarheit zu verschaffen. Die Bürger werden unter keinen Umständen daran denken, sich zu verheiraten, solange sie nicht genügende Sicherheit haben, um ihre Kinder ohne Leid und Erniedrigung aufzuziehen, bevor sie nicht die Gewähr haben, daß sie ihnen später, wenn sie zur Arbeit fähig sind, die gleiche Stellung verschaffen können, die sie als Väter einnahmen. Der Arme verfügt ebenso wie der Reiche über ein bestimmtes Einkommen. Wenn er dieses Einkommen gut kennt, wird er danach die Größe seiner Familie bestimmen.

Bei der Behandlung des agricolen Reichtums stellten wir fest, daß der selbstwirtschaftende Bauer seine Familie und damit die Teilung von Grund und Boden nur gerade so weit trieb, daß seine Kinder noch in Wohlstand leben konnten. Dem Bevölkerungswachstum und der Teilung von Grund und Boden waren damit Grenzen gesetzt. Im Gegensatz dazu glaubte der Tagelöhner in der Landwirtschaft, der ausschließlich vom Arbeitslohn lebte, daß seine Kinder einmal den gleichen Lohn wie er selbst erhalten würden. Die Bevölkerung wuchs also mit der Nachfrage nach Arbeit maßlos an. Das gleiche gilt natürlich auch bei jenen Arbeitern, die vom Handelsreichtum leben.

Ein Handwerker oder Tagelöhner, der eine ganz bestimmte Arbeit zu leisten hat und dafür stets ein ganz bestimmtes Einkommen erhält, kennt ganz genau seine Einkommensverhältnisse und richtet danach die Größe seiner Familie. Wird dagegen der Wert der Arbeit durch die Konkurrenz festgelegt, kann dieser Wert außerordentlich sinken. Bekannt ist jetzt nur noch die Arbeit, nicht mehr das Einkommen; mehr als die Arbeit läßt sich nicht veranschlagen und auf die Kinder vererben. Dabei kann man sich in der Schätzung täuschen; die Arbeit zweier Söhne ist nicht doppelt soviel wert wie die eigene Arbeit. In dem Glauben, den Söhnen die gleichen Bedingungen zu geben, unter denen man selbst arbeitete, versetzt man diese in eine weitaus schlechtere Lage.

Es geht nicht an, daß einem Handwerker der Broterwerb streitig gemacht wird von einem ungelernten Arbeiter, der sich mit seinen Händen und seinem Fleiß anbietet, die gleiche Arbeit billiger auszuführen. Desgleichen liegt es im Interesse des bäuerlichen Eigentümers, daß ihm die Bebauung des Feldes nicht streitig gemacht wird von jemandem, der besitzlos ist und nur mit der Kraft seiner Arme und mit großem Fleiß versucht, aus dem Boden mehr herauszuwirtschaften. Der Gesellschaft gereicht es keinesfalls zum Vorteil, immer auf den höchsten Preis zu setzen und aus den Gewerben die größtmögliche Arbeit sowie aus dem Boden die größtmöglichen Erträge zu erzielen; denn die Gesellschaft setzt sich ja aus den einzelnen Mitgliedern zusammen, die sich gegenseitig übertreffen wollen. Man würde so dem schlimmsten Elend verfallen, denn man müßte nun eine vierfache Summe unter eine zehnfache Menge von Menschen verteilen.

Es ist wahr, daß das Interesse desjenigen, der als Handwerker arbeiten will, ohne ein Handwerk erlernt zu haben, oder jener, der Bauer sein möchte, aber keinen Boden besitzt, im Gegensatz steht zu dem gesetzlich gewährten Schutz gegen eine grenzenlose Konkurrenz. Die Gesellschaft mußte zwischen diesen beiden entgegengesetzten Interessen wählen. Entscheidet sie sich zugunsten des Eigentums, so schadet sie nicht jenen, deren Geburt sie damit verhindert. Würde dagegen die allgemeine Konkurrenz gebilligt, fügte die Gesellschaft den Personen beträchtlichen Schaden zu, die durch die Konkurrenz vernichtet werden.

Sowohl für die Praxis als auch für die Theorie trifft zu, daß die Einrichtung von Zunftgenossenschaften die Entstehung einer zu großen Bevölkerung verhindern sollte und auch tatsächlich verhinderte. Desgleichen besteht kein Zweifel darüber, daß es heute eine zu große Bevölkerung gibt und daß diese Bevölkerung eine notwendige Folgeerscheinung der gegenwärtigen Zustände ist.

Sämtliche Zunftstatuten sahen vor, daß niemand Meister werden durfte, wenn er nicht bereits älter als fünfundzwanzig Jahre war. Verfügte er in diesem Alter noch immer über kein Kapital und keine genügenden Ersparnisse, mußte er weiterhin als Geselle arbeiten. Viele, wenn nicht gar die meisten der Handwerker, blieben ihr Leben lang Gesellen. Fast ausnahmslos verheirateten sie sich erst, wenn sie Meister geworden waren. Hätten sie bereits vorher den verwegenen Wunsch zu heiraten geäußert, kein Vater würde einem Mann, der noch nicht Meister war, seine Tochter gegeben haben.

Hinzu kommt folgendes: die Geburtenzahl richtet sich nicht ausschließlich nach der Anzahl der Heiraten. Ein Vater weiß, daß er für seine Kinder aufkommen muß und hütet sich daher, sich durch zu viele Kinder zu ruinieren. Jeder Sohn, den er in die Lehre schickt, muß von ihm bis zum zwanzigsten Lebensjahr unterhalten werden. Außerdem bedarf es eines Kapitals, um die Lehre zu bezahlen und um dem Sohn eine Stellung im Leben zu schaffen. Ein Vater wird sich also hüten, mehr Kinder zu haben, als er mit seinen Mitteln unterhalten kann. Die Stadtbevölkerung wurde so nicht von den ärmeren Schichten erneuert, sondern von den höheren Kreisen unter den Handwerkern, da sich allein die Meister verheiraten konnten und weil sich die Größe der Familien stets nach ihrem Reichtum richtete. In der Tat, die Bevölkerung der Städte, die alles andere als zahlreich war, mußte sich stets aus der Landbevölkerung ergänzen.

Heute dagegen gibt es für den Fabrikarbeiter, der von der Hand in den Mund lebt und bis zum Ende seines Lebens niemals eine größere Einkommenssicherheit aus seiner Arbeit erzielt, keinen festen Zeitpunkt, an dem er sich zwischen der Ehe und Ehelosigkeit entscheiden muß. Da er an diese Ungewißheit gewöhnt ist und sie als den natürlichen Zustand seiner ganzen Klasse betrachtet, verheiratet er sich sofort, sobald die Löhne einmal hoch sind, anstatt auf derartige Freuden und die Tröstungen der Häuslichkeit zu verzichten. Übrigens ist die Ehe für ihn schwieriger. Seine Frau arbeitet ebenso wie er in einer Manufaktur, so daß beide getrennt voneinander leben, obwohl sie glaubten, zusammenleben zu können. Die Fabrik wartet sogar schon auf ihre Kinder, die bereits im Alter von sechs bis acht Jahren dort beschäftigt werden. Da die Unterhaltskosten für kleine Kinder verhältnismäßig gering sind, mag es scheinen, daß jedes neue Kind, das ein Alter erreicht, in dem seine Arbeit bezahlt wird, das Familieneinkommen vermehrt. Es will fast scheinen, als zahlte man den Arbeitern für die Vermehrung ihrer Familien eine Prämie. In den schlechten Jahren jedoch, wenn es keine Arbeit gibt, müssen z. B. in England, die Pfarrgemeinde und das Armenhaus, anderswo die Krankenhäuser, diese armen Familien unterhalten, die sich in einem Zustand des Elends zwischen Leben und Tod befinden und gar nicht erst hätten geboren werden dürfen.

Die starke Zunahme der Bevölkerung, die durch die Verheiratung ärmster Arbeiter verursacht wurde, ist heute in der Tat das große Übel der sozialen Ordnung. In England sind nur 770199 Familien in der Landwirtschaft, 959632 Familien dagegen in Handel und Industrie beschäftigt. Die restlichen Positionen innerhalb der Gesellschaft beziehen 413316 Familien. Es ist wirklich erschreckend, daß von einer Gesamtbevölkerung von 2143147 Familien bzw. 10150615 Einzelpersonen ein so großer Teil vom Handelsreichtum lebt.[37] Glücklicherweise gibt es in Frankreich längst nicht so viele Arbeiter, deren Unterhalt von den günstigen Bedingungen eines fernen Marktes abhängt, die in Zeiten der Prosperität kaum leben können und die sich durch jeden Aufschwung einer anderen Industrie oder durch jede wissenschaftliche Entdeckung, die menschliche Arbeit durch Natur-

[37] Seit der Veröffentlichung der ersten Ausgabe dieses Buches hat die Bevölkerung in England derartig schnell zugenommen, daß es schon beängstigend ist, zumal der Reichtum längst nicht im gleichen Maße angewachsen ist. Dieses schnelle Bevölkerungswachstum vollzieht sich in London und in den großen Industriestädten. Im gleichen Maße jedoch, wie die Zahl jener, die nichts besitzen, wächst, scheint auch die Zahl jener, die reich sind bzw. überhaupt etwas besitzen, ständig abzunehmen.

kräfte oder Maschinen ersetzt, bedroht fühlen müssen. Die Arbeiter in den Tuchmanufakturen der Dauphiné verdienen indessen (im Jahre 1819) nur acht Sous täglich. In den Baumwollfabriken verdienen sie vielleicht noch weniger. Die Wollsortierer erhalten weniger als vier Sous am Tage. Ist es nicht die Pflicht der Menschheit zu verhindern, daß eine neue Generation ins Leben gerufen wird, die zu einem so elenden Dasein verurteilt sein würde?

Es handelt sich keineswegs darum, die ehemaligen Zünfte wiederherzustellen. Es war lediglich dem Zufall geschuldet, daß sie eine so vorteilhafte Rolle spielten; der Gesetzgeber hatte daran jedenfalls ursprünglich gar nicht gedacht. Seit der Vervollkommnung der Maschinen und ihrem verstärkten Einsatz haben sich die Tagelöhner, die selbst wie Maschinen arbeiteten, ohnehin dem Einfluß der Zünfte entzogen. Aus dem positiven Wirken der Zünfte muß man jedoch die Lehren dafür gewinnen, wie es die Notstände zu bekämpfen gilt, unter denen die Gesellschaft von heute zu leiden hat. Von dieser Erfahrung her lassen sich die Grenzen abstecken, die die Gesetzgebung der Konkurrenz setzen kann. Eine solche Gesetzgebung muß jedem Arbeiter einen gewissen Anteil an der gesellschaftlichen Arbeit sichern, damit er stets über ein festes Einkommen verfügt und danach seine Familienplanung richten kann. Im Kapitel über die Bevölkerung werden wir nochmals auf die Ergebnisse dieser Erfahrung zu sprechen kommen.

ELFTES KAPITEL

VON DEN ZÖLLEN

Sämtliche von uns erörterten Maßnahmen zum Schutze des Handels, wie sie von den Regierungen gehandhabt werden, sind inzwischen in allgemeinen Mißkredit geraten. Dennoch sind sich nahezu alle Regierungen und Herrscher darin einig, daß die Zölle an den Landesgrenzen einen notwendigen Schutz für die inländische Industrie darstellen. Zölle werden erhoben, um die Ausfuhr von Rohstoffen, die für die inländische Industrie geeignet sind, zu verhindern. Der Kapitalist ist so in der Lage, die Rohstoffe billig einzukaufen und daran beim Wiederverkauf zu verdienen. Ferner beabsichtigt man mit den Zöllen eine Absperrung gegen ausländische Industrieprodukte bzw. die Erhebung einer hohen Einfuhrgebühr für Waren aus dem Ausland, um die inländischen Produzenten zu begünstigen.

Diese erste Unterscheidung zwischen Rohstoffen und Fertigprodukten, die in allgemeinen Begriffen ausgedrückt sehr einfach scheinen mag, ist es in Wirklichkeit aber nicht. Es gibt die ganz ursprünglichen Rohstoffe, wie z. B. den Marmor im Bruch, die Metalle im Bergwerk und das Bauholz im Wald. Sobald diese Rohmaterialien ihren Ursprungsort verlassen haben, ist ein Teil ihres Preises bereits menschliche Arbeit. Der Preis sämtlicher landwirtschaftlicher Erzeugnisse läßt sich ausschließlich auf menschliche Arbeit zurückführen. Indessen glaubt jeder nachfolgende Arbeiter, daß alle ihm vorangegangenen Arbeiter lediglich den Rohstoff für ihn zubereitet haben. Der Flachsröster sieht im Flachs einen bereits bearbeiteten Stoff, wähernd er vom Spinner als Rohmaterial betrachtet wird. Der Flachsröster fordert, dem allgemeinen Grundsatz entsprechend, daß die Ausfuhr begünstigt wird. Der Spinner dagegen will, daß man die Flachsausfuhr verhindert. Stellt nun der gesponnene Faden für den Spinner einen bearbeiteten Stoff dar, ist er für den Weber wiederum erst das Rohmaterial. Die Leinwand ist für den Weber fertige Ware, für den Färber Rohmaterial; die gefärbte Leinwand ihrerseits wieder fertige Ware für den Färber, für den Putzmacher, Dekorateur oder Schneider hingegen erst Rohmaterial. Der jeweils zuletzt auftretende verlangt stets seinen Vorgängern gegenüber, alleiniger Beherrscher des Marktes zu sein. Er behindert die Produktion dieser Vorgänger durch Ausfuhrverbote und verringert infolgedessen die Menge der Produkte, die hergestellt werden könnten. Betrachtet man die Gesamtheit der Zollbestimmungen, wird man fast immer feststellen müssen, daß die nacheinander für die einzelnen Industrien verhängten Ausfuhrverbote sich schließlich eins gegen das andere richten.

Das kann auch gar nicht anders sein, ist doch das Prinzip an sich, auf dem diese einzelnen Ausfuhrverbote beruhen, falsch. Nicht die Produzenten sollen für den Profit des Handels sorgen, sondern einzig und allein die Verbraucher. Jeder Profit im Handel, der auf Kosten des Profits der Produzenten erzielt wird, stellt lediglich eine Einkommensverschiebung dar, es handelt sich um keinen wirklichen Profit. Wenn der Weber die Leinwand teuerer verkauft, gewinnt der Handel. Verkauft er die Leinwand dagegen zum üblichen Preis, erzielt er lediglich dann einen größeren Profit, wenn er selbst den Rohstoff billiger aufgekauft hat. In diesem Falle gewinnt weder der Handel noch das Land, sondern allein der Weber, wobei jedoch sein Gewinn auf dem Verlust des Spinners beruht. Dieses Gesetz trifft für alle Stufen der Produktion zu, gleichgültig auf welche man sein Augenmerk richten mag.[38]

[38] Im Zusammenhang mit der Preissenkung der Rohstoffe, die man durch die Zölle erreichen will, läßt sich diese Regel in

Die Rohstoffe für die Industrie stammen ursprünglich alle aus dem Boden. Sie bilden also einen Teil des Reichtums des Grundeigentümers oder Bodenbearbeiters. Ließe sich bei der Ausfuhr der Rohstoffe kein Vorteil erzielen, niemand dächte daran, diese Ausfuhr zu verbieten. Ein Ausfuhrverbot beweist also, daß die Produzenten besser bezahlt werden bzw. mehr verdienen, wenn sie an Ausländer verkaufen. Das Gesetz schränkt ihren Markt ein, was im Gegensatz zum ursprünglichen Grundsatz des Handels und jedwedem Handelsinteresse steht, nämlich für jedes Produkt den höchstmöglichen Preis zu erzielen. Aus diesen Ausfuhrverboten muß zunächst eine Senkung des Preises für Rohstoffe resultieren; denn der Preis wird nicht mehr durch die freie Konkurrenz der Käufer bestimmt. Ferner muß sich ein Rückgang der Produktion ergeben, da sich die Menge der Erzeugnisse von nun an ausschließlich nach der inländischen Nachfrage richtet. Schließlich kommt es zu Qualitätsminde-

allen Fällen anwenden. Aber im Zusammenhang mit jenem Preisnachlaß, den man durch schnellere und sparsamere Verfahren erzielen kann, läßt sich das zu erwartende Ergebnis nur äußerst schwierig voraussagen. Die Gesellschaft gewinnt bereits, wenn trotz des niedrigeren Preises jeder der Produzenten aus dem Produkt gerade noch ein Einkommen erzielt, das dem vorhergehenden entspricht. Die Ersparnis des Verbrauchers stellt einen Nettogewinn dar. Der Gewinn ist noch höher, wenn die Produzenten auf Grund einer Produktionssteigerung ein höheres Einkommen beziehen und die Verbraucher dabei gleichzeitig noch sparen können. Nimmt jedoch wegen eines schnelleren und sparsameren Produktionsverfahrens ein Teil dessen ab, was die eine Bevölkerungsschicht aus der Erzeugung erzielt und zu ihrem Einkommen machte, oder zwingt man eine solche Bevölkerungsschicht, für den gleichen Anteil an der Produktion mehr Arbeit zu leisten, dann wird der Gewinn des Verbrauchers numerisch durch den Verlust des Produzenten ausgeglichen, während dieser Verlust des Produzenten moralisch gesehen für die Gesellschaft weitaus schmerzlicher und verhängnisvoller ist, als die Ersparnis Vorteile mit sich bringt.

rungen, weil eine schlecht bezahlte Industrie stets nachlässig betrieben wird.

Wenn es jedem neuen Bearbeiter gelingt, alle vor seiner Arbeit ausgeführten Arbeitsgänge nur als Aufbereitungsarbeiten seines Rohstoffs anzusehen und wenn dadurch neue Ausfuhrverbote erreicht werden, dann ist es äußerst schwierig zu wissen, wie weit die Rückschläge reichen, die auf diese Art und Weise der Produktion zugefügt werden. Der Dekorateur würde durch ein Ausfuhrverbot für gefärbte Leinwand gleichzeitig den Färber, Weber, Spinner und Bleicher treffen; das Einkommen, das er für sich beansprucht, nimmt er jenen. Der Dekorateur ist nicht einmal sicher, ob er alle Erzeugnisse seiner Vorgänger verwenden kann. Das Übel, das er verursacht, ist also weitaus größer als der Vorteil, den er für sich erhoffen kann; denn er „gewinnt" ja lediglich die Preisminderung der Produkte, die er wirklich kauft, nicht aber jener, die er verhindert anzufertigen. An Produkten, deren Produktion verhindert wird, läßt sich nichts gewinnen.

Die Einfuhrverbote sind ebenso unklug und verhängnisvoll wie die Ausfuhrverbote. Einfuhrverbote wurden erfunden, um in einem Lande eine Industrie zu ermöglichen, die es bis dahin noch nicht gab. Man wird nicht leugnen, daß sich derartige Einfuhrverbote für eine neu entstehende Industrie unter gewissen Umständen fördernd auswirken können. Diese neue Industrie erzeugt vielleicht gerade den hundertsten Teil dessen, was die Nation an den betreffenden Produkten verbraucht. Also müssen hundert Käufer gegeneinander rivalisieren, um die Gunst des einzigen Verkäufers zu erlangen. Die übrigen neunundneunzig Verbraucher, die vom Käufer abgewiesen werden, sind gezwungen, sich mit eingeschmuggelten Waren zu versehen. In diesem Falle entsteht aber großer Schaden für die Bevölkerung, wobei Schaden und Nutzen im Verhältnis von hundert zu eins stehen. Selbst bei noch so großem Vorteil, der einem Lande aus der Einrichtung einer neuen Industrie erwachsen kann, wird es dennoch zweifellos nur wenige Industrien geben, die solche großen Opfer überhaupt verdienen. Es lassen sich sicher stets weniger kostspielige Mittel finden, um eine neue Industrie anzuregen und einzurichten.

Übrigens muß noch das drückende Zollsystem mit den vielen Zollbeamten an den Grenzen und den gefürchteten Schmugglern veranschlagt werden; ein Umstand, der die Untertanen geradezu zur Ungehorsamkeit gegen das Gesetz erzieht. Vor allem aber muß man daran denken, daß es nicht im Interesse einer Nation liegen kann, ohne Unterschied alles zu produzieren. Vielmehr sollten nur solche Waren und Lebensmittel erzeugt werden, die sich besser als anderswo herstellen lassen bzw. solche Produkte, die, unabhängig von den Herstellungskosten, der Sicherheit einer Nation dienen. Schließlich darf man niemals das ursprüngliche und grundlegende Ziel aus den Augen verlieren – Begünstigungen für den Handel zu schaffen, um damit die Erhöhung des Nationaleinkommens pro Kopf der Bevölkerung sowie die Steigerung des allgemeinen Wohlstands zu erreichen. Eine neue Produktion, gleichgültig mit welcher Vollkommenheit betrieben und gleichgültig wie gewinnbringend, schafft kein Glück, solange der Lohn den Arbeitern einen gewissen Wohlstand nicht gewährleistet und solange diese Produktion überhaupt nur durch die Existenz einer leidenden Bevölkerung möglich wird.

Neue Industrieunternehmen werden durch das Verbotssystem in großem Umfang, wenn auch auf sehr kostspielige Art und Weise, gefördert. Den bereits blühenden Unternehmen jedoch erwachsen daraus keine Vorteile; die Opfer, die den Verbrauchern abverlangt werden, sind für derartig prosperierende Unternehmen völlig belanglos. Ein Betrieb, der ehemals für den Export produzierte und nun ein Monopol für den inneren Markt erhalten hat, muß notgedrungen seine alten Gewohnheiten zugunsten von neuen, wahrscheinlich weniger vorteilhaften, aufgeben. Jeder Betrieb, der für den Export produziert, erbringt den Beweis, daß er die Konkurrenz der Ausländer auf einem freien Markt nicht fürchten muß. Sofern ein Unternehmen auf große Entfernung hin und bei sehr hohen Transportkosten der Konkurrenz widerstehen kann, gibt es keinen Grund zu befürchten, daß es am Produktionsort selbst die Konkurrenz nicht bestehen könnte. Indessen läßt sich nichts häufiger beobachten als ein Einfuhrverbot für Waren, deren Einfuhr gar keinen Vorteil gebracht hätte, die aber nun durch das Verbot erst begehrenswert werden.

Die Regierungen beabsichtigten, mit den Handelsbeschränkungen die Zahl der Arbeiter und deren Arbeitsmöglichkeiten zu erhöhen. Man darf vermuten, daß sie den Preis wußten, für den sie diesen Vorteil erkauften, und daß sie die außerordentlichen Opfer kannten, die sie den Verbrauchern, ihren Staatsbürgern, auferlegten, um einer Klasse von Produktionsarbeitern zur Existenz zu verhelfen, die noch nicht geboren war. Schließlich haben sie sogar Erfolg gehabt, größeren Erfolg, als es alle Überlegungen der Politischen Ökonomie erwarten ließen. Die Verbraucher wurden während einer gewissen Zeit von den Regierungen zu den ernsthaftesten Beschwerden und Klagen herausgefordert. Jedoch diese Klagen haben bald nachgelassen, weil die Opfer geringer wurden und weil die Manufakturen, die man derartig gefördert hatte, schnell, sogar im Übermaß, die nationalen Bedürfnisse befriedigen konnten. Dieses eifrige Bestreben aller Regierungen, überall Betriebe zu errichten, hat indessen zwei sonderbare und unerwartete Auswirkungen auf das Handelssystem Europas gehabt. Einmal das ungeheure Produktionswachstum unabhängig von der Entwicklung des Verbrauchs. Zum anderen die Bemühungen jedes Landes, sich zu isolieren, um sich selbst zu versorgen und sich jedem Außenhandel zu verschließen.

Bevor die Regierungen von diesem Eifer zugunsten der eigenen Industrie ergriffen worden waren, hatte jedes neue Industrieunternehmen gegen eine Menge nationaler Vorurteile und Gewohnheiten, die Ausdruck der Trägheit des menschlichen Geistes sind, anzukämpfen. Um dieses Hindernis zu überwinden, war es erforderlich, den Spekulanten handfeste Vorteile zu bieten. Desgleichen konnte eine neue

Industrie nicht entstehen, wenn vorher nicht eine ausreichende Nachfrage bestand. Der Markt hätte also stets vor der Gründung des Industrieunternehmens gefunden werden müssen. In ihrem Eifer haben die Regierungen allerdings diesen Weg nicht beschritten. Sie haben einfach im voraus Strümpfe und Hüte bestellt, in der Annahme, dann auch Beine und Köpfe dafür zu finden. Die Regierungen sahen indessen sehr wohl, daß ihre Völker vollständig und billig mit ausländischen Waren versehen wurden; trotzdem ließen sie im eigenen Lande produzieren. In Kriegszeiten konnte man das Ausmaß einer solchen neuen Produktion nicht genau abschätzen, sobald jedoch Frieden herrschte, mußte man feststellen, daß alles in doppelter Menge vorhanden war. Je einfacher die Verbindungen zwischen den einzelnen Völkern geworden sind, um so schwieriger wird es, alle diese ohne direkte Nachfrage entstandenen Produkte abzusetzen.

Die Verbraucher, bis dahin immer die Opfer aller Manipulationen, profitierten nun ganz unerwartet; die Handelskapitalisten, bestrebt, ihr verausgabtes Kapital wiederzuerlangen, waren gezwungen, einen großen Teil ihrer Waren mit Verlust zu verkaufen. Den Anstoß zu derartigen Verlustgeschäften gaben allerdings die Fabrikanten. Da sie selbst bereit waren, sich mit beträchtlichen Kapitaleinbußen abzufinden, veranlaßten sie die Großhändler, ihnen mehr Waren als üblich und über die Absatzmöglichkeiten hinaus abzunehmen. Die Großhändler, die aus einer scheinbar günstigen Gelegenheit Nutzen ziehen wollten, nahmen schließlich wiederum Verluste auf sich, nur um das übermäßige Warenangebot in den Läden der Einzelhändler unterzubringen und den weiteren Verkauf an die Verbraucher zu ermöglichen. Fabrikanten, Groß- und Kleinhändler werden dann im Ergebnis von einem allgemeinen Unbehagen befallen, das eine Vernichtung jener Kapitalien nach sich zieht, die eigentlich zum weiteren Unterhalt der Industrie dienen sollten. Die Früchte langer Sparsamkeit und vieler Arbeit gehen so in einem einzigen Jahr verloren. Es stimmt, daß die Verbraucher dabei gewinnen, aber der Gewinn ist so gering, daß er wohl kaum vom Verbraucher selbst wahrgenommen wird. Um aus den günstigen Marktbedingungen zu profitieren, tätigen die Verbraucher Vorratskäufe für mehrere Jahre. Dabei verausgaben sie sich völlig und verschieben außerdem das Gleichgewicht von Konsumtion und Produktion berechnet auf einen größeren Zeitraum. Selbst wenn sie ihre Bedürfnisse an Kleidung und Einrichtungsgegenständen mit besseren und geschmackvolleren Waren decken, halten sie sich deswegen noch keineswegs für reich; denn bei allen Genüssen der Eitelkeit entscheidet allein der Preis und die Seltenheit, nicht die Qualität den Wert einer Ware.

Ehemals im alten Europa* waren die Staaten keineswegs bestrebt, alle Industrien im eigenen Lande zu vereinigen. Die einen beschäftigten sich mit der Landwirtschaft, andere mit der Schiffahrt, und wieder andere stützten sich auf die städtische Industrie. Die Bedingungen dieses letzten Produktionszweiges schienen selbst in Blütezeiten durchaus nicht so beneidenswert zu sein, daß man ungeheure Anstrengungen unternommen hätte, um sie überall zu etablieren. Eine arme und erniedrigte Bevölkerung erzeugte die kostbaren Gewebe und die eleganten, reich verzierten Möbel, in deren Genuß sie selbst niemals kommen sollte. Nicht selten jedoch richteten sich auch diejenigen zugrunde, die diesen bedauernswerten Arbeitern vorstanden, wenngleich sie mitunter sehr schnell ungeheure Vermögen anhäufen konnten.

Die nationale Entwicklung vollzieht sich natürlich und auf allen Gebieten; es wäre gleichermaßen unklug, sie aufhalten oder gewaltsam beschleunigen zu wollen. Die Regierungen Europas, die der Natur Zwang antaten, fühlen sich heute mit einer Bevölkerung belastet, die sie ins Leben riefen, weil sie überflüssige Arbeit nachfragten, und die sie heute nicht in der Lage sind, vor dem Hunger zu bewahren.

Das Vorhandensein dieser Industriebevölkerung und die

* Sismondi spielt hier offenbar auf die wirtschaftlichen Zustände an, wie sie zur Zeit des Feudalismus existierten.

Verpflichtung, ihre Bedürfnisse zu decken, zwingen sämtliche Regierungen zur Änderung ihrer Gesetzgebung. Hatten die Regierungen die Industrie im Geiste des Merkantilismus gefördert, indem sie empfahlen, dem Ausland viel zu verkaufen und sich selbst auf Kosten des Auslands zu bereichern, so müssen die Regierungen heute feststellen, daß das Verbotssystem entweder bereits überall eingeführt ist oder von allen Produzenten gefordert wird. Niemand kann also mehr mit dem ausländischen Kunden rechnen. Es gilt für die inländischen Industrieprodukte, Verbraucher im eigenen Lande zu finden, was Selbstversorgung und völlige Abriegelung bedeutet. Diese Handelspolitik, die heute mehr oder weniger von allen europäischen Ländern verfolgt wird, zerstört alle bisherigen Vorteile des Handels. Sie hindert die einzelnen Länder daran, aus dem Klima, aus der Bodenbeschaffenheit, der Lage und den nationalen Eigenarten zu profitieren. Eine derartige Politik hetzt die Menschen gegeneinander auf und zerbricht das Band, welches die nationalen Vorurteile beseitigen und die Zivilisation auf der ganzen Welt vorantreiben sollte.

Solange die Kapitalien noch verhältnismäßig gering sind, ist es für den natürlichen Wachstumsprozeß der Reichtümer eher wünschenswert, daß diese Kapitalien für einen nahen anstatt für einen entfernteren Handel aufgewendet werden. Da für den Ausfuhrhandel gleichermaßen wie für den Einfuhrhandel Kapitalsummen aufgewendet werden, die wechselseitig einmal die Kapitalien des Auslands und dann wieder die Kapitalien des Inlandes ersetzen sollen, ist es für ein Land mit geringem Kapitalbesitz unbedingt angebracht, solche Kapitalien ausschließlich für den Binnenhandel, d, h. für den unmittelbaren eigenen Gebrauch zu verwenden, zumal bei einem nahegelegenen Markt das gleiche Kapital innerhalb einer bestimmten Zeit mehrmals umschlägt, während dagegen ein anderes, für einen entfernteren Markt vorgesehenes Kapital den Kreislauf kaum ein einziges Mal durchlaufen kann.

Wir haben jedoch bereits gesehen, daß die Kapitalien

durchaus über bzw. auch unter den jeweiligen Kapitalbedürfnissen liegen können. Übersteigen sie die Bedürfnisse, leidet die Nation zunächst am Verlust eines Teils der Einkommen der Geldkapitalisten, aber sie muß noch mehr leiden, wenn diese Kapitalisten zur Anlage ihrer Kapitalien eine Industrie anregen, die in der Folge keinen genügenden Markt findet. In einem solchen Falle ist es äußerst gefährlich für ein Land, sich dem Außenhandel zu verschließen; denn das Land wird in gewisser Weise zu einer falschen Aktivität gezwungen, die doch nur den allgemeinen Ruin zur Folge haben kann. Läßt man den Kapitalien größtmögliche Freiheit, werden sie dort ihre Anwendung finden, wo die höchsten Profite zu erzielen sind. Derartige Profite sind dann gleichzeitig Ausdruck der nationalen Bedürfnisse.

Übrigens vergessen die einzelnen Nationen bei der Bestandsaufnahme ihrer Produktion und ihrer Bedürfnisse fast immer, daß die ausländischen Nachbarn viel bequemere und vorteilhaftere Produzenten und Verbraucher sind als die entferntwohnenden Landsleute. Die Beziehungen zwischen den Märkten der beiden Rheinufer sind weitaus bedeutsamer, sowohl für den französischen wie auch für den deutschen Kaufmann, als es für den ersteren die Beziehungen zwischen den Märkten der Pfalz und Brandenburgs und für letzteren die Marktbeziehungen zwischen dem Elsaß und der Provence wären.

Der Eifer, mit dem alle Regierungen auf Grund des Zollsystems die verschiedensten Industrien angeregt haben, hat ein derartiges Mißverhältnis zwischen der angebotenen Arbeit und der Arbeitsnachfrage entstehen lassen, daß es wahrscheinlich für jede politische Einrichtung zum unbedingten Erfordernis wird, zunächst nicht an den Wohlstand, sondern an die Existenz der Staatsbürger überhaupt zu denken und die Zollschranken, die ehemals so unklugerweise gesetzt wurden, zunächst aufrecht zu erhalten. Selbst bei den glaubwürdigsten Theorien darf man niemals ganz sicher sein, und infolgedessen darf kein Übel angeordnet werden, von dem man sich in der Zukunft etwas Gutes erhofft. Noch viel weniger jedoch darf man eine derartige Entscheidung treffen, wenn es zu fürchten gilt, daß ein solcher Entschluß Tod und Elend für die zahlreichen Familien mit sich bringt, die geboren wurden und ihre Arbeit aufnahmen, weil sie Garantien der bestehenden Gesetze und der herrschenden Ordnung besaßen. Zunächst muß daran gedacht werden, die leidenden Menschen zu retten. Erst dann sollte man sich mit der Zukunft beschäftigen.

Betrachtet man allerdings die Lage der Industrie in Europa, läßt sich kaum noch daran zweifeln, daß das unmittelbare Ergebnis dieser allgemeinen Konkurrenz darin bestehen wird, weiter damit fortzufahren. Jeden Tag hört man von der Inbetriebnahme einer neuen Fabrik oder von der Vervollkommnung eines älteren Industrieunternehmens, was eine Erhöhung der Produktion ermöglicht. Aber man erfährt auch jeden Tag, daß sich so mancher Markt dem freien Handel verschließt und daß so manches Land, das früher nie an Industrie gedacht hat, sich seinerseits entschlossen hat, sich selbst zu versorgen und, gemäß dem ebenso falschen wie vulgären Ausdruck, nicht mehr „Tributpflichtiger der Ausländer" zu sein wünscht. Jeder Produzent, anstatt an das eigene Land zu denken, das er genau kennt, hat nur die ganze Welt im Sinn, von der er kaum etwas weiß. Die Welt wird jedoch immer kleiner für ihn. Not und Elend herrschen überall, denn den Industriekapitalisten geht ein Teil ihrer Kapitalien verloren, und die Arbeiter erhalten allerorts einen so niedrigen Lohn, von dem sie kaum noch leben können. Selbstverständlich hört man auch einmal, daß sich in diesem oder jenem Landesteil die Industrie neu belebt und daß alle Werkstätten voll beschäftigt sind. Derartige zeitweilige Aktivität beruht aber viel eher auf gewagten Spekulationen, falschem Vertrauen und überschüssigen Kapitalien anstatt auf einer neuen Nachfrage. Überschaut man die Industrie und den Handel mit einem einzigen Blick, so gibt es keinen Zweifel darüber, daß die Industrieprofite noch weit mehr sinken als die Produktion zunimmt.

Was wird man tun, wenn man an keinen Ausländer mehr wird verkaufen können? Was wird geschehen, wenn jeder, der nunmehr gezwungen ist, die landeseigenen Produkte mit den Bedürfnissen des eigenen Volkes zu vergleichen und sich keinen Illusionen mehr über den äußeren Markt hingeben kann, klar erkennt, daß im Lande selbst nicht alles gekauft werden kann, was er verkaufen will? Wie wird man den Arbeitern sagen, deren Anwachsen man so gefördert hat und die man in so vielen Industriezweigen beschäftigt hat: „Wir haben uns getäuscht, wir brauchen euch nicht, ihr dürftet nicht leben?" Der Zusammenbruch dieses falschen Systems ist vielleicht nahe, und das läßt uns zittern. Sobald dieser Zeitpunkt gekommen sein wird, werden alle Schranken, die man zwischen den einzelnen Ländern errichtet hat, wieder fallen, weil man die Unmöglichkeit ihres Bestehens erkennt. Die verhängnisvolle Konkurrenz, mit der man gegenwärtig versucht, sich den Broterwerb streitig zu machen, wird aufhören müssen. Jeder wird sich mit einer solchen Industrie beschäftigen, die ihm auf Grund der Bodenbeschaffenheit, des Klimas und der Eigenarten der Landesbewohner am gewinnbringendsten erscheint. Man wird sich damit abfinden, alle übrigen Produkte aus dem Ausland zu beziehen und seine Schuhe nicht selbst herzustellen. Wer weiß aber jetzt schon, wieviele Leben als Folge des Irrtums noch geopfert werden müssen.

ZWÖLFTES KAPITEL

DER EINFLUSS DES STAATES AUF DEN HANDELSREICHTUM

In den vorangegangenen Kapiteln wurde wiederholt vom Einfluß des Staates gesprochen, von einer Problematik also, die die Staatsmänner stets von neuem zum Nachdenken über folgende wichtige Frage bewogen hat. „Ist es angebracht, daß der Staat das Wachstum des Handelsreichtums beschleunigt?" Es bleibt unbestritten, daß der Handel viel größere Reichtümer schafft als die Landwirtschaft. Außerdem läßt sich über den Handelsreichtum viel freier und schneller verfügen, da er weitaus beweglicher ist als der agricole Reichtum. So liefert er zum Beispiel für den Krieg oder in einem anderen Bedarfsfalle sofort Mittel, die man in einem Lande, wo die Landwirtschaft vorherrscht, nicht zur Verfügung hätte. Aber mit der Zunahme des Handels wächst auch die Zahl jener, die er beschäftigt und die von ihm leben, so daß sich das Los einer zahlreichen Menschenschicht unsicherer gestaltet, sich ihre Abhängigkeit verstärkt, die Sittlichkeit herabgemindert wird und die Verbundenheit mit dem Vaterland und der gesellschaftlichen Ordnung viel ungewisser wird. Der Handel erschließt im Ausland Quellen und Möglichkeiten, die ihm im eigenen Lande verschlossen bleiben. Dabei gerät die Nation allerdings in Abhängigkeit vom Ausland, und anstatt jedem den Glauben zu lassen, sich auf Grund der eigenen Klugheit selbst versorgen zu können, wird nun das Gedeihen der Nation von den Irrtümern und Fehlern anderer abhängig. Der Handel bildet zwar ein Band zwischen den einzelnen Nationen, und er trägt zur weltweiten Zivilisation bei. Der Handel ruft allerdings auch geheime Feindschaften hervor, und die Prosperität des einen Unternehmens beruht schließlich immer auf dem Ruin der Konkurrenten.

Es hat noch keine Gesellschaft gegeben, die so klug geführt und verwaltet worden wäre, daß der agricole Reichtum oder der Handelsreichtum den Bürgern solchen Wohlstand und solches Glück verschafft hätte, wie zu erwarten gewesen wäre. In jedem Land lassen sich grobe Fehler und schreiende Ungerechtigkeiten entdecken, welche für die jeweiligen Übelstände verantwortlich gemacht werden können. Es ist nicht immer einfach, genau die Folgeerscheinungen vorauszusehen. Die Erfahrung hat uns noch nicht gelehrt, welche Wirkungen der eine dieser Reichtümer ohne den anderen hätte bzw. wie der eine im gegebenen Augenblick aus dem anderen entstehen könnte. Letzten Endes steht aber fest, daß die Vereinigten Staaten von Nordamerika widerspruchslos das Land sind, welches mit seiner Prosperität heute alle anderen Länder übertrifft.

Man hat angekündigt, daß zahlreiche Auswanderer sämtliche Industrieunternehmen Englands in die Vereinigten Staaten verlegen werden. Soll man sich da für die Amerikaner freuen? Ist es nicht vielmehr sicher, daß es für die Amerikaner besser wäre, wenn sie sich von den Ländern der alten Welt beliefern ließen, deren Arbeiter bereit sind, für einen elenden Lohn Arbeiten auszuführen, die kaum noch menschenwürdig genannt werden können? Sind grundsätzlich die Käufer die Zinspflichtigen oder sind nicht vielmehr die Produzenten die Lohnempfänger des Auslandes? Die letzte Veröffentlichung über die Vereinigten Staaten, ein Buch*, das wir bereits wiederholt anführten, beantwortet die eben gestellten Fragen in einer Art und Weise, daß sich vielleicht alle Zweifel zerstreuen ließen. Henry Bradshaw Fearon

* Es handelt sich um die Skizzen über Amerika von Henry Bradshaw Fearon. Dieses Buch erlangte zu seiner Zeit außerordentliche Bedeutung, so daß es auch in deutscher Übersetzung erschien (Jena 1819).

wurde im Juni 1817 ausgeschickt von dreißig englischen Familien, die sich in ihrer privaten und politischen Freiheit eingeschränkt glaubten, unter der Last der Steuern litten und wegen einer gewünschten Änderung wissen wollten, in welchem Teil der Vereinigten Staaten sie sich am besten niederlassen könnten. Der außerordentlich ehrliche und gewissenhafte Fearon teilte seinen Auftraggebern in acht aufeinanderfolgenden Berichten seine Beobachtungen mit. Der letzte Bericht ist vom April 1818. Fearon betrat die Vereinigten Staaten voll des Feuers und der Begeisterung für das neu erwählte Vaterland und noch sehr verstimmt durch die Erinnerung an die Leiden der Armen in England. Sehr bald jedoch zerrannen alle Illusionen, und die Sehnsucht nach den Freuden und Genüssen der Zivilisation und des menschlichen Geistes verdrängten nach und nach die anfänglichen Gefühle und Eindrücke, so daß ihn der Wunsch, seine Tage in der alten Heimat zu beenden, nach England zurückführte.

Ohne Zweifel muß man das Urteil Fearons als teilweise von der Macht der Gewohnheiten, die es zu bekämpfen gegolten hätte, wie auch von den herrschenden Vorurteilen beeinflußt sehen; Vorurteile, die er ursprünglich nicht in sich vermutete und die nunmehr auf gegenteilige Ansichten stießen. Trotzdem ist das von ihm entworfene Bild über die Vereinigten Staaten eine der wichtigsten Lektionen, die wir über die Politische Ökonomie erhalten konnten. Es wird beschrieben, welcher Art die Folgen einer nahezu perfekten Anwendung der sogenannten gesunden Verwaltungsdoktrinen in einem Lande sind, das auf der ganzen Welt am geeignetsten dafür erschien.

Die Amerikaner verfolgen den neuen Grundsatz, zu arbeiten und zu produzieren, ohne auf den Markt zu achten, und stets noch mehr zu produzieren. Da sie über einen riesigen Kontinent verfügen, der von zahlreichen schiffbaren Flüssen durchzogen wird, konnte die Bevölkerung fast ebenso schnell anwachsen und sich immer wieder auf neue Landstrecken ausdehnen, wie der Reichtum selbst zunahm. Der Boden kostete die Bewohner Amerikas fast nichts, die Renten für die fruchtbarsten Böden waren äußerst gering, und es hatte den Anschein, daß die gestiegene landwirtschaftliche Produktion immer in der Lage war, die ebenfalls erhöhte Industrieproduktion zu kaufen. Die für ihre Arbeit stets gut entlohnte Bevölkerung schien ebenfalls bereit zu sein, sich gegenseitig die Produkte abzukaufen.

Der charakteristische Zug des Handels in den gesamten Vereinigten Staaten besteht indessen im Übergewicht von Waren aller Art über die eigentlichen Konsumtionsbedürfnisse. So werden die Vereinigten Staaten vor allem von den Engländern mit unermeßlich vielen Waren beliefert. Auf Grund von sehr langen Krediten belasten sich die Groß- und Kleinhändler mit zu großen Warenmengen. Die Lagerhäuser und Geschäfte sind stets über die Absatzmöglichkeiten hinaus gefüllt. Tägliche Bankrotte sind die Folge eines Überwiegens der Handelskapitalien, die nicht gegen Einkommen ausgetauscht werden können. Die letzte, 1817 in New York veröffentlichte Liste der zahlungsunfähigen Schuldner enthielt mehr als vierhundert Namen.

In den Vereinigten Staaten waren zahlreiche Industrieunternehmen gegründet worden, vor allem im Verlaufe des letzten Krieges.* Da aber von Anfang an bereits alle Maschinenvervollkommnungen eingeführt wurden und da diese in einem Land, wo die Arbeitskräfte sehr teuer sind, besonders wichtig waren, beschäftigen die Unternehmen bis zum heutigen Tage nur eine geringe Anzahl von Arbeitern. Pittsburgh in Pennsylvanien, die bedeutendste Industriestadt der Vereinigten Staaten und häufig als das amerikanische Birmingham bezeichnet, beschäftigt bei einundvierzig verschiedenen Industrieunternehmen mit einem Gesamtkapital von annähernd zwei Millionen Dollar nur zwölfhundertachtzig Arbeiter. Auch hier gibt es bereits Krisensituationen; das

* Gemeint ist der Krieg von 1812/14 gegen Großbritannien, in dem die Vereinigten Staaten Kanada zu erobern versuchten. Der Krieg endete ergebnislos.

richtige Verhältnis zwischen Arbeitsangebot und Arbeitsnachfrage besteht nicht mehr. Von überallher werden Beschwerden an den Kongreß gerichtet, um ein Schutzzollsystem, ähnlich jenem in Europa, durchzusetzen.

Die offensichtlichste Folge eines derartig schnellen Wachstums von Bevölkerung und Reichtum in den Vereinigten Staaten sowie des Bestrebens aller gesellschaftlichen Einrichtungen, das Wachstumstempo noch zu verdoppeln, besteht zweifellos in dem Einfluß, den dieser allgemeine maßlose Aufschwung von Industrie und Handel auf die Sittlichkeit der Amerikaner ausübt. Das ruhende Element sowie alle bisherigen Gewohnheiten sind völlig verloren gegangen. Es gibt keinen Amerikaner mehr, der nicht danach strebte, sein Vermögen zu vergrößern, und zwar so schnell wie nur irgend möglich. Daraus ergibt sich, daß der zu erzielende Gewinn an erster Stelle steht. Im freisten Lande der Welt hat somit die Freiheit zugunsten des Profits ihren ganzen Wert eingebüßt. Der Hang zur Berechnung ist überall anzutreffen, sogar schon bei den Kindern. Eigentümer von Grund und Boden lassen sich, geleitet von blinden Erwartungen, unaufhörlich zu gefährlichen Spekulationen hinreißen. Unter solchen Voraussetzungen kann es keine Entwicklung des menschlichen Geistes und keinen Geschmack für Kunst, Literatur und Wissenschaft geben. Die ständigen Spekulationen korrumpieren schließlich sogar die Beamten einer freien Regierung, und ein wenig ehrenhafter Streit um Ämter setzt ein. Der amerikanische Charakter ist so mit einem Makel behaftet, der sich nur schwer wird wieder ausmerzen lassen.

Die Unternehmung von einigen hunderttausend Auswanderern, ein schönes und großes Land zu besiedeln, das für eben so viele Millionen Menschen Platz geboten hätte, ist ein derartig außergewöhnliches Ereignis bzw. überhaupt eine Einzelerscheinung auf der ganzen Welt, daß man weder in der Lage ist, irgendwelche Regeln vorzuschreiben, noch das Recht hat, Betrübliches zu tadeln. Vielleicht gibt es zum gegenwärtigen Zeitpunkt tatsächlich nur das für die Amerikaner zu tun, was sie gerade befolgen. Allerdings werden sie alle jene Tugenden, hohen Auffassungen und edlen Gedanken der alten zivilisierten Welt erst kennenlernen, wenn sie, wenn auch nicht stillstehend, so doch zumindestens langsamer in ihrer Entwicklung geworden sind und wenn sie ein anderes Ziel verfolgen, als nur die Bevölkerung zu vermehren und nur zu gewinnen. Zu einem Zeitpunkt, wo dieser schnellen Entwicklung Einhalt geboten werden muß, gibt es dann bereits großes Leid und fürchterliche Not, und es wird dennoch lange dauern, bevor man sich entschließen kann, einen anderen Weg einzuschlagen. Das ist eine große und lehrreiche Erfahrung, die von den alten Nationen stets beachtet werden sollte. Die europäischen Länder dürfen bei der Erwartung der eigenen Ergebnisse nicht vergessen, daß sie sich keineswegs der Vorteile der Amerikaner erfreuen, Vorteile, die, wie Fearon bemerkt, durch große Opfer und Hindernisse erkauft wurden. Die Länder Europas dürfen keine Aktivität anstreben, die ihnen nicht entspricht und die sich in keiner Weise richtig entfalten könnte.

Man kann bezweifeln, ob die Regierung Handel und Industrie dergestalt fördern soll, daß sie vorzeitig ins Leben gerufen werden, oder ob nicht eher die Landwirtschaft zu bevorzugen sei. Viele berühmte Ökonomen bezweifelten allerdings, ob die Regierungen überhaupt einen echten Einfluß auf den Handel ausüben könnten und wenn ja, ob dieser Einfluß nicht gar schädlich wäre. In der Tat scheinen die meisten dem Handel und der Industrie entgegengebrachten Gunstbezeigungen bei näherer Betrachtung die entgegengesetzte Wirkung dessen, was man sich davon versprach, gehabt zu haben. Die Politische Ökonomie ist jedoch zum großen Teil eine moralische Wissenschaft. Neben der Berechnung des für den Menschen zu erwartenden Profits muß die Politische Ökonomie auch die Faktoren bedenken, die auf die menschlichen Leidenschaften wirken. Es ist bekannt, daß jeder einzelne Mensch eifrig um die Verfolgung der persönlichen Interessen bemüht ist. Dennoch braucht es noch lange nicht zuzutreffen, daß das Hinweisen auf einen außergewöhnlichen Vorteil jemanden dazu veranlaßt, diesen Vorteil unbedingt zu suchen. Nicht selten ist es erforderlich, daß die Nationen gleichsam aufgerüttelt werden müssen, um sie ihre Starre überwinden zu lassen. Leichte Gewichte, bei einem stark kalkulierenden Volk für den Ausschlag der Waage noch ausreichend, sind bereits unzureichend, wenn Vorurteile und althergebrachte Gewohnheiten bestehen. Um dann eine alte Gewohnheit zu zerstören oder ein verhängnisvolles Vorurteil auszumerzen, muß ein geschickter Verwalter durchaus einen wirklichen und vorausberechenbaren Verlust hinnehmen.

Werden wegen eingewurzelter Vorurteile alle nützlichen und gewinnbringenden Berufe der Verachtung preisgegeben, glaubt ferner eine Nation, nur dann würdig zu leben, wenn sie sich der edlen Muße und dem Nichtstun hingibt, und erröten schließlich die Gelehrten, beeinflußt von der öffentlichen Meinung, über die vorteilhafte Anwendung ihrer Erfindungen, dann ist es sicher erforderlich, einer aufzubauenden Industrie besondere Begünstigungen zu gewähren, das Denken eines Volkes unaufhörlich auf den in der Zukunft möglichen Wohlstand zu lenken, die wissenschaftlichen Erfindungen industriell anzuwenden und den Ehrgeiz aller jener anzustacheln, die bis dahin stets von ungeheuren Reichtümern in Muße lebten, um sie endlich daran denken zu lassen, was sie mit den Reichtümern zuzüglich der eigenen Aktivität erreichen könnten.

Adam Smith hatte allen, die zu den eben erwähnten Anstrengungen raten, vorgeworfen, daß das Handelskapital einer Nation innerhalb einer bestimmten Zeit begrenzt ist und daß jene, die darüber verfügen und es mit größtem Profit anwenden wollen, in keiner Weise einer neuen Anregung bedürfen, um es anwachsen zu lassen oder es dort anzulegen, wo es am profitabelsten ist. Aber nicht das gesamte Kapital ist Handelskapital. Der Hang zum Nichtstun, der von den staatlichen Einrichtungen einiger Länder unterstützt wurde, bindet nicht nur die Personen, sondern legt auch den Vermögen Ketten an. Dieselbe Gleichgültigkeit, durch die diesen Menschen die Zeit verloren geht, läßt sie ebenfalls ihr Geld einbüßen. Das jährliche Einkommen aus dem Nationalvermögen stellt zwischen dem Zeitpunkt des Einnehmens und Ausgebens an sich ein ungeheures Kapital dar, das der Summe, die für die Industrie aufgewendet wird, abgezogen oder hinzugefügt werden kann und das im allgemeinen ständig weitaus mehr verausgabt wird, als es wünschenswert wäre. In den südlichen Ländern, wo die Kapitalien nicht für die der Nation angemessene Industrie ausreichten, wurden sämtliche Einkommen des Adels, nachdem sie mehrere Monate tot in den Geldschränken gelegen hatten, jedes Jahr für unnütze Dinge ausgegeben. Es genügte jedoch, die Familienoberhäupter zur Aktivität aufzurufen, um sie an ökonomisches Verhalten zu gewöhnen. Ein französischer oder italienischer Edelmann, der auf diese Weise zum Industriellen wurde, gab nun seinem Einkommen aus dem Boden eine nützliche Richtung und verlieh außerdem durch seine eigene Aktivität, die er mit der Aktivität der fleißiger gewordenen Nation verband, dem bis dahin unproduktiven Reichtum hohe Wirkungskraft.

Manchmal ist die Erstarrung einer Nation zu groß, so daß sie selbst bei der deutlichsten Demonstration der Vorteile, die aus einer neuen Industrie erwachsen würden, nicht zu bewegen ist, aktiv zu werden. Nur das Beispiel kann dann noch persönliches Interesse wecken. Die französische Industrie fand in dem kleinen Staat Lucca* mehr als zehn neue Industriezweige, wo es sowohl für das Land als auch für die Unternehmer beste Entwicklungsmöglichkeiten gab. Freiheit allein genügt aber nicht für den Aufbau einer Industrie. Der Eifer und die Aktivität der Fürstin Elisa, die mehrere Unternehmer in ihr kleines Fürstentum rief, diesen Geld und Wohnung bot und die Erzeugnisse dieser Unternehmer in Mode brachte, verhalfen Menschen und Kapitalien, die ohne die Einsatzbereitschaft der Herrscherin für immer untätig und tot geblieben wären, zu nutzbringender Wirksamkeit.

* Lucca ist eine in der mittelitalienischen Region Toskana gelegene Provinz. Im Jahre 1119 wurde Lucca Stadtrepublik, 1815 Herzogtum und gehörte dann ab 1847 zur Toskana.

Auf diese Weise blühte eine bereits dem Verfall erliegende Stadt wieder auf, deren Prosperität erst durch entgegengesetzte Maßnahmen der neuen Regierung wieder erlosch.

Sehr oft, wenn die öffentliche Verwaltung bestrebt ist, den Handel zu schützen, geschieht es, daß mit Überstürzung und in völliger Unkenntnis der wirklichen Interessen sowie mit despotischer Gewalt gehandelt wird, so daß die meisten privaten Übereinkünfte verletzt werden.

Fast immer werden dabei die Vorteile des Verbrauchers, dessen Wohl mit dem der Nation identisch ist, übersehen. Indessen darf man daraus keineswegs schlußfolgern, daß die Regierung niemals Maßnahmen zugunsten des Handels ergreifen sollte. Gerade die Regierung ist es, die zu Verschwendung oder Sparsamkeit anhält, die der Industrie und der allgemeinen Aktivität Ehre oder Mißkredit entgegenbringt und die Aufmerksamkeit der Gelehrten auf die Anwendung ihrer Erfindungen in der Industrie lenken kann. Die Regierung ist der reichste aller Verbraucher und regt die Industrie allein schon dadurch an, daß sie guter Kunde ist. Wird dieser indirekte Einfluß noch ergänzt durch Bemühungen, alle Verbindungen zu erleichtern, Straßen, Kanäle und Häfen zu öffnen, das Eigentum zu schützen und völlige Gerechtigkeit zu gewährleisten, werden ferner die Staatsbürger nicht mit Steuern überhäuft und durch unmenschliche Systeme der Steuereintreibung belästigt, dann leistet die Regierung dem Handel durchaus nützliche Dienste. Eine solche günstige Einflußnahme wiegt dann viele falsche Maßnahmen wieder auf, und der Handel erfährt trotz zahlreicher bestehender Monopole und Verbotsgesetze, und nicht etwa deshalb, weil es diese gibt, einen beträchtlichen Aufschwung.

Ergänzung zum dritten Buch, zehntes Kapitel

In allen Ländern, wo es Leibeigenschaft gibt, wird der Bauer schlecht behandelt, sofern er bei der Arbeit nicht soviel Aktivität und Fleiß zeigt, wie der Aufseher von ihm verlangt. Dabei ist es doch nur zu verständlich, daß man von derartig gepeinigten Menschen kaum noch etwas erwarten kann. Obwohl die Feudalherren, die eigentlichen Getreidehändler, für den gesamten Getreideanbau keine anderen Vorschüsse leisten als die Stockschläge, die auf ihre Anordnung hin ausgeteilt werden, darf man nicht annehmen, daß die Lage der leibeigenen Bauern überall gleich schlecht oder gar sehr schlecht sei. Im Gegenteil, vom rein materiellen Gesichtspunkt betrachtet, leben die Bauern in manchen Gebieten sogar unter besonders guten Bedingungen, wie z. B. in den unermeßlich weiten Gegenden Polens und Südrußlands, die das Getreide über das Schwarze Meer ausführen und heute zu einem so niedrigen Preis anbieten, daß die Landwirtschaft keines zivilisierten Landes konkurrenzfähig ist. Vielleicht wird man mit Interesse einige Tatsachen über diese neuen Länder, die die Wirtschaft der ganzen Welt beeinflussen, lesen. Um den Gang der Überlegungen im Kapitel selbst nicht zu unterbrechen, haben wir diese Tatsachen absichtlich erst an dieser Stelle angeführt.

Die unendlichen Ebenen, die sich nördlich des Schwarzen Meeres, nach allen vier Himmelsrichtungen ausdehnen, sind wohl das geeignetste Getreideanbauland der Erde. Fruchtbarer Lehm, der zum Teil von den großen Flüssen angeschwemmt wurde und zum anderen aus den Resten jahrhundertealter Weiden entstand, bildet bis zu beträchtlicher Tiefe den Ackerboden. Kein Stein hält den Pflug auf, keine Wurzel verzögert die Urbarmachung. Die Steppen Rußlands und der Tartarei sind mit Gras, nicht aber mit Wald bewachsen, so daß die Nutzbarmachung des Bodens nur wenig Arbeit erfordert. Düngen ist überhaupt nicht erforderlich. Der im Flug ausgesäte Weizen bringt gewöhnlich den fünfzehnfachen Ertrag.

Diese reiche Gegend, die über viele Jahrhunderte der Veruntreuung durch die Kosaken und Tartaren ausgesetzt war, ist heute fast völlig unbewohnt. Das bedeutet, daß die Bevölkerung hier anwachsen wird und mit ihr der Getreideanbau. Bis zum heutigen Tage besteht die einzige Industrie dieser Gegend in der Getreideproduktion für die Ausfuhr. Die Bevölkerung nimmt ständig zu und produziert in der jeweils nächsten Generation noch mehr Getreide. Es gibt hier keine Städte, also keine Industrie- oder Handelsbevölkerung, die die landwirtschaftliche Erzeugung verbrauchen würde. Hier leben lediglich einige Grundherren, von denen jeder einige tausend Bauernfamilien beschäftigt.

In dem Teil Polens, der mit Bessarabien zusammenstößt, ist es üblich, daß der Grundherr jeder Familie bzw. jedem Bauernhof vierzehn Morgen bebauungsfähigen Landes zubilligt. Diese vierzehn Morgen entsprächen in Frankreich zehn Hektar und in England fünfundzwanzig „acres". Außerdem besitzt jede Familie das Recht auf gemeinsames Weideland, um Vieh zu züchten. Als einzige Gegenleistung muß jede Familie achtundvierzig Tage im Jahr auf den Gütern des Grundherrn arbeiten und zudem noch für einige Tage dieser festgesetzten Zeit sein Gespann zur Verfügung stellen. Die restliche Zeit des Jahres gehört ihm und seiner Familie. Er kann über alle Produkte seines Bodens und über den Viehbestand frei verfügen, so daß diese leibeigenen Bauern in relativem Wohlstand leben und sich keine Sorgen um die Zukunft ihrer Kinder zu machen brauchen. Sobald sich nämlich ein Sohn oder eine Tochter verheiraten will und sich von der Familie zu trennen beabsichtigt, ist der Feudalherr daran interessiert, diesem jungen Menschen ein neues Stück Land und einen kleinen Hof zu geben. Die Feudalherren rufen Auswanderer aus allen Ländern herbei; denn sie wissen genau, daß sie ihr Vermögen einzig dann vermehren können, wenn die Zahl der leibeigenen Bauern zunimmt.[39]

Das Einkommen der Feudalherren besteht einzig und allein aus dem Getreide, das die leibeigenen Bauern während der achtundvierzig Tage Frondienst auf dem Grund und Boden des Feudalherrn produzieren. Alles dieses Getreide ist für die Ausfuhr bestimmt; denn die gesamte Landesbevölkerung kann sich gut von dem Getreide ernähren, das die leibeigenen Bauern für sich auf den Erbhöfen erzeugen. Das Ausfuhrgetreide kostete den Feudalherrn lediglich die Abgabe eines wertlosen Stück Landes. Er kann das Getreide deshalb für den Preis verkaufen, den er für richtig erachtet. In der Tat wird ein „Tschetwert"[40] (russisches Getreidemaß), mit dem man zwei Morgen Land bzw. annähernd ein und

[39] Wir benutzen diese Gelegenheit, um eine früher gemachte Bemerkung zu widerrufen. Der russische Zar hat begonnen, adligen Grundeigentümern Kronbauern zu schenken. Zar Nikolaus hat anläßlich seiner Krönung tausende Kronbauern an hohe Offiziere und Staatsbeamte verteilt, und zwar einige der Bauern für den Rest ihres Lebens, wieder andere, deren Los als noch beklagenswerter anzusehen ist, für eine begrenzte Anzahl von Jahren. Auf diese Weise beraubte man die Bewohner ganzer Provinzen ihrer bisherigen Rechte und stürzte sie in Not und Verzweiflung.

[40] Nach Robert Hamilton, „Introduction to merchandise", (Artikel: Russia, dry measures), Edinburgh 1820, S. 299, entspricht der Tschetwert 5 Bushels* von Winchester (* englisch-nordamerikanisches Raummaß; 1 B = 8 Imperial Gallons = 36,349 dm^3). Der Tschetwert besteht aus zwei Osmin, die ihrerseits wieder in vier Tschetweriks zerfallen.
Bei diesem Preis ist ein „quarter" von acht Bushels guten Getreides in Odessa weniger als fünf Schilling wert, und ein Hektoliter Getreide, entsprechend hundertsechzig französischen Pfund, kostet weniger als zwei Francs und zehn Cents.

einen halben Hektar besäen kann und den man in normalen Jahren zu fünfzehn Francs, in schlechten Jahren zu vierzig Francs verkaufte, heute für drei Francs fünfzig Cents oder für vier Francs angeboten. Aber selbst bei diesem niedrigen Preise findet das aus den russischen Provinzen nach Odessa transportierte Getreide kaum Käufer. Trotz der niedrigen Getreidepreise wächst die Bevölkerung, und nehmen die Urbarmachungen zu, so daß von hier aus mit Leichtigkeit alle jene Märkte versehen werden können, die den Russen und Polen vom zivilisierten Europa nicht streitig gemacht werden.

Kolibri 360 GmbH
Ferdinand-Jühlke-Straße 7
99095 Erfurt, Deutschland
produktsicherheit@kolibri360.de